明英宗、明代宗的太爷爷
明成祖朱棣

明英宗、明代宗的爷爷洪熙帝

明英宗、明代宗的父亲宣德帝

宣德皇帝第二位皇后、明英宗名义上的生母孙太后

明英宗画像

明英宗朱祁镇

正统初元三杨中的杨士奇、杨荣（左）

正统初元三杨中的杨溥

杏园文会：三杨聚会杨荣家的杏花园（谢靖孙绘）

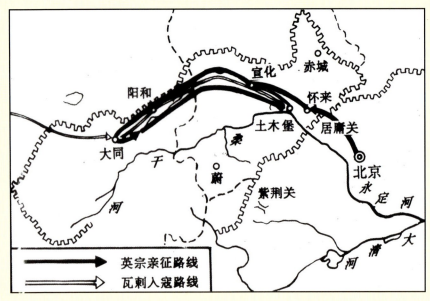

土木之变形势图

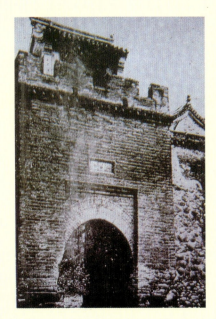

正统国难土木之变旧址土木堡

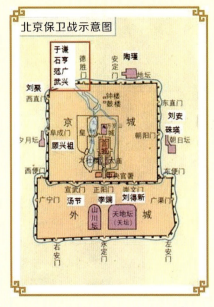

北京保卫战明朝守军示意图

大明救国大英雄于谦　　　　　　于谦画像

杭州于忠肃公祠

于谦手迹

救时能臣、江南巡抚周忱

宣德、正统时期苏州知府况钟
况青天

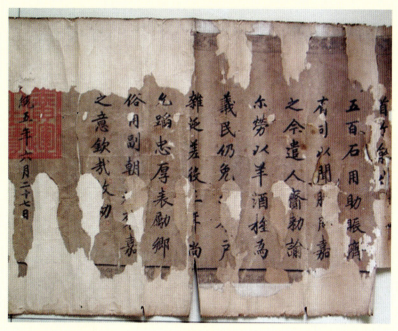

明英宗敕令

死于土木之变中的明前期数朝军界重臣张辅

2014年东南大学出版社出版的本书作者所著的《大明帝国》系列10册

2014年东南大学出版社出版的本书作者所著的《大明帝国》系列10册

2015年东南大学出版社出版的本书作者所著的《大明风云》系列8册

大明帝国系列⑪
The Great Ming Empire XI

正统、景泰帝卷（上）

Transitional Period of Incompetent Emperor Zhu Qizhen and Competent Emperor Zhu Qiyu (Volume 1)

马渭源 著
Ma Weiyuan

东南大学出版社
SOUTHEAST UNIVERSITY PRESS

图书在版编目(CIP)数据

大明帝国. 正统、景泰帝卷：全2册/马渭源著.
—南京：东南大学出版社，2016.5
ISBN 978-7-5641-6465-2

Ⅰ.①大… Ⅱ.①马… Ⅲ.①中国历史－研究－明代 Ⅳ.①K248.07

中国版本图书馆CIP数据核字(2016)第086703号

正统、景泰帝卷 上

出版发行：东南大学出版社
出 版 人：江建中
责任编辑：谷 宁 马 伟
社　　址：南京市四牌楼2号(邮编 210096)
经　　销：全国各地新华书店
印　　刷：南京玉河印刷厂
版　　次：2016年5月第1版
印　　次：2016年5月第1次印刷
开　　本：890mm×1240mm 1/32
印　　张：16.75 彩插8页
字　　数：480千
书　　号：ISBN 978-7-5641-6465-2
定　　价：49.00元(上、下卷)

(若有印装质量问题，请直接与营销部联系，电话：025-83791830)

序 言

马渭源教授的最新著作《大明帝国》系列之⑪～⑭《正统、景泰帝卷》(上、下)和《景泰、天顺帝卷》(上、下)就要出版了,他邀我作序。其实马教授太谦虚了,他自己早已是国内外著名的明清史专家,经常在南京电视台、南京广电、江苏电视台、安徽电视台、中央电视台和福建宁德网等中国国内公共媒体上担任历史文化讲座的主讲人和电视节目的特邀嘉宾,他的两大系列著作《大明帝国》(至今为止出版了14卷)和《大明风云》(至今为止出版了8卷)则更是深受广大读者的喜爱。据说有一次在上海展览馆举办他的签名售书活动,原定活动时间为半小时,结果因为读者太多了,主办方不得不延长了一个小时,但还是未能满足广大读者的需求。最近有朋友告诉我,国内外有名的网络运营商如亚马逊、中国移动、苏宁易购等都与马教授签订了电子书出版合同,广大读者(尤其是年轻人)只要按按手机上的键钮就能轻松阅读他的著作。

更令人欣喜的是,自2010年前后起,马教授应邀前往马来西亚和美国等国家,作《大明帝国兴亡300年》《破解大明第一谜案》等学术讲座。对此,美国《世界日报》《星岛日报》和《侨报》等海外新闻媒体以"著名明史专家马渭源来美做讲座 受众反应热烈"等为题分别做了专门的报道。稍后,中国媒体称马渭源教授为"第一位走上美国讲坛的明史专家"。2015年4月,马教授再次接受美国China Institute in America和美国中文电视台Sinovision的邀请,作《大明五大谜案》和《大明帝国探秘》等学术讲座。而马教授的大作《大明帝国》系列与《大明风云》系列自问世后,也深受海内外读者朋友的喜欢;最令人兴奋的是,它们还被哥伦比亚大学、普林斯顿大学、哈佛大学、斯坦福大学等世界一流的高等学府和美国国会图书馆、澳大利亚国家图书馆等西方诸国国家图书馆所收藏。不仅如此,这些世界一流的高等学府中的历史学教授或致信马教授以示祝贺,或向他发出了讲学的邀请。就连当代美国著名历史学家、夏威夷大学和匹兹堡大学名誉教授、海外国学大师许倬云先生也对马教授的明史系列著作予以了充分的肯定和高度的赞扬。由此,我们不难看出马教授的影响力是何等之大!

一个学者能将历史研究学问做到这样,实属不易。在我看来,马教授之所以能取得如此的成就和拥有这样的影响力,其原因恐怕不外乎以下几个方面(由于《大明帝国》系列其他几卷皆有序了,以下就以本次出版的《正统、景泰帝卷》和《景泰、天顺帝卷》为例):

第一,从原始史料入手,扎扎实实地进行研究,客观公正地撰写明史,决不人云亦云。

研究历史在一些人看来,无非是看看几本书,讲讲历史故事。其实不然。俗话说得好,外行看热闹,内行看门道。长期以来,元、明、清历史研究中,政治化味道似乎过于浓烈,中国封建社会后期这600余年中唯一正宗的传统王朝就是大明王朝,元、清都是由少数民族政权演化而来的,且带有较为浓烈的民族压迫和民族歧视之色彩。但出于现实政治的需要或利益得失的考虑,现在有些人往往不能实事求是地研究历史、还原历史和诠释历史,而是盲目地拔高元、清两朝。相反对于这其中唯一正宗的传统王朝——明朝则予以极度的歪曲,将它描绘得一团漆黑,好像除了明初"二祖"外,几乎乏善可陈。于是在一些人眼里,明代历史成了可以任意扭曲的"丑八怪"。最为典型的事例,有关明朝历史的书籍连个正儿八经的名字也没有,什么"野兽皇帝"、什么"明朝××事"、什么"明朝××的几张皮",等等,这就造成了在一般人的心目中,明史是一团糟。更为糟糕的是,一些所谓的"明清史专家"或言权位高势能者到处赶场,左右逢源,对于地方上随时冒出的所谓"旅游历史文化资源"暗送秋波,在赚得盆满钵满时,自己来个华丽转身,留下的是让人越想越糊涂、越想越觉得明朝不就是"那些事"。于是,理性的人们开始不断地对其质疑,甚至唾弃。

再看马渭源教授自2008年首次推出他的《大明帝国:从南京到北京》系列后,虽然也受邀到各地去传播中国传统文化,但他几乎每一两年都有严谨的明史新作问世,且影响不断在扩大。那么马教授这些严谨的历史著作是如何产生的?在我个人看来,首先是他阅读了大量的历史文献,立足于可信的史料。那么什么是可信的史料？相对于笔记和野史,正史要可靠些,用马教授曾经跟我说过的话来讲,就是以正史为经,以野史和笔记为纬,相互参照,然后做出一定的历史判断,再用通俗的现代汉语表达出来。从目前马教授已经推出的《大明帝国:从南京到北京》系列6册、《大明帝国》系列14册和《大明风云》系列8册来看,其处处可见史料之出处,甚至在很多时候还有史料之甄别,这就在真正意义上做到了述史严谨,有根有据,绝不戏说、胡说。

就拿本次出版的《正统、景泰帝卷》和《景泰、天顺帝卷》来说,其主要阐述的是大明帝国由盛转衰的非常历史过程。那么明朝在经历了自洪武开国到"仁宣之治"70余年的发展后,为什么到了正统帝践祚亲政之际会发生急剧的转折？这里边既有明英宗亲政后的举措失当、宦官干政等一系列新问题,又有历史积弊在起惯性作用的因素。

正统初元,冲龄即位的明英宗基本上是个缺少独立意志的娃娃,当时朝廷政治主要是由杨士奇、杨荣、杨溥、胡濙和张辅等五大臣主持着,其后台支持者就是历经明初数朝风浪的仁宗皇帝的皇后张皇太后。而就在这样的历史当口,已经运转了70余年的大明帝国原有机制不断地出现问题,这就需要当时的帝国最高统治者适度地调整统治政策。可无论是主持朝廷日常事务的"三杨"、胡濙和张辅,还是帝国最高权力——皇权临时代行者张皇太后,他们既没有魄力也没有精力来及时正视这样的现实,而是继续沿袭大明黄金时代"仁宣之治"的治国理政方针而行。这样的做法在相当程度上赓续了大明帝国"盛世之治"的大好形势,马教授在本书的开篇第1章中将其概括为"初元循规　盛世余晖"。

在这个章节里,马教授首先提出了"内外除弊,正统更新"的历史新概念,随即他通过"节省开支　裁抑冗费""蠲免赋役　赈济饥荒""纠偏补漏　关爱民生　恢复生产　发展经济""重视社会多层面教化,添设提调学校官员——明清提督学政制度自始而立"和"兴廉惩贪　整顿吏治"等6个方面展开论述,而后他又考察了《明史》对该段历史的概述:"英宗(践祚之初)承仁、宣之业,海内富庶,朝野清晏"(《明史·英宗后纪》卷12),发现其还算客观、公正。诚然,正统初元"盛世余晖"之功从严格意义上来讲,是不能只记在正统帝朱祁镇头上的,同样那时积聚已久的历史遗患也不能全让一个乳臭未干的小娃娃来承担,时代呼唤着一个既能乾纲独断又能把握准全局形势的皇帝出来除旧布新,继往开来。

再看那时即位的正统帝,自来到这个世上起,朱祁镇就享受到了万千之爱,他诞生于大明帝国的第一家庭,虽然不知生母为谁,但名义上的生母和嫡母合二为一,父亲为帝国权力金字塔的巅峰人物,由这样家庭背景造就出来的皇储自幼年和童年时代起便高高在上,目空一切。据史料记载,明宣宗曾将幼儿朱祁镇抱在膝上,问他:"他日为天子,能令天下太平乎?"朱祁镇吐口而出:"能!"又问:"有干国之纪者,敢亲总六师往正其罪乎?"朱祁镇回答:"敢!"明代史官描述娃娃皇储"答应之际,音响洪亮,神采英毅,无所疑虑"(《明英宗实录》卷一)。这似乎是正面的刻画。不过在今人看来,他更像是个胆大鲁莽、不计后果的雏形愚夫和狂人。而后来的史实恰恰证明,朱祁镇就是个妄自尊大的愚夫庸君。

说他是愚夫庸君,这是以明朝前期列帝总体之势而言的。正统帝虽然长得一表人才,但实际智商与情商并不高。在父亲早亡的情况下,他对宫廷大珰"王先生"王振言听计从,在有意和无意之间纵容了明廷宦官势力的坐大,以至于在他亲政后不久,大明历史上首次出现了宦官干政的不堪情势。而正统帝本人却对此浑然不觉。恰恰相反,在大珰"王先生"的诱导下,朱祁镇不切实际、不自量力地做着一代"盛世之君"的白日梦:他五次发动远征麓川之役,"连岁兴兵,军需所费万万不可计",弄得"东南搔扰,军民罢弊","兵连祸结"(【明】李贤:《古穰杂录摘抄》);他拒绝还都南京,下令重修北京明皇宫三大殿、两大宫……梦想就此便能将父祖辈开创的"盛世之治"推向了极致的境地。殊不知因此而大大地耗损了大明的国力,劳民伤财,加剧了正统危机。(详见马渭源教授的《大明帝国》系列之⑪《正统、景泰帝卷》的第2章"少帝错爱 阉竖大害")

正统危机并不是一开始就严重,而是在朱祁镇当政后,大明朝廷措置不当而使之逐渐加剧的。不过公正地说,小皇帝朱祁镇即位当政的时机不算好。据马教授考证:自宣德末正统初起,自然灾害特别频繁地光顾大明帝国。科技史学界很早起就关注到太阳黑子的活动与地球上自然灾害之间的关系。一般来说,在太阳黑子活动频繁的年份里,地球上的自然灾害就特别多。马教授从《明实录》入手,考察了明朝前期近100年间的气候变化,发现正统14年间共有6次太阳黑子出没的记载,景泰8年间也有6次记载,天顺8年间有2次记载。而在这以前,洪武31年间只有2次记载,永乐22年间没有记载,洪熙1年间有1次记载,宣德10年间有2次记载。换句话来说,在明朝前期近100年历史中,正统、景泰时期是太阳黑子出没最多的时候,也是特别寒冷天气或言极端气候、灾异事件最为频现的时期。那时自然灾害特别多,为此马教授专门制作了《正统元年至正统十四年各地大自然灾害情况简表》,在此基础上他随即做了归纳和总结:"正统时期各地水涝、亢旱、蝗螟和大雨雹等灾害特别多,无论是大江南北还是黄河流域,大明帝国没有一个地方是太平安宁的。"(详见马教授的《大明帝国》系列之⑫《正统、景泰帝卷》第3章"积弊交集 正统危机")

面对如此严峻的形势,正统帝所采取的应对举措是遣官抚定、蠲免赋役、恢复生产。与明朝后期的混账皇帝相比,朱祁镇算得上是有所作为的。但正统帝的这种有所作为所产生的积极效用相当有限,除了治标和应急外,并没有从根本上消弭社会危机的渊薮。面对造成"地荒民逃"的人祸因素:藩府宗室、宫廷宦官近侍与勋旧贵戚对土地资源的巧取豪夺和权贵势豪耍奸使滑将赋役"飞洒""诡寄"给小民百姓,正统帝除了下发一些敕令戒谕,予以严禁外,几乎别无其他作为和应对良策,由此使得大明帝国"身不由己"地步入了流民聚集发展、社会危机日益加剧的境地,而民逃地荒也就越来越成为困扰当时正统君臣的一大难题。

就在正统朝民逃地荒之势日趋严峻之际,东南多地又发生了民众起义,其中在浙江有叶宗留领导的失业矿徒起义、再有福建爆发了邓茂七领导的农民起义、在广东有黄萧养领导的底层民众起义,等等。虽然这些起义大多数在正统帝当政时被镇压了下去,但同样也表明了大明帝国就此进入了由盛转衰的社会不安宁时代。(详见马教授的《大明帝国》系列之⑫《正统、景泰帝卷》第3章"积弊交集 正统危机")

帝国社会不安宁,大明朝廷上下理应同心同德,励精图治。可事实恰恰相反,为了树立自己少年天子的绝对权威,朱祁镇自登极起就在"王先生"的诱导下,先后以懈怠、蒙蔽、漠视、欺罔不恭等各种罪名借口,将犯有轻度过失或有微不足道之失的兵部尚书王骥和右侍郎邝埜、礼部尚书胡濙、户部尚书刘中敷和右侍郎吴玺、刑部尚书魏源和侍郎何文渊等一批又一批的朝廷大臣送进了大牢,其中老臣胡濙和魏源、何文渊等还曾"二进宫"。少年正统帝的这般做法,后人曾概括其为"用重典御下,防大臣欺蔽"(【清】谷应泰:《明史纪事本末·王振用事》卷29)。殊不知如此作为给当时的大明朝廷政治造成了极度的尴尬:一方面法网森严,动辄得咎;另一方面正统帝"父师"大珰王振狐假虎威,口含天宪,胡作非为。最为极端的例子是,就在学生皇帝朱祁镇的眼皮底下,王振指使爪牙马顺对逆鳞进谏(实为痛斥王振擅权)的直臣、大明皇家秘书刘球来个极端恐怖杀戮和残忍肢解,由此也就使得当时的朝廷上下噤若寒蝉、离心离德。而正是在这样的不堪情势下,年少轻狂的正统帝又不顾"军官腐败　武备大坏"的军事现状,相继发动了一系列的南北平乱战争(详见马教授的《大明帝国》系列之⑫《正统、景泰帝卷》第3章"积弊交集　正统危机")。其中影响最大的当数正统十四年七月,他亲率50万大军远征蒙古瓦剌。

皇帝亲征本无可厚非,但正统帝的这次北行亲征恰恰是在经过70余年兴盛发展后大明帝国步入了空前危机之际:自然灾害频仍,经济大衰退;豪强兼并,流民成堆;各地动乱不断,社会危机严重;朝廷政治紊乱,宦官擅权;军官腐败,慵懒怕死;军士逃亡,武备大坏……马教授用了三章的篇幅,通过一系列的多层面研究、考察与分析,将正统帝御驾亲征前的不堪局面活脱脱地展示在大家的眼前,试想这样的御驾亲征队伍能打胜仗吗？所以从某种程度上来说,即使没有土木堡之变,大明帝国在情商和智商都不高的朱祁镇治理下也会由盛转衰(详见马教授的《大明帝国》系列之⑫《正统、景泰帝卷》第4章"土木被俘　明朝大辱")。再看当今某些"名家"在"××讲坛"上一拍脑袋信口开河地说道:"要不是由于宫廷大珰王振的误导,大明天子正统皇帝就不会成为蒙古瓦剌的俘虏,明朝也不会由盛转衰。"这是何等的肤浅啊！我不知道这位"名家"怎么会得出这个结论的？又不知道他有何依据？

大凡学过明清史的人都知道,明代开始,君主专制主义达到了登峰造极的地步。正统时期王振擅权确实是不假,但那时的宫廷奴才远比不上汉唐时代的了,他们充其量是短时间窃取、僭用皇权,而从根本上来讲,皇帝还是掌控了一切。所以说,要将明朝由盛转衰和皇帝被俘之责的板子打在一个刑余之人的身上,不就应了数千年来一直流传的一个腐论:皇帝永远是没错的,坏事就坏在皇帝身边的奸人身上,这是何等之荒唐!反观马渭源教授在书中专列一章"少帝错爱　阉竖大害",将历史之责首先锁定在正统帝朱祁镇身上,其次才是宫廷大珰王振等,这是极富见地的,也吻合当时的历史实际,说理透彻,有根有据。

这就是我要讲的马教授取得巨大研究成就和拥有极大影响力的第一方面缘由。

第二,《大明帝国》与《大明风云》两大系列全景式地展示了明代历史实际,环环相扣,引人入胜,马教授正在撰写的是全新明代史。

全新明代史,这是何等巨型工程?说到巨型工程,我们社会中的许多人往往会十分激动。原本需要3年工期的哈尔滨阳明滩大桥最后仅用18个月就完成了建设,可使用后不久就发生了断裂事故;曾获得"国家科学科技进步奖"和"中国建筑工程鲁班奖"的安徽铜陵长江公路大桥也在交付使用后不多时垮塌了;耗资87亿元的甘肃天定高速公路在建设后的80天全面返工……(《现代著名的豆腐渣工程巡展》,2011年12月17日《中华网论坛》)

与不断"做大做强"的巨型建设工程相比,我们的教育文化科技巨型工程也在迎头赶上。各地高校不断升级扩大,就连原本的中专学校也摇身一变挤入了大学的行列,更别提那高校和研究机构对教师和科研人员每年论文发表的数量要求了,你追我赶,数量越来越大,已经大到了十分吓人的地步。为了应付行政长官们的主观意志要求,我们的高校和研究机构中的教师、科研人员自有一套聪明的做法。听说有高校老师一年内居然能发表30多篇论文,这是何等样的速度和规模啊,实在让人"望文兴叹"。更奇葩的事情是还要与"国际接轨"。怎么与国际接轨?各校各科研单位自有一套政策,大致是你要晋升职称什么的,就必须要到欧美等西方国家去"进修"和"学习"一番。有人说:我研究的是国学,也要出去"接轨"?对,研究国学的也必须出去"接轨"!于是研究古代汉语的、研究中医的以及研究中国古代史的,统统被逼了出去。那到哪里去"进修""学习"和"接轨"呢?这行政长官可管不了了。

诚然,外国人研究中国学的视觉独特,值得我们学习。但我们的学习完全可以通过阅读他们的论著与研究成果,大可不必非要跑到他们那边去专门学呀!再说那些研究中国学的外国人可能连我们的古文都读不懂,我就不信他们研究中国国学一定会比中国本土人士强!

姑且暂不再细说这些,我们来看看,当下教育文化科技领域内的如此与国际接轨和不断地做大做强到底有着怎样的成果和国际认可呢?最近《中国社会科学网》转载了《光明日报》上这样的一则消息:"2015年3月份,英国BMC出版社撤回43篇论文,其中有41篇出自中国学者之手。8月份,全球著名的学术期刊出版集团斯普林格也撤回旗下10个学术期刊已发表的64篇论文,而这些文章也是全部来自中国。紧接着,10月份,爱思唯尔出版集团撤销中国9篇论文。"(《中国学术界遭遇第三次撤稿风波 揭秘事件背后罪魁祸首》,2015年11月16日《中国社会科学网》)由此看来,那些身居海外的外国同道们尽管是"老外",但他们还是有着道中的良知与"觉悟",也分得出真货与赝品。

大约在两年前,中央级大报《光明日报》曾刊载一文,其中说道:"世界上SCI检索影响力较大的2000种期刊中,中国期刊只有5种;排在本学科前3位的世界顶级期刊中,没有一本中国期刊。"(《光明日报》2013年11月30日第7版"科教文新闻")

与此相类或者说更不尽如人意的是,我国虽是当今世界上头号出版大国,但中国出版的各类专著为西方国家收藏的却不到20%,社科类不到10%,历史类更是凤毛麟角。

而马渭源教授撰写的《大明帝国》和《大明风云》等系列著作能被那么多的世界一流高等学府和美、澳等西方国家图书馆所收藏,拥有那么大的影响,这实在是不容易!马教授的著作拥有如此大的影响除了前面我讲的第一方面缘由外,还有一个重要方面的因素,那就是他立足于当时历史实际,扎扎实实地研究,以全景式展示新的明代史。无论是《大明帝国》系列还是《大明风云》系列,如果仅从每册的书名来看,似乎其为传统的帝皇历史传记。但就实际而言,它们一一阐述了不同帝皇时期的政治、经济、文化、思想、教育、军事和社会等各个层面的内涵,因此说马教授的两大系列著作实际上就是全景式新明代史。

就以本次出版的《正统、景泰帝卷》和《景泰、天顺帝卷》为例,正统—景泰—天顺年间是明朝由盛转衰的非常关键时期,但长期以来研究明史的人基本上都对此泛泛而谈,什么正统帝上台后王振擅权耍奸,导致大明天子蒙尘北疆;什么景泰帝上台后虽然取得了北京保卫战的胜利,但随后他的治国也是弊政连连;什么天顺帝复辟夺位,虽未能扭转大明帝国下滑之势,但也无可过多指摘。那么历史真相到底如何?

马教授经过潜心研究后发现:在正统—景泰—天顺三朝30年间,虽说只有朱祁镇、朱祁钰两个皇帝当政,但他俩的理政指导思想与治国策略有着截然的不同,即使是同一个皇帝朱祁镇,在正统与天顺不同时期的治国思想也有很大的差异。为此,马教授将这非常关键的30年划分为四个不同的时期:第一个是"内外除弊 正统更新"的"盛世余晖"时期;第二个是"少帝错爱""积弊交集"的"正统危机"时代;第三个是"保家卫国""景泰中兴"时期;第四个是"夺门内乱"、反攻倒算和政变不断的"天顺遗患"时代。有关前两个时期马教授的新研究成果,我在前文中已做了概述,在此不再赘言。下面主要讲讲他对景泰时期历史研究的贡献。

景泰帝是明史研究中常被人忽视或轻视的一个重要历史人物。之所以如此,我想可能主要是因为好多人因袭了传统思维概念,抓住景泰帝的两个致命"软肋"不放:一个是废了皇兄朱祁镇长子朱见深的皇太子之位,立了自己的儿子朱见济为太子;另一个是他末年为了生育儿子而迎妓女李惜儿等入宫,由此人们往往将他归入历代昏君行列而不予重视。

但马渭源教授在阅读明代史料时却发现,景泰帝是个被人误读误解了的有为之君,因此在本次出版的著作中,他花了3个章节的篇幅专门阐述了景泰朝的历史,即第5章"保卫北京 拯救大明"、第6章"明朝转折 景泰大德"和第7章"上皇回京 景泰中兴",尤其是第6、7章专门论述"景泰中兴"问题,这是以往从来没人做过的。

他首先在第5章中由北京保卫战、击退蒙古瓦剌入侵之话题引入景泰朝廷适时提出的"国防至上 整军肃纲"的治国宗旨,随即高度评价景泰君臣喊出"社稷为重,君为轻"的口号为"时代呼唤",而后又做了进一步的分析和阐述:第一,大明上下必须以帝国利益为根本,保家卫国。"正因为有着这样理性的最高指示,大明北疆边将们才敢拒绝也先之诱惑,固守城池,进而一次次地挫败瓦剌军挟持明英宗诱占边城的阴谋,使得也先手中的'奇货'(明英宗)变成了'空质',最终也为明英宗的南还赢得了无法估量的砝码。"第二,"确立'社稷为重,君为轻'的救国指导思想,在皇帝被俘、北虏步步进逼的情势下,大明重新立了一个君主。原来高居云端的'九五之尊'并不那么神圣,专制君主不仅让人从神坛上揪了下来,而且还被'搁置'在塞外。由此自大明开国起就不断强化的绝对君主专制主义统治打开了缺口,人们的言行思想较前有了一定的自由,甚至一时出现了臧否皇帝的言论"。第三,"景泰朝廷确立'社稷为重'的救国指导思想,广开言路,号召人们:只要是利国利民的和能拯救大明的,任何人都应该直言无隐,都要向上积极进言,群策群力,保家卫国。这或许正是明朝中后期天下忧患意识的最早萌芽吧!"(详见马教授的《大明帝国》系列之⑬《景泰、天顺帝卷》第6章)

在上述三者中,特别是在第三个方面,马教授又花了极大的篇幅予以详述,尤其强调"景泰帝上台之初广开言路,实际上意味着明初立国起就实行的思想文化专制主义至此开始有着很大程度上的解禁。"(详见马教授的《大明帝国》系列之⑬《景泰、天顺帝卷》第6章)这就告诉了人们一个不同以往的新时代开启了——"景泰中兴"。

"景泰中兴"在中外史学界极少被人提及,更无人专门研究过。马教授在阅读了《明实录》等大量的第一手史料后发现了该问题,并颇为感慨地说道:"景泰中兴不知什么原因一直没被当代人们所发现,但它在历史上却真真切切地发生了。景泰朝最早提出'中兴'说法的是在正统十四年(1449)九月二十四日,这时朱祁钰登极称帝已有18天,距离土木之变近40天。"(详见马教授的《大明帝国》系列之⑬《景泰、天顺帝卷》第6章)随后他进行了大量的考察和研究,将"景泰中兴"的核心锁定在"富国强兵"上。而从景泰帝上台时非常时期的非常情势来讲,要想实现"富国强兵"(《明英宗实录》卷204,《废帝郕戾王附录》卷22)这个宏伟目标,大明朝廷在领导全国人民保家卫国的同时必须得改革军事,这就是马教授在第6章中详述的景泰朝"顺应时势,大兴募兵,组建团营,提高战斗力,揭开明代军事改革序幕"。随后从第7章开始,他在多个层面对"景泰中兴"分别做了研究与阐述:即在政治上,景泰朝廷"勇于纳谏,励精政治,为'中兴'大明创造良好政治氛围";在科举教育层面,景泰朝廷"改进科举制度,为'中兴'大明选拔与储备高素质官僚人才";在司法公平与社会安定层面,景泰朝廷"平反冤狱,明刑慎罚,为'中兴'大明创造和煦的政治、社会空间";在经济民生层面,景泰朝廷"安定民生,恢复、发展经济,为'中兴'大明打好坚实的经济基础";在国防军事层面,景泰朝廷"增加国防力量,平息南北武力之乱,编撰《寰宇通志》,强化帝国一统意识——为'中兴'大明创造良好的国家安全氛围,提升国威"。(详见马教授的《大明帝国》系列之⑬《景泰、天顺帝卷》第7章)

那么,这么多的"景泰中兴"举措实施下去的实际效果将是如何呢?马教授随即又在上述的每个层面上一一展开剖析。以经济与民生为例,他从明代官方史料中寻找依据,制作了《明仁宗、宣宗、英宗正统和代宗景泰时期主要经济数据表》,发现"国难战乱中上台的景泰帝在当政期间,除了户口数和田赋数比仁宣时期和正统时期稍稍减少外,大明帝国的人口数、田地数和主要经济作物棉花的收入数等方面不仅超过了正统朝,而且还超过了'黄金盛世'时代——仁宣时期。要知道景泰帝统治时期是明朝开国后百年史中太阳黑子出没最多的时候,也是特别寒冷天气或言极端气候、灾异事件最为频发时期,又是南北战乱频仍时代,能取得上述这样的经济成果,说明景泰帝是个不错的皇帝,他的'富国'举措行之有效,十分给力"。(详见马教授的《大明帝国》系列之⑬《景泰、天顺帝卷》第7章)

当然在政治、社会、思想、教育、科举、军事等其他层面也有类似的可喜之状,本次出版的论著都对其做了详细的阐述,在此我就不再一一说了。

总之,通过这样严谨、周密的考证,马教授不仅将一个被人扭曲了的景泰帝形象给恢复了历史的本来面目,而且还把他当政时的大明帝国之实际状况以全新的和全景式的面目展示给了世人。而这样的研究与阐述,在马教授先前出版的其他系列著作中早就有了,且一以贯之。

因此,在我看来,马教授的《大明帝国》与《大明风云》两大巨型工程性套书已不仅仅是传统的帝皇传纪系列,而是全景式和全新式的明代历史实际之再现。

马教授的历史研究既扎实可靠,又予人以耳目一新之感,难怪他的著作和讲座在海内外那么受欢迎。

第三,正确解读历史,敏感发现问题,纠正以往的认识偏差,传播历史文化正能量。

长期以来,对于历史上的人物与事件,我们社会当中的许多人不是存在固化概念,就是喜欢标新立异,哗众取宠,但又没有什么根据。明史研究领域何尝不是如此!

明英宗冲龄即位,懵懵懂懂当了十四五年皇帝,由于才识短缺,加上妄信奸佞阉竖王振,在正统末年他轻率地发动了御驾亲征,不料却给自己和大明帝国招来了几近灭顶之灾。而就在这样的关键时刻,皇弟郕王朱祁钰被推上了大位。朱祁钰一上台就依靠于谦为代表的一大批救时大臣,当机立断,挽狂澜于既倒、救国家于危亡,不仅取得了北京保卫战的胜利,打退了入侵之敌瓦剌的数次军事进攻,而且还迎回了俘虏皇帝明英宗,并开启了以"富国强兵"为宏伟目标的景泰"中兴"……

由此,我们不难发现,尽管同是大明第一人家的龙种子孙,但景泰帝要比他的皇兄明英宗强得多。然而,历史的无情恰恰就在这位被人误读了的有为之君当政末年,以石亨、曹吉祥和徐有贞为首的宵小之徒发动了宫廷政变,将被软禁在南宫中的明英宗捧上了大位,这就是明史中有名的"夺门之变"。对于夺门之变,一般历史研究者往往将其视为历史上常见的宫廷政变,甚至还有人把"成王败寇"的强盗逻辑理论引入其中,认为明英宗的复辟成功是历史之必然,也是人心所归。那么历史真相到底是不是这样?马渭源教授在研读了大量的史料后这样说道:"夺门之变是一场因皇位继承问题所引发又完全可以通过正常的、平和的方式加以解决而并不需要造成朝政混乱的政变。但宫廷政变者却权欲熏心,根本不顾国家大局和利益,丧心病狂地发动武力夺位,冤杀于谦等功臣忠良,废黜景帝,恢复朱祁镇君统……"(详见马教授的《大明帝国》系列之⑭《景泰、天顺帝卷》第9章开头)

那么,如此之说有何依据呢?马教授从明代宗朱祁钰易储招惹麻烦和景泰中兴"迷路"一一说起,指出在当时大明帝国内外形势已变的情况下,景泰帝却依然跟着感觉走,终致"中兴"大业和自己的帝位稳固大受影响。这里边既有景泰帝上台后没有对正统朝旧的人事来个全盘清理和整顿的因素,又有辅佐景泰帝进行中兴大明改革的朝廷领导集团内部成员之间的矛盾内耗的问题,当然最为主要的还是景泰帝对掌握军队实权的功臣勋旧之子孙和军中高官缺乏足够清醒的认识,尤其是对石亨、曹吉祥和徐有贞等宵小之徒没做防备,终致自己不知不觉地成了宫廷政变的牺牲品。(详见马教授的《大明帝国》系列之⑭《景泰、天顺帝卷》第8章)言语之间,马教授对正能量受打压、受摧残充满了惋惜和同情,而后他又从明英宗复辟后使用的年号"天顺"入手,客观地描述了天顺朝初年大加杀戮,朝纲紊乱,魑魅魍魉粉墨登场,招权纳贿,肆意胡为……一派不堪之景象,随即十分痛心地指出:"原本已有'中兴'起色的大明帝国经此折腾,再次走上了回头路。虽然在天顺中期,明英宗及时地清除了本可以避免的两场内乱,但几乎与之相随,政治恐怖,锦衣卫猖獗,宦官横行,皇庄多置,矿课恢复,流民云集……天顺,何以顺天?"(详见马教授的《大明帝国》系列之⑭《景泰、天顺帝卷》第9章)

敏感地发现问题,纠正以往的认识偏差,原来明英宗的复辟并不是什么历史上常见的宫廷政变,更不是历史的必然和人心所归,而是大明帝国社会的大倒退。

读到此,历史的正义感油然而生。

而就在这样的历史研究与论述中,马教授又考证了景泰帝与明英宗各自的身世及其相互之间的帝位衔接问题,发现两人实际上都是明宣宗的庶子,因此无论怎么说,景泰帝即位称帝完全是合理又合法——有当初明英宗被俘之时大明皇家第一女主子孙太后下达的懿旨为凭:"其命郕王即皇帝位,礼部具仪择日以闻。"(《明英宗实录》卷181)哪像是历来盛行的腐论那样:郕王朱祁钰是临时当政为帝的,在俘虏皇帝明英宗回还之后,他理应将帝位归还!由此再进一步地论述,景泰中晚期,在自家独苗苗朱见济夭折的情势下,景泰帝是恢复已被废黜了的皇兄长子朱见深为皇储,还是立别的宗藩王子为储君理应都是合法的,完全没有必要通过发动惊心动魄的宫廷政变来解决皇位继承问题——这就从当时通行的传统规制与法理层面上更加清楚地论证了夺门之变的非法性与反动性。而后马教授又通过大量的历史事实向人们展示了英宗复辟后的大明帝国颓废之状,这就进一步鞭挞了倒行逆施的天顺复辟和天顺政治,传播着历史文化的正能量。

第四,说事到位,通俗易懂,面向大众,雅俗共赏。

历史著作讲述的是过去的事情,由于年代的变迁,许多术语在历史上曾经很时髦,但今人或许根本不知道是怎么一回事了。还有一些历史上发生的事件有着特定的背景,倘若一般人去阅读当年的史料记载或许会感到困难,这就要求当代历史研究者在探寻真相基础上用现代语言将其叙述好。当今历史类的作品不是没有,前些年清宫戏盛行,连有些人的称呼也跟着变了,小女孩叫"格格",父亲叫"皇阿玛"。我们汉族人自古有自己的礼俗,何必要喜称别民族的?还有那书摊上俯拾皆是戏说历史、穿越小说,等等。在这等历史类题材作品中,编剧与作者要么将昔日杀人如麻的专制君主个个都变成了柔情似水和爱民如子的"仁君圣人",要么变成坏得不能再坏的历史垃圾。更有一些所谓的研究专家,一会儿说东,一会儿说西,历史在其嘴里真成了可以任意打扮的小女孩。甚至还有人将街头巷尾的民间传说直接串成了"论文",里边连一个史料引证和考据都没有,据说不仅能在某个所谓的"国际学术会议"上作为论文宣读,而且还为某学会某长所津津乐道——相互吹着捧着混呗,想来就不得不让有良知的人为其感到脸红。

我一直认为:历史研究与著述应该十分严谨,有一说一,实事求是,绝不能一拍脑袋来个胡说和戏说,这是历史研究者和文化工作者最起码的道德底线。而作为历史题材作品就应该有一种时代的责任,应该给我们的读者尤其是年轻人一种真实的、正确的历史观和社会文化道德观。

四五十年前,吾师云眉先生就是秉着时不待人的时代责任感和社会文化道德正能量，专心致志地从事《明史》考证这项巨型工程。按照眉师的心愿，这仅仅是第一步，接下来要做的就是重修《明史》。然天不假年，先生终未全部如愿。当我接到整理先生遗稿、继承先生未竟之业的通知时，顿感身上有千钧之重。阴差阳错的是，等我整理工作干得差不多时，又受命从事行政工作。幸好现在先生的第二代传人马渭源教授实际上已经接替了此项重任（2011年底，海内外眉师儿孙们云集一堂，经过反复研究、讨论，最后慎重做出决定：某为黄学第一代传人，马渭源教授与日本关西学院校长、国际明史专家阪仓笃秀教授为黄学第二代传人）。由此，我感到万分的欣慰。

  马教授是历史专业研究生出身，20多年前的研究生可不像现在只学两年左右甚至更少，至少得学三年，因此其专业功底扎实，既熟悉古代史，又掌握古代汉语。这还是基础的基础，关键在于能在研读的基础上进行考疑，去伪存真。马教授曾多次跟我说：他每用一段史料都要翻翻黄先生的《明史考证》，以此作为指南，研究起来就方便多了。当然接下来的撰述也极为重要，由于时代的变迁和社会节奏的加快，大多数普通人已不可能去攻读那看似"天书"一般的古文了，这就要求我们的史学研究者用通俗的语言将历史研究成果流畅地表达出来，但绝不是戏说。通读马教授这近百万字的文稿，发现其内既故事连连，扣人心弦，又有张有弛，收放有度，说事到位，通俗易懂，雅俗共赏，且文笔优美，寓意深刻，读后令人深思。

  另外，据我所知，自2007年受南京市委宣传部"市民学堂"邀请，主讲《大明帝国与古都南京》和《中国科举制》起，马渭源教授就深受广大普通民众的喜爱，其将中国科举制形象地比喻为"中国古代第五大发明"，立即被《南京日报》《金陵晚报》《现代快报》《扬子晚报》等国内外众多平面媒体和各大网站所转载和援引。之后他又受邀到江苏教育电视台、中央电视台、江苏电视总台、安徽电视台、福建宁德网等机构做了一系列的明清历史电视节目。而就在这个过程中，北京、四川、陕西、湖北、河北、山东、广东和安徽等省市相继将马教授的独特新史论当作了高考历史素材题。

  通过讲坛、考题、广播电台、报纸、电视和网络等多种渠道和多种媒介,马教授的历史文化讲座早已"走进"了千家万户,甚至还"走进"了"流动的小屋"——汽车。

与此同时,因马来西亚和美国等国家之邀,马教授在 China Institute in America 和美国中文电视台等机构多次主讲明朝历史与中国传统文化。对此,《世界日报》《星岛日报》和《侨报》等海外新闻媒体相继做了专门的报道。由此人们亲切地称他为广受海内外民众喜爱的大众历史学家。我看差不多,但最好要加个定语,应该为不低俗和有责任的大众历史学家。

第五,叙事清晰,条剖缕析,博古通今,融会中西。

历史学与文学等其他社会学科有着很大的不同,其中之一就是不仅要有一说一,更需要叙事清晰,条剖缕析,博古通今,融会中西。否则的话,只能是以其昏昏,使人昭昭。大凡研究与讲述明史的人,对蒙元帝国崩溃后北方蒙古诸部演变问题的叙述要么三言两语,含含糊糊,要么语焉不详。这就造成了一般人在阅读明史之作时,对于正统时代瓦剌的强盛与南侵感到十分唐突,甚至不大理解一个被推翻了的蒙元帝国之残部为什么能威胁到大明帝国的生死存亡。

马渭源教授在阅读了大量的历史文献及参考蒙元史研究者所取得的成果基础上,首次将该段历史空白给叙述得清清楚楚。他由明初"驱逐胡虏,恢复中华"说到"老辣的洪武帝构建大明北疆三道防线",再论及"浅薄的永乐帝改造北方边镇,自造北疆'癌症病源'"和"明宣宗对待北疆国策的修补与大明北疆之隐痛",随后逐渐地将人们的视线引向了大明头号心腹大患——"北虏",再以"瓦剌的前世与今生——斡亦剌与大元'黄金家族'之间的恩恩怨怨"和"明初漠北'三雄':鞑靼、瓦剌、兀良哈与永乐朝扶此抑彼策略"为题,将瓦剌、鞑靼和兀良哈三卫的来龙去脉及其与明朝之间的争斗历史给说个明白,随即对瓦剌的兴盛进程做了剖析与阐述,即将其分为马哈木首先称雄、脱欢统一漠北和也先联合东西巩固两翼包抄大明。而与此相对,"在明朝前期列帝中,若以才略远见和政治洞察力而言,正统又不如宣德,宣德不如洪熙,洪熙不如永乐,永乐不如洪武。"(详见马教授的《大明帝国》系列之⑫《正统、景泰帝卷》第4章)

正是在这样的内外优劣不能相比的情势下,大明与瓦剌之间的战争爆发了。其最终结果不用多说,早就一目了然了。

如此条剖缕析的研究与阐述在书中还有许多,这不仅让人们感到读了马教授的著作会茅塞顿开,而且还会回味无穷,受益良多。

当然,研究与阐述历史仅做到叙事清晰和条剖缕析,似乎还不够完美,更高的档次当是博古通今、融会中西。这个话题我在几年前就已经说过。

一个优秀的历史研究者应该是博古通今、融会中西,这是我在山东大学时黄云眉先生、王仲荦先生和张维华先生等师长亲口跟我说的,也是当年我们山东大学历史系的一项基本要求。那时的山东大学云集了一大批全国一流的学者,他们都是博古通今、学贯中西。博古就是要通晓历史之事,通今就是要了解现在之事或历史之事的走向。就说眉师8卷本的《明史考证》,一般粗浅的看法,往往以为仅仅是考证了《明史》所载的相关之事。其实不然,眉师每涉及一件《明史》所载之事,都要考察其历史渊源、发展与走向,这才有了蔚为壮观的8卷本巨著,其难道不是一个博古通今的典范吗?再说融会中西,就是要对中西文化融会贯通。毕业于国外名牌大学的张维华先生就不用多说了,而对于王仲荦先生,一般人或许只知道他是精通魏晋南北朝历史文化的一流专家。其实在我看来,他还是个中西交通史专家。在教授我们魏晋南北朝史的同时,王先生还开设了世界中古史。最终成书于20世纪六七十年代的《魏晋南北朝史》从表象来讲似乎仅仅是一部断代史,但实际上从某种角度来讲它还是一部中世纪中西交通史。在书中王先生不仅考察了各民族的缘起、发展与流变,而且还注意到东西方物态文化与精神文化的交流与融合。

正因为受他和张先生的影响,我在学习明史的同时又喜欢上了中西交通史,曾一度担任了山东大学中西交通研究室主任。在经过一段时间的学习与研究后,我对先前人们断言中西早期交通开启于两汉产生了很大的怀疑,冥冥之中总感觉应该更早。后来我相继阅读了《论语》《山海经》等先秦著作,发现其中有"黑人"、孔子学生出海远航和秦始皇时代有印度和尚来华的文字记载,这些都是我们以前闻所未闻的。由此说明中国早在先秦时代就已经同海外或称域外有着相当程度上的交往。当我同马渭源教授说及这些史料发现时,他高兴地跟我说:"这可太好了,过去人们在谈论先秦时代中西交通问题时,几乎都是拿考古来说事,且考古的主要地点在西域,少有中原内地的实物证据,更别提相应的文字记载了。现在找到了这样的史料依据,那可大大夯实早期中外交通史实论点了!"

马教授是有感而发的,据我所知,他在华东师大硕士研究生时代就开始研究明清之际中西文化交流,对于中西文化都比较熟悉,甚至对于现代西方学术也很为关注。20世纪90年代初他从上海毕业来南京工作不久,就撰写了《历史心理学》一文,对西方历史心理学的研究做了介绍。该文发表于《书与人》杂志后,迅速被中国人民大学报刊复印资料中心所收录、转载。21世纪开启之际,他又撰写了许多中西社会文化结构对比和中西交流方面的论文,如《论马克斯·韦伯与中西传统社会结构对比研究》《论中西传统法律教育历史命运与地位的差异性及其影响》《论中西传统法律教育的差异性及其影响》《论明清西画东渐及其与苏州"仿泰西"版画的出版和传播》《论西画东渐对明清中华帝国社会的影响》《论辛亥革命定都南京的过程及其历史影响》等,发表于《南京社会科学》、澳门《中西文化研究》等杂志上。这些论文刊出后,被"中国博士学位论文全文数据库"列为参考文献,为许多博士生与博导引用,并为中国知网《中国期刊全文数据库》、南京社科、维普资讯、知网空间比较法、新浪网爱问空间、知网空间硕士论文参考资料、知网空间世纪之交、知网空间当代法学、知网空间探索、知网空间中华文化论坛、知网空间读书等网站所转载,由此可见马教授一直是走在学术前沿的。

不仅如此,马教授还将他所掌握的西方社会学、历史心理学等方面知识内容运用到他的明史研究中。在本次出版的《大明帝国》系列之⑪《正统、景泰帝卷》第1章、第2章和之⑬《正统、景泰帝卷》第5章中,他花费了大量的笔墨分别对明朝转折时期的两帝即明英宗和景泰帝的人生早年经历做了考察,发现出生后三个月不到就被立为皇太子的"绝对正统"皇位继承人朱祁镇在锦衣玉食的人间"仙境"里并没有被培养成"盛世圣君",甚至连守成之主都算不上。由于自小起就处于绝对至尊环境下的长期熏陶,加上内官"先生"王振的不停瞎指导,明英宗除了妄自尊大,几乎一无所能。

与此相对,明宣宗侧室吴妃所生的朱祁钰"由于母亲和自己的身份与地位在很长时间内得不到大明皇家的认同,尽管衣食无忧且不必东躲西藏地生活,但说到底他的童年始终见不得'阳光'"。随后马教授引用了马斯洛的人本主义心理学理论分析道:"朱祁钰童年时代至少缺失了归属和爱及尊重等基本需要,由此造成了他自卑、胆小和谨慎的性格特征,但没有大的心理危机或心理创伤。而他的这种性格特征要是在和平年代的皇帝家族内倒不是什么坏事,反而能避免很多或明或暗的政治风浪,平平安安地当他的藩王爷。但正统十四年(1449)八月十五的突发国难,打破了这样的平静日子,一下子将他置身于政治格局重组的风口浪尖上,让他措手不及。理性而言那时的朱祁钰并没有什么个人野心,他所想的也就是尽一个'留守'和'临时代理皇帝'之责……"如此分析阐述,使得读者一下子看到了明朝转折时期两帝的人格心理差异,而这样的差异在相当程度上又影响了以后他们各自的治国理政:朱祁镇刚愎自用、唯我独尊,朱祁钰广开言路、鼓励进谏、集思广益;朱祁镇肆意妄为、几近覆国,朱祁钰团结救时大臣、挽狂澜于既倒、救国家于危亡……

这样的分析与论述极为精到,读后令人叹服。由此看来,马教授真正做到了融通中西。

融通中西,说得通俗一点就是在学术上做到横向之间的相容相合。与此相对,在纵向上的融会贯通,我们不妨称之为"博古通今",那么马教授做得怎么样呢?

翻开14卷的《大明帝国》系列著作,我们随处可见这样的研究与论述。以本次出版的4卷本而言,其涉及的内容有兵制、户籍制、科举制、粮长制……甚至还有不为人们所重视的马政制度,马渭源教授每每谈到这类历史问题,总会追根溯源,一一道来。最为集中和精彩的可能就要数"景泰中兴"章节了。(详见马教授的《大明帝国》系列之⑬《景泰、天顺帝卷》第7章)

总之,全书精彩迭现,观点新颖又可靠,读之既如品尝陈年美酒,又似沐浴和煦春风。作为年过八旬的垂垂老者,我感到欣慰,

"黄学"后继有人啊！也愿马教授不断努力,推出更多的新作!

权作为序

南京大学中国思想家研究中心常务副主任、教授

潘富恩

2015年8月12日初稿

2016年2月27日修改于病榻中

目　录（上册）

第1章　初元循规　盛世余晖
- 正统初政　君臣守成 1
  - 风流天子：自信皇帝与不自信的遗嘱 2
  - 正统初元，明廷核心权力暂寄历经风雨的老祖宗张皇太后手中 8
  - 正统初元朝政的实际操盘手：屡经风雨的辅政五大臣："三杨"、张辅、胡濙 16
- 正统"循规"　"盛世"余晖 25
  - 内外除弊　正统更新 26
  - 节省开支　裁抑冗费 27
  - 蠲免赋役　赈济饥荒 30
  - 纠偏补漏　关爱民生　恢复生产　发展经济 42
  - 重视社会多层面教化，添设提调学校官员——明清提督学政制度自始而立 50
  - 兴廉惩贪　整顿吏治 65
- 郡守善抚　天下富庶 96

第2章　少帝错爱　阉竖大害
- 幼教缺失　"先生"入室 128
  - 红巾军领袖家族里的帅哥靓女"精心培育"出来的昏童皇太子 128
  - 锦衣玉食的童年"仙境"与大明第一家庭父母教育的缺失 135
  - 正统朝十分重视的宫廷正统教育与昏童天子的贪玩懒学 137
  - 混账"盛世圣君"为后代子孙培植好"癌症"病毒——设立内书堂 140
  - 非常师生非常感情：不简单的王先生与不成大器的昏童天子正统帝 142

- ● "活宝"师生,慑服大臣 ········· 148
  - ◎ 正统之初起,皇帝朱祁镇对太监王振佩服得五体投地,这是为何? ········· 148
  - ◎ 台前朱祁镇唯我独尊,台后王振弄权——三年内朝廷部院大臣一半以上都被下过狱 ········· 152
  - ◎ 张冠李戴处理朝政,王骥和邝埜阴差阳错成了首批挨整下大狱的大臣 ········· 153
  - ◎ 蹊跷的礼部官印三次失窃,胡濙成为首位挨整的正统朝辅政大臣 ········· 156
  - ◎ 户部官将支粮地点弄错了——第三批挨整的朝廷重臣刘中敷、吴玺等 ········· 159
  - ◎ 半年不到,魏源、何文渊等司法部正副部长竟二度被打入锦衣卫狱 ········· 161
  - ◎ 正统三年年底到了,大明三法司主政官全在监狱待着,这可怎么办? ········· 164
  - ◎ 王先生的城府:不露痕迹地将太皇太后与内阁阁臣之间关系给疏远了 ········· 166
  - ◎ 王先生这回失算了:本想在内阁安插亲信,结果弄巧成拙 ········· 168
  - ◎ 掌握皇帝秘密警察部队才是硬道理:收服锦衣卫恶犬马顺、王裕 ········· 170
  - ◎ 最先投靠王太监的外廷两条哈巴狗:兵部尚书徐晞与工部郎中王佑 ········· 173
  - ◎ 五毒俱全的怕老婆贪官、建设部部长吴中也投靠了王振 ········· 176
  - ◎ 昏童天子欲做盛世之君,下令重修北京明皇宫三大殿、两大宫;"先生"乘机肆意受贿,并收服"乖乖儿"中央朝廷副部级领导王佑 ········· 179
  - ◎ 自诩"周公"的王振终于能参加皇宫正殿大宴,狼与狈走得更近了 ········· 181
  - ◎ "暗箭"伤及大明军界第一人,辅政大臣张辅就此给搞得灰头土脸 ········· 183
  - ◎ 老拎不清而"三进宫"的财政部正副部长3人差一点成了刀下之鬼 ········· 184
- ● 正统七年 "治世"大限 ········· 187

- ◉ 第一个"走掉"的辅政大臣杨荣拥有"超前感应"? ……………… 187
- ◉ 正统七年:大明掌舵人太皇太后张氏没了,帝国巨轮就此迷航? ……………………………………………………………………… 189
- ◉ 移走"禁内臣碑","帝师""王先生"公然走上前台,威震正统朝廷 ……………………………………………………………………… 191
- ◉ 第三、第四个"走掉"的正统朝辅政内阁元老:杨士奇与杨溥 ……………………………………………………………………… 194

● 正统亲政　王振更横 …………………………………………… 198
- ◉ 明朝皇帝每日三朝制变为每日一朝制与昏童天子明英宗的亲政 ……………………………………………………………………… 199
- ◉ 争执了五六十年的大明定都何处问题让小杆子皇帝轻率地定在了北京 …………………………………………………………… 200
- ◉ 北京皇家内外装修得越发富丽堂皇,大明帝国劳民伤财、天怒人怨 ………………………………………………………………… 204
- ◉ 首开杀戮朝廷大臣之戒,皇帝秘书翰林刘球成了第一个倒霉蛋 ……………………………………………………………………… 207
- ◉ 因为老乡大理寺左少卿薛瑄不肯来拜谒自己,王振将他投入监狱 ………………………………………………………………… 215
- ◉ 第一大学校长李时勉因不去给王公公送生日礼物而被处以荷校 ……………………………………………………………………… 218
- ◉ 南京国子监祭酒陈敬宗因不愿私谒王振竟十余年不迁 ……… 224
- ◉ 焦敬、石璟两驸马因对王振稍稍不恭,一个被枷号,一个被下大狱 ………………………………………………………………… 226
- ◉ 此于谦非彼于谦,王公公整人可不管整没整错人 …………… 228
- ◉ 治行超卓的好知州张需因得罪了向王公公行贿的牧马官而被戍边 ………………………………………………………………… 229
- ◉ 被人诬告骂了王振为老奴,宁夏参赞军务、大理寺右丞罗绮谪戍边卫 ……………………………………………………………… 231
- ◉ 同行反对者、内使张环、顾忠和锦衣卫士卒王永因写匿名信揭发王振而被凌迟处死 …………………………………………… 233

● 天子错爱　国基损坏 …………………………………………… 235
- ◉ 正统帝:我的眼里只有你(们)——王公公(们) …………… 235
- ◉ 爱屋及乌,小杆子皇帝升赏"王先生"家人 ………………… 236
- ◉ 无恶不作的"王先生"同类及爪牙也成了正统帝的"至爱"

● 以王振为首的宦官恶势力开始向京城以外的各地不断渗透 ………………………………………… 239
● 王振：炙手可热，大明：国基遭蚀 …………………………… 243

第1章 初元循规　盛世余晖

说到正统时期的大明,人们往往会想到那作恶多端的大珰王振和那不堪回首的土木蒙尘——大明帝国历史上绝对的耻辱,由此将明英宗正统时代的历史说得一无是处。其实这是对明史的误读。不错,明朝由盛而衰的转折点确实是在那个时代,但我们绝不能这么说,正统帝朱祁镇即位后的大明帝国一下子就变得一团漆黑。事实上在张皇太后和"三杨"、胡濙等辅政大臣的共同努力下,正统初元,英宗朝廷着手进行了一些整顿,使得大明这艘巨轮沿着"仁宣之治"的航道继续前行。就在这个历史时刻,"盛世"余晖映照在帝国的天空,就此我们不妨将之称为"正统更新"或"初元余晖"。"正统"是明英宗朱祁镇最初上台后使用的年号,"正统更新"就是从明宣宗仙逝和明英宗登基即位开始的。

● 正统初政　君臣守成

依照大明朝的惯例,"正旦"即正月初一不仅是寻常百姓对新年美好期盼的开启之日,也是帝国朝廷举行喜庆大典迎贺新年的特殊节日。可宣德十年(1435)正月初一的这一天,北京明皇宫内却有着另外一番景象:除了常规性地挂出一些象征迎新年的红灯笼外,一切大型庆贺活动皆被告知暂停,就连正旦百官朝贺皇帝之惯例也被取消,改由众臣前往宫中文华殿朝见 8 岁的娃娃皇太子朱祁镇。(《明宣宗实录》卷115)

"当今圣上到底怎么啦,连新年庆典也不能出来见见大臣?"
"据说皇上十分辛劳,内廷传言他病得不轻啊!"
"圣上得了什么病?莫非如人们所传的那样:皇帝的性生活过于频繁了?"
"色欲是要人命的啊!"
……
众大臣在听到内廷宦官传达宣德皇帝免朝的最新指示后窃窃私语着。

● 风流天子:自信皇帝与不自信的遗嘱

要说宣德皇帝的私生活——性生活过度之事在大明朝廷上下早已不是什么新鲜事,或者说是公开的秘密。好久了,人们一直暗中议论着:宣德帝派内官郑和、王景弘等下西洋的一个重要目的就是为了搞些海外春药,也有人说朝廷不断地派遣内使出没于帝国各地,也是为了寻找民间房事秘方。房事、性生活……这些在许许多多普通人看来只不过为了传宗接代而不得不完成的"使命"外,平日里较少有人能从中得到快乐和享受,可在明宣宗那里却不是这样的。

从小就在无耻享乐和极度淫秽的皇爷爷朱棣一手调教下长大的朱瞻基阅女无数,加上自身体内的荷尔蒙特别发达,每当临幸美女时,那长得在汉族男人中罕见的络腮大胡子扎得"妹妹"嗷嗷叫所带来的男性自傲感促使他极度自信,进而沉溺于色欲孽海……终于有一天发现自己"储备不足",身体严重透支。《明实录》记载:宣德九年(1434)十二月甲子日,"上(指宣德皇帝)不豫"。37岁的朱瞻基这次病倒的时间还比较长,3天后的丁卯日"文武群臣诣左顺门问安";5天后的己巳日,"文武群臣诣左顺门问安",一直到了第8天的壬申日,还没有起床,那天刚好立春,按例要举办新年贺礼的,结果因为皇帝病了没起床而"免贺礼,文武群臣诣左顺门问安"(《明宣宗实录》卷115);第11天也就是宣德十年(1435)正月初一,"上不豫,免正旦贺礼,命百官朝皇太子于文华殿"(《明宣宗实录》卷115);第12天即正月初二,宣德皇帝降敕给北京行在工部和南京守备襄城伯李隆、太监王景弘以及南京工部,对于相关事宜做了交待;第13天他降敕给辽东总兵官都督佥事巫凯及掌辽东都司都督佥事王真和镇守太监王彦、阮尧民等,嘱咐"用心抚恤军士,严加操练,备御边疆";第14天即正月初三日,37岁的宣德皇帝归天,临终遗言:"朕疾今不复起,盖天命也。其命长子皇太子祁镇嗣位,诸王宗室悉遵祖训,谨守藩国。嗣君年幼,惟望圣母皇太后朝夕教训,尔文武大臣尽心辅导;家国重务必须上禀皇太后、皇后然后行。丧礼以日易月。"(《明宣宗实录》卷115)

从病倒到最后驾崩,朱瞻基的死可不像他的父皇明仁宗朱高炽那样,连遗嘱都来不及立,而是持续了半个月,从从容容地留下了敕谕、遗愿和遗嘱。而从遗嘱的核心内容来看,可能意识到自己马上就要升仙了,一辈子极度自信的朱瞻基此时对身后有可能出现的皇权弱化或"真空"而充满了焦虑或言牵挂。为此,他做出如下补救:

第一,"其命长子皇太子祁镇嗣位。"即说大明皇统由宣德帝钦定的皇太子朱祁镇继承,这样就排除了兄终弟及等其他皇位继承的可能。

第二,"诸王宗室悉遵祖训,谨守藩国。"这是告诫大明皇室悉遵祖训,规规矩矩,毋得觊觎明宫大位。想起当年大明帝室年轻的堂伯伯建文帝之大位被自家爷爷篡夺了,朱瞻基一身冷汗;又想起自家亲叔叔也曾东施效颦,却落得个家破人亡的结局,奄奄一息的明宣宗脸上露出了一丝宽慰的笑容。以自身的天资,以简明的笔调,再次提醒一下皇室成员要自重!

第三,对于8岁冲龄天子而言何以能乾纲独断,肩负起天下之大任?临终前的朱瞻基说:"嗣君年幼,惟望圣母皇太后朝夕教训,尔文武大臣尽心辅导;家国重务必须上禀皇太后、皇后然后行。"这里面讲了三个方面的关键人物:小皇帝太小了,由"圣母皇太后朝夕教训";文武大臣应当尽心辅导冲龄天子,遇到国家大事上报给太皇太后、皇太后,由她们决断后再进行处置。(《明宣宗实录》卷115)

看到这里,细心的读者朋友可能会觉得,这怎么可能?不是说明朝自开国皇帝朱元璋起就实行君主极端专制主义,且规定后宫不得干涉政事?明宣宗在遗嘱中做出这样的规定岂不违背祖宗的规制?

其实在明宣宗和他的皇父明仁宗及皇祖明成祖执政的30多年时间内,明朝政制已由洪武朝高度的"三权合一"逐渐演变成了"三权分立"(特注:绝非西方的"三权分立"),我们在《大明帝国》系列⑨《洪熙、宣德帝卷上》中的第5章中已经做了详尽的分析,为了照顾本书的叙述方便与内容体系关系,在此不妨再做个简单的回顾:

"成祖即位,特简解缙、胡广、杨荣等直文渊阁,参预机务。阁臣之预务自此始。然其时,入内阁者皆编、检、讲读之官,不置官属,不得专制诸司。诸司奏事,亦不得相关白。"(《明史·职官一》卷72)因此,许多人认为:永乐时代的内阁可视作皇帝顾问班子翰林院的一个延伸机构——"(翰林)学士,掌制诰、史册、文翰之事,以考议制度,详正文书,备天子顾问。"(《明史·职官二》卷73)

而这一切到了仁宣时代就有了进一步的发展和变化。明仁宗朱高炽自登基起便开始不断地提升阁臣的品秩、地位与权力。他先后命内阁阁臣杨荣升为工部尚书,杨士奇升为兵部尚书,金幼孜升为礼部尚书,黄淮升为户部尚书,杨溥升为太常寺卿……原本大明中央官僚机构中最有地位与权势的官衔即为六部尚书,也就是六部的长官,现在让内阁阁臣给兼任了。这不仅表明明仁宗对内阁阁臣越来越信任与重用,而且也意味着内阁的地位与权势已开始渐渐地超过了六部;更有一个很大的潜在影响,那就是内阁阁臣兼任六部长官,在不设内阁官属即在不破坏"祖制"的前提下,内阁取得了参与国家大事的决策权即参政议政的合法权力。换言之,内阁的参政权或言决策权日趋常规化与制度化。

对于皇祖、皇考的这番机构与权力设计,从小就在大明皇宫里长大的朱瞻基还是颇为心领神会的。继位登基之后,在承袭了父皇朱高炽时代内阁构建的基础上,明宣宗稍做部分调整。因此到了宣德中期,大明内阁阁臣有着很大的参与国家政务要事的决策权、议政权、人事权或言人事推荐权、任免权、考试权、诏令起草权、规谏权、封驳权和一定的司法权等,其最常见的为票拟权。

不过对于这样的票拟权,明末清初大思想家黄宗羲曾一针见血地指出:内阁票拟之责就在于帮助皇帝批答章疏——先拿个倾向性的处理意见来,这在很大程度上就好比是皇帝的书记员或言秘书。因此说,内阁票拟是根据皇帝授意而行的,没有阁臣的绝对独立之意志([明]黄宗羲:《明夷待访录·置相》)。即使事先没有皇帝之授意,内阁票拟好了,还要呈交给皇帝定夺,这就是明代政治制度中的批红权。

批红原本是指皇帝在臣下上呈的奏疏上用红墨批写如何执行的最高指示,具有绝对的权威与最高的法律效率,因此说批红是皇帝的"天职"。但明代第五帝、那位出身于温柔乡的大明皇家少爷公子哥儿朱瞻基却极度懂得"劳逸结合",深娴领导干部的示范之道,对于本来应该全部由他亲自御批的章疏只是象征性地批几本,剩下的就交给身边的"文化太监"最高层领导司礼监掌印太监与秉笔随堂太监去代劳了。

这样一来,在进入"仁宣之治"时,大明朝廷政制演绎出了内阁票拟制与内监批红制,我们不妨将自此以后大明帝国中央朝廷的政务运行做个大致的情形描述:假如以诸司衙门和老百姓上呈奏疏、上书作为开始的话,这些章疏首先都要密封后才能递交给通政司,通政司将其送达内廷的协和门,在那里由太监接纳,再转呈给皇帝或交由内阁。这时内阁阁臣就可"密揭",即向皇帝秘密进言论事,也就是前文所说的阁臣参政议政,或由皇帝召集重臣廷议,或由阁臣之间商议,形成初步的意向,由阁臣中的首辅或言皇帝最为信任的阁臣起草,即为票拟;再报呈给皇帝检阅批红,皇帝御批几本,其余就交由司礼监掌印太监或秉笔随堂太监代行朱批。完成后再由六科给事中核对,要是正确无误了,就下发给中央各部院衙门去直接执行,见下图:

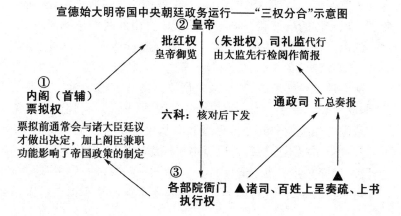

宣德始大明帝国中央朝廷政务运行——"三权分合"示意图

从上面示意图中我们可以出,明初在宰相制废除的情况下,由皇帝拍板决策和各部院衙门执行所组成的权力板块,经过仁、宣两帝尤其是明宣宗的改造,逐渐演化为三大权力板块,即内阁拥有票拟权,皇帝握有批红权(后来通常由司礼监代行)以及各部院衙门执掌执行权,我们姑且称之为明代版的中央"三权分立"。

在这样的"三权分立"架构下,大明朝廷政务进入了有条不紊的运作状态。一旦有重大事情要上报或重要政务要奏请,首先归口到通政司去,通政司将其转入内阁,或由内阁阁臣讨论,或由皇帝召请大臣密议,或廷议,只要不触犯皇权和皇帝的尊严,大家可以各抒己见。这就是某些人津津乐道的中央朝廷集体领导或言中国特色的"民主制"。

至于各人的意见怎么统一和采纳,这就要看谁的权威势能高和他所主张的合不合情理章法了。通常情况下,在场的皇帝有某个倾向性意见,那么他的意见往往成为"民主"讨论的决定性结论,余下的就是内阁票拟了。在皇帝倦于政事或不在场或尚未完全拿定主意的情况下,内阁首辅的主张往往成为主导性的意见,但在票拟过程中别的内阁阁臣也可提出不同的建议,只要是合情合理又合法,有时这样的建议还能被采纳且付诸实施。宣德元年(1426)是否出兵赵王府就是这样一个典型的案例。由于最先受到昔日东宫老师陈山提出的建议之影响,明宣宗在与"首位"内阁阁臣杨荣的密议中已有了倾向性的意见——出兵彰德,将赵王一窝端了。但在起草檄文与敕令的过程中,阁臣杨士奇提出了更合情理和更有利于宣德朝"安定团结"的建议,并最终被明宣宗所采纳,从而避免了一项错误的决策和一场错误的战争。由此我们还不能不说,这样的中国特色"民主制"具有一定的合理价值。(参见《明宣宗实录》卷21;【清】谷应泰:《明史纪事本末·高煦之叛》卷27)

从心理学角度来讲,明宣宗时代逐渐形成的这种"民主"决策过程,既突破了皇帝一人决策拍板的局限性,又在一定程度上避免了小范围群体决策中的合群思维和盲从思维所带来的不良后果。因此我们也不能不正视宣德以后中央朝廷政务"三权分立"运行的合理性,但同样我们也不能太高估了这个决策过程的"民主"性。

可以这么说,仁宣时期大明政制的变化绝不是明宣宗君臣具有超时代民主意识萌芽的创新结果;恰恰相反,宣德朝开始的大明中央朝廷在"三权分立"的政制运行下皇帝抽身于繁重政务而又能最终统揽到了绝对专制大权。具体地说:

第一,阁臣或朝廷重臣到底由谁来参与议政最终取决于皇帝。譬如宣德二年(1427)在最初密议是否从交阯撤兵问题上,朱瞻基就不找主张反对撤兵的蹇义与夏原吉商议,而是先向杨士奇、杨荣作些暗示,在取得意见基本一致后再拿出来由大臣们讨论,实际上这是宣德皇帝的个人意志,哪是群臣讨论的结果呀!(《明宣宗实录》卷16)

第二,内阁票拟的意见与主张能否实施到位最终也取决于皇帝。朱瞻基在当皇太孙时,由皇爷爷做主,原配第一夫人为胡氏,"二奶"为孙氏等。等到他自己登基即位后,这位大明第一人越看越觉得"大奶"不如"二奶",于是就动了改立后宫的念头,他最先召阁臣杨士奇等人密议,但没想到遭到了杨大臣等人的激烈反对,几经周折,宣德皇帝就是不改初衷,最后杨士奇等还是按照明宣宗的意志起草了改立"二奶"孙氏为皇后的诏令。(《明史·杨荣传》卷148;【清】谷应泰:《明史纪事本末·仁宣致治》卷28)

第三,内阁票拟取决于皇帝批红,批红由司礼监代行,内阁受制于皇帝的奴才太监。

明宣宗时期太监"领头羊"范弘、金英等都是比较谨慎、守法之人,司礼监的工作有条不紊,朝政运行得十分有效。但一旦司礼监头面太监是心术不正的大奸大恶的话,那么他(们)就会利用手中的批红权,否定内阁票拟的意见,根据自身利益和意见另行决策政务,甚至会置祖宗成法而不顾,紊乱朝纲。明中期的"大腕"宦官王振、汪直、刘瑾和后期的魏忠贤等,无一不口含天宪,利用皇帝幼小无知或倦于政事或昏庸无能,随心所欲地应用司礼监的这个特殊权力为非作歹、荼毒天下。曾有有识之士一针见血地指出:"一代弊政,实宣庙(明宣宗)启之也。"【清】查慎行:《人海记》下)就连当年的朝鲜《李朝实录》也说:"(宣德始,大明)朝廷政令不由朝官,皆出自司礼监。"(吴晗辑:《朝鲜李朝实录中的中国史料》上编卷5,《世宗庄宪大王实录》2,中华书局1980年版)

可惜的是明宣宗在世时却没有预见到日后宦官为害之隐患,他所津津乐道的是,大明中央朝廷政务的运行由形式上的"三权分立"最终又走上了实际意义的"三权合一",即皇帝既解除繁杂政务的羁绊又能实行高度的君主专制集权,这也正是宣德年间明宣宗放心政治、嬉戏玩乐的奥秘所在。(详见笔者:《大明帝国》系列之⑨《洪熙、宣德帝卷上》第5章,东南大学出版社2014年1月第1版)

现在朱瞻基要走了,要离开这个令他欲罢又不能的爱欲世界,能想到的和能做的都做了。这对于一个极度自信的皇帝来说,身后皇权的掌控已做了制度性的规范,似乎也就没有必要过多的担忧,唯独有个不放心的,就是皇权的操作与执行靠谁来替代或辅佐一个少不更事的儿童天子呢?朱瞻基想到了自己的母亲皇太后张氏、曾经与自己耳鬓厮磨又心心相印的艳后孙氏和内阁阁臣为首的文武大臣三大角色。

● 正统初元,明廷核心权力暂寄历经风雨的老祖宗张皇太后手中

明宣宗的这番思路与算计还是有着较为充分的合理依据的。先说说明宣宗的"另一半"——艳后孙氏。孙氏是朱瞻基姥姥彭城伯夫人的家乡人,这个彭城伯夫人就是当年明仁宗朱高炽的丈母娘,诚孝皇后张氏的老妈。因为女儿当时为皇太子妃,老太太有事没事经常往女儿那里跑。尽管女婿不得他自家老爷子永乐皇帝的喜欢,但彭城伯夫人的女儿张氏却很让魔鬼皇帝朱棣刮目相看。因此老太太来到大明宫中时,很多时候朱棣还是知道的,甚至有时心情好他还会与亲家说上几句。老太太彭城伯夫人每次到宫中都要瞎扯一些张家长李家短的事情,见到大明宫中美女如云,她就说起自己老家山东永城县主簿孙忠家生了一个美如天仙的小女孩孙氏。起初人们以为老太太唠叨,也没当回事,但说多了,大家都有好奇心,就让老太太将那美如天仙的小女孩孙氏带来看看。等带来看了以后,没人不说这女孩长得不好的,且人还十分机灵,嘴巴也甜。永乐皇帝听说后决定将小女孩孙氏留在宫中,由彭城伯夫人的女儿皇太子妃张氏抚养,那时孙氏10多岁。10多岁的小女孩再过几年就懂得人世间的那些事了,从后来宣德皇帝同母亲张太后之间亲密的母子关系来看,青少年时代的朱瞻基与老妈

皇太子妃张氏之间的走动与联系肯定也少不了；而张氏身边偏偏有个人见人爱的美人胚子孙氏，加上她伶俐又有心机，想必当时的少年朱瞻基早就被她勾魂摄魄或与她初试云雨了，这样的事情在明清宫中是不稀奇的。问题是在永乐十五年（1417）册立皇太孙妃嫔时，朱瞻基做不了主，只能由大家长皇爷爷拍板，可能当时朱棣考虑到"美女是祸水"的古训，也可能考虑到自己使用胡荣的大女儿蛮称心的，同时也顾及爱孙的个人喜爱，最终定局：将大臣胡荣的三女儿胡善祥定为皇太孙妃，即人们俗称的"大奶"，而将美艳孙氏定为皇太孙嫔，即"二奶"。(《明史·后妃一·宣宗孝恭孙皇后传》卷113)

转眼间几年过去了，皇爷爷朱棣作古，父皇朱高炽也匆匆走了，当年的皇太孙朱瞻基即位称帝，而皇太孙妃胡氏也由此升格为皇后，皇太孙嫔孙氏升格为贵妃。贵妃与皇后只相差一级，但对于自小天生丽质又一直受到皇太孙老公宠爱的孙氏来说，无论如何也接受不了。是自己不如人家皇后胡氏漂亮还是侍候老公不如她周到？每想到这些，孙氏就愤懑不已，但又不敢也不宜公开地表露出来。人们常说漂亮女人多草包，其实不然，不是还有一种说法：美女蛇。不过将孙氏说成美女蛇似乎太过了头，但她确实十分精明，还工于心计。心想：要说男人么，你要是硬向他要什么，他还不一定会心甘情愿地给你，他所贪图的就是我们女人的美色，我们何不好好地利用这资源与契机来实现自己的宏愿！孙氏打定主意，就从自己的皇帝老公朱瞻基身上下工夫。每当老公需求什么，她就满足他什么，从不让他不高兴；即使要表达自己心里委屈时还得要哭成泪美人似的，让男人好不怜爱，这时发话，男人没有不缴械的。宣德元年（1426），在孙贵妃孙美女的授意下皇帝朱瞻基犹如不明事理的孩子，向母亲皇太后"索要金宝"；而后的宣德三年（1428），与孙美女惺惺相惜的皇帝丈夫又导演了一出无故废皇后立艳妃的活丑闹剧。(《明史·后妃一·宣宗孝恭孙皇后传》卷113)

人们常说：儿时的朋友最可靠，而对于小时候青梅竹马的男女来说又何尝不是？从贵妃到皇后，这一路走来，孙美人的心路历程朱瞻基再清楚不过了，如今愿望全部实现了，她还有什么其他祈求？爬到更高的位置——皇帝大位？自古以来除了那个让人永世诅咒的武则天外，还没有其他女人当皇帝的，更何况当下要即位的小皇帝还是孙美女花了"大力气""好工夫"才得来的。所以说,别人都可以不信,自己的美妻还是很让奄奄一息的朱瞻基放心的!

不过从当时的情势来看,大明宫中女主人孙皇后上面还有一个更高级别的"女主子",她就是朱瞻基的亲生母亲皇太后张氏。皇太后张氏是明仁宗朱高炽的正妻,山东永城人。父亲张麒是当地的一个普通农民,他生有两男一女。一女即后来贵及皇太后的张氏,张氏有两个哥哥,大哥叫张昶、小哥叫张昇。洪武二十年张氏被聘为燕世子妃,即朱高炽的"大奶"。由此,张氏父亲张麒也被授予兵马副指挥官衔。永乐初年朱高炽升为皇太子,老丈人张麒上南京升任卫指挥使。可老农民出身的张麒却没有福分,当上卫指挥使官没多久就死了。一转眼就是朱高炽登基当皇帝了,他追封老丈人张麒为彭城伯。与父亲张麒薄命相比,大儿子张昶和二儿子张昇可谓福寿双全。张昶"从成祖起兵取大宁,战郑村坝,俱有功,授义勇中卫指挥同知……还佐世子守北平。永乐初,累官锦衣卫指挥使……仁宗立,擢中军都督府左都督,俄封彭城伯,子孙世袭。洪熙改元,命掌五军右哨军马"。(《明史·外戚传》卷300)张昇"成祖起兵,以舍人守北平有功,授千户,历官府军卫指挥佥事。永乐十二年从北征。仁宗即位,拜后府都督同知。宣德初,进左都督掌左府事"。(《明史·外戚传》卷300)

张氏兄弟之所以能官运亨通,除了其参与朱棣"靖难"、立有军功外,还有一个很重要的原因,那就是他俩很大程度上沾了贵为大明皇家未来第一女主人的好妹妹张氏之光。不过与历代皇家女眷及外戚迅速显贵相比,张氏倒不是那种为了家族利益而做什么都要急吼吼的贪婪女人。相反,她自进入燕王府起,就以其身上留有的山东农村人之淳朴与贤惠一步又一步地走了过来。

洪武晚期,作为燕世子妃的张氏耳闻目睹了大明政治的凶险。建文时期,公公朱棣阴谋起兵"靖难",丈夫和自己娘家两哥哥都被卷入了深不可测的造反漩涡之中。政治博弈的危险性与相互残杀战争的残酷性让张氏充分领悟到了夫君家皇位来之不易的道理。

永乐时,张氏"始为太子妃,操妇道至谨,雅得成祖及仁孝皇后欢。太子(朱高炽)数为汉、赵二王所间,体肥硕不能骑射。成祖恚,至减太子宫膳,濒易者屡矣,卒以后故得不废"(《明史·后妃一·

仁宗诚孝张皇后传》卷113)。

当然朱高炽皇太子之位最终没被废黜的原因还有许多,但当时的皇太子妃张氏的作用绝不容小觑,或者换一种说法,朱高炽在一定程度上沾了自己老婆的光。放在时下某些女强人的眼里,这样的男人似乎很无能,让人瞧不起。可当年的张氏却没有这样,一如既往地与丈夫朱高炽同舟共济,最终修得了正果。正因为有着这样的看似平凡却实为非常的人生经历,仁宣之际的张氏即时称张皇后"中外政事莫不周知",但她又不干涉皇帝丈夫处理国家政事,十分珍惜"天下清平"的好日子。可这样的好日子刚来没多久,她突然遭遇了丧夫之痛。洪熙元年(1425)五月,登基才10个月的皇帝丈夫明仁宗朱高炽突然"走了",一直与自己丈夫较劲争夺皇位的皇家二叔朱高煦却在蠢蠢欲动。面对帝国上下谣言四起和"中外汹汹"(【明】夏原吉:《忠靖集附录·夏忠靖公遗事》;【明】杨荣:《文敏集附录·杨荣行实》)的险恶形势,张皇后临危不乱,理性地采取果断措施,让皇太子朱瞻基顺利登基,稳定政局,化解了一场政治危机。一代贤后和杰出女政治家的风范在人们不经意间展示于世间。

张氏张皇后尽管不是名门出身,但自从进入魔鬼皇帝家门以后可算是见了大世面了,她目击了大明朝的惊涛骇浪,靠着自己的贤惠与聪明以及恰逢时势地生了一个"有出息"的儿子,帮助丈夫最终赢得了皇位,而后又为"出息"儿子朱瞻基的登基尽了她所有的力。这是一个历经风雨的老太太,也是一个有着远大眼光且把握得住大局的老祖宗。

宣德初年,不得不"荣升"为皇太后的张氏"军国大议多禀听裁决"。之所以要这样,恐怕还是应了一句老话:"知子莫若父!"不,现在朱瞻基的父亲不在了,知子就由他的母亲了。其实这些年在魔鬼的天才皇帝朱棣调教下,朱瞻基到底成了什么样,别人不清楚,作为孩子的母亲张氏还是知道的。朱瞻基天资聪明,能文又能武,但由于生在大明"第一人家",又在不可一世的皇爷爷的长期熏陶下,他的自我感觉和自我意识特别好,凡事不达目的决不罢休。想当年10多岁时,他常来宫中看望自己,就被长得比狐仙还要美丽的孙氏孙美女勾去了魂魄,后来皇爷爷成全了他们。可如此做法助长了这小子的唯我独尊意识,而作为一国之君恰恰又不能忘乎所以,于是宣德年间张氏张太后就不能不"军国大议多禀听裁决"(《明史·后妃一·仁宗诚孝张皇后传》卷113)。

好在皇帝小子脑子还算拎得清,"是时海内宁泰,(宣德)帝入奉起居,出奉游宴,四方贡献,虽微物必先上皇太后。两宫慈孝闻天下。(宣德)三年,太后游西苑,皇后皇妃侍,帝亲掖舆登万岁山,奉觞上寿,献诗颂德"(《明史·后妃一·仁宗诚孝张皇后传》卷113)。张太后虽说很高兴地接过儿子皇帝敬上的酒杯,可口中还是不停地告诫道:"今天下无事,吾母子得同此乐,皆天与祖宗之赐也。天下百姓皆天与祖宗之赤子。为人君但在保安百姓,使不至于饥寒,则吾母子斯乐可永远矣"(《明宣宗实录》卷36)。宣德五年(1430)二月,张太后与明宣宗等前往北京天寿山拜谒长陵与献陵。见到陵下跪地欢迎的当地百姓,太后张氏不失时机地教育皇儿明宣宗:"百姓爱戴君上,以能安之。古帝王保有天下,垂裕子孙,令闻长世,千载之下,人犹仰慕,亦惟能安民耳。国家恒轻徭薄赋,以存恤为务,庶几为民父母之道。"刚说完,张太后又下旨:上路旁的百姓家里去看看,询问询问他们的生活,亲口品尝农妇所献的"蔬食酒浆",并要皇儿明宣宗也吃点。明宣宗吃了没有呢? 史料未载,想必从小生活在锦衣玉食的温柔乡中的宣德帝是吃不下如此粗劣饭菜的。不过好在他的悟性不错,领会了皇太后母亲要求他体悟百姓甘苦、推行与民休息和实行长治久安政策的深刻用意。当时一路伴驾随行的还有大明朝廷重臣英国公张辅、尚书蹇义及大学士"三杨"(杨士奇、杨荣、杨溥)等,按照朝廷礼仪,他们前来拜见张太后。张太后一见到他们就颇为感慨地说道:"你们几位都是前朝的老臣,今天我们还能相聚也是福分啊。如今虽说大明天下国泰民安,可皇帝还很年轻,你们应该要好好地辅佐他啊!"(《明宣宗实录》卷63;《明史·后妃一·仁宗诚孝张皇后传》卷113)

宣德皇帝当时也在场,多年后的一天,他跟大学士杨士奇如此说道:"杨爱卿,你还记得那年我们一起上天寿山谒陵的回来路上,皇太后她老人家讲过的那番话吗?"杨士奇微微顿了一下,然后回答道:"臣不敢忘!"朱瞻基:"未忘就好,那天皇太后老人家与你们说完后继续跟朕说:'你们几位都是熟识朝廷大体、行事稳重的老臣。张辅虽说是个武臣,但能懂大义;吏部尚书蹇义持重谨慎,就少了点果断;你杨爱卿持正能谏,一旦说起来就不管忤逆不忤逆君上。为此先帝曾有几次不快乐,但最终还是接受了您的谏言,因而也就没废政事。不过还是在三件事上留下了遗憾,直后悔当初没听您的。"(《明史·后妃一·仁宗诚孝张皇后传》卷113)

或许正是受了母亲张太后的影响,宣德年间朱瞻基在杨士奇、杨荣、杨溥等老臣辅佐下,选贤任能,厘清吏治,强化监察,整饬风纪,谨选守令,重农固本,宽刑慎罚,清整刑狱……由此将皇父朱高炽肇启转型的大明"和平之列"驶入稳定发展的轨道,开创了大明帝国历史上最为辉煌的时期——"仁宣之治"。

或许正是看到朱瞻基"恪遵成宪""敷宣德意",治国理政抓大治有条不紊,本来就生性恬静且能识大体懂大局的张太后,对于自己的皇帝儿子的个人喜好并不太在意。

宣德登基不久,为了使得从小就与自己心有灵犀一点通的孙美眉能拥有一枚贵妃金印,朱瞻基采取软磨硬泡的策略不断地向上请示。而在张皇太后看来,这小子的如此招数不就是为了给心爱女人挣一枚金印么,算了,只要他不过分瞎来,就由他去吧!于是孙贵妃盼望已久的金印(也名金宝)在强势老公的操作下十分轻松地来到了自己的手中。大明朝贵妃有金宝之制自此而始。(《明史·后妃一·宣宗孝恭孙皇后传》卷113)

至此,谁都懂得,获取金宝、取得了几乎与皇后地位不相上下的宣德皇帝心爱美眉只要再努力一把——生个皇子,就可轻而易举地夺得皇后宝座。可令人没想到的是,不论朱瞻基与孙美女在床上怎么努力,再怎么加班加点,来个革命加拼命,就是不见龙种皇子从那贵妃地里冒出来。不过这也不太妨碍事,已经尝到算计得来的甜头的孙贵妃有的是主意,她"阴取宫人子为己子,即英宗也,由是眷宠益重"。刚好大明天子的正宫胡皇后也无子,还"身弱多病",宣德帝就让她上表辞位,退居长安宫,当个"静慈仙师"(《明史·后妃一·宣宗恭让胡皇后传》卷113)。宣德三年(1428)三月,风流天子朱瞻基正式废黜皇后胡氏,改立孙贵妃为皇后,由此也开创了有明一代变乱宫壸——废后立妃之先河。

不过对于这种潜在的不良后果,宣德时期的张太后并没有表现出过于强烈的反应。尽管自己十分同情废后胡氏,"常召居清宁宫。内廷朝宴,命居孙(皇)后上"(《明史·后妃一·宣宗恭让胡皇后传》卷113),但她似乎更看重的是儿子明宣宗治理下的大明"吏称其职,政得其平,纲纪修明,仓庾充羡,闾阎乐业,岁不能灾……蒸然有治平之象矣"(《明史·宣宗本纪》卷9)。

　　正是张太后的这种客观纵容,使得明宣宗爱其所爱和恣意纵欲。终于在宣德十年(1435)新年开启,还没步入不惑之年、年仅37岁的明宣宗命丧美女色欲。当时皇太子朱祁镇年仅8周岁,一个只知道吃喝玩乐的娃娃怎么能担当起治国理政之重任?临终前的宣德皇帝也想到了这一层,所以他在遗嘱中特别明确规定:"文武大臣尽心辅导(大明冲龄天子),家国重务必须上禀皇太后、皇后然后行"(《明宣宗实录》卷115)。我们将这段遗嘱换一种说法:明宣宗谢世后大明帝国皇权出现了真空或言弱化,就由宣德帝的母亲张太后领衔暂时代理运行。不过有着过人之识的张太后在皇儿遽然去世、大明皇位承继再度发生危机之时,更多地从"国有长君,社稷之福"的角度考虑,打算远召长沙的襄王即明宣宗的同胞小弟弟、皇太子朱祁镇的亲叔叔朱瞻墡来京继承大统(【明】陆容:《菽园杂记》卷8)。但这个建议迅速遭到了杨荣、杨士奇等老臣的反对,老臣们坚决主张恪守传统的嫡长子皇位继承法,立宣德皇帝的皇太子朱祁镇为帝。出于安定团结的大局考虑,张太后并没有固执己见,相反,她毅然决然地遵循明宣宗的遗诏,立朱祁镇为帝。不仅如此,张"太后(还)趣召诸大臣至乾清宫,指太子泣曰:'此新天子也。'群臣呼万岁,浮言乃息"(《明史·后妃一·仁宗诚孝张皇后传》卷113)。

　　张太后之所以在关键时刻做出让步,除了上述讲到她从维稳角度考虑问题和拥有宽阔的胸怀外,还有一个十分重要的因素,那就是她恪守"毋坏祖宗法"之信条。朱祁镇即位之初,朝中有大臣上请张太后出来垂帘听政,她明确回答道:"祖宗定的规矩,我们怎能随意将它给毁坏了呢?!"她不仅坚决拒绝自己垂帘听政,还严格恪守祖宗成宪,裁抑宫中宦官势力,整肃宫闱,约束外戚。

　　前文说过,张太后有两个哥哥,老大张昶袭封彭城伯,老二张昇官为左军都督府左都督。但从《明太宗实录》记载来看,这两兄弟之外还有个小弟弟叫张旭,此人"居乡骄横",依仗自家是大明皇亲国戚而在乡里横行不法。当时的永乐皇帝听说后,曾跟张家大家长张昶这般说道:"皇亲最当守法,不守法罪比常人有加。开平王、永成侯、德庆侯之家特外戚生事坏法,皆取灭亡。前鉴不远,汝今富贵,但常不忘贫贱时,自然骄逸不生,若溺富贵而忘贫贱,奢傲放恣,以凌虐人,有英明之君在上,必不恕尔!"听到皇帝的这番训诫,张昶早就吓得魂飞魄散。好在那天永乐皇帝尚未完全失控,也顾及了儿媳妇张氏的面子,看到跪在地上死命磕头谢恩的张昶,他当场下令赐钞60锭,不过同时又不无深意地说道:"此赐非多,尔能守法保富贵,何啻万倍于此?"(《明太宗实录》卷143)

打一巴掌揉一揉,大明天子的这等招数还十分管用,加上张家大家长张昶本身性格淳朴、处事谨慎,终永乐、洪熙、宣德和正统四朝,张太后的娘家人都比较守法。即使这样,张太后还经常告诫两兄长:"以恭俭悫,饬保家族,不许预议国事。"明英宗即位之初,大学士杨士奇等朝臣上言太皇太后:"都督张昇平日存心公正,非其余可比。令议国事,诚出公论。况昇历事列圣,皆知其贤,每有巡幸,必命留守。伏惟太皇太后无以亲兄弟为嫌,仍令与议军国重事。"(《明英宗实录》卷2;【清】毛奇龄:《胜朝彤史拾遗记》卷2)可张皇太后听后一脸的不高兴,从国家大局和家族安稳的长远角度考虑,她非但拒绝了朝臣们的上请,反而还让杨士奇起草了《太皇太后谕二兄书》,其中写道:"吾起于寒微,叨蒙国恩,荣及祖宗,显受褒宠。诸兄嗣膺重爵厚禄,阃门富贵,与功臣等。此皆列圣天地之赐也,顾岂常有汗马之劳哉?……今长孙皇帝以幼冲嗣大宝,内间保持辅翼,实系于吾……二兄同气至亲,可不体吾之此心哉?尚其循礼度修恭俭,以率子孙家人,俾咸慎蹈,毋作忒过……二兄自今惟朝朔望公朝,有政议悉勿预闻。"(【明】杨士奇:《东里别集》卷1)

张太后的这番话语就是告诫娘家人:自始至终都要谨慎处事,安分守己,恪守外戚不能干政等大明皇家祖宗成宪。这也是正统初年大明朝廷对于内廷及其相关之人的要求与训诫,那么对于外朝又将是如何?明朝人记载说:"英宗初立,张太后临朝委政杨士奇、杨荣、杨溥,政治清明,民间亦厌苦兵革。故自宣德以来,务休息生养,为国朝太平之极盛。"(【明】高岱:《鸿猷录·己巳虏变》卷10,P123)清初学者也说:"初,宣宗崩,上(指明英宗)冲年践阼,事皆白太后然后行。委用三杨,政归台阁。"(【清】谷应泰:《明史纪事本末·王振用事》卷29《明史》载:正统初年在天子少不更事的情势下,张皇太后下达懿旨:"第悉罢一切不急务,时时勖帝向学,委任股肱……"(《明史·后妃一·仁宗诚孝张皇后传》卷113)

● 正统初元朝政的实际操盘手:屡经风雨的辅政五大臣:"三杨"、张辅、胡濙

"第悉罢一切不急务"就是要停罢一切不急之务,与民休息;"时时勖帝向学"就要加强对冲龄天子朱祁镇的教育辅导,将他培养成一代圣主明君;而"委任股肱"即要将大明军国重任交予历经永乐、洪熙、宣德三朝风风雨雨的老臣去打理,这也是明宣宗遗诏精神所规定和要求做到的。我们不妨将上述这话再说透一点,即遵循后宫不得干政的祖宗规制,正统初年的张皇太后委政于内阁阁臣"三杨"和张辅、胡濙为代表的数朝老臣。

○ 久经考验的内阁"三杨"成了正统时期首选的辅政大臣

内阁是仁宣时期的智囊决策机构,内阁阁臣杨士奇、杨荣、杨溥(时号"三杨")都是历经明初政治风浪的朝中元老。三杨原本都是平民或言草根出身,通过科举考试、荐举而逐渐跻身于大明高级公务员的行列,他们熟悉社会底层生活与百姓疾苦,有着丰富的社会阅历,又屡经政治风浪,因而在错综复杂的政治形势下都能保持着清醒的头脑,把握住正确的大方向。(《明英宗实录》卷143)

在"三杨"中杨士奇尽管学历文凭最低,他自学成才,但他识大体、懂大局,擅长行政工作,性直又有雅量,能容忍别人之过,被人美誉为"贤相"。明代官史记载说:"(杨)士奇处心公正,论事存大体,在上(皇帝)前有德者必扶,有过者必掩;取人必先德行而后才能,且博询于众论,故所荐皆名士。"(《明英宗实录》卷114)《明史》也说杨士奇"雅善知人,好推毂寒士,所荐达有初未识面者。而于谦、周忱、况钟之属,皆用士奇荐,居官至一二十年,廉能冠天下,为世名臣云"(《明史·杨士奇传》卷148)。

"三杨"中的杨荣是永宣时期最为机敏、最有谋略的朝廷决策大臣。他精明果敢,能谋善断,尤其是在临时决策和军事方面有着

杰出的才能,因而深得永乐皇帝的器重与厚爱,朱棣每次北征都要将他给带上。在永乐朝那个人人自危的岁月里,唯独杨荣自始至终都能绕过政治场上的惊涛骇浪而得以保全。《明史》说杨荣"历事(永乐、洪熙、宣德和正统)四朝……老成持重……论事激发,不能容人过。然遇人触帝怒致不测,往往以微言道帝意,辄得解。夏原吉、李时勉之不死,都御史刘观之免戍边,皆赖其力"。因为为人机灵,说话得体,又能料事正确无误,杨荣的官宦生涯顺风顺水,"恩遇亦始终无间……先后(受)赐赉,不可胜计"。不但如此,他还"性喜宾客,虽贵盛无稍崖岸,士多归心焉。或谓(杨)荣处国家大事,不愧唐姚崇,而不拘小节,亦颇类之"。(《明史·杨荣传》卷148;《明英宗实录》卷69)

"三杨"中的杨溥是永宣时期皇帝所亲近的大臣中较为特殊的一个,他为人正派,但性格很内向,宁静淡泊。虽说他与杨荣同为建文二年(1400)的进士,同时被授予翰林院编修,但在随后的人生道路上,这"两杨"却有着很大的不同。永乐初年杨溥被任命为太子洗马即东宫老师,与黄淮等一起伺候皇太子朱高炽读书。永乐十二年(1414),"东宫(指皇太子朱高炽)遣使迎(永乐)帝迟,帝怒。黄淮逮至北京系狱。及金问至,帝益怒曰:'问何人,得侍太子!'下法司鞫,连(杨)溥,逮系锦衣卫狱。家人供食数绝。而帝意不可测,旦夕且死。溥益奋,读书不辍。系十年,读经史诸子数周"(《明史·杨溥传》卷148)。

杨溥坐了十年的冤枉监狱,直到朱棣死,皇太子朱高炽上台后才将他给放了出来。正因为有着这段非同寻常的经历,朱高炽夫妇在掌握了大权后对杨溥等人充满了感激与怜悯之情。杨溥一出狱,朱高炽就任命他为翰林学士。洪熙元年(1425),明仁宗特建弘文阁,让杨溥执掌阁事,实际上是另立了一个内阁班子。不久又晋升他为太常寺卿。至此,杨溥已经位列于杨士奇、杨荣等重臣的行列,加上他性格恬静,淡泊名位,严谨操守,处事公平,故而深得朝中同僚甚至皇帝的尊敬。宣德初年,杨溥主动提出,撤销弘文阁。明宣宗接受了他的建议,将他召入内阁,与杨士奇、杨荣、金幼孜等同埒。宣德九年(1434)杨溥被提升为礼部尚书,仍兼任内阁大学士。史书曾说"(杨)溥质直廉静,无城府。性恭谨,每入朝,循墙而

走。诸大臣论事争可否,或至违言。溥平心处之,诸大臣皆叹服"。(《明史·杨溥传》卷148;《明英宗实录》卷143)

杨溥、杨荣、杨士奇都姓杨,为了加以区别,人们在他们的各自姓氏前冠上出生地名,杨士奇被呼为"泰和杨"(他出生于江西泰和县),杨荣被叫做"建安杨"(他出生于江西建安县),杨溥被称为"石首杨"(他出生于湖北石首县)。不过随后人们觉得这样的称呼还是不便,于是就以他们居住的府第方位来加以区别。在当时的京城里,杨士奇的府第在西边,故人称其为"西杨";杨荣的府第在东边,人称其为"东杨";而杨溥因常将自己的郡望写成"南郡",故人称其为"南杨"。正统初年"天下清平,朝无失政,中外臣民翕然称'三杨'"。(《明史·杨溥传》卷148)三杨"各有所长,士奇有学行,荣有才识,溥有雅操,天下引领望焉"(《明英宗实录》卷143)。

○ 不一般的"军二代"、杰出的军事天才英国公张辅堪任正统朝辅政大臣

"三杨"之外,永宣以来大明朝廷中还有一位重量级的大臣,他就是因"三定交阯"而"威名闻海外"的英国公张辅。张辅是朱棣当年"靖难"造反时两大得力干将之一张玉之长子,用今天话来说,他是个"官二代"或称"军二代";不过张辅这个"官二代"与现代某些"官二代"还不一样,他在很大程度上是靠着自己的真本领而取得高位的。

建文帝即位之初,他的"好叔叔"朱棣就在北平起兵造反。当时张辅还是个小杆子,父亲张玉跟随燕王"靖难",东征西讨,立有军功,被授予蔚州卫指挥同知。建文二年(1400)十一月,朱棣"靖难军"南窜进入东昌时,遭受到了盛庸率领的建文帝朝廷军的重重包围。眼看自己的主子朱棣就要被围死了,张玉不顾一切地冲入重围救主,不料就在这次战斗中死于战阵。东昌之战结束时,曾经不可一世的朱棣不无痛惜地说道:"胜负固兵家常事……所恨者,失张玉耳!艰难之际,丧此良辅,吾至今寝不帖席,食不下咽也!"说着说着他就"流涕不止"(《明太宗实录》卷7)。

正因为对有着救命之恩的张玉充满了感激之情,朱棣后来不仅娶了他的女儿为妃,而且还让他的儿子张辅继袭了父亲的职位,

出任都指挥同知。(《明英宗实录》卷181)不过张辅本人也很有能耐,"靖难"战争后期,他"从战夹河、藁城、彰德、灵璧,皆有功",所以当朱棣没脸没皮地抢得皇位后,就晋封他为信安伯,食禄千石,享有免死铁券,由此张辅进入了由"靖难英雄"所组成的永乐朝统治集团中心。不过在永乐初年大封大赏打内战的"靖难英雄"背景下,张辅及父张玉两代的玩命拼搏却只得了个侯爵,在有些人看来,实在有点不相称。这时,同为父辈"靖难"老"英雄"的丘福、朱能等人出来说话了:"张玉父子功劳都很大,皇帝陛下,您不能因为娶了他们家的一个小女子,怕人说闲话而不敢重赏厚赐张辅呀!"魔鬼的天才皇帝朱棣当然听得懂这话里话外之音,随后他不仅一再厚赐了昔日玩命于"靖难"战场的老哥儿们,而且还不断地升赏自己的小美眉张妃之兄张辅,"永乐三年进封新城侯,加禄三百石"。(《明史·张辅传》卷154)

永乐五年(1407),朱棣命令张辅接替朱能出任征夷大将军,发动了对交阯的平乱战争。(《明英宗实录》卷181;《明史·成祖本纪二》卷6)自此起至永乐中后期,张辅率领大明军"三定交阯",令敌人闻风丧胆,就当时的情势而言,"交人所畏惟(张)辅"。为了表彰大舅子的卓越功勋,妹夫皇帝朱棣在永乐六年(1408)时就进封张辅为英国公,"岁禄三千石,予世券"。(《明史·张辅传》卷154)

永乐十五年(1417),第三次交阯之乱平定后,张辅被调回了京城。没想到张辅一走,交阯之乱又起,永乐帝"累遣将讨之,无功。至宣德时,柳升败没,王通与贼盟,仓卒引还。廷议弃交阯,(张)辅争之不能得也"(《明史·张辅传》卷154)。

自调回京城起,国舅爷张辅由声震海内外的军事巨擘迅速地被皇帝妹夫安排成为大明朝廷的高档军事摆饰。第四次交阯平乱战争异常酷烈,可永乐朝廷却没让他这位绝对一流的军事天才领袖去统兵主持;朱棣数次北征蒙古也没让他领头挂帅,张辅遽然在热闹非凡的大明军事战争舞台上变得忽隐忽现了,乍看起来,好不奇怪!

其实之所以出现这样的奇怪现象,在笔者看来不外乎以下三个方面的原因:第一,张辅第一次平定交阯之乱后就被晋升为英国公,位近人主。如果再让张辅一直领兵作战下去,频频取胜,永乐皇帝将在朝中如何安排这位位高权重的国舅爷的位置？第二，自古以来中国政治场上流传这样的一句诫言:功高会盖主。永乐帝如果让已经数次立有平乱之功且名震海内外的张辅一再统兵作战下去,那么他的功劳岂不是越来越大。功劳越大就越能盖主,功劳越大者又握有重兵,一旦反目,其后果不堪设想。通过起兵造反进而夺得天下的永乐皇帝十分清楚这里边的利害关系,他当然不愿看到那不堪的一幕,当然更不愿意等到那不堪的一天。第三,张辅的妹妹是永乐帝的妃子,位近大明"国母";她的哥哥张辅成了国舅爷,手中又握有百万的兵力,万一之万一,兄妹联合,永乐朝廷岂不危矣！这一切对于自小就疑神疑鬼的朱棣来说是绝对不能容忍的,于是在永乐十五年(1417)他就将张辅召回京城,从根本上入手,解除了国舅爷手中近百万军队的实际领导权与指挥权,让他参与中央朝廷的军事工作,协助永乐帝自己统帅的数十万大明军远征漠北。(《明太宗实录》卷239;《明太宗实录》卷246、272)

对于父皇的这般良苦用心,后来即位的洪熙帝朱高炽心领神会。他一上台就以慰劳追随先皇帝北征有功为名,对舅舅张辅等军中将领大加赏赐,明确他执掌中军都督府之事,并晋升他为太师,让他享有两份俸禄(《明仁宗实录》卷1)。唯恐不周,没过几天,明仁宗又下令:张辅的太师职位俸禄由北京官仓支付！"时百官俸米皆给于南京,此盖特恩云。"可以这么说,洪熙时张辅享有皇帝赐予的特别厚恩,位极人臣之巅(《明仁宗实录》卷4)。

不过,对于这样的荣耀与恩遇,性格端重静默的张辅非但没有一点点的沾沾自喜,反而更加谨慎行事。当时永乐帝死了没多久,按照规制,大丧27日后大明君臣均可脱下丧服,换上常服。可当时的新皇帝朱高炽为了表达对君父的仁孝,却坚持遵照古例,仍然穿着丧服临朝,而上朝的大臣中只有大学士杨士奇和张辅也如此。看到朝堂上穿着白衣白帽的一文一武两大臣,明仁宗颇为感慨地说道:"张辅本是武臣,却能遵循儒家古例坚持为君主超时服孝,他的知书达理要远远超过朝中六卿啊！"自那时起,朱高炽更加看重舅舅张辅,任命他为知经筵事,监修《明太宗实录》。(《明仁宗实录》卷10;《明史·张辅传》卷154)

宣德元年(1426),汉王朱高煦密谋造反,派出手下人前往北京活动,想以当年与他一起参与"靖难"的朝中武臣作为他谋反的内应。张辅既是当年的"靖难"英雄,又是朱高炽和朱高煦兄弟的舅舅,莽夫朱高煦误以为这个舅舅会跟自己一条心,于是就派人乘着夜间天黑潜入英国公府游说。没想到说客刚一开口,张辅就令人将他给绑了起来,开始对他进行审问,随后便将获得的汉王阴谋造反的机密信息火速上报给了明仁宗朱高炽的皇位继承者、新皇帝朱瞻基,催促明宣宗火速出兵山东,平乱高煦之乱。(【明】李贤:《古穰杂录摘抄》)宣德元年(1426)八月辛未日,一直含而不露的朱瞻基"以高煦之罪,告天地宗庙社稷山川百神",统率大营五军将士从北京启程,向山东乐安(汉王藩邸)方向进发,宣德朝皇帝亲征由此开启。(【清】谷应泰:《明史纪事本末·高煦之叛》卷27)

张辅受命扈行,在高煦之乱平定后,明宣宗为了表彰他的功劳,给他加禄三百石。由此,英国公张辅"威名益盛"(《明史·张辅传》卷154)。

古人云:"夫物盛而衰,乐极则悲。"(【汉】刘安:《淮南子·道应训》)目睹了明初风风雨雨的大明老臣、都察院都御史顾佐出于帝国长治久安角度的考虑,在宣德四年(1429)向明宣宗作了提醒,以保全功臣的名义,明确解除大明军事第一人才张辅的兵权。(【明】李贤:《古穰杂录摘抄》)朱瞻基马上接受了建议,随即以关爱德高望重的老干部老功臣作为说辞,让张辅辞去大明中央军事领导职务,"朝夕侍(明宣宗)左右,谋画军国重事",并"进阶光禄大夫、左柱国,朝朔望"(《明史·张辅传》卷154)。此时的张辅早已没有威风八面的大将军雄姿,更多展现在人们视野里的是个温文尔雅的"硕学鸿儒","宣德中(张辅)监修(永乐、洪熙)两朝实录,日与馆阁儒臣商订去取,无所偏徇"(《明英宗实录》卷181)。

张辅的角色转变固然是由当时的政治大背景所决定——大明永乐、洪熙和宣德三朝对帝国军事领导人的暗中猜忌与钳制,但也有他自身的个性和修养等方面的因素。史书说:"(张)辅器度弘伟,端重静默,临事严毅而心实宽厚,治家有礼,尤礼敬士大夫。"(《明英宗实录》卷181)这说明张辅是个既有杰出军事天赋又有传统文化底蕴和政治眼光的"儒将",也正因为如此,他历事永乐、洪熙和宣德数朝,"连姻帝室,而小心敬慎",与"三杨"、蹇义、夏原吉和胡濙等久经考验的老臣"同心辅政"20多年，将大明帝国推向了全盛。曾有史家较为中肯地评述张辅道：从洪熙经宣德到正统初元，国家承平，"海内宴然，辅有力焉"（《明史·张辅传》卷154）。

○ 被人误读的明初数朝老臣胡濙升为与"三杨"、张辅同埒的辅政大臣

除了张辅和"三杨"，在后永宣时代还有一位屡经风浪的忠诚老臣，他就是正统初元被张皇太后指定为辅政大臣之一的胡濙。

胡濙，江苏武进人。此人生下来时很怪，满头的白发，一直到了满月时头上才逐渐长出黑发。他原本是建文二年（1400）的进士，最初被建文朝授予兵科给事中。朱棣"靖难军"攻入南京时，胡濙与茹瑺、解缙、杨士奇、杨荣等人一同归降了。在建文朝大臣压倒性多数选择不合作的情势下，胡濙等人的"识时务"让魔鬼朱棣捞到了一把政治救命稻草。当然朱棣也没有亏待他们，永乐元年（1403），胡濙升为户科都给事中。当时南京城内外谣言不绝如缕，"惠帝（指建文帝，作者注）之崩于火，或言遁去，诸旧臣多从者，帝（指朱棣）疑之。（永乐）五年遣（胡）濙颁御制诸书，并访仙人张邋遢，遍行天下州郡乡邑，隐察建文帝安在。濙以故在外最久，至十四年乃还。所至，亦间以民隐闻。母丧乞归，不许，擢礼部左侍郎。十七年复出巡江、浙、湖、湘诸府。二十一年还朝，驰谒帝于宣府。帝已就寝，闻濙至，急起召入。濙悉以所闻对，漏下四鼓乃出。先濙未至，传言建文帝蹈海去，帝分遣内臣郑和数辈浮海下西洋，至是疑始释"（《明史·胡濙传》卷169）。

上引的这段史料出自清代人编撰的《明史》，而清代人又是从哪儿得到它的？笔者也曾怀疑这段史料的可靠性与真实性。不过后来在阅读明人所撰的《国朝献征录》中有篇李贤写的《礼部尚书致仕赠太保谥忠安胡公濙神道碑铭》引起了笔者的注意，随即将其与《明史·胡濙传》做了对比，结果发现两者几乎完全相同。那么李贤是什么人？他写的东西可靠吗？李贤是明朝中期有名的内阁"首辅"，又是个正人君子，宣德八年（1433）进士出身，历时宣德、正统、景泰、天顺和成化五朝，"自以受知人主，所言无不尽"（《明史·李贤传》卷176），且与胡濙同朝为官一二十年。由此而言，李贤写的

《礼部尚书致仕赠太保谥忠安胡公濙神道碑铭》之内容还应该是可信的。换言之,当年明成祖朱棣派遣胡濙秘密出行寻找的就是建文帝的下落。那么胡濙找到了吗？李贤记载道:"向所疑虑者,至是皆释。比退,漏下四鼓。"(【明】李贤:《礼部尚书致仕赠太保谥忠安胡公濙神道碑铭》;《国朝献征录·礼部一·尚书一》卷33)

　　胡濙在外出秘密巡访时,皇帝朱棣还让他"顺便"上南京去留意观察在那里监国理政的皇太子朱高炽。胡濙遵旨行事,向朱棣"密疏驰上(皇太子)监国七事,言诚敬孝谨无他,(永乐)帝悦"。或许朱高炽的表现确实不错,或许心思缜密的胡濙特会处事,在那个风云莫测的年代里,胡濙不仅没被政治大浪所淹没,反而能步步高升。

　　明仁宗即位后下令将胡濙召为近臣,任命他为行在礼部侍郎。而有着非同寻常眼力的胡濙也适时给出了"回音",向新皇帝朱高炽上陈十事,"力言建都北京非便,请还南都,省南北转运供亿之烦。(洪熙)帝皆嘉纳"(《明史·胡濙传》卷169)。

　　从当时的情势来看,胡濙在永乐朝受命暗察皇太子与上呈密疏之事还不为人知。但随后不久,明仁宗不知从哪里得到了消息,由此对胡濙的印象大打折扣,将他的官职改为太子宾客,兼南京国子祭酒。不过好在随后登基即位的明宣宗很快就弄清了当年胡濙秘密上疏的内容,为了感谢他昔日对父皇的保护之恩,朱瞻基在自己即位后的两个月左右就恢复了胡濙的礼部左侍郎之职。(《明史·胡濙传》卷169;《明宣宗实录》卷5)

　　宣德元年(1426),胡濙来京朝见新天子,明宣宗当即将他留下,让他出任行在(北京)礼部侍郎,没多时又提拔他为礼部尚书。随后便是汉王朱高煦密谋造反之事案发,皇帝朱瞻基获悉后决定亲征,胡濙与杨荣等大臣力赞之,并一路伴驾。平乱后宣德皇帝对文武大臣进行了厚赏,赉予胡濙甚厚。至此,胡濙在宣德朝沐浴大明天子的无限隆恩还仅仅是开了个头。宣德二年(1427),明宣宗下令赐予胡濙四枚银章,让他有事随时上呈密疏,还赐第北京长安右门外,且配备两个宦官供他使唤。据说每年胡濙的生日,宣德皇帝总要下令给"光禄(寺)赐宴于其第"(《明英宗实录》卷356)。这样优渥的待遇在当时的大臣中还真不多见,事情到此还没有打住。宣德四年(1429),明宣宗命胡濙兼理詹事府事,即兼职负责辅导皇太子的事务。宣德六年(1431),大明户部尚书张本病卒,朱瞻基又令胡濙兼任户部尚书。户部相当于后世的财政部,属于朝廷的重要衙门。胡濙兼任户部尚书后发现了一个奇怪的事情:大明财政开支越来越多,而皇帝针对各地灾荒发出的蠲租免税之诏令又不断地下达,如何面对即将出现的入不敷出的财政难题?出生于江南、从小就有灵活经济头脑的胡濙往往有选择性地将对一些灾荒并不严重地区发出的皇帝蠲免诏令暂时搁置起来或拖着不执行,虽说这样做弄得明宣宗一时很为恼火,但从维护大明帝国财政收支平衡和保护经济良性循环角度来讲还是大有好处的。由此,时间一长,皇帝朱瞻基对胡濙依然"眷遇不少替"。有一次明宣宗举行小范围宴会,宴请杨士奇、夏原吉、蹇义和胡濙等几位亲近大臣。宴席上宣德帝颇为感慨地说道:"海内无虞,卿等四人力也。"(《明史·胡濙传》卷169;《明英宗实录》卷256)

明宣宗的这番话表明,宣德中期的胡濙已经位列"三杨"与"蹇夏"等大明朝廷重臣的行列。之所以如此,一方面由于胡濙本人具有良好的政治与文化素养,明代官史说他"为人节俭宽和,喜怒不形于色,待人温恭有礼,时以德量称然"(《明英宗实录》卷356)。这样的人在一个正能量占据优势的王朝上升时期理所当然要受到重用了;另一方面由于胡濙对永乐、洪熙和宣德三代皇帝忠心耿耿,是个久经考验的大明忠臣。

对此,不仅明宣宗朱瞻基,就连他的母亲张皇太后都一直铭记于心,感念不忘。宣德十年(1435)正月,宣德皇帝遽然逝去,张皇太后将胡濙视为与三杨、张辅一般的股肱大臣。有一天她在宫中接见刚刚登基的冲龄天子,8岁的明英宗恭恭敬敬地面西站在她的身边。张皇太后下达懿旨,迅速召请英国公张辅、内阁阁臣"三杨"(杨士奇、杨荣、杨溥)和礼部尚书胡濙入殿。不多一会儿,五位大臣都到齐了,张皇太后见了他们颇为感伤地说道:"先帝不幸远去,嗣君年幼,你们几位都是历经数朝的老臣,今日我们在此特别见面,我希望你们几位同心协力,共保我大明江山长治久安,此乃社稷之福啊!"随后她转过头去,跟孙儿皇帝明英宗说:"此五臣,三朝简任,俾辅后人。皇帝万几,宜与五臣共计。"(《明史·杨溥传》卷148)

张皇太后的这番话翻译成现代汉语,大致是说:"皇孙儿啊,你眼前的这五位大臣都是在前朝屡经大风大浪、接受过无数考验且值得信赖的。之所以我今天特地将他们召到这里来,是想让他们以后好好地辅助你。大明这么大的一个帝国,政务丛脞,你要多向这五位大臣请教,多与他们商议商议后再作定夺。"8周岁的娃娃懂得治国理政?这样的问题是不难回答的。张皇太后的如此做法就是为了确立五大臣辅政格局,以此来解决由于新君初立少不更事和遵循后宫不能干政之祖制所造成的大明皇权之虚化或言弱化这一大难题,进而保障帝国秩序正常运行。这与明宣宗的遗嘱精神也是一脉相承的。

由此我们不难看到,正统初元,在五大臣的辅助下,大明帝国并没有因朱瞻基的溘然离世而突然中止了"仁宣之治",而是循着原有的轨道继续前行了一段时间。

● 正统"循规" "盛世"余晖

我们不妨将上面的话再说透一点,除了先帝离世与幼君新立外,大明的山还是那山,大明的水还是那水,大明朝廷整体上还是那个朝廷,所不同的是帝国这艘航母的主要掌舵人暂时转为皇帝的祖母张皇太后。虽然从名义上来讲,大明的重大事务要由张皇太后来决断和拍板,但实际上她委政于内阁"三杨"和张辅、胡濙等辅政大臣。内阁制那时更加成熟,而大明朝廷对于政务的最初处理是由内阁票拟开始的,票拟好了的奏疏要送到冲龄天子那里去"批红",但那时的娃娃皇帝朱祁镇只不过象征性地履行一下天子的职责与义务,更多的章疏可能是由内廷司礼监太监代批。而正统之初的司礼监主要还是由宣德时代的老太监掌控,他们还算老实,后来渐渐由臭名昭著的大珰"王先生"王振负责,但那时的"王先生"鉴于太皇太后张氏的威势还不敢发横,因此从大明朝廷政务的实际掌控角度来讲,起着主导性作用的就是"仁宣之治"的老臣,即内阁"三杨"和张辅、胡濙等辅政大臣。这些老臣在张皇太后的支持下,以明英宗的名义下发敕谕,果断地采取措施,革除弊政,纠偏补漏,使得正统之初的大明帝国依然闪烁着"仁宣之治"的余晖,用明代官史上的话来讲,即"正统更新"(《明英宗实录》卷1)。

● 内外除弊 正统更新

宣德十年(1435)正月初三,嗜好床笫之欢的明宣宗终于命丧女色,撒手人寰。7天后的壬午日,冲龄皇太子朱祁镇登基即位,或许是出于阁臣杨士奇之手、又体现了张太皇太后循轨"仁宣之治"精神的明英宗即位诏书随之颁示天下。该诏书覆盖了朝廷内外的军事、民政、财税、田赋、徭役、屯田、蠲免、开豁、恤孤、教育、匠作和土贡等各个方面,总计38款(详见《明英宗实录》卷1),是明朝开国以来篇幅最大的皇帝登基即位诏书。

在明朝前期列帝中,明太祖朱元璋即位诏书278字(详见《明太祖实录》卷29),朱允炆即位诏书180字(详见谈迁:《国榷》卷11,太祖洪武三十一年,P789;朱鹭:《建文书法拟》前编七)明成祖朱棣即位诏书2 000多字(详见《明太宗实录》卷10),明仁宗朱高炽即位诏书2 230多字(详见《明仁宗实录》卷1上),明宣宗朱瞻基即位诏书1 600多字(《明宣宗实录》卷1),明英宗朱祁镇即位诏书2 833字(详见《明英宗实录》卷1)。除文字表达方式因素之外,新皇帝即位诏书的字数在某种程度上与他所面临的和所要解决的问题存在着很大的关联。而在明朝前期6帝中,明英宗的即位诏书字数最多,接近3 000字。这在一定程度上表明了经历近70年的风雨旅程之后大明帝国所面临和亟须解决的问题越来越多。或许正如由杨士奇捉刀的明英宗即位诏书中所明确讲道的:"予眇躬祗,奉遗命于宣德十年正月初十日即皇帝位,付畀攸重兢惕惟深允,惟神天之典,惟敬斯承生民之众,惟仁斯保阜成之绩,惟勤惟俭,乃克有成,顾予凉薄勉怀永图,尚赖亲王宗室,益修藩屏。中外文武群臣宣力效忱,以副委任,以惠我苍生,用臻富庶,跻于泰和。其以明年为正统元年(1436),与天下更新。"(《明英宗实录》卷1)

"与天下更新"就是要革除前朝所遗留下来的历史积弊,对照明英宗即位诏书中38款"革弊"举措,我们不难发现其涉及了大明朝廷里里外外各个方面和各个阶层,确有"与天下更新"之势。那究竟落实得怎么样?有的落实到位了,有的差强人意,有的根本就没执行下去。综观明英宗即位之初的"革弊更新"实际,人们看到

正统之初大明君臣更多地在下列诸方面做出了实际的贡献:

● 节省开支　裁抑冗费

宣德十年(1435)正月己亥日,也就是朱祁镇登基即位没过几天,"三杨"等辅政大臣在张太皇太后的支持下以明英宗的名义下令给内廷各监局,命其清理内府各种财物账本,"将递年收受用度及见贮者,具数以闻,敢有纤毫隐瞒透漏,必罪不贷"(《明英宗实录》卷1)。由此揭开了正统之初大明节省开支裁抑冗费活动的序幕。

数日后的正月戊辰日,行在礼部尚书胡濙等上请:"钦天监历日五十万九千七百余本,省为十一万九千五百余本;太医院药材九万八千一百余斤,省为五万五千四百余斤;光禄寺糖蜜果品减旧数三分之二,其添造腌腊鸡鹅猪羊二万七千只,子鹅二千只,酥油四千斤,尽行革罢;厨役六千四百余名,拣选老疾者悉皆放回;湖广、江西等处荐新茶芽七千五百余斤,省为四千斤;在京各寺法王、国师、喇嘛六百九十余名减数存留,余者令回原寺住坐;放回云南呵吒力朵兮薄五十余名;取回木邦等处催办金银内官;革去会同馆办事官;南北两监监生入监年浅者放回,依亲读书;岁贡生员自正统元年为始,府学一年一贡,州学二年一贡,县学三年一贡。"(《明英宗实录》卷2)

时隔两天后的辛未日,行在户部也上言:"在京牛羊等房供用浩繁,命减去各房牛三千余只,令军民领养耕种;羊二千余只听光禄寺取用。及岁贡蜡绵、朱茶等物,俱减其半,以省冗费。"(《明英宗实录》卷2)

宣德十年(1435)三月甲申日,行在光禄寺上奏请求,在继前减省岁用厨料糖蜜诸物之外,再"岁凡减粳米三万一千石,糯米一万一千石,粟米四万余石,粟、稻、谷各一万一百石,他物各减有差"(《明英宗实录》卷3)。

宣德十年(1435)五月丙子日,遵循英宗朝廷的谕旨,留守南京的"襄城伯李隆等计议,减省内官监米秫谷草,供用库麻、米、茶、蜡;御马监豆、粟、谷、草,凡十二万三千有奇;光禄寺酒箬、麻索、木檀、人夫尽行革罢,其余巡视官员在官夫役等项,悉皆减省"(《明英宗实录》卷5)。

除了减省宫廷与衙门的物用开支外,正统之初的明廷还充分注意裁减皇室服务者人数与皇家工程建设规模。宣德十年(1435)三月戊寅日,英宗朝廷下令:两京教坊司乐工过多,虚费月粮,何益于事,其择堪承应者量留应用。凡老病及不堪者,悉发为民。一次释放教坊司乐工3 800多人。(《明英宗实录》卷3)

同月辛巳日,巡抚河南行在兵部右侍郎于谦上奏说:"工部以营建山陵起取河南人夫一万七千名,缘河南连岁灾伤,人民艰食,乞减半取之。"英宗朝廷接奏后"以山陵将完,河南人夫至亦不及事矣"为由,"令速止之"。(《明英宗实录》卷3。按《明史》说"罢山陵夫役七千人",这个说法不正确,此"乃罢征未役之山陵夫役,非罢现役之山陵夫役也"。见黄云眉:《明史考证》第1册,P106,中华书局1979年9月第1版)

同年三月,北京顺天府府尹李庸上奏:"所属州县人民乏食逃移者众,见在人户应当诸处夫役数多,乞与分豁。"由杨士奇等阁臣票拟、以正统皇帝名义下发的朝廷答复为"命行在户部量减其数,以休民力",随即疏放了顺天府所金天财库诸处夫役2 640人。(《明英宗实录》卷3)

正统元年(1436)八月,行在户部官上奏说:"近年来由于各种原因,有雕虫小技者、有为各王公主守庄守墓者、有四夷降附老弱者……人数众多,这些人皆挂在了锦衣卫名下,享用锦衣卫官校的俸禄,说穿了就是坐吃我大明子民之血汗,朝廷应该予以裁汰。"内阁阁臣票拟答复:"有一技之长者让他们自食其力,为皇室藩王与公主家守坟的也设法让他们自理,只有那些归附的四夷戎狄暂时'就食于南京'。"(《明英宗实录》卷21)

这样大幅度地裁抑还体现在对大明光禄寺厨役和太医院医士人数的减省上。

熟悉中国历史的读者朋友都知道:自元朝起中国君主专制主义进入了恶性发展与腐朽僵化时期,皇权绝对至上之论调渗透到了帝国每个角落和每个臣民的神经细胞里。与皇帝的绝对至尊相比,大一统帝国上下那些与皇帝没有直接关联的,无论何等事情就显得无关紧要了。这样的绝对皇权主义恶性发展,催化和加剧了以皇帝为首的帝国朝廷的急剧腐化。我们不妨以专门负责和管理大明皇家饮食的光禄寺之规模来说事:朱元璋开国的洪武年间,大明光禄寺厨役约为800名,到了荒淫无耻的永乐皇帝时就一下子增加到了3 000名,再到由魔鬼朱棣一手调教出来的"好皇孙"朱瞻基登基即位后,光禄寺厨役猛增至9 000多名。而明宣宗晚年、英宗即位之初,实际光禄寺厨役人数已达10 000名。(《明英宗实录》卷8)起自社会底层通过科举考试上来的"三杨"和胡濙等辅政大臣当然明白,拥有这么庞大的皇家厨子队伍所带来的隐患是什么,在取得张皇太后的支持后,宣德十年(1435)八月丙午日,他们以英宗皇帝的名义一次性裁减光禄寺厨役4 700多人,即将原来的厨役人数几乎缩减了50%(《明英宗实录》卷8)。

其实做皇帝的不仅在吃穿等生活起居方面有着极度的讲究,就连给他看病的医生也必须要有超一流的医术和超级规模的人数。最常见的做法是,朝廷总要将全国最好的医生"一网打尽",集中于宫廷附近太医院内,随时提供"义诊"服务,哪怕是皇帝老爷与美眉们做爱做累了,帝国皇家太医院的医生们也得无条件地上门诊疗,最好能来个妙手回春和扁鹊再世。正因为如此,社会各个阶层的人们只要与医术略微沾点边的,都有可能被人上告为医术高明的"当代华佗",进而让他们来到杳无归期的帝国太医院开始"义诊"服务。宣德末年大明各地被发现的这类高手"医生"多达276名。见此,行在礼部尚书胡濙于宣德十年(1435)十一月上奏说:"太医院见存医士六百余名,足备差役。其有行取未到医士二百七十六名,多系挟仇妄报之数,宜用减省。"(《明英宗实录》卷11)英宗朝廷接奏后,当即予以允准。

其实正统初年英宗朝辅政大臣采取节省开支,裁抑冗费的举措并不限于当时朝廷宫室。

正统元年八月甲申日,浙江右布政使石执中等上书说:"近年来日本等国来我大明朝贡的大为减少,'其市舶提举司官吏人等冗旷,乞裁减三之二'。"辅政大臣随即以正统皇帝名义批准了石执中的精兵简政之请求。(《明英宗实录》卷21)

与浙江市舶提举司的冗员有所不同的是福建市舶提举司存在着冗费问题。正统四年(1439)八月,巡按福建监察御史成规上言朝廷,说:"琉球国(近代被日本侵占吞并,今为冲绳)来朝贡的使臣往往在福州停住,由我大明官方提供给他们的费用开支本来就不赀。近年来官方翻译林惠等常常要带上200多名琉球人在我福州馆驿里除了海吃海喝外,还索要'零花钱',而这'零花钱'不能是大明宝钞,必须得换上铜钱。按照过去的习惯做法,他们的吃喝拉撒实际上是由民间里甲来买单的,但这些人在索要'零花钱'时又嫌我大明宝钞贬值,不值钱,要老百姓全给换上铜钱,这下可苦了小民们了。今年半年不到,已经花去了铜钱796 900,有些小民家里实在穷困得交不出来或交上来晚了一点,林惠等人非打即骂。虽说我大明朝历来奉行德怀四夷之国策,小臣等也深知:对于蛮夷之人不必计较,但借着官差的名义肆意詈殴苍生小民之恶习风气不可长啊!更有林惠等人索要铜钱之无理要求断不可纵容、满足,今上书乞请朝廷:'止日给廪米,凡一切之费,宜悉罢之,其通事(即翻译)人员不行禁戢,请治其罪。'"英宗朝廷接奏后,"令移文戒谕之,如果不悛,必治不宥!"(《明英宗实录》卷58)

正统元年(1436)九月辛丑日,镇守陕西的左副都御史陈镒上奏朝廷,说:"陕西用兵供费钜万,人民艰苦。各部又坐派岁用杂物,乞为停免。"英宗朝廷下令,让兵部等相关部门好好核实后再上奏,最后批准了左副都御史陈镒的请求。

以上这类举措固然能减轻平头百姓的痛苦与负担,但在生产力与科技水平相对有限的中世纪,小民们时不时要经受的生死折磨在很大程度上就是突发其来的自然灾害。在传统社会中,小农经济十分脆弱,经不起折腾,一旦遇上霜冻、水旱、蝗灾等自然灾害,人们往往会食不充饥、衣不蔽体甚至流离失所。而朱祁镇即位之际恰恰是太阳黑子活动猖獗、自然灾害频仍时期。对此,以杨士奇为首的辅政大臣沿袭"仁宣之治"的做法,常常以明英宗的名义不断地下发敕谕,蠲免赋役、赈济饥荒,关注民生。

● 蠲免赋役 赈济饥荒

宣德十年(1435)正月丁亥日,(北)直隶真定、大名、保定三府所属州县各奏:"去年旱旸水涝,田禾薄收,逃移人户负欠粮草,乞暂停征。"英宗朝廷当即予以应允。(《明英宗实录》卷1)

同月戊子日,(南)直隶松江府并徽州府祁门、黟县,湖广岳州府临湘县,福建福州府福安县各奏:"去岁凶歉,民多缺食,已将预备仓粮给散赈济,俟秋成偿官。"英宗朝廷接奏后同样予以允准。(《明英宗实录》卷1)

也是该月的庚寅日,贵州地区的各卫上奏说:"其屯所山多田少,地瘠水冷,刀耕火种,子粒秕细,鲜有收获,乞减其税。"英宗朝廷接奏后将该事项交予巡按御史和贵州三司官复核,最终批准了贵州诸卫的请求,减免其三分之一的税粮。《明英宗实录》卷1)

宣德十年(1435)三月癸酉日,山西平阳府解州芮城县上奏:"本县两年荒歉,民拾草子自给,逃移户多,租税无从办纳。"英宗朝廷命令行在户部遣官前往山西,验视赈济,并蠲免了芮城灾民的租税。(《明英宗实录》卷3)

同为三月乙酉日,巡按广东监察御史杨翰等上奏:"广东肇庆、雷州二府去年春旱,田苗枯槁,秋田又被飓风涌潮淹没,禾稼无收,人民饥窘,已验实开仓赈济,谨具以闻。"(《明英宗实录》卷3)

同月己丑日,北京顺天府顺义香河、永清诸县各奏:"去岁水涝,人多缺食,所在仓粮赈济不敷。"英宗朝廷命行在户部遣官从其他粮多的州县官仓里调拨粮食,实施赈济。(《明英宗实录》卷3)

同日,河南彰德府磁州涉县奏:"本县自去岁正月以来旱涝相仍,禾稼伤损,人民艰食。"正统朝廷命行在户部免其负欠税粮。(《明英宗实录》卷3)

宣德十年(1435)五月甲戌日,有人奏报:"直隶扬州府、徐州、滁州并属邑旱伤尤甚,人民乏食者亿万计。"缺衣少食者多达亿万,可见当时江淮地区的灾荒也相当严重。英宗朝廷闻讯后毫不犹豫地下令:"巡抚侍郎曹弘等督有司赈之。"(《明英宗实录》卷5)

宣德十年(1435)五月行在户部上奏:"浙江等布政司并直隶苏松等府州县自永乐十九年至宣德八年,有全家充军并绝户抛荒官民田地,俱准民田起科及古额官田照例减除,共减税粮二百七十七万七千三百余石,其中虑有不实,朝廷供给岁用攸系,请移文各处委官重加审核。"英宗朝廷不同意,说:"减除田租,正欲以苏民困。今若又令所司核实,恐其复虚增额,重遗民患。"(《明英宗实录》卷5;《明史·英宗前纪》卷10)

两年后的正统二年(1437)九月,又是江淮地区的直隶凤阳、扬州、淮安、广平等府以及湖广汉阳府所属州县各奏："五月以来，淫雨连绵，洪水泛滥，二麦湮没，人民流移，当征粮草无由办纳。"英宗朝廷下令行在户部遣官覆实，随即予以蠲免。(《明英宗实录》卷34)

正统二年(1437)河南发生大灾荒，"所辖各府州县今年春旱伤麦，五月淫雨河溢，田禾尽损，民饥特甚"。为此，河南左参议吴杰上奏："乞将原定本布政司起运并兑军粮米二十九万八千五百石存留，以备赈济。"英宗朝廷不仅允准了吴杰的请求，而且遣官敕谕巡抚侍郎于谦及巡按监察御史等官，让他们亲临"各府州县，核实被灾田亩，奏免税粮缺食者，发廪赈恤，明春仍给谷种，毋致流移失所。其非军需事务，悉皆停止，以宽小民"(《明英宗实录》卷36)。

正统三年(1438)五月丙午日，巡抚山东两淮行在刑部右侍郎曹弘上奏："去年直隶淮安、扬州二府所属州县发生了严重的水灾，百姓饥馑。遵循朝廷的指示精神，本巡抚已对其实施了赈济。其间发现有很多农户的田地长期泡在水里，且又没有耕牛等农耕工具，农业生产根本没法恢复，眼望着今年夏税征收时间快要到了，如果按照常规对这些小民们实行征税，这势必要将他们逼跑了。今小臣上奏，乞请朝廷派遣官员前来山东调查核实，要是受灾之地真是没有耕种的，请求蠲免其税粮；要是有三分、五分收成的，也请暂停征税，等到来年丰收了再补征，为时还不晚。"英宗朝廷当即予以允准。(《明英宗实录》卷42)

正统四年(1439)七月，北京行在户部官上言："顺天府蓟州及遵化县、直隶保定府易州、涞水县等地方官近来不断上奏说，他们管辖的地域内庄稼遭受了严重的蝗灾，如果不及时加以遏制，今年的收成恐怕就要无望了。"英宗朝廷获悉后，"驰文令巡按监察御史严督军民衙门扑捕"(《明英宗实录》卷57)。

同是正统四年(1439)七月，南方直隶宿州卫、宿州、徐州并浙江萧山县等也不断上奏说，那里发生了可怕的蝗灾。英宗朝廷闻讯后"命行在户部移文巡按御史，严督军民官司扑灭尽绝以闻"(《明英宗实录》卷57)。半年后的正统五年正月，正统朝廷又敕谕北京行在户部，让他们告诫全国各地，再接再厉，清除蝗灾遗患："去岁畿甸及山东、山西、河南蝗，今恐遗种复生为患，卿等速移文，令所司设法捕灭，毋致滋蔓。"(《明英宗实录》卷63)

正统四年(1439)八月壬午日,直隶顺德府南和县上奏说:"我县发生水灾,水涝民饥,本想开仓赈济,但就是不敢擅自做主,今上请朝廷恩准。"英宗朝廷答复:"老百姓嗷嗷待哺,赈济灾民难道可迟缓吗?"随即命令行在户部马上下文到南和县,令其迅速救济灾民。(《明英宗实录》卷58)

同为正统四年(1439)八月,巡按直隶监察御史萧鎡上奏说:"顺天等六府水涝民饥,今虽赈济,恐官粮不敷。乞遣官设法劝借,以备冬春接济。"英宗朝廷接奏后命令行在户部立即下文,让相关官员设法从当地富户那里先行借贷,以解燃眉之急。(《明英宗实录》卷58)

赈济饥荒用句通俗的话来说,就是救急如救火,可有时这样的政府救急也会遭遇尴尬,譬如一些地方连年发生灾荒,或地方官管理不善或征收无度,造成了当地官方救济无法及时兑现。在这样的情势下,朝廷官方就得启动特别应急机制,譬如向地方富户暂时借贷救急。不过,说事容易做起来却没有那么简单了,官方出面向富户借贷,可谁都明白:官方来借的东西猴年马月能归还?而在官本至上的中国社会里,公然违抗官府命令往往会招致无尽的隐患和麻烦,甚至是毁灭。所以一般来说,中国人都不会公然得罪官府,即使对其不满或者怨恨,也会采取曲意的方式来加以巧妙地回避或应付。于是,拖延借贷者有之,装贫哭穷者有之……本来一项细致入微的恤民政策,在具体执行的过程中往往大打折扣。

对此,行在刑科给事中年富向朝廷上奏说:"朝廷下诏蠲免灾伤地区的税粮,其收益的大多是拥有很多田产的富户,小民细户往往靠租佃富户之家的田地为生,因而也就无法享受朝廷的蠲免惠政。在此小臣恳请朝廷'命被灾之处富人田租如例蠲免',而对于受灾地区官府没有现粮用来及时赈济、大户富室有盈余却又'多闭粜增价,以规厚利'的尴尬情势,我朝廷应该下诏规定:自今以后一旦遇上灾荒歉收,官府出面与受灾贫民立下书券,向富户借贷救急,等到来年丰收时再偿还。同时为了调动富户们的赈灾积极性,朝廷应该免去他们的杂役,以此作为支付给他们的借贷利息。"英宗朝廷看到了年富奏疏的可贵之处,随即下令推行实施。(《明英宗实录》卷5)

综合正统时期大明朝廷开展的蠲免赋税、赈济饥荒活动,我们将其做个整理,见下表:

正统时期大明朝廷蠲免赋税、赈济饥荒数据简表

蠲赈时间	蠲赈范围与对象	蠲赈数额	史料出处	当年度减免天下官田税粮等总数	史料出处
正统元年十一月	诏免湖广长沙等府宣德十年被灾地亩租税	52 700 石	《明英宗实录》卷 24	430 982 石	《明英宗实录》卷 25
正统二年正月	诏免福建福州府逃民通租	4 700 石	《明英宗实录》卷 26		
正统二年八月	免山东济南等并顺天、广平、真定、淮安、扬州等府所属州县正统元年水灾粮草	粮 339 097 石,草 2 000 120 束	《明英宗实录》卷 33	122 793 石	《明英宗实录》卷 37
正统三年正月	免直隶河间、大名、保定及湖广荆州等府去年灾伤粮草	粮 91 440 石,草 1 004 050 束	《明英宗实录》卷 38		
正统三年二月	蠲免河南开封等所属州县水灾之所粮草	粮 763 300 石,草 975 900 束	《明英宗实录》卷 39	83 436 石	《明英宗实录》卷 49
正统三年三月	免河南开封等七府并直隶凤阳府灾伤租税粮草	粮 864 140 石,草 1 071 990 束	《明英宗实录》卷 40		
正统三年三月	蠲免直隶苏州府昆山等县粮船运抵南京龙江关遭遇风浪、淹没税粮	税粮 1 580 余石	《明英宗实录》卷 40		
正统四年闰二月	诏免淮安、扬州去年被灾各府田亩税粮	税粮 199 450 石	《明英宗实录》卷 52		
正统四年七月	免山东、江西、河南、南北直隶各府被灾田亩税粮	蠲粮秋粮 213 750 石,草 274 180 束,稻 11 115 石	《明英宗实录》卷 57	20 353 石	《明英宗实录》卷 62

(续表)

蠲赈时间	蠲赈范围与对象	蠲赈数额	史料出处	当年度减免天下官田税粮等总数	史料出处
正统五年二月	免中都留守司凤阳等八卫、直隶睢阳等四卫被灾屯粮	屯粮14 180石	《明英宗实录》卷64		
正统五年二月	免大名等七府、河南开封等三府四十一州县被灾田粮草	粮284 880石,草953 543束	《明英宗实录》卷64		
正统五年六月	免应天、保定、真定、大名、顺德、苏、常、淮安八府灾伤田土之粮草	粮396 171石,草4 672 186束	《明英宗实录》卷68		
正统五年六月	免在京蔚州左等二十二卫、在外通州左等十八卫所屯田粮	粮21 257石,草91束,钞72 600贯	《明英宗实录》卷68	590 692石	《明英宗实录》卷74
正统五年十一月	诏免直隶苏、松、常、镇、浙江嘉兴、湖州诸府,太仓、镇海、苏州三卫,嘉兴守御千户所水灾田地税粮等	粮1 346 550石,草480 000包	《明英宗实录》卷73		
正统五年十二月	免应天府并直隶淮安、扬州、镇江、浙江湖州、山东莱州、东昌、河南彰德、南阳、卫辉、怀庆诸府被灾粮草并范烂粮钞	凡兑粮569 337石,草654 767束,钞30 140锭,仓粮46石	《明英宗实录》卷74		
正统六年正月	免行在金吾左等十一卫、直隶、真定、淮安等二十六卫被灾屯田粮	米20 500余石,草4 800余束	《明英宗实录》卷75		
正统六年二月	免河南开封、彰德、山西大同并顺天直隶保定、大名、河间、凤阳、镇江诸府被次粮草	米84 300石,麦5 900石,草1 779 900束,棉花2 700斤	《明英宗实录》卷76		

(续表)

赈赈时间	赈赈范围与对象	赈赈数额	史料出处	当年度减免天下官田税粮等总数	史料出处
正统六年二月	免两浙盐运司水灾盐课	凡盐45 900余引	《明英宗实录》卷76		
正统六年六月	免直隶淮安府所属灾伤粮草	免米麦181 220余石、草426 860包	《明英宗实录》卷80		
正统六年六月	免直隶徐州并丰、沛二县被灾粮草	粮22 400余石、草22 130余包	《明英宗实录》卷80		
正统六年六月	直隶常州府武进、江阴、无锡、宜兴、池州府桐城县319 017户被灾饥民	有司发官禀米185 560石赈济	《明英宗实录》卷82	1 029 502石	《明英宗实录》卷87
正统六年八月	直隶苏州府属县水灾民饥	有司发官禀米435 000余石赈贷之	《明英宗实录》卷82		
正统六年十月	直隶徐州丰县942户被灾饥民	有司发官粮1 707石赈济	《明英宗实录》卷84		
正统七年四月	正统六年河南开封等五府所属州县受灾严重	免去年灾伤粮591 000石，草619 000束	《明英宗实录》卷91		
正统七年七月	直隶淮安府所属受灾州县粮草	粮90 000余石，草84 000余包	《明英宗实录》卷94		
正统七年十一月	免山西平阳府所属州县去年被灾夏税	夏税117 630余石	《明英宗实录》卷98	米麦1 351 410石	《明英宗实录》卷99
正统七年十二月	免山东济南、莱州、青州、登州四府官民田粮草等	粮108 950石，丝绵1 116斤，马草111 800束，棉花55斤	《明英宗实录》卷99		
正统七年十二月	免宿州、潼关、永清右三卫被灾田子粒	子粒30 690余石	《明英宗实录》卷99		

(续表)

蠲赈时间	蠲赈范围与对象	蠲赈数额	史料出处	当年度减免天下官田税粮等总数	史料出处
正统八年正月	免直隶淮安府被灾田地夏税小麦	小麦 154 335 石	《明英宗实录》卷 100		
正统八年正月	免直隶凤阳府宿州被灾田地粮草	税粮 17 356 石,草 36 644 包	《明英宗实录》卷 100	米麦 541 640 石有奇	《明英宗实录》卷 111
正统八年四月	免直隶凤阳、灵璧二县去年被灾夏税	麦 15 400 石	《明英宗实录》卷 103		
正统八年六月	诏蠲湖广各府正统五年被灾田亩秋粮	秋粮 890 000 石有奇	《明英宗实录》卷 105		
正统九年五月	诏停征浙江杭州、嘉兴、绍兴、温州、台州五府属县被灾秋粮	秋粮 145 050 石,马草 660 包,台州屯田粮 1 660 石,米麦 146 900 余石	《明英宗实录》卷 116		
正统九年七月	免山西隰州被灾粮	粮 7 490 余石,草 14 980 余束	《明英宗实录》卷 118		
正统九年七月	免河南开封、卫辉、南阳、河南、怀庆、彰德等府所属去年被灾粮	粮 303 250 余石,草 394 500 余束	《明英宗实录》卷 118	米麦 737 821 石	《明英宗实录》卷 124
正统九年闰七月	免直隶池州府被灾粮	粮 33 290 石,草 49 020 包	《明英宗实录》卷 119		
正统九年八月	免山东所属直隶扬州府属被灾粮	粮 28 000 石,草 45 000 束	《明英宗实录》卷 120		
正统九年九月	免南京骁骑卫等所直隶被灾屯田子粒	屯田子粒 56 790 余石	《明英宗实录》卷 121		
正统九年十二月	免直隶常州府属县去年被灾粮	粮 105 070 石,草 139 580 余束	《明英宗实录》卷 124		
正统十年五月	免云南六凉等卫所去年被灾子粒、直隶河间府所属五州县去年被灾粮草	子粒 77 942 石,粮 3 790 石,草 53 590 束	《明英宗实录》卷 129	米麦 149 410 石	《明英宗实录》卷 136
正统十年六月	免直隶常州府所属诸县去年被灾粮	粮 91 040 石,草 62 080 余包	《明英宗实录》卷 130		

(续表)

蠲赈时间	蠲赈范围与对象	蠲赈数额	史料出处	当年度减免天下官田税粮等总数	史料出处
正统十一年六月	免浙江湖州、嘉兴、台州三府属县并卫所被灾秋粮子粒	秋粮子粒117 800余石	《明英宗实录》卷142	米麦587 298石	《明英宗实录》卷148
正统十一年八月	免湖广所属卫所州县被灾秋粮子粒	秋粮子粒428 270余石	《明英宗实录》卷144		
正统十二年二月	免四川重庆卫被灾屯田子粒	屯田子粒13 200余石	《明英宗实录》卷150		
正统十二年三月	免浙江嘉兴、杭州三府并湖州守御千户所去岁被灾秋粮子粒	秋粮子粒515 512石、草284 176包	《明英宗实录》卷151		
正统十二年四月	免广东惠州府归善、长乐二县、潮州府海阳、揭阳二县被灾税粮米麦	税粮米麦14 340余石	《明英宗实录》卷152		
正统十二年四月	免直隶保定、河间府,大同中屯卫、大宁都司保定等卫被灾秋粮子粒	秋粮子粒17 025石、草54 800余束	《明英宗实录》卷152		
正统十二年四月	免直隶大名、广平、真定三府所属州县去年被灾粮	粮18 540余石、草328 500余束	《明英宗实录》卷152		
正统十二年四月	免直隶常州、苏州、松江、镇江四府,苏州、镇海二卫被灾秋粮子粒	秋粮子粒884 770余石、草210 630包	《明英宗实录》卷152		
正统十二年四月	免庐州卫并庐州卫被灾秋粮子粒	秋粮子粒14 500余石、草17 260余包	《明英宗实录》卷152		

(续表)

蠲赈时间	蠲赈范围与对象	蠲赈数额	史料出处	当年度减免天下官田税粮等总数	史料出处
正统十二年十一月	免山东济南等四府所属被灾秋粮	秋粮16 000余石,马草12 000余束并负欠赈济仓粮410 000石有余,盐钞580 000有余	《明英宗实录》卷160		
正统十二年十二月	免山西吉州、乡宁等县被灾秋粮	秋粮38 200石,草76 000余束	《明英宗实录》卷161	米麦229 990石	《明英宗实录》卷161
正统十二年十二月	免直隶池州府贵池等县去年被灾秋粮米豆	秋粮米豆11 000余石、马草16 500余束	《明英宗实录》卷161		
正统十二年十二月	免四川泸州、重庆卫所旗军去年旱灾种子粒	屯种子粒93 000余石	《明英宗实录》卷161		
正统十三年三月	免顺天府、河间府、四川庆重府所属州县被灾税粮	税粮75 300余石	《明英宗实录》卷164		
正统十三年五月	免山西隰州并乡宁等县去年被敛秋粮	秋粮34 700余石,草74 800余束	《明英宗实录》卷166		
正统十三年七月	免山东青州等府进民抛荒地亩粮,莱州等卫被灾地亩夏税子粒	粮20 100石,草32 900束,丝绵117斤,夏税子粒100 250余石	《明英宗实录》卷168		
正统十三年七月	免直隶真定、太平、扬州三府被灾粮草	秋粮29 000石,草141 000余束	《明英宗实录》卷168		
正统十三年八月	免应天、苏州等五府和南京锦衣等三十四卫去年被灾秋粮子粒	秋粮子粒554 700余石,草230 500包	《明英宗实录》卷169		

(续表)

蠲赈时间	蠲赈范围与对象	蠲赈数额	史料出处	当年度减免天下官田税粮等总数	史料出处
正统十三年十月	免山东兖州府所属州县逃户税粮草和直隶池州府所属被灾秋粮	粮13 950石,衣桑绢50匹,马草2 640余束,被灾秋粮47 770余石,马草68 720包	《明英宗实录》卷171		
正统十三年十月	免直隶安庆府及安庆、宣州二卫去年被灾秋粮子粒	秋粮子粒82 860余石	《明英宗实录》卷171		
正统十三年十二月	免山东济南、兖州等府卫去年被灾粮草等	夏税11 800余石,秋粮子粒56 970余石,马草92 690余束,衣桑绢670余匹,户口食盐钞282 300余锭	《明英宗实录》卷173	米麦748 408石	《明英宗实录》卷173

仔细观察上表中的数据,笔者发现其有两大特征:

第一,正统初元(大约以张皇太后驾崩为时间点)大明官方蠲免赋税、赈济饥荒的具体数额比较大,一般都在数十万石以上,其中最大的一次蠲赈是正统五年(1440)十一月,蠲赈粮食为1 346 550石(《明英宗实录》卷73);相对而言,正统后期蠲赈数额就比较小,一般都是数万石,数十万石蠲赈的并不多;第二,正统前期很多时候大明官方蠲免赋税、赈济饥荒都有具体的精确数据,譬如正统二年(1437)八月针对山东等地的灾荒,朝廷蠲赈了339 097石粮食(《明英宗实录》卷33),正统五年(1440)六月针对顺天八府的灾荒,朝廷蠲赈了396 171石粮食。(《明英宗实录》卷68)但这样的情况到正统后期几乎见不到了,明英宗亲政后的每次蠲赈差不多都是10的倍数。那为什么会出现这样的前后差异、变化?我想主要还是因为正统前期"三杨"等辅政大臣的工作细致、务实,而正统后期随着张皇太后与"三杨"等人的相继谢世,这种几乎看不见又摸不着的细微惠民工作逐渐为人所轻视了,大明"仁宣之治"已日薄西山。

除此之外,正统之初在张皇太后与"三杨"等辅政大臣的合力作用下,英宗朝廷还推行了一项继承"仁宣之治"恤民精神的"仁政"举措,即针对难民与流民,政府拿出官粮烧粥、烧饭,实行现场直接救济。据史所载,这项举措的"发明者"就是首席辅政大臣杨士奇。

正统四年(1439)十二月戊子日,少师、兵部尚书兼华盖殿大学士杨士奇上言:"近来畿内被灾缺食小民不断地涌入京城,在京城内外行乞索食。而京城人家大多生活也艰难,没法满足上门索食者的乞讨,加之近期连日寒冻,冻死和饿死的很多。恳请皇帝陛下下令,让户部官员在京城各城门内或宽广的空地上搭建临时棚户,拿出一些官粮,烧成米饭或粥,随时接济饥馁者;与此同时,命令监察御史分巡提督,一旦发现夜间无处停宿的饥民,及时将他们收容到官方的巡警铺内安歇;倘若发现路上有饿死的或冻死的,马上叫人将他们给埋了。只有这样,小民们无论生死都会感激皇帝陛下您的大恩大德!"据说13岁的明英宗听完杨士奇的奏言后,马上下令给有关部门"速行之"(《明英宗实录》卷62)。

其实小民们常常命悬生死一线,固然与自然灾害密切相关,但帝国统治者的搜刮无度也是加剧小民苦难的一个重要因素。对此,平民出身的"三杨"等辅政大臣在张皇太后的支持下还曾推行了一些与蠲免赋税、赈济饥荒相关的善政,如蠲免杂役和岁办以及革除各地岁贡积弊。

明英宗即位后半年左右的宣德十年(1435)七月己卯日,巡抚江西行在吏部右侍郎赵新上奏说:"南昌府所属地区连年水旱,人民饥困,已蒙赈济。其买办诸色物料,亦应蠲免。""三杨"等辅政的英宗朝廷接奏后,命令相关部门暂时停办南昌等地的杂役(《明英宗实录》卷7)。

宣德十年(1435)九月癸未日,英宗朝廷敕行在工部曰:"洪武永乐间,各处府县岁贡彩缎,工部验中方送内库,且无贿嘱及包揽之弊,故皆精密鲜明,足称朝廷赏赉,亦不虚费百姓财力。近年以来,徒见糜费民财,而缎匹多不堪用,此皆有司通同工匠侵盗易换。且听人包揽解纳,及至京,该部该库官吏人等,又从而求取贿赂,一得其利,遂不辨美恶,悉送内库。此积年之弊也。今特命司礼监取洪武、永乐间纻丝纱罗绫绢之类,与尔工部及各布政司府县,务以此式成造。其起送至京,令监察御史同尔工部官辨验,仍委司礼监官参视,敢有漫不知省仍蹈前弊者,通治以重罪不宥。尔工部其榜谕各处,使咸知之。"(《明英宗实录》卷9)

正统元年(1436)闰六月,有人上奏:"直隶河间府静海县四月蝗蝻遍野,田禾被伤,民拾草子充食,而府官征索如故。"英宗朝廷听说后很为生气,当即下令行在户部移文当地的巡抚官和巡按官,让他们亲临受灾地区抚慰灾民,蠲免当地的税粮物料等所有事项,"以苏民困"(《明英宗实录》卷19)。

半年后的正统二年(1437)二月,又有人上报说:"南直隶扬州府兴化县近来多次遭受灾荒,百姓饥馑。"英宗朝廷同样下令,免除兴化当地的药材岁贡。(《明英宗实录》卷27)

● 纠偏补漏 关爱民生 恢复生产 发展经济

蠲免杂役、叫停岁办和革除各地岁贡积弊以及减免赋税和赈济饥荒等,固然能舒缓受灾地区百姓的生存压力,但这类举措说到底都带有临时性和应急性。如何通过制度修复与长效机制来解决国计民生大事？正统初元英宗朝廷为此做出了如下努力：

○ 开展全国性的整修备荒之政工作

正统五年（1440）七月，少师、兵部尚书兼华盖殿大学士杨士奇等上奏说："自古圣贤之君，皆有预备之政。我太祖高皇帝惓惓以生民为心，置仓积谷，以备饥荒，浚陂筑堤，以备旱涝，皆有成法。自后有司不能修举，每遇凶荒，民辄流徙，请敕该部移文诸司，举行洪武旧典，其有隳废者，听风宪官纠举。"据说当时明英宗相当高兴地接受了杨士奇的建议，随即"命行在刑部右侍郎何文渊往顺天并直隶永平等八府，行在户部主事邹来学往直隶扬州等七府州，行在刑部署郎中刘广衡往浙江，监察御史薛希琏往江西，行在刑部郎中王瑄往山东，行在户部郎中王纶、行在礼部员外郎王士华往湖广，其应天并直隶镇江等十府命巡抚侍郎周忱，山西、河南命巡抚侍郎于谦，陕西命镇守副都御史陈镒分理其事，四川、两广、云南、贵州、福建则命布、按二司正官理之"（《明英宗实录》卷69）。

在何文渊一行出发前，明英宗明确指出了这些巡视地方备荒之政的朝廷专员的职责："今特分命尔等往修预备之政，仍精选各府州县官廉公才干者，委之专理，务在得人。尔等往来提督，凡事所当行者并以便宜施行，汝等尚精白一心，以副委任。"为此，朝廷还专门开列了"修备荒之政"15条：

第1条：见今官司收贮诸色课程并赃罚等项钞贯杂物可以货卖者，不拘稻谷、米粟二麦之类贸易储积，并须照依时直，不许亏官损民。凡州县所积预备谷粟，须计民多寡，约量足以备用，如本处官库见储钞物不敷于本府官库，或本布政司官库支买如又不敷，移文户部奏闻处置。

第2条：凡丁多田广及富实良善之家情愿出谷粟于官以备赈贷者，悉与收受，仍具姓名、数目奏闻。

第3条：籴粮在仓须立簿、籍二扇备书，所积之数用州、县印钤记。一在州县收掌，一付看仓之人，但遇饥荒百姓艰窘即便赈贷，并须州县官一员躬亲监支，不许看仓之人擅放。二处簿籍放支之后并将实数具申户部。所差看仓须选有行检老人、富户就兼，收支不许滥设。

第4条：洪武年间所置预备仓，粮多由州县不得其人，视为泛常，全不留意，以致土豪奸民盗用谷粟，捏作死绝逃亡人户借用，虚写簿籍为照，是以仓无颗粒之储，甚至拆毁仓屋。间遇饥荒，民无所赖，深负祖宗仁民之心。尔等于所属府州县并须亲历查勘前项官仓粮储原数，实在几何，百姓借用未还亏拆几何，务要根究的实着落。前后经手人户供报追偿，不许听其谲诈指扳死绝逃亡人户搪塞遮掩，追完之后，令照例纳米赎罪；若限外不完者，毋论赦前后，械赴京师，发戍辽东边卫。

第5条：比先所建预备仓廒或为豪民所据，责令还官；或年深毁坏，量加修葺，其倒塌不存者，官为起盖；如本处有空闲官房，许令拆用并须完固，可以经久。

第6条：洪武年间于各州县开浚陂塘，以防水旱，盖永远之利，亦因后来有司不得其人，视农事如等闲，委而不问，以致土豪奸民掩为己有，或堙塞为田。尔等须一一亲历踏勘，如有前弊，责令自备工力；如旧修筑坚固，还官悉免其罪；如隐占不还及违限不即修筑者，亦械赴京，发戍辽东边卫。

第7条：凡各处闸坝、陂堰、圩田、滨江近河堤岸有损坏当修筑者，先计工程多寡，于农隙之时量起人夫用工。工程多者，先修要紧之处，其余以次；用工不许迫急，其起集人夫，务在受利之处验其丁力，均平差遣，勿容徇私作弊。凡所作工程，务要坚固经久，不许苟且；府县正佐官时常巡视，毋致损坏。

第8条：各处陂塘、圩岸果有实利及众，比先有司失于开报，许令开陈利民之实，踏勘明白画图贴说，具申工部定夺；如利不及众，不许虚费人力。

第9条：但遇近经水旱灾伤去处，预备之事并暂停止，待丰年有收依例整理。

第10条：所过州县仓廪谷粟充实、陂塘堤岸完整者，必其正佐之官得人；若有空虚废坏等项，其正佐之官必不得人，悉具名奏闻。如或贪酷虐民，验有实迹，就便挐(拿)问。

第11条：今后府州县官考满赴吏部者，并须开报预备官仓所储实数及修筑过陂塘堤岸等项，吏部行该部查考虚实，以凭黜陟。

第12条：尔等所至有布政、按察二司官者，须与协心计议，共成其事,俱勿偏执己长,有所妨误。

第13条:尔等所至,凡有诉讼,干系仓粮水利者,即与理断;非干仓粮水利者,悉付有司,尔等不必预之。

第14条:本为恤民,选择命尔,须先正己,惟廉则公,惟公则明,而所行则当尤须严切禁约跟随吏卒里老人等,不许一毫私下扰害百姓;犯者即便究治。所历郡县周遍事,完即便回京,仍将所备谷粟及所修陂塘、圩岸、闸坝备细造册,具奏以验成功。

第15条:凡敕谕或该载未尽,尔等所至遇有兴利除害之事难于处置者,具奏来闻。(《明英宗实录》卷69)

由上述内容齐全、细致务实的15条,我们不难看出,正统五年(1440)的"修备荒之政"至少在官方规范方面作出了详细的要求。而当时的大明天子明英宗只有14虚岁,是一个从小就锦衣玉食、足不出宫的"小杆子"。"小杆子"能发出这般体恤民情与世情的敕谕,除了"三杨"等顾命大臣竭力辅佐和充当捉刀手外,还能作何解释呢?

正因为正统前期大明朝廷之政主要由来自民间的"三杨"等贤臣辅弼着,所以当时有许多关爱民生、发展经济的便民、恤民之政如绵绵春雨一般不断地滋润着帝国各地。

○ 灵活变通赋税征收形式,允许江南等地上贡之物折换金帛

正统初年,都察院右副都御史周铨上奏说:"按照祖宗规制,北京行在各卫官员俸粮都由南京支付,朝廷派员专门负责。但近年来大家发现这里边的毛病不少,甚至出现了病民、坑民现象。为方便携运和图取个人私利,受朝廷之命前去南京办理俸粮的官员往往将接手到的各官俸米等实物拿到市场上去卖了,再买进一些'好'东西,回京敷衍了事。这种贵卖贱酬所得的仅为原物价值的十分之一。从国家角度来讲,亏大了,虚费廪禄,北京行在各卫诸官没得到实惠,而缴赋纳贡小民却背负了缴纳不足之嫌,真是祸害不浅!今小臣上请朝廷,命令兵部核算一下北京各卫诸官俸禄的实际数额,然后下文到浙江、江西、湖广和南直隶(今江苏、安徽、上海)等地方衙门,让他们通知交通运输不便地方的人们,以后上贡土特产就不用缴纳实物,可折换成布、绢、白金等,再以此解送至京城。到京后我朝廷可直接取来支付在京各卫官的俸禄。这样一来,不仅遏制了中

间腐败,还能减少南方诸省百姓的劳顿之苦!"《《明英宗实录》卷21)

周铨上奏没多久,巡抚江西侍郎赵新也向朝廷上言:"小臣受命巡抚江西,江西山多,有很多州县都是僻居深山,不通舟楫。按照我朝的祖宗规制,这些地方的人们每年就得上贡大米一类的实物。但大家都嫌不便,于是就带了金、帛或货币直接到南京城里去买米上贡。要是碰上南京的米价上涨了,小民们就得赶回江西老家去筹钱再来,真是受苦连连!而今我大明行在官员俸禄大多都于南京支取,其往返劳费就不得实用。在此小臣恳请朝廷恩准江西属县量收布绢或白金,由官府统一铸造银锭,然后再运输到北京,充作官员俸禄。如此下来,官民两便!"当时受命负责留守南京行政事务的少保兼户部尚书老臣黄福也肯定了赵新的建议。可少年天子明英宗不明原委,当廷询问近侍大臣:"我朝祖宗可曾这样做过?"话音刚落,辅政大臣礼部尚书胡濙应对道:"太祖皇帝曾在陕西实行过该方法,当时是这样换算的:每钞 2 贯 500 文折合米 1 石,黄金 1 两折合米 20 石,白金 1 两折合米 4 石,绢 1 匹折合米 1 石 2 斗,布 1 匹折合米 1 石。各随所产,民以为便。后来在浙江也实行过该做法,老百姓纷纷称颂。"听到这里,明英宗开始接受周铨与赵新的上请建议,下令江南地方实物上贡可以折收金、帛,由此"远近称便","仓廪(实物)之积(压)少",百姓称好。(《明英宗实录》卷21)

○ 整顿粮长签派旧制,减轻细户小民负担与痛苦

粮长制是明朝开国时为减轻普通民众负担和国家经济开支、本着民收民解精神而建立起来的税粮委托、代办的制度,主要实施于浙江、直隶(指南京)、湖广、江西、福建等省。按照洪武四年的规定:凡是纳粮一万石或接近一万石包括数千石的地方划为一区,在这区内由政府指派一个田地最多的大户充当粮长,一区只设一个粮长。(《明太祖实录》卷68)洪武三十年七月,洪武帝朱元璋又下令,各地"更置粮长,每区设正副粮长三名,以区内丁粮多者为之,编定次序,轮流应役,周而复始"(《明太祖实录》卷254)。

刚开始实施时,粮长的工作范围大致是:领取勘合、回乡催办春秋粮、解运税粮、通关与注销等。朱元璋原本是想用粮长来取代为非作歹的衙役胥吏,初步施行下来发现其效果不错,于是就加大

授予粮长的工作范围:他要求粮长们带领粮区内的乡民开荒;参加赋役黄册与鱼鳞图册的编制工作(事后朱皇帝会适当给点费用);利用空闲之际集合乡里中的"长者",宣传中央与地方政府的"爱民"思想;劝谕豪强富民遵纪守法,行仁义讲信用;及时向皇帝报告粮区内的荒地与灾情;如实举报粮区内的抗粮顽民,经皇帝批准后,将顽民迁往边疆地区;等等(【明】朱元璋:《御制大诰续编·粮长妄奏水灾和议让纳粮》第46、第78)。

粮长的工作范围越来越大,而且干这些工作几乎都没报酬的,干一回两回人们可能还乐意,要是干长了,有哪个大傻子愿意呢?洪武帝也懂得人们的心思,于是就在利用粮长展开工作的同时给予他们较高的待遇。一方面,大明皇帝给粮长们大官做。浙江乌程有一个粮长叫严震直的,被朱元璋看中后,一夜之间由一介布衣擢升为通政司参议,三年后又当上了尚书。(《明史·严震直传》卷151;【明】吴宽:《鲍翁家藏集·尚书严公流芳录序》卷43)上海有一个粮长叫夏长文的,也是由平头百姓擢升为监察御史,后在洪武二十三年又超升为左佥都御史(可能相当于今监察部副部长)(《明太祖实录》卷204)。另一方面,皇帝给粮长们发奖金。洪武十四年(1381年)二月,浙江、江西两省1 325名粮长输粮到南京,受到了朱皇帝的亲切接见,当场"赐钞为道里费"(《明太祖实录》卷135)。

明初的粮长们一般来说都能够洁身自好,在许多地方往往几十年内,粮长固定在某家族的某族长身上或在某一家族里父子兄弟之间"流转"——这就是人们常说的"永充制"(主要是以丁田来计算)。粮长一当便好几十年,且有子孙相承。如昆山石浦乡周南家任粮长就达百年(【明】吴宽:《鲍翁家藏集》卷62),又如苏州长洲县沈孜,他的曾祖、祖、父三代接着当粮长,"世掌田赋于乡"(【明】吴宽:《鲍翁家藏集》卷62、卷63)。但到了永乐皇帝朱棣迁都北京后,粮长"永充制"发生了异化。

大明国都北迁,税粮运输路程大为延长,其全程长达5 000余里,江南税粮运输成本高达被运税粮价值的100%,两项总计高达800万石,是迁都之前的800%。负担如此之重,有哪个傻子愿意一直干粮长?再有,洪武中晚期开始,科举逐渐恢复并成式化,粮长入仕之途逐渐被堵塞;加上永乐以后的官场政治逐渐腐败,对永充粮长制造成了致命的破坏。譬如编派粮长的主持人一般是地方行政长官和耳目胥吏、里老人等,在洪武年间政治清平的情势下,无论哪一方,大多数都能依法执行公务。但随着明朝政治的逐渐腐化,各阶层的人员都能不贪赃枉法?这是应该重重打上问号的。比如洪武十三年就有规定,只有功臣之家才可免充粮长,而一般官宦家庭却是不能免役的(《明太祖实录》卷134)。但实际上多数地方官都怕得罪豪门巨室,进而也就不将他们编为粮长之列。既然大户碰不得,那只有碰"小户",这样一来明初洪武时期开启的一项利国利民的国策逐渐被异化成了害民制度。

宣德十年(1435)五月,即明英宗即位后的半年左右,直隶苏州府常熟县知县郭南上奏说:"如今我大明各地州县佥派粮长完全背离了当年太祖皇帝的初衷,不按章法行事,奸弊百出,以致天下脱逃税粮者甚多。在此小臣恳请皇帝陛下下令,自今起天下各地佥派粮长时,地方州县官必须要亲自到场监督,一定要遴选家底实力浓厚者充当粮长,不能以收入不高的中小农户来替代。粮长选好以后还必须呈报给上级部门备案,以防作弊。只有这样,太祖皇帝开启的这项利国便民制度才会真正发挥它的正能量。与此相关,各州县还应该在乡村基层组织里甲层面内预选家底仅次于粮长者,让他们配合当地的粮长,编造好'坐提罪囚军匠等项'册子,'编给勘合,以凭次第差解'。"明英宗接奏后不知如何处置,随即将郭南的奏疏交予行在户部讨论。户部官一致认为,既然奏疏里讲的都是太祖皇帝的规制,那就应该照着执行啊。于是他们上请正统天子,明英宗答复"从之",即说修复洪武之制!(《明英宗实录》卷5)。

○ 开放部分官方川泽之禁,招民开荒,鼓励流民返乡复业,恢复和发展经济

正统元年(1436)八月,巡抚直隶行在工部右侍郎周忱上言:"嘉定县吴松江(即现在的吴淞江)畔原有沙涂柴荡一处,约计150多顷,水草茂盛,虫蟊蟓蚬多生其中。近来因荡水泛滥,禾苗庄稼被害受损,几近荒芜。小臣恳请朝廷恩准,招募小民予以开垦。成熟之余征其租税,下可以消虫伤之灾,上可以供国家之用。"英宗朝廷闻讯后当即予以准许。(《明英宗实录》卷21)

正统二年（1437）七月，直隶淮安、扬州两府发生严重灾荒，官方发廪赈济。就此，行在刑部右侍郎何文渊上奏朝廷，说："仓廪之积是有限的，但江海之利却是无穷无尽。如今诸府州县海边水浅之处出产菱藕、鱼虾和海菜一类，当地居民取之可以当作食物。小臣恳请朝廷下令给各处巡检司、河泊所和巡捕守备官军，允许各地小民任意采取接济，毋得阻遏。"何文渊还说："两淮、两浙盐运司各盐场灶丁大多生活贫困，吃了上顿就不知道何时能吃上下顿，许多人家只好四散出去乞讨。在此小臣恳请朝廷采取变通办法：每灶户名下除了缴纳额定的食盐给官府以外，其余食盐就由当地的官府盐场论价收购，每一小盐引给予米麦两斗。这样一来，估计饥窘的盐民们就不会再挨饿了。"英宗朝廷接奏后予以了批准，随即开放了直隶淮安、扬州等府州所属的川泽之禁。（《明英宗实录》卷32）

老百姓吃不饱或没得吃，在官府救济不力或没有及时到位的情势下，他们就得学习大明开国皇帝朱元璋的最初做法——外出流浪乞讨，这大概是明朝流民的主要来历。流民问题在永乐皇帝篡位登基之初就呈现出严重之势，那是由于被某些人歌颂为"千古圣君"的朱棣发动"靖难"战争所导致的。永乐元年（1403）正月，北平布政司上奏说："辖区内'诸郡流民复业者，凡十三万六百余户'。"130 600户，按照古代家庭平均每户5口计算，估计当时仅北平一省的流民就多达650 000人。这么多流民虽然在朱棣登基半年后被安置复业，可永乐帝却并没有因此放心，命令"户部令有司加意绥抚，勿重扰之"。（《明太宗实录》卷16）。

其实除了北平外，永乐时代由于成祖皇帝好大喜功、征战无度等因素，大明帝国其他各地较大范围内的流民问题都没能得到很好解决。延及宣德时期，由朱棣一手调教出来的好皇孙朱瞻基上台后更多地恪守皇爷爷之成宪，针对各地发生的自然灾害和不断出现的流民，他一方面命人赈灾济荒，救民水火；另一方面派遣巡抚、巡按出视灾区，招抚流民。因此，从永宣时代总体而言，就同今日消防队员灭火似的，一旦火大了就用水浇一浇，大明统治者对待流民问题就这样凑合整治着。

明英宗即位之初，以辅政的"三杨"和胡濙为代表的老臣都历经明初数朝风雨，娴熟"仁宣之治"的"恤民之道"。正统四年

(1439)闰二月,他们辅弼明英宗"增置北直隶及山东、山西、河南、陕西、湖广五布政司招抚逃民官六十四员"(《明英宗实录》卷52),后来又将政策放宽,"蠲其(指流民)逋租,复(免除赋税徭役,笔者注)之二岁"(《明英宗实录》卷55)。这样一来,不少逃民纷纷返乡复业。据正统五年(1440)正月巡抚河南、山西侍郎于谦的奏报,当时抚定河南、山西及南北直隶流民多达34 000多户。(《明英宗实录》卷63)到该年年底,山西又招抚流民11 000多户(《明英宗实录》卷71)。招抚流民复业在一定程度和一定范围内取得了成功,民生问题也得到了部分性的解决。

除此之外,在恢复和发展经济方面做出的努力还有:"三杨"辅政的英宗朝廷通过督令有司劝课农桑,兴修水利。

朱祁镇即位当年十一月,因副都御史陈勉和巡按监察御史李懋之请,正统朝廷敕"命天下布政司、都司严督所属栽种桑枣"(《明英宗实录》卷11)。

正统二年(1437)七月,英宗朝廷"命直隶并各布政司所属府州县官修筑圩岸、疏浚陂塘,以便农作",并要求各官府衙门将兴修水利的数目从实上报,以此作为将来官员考满时黜陟的一项重要的考核指标。倘若有人消极怠事或苛害百姓,朝廷授命巡视地方的各巡按御史对其严厉治罪。(《明英宗实录》卷32)

正因为新皇帝即位上台后辅政大臣采取的措施得力,正统之初大明各地相继展开了兴修水利的活动。而在这全国性的整修水利活动中,宁夏地区的三渠整治可谓是当时最大的水利疏浚工程。正统四年(1439)六月,因参赞宁夏军务、右佥都御史金濂之请,英宗朝廷下令调拨40 000人力,修复淤塞年久的鸣沙州七星、汉伯、石灰等三渠,渠成后灌溉面积多达1 300余顷(《明英宗实录》卷56)。

● **重视社会多层面教化,添设提调学校官员——明清提督学政制度自始而立**

恢复和发展经济,用传统社会里惯用的说法就是要使小民得以生养,小民有了生养,君主专制帝国才有可能稳定。不过这是问题的一个方面,古人说得好:"仓廪实而知礼节,衣食足而知荣辱。"

(【汉】司马迁:《史记·管晏列传》卷62)其意思是说:粮仓充实了人们就会知道礼节,吃饱了穿暖了人们自然会懂得荣辱。换一种说法,这就告诉了统治者不仅要使小民得以生养,而且还得要注意进行教化。对于这样的治国理政之道,从小就接受传统思想文化教育、通过科举入仕而步步高升的"三杨"和胡濙等正统朝辅政大臣再熟悉不过了。于是人们看到,明英宗冲龄即位初期,在采取恢复和发展社会经济举措的同时,这些辅政大臣们还投入了较大的精力,通过多种渠道和多种途径,促进社会多层面的教化。

○ 裁抑佛道,再次确立儒教独尊地位

明朝开国时,明太祖朱元璋对于儒佛道三教的态度是"诸教并容,隆尊儒术"。但从明成祖朱棣开始,大明朝廷尤为崇奉西番之教,格外优遇番僧。永乐元年(1403)二月乙丑日,朱棣"遣司礼监少监侯显赍书币往乌思藏,征尚师哈立麻。盖上(指朱棣)在藩邸时素闻其道行卓异,至是遣人征之"(《明太宗实录》卷17)。《明史》记载:"当成祖时,锐意通四夷……西番则率使侯显。侯显者,司礼少监。帝闻乌思藏僧尚师哈立麻有道术,善幻化,欲致一见,因通迤西诸番。乃命显赍书币往迓,选壮士健马护行。元年四月奉使,陆行数万里,至四年十二月始与其僧偕来,诏驸马都尉沐昕迎之。帝延见奉天殿,宠赉优渥,仪仗鞍马什器多以金银为之,道路烜赫。五年二月建普度大斋于灵谷寺,为高帝、高后荐福。或言卿云、天花、甘露、甘雨、青鸟、青狮、白象、白鹤及舍利祥光,连日毕见,又闻梵呗天乐自空而下。帝益大喜,廷臣表贺,学士胡广等咸献《圣孝瑞应歌》诗。乃封哈立麻万行具足十方最胜圆觉妙智慧善普应祐国演教如来大宝法王西天大善自在佛,领天下释教,给印诰制如诸王,其徒三人亦封灌顶大国师,再宴奉天殿。显以奉使劳,擢太监。"(《明史·宦官一·郑和传》卷304)

由于朱棣特别崇释礼佛,永乐朝起大明宫中佛教信徒骤增,京师庙宇广立。永乐十七年(1419)九月,"是时中外梵刹开建无数,内官尤笃信,几于成风"(【清】查继佐:《罪惟录·太宗纪》帝纪卷3)。《四友斋丛说》也载:"既颁佛曲,瑞应毕至,上(指朱棣)益喜悦,知皇心之与佛孚也。中官因是益重佛礼僧,建立梵刹以祈福者,遍南京城

内外云。"（【明】何良俊：《四友斋丛说》卷22，万历七年刊本）

如等态势到了朱棣晚年愈发严重。永乐十九年（1421），刚刚迁都北京、沉浸于无限快乐之中的永乐帝突然遭受天打五雷轰——北京明皇宫三大殿被雷击，一把天火把它烧了个精光。对此，"无所不能"的明太宗朱棣只得"诏求直言"，翰林侍讲邹缉上疏说："……今山东、河南、山西、陕西水旱相仍，民至剥树皮、掘草根以食。老幼流移，颠踣道路，卖妻鬻子以求苟活。而京师聚集僧、道万余人，日耗廪米百余石，此夺民食以养无用也。……至宫观祷祠之事，有国者所当深戒。古人有言，淫祀无福。况事无益以害有益，蠹财妄费者乎！"被某些人誉为"盛世之君"的永乐皇帝接奏后居然"不省"（《明史·邹缉传》卷164），由此明宫崇佛之势愈演愈烈。

由"魔鬼"朱棣一手调教出来的明代第五位皇帝朱瞻基在位时曾"建慈仁寺，为母后作厘，颁名画百二十轴，皆天堂、地狱变相。大毗卢阁高三十六级，……出总圣门为海棠院，皆僧寮也"（【清】阮葵生：《茶余客话》卷8）。宣德时期还曾建造了一座有影响的寺院——大觉寺，"黑龙潭北又十五里曰大觉寺，宣德三年（1428）建，寺故名灵泉佛寺，宣宗赐今名，数临幸焉，而今圮"（【明】刘侗《帝京景物略·黑龙潭》卷5）。尤为值得一提的是，当年的好皇孙明宣宗完全继承了皇爷爷朱棣的衣钵，崇奉藏传佛教，优遇西域番僧。就宣德五年（1430）正月乙丑日，一次恩赐了乌思藏国师领占端竹阿木葛等508人、大国师释迦也失并大乘法王使臣锁南领占等542人。（《明宣宗实录》卷61）宣德九年（1434）六月庚申日，朱瞻基又派"遣成国公朱勇、礼部尚书胡濙持节，封释迦也失为'万行妙明真如上胜清净般若弘照普应辅国显教至善大慈法王西天正觉如来自在大圆通佛'"（明宣宗实录）卷111）。

永宣时期大崇藏传佛教虽说对维护大明帝国西部疆域的稳定不无裨益，但由此带来的问题也不容忽视。

永乐朝藏传佛教僧人来到北京等内地后，虽然受到朝廷的优待，但一般还得要遣回。到了宣宗时就不这样做了，外来的和尚会念经，那就让他们留下来多念念经吧。当时慈恩、隆善、能仁和宝庆四寺为宣宗朝北京地区最主要的藏传佛教寺院。这些西僧久留京师，带来的直接问题是"耗费益甚"。明宣宗驾崩明英宗刚即位时,大明朝廷礼部官奏请淘汰的番僧就有690人。(《明史·西域传》卷331)《明英宗实录》中说的数字则更大,正统元年(1436)五月丁丑日,英宗朝廷下令"减在京诸寺番僧。先是番僧数等,曰大慈法王、曰西天佛子、曰大国师、曰国师、曰禅师、曰都刚[纲]、曰剌麻,俱系光禄寺支待。有日支酒馔一次、(二次)、三次,又支廪饩者,有但支廪饩者。上即位之初,敕凡事皆从减省。礼部尚书胡濙等议:'已减去六百九十一人,相继回还本处。'其余未去者命在正统元年再奏。至是,濙等备疏慈恩、隆善、能仁、宝庆四寺番僧当减去者四百五十人以闻。'上(指明英宗)命大慈法王、西天佛子二等不动,其余愿回者听,不愿回者其酒馔、廪饩令光禄寺定数与之"(《明英宗实录》卷17;《明实录录藏族史料》,P359—359)。

差不多与此同时,十三道监察御史李铬等上言十事,其中说道:"京师(这里指当时的北京)寺观有逃军、囚匠人等私自簪剃为僧道者,有因不睦六亲、弃背父母夫男公然削发为尼者,又且不守清规、每遇令节朔望于寺观传经说法诱引男妇,动以千计,夜聚晓散,伤风败俗。乞敕都察院禁约。"明英宗接奏后命令廷臣集议,最终采纳了李铬的建议,禁约僧道不法行为。(《明英宗实录》卷17)

总之,正统初年大明朝廷的这种裁抑佛道的做法之本身就是恤民"仁政"的一种体现,也与承继"仁宣之治"的基本精神相通,我们应该予以积极的肯定。

当然,裁抑佛道仅仅是一种手段,从正统的儒教治国理念出发,强化儒教独尊地位才是根本。对此,从小就接受传统教育而后通过科举入仕上来的"三杨"与胡濙等辅政大臣都不遗余力地隆尊儒教之地位。正统三年(1438)三月,四川重庆府永川县儒学训导诸华上言:"按照传统与祖宗规制,祭祀孔子在学校,祭祀佛祖在寺庙,祭祀老子在道观。可如今一些寺庙的无知僧人可能是为了吸引更多的世俗人们去他们的佛堂祭拜,居然在寺庙里头并列悬挂孔子、老子和佛祖三圣像。我们四川永川县内原有一座寺庙,现在被人改名为'三圣庙',他们将佛祖放置在大殿的当中,老子居左,孔子居右,真是亵侮不经,荒谬透顶。小臣恳请朝廷下令全国予以改正。""三杨"和胡濙等辅政大臣接受了诸华的建议,以明英宗的名义命令行在礼部,通令全国各地,禁止在佛堂寺观中祭祀孔子、

以保持儒教独尊的地位。(《明英宗实录》卷40)

○ 整治官学教育,实行扩招,重视科举入仕者素质,扩开老国子监生出路

当然,保持儒教独尊地位最有效的途径可能莫过于整治学校教育和改进科举制。为此,正统初年以"三杨"为首的辅政大臣也曾做出了很大的努力和贡献,甚至在个别层面还影响了以后的明清历史。

首先,重申官学教官、教师考核标准,以科举录取作为考核的"客观尺度"。

宣德中期对大明官学中的教官与教师之考核指标进行过一番调整,将考核指标数往下调了一些:"教官考满以举人多寡为升降,教授旧例举人九名为称职,四名为平常,不及四名为不称职,今定五名为称职,三名为平常,不及三名为不称职;学正旧例六名为称职,三名为平常,不及三名为不称职,今定三名为称职,二名为平常,不及二名为不称职;教谕旧例三名为称职,二名为平常,不及二名为不称职,今定二名为称职,一名为平常;训导旧例三名为称职,二名或一名为平常,今定一名为称职,不及者皆为不称。凡称职者升,平常者职如故,不称者降。"(《明宣宗实录》卷70)正统元年(1436)六月,因监察御史陈搏上言,英宗朝廷重申宣德中期的教官九年考满黜陟标准:"教授五名、学正三名、教谕二名、训导一名。及数者为称职升用,不及数者为平常本等用,全无者黜降,不通经者别用。"(《明英宗实录》卷18)

其次,增加全国各地岁贡生员人数,加强对犯事官学生员的惩治。

宣德八年(1433)四月,明宣宗"诏天下:州不及二十里者,岁贡生员一人;过二十里者,贡如旧例;县不及五里者,五岁贡一人;不及十里者,三岁贡一人"(《明宣宗帝实录》卷101)。正统三年(1438)十一月,英宗朝廷更定州县岁贡生员例,"令州学三岁贡二人,县学二岁贡一人"(《明英宗实录》卷48)。这样的岁贡人数标准比起宣德时期略微提高了一些,用句当今国人痛心疾首的时髦话来说,即"高校扩招"。不过那时的扩招绝没有现在这么烂——除了家境实在贫困等因素之外,现在中国人几乎人人都成了大学生。正统初

期的官学"扩招"相对有限,但由此带来的问题也不少。

正统四年(1439)闰二月,山东按察司佥事薛瑄上言说:"各地儒学中近来有好多学生干犯校纪国法,肆无忌惮。之所以如此,是因为不少学生一旦犯事了,就让家长出面,纳米赎罪,然后继续留校读书,据说这还是遵循了我朝的纳米赎罪则例。小臣认为,这万万使不得啊!这些干犯校纪国法的学生就如腐烂之物,一旦继续留在学校里,善恶同处,定会影响和腐蚀进取向学的学生,大不利于我大明官学教育。依照我朝祖宗规制:科举考试不中者尚且要被罚做为人不齿的衙门胥吏,而今犯奸作恶者却只要缴些钱粮就能逍遥法外,且还心安理得地继续留校。像这样的规章则例是不是有点轻重失宜呢?照这样下去,我大明还怎么能劝善惩恶?"据说明英宗接奏后首先肯定了薛瑄的谏言,至于如何处置问题,他一时也拿不准主意,令行在刑部官员集议。当时刑部侍郎何文渊等回复说:"薛瑄所言很有道理,从今以后凡我大明官学学生有干犯校纪国法的,除了无意识或过失犯事可以纳米赎罪之外,其他的一律不许。一旦纳米赎罪了,该学生的国家伙食补贴要追回;国家额定外的议价生员一旦犯事,发往附近地区的军队或地方衙门去充当胥吏,以此来羞辱他们,令其改过自新。"英宗朝廷听到这样的金点子,当即予以接受,并下令照此执行下去。(《明英宗实录》卷52)

再次,重视科举入仕者的素质和扩开老国子监生的出路。

明初国家新定,官僚人才匮乏,一般来说只要在科举考试中中式的都能当个一官半职。但随着明王朝的稳定发展,加上科举成式化,意想不到的问题出现了:不少后生少年应试中式,但又不能胜任官职岗位。为此,自仁宣时期起,明廷开辟多种途径给予他们出路。明英宗即位后由"三杨"等辅政的大明朝廷继续沿袭祖宗的做法。正统四年(1439)闰二月,行在礼部上奏说:"本次会试取中副榜举人年纪在25岁以上的就有233人,按照惯例,应该将他们送往吏部,除授教职;年纪不到25岁的共有58人,依照祖宗的做法,理应让他们到国子监去或投亲靠友,继续学习,这样可以提高未来国家栋梁的素质。"英宗朝廷当即予以允准。(《明英宗实录》卷52)

科举入仕渠道有限,与科举出身还差一截的国子监生之出路那就更不容乐观了。如果有人长期处于无望或绝望之中,那么他所干的事情无论如何也好不到哪里去。对此,正统初年的辅政大臣似乎意识到了这个问题。正统元年(1436)二月,行在吏部言:"各处府州县典史吏目税课并河泊仓官多缺员,而我大明国子监却有许多监生没有出路,成为了老监生,有的甚至头发都白了,还没有得到朝廷的一官半职。就此,我大明朝廷能不能打破常规,将那些府州县典史吏目税课官和河泊仓官职授予宣德元年(1426)以前入监、年龄在45~50岁以上的老监生?"英宗朝廷答复:"太学储育人才,以备任用,而淹滞如此,听其授职。"(《明英宗实录》卷14)

○ 增设大明提调学政官,开创官学专业对口管理制度

尽管正统前期大明朝廷采取了许多举措,促进教育、教化的深入和发展,但要说影响最大的莫过于增设大明提督学政官,开创官学专业对口管理制度。

明朝开国后平民皇帝朱元璋大力发展教育,在全国地方上普设官学,除京师南京国子监招收近万名学员外,各地府州县也收纳一定数量的学员,时称生员。《明史》说:"生员入学,初由巡按御史,布、按两司及府州县官。"这是讲明初生员入学一类的事宜由巡按御史、地方布政司、按察司和府州县衙门的官员多头管理。多头管理从理论上来讲好像是官方很重视,但实际上最不容易管好。就像我们现代城市中的市容市貌,过去一直由工商、税务、卫生和公安等多部门管理,结果一遇到事情,大家就相互扯皮吧。最近这几年可好了,全国各地都成立了城管,效果立竿见影,小商小贩们见了城管可像老鼠见了猫似的,就连平日里香气四溢又矜持不苟的女老总见了城管,也不得不低下高昂的小姐头颅,刹那间石榴裙不翼而飞,城管美美地爽了一回。(2014年4月14日《腾讯网》第2763期的讨论话题"女老板为何因户外广告牌性贿赂城管?")由此人们不得不佩服现代公共管理权力的"伟大"与神奇,也不得不佩服专业对口管理的魔力。不过可能令诸位读者失望的是,我们社会中这样的专业对口管理魔力早在古代就已经被人发现并加以使用。中国人的聪明劲很多时候都用在制度层面管理设计上,发现了问题,就设计出另一套方案来对付。多头管理管不好了,就实行专业对口管理。我们现在讲的明英宗正统时期增设大明提督学政官就是这样

的典型案例。

正统元年(1436)五月,历经明初数朝风雨的老臣黄福上奏说:"近年以来,各处儒学生员不肯熟读四书、经史,讲义理惟记诵旧文,待开科入试,以图幸中。为此,小臣恳请朝廷下令,从今以后各地布政司、按察司官都得定期半年对辖区内的生员进行一次全方位的统考。只有这样,我们的官学才能培养出真才实学的人才来啊!"明英宗接奏后交予行在礼部进行讨论。大臣们经过一番讨论后一致认为:多头管理实际收效确实不大,应该实行专职专业管理。英宗朝廷接受了大臣们的建议,决定在各省添设按察司官一员,南北直隶各专设御史一员,专门负责管理官学教育以及相关事宜。(《明史·选举一》卷69)当时"行在吏部会官举保两浙盐运司同知胡轸为副使,广西郁林州知州刘虮,监察御史薛瑄、高超,工部郎中高志,吏部主事欧阳哲,修撰王钰,编修彭琉,检讨陈璲、康振,国子监学正庄观俱为佥事,湖广布政司检校程富,福建建宁府学教授彭勖为监察御史,分行提调:轸浙江,虮湖广,瑄山东,超福建,志山西,哲河南,钰江西,琉广东,璲广西,振四川,观陕西,富北直隶,勖南直隶。"这些人就是明代历史上最早的一批提督学政官。(《明英宗实录》卷17)

既然专业提督学政制度开启了,英宗朝廷当然会极度重视。就在这些提督学政官陛辞时,10虚岁的顽童朱祁镇赐之敕谕,说:"朕惟国家致治,在于贤才,贤才之成,本于学校,帝王相承之盛典也。朕自临御以来惓惓于此,而所在有司率不究心,苟具虚文,用应故事。如此而望,成贤才致治化,其可得乎?今慎简贤良,分理学政,特命尔等提督各处儒学。夫一方之学总于汝,是一方之师系于汝矣,率而行之,必自身始,必自进其学,学充而后有已;谕人必自饬其行,行端而后有以表,下学有成效,惟尔之能,不然惟尔弗任,尔其懋哉!"(《明英宗实录》卷17)

10岁的娃娃能发出这番最高指示,除了念念"三杨"等辅政大臣票拟好的敕谕外,没有证据证明这样的冲龄皇帝原本就是个天才。不过从上面的敕谕中我们也不难看出,当时朝廷特设这些提督学政官,不仅要他们管理好"一方之学",而且还要监察好"一方之师",即对教师、教官及其相关事宜都要管理好。为此,英宗朝廷还为这些提督学政官们开立了15条具体管理条例。(《明英宗实录》卷17)尽管这15条都是先前相关部门都应该做到的,但在国家承平已久、纲纪松弛的情势下,朝廷开设专门官职——提督学政官,专门管理教育,由此影响了后来的明清历史。这无论怎么说都具有进步意义。

○ 号令全国重读《大诰》和《教民榜文》,重建申明亭、旌善亭和木铎教谕,加强社会基层教化

诚然,学校教育是推行教化和培养帝国统治人才最为便捷的途径,但不可否认其涉及的层面毕竟有限。在更广泛的意义上如何推进大明教化、力求帝国长治久安,这是明英宗即位之初朝廷上下所必须面对的问题。

正统二年(1437)十二月,巡按直隶监察御史杨春上言:"我朝太祖皇帝曾编撰了《大诰》三编,教导全国人民去恶为善。那时上至朝廷大员下至黎民百姓无人不知之,社会风气焕然一新。可时过境迁,如今我大明天下没人再去留心诵读那'高皇帝语录'了,于是作奸犯科层出不穷。为净化社会风气,小臣恳请朝廷敕谕礼部,通令全国重读《大诰》系列!"英宗朝廷接奏后允准了杨春的上请,通令天下官府倡导人们讲读"高皇帝语录"。(《明英宗实录》卷37)

正统三年(1438)二月,巡抚南直隶、行在工部右侍郎周忱上奏说:"老臣曾伏读洪武年间高祖皇帝御制的《教民榜文》和近年的建言榜文,其内皆讲民间百姓之间一旦有纠纷诉讼的,若双方都愿意私了,官府就不必插手判决;事不关己的却前去告讦,这种行为必须要受到处罚;官吏收受贿赂后罗织罪名、坑害善良的,理所当然要受到重重的处罚。倘若果真有人蒙受冤屈要上告的,也应该依次向上陈诉;只有出现全家被害这种特殊情况,才可允许其亲戚或邻居越级申诉。可近年来,遵守这些祖宗规制的却越来越少。一些刁民动辄兴讼,这就造成了我大明官府衙门中的狱讼腾涌。说来也奇怪,刁民们上告的不是什么人命大案,就是牵连甚广的剪不断理还乱的疑难案。为什么会是这样呢?因为上告了所谓的人命案可以马上震惊官府,惊吓乡民,引起更多的关注;而上告了所谓的疑难大案则牵连一大片,杂事难穷治,奸人可以从中欺诈取财,

钳制官府。一旦案件真的审清了,这些刁民大不了被罚充军、摆站和纳米运砖。在那里他们要么贿赂当地的管理者,逍遥快活;要么乘人不备,潜逃别处,变易姓名,再次起灭词讼,兴风作浪,毒害社会,污浊风气。由此,老臣在此恳请我大明朝廷下令给各地,命民熟读《教民榜文》和高皇帝以来钦定的榜例,重申越诉之禁,净化社会风气。只有这样,我大明才会真正狱清讼理、国泰民安啊!"明英宗将周忱的奏章交予朝廷三法司集议讨论,大家都觉得周巡抚讲得很好,应该予以允准。正统朝廷随即下令,照此执行。(《明英宗实录》卷39)

除了教导人们讲读《大诰》系列和《教民榜文》外,明初还曾实施了其他许多的举措与之相配套,强化社会教化,譬如申明亭、旌善亭制度和木铎教谕制度。

洪武开国后,朱元璋要求大明帝国府、州、县及乡之里社即各地每个角落每个乡村都要建两个"亭子":一个叫"旌善亭",一个叫"申明亭"。旌善亭是专门用来表扬村里所发生的好人好事,即所谓"善人义举",主要是由乡村的"老者"负责,将那些好人好事和大明礼部选录的循官良吏比较突出的事迹都摹写在亭中,鼓励人们积极向善(《明太祖实录》卷172)。而"申明亭"正好与之相反,它要求村里的"老者"将乡村中所发生的"坏人坏事"和刑部选录的全国各地官吏违法犯罪影响比较大的案件都摹写在亭中,警醒人们不要重蹈覆辙(《明太祖实录》卷72、卷147)。

斗转星移,一晃60多年过去了,当年太祖皇帝奇思妙想构建起来的"经典"制度还起作用吗?正统三年(1438)五月,户部广西司主事张清和广西平乐府知府唐复分别上言,说:"洪武年间太祖皇帝命令全国各地乡村旮旯都要建立申明、旌善两亭,目的是为了除恶扬善。可如今各地官员都将这事扔到爪哇岛上了,申明、旌善两亭要么东倒西歪,要么已经湮灭无存,这等情势何以能劝惩人们?小臣恳请朝廷恢复太祖旧制!"明英宗高兴地接受了张清、唐复的建议,"命有司行之"(《明英宗实录》卷42、卷43)。

还有与广泛建立申明、旌善亭制度几乎相辅相成的、较为有名的社会普遍教化举措,就是推行木铎劝谕制或称击铎劝谕制。

洪武三十年朱元璋命令户部通告全国:各地每个乡村都要置

办一个木铎,然后选出一个耆老或瞎子,黄昏时刻拿了那个木铎在道路上边敲边走边喊着口号:"孝顺父母,尊敬长上;和睦乡里,教训子孙;各安生理,毋作非为。"这样的事情每月要进行6次。(《明太祖实录》卷255;《教民榜文》;【明】董谷:《碧里杂存·铎角》下卷)

说到这里,现在五十岁以上的国人可能都会想起二十世纪六七十年代的"喊口号"与之相似,不过明初这个口号只是由一个老人喊的,按规定一个月要六次这样喊口号,其目的就是要把皇帝的最高指示传达到乡村每个角落,甚至是每个人,教化人们在家为孝子,出门做顺民。

洪武以后,永宣时期击铎劝谕制曾被申明再度推行,可这一切到了明英宗即位之际,却似乎又成了遥远的过去。正统八年(1443)二月,直隶扬州府通州知州魏复上奏说:"洪武中尝颁《教民榜文》,令每乡各里各置木铎,选年老或残疾不能生理之人,持铎循行,直言喻众,其言曰:'孝顺父母,尊敬长上;和睦乡里,教训子孙;各安生理,毋作非为。'如此者,每月六次,此诚化民成俗之良法也。近岁以来木铎之教不行,民俗之偷日甚,乞令天下乡里仍置木铎循行,告诫庶人心有所警醒,风俗日归于厚。"明英宗接奏后当场就予以应允,随即通令各地官府,恢复木铎教谕制。(《明英宗实录》卷101)

○ 重视社会风气,扶植社会正能量

其实明初实施过的社会教化形式还有许多,如丽谯画角、鸣鼓劝农和"乡饮酒礼"制等等。不过,形式再多都围绕着实质性的目的,那就是要整治帝国风气,扶植社会正能量。对此,历经洪武、建文、永乐、洪熙和宣德数朝的老臣杨士奇、杨荣、杨溥、张辅和胡濙等再清楚不过了。因为社会风气的好坏和社会正能量能不能得到扶持,直接关系到国家能不能长治久安。就此而言,正统初年的"三杨"等辅政大臣也予以了相当的重视。

宣德、正统之际民间悄悄地流行"干爹干女儿那些事",就像近年来我们社会上出现的少部分"人民公仆"偷偷"包二奶",为防止上级部门调查而遭受处分及掩人耳目,他们往往会将为其带来无比快感的年轻女伴称为"干女儿",然后拿了贪污受贿或敲诈勒索来的大把银子为"小美眉们"购买"保时捷"一类的顶级豪华小轿车或高档别墅,来个金屋藏娇。只要"小美眉"们不公开炫富和声明"干爹"姓甚名谁,这些"人民公仆"们就会安然无恙地潇洒着,并一如既往地在台上对广大的愚夫愚妇们进行反腐倡廉宣传,乐此不疲地深入裙中,甚至还会步步高升。为此,有人愤怒了:"干爹""干女儿"一类血缘以外的人间美好关系的称呼词语,就如"小姐""同志"等原本都是高雅美好的尊称,现在都给亵渎了。其实,考察一下历史,这还真怨不得当今人们,早在600年前我们的老祖宗中就有人开始亵渎"干爹"和"干女儿"这些词了。

正统三年(1438)十一月,有人向朝廷上报说:"近来社会风气不正,有人打着认干女儿的名义行事,一旦名分成立,他就亟不可待地与干女儿苟合。官府衙门听说后,就将这些有伤风化之人给逮了,谁知他们老在狱中喊冤。对于此等状况,好多地方官就不知道如何处理下去?"英宗朝廷大理寺评事王亮认为:应该让地方衙门对所谓的"干爹"与"干女儿"身份进行核对,若双方之间存在着契约买卖,即当年的"干爹"是以购买形式收下未成年小女孩的,那么这样的"干爹"与"干女儿"之间的父女关系成立,若他们之间发生了两性关系,当以通奸乱伦来论处;倘若他们之间不存在上述这种父女关系,"干女儿"是当年"大奶"嫁入时带来的通房丫鬟,随后便被收为小妾,立有契约且又两厢情愿,这就不能视作干犯风纪了,不治罪,不离异。王亮说得头头是道,英宗朝廷当即允准了他的建议,并以此"著为令"(《明英宗实录》卷48)。

见此,有读者朋友可能会觉得古人真"性福",只要变通一下(譬如上述的收房),就可以想怎么的就怎么的,多美的事!其实,历史并不那么简单,古代中国人还是相当讲究名分与风纪的,一旦谁越轨被人发现或上告了,无论是男的还是女的,所要付出的代价还是挺大的。

正统六年(1441)八月,鹰扬卫百户金琦的姐姐金氏上告,说自己的弟弟金琦詈骂自己。对照《大明律》中的规定,发生这样的事情属于以下犯上——婢幼辈干犯、忤逆尊长辈,例应受到法律的制裁。行在刑部接案后随即审问了金琦,金琦有口难辩,最后刑部官提出,让金琦出钱赎罪,罚作为民。一个百户官纵然在大明朝廷看来属于芝麻官,但在地方小民的眼里那可是个了不得的官衔。金琦母亲听说儿子丢官了,十分郁闷,当知道是因为自己女儿上告才有这样的结果时,她更是气不打一处来,随即让人将自己的女儿给找来,当面进行责问。谁知她的女儿不但不认错,反而詈骂起了自己的老母亲来,这下可把老太太给激怒了。老太太一瘸一拐地亲自跑到官府衙门,一五一十地将家中丑事给抖了出来。

原来老太太的女儿即鹰扬卫百户金琦的姐姐是个荡妇,她嫌自己的老公不好,常常与人偷偷地快乐快乐,时间一久,让自己的弟弟给知道了。金琦劝姐姐赶紧悬崖勒马,否则的话,一旦给官府知道了就要被处以通奸罪的。哪知姐姐金氏却不是什么省油的灯,不仅淫荡而且还心底邪恶,听到弟弟说自己犯有通奸罪,心想:何不来个恶人先告状,将弟弟的嘴巴全给堵了。于是出现了故事开头的那一幕——姐姐诬告弟弟詈骂自己。

当金琦母亲说出事情的原委后,获讯的英宗朝廷命令监察御史对金琦詈骂姐姐一案与金氏通奸案进行再度审理,最后审清了案情。金氏因犯有通奸罪和诽谤罪而被处死,其弟弟金琦冤案被平反,官复原职。(《明英宗实录》卷82)

上述金氏通奸案的主犯金氏是普通人,即属于我们常说的六尘之内的饮食男女,那么要是"跳出六尘外"的"外人"有犯男女苟合、通奸之事,又将怎么处置?

明初有鉴于元朝流弊——佛僧娶妻或借做法事为名干起男娼女盗之事,太祖皇帝朱元璋开始规定:"佛僧娶妻的,任何人见到都可以捶打他、侮辱他,还可以向他索要50锭大明宝钞。其逻辑理论是:你不是要摆谱娶妻吗?那你就得向大家交钱。要是这个娶妻的和尚没有宝钞,那就任由人们殴打,打死了也不犯法。"正因为有这样的皇帝敕谕,元朝流传下来的佛僧娶妻与和尚通奸之风很快地得到了遏制。但随着时间的推移,明初的典章制度和旧规惯例逐渐地被人淡忘了。

山西有个寺庙香火特别旺,庙里的和尚每天都要接待来自四面八方的绿男红女。同性相斥异性相吸,这是自古以来的硬道理,只要是生理机能正常的话,任何人都不可能没有正常的生理要求,和尚当然也不例外。比起普通男人,古时候的和尚有着更好的机会接触众多的美眉,因为那时的女人一般是不允许抛头露面在外乱跑的,而到庙里去敬佛却没什么限制,贵妇人、阔太太、阁楼小姐、小家碧玉等等都可以自由来去。来去的女人多了,和尚们开始春心荡漾。有两个和尚一起看中了一个有夫之妇,哪料到这个有夫之妇来者不拒,哪个来到自己家里,她都会快乐接待一番。有一天夜里,一个和尚先去了,一番云雨后他正回味着刚才那美妙的一刻,不曾料到他的和尚同事也来了。人类是由动物进化而来的,动物世界往往会出现这样的一幕:两只以上的雄性动物为了争夺与雌性动物的交配权通常会大打出手,争个你死我活。在这个方面,人类也好不到哪里去。两个和尚在不应该去的地方碰到了不应该碰到的人,于是惨案发生了——先去淫乐的和尚被后来者当场打死。

山西省衙法官们闻讯后迅速调查和审理了该案,判决殴死同事的后来和尚处以绞刑。案件上报上去,英宗朝审狱评事王亮认为,这样的判决不太吻合大明法制精神。按照祖宗规制,和尚如果有妻又犯有通奸罪的,应该加重处罚。但从山西这个和尚通奸殴死案件来看,后来的和尚毕竟没有与淫妇通奸的直接依据,只是将先来淫乐的和尚打死了,由此看来应该要从宽处理,至少不能加重。正统朝廷从维护祖制和净化社会风气角度考虑,最终判定那个后来的和尚处以杖刑,并发配远方戍边(比死刑减一等)。(《明英宗实录》卷82)

总之,无论是对"干爹干女儿乱伦案",还是对金氏通奸诬告案以及和尚通奸殴死案,正统之初英宗朝君臣的最终处置都比较妥帖。这种做法既维护了大明朝既定典章制度的尊严,又在一定程度上整肃了社会风气或者说是扶植了社会正能量。

○ 号召军中重读高皇帝敕谕训戒与《御制大诰武臣》,开办南北京卫武学

除了在上述社会多领域、多层面进行教化外,正统之初英宗朝廷还在军中开展教化,号召武臣们重读太祖皇帝的敕谕训戒与《大诰》,重视军中思想文化知识教育。

明朝开国皇帝朱元璋在洪武中晚期接受了大臣们的建议,在军中开设武学,"欲其谙礼义,知古今,以图继续为国家之用"(《明太祖实录》卷183;《明太宗实录》卷123)。但洪武时期开办的武学似乎后

来搞得不尽如人意,到永乐中期时,"岁久人心玩愒,武学亦不振举,军官子弟安于豢养,武艺不习,礼义不谙,古今不通,将来岂足为用"?这是当年永乐皇帝对武学不堪情势发出的感叹,随即他下发敕谕,"申明武学旧规,严其课绩,毋为具文,应故事耳"(《明太宗实录》卷123)。

　　那么,这次明成祖降敕整饬武学的效果如何?13年后的宣德元年(1426)正月,明宣宗与行在兵部尚书张本等侍臣在谈论世禄问题时说到了这事。张本说:"上古传说中的唐尧虞舜时代,国君赏赐大臣往往会延及他们的后世子孙。周文王以后周朝实行世卿世禄制,惠及也深远。这些都足以反映出古代先王的忠厚之意啊!"明宣宗听后似乎并不满意张尚书的说法,随即这样说道:"我国家待勋臣礼意尤厚,太祖皇帝开国功臣、太宗皇帝靖难功臣子孙世袭其爵,年幼者给全俸养之,置武学教之书史,稍长俾习武艺,俟其成人,然后任以事,著为令典。视先王之制尤备。朕嗣位以来,谨遵成宪,功臣子孙咸录用之,或掌都府,或守藩方,恪勤职业者,亦多有之,是皆祖宗教养之功,若其不念先世积累之劳,不体朝廷优待之意,则自暴自弃矣。"接着他又颇为感慨地说道:"古云世禄之家,鲜克由礼,骄淫矜侉,将由恶终,此患教之不至耳。"(《明宣宗实录》卷13)

　　朱瞻基的这番说法至少向我们透露了这样一个信息:明初不少功臣后代依仗自己"红彤彤"的家世,不思荣华富贵来之不易,却任意胡为。这样的行为都是教化不至所导致的!换个角度来看,从大明天子的这段话的弦外之音中我们是否品出这样的意味:由洪武中后期开始的大明军中教化推行了虽二十余年,却似乎并没有真正收到实效?!

　　两年后的宣德三年(1428),如此感知在朱瞻基所作的一番最高指示中得到了验证。那年正月戊申日,行在兵部奏请选武官,明宣宗当场回答:"比年以来,军官子弟安于豢养,浮荡成风,试其武艺,百无一能用之。管军不能抚恤,有司但知循例铨除。一旦有警,何以得人?祖宗时置武学,教之书且俾习骑射,当袭职之时,严加比试。赏罚之法,载在典章,尔其申明之,务求实效。庶几人知劝惩,国家亦有赖焉。"(《明宣宗实录》卷35)

就连帝国第一人都在说大明军中"栋梁"——功臣后代安于豢养,浮荡成风,由此可想他们的武艺、武学再怎么说也不会好到哪里去。而这样的格局一直到宣德皇帝驾崩、正统皇帝登基后还是没有得到改观。为此,当时的有识之士上奏朝廷,要求强化对武臣们的教化和军事训练及文化知识学习。

正统六年(1431)三月,行在府军卫百户黄辅上奏说:"太祖高皇帝《御制大诰武臣》及敕谕、宣谕、训戒录,护身保身,敕具载将士抚绥之道,屯守之法,古今武臣善可法,恶可戒者,垂训万世,为武臣者宜服膺而恪遵之。迩者承袭幼官,未尝讲读,罔知戒勉,往往贪暴罹法。乞敕五府及兵部申明旧章,俾时熟诵,庶广智知劝戒,亦以保禄位于悠久。"(《明英宗实录》卷77)

英宗朝廷十分赞赏黄辅的建议,当即下令下去,让军中将士重温明太祖的敕谕训戒与《御制大诰武臣》,并于当年的五月后相继颁发敕谕,开办南北京卫武学和南京武学(《明英宗实录》卷79、卷91、卷105)。随后制定武学学规:武学教官设有教授1名,训导6名,学员以"都督以下子弟选材器颇优、家道相称者";武学分居仁、由义、崇礼、弘智、惇信、劝忠六斋,其文化知识学习内容由《小学》《论语》《孟子》《大学》中任选一本,至于专业军事理论学习则由《武经》《七书》《百将传》中任选一本。除此之外,还得学习《御制大诰武臣》《历代臣鉴》《百将传》《古今名臣嘉言善行》(《明英宗实录》卷81)和《五经四书》《性理大全》(《明英宗实录》卷82),等等。

从上述正统朝廷强化军队文化知识教育的内容来看,自此而始,明代武学与儒学大方向趋同。换言之,传统的儒家忠君思想教育在大明军中逐渐得到了贯彻和强化。由此人们不难看到,在数年后的土木堡之变中,尽管50万的大明军遭受了灭顶之灾,但军中将士却很少有投降瓦剌的,这恐怕是当初"三杨"、胡濙等辅政的英宗朝廷强化武学教育时所不曾料想到的吧!

● **兴廉惩贪　整顿吏治**

诚然,教化十分重要,尤其是社会多层面的教化对于一个国家的长治久安实在是必不可少。不过话得说回来,它不是万能的,也不是一蹴而就的,尤其是在传统中国这样的社会里,教化是否能够得到推行与贯彻往往与官僚政治的好坏密切相关。对此,自小起就接受传统儒家教化的"三杨"、胡濙等英宗朝辅政大臣熟稔其道。自正统帝即位起,在张皇太后的支持下,他们辅佐明英宗兴廉惩贪,整顿吏治。

兴廉就是任用、提拔或褒扬一些正直清廉的官员,惩贪就是惩治贪官污吏,净化社会风气,说到底这是"恪守成宪"的"仁宣致治"之继续。

正统初,英宗朝廷采取兴廉惩贪的第一大举措也是最常见的做法,就是继续任用、挽留或提升永宣以来忠心耿耿的清直大臣。而在这些大臣中不少人为地方巡抚或为地方郡守,较为有名的有巡抚南直隶行在工部右侍郎周忱、苏州知府况钟(有关周忱和况钟,因在《大明帝国》系列之⑩《洪熙、宣德帝卷下》中已作详述,在此不作展开,读者朋友若有兴趣,可查该书)、巡抚河南行在兵部右侍郎于谦(下章详述)、福建按察司佥事后升任都察院右佥都御史鲁穆等。在朝廷中央除了"三杨"、胡濙和张辅外,尚有行在刑部尚书魏源、行在户部右侍郎成均、行在礼部右侍郎王士嘉(成均、王士嘉等在明英宗登基后没几年就病逝或病退,在此不作展开,笔者特注)、南京吏部尚书黄宗载、行在都察院都御使陈智、参赞南京守备机务的少保兼户部尚书黄福、陕西按察使后升为行在都察院右副都御史的王文、礼部左侍郎兼翰林院侍读学士王直、工部右侍郎兼翰林院学士高谷、行在翰林院侍讲学士陈循等,都十分有名,或在历史上产生过较大的影响(王文、王直、高谷和陈循等主要在随后的景泰时期发挥着重要作用,本书作者注)。其中黄福可能是正统初元岁数最大、资格最老的大臣。

○ 一心为国的五朝老臣黄福不讨永宣列帝喜欢,却在英宗朝时颇受重视

黄福,山东昌邑人,洪武中太学生出身,先后担任项城县主簿和清源县主簿,由于很有政绩,被高皇帝提升为金吾前卫经历。又因在任期间上书阐述治国大计,颇为朱元璋赏识,一下子升到了工部右侍郎职位。(《明英宗实录》卷63;《明史·黄福传》卷154)

建文帝即位后对于皇爷爷看中的大臣大多比较倚重,而黄福

就是当年建文朝廷倚重的大臣之一。可好景不长,阴鸷、歹毒的燕王朱棣发动了"靖难",前后花了四年的时间,不仅将建文江山给抢夺了,而且还开出了所谓的建文"奸党"名录,并对其进行肆意杀戮。黄福虽然名列"奸党"行列,但就在"魔鬼"朱棣闯入南京城的那一刻,他随同兵部尚书茹瑺领头的28名"识时务者"投降了大明新主子。为此,一直首鼠两端的建文朝大内奸、永乐朝大功臣李景隆跳了出来,检举揭发黄福为建文"奸党"。面对突然的指斥和随时可能遭受的残酷杀戮,黄福不慌不忙地应对道:"小臣曾是先皇帝的臣子,现在先皇帝不在了,小臣本该以死尽忠。只是有人指斥小臣为奸党,实在不能让人心服口服啊!"黄福的这番话太有分量了,其潜台词是:要是依照你李景隆的逻辑,凡是从前朝过来的或在前朝当过臣子的都要被扣上建文"奸党"的帽子,那么这28个"识时务者"和你李景隆也都应该是"奸党"分子,更何况你李景隆还是建文朝北伐的主将啊!狡猾的"魔鬼"朱棣听懂了黄福的话中话,沉默了好久,最终发话,不追究黄福的奸党罪,而事后又暗暗调查他的底细,忽然发现他是个不错的大臣,于是恢复了他的官职,不久又升他为工部尚书。(《明史·黄福传》卷154)

　　虽说永乐帝给黄福等人升了官职,但他心里的疑心病却时不时地在作怪。有一次他偷偷让大才子解缙对蹇义、夏原吉、杨士奇和黄福等10位大臣作番评点。解大才子一口气说出了9位大臣的优缺点,唯独对黄福的评述为"秉心易直,确乎有守",即没有找出他的缺点来。但即使这样,永乐帝还是不完全信任黄福等建文朝降臣。有一次,黄福到宫廷里汇报工作,刚好碰到皇帝朱棣在与人下棋。他边下着棋边问黄福:"黄爱卿,你会下棋吗?"黄福说:"小臣不会。"朱棣好奇地问:"下棋怎么不会?"黄福说:"小臣小时候父亲和老师教育得特别严格,只教读书,不教下棋,所以小臣一直不会下棋。"听到这样的回答,永乐帝顿时大皱眉头,心想我朝竟有这样的老黄牛大臣,什么享受也不懂,只知道工作、干活,土得简直就要掉渣了!对于主子的这样心理变化,一直在充当永乐帝肚子里蛔虫的奸臣、大明都御史陈瑛看得清清楚楚:皇帝不是真心喜欢土包子黄福啊!正因为有了这样的一个"影子",陈瑛的心里顿时就有了谱。(《明英宗实录》卷63)

永乐元年(1403),朱棣决定兴建北京新都。永乐三年(1405),他调黄福为北京行在工部尚书,让他负责北京新都新宫建设。由于北京工程浩大,其周围地区又十分贫穷,许多建筑材料甚至粮食的供应都要来自富庶的南方地区,劳民又伤财,这样一来,当时负责北京工程建设的黄福被迅速地推到了舆论的风口浪尖上。而就在这时发生了一件小事,黄福受到牵连,酷吏陈瑛等竭力夸大其过失,永乐帝闻讯后下令,将黄福逮捕入狱。后虽获免于刑事重处,但他还是被谪充为办事员,可以说是一抹子到底,这在中国官场上甚至普通民众眼里都是十分丢脸的事,而黄福却并不在乎,任劳任怨地干好他作为办事员分内的事。(《明史·黄福传》卷154)

就在黄福充当办事员没多久,永乐皇帝命令朱能和张辅等率领上百万大明军南下,平定安南(亦称交阯)之乱。这是一场至少要跨越大半个中国的大型战争,在冷兵器时代,要想取得战争的胜利,不仅要有相当的军事实力,而且还需要十分可靠的军事输氧补给。那么这么大范围的军事输氧补给工作由谁来负责呢?这时永乐帝想起了只知道工作不会下棋娱乐的清直之臣黄福,当即下令,让黄福官复原职,直接负责"督安南军饷"。由于黄福工作极端认真,自身又有才能,督理安南军饷工作干得有声有色,加上张辅等前线指挥官指挥有方,处置得当,安南战争很快就取得了胜利。永乐帝闻讯后决定"郡县交阯",任命黄福以尚书官衔兼掌交阯(即安南)布、按二司事。据说他在交阯任上时"威惠并行,远人怀服"(《明英宗实录》卷63)。

一转眼到了永乐二十二年(1424),那年永乐帝朱棣亲率大军远征漠北,不料在归途中驾崩于榆木川。按照当时的皇位继承法,皇太子朱高炽即位,改元洪熙。洪熙帝上台后一改父皇朱棣穷兵黩武的做法,变战为和。就在这样的大背景下,黄福被召回京城,受命兼任詹事府詹事,即为东宫皇储老师。当皇帝的敕谕送抵交阯时,已经在那里待了19年且与当地人建立深厚感情的黄福不忍离去,而交阯百姓更是舍不得这位难得的大明好官说走就走了,他们扶老携幼纷纷来到大明在交阯的行政办公署,"号泣不忍别"。不过相对于普通百姓,有着很大野心的交阯地方实力派却闻讯窃喜,乘着黄福调离、大明新官上任不熟悉情况的有利之机,借助交阯民众对大明永乐朝派出的镇守中官马骐横征暴敛的不满情绪，发动了反明叛乱，交阯境内迅速乱成一锅粥。(《明英宗实录》卷63；《明史·黄福传》卷154)

就在这时，明仁宗朱高炽突然驾崩。新皇帝朱瞻基下令，叫黄福督造仁宗皇帝的陵寝——明献陵。当安南乱情急报如雪片般地飞入北京明皇宫时，朱瞻基首先想到的就是抚慰治理交阯有方的老臣黄福。恰巧这时，接替黄福交阯之职的兵部尚书陈洽也派人上疏朝廷，说交阯这个地方实在不好治，小臣才疏学浅，恳请朝廷赶快派遣老臣黄福来接任小臣之职，抚慰交阯。朱瞻基接奏后马上派人去找黄福，有人说黄福公差上南京了。明宣宗说，不管三七二十一先将他叫到北京来。当黄福来到北京明皇宫时，明宣宗朱瞻基激动地说："黄爱卿，您在交阯那么多年，惠施百姓，那里的人们至今还在想念着您。这样吧，您就为朕再辛苦一趟，南下交阯！"随即他任命黄福以工部尚书兼詹事之衔，领交阯布、按二司事。就当时的黄福年龄而言，已近古稀，且他的官衔一直停留在尚书即部长级别上；若以辈分而论，他还是宣德皇帝的爷爷或太爷爷辈的长者，完全可以以年迈和身体不适为借口加以婉拒，但正人君子的黄福却没有这样做，而是无怨无悔地接受了皇帝的新任命，并迅速南下。不过，此次南下已今非昔比，大明朝交阯战场主将柳升因误中敌计而战败身亡，明军处境不利。黄福走到鸡陵关时，就被交阯叛军俘获。当时他就横下一条心，准备以身殉国。可没想到的是，当交阯叛军认出他就是领交阯布、按二司事的大明长官时，大家纷纷下马，围住了他，不停地向他跪拜，且边拜边哭泣道："黄尚书啊，您是我们交阯人的父母；您要是不离开的话，我们何至于走到今天这一步啊！"说着他们一拥而上，留住了黄福。交阯叛乱首领黎利听说后十分感慨地说道："大明派往我们交阯的官员要是都像黄尚书那样，我怎么会领兵起来造反呐！"说完他令人火速赶往鸡陵关，给黄福送去了白银和可食用的口粮，然后再叫人给他准备了轿子，客客气气地把他送出了边境。(《明史·黄福传》卷154；《明英宗实录》卷63)

回国后的黄福依旧出任行在工部尚书之职。宣德四年(1429)，他受命与平江伯陈瑄共同负责南粮北运之事。可到任没多久，他就发现：所谓南粮北运说白了就是要用南方人的血汗来供养北京城的皇帝老爷和百官臣僚，这是得不偿失的害民工程！作为长期在地方上抚慰小民的亲民官黄福何尝不知其害，但作为大明臣子他又不得不服从中央的命令！就在这矛盾的交织中，黄福与陈瑄找到了一个舒缓民生困难的方法，随即上书给朝廷，恳请宣德皇帝下令，让江西、湖广、浙江及江南、江北诸郡的老百姓根据各自所处的位置，就近运输税粮到淮、徐、临清等地，再由大明军队从上述之地开始兑运税粮直抵北京——这就是后来明代历史上实行许久的兑运法（《明英宗实录》卷9；《明史·陈瑄传》卷153），由此"民大称便"（《明史·黄福传》卷154）。

虽说实行兑运法后，南粮北运的巨大运输压力与经济负荷有所减缓，但这并不意味着以北京为中心的北方地区的粮食经济问题得到了根本性的解决。作为不多有的国家栋梁，黄福看到了潜在的隐患，随即向上提出了自己想到的解决方案。他说："永乐年间营建北京，南讨交阯，北征沙漠……这一系列大工大役搞下来，虽说大明国库还没到山穷水尽的地步，但也仅仅够用罢了。要是一不巧赶上什么大水灾、大旱灾，我们还有精力去调集粮食实施救济吗？退一步来说，即使有精力来干这事，又能从何处迅速调集粮食呢？因此，小臣恳请朝廷下令，从京操筹备部队中抽调100 000军士，让他们在山东济宁以北、卫辉、真定以东，沿着大运河两岸开展军队屯田。第一年朝廷不向他们征收税粮，第二年收每人5石，第三年收10石。这样算下来，估计既能为京仓节省粮食60万石，又能为军队卫所节省120万石，每年可多得粮食280万石。"明宣宗反复阅读了黄福的上呈奏章，不停地夸赞着，而后命令北京行在户部与兵部共同讨论此事。两部尚书即部长郭资和张本向明宣宗回奏，说："沿着大运河两岸实行屯田，这个点子绝对好，恳请皇帝陛下下发敕令，先以50 000顷为基准，征发运河沿岸居民50 000人进行垦屯。不过山东境内的百姓可不行，因为那里近来发生了大旱灾，政府虽说实行了赈济与抚慰，但饱受灾害之苦的流民们却刚刚复业，暂且不要去惊动他们；再说军队卫所里的军士本来就各有自己的力役，随意调动会搅乱秩序的。眼下可行的就是派个朝廷命官在运河沿岸先征调民力屯田起来，看看效果后再作打算。"朱瞻基接受了张、郭两部长的建议，命令吏部郎中赵新等经营运河沿岸屯田事宜,由黄福总负责。不久有人为此上书朝廷,说:"军队与老百姓各事其业,各司其职,现在如果再分出一部分田地来叫他们屯作,这实在是为难他们,也增加了他们的负担啊!"明宣宗听后觉得很有道理,随即下令停止实施运河沿岸屯田方案。黄福也在此后不久改任户部尚书,即中央的财政部部长。(《明史·黄福传》卷154)

宣德七年(1432)的一天,明宣宗在宫中阅读臣下上奏的奏章,读着读着,又读到了黄福上呈的漕事便宜疏,他特地将它拿了出来,交给了身边的侍臣杨士奇,这样说道:"黄福上疏智虑深远,我朝廷六部尚书中有哪个可以与他相比啊!"杨士奇当即应对:"黄福在洪武年间就受知于太祖皇帝,他正直明果,一心为国。永乐初年太宗皇帝开始营建北京,黄福受命负责行在工部即建设部,那时的北京及其周围地区满目疮痍,而黄福却将工作做得有声有色且十分妥帖。等到后来出使交阯,以工部尚书兼詹事之衔,领交阯布、按二司事,他又将一个战乱地区迅速治理得井然有序,成绩斐然。陛下,诚如您所说的那样,六部之中没人能比得上他的。一晃几十年过去了,如今黄福年逾古稀,许多年轻的后生都在朝廷公堂上端坐着,而历时洪武、永乐、洪熙和当今宣德四朝的老臣黄福却还在朝暮奔走,劳悴不已,怎么说这都不符合我朝祖宗开创的优老敬贤之道啊!"从小就机灵透顶的朱瞻基听到这里,赶紧"补白":"杨爱卿,要不是今天你这么一说,朕还真听不到这样的话。"杨士奇继续说:"南京是我大明朝的国本重地,先帝即仁宗皇帝当年就是以储宫身份在那里实行监国理政的。以老臣看来,这样的国家根本之地一定要多派老成忠直之臣前去镇守,而黄福是再合适不过的人选。有他在那里,即使遇上了什么事,缓急可倚啊!"听到这里,明宣宗当即连连叫好,随后下令,调黄福为南京户部尚书。第二年,又命其兼掌南京兵部。(《明史·黄福传》卷154)

从永乐初年到宣德末年,黄福忙乎了30多年,却一直在部长级别上原地踏步踏,套用今天官场时髦话,他政治上要求进步不够啊!其实这是谁都懂的官话和屁话。《明史》对黄福的政治操守作了如下阐述:"(黄)福丰仪修整,不妄言笑。历事六朝,多所建白。公正廉恕,素孚于人。当官不为赫赫名,事微细无不谨。忧国忘家,老而弥笃。自奉甚约,妻子仅给衣食,所得俸禄,惟待宾客周匮乏而已。"(《明史·黄福传》卷154)这段话倒是道出了黄福30年原地踏步的原因,"当官不为赫赫名"即说他不计个人仕途发展和利益得失,"事微细无不谨"即说他事无大小都是谨慎再谨慎。在这样的领导下面干活或混日子是不怎么轻松的,因此大小官员帮黄福说好话的可能并不多,加上他常在远离皇帝的地方工作,久而久之就让大明第一人给忘了。而作为他的顶头上司、追求无耻享乐的永乐皇帝和做鬼也风流的宣德皇帝,碰到这样"丰仪修整,不妄言笑"的大臣,尽管表面上不会表现出自己的不舒服,因为朝廷所竭力倡导的还是黄福那样"忧国忘家,老而弥笃"的忠君报国主旋律,但骨子里还是不喜欢的。有史为证,与黄福同朝为官的后生官僚李贤,即明朝中期有名的贤相李文达曾记载过这样一件事:宣德初年,明宣宗"一遵祖制""恪守成宪",重用永乐以来的老臣,"召蹇义等数人宠待之,皆依违承顺之不暇。惟户部尚书黄福,持正不阿"。明宣宗叫老臣们一起看戏,黄福说:"小臣天性不喜欢看戏!"明宣宗叫他来下棋,黄福却说:"小臣不会下棋!"且一脸的严肃。为此,明宣宗"意不乐,居数日,敕黄福年老,不烦以政,转任南京户部,优闲之,实疏之也"。(【明】李贤:《古穰杂录摘抄》)。

好在宣德以后正统之初,以张皇太后为首、以"三杨"为代表的英宗朝辅政集团秉承了仁宣时代持正向上与积极有益的精神传统。明英宗即位之际,黄福被晋升为少保,"参赞南京守备襄城伯李隆机务,留都文臣参机务,自福始"(《明史·黄福传》卷154)。此时的黄福可算是人生事业最为惬意的时刻,因为当时在南京与他搭档的南京守备襄城伯李隆虽说是个皇亲国戚,但还算得上是个谦谦君子,凡是留都南京有什么事,他都要听听黄福的建议;而黄福呢,更加谦虚谨慎,每遇南京公堂上处理政事,他总坐在李隆的边上。内阁首席辅臣杨士奇听说后觉得很不舒服,叫人上南京时传话给黄福:"黄尚书,您是老臣,且已贵为孤卿——文臣之巅,怎么能在处理事务时坐在公座的旁边呢?"黄福却坚持不改,且回应道:"怎么就不可以?否则怎么会有少保辅佐守备的朝廷任命?"南京守备襄城伯李隆听说后十分激动,从心底里敬佩工作搭档黄福。每当南京公堂上事务处理完毕后,他总要将黄福推上公座,而此时的黄福也就不再推辞。两人和谐共处,相得益彰。(《明史·黄福传》卷154)

有一年杨士奇回江西老家扫墓，路经南京时，听人说起黄福病了，他顾不得一路的劳累，风风火火地赶往黄福住所去看望。此时病中的黄福听说杨士奇来看望他，顿时一脸的惊讶。当见到杨士奇的那一刻，他不仅不谢这位远方来的朝中同事，反而责怪起他来："当年天子年幼，杨公您是辅佐大臣，一日也不能离开朝廷啊，我就不知道您为什么要这样远行？"杨士奇听到这话顿时脸红，由此从内心更加佩服黄福。(《明英宗实录》卷63)

有个叫徐琦的兵部侍郎即相当于国防部副部长，从交阯公干回来，也是路经南京。黄福等南京官员听说后礼节性地出门迎接他。在石城门外双方远远都能望见了，当时有人怕后生徐琦不认识老臣黄福，便主动问道："您可认识这位大人？"没想到徐琦却这样回答："南国交阯的草木都知道黄公黄尚书之大名，晚生怎么会不认识他呢？"由此可说，史书描述黄福"公正廉恕，素孚于人"，一点也不假！(《明英宗实录》卷63；《明史·黄福传》卷154）

黄福在南京任上干了5年，正统五年(1440)病逝，终年78岁。噩耗传到北京，英宗朝廷下令，遣官赐祭，命有司治葬。成化初年，朝廷始赠黄福为太保，谥号为"忠宣"(《明史·黄福传》卷154）。

毋庸置疑，正统初年，英宗朝廷在参赞南京守备襄城伯李隆机务的岗位任用的户部尚书黄福是个一心为国、正直明果且难以多得的五朝老臣。按照国人的常规思维，这样德高望重的老臣是很少看得中人的。不过也有例外，而这个例外之人就是当时南京吏部尚书黄宗载。

○ "持廉守正、不矫不随"的老臣黄宗载到了近80岁才被英宗朝廷允准退休

黄宗载，江西丰城县人，洪武三十年进士，被授行人之职，受命出使四方，所到之处，两袖清风，很受洪武、建文朝廷看重，历任左右司副，迁司正。永乐初年，为人所荐，担任湖广按察司佥事(可能相当于湖南、湖北两省检察院的副职)。那时的两湖地区巨奸宿猾大多被谪戍到铜鼓、五开等地，但他们怙恶不悛，暗地里收集整理地方长官的短处，图谋报复。黄宗载上任后一一调查清楚，然后将其不法行为开列出来，并告诫他们弃恶从善，否则的话，一定要置之于重

罚。巨奸宿猾们闻讯后大惊,从此以后再也不敢作奸犯科了。

明初湖南武陵地区居民中军籍甚多,由于军队兵士力役、徭役繁重,一般普通百姓家都不愿意与军籍人家谈婚论嫁,唯恐重役军籍累及己身,因此那里的好多男女年龄到了40岁了还是单身。黄宗载了解到了事情的原委后,向人们一一解释朝廷对于军籍与民籍的不同处置方法和政策,消除了大家的心理顾虑。一时间,当地人嫁女娶妻的就达300多家。邻县百姓听说后也纷纷仿效,民间流俗焕然一变。(《明英宗实录》卷118;《明史·黄宗载传》卷158)

由此,黄宗载循官良吏的名声四处远扬,就连紫禁城里的永乐皇帝也耳闻到了。那时朱棣正打算召集优秀人才编撰《永乐大典》,听到黄宗载这么有才,顿时龙颜大悦,下令将他召入宫中文渊阁,一起参与撰修那部举世闻名的百科全书。书成后黄宗载等接受永乐帝的厚赏,还官复任。不过那时朱棣迁都北京的欲念愈发强烈,而迁都北京所要带来的劳民伤财的南粮北运工程也在紧锣密鼓地准备着。要想南粮北运顺利进行,在大运河尚未全面贯通的永乐前期,海运成了主渠道,由此打造海运巨舰也在南方许多地方进行着。据说黄宗载当时在湖广工作开展得相当出色,在不扰民、不劳民的前提下,一下子让当地人打造出了数十艘海运巨舰,赢得了永乐朝廷的肯定与赞许。(《明英宗实录》卷118;《明史·黄宗载传》卷158)

永乐中期,朱棣亲自率兵发动了对漠北蒙古的远征战争,为了确保战争的胜利,他曾派许多官员到各地去调集军用物资和从民间进行征兵。当时有个叫吴玉的都指挥在湖广征兵,他不仅工作方法粗暴简单,而且还贪婪好利。有人给他送了钱,他就免了行贿人家孩子的兵役,由此一般百姓就更不愿意送自己的骨肉去当兵了,这样一来,征兵征了好久也没征到多少人。吴玉为此犯下贪暴失期之罪,永乐帝发怒,追究他的罪责。黄宗载因为当时在湖广任地方监察官,有失察不举劾之责,因此而被贬谪为杨青驿驿丞。

不久他又为永乐帝想起,复起为山东道监察御史,出巡交阯。那时交阯之乱刚刚被平定,大明任命的当地州县官,要么是两广、云南的举人,要么是岁贡生员中愿意到边远地区去为官的官学生。一句话,都是一些从学校里出来的学子,没有什么社会经历和工作经验,不善于做好交阯地方父母官应该做好的工作。为此,黄宗载上书朝廷,指出了问题的症结所在:"交阯地方官大多不称职,如果遵循常例,等到九年一大考再定官吏黜陟,恐怕到那时一切都晚了。恳请朝廷对为官两年以上者进行考核,由巡按御史及交阯地方两司衙门直接先考,然后再上报给朝廷复核、定夺。"永乐帝肯定了黄宗载的建议,"时称得体"。等到黄宗载回来时,"行李萧然,不携交阯一物"。他在交阯的同事,掌交阯布、按二司事的尚书黄福曾颇为感慨地跟人这样说道:"我在交阯这个地方待了这么久,接待朝廷外派出来的监察御史一拨又一拨,可只有黄宗载是个识大体、懂大局的大臣啊!"(《明史·黄宗载传》卷158)

黄宗载回国后没多久,祖母病逝,他只好回家守制。起复后改任詹事府丞。洪熙帝即位后听说了黄宗载廉洁正直的好官名声,提拔他为行在吏部侍郎即组织部副部长。当时组织部部长是少师蹇义,蹇部长负责组织部全局工作,黄宗载忠于职守,一辅以正。宣德元年(1426),他接受新皇帝朱瞻基之命,前往浙江,清理军伍。宣德三年又受命奔赴湖湘,督理采木。回朝后继续出任行在吏部侍郎,直到明宣宗驾崩为止,一直如此。

宣德年间,工部侍郎罗汝敬巡抚陕西,有人看到罗巡抚权力大,就给他送礼。罗汝敬居然"笑纳"了,可事过没多久为人所告发。按照大明规制,犯赃抵死。可皇帝明宣宗爱惜罗汝敬的才华,不忍心杀他,就让他依然穿了品官的服装、干原先的工作,但什么官职也没有了,即今人熟悉的"戴罪立功"。但罗汝敬是个有才的小人,人品很成问题。在被朝廷处分后的一段时间里还算老实,可风头过后又开始蠢蠢欲动,甚至到了后来他对外公然宣称:皇帝已经下令,让他官复原职!那么宣德皇帝有没有叫罗汝敬复职呢?朝廷官员似乎都不知道,去问问皇帝本人?宣德帝好色,一天到晚钻在美女的石榴裙下。找他问事,岂不自己找死!宣德十年(1435)元月,风流天子终于死于女人的温柔乡,这下很负责任的大明监察官——行在十三道监察御史可方便查查皇帝有没有让罗汝敬复职的诏书了,一查,结果发现,没有!于是他们纷纷上奏冲龄天子明英宗,追究罗汝敬"妄引诏书"罪。这项罪在古代可是重罪。由此项重罪再追究相关责任人,吏部即组织部是管领导干部的,现在有领导干部犯事了,吏部领导干部也逃不了干系。那时蹇义已经作古,吏部尚书是郭琎。北京行在十三道监察御史劾奏吏部尚书郭琎等有失察之罪,而黄宗载与郑诚等是当时的吏部侍郎,也应该承担相应的罪责。英宗朝廷接奏后下令,逮捕罗汝敬,把黄宗载、郑诚等打入大牢;郭琎虽有罪责,但他毕竟是先帝重用之臣,又是吏部一把手,逮了两个吏部副职已经给吏部带来了很大的震动,再说该部的工作还得有人负责,最终就宽宥了郭琎之罪(《明英宗实录》卷4)。不过没多久,可能是英宗朝廷考虑到黄宗载在罗汝敬事件上不负主要责任和他一贯清廉精干的好官名声,最终还是宽宥了他的罪责,先令其官复原职,后又提升他为南京吏部尚书。

正统三年(1438)十一月,70多岁的老臣黄宗载上奏,自陈衰病日侵,恳请朝廷准许他退休。以"三杨"为首的英宗朝辅政大臣票拟答复:"宗载老成,方隆倚任,不允所请,仍令视事。"(《明英宗实录》卷48)正统七年(1442)二月,78岁的南京吏部尚书黄宗载再次上奏,乞求朝廷允许他回归乡里养老。英宗朝廷"嘉念旧人,特留之"(明英宗实录》卷89)。两年后的正统九年(1444)七月,黄宗载病逝于南京吏部尚书任上。

史书记载:"(黄)宗载持廉守正,不矫不随,学问文章俱负时望。公卿大夫齿德之盛,推宗载云。"(《明史·黄宗载传》卷158;《明英宗实录》卷118)

就在"持廉守正,不矫不随"的南京吏部尚书黄宗载病逝后的一月之余,他的朝中同僚,同时也是一位正人君子式的老臣走向了生命的尽头,英宗朝廷同样下令,以优待大臣之礼葬之。这是个什么样的人,让一个已经开始目空一切的少年天子如等厚待?

○ 识得大体的老臣魏源三次提出退休才获英宗朝廷批准

他叫魏源,江西建昌县人,永乐四年(1406)进士。入仕之初担任监察御史,受命审理松江知府黄子威被诬告案,曾上请永乐朝廷减轻浙东濒海渔课,深受当地百姓喜爱。不久又接受朝廷之命,巡按陕西。当时西安发生了瘟疫,很多人都受到了传染而不治身亡。魏源上奏永乐皇帝,说:"陕西现在各府官仓积储的粮食不下1 090万石,足够使用10年。而今年发生的瘟疫十分厉害,当地的农业生产大受影响。如果还是按照历年的做法,叫农民缴纳实物税粮,不仅有可能他们交不出,而且汇聚起来的人越多,疫情就越不可控制,恳请朝廷恩准当地百姓缴纳一半的税收,且让他们以大明宝钞(当时大明宝钞已经大为贬值,对百姓来说以此来代替税粮,可谓是减轻了负担,笔者注)来替代实物税粮。"永乐朝廷同意了。随后甘肃凉州(当时属于陕西省管辖)发生了土寇之变,魏源很快地掌握了消息,及时上报给皇帝朱棣。朱棣迅速做出围剿部署,并很快地平定了叛乱。自此以后,魏源的循官良吏声名鹊起。(《明史·魏源传》卷160)

洪熙元年(1425),魏源升任浙江按察副使。宣德三年(1428),他被明宣宗召回朝廷,署刑部右侍郎。两年后的宣德五年(1430),河南发生大旱灾,百姓流离失所,痛不欲生。宣德皇帝想起了"廉正有为"的恤民好官魏源,当即任命他为河南左布政使,即河南省第一省长,并令他乘坐大明官方驿车迅速赴任,赈灾济荒。当时河南灾情十分严重,魏源到达时,朝廷先前派出的巡抚侍郎许廓已经开始了赈灾工作,但朱瞻基身边的人认为:中央应该再加派人手,否则不足以应对河南大灾。于是,在家丁忧守制的河南布政使李昌祺被叫了出来。这样一来,河南地方上一下子出现了3个省部级领导干部合力救灾的动人场面。他们打开仓廪,蠲免逋赋和杂役,招抚流民,甚至在方便的地方还组织进行生产。好一派热闹景象!再严重的灾害在官民一心努力下也渐渐地低下了头。奇迹随之发生,干旱已久的河南突降大雨,当年度居然获得了大丰收。黎民百姓激动万分,他们不仅享受到了大自然的恩赐,而且还沐浴到了无限的皇恩。而深受百姓喜爱的魏源在当地又干了3年,因政绩斐然被宣德皇帝提拔到中央朝廷出任刑部左侍郎,即司法部副部长。不久江西永丰县大盤山发生了夏九旭之乱,宣德帝接到奏报后想起魏源是江西人,或许让他出面,说不准还能以乡情来瓦解叛乱的乌合之众。于是他任命以魏源为巡抚,都督任礼为主帅,率领大明军,迅速南下。可还没到永丰,江西省内的官军就已经平定了夏九旭之乱。于是魏源与任礼被改派到四川去,督理采木和整饬边务。(《明史·魏源传》卷160)

正统之初,魏源被调回朝廷,升任刑部尚书即司法部部长。正统二年(1437)五月,英宗朝廷命魏源整饬大同、宣府诸边,特许他在边关便宜行事。在经过一番考察后,魏源决定,派遣都督佥事李谦镇守独石,杨洪为副官,同时弹劾玩忽职守的万全卫指挥杜衡,将其谪戍广西。正统三年(1438)他上奏说,近来听说西北边外瓦剌势力日益强大,大有向南侵扰之势。大同为北京的门户,而大同守将、总兵官谭广却已年老,显然不足以应对军事突发行动,建议朝廷加强防务。英宗朝廷接受了魏源的建议,调黄真、杨洪充任大同左右参将,协助谭广镇守边关。至此,魏源还不放心,又亲自考察北疆的天城、朔州等险要之处,分派将领领兵扼守。同时他上奏朝廷征得同意,设立威远卫,增修开平、龙门等城,又自独石到宣府一路加修增置墩堡。在边疆军事防卫"硬件"工作完成得差不多时,魏源又开始了边防"软件"建设:上书朝廷蠲免屯军军士一年的税粮,提高他们备战的积极性,储备军火器;同时对于逃避军役的权贵们予以坚决打击,将他们"挖"出来,归入军伍。此外,他还上奏朝廷,请求将巡抚大同却工作不力的佥都御史卢睿调回,换上精明能干的循官良吏、兵部侍郎于谦为大同镇守参谋。可这回英宗朝廷没同意,因为就当时形势而言,正统之初的山西、河南屡遭天灾,正需要于谦这样的大能人来抚恤。(《明史·魏源传》卷160)

　　本来想将已为久弛的宣府、大同军务来个大整顿,没料到事情做了一大半就没法再继续下去了。更让魏源没想到的是,自己要求置换宣府、大同镇守、参赞的建议不仅没有得到批准,反而招来了朝中言官们的弹劾。言官们纷纷指责:魏源临边擅自易置大臣,犯有不敬之罪。更有一些怀有不可告人目的的人出来信口雌黄地举报:魏源过去在任监察御史时曾收受了某某的贿赂,犯有贪赃罪,还冒领诰命。其实魏源遭受的攻击就是因为他在宣府、大同"搜捕逃亡,措画方略,皆当其可,权豪侧目"(《明英宗实录》卷119)。换言之,他从严治边,得罪的人太多了。而当时的英宗朝廷正是以"三杨"为首的辅弼大臣主政着,他们当然清楚这里边的"奥妙",所以当言官们交相弹劾魏源时,明英宗"以源有劳,置不问"(《明史·魏源传》卷160)。

　　朝廷是不问魏源头上"莫须有"的罪名了,但一个正直大臣遭受无端攻击,一方面反映出朝廷政治风气正在渐渐变化;另一方面也表明那时的魏源似乎很背运。人一旦背运了,坏事、倒霉事就特别容易找上门。就在宣府、大同边关整饬工作完成一半时,魏源受命回朝。而就在回朝之际,他与大明都察院的头头、都御史陈智在值班室里不期而遇了。两人性格不同,陈智是当时出了名的火药桶,一点就着。他与魏源说不上几句话,当场就吵了起来,且还相互对骂。从陈智角度来说,家里和朝中谁都知道他坏脾气,没人敢顶他,没想到今天碰上个魏源不买他的账,他顿时就火冒三丈,随后便向小皇帝明英宗诉说。堂堂朝廷九卿级别的大臣居然在值班室里对骂起来,小皇帝不全懂,辅政大臣可懂啊!随即以皇帝诏令的形式,对魏源和陈智进行了书面警告。不过好在魏源气度尚可,事后依然将精力放在了工作上。

那年全国好多地方都发生了旱灾,古时候人很迷信,相信天人感应,天灾频频光顾,说明人世间的"人事"没做好,阴德没修够。说到修善阴德,王朝常规的做法就是由皇帝或代表皇帝的法司部门重新审理疑难案件,看看有没有什么冤假错案。英宗年少,这样的录囚工作当然干不了,就由魏源等司法部门的领导直接过问了,当时还真查出了一些判错了的案件。由此魏源得到了启示,随即上奏朝廷,请求将这样的纠正冤假错案工作推向全国,以应"天谴"。英宗皇帝同意了,就此,全国各地的许多冤假错案都得到了一定程度上的纠正,魏源的好官名声越来越大。

但他也因此招来了朝中同僚的忌恨,那时宦官王振逐渐得势,为了树立个人威信,王振指使党羽上告说:"刑部尚书魏源与侍郎何文渊审理案件和处置罪犯过宽。"英宗下令逮捕魏源与何文渊,可能考虑到魏源好官老臣的名声与威望,最终朝廷还是宽宥了他与何文渊的所谓失职之罪。可王振党羽还不死心,总想寻找机会整倒魏源等正直大臣。刚好那时辽王家里发生了乱伦非常案件,但辽王是大明皇室成员,而明代藩王的政治待遇很高,位于皇帝、皇太子之下和百官之上。作为刑部尚书的魏源的政治地位远在其下,更何况辽王家里发生的是乱伦非常之事,普通男女之事即使在600年后的今天,我们中国人看来尚且不大容易启齿,更别说那乱伦了,那是极度私密的事情。所以作为朝官的魏源等大臣"自然"要失察人家极度私密的事情了,而就此王振党羽弹劾他不言辽王乱伦事。英宗皇帝发怒,下令逮捕魏源等三名法司官员,关了几个月,最后还是将他们给放了出来,官复原职。(《明史·魏源传》卷160)

晚年魏源3次提出退休要求,一次是正统三年(1438)十二月,他在狱中上诉称:"会问辽王奸淫事实臣等愚昧,参拟失当,然年俱老耄且多病,乞速赐。"英宗朝廷不允(《明英宗实录》卷49)。第二次发生在正统六年(1441),他以患足疾为由要求退休,但再次为英宗朝廷挽留,特许他只要初一、十五两次来朝即可。第三次是在正统八年(1443),魏源又一次提出退休要求。这次总算获得了批准,一年后的正统九年(1444)闰七月,他离世而去。(《明英宗实录》卷119。《明史》说魏源卒于正统八年,按《明实录》所载,应该为正统九年,《明史》有误,本书作者特注)

以杨士奇为代表的正统辅政大臣之所以票拟一再挽留魏源,可能是出于如下考虑:

第一,魏源是位不错的朝廷大臣,在刑部担任领导职务的时间很久,审理与判定的案件大多宽平,在相当程度上秉承了"仁宣之治"的基本精神,是个不可多得的继往开来之重臣。

第二,魏源"仪观宏伟,宽厚有量",即说他身材高大,为人有度量。有一年北京发大水,刑部下官因为居住条件差,住家全让洪水给淹了。作为他们的领导,魏源十分体恤下情,主动招呼下官们搬到他住所旁边的空地上,着实让人感动不已。(《明英宗实录》卷119)

第三,魏源有大局观念,是个难得的识大体老臣。据说他在审判案件中与同僚因为引用法律条文的不同而常发生争执,甚至还可能怒斥对方。但事后从不记仇,一旦谈论起国家与朝廷的事情来,早就将先前发怒之事忘得一干二净,侃侃而论,笑谈自如。因此史书评述他"得大臣之体云"(《明英宗实录》卷119)。

第四,以"三杨"为代表的辅政大臣一再挽留魏源还有一个在当时不可言喻的原因,那就是正统初元,宦官王振正在引诱昏童天子朱祁镇偏离正常轨道,"三杨"只有团结那些像黄福、魏源一类久经考验的正直清廉老臣,才能在辅弼国君与处理国家政务过程中防微杜渐、除恶扬善和纠偏补漏,最终确保大明帝国沿着"仁宣之治"的轨道继续前行。

就实而言,当时以"三杨"为代表的辅政大臣团结的还不仅仅是黄福、黄宗载和魏源几个人,还有行在礼部右侍郎王士嘉、都察院右都御史顾佐、行在刑部尚书施礼和后来升任行在都察院右都御史陈智等一批前朝老臣。每到这类老臣们提出退休申请时,以

"三杨"为代表的辅政大臣往往通过票拟途径和以明英宗敕谕的形式加以挽留,甚至荣升他们。(《明英宗实录》卷57,卷47)只有当这些老臣们实在年老体衰或确实因病无法再正常工作时,才批准他们致仕。不过这个时候,以"三杨"为代表的辅政大臣往往又采取措施弥补正直老臣势力,正统之初大明都察院右都御史的人事变化就是这样一个典型的例子。

○ 大明都察院一把手由清白严毅的顾佐换为刚直果敢的陈智

顾佐,建文朝进士,曾任庄浪知县。永乐初,调为监察御史,后"迁江西按察副使,召为应天尹。刚直不挠,吏民畏服,人比之包孝肃。北京建,改尹顺天。权贵人多不便之,出为贵州按察使。洪熙元年召为通政使"(《明史·顾佐传》卷158)。宣德初年起,在朱瞻基的支持下,顾佐出任都察院右都御史,主持了宣德朝反腐运动,清除了以刘观为首的一大批腐败分子,"朝纲肃然"。宣德八年(1433)秋天,顾佐生了一场病,病中自觉力不从心,于是提出了退休请求,但为明宣宗所婉拒。顾佐生病期间,都察院领导工作由南京都察院右都御史熊概暂时代理。熊概也是一个老臣,代理北京都察院右都御史没多久就突然病逝。刚好这时顾佐大病初愈,入朝朝见时,宣德皇帝大为感动,对他嘘寒问暖,慰劳之至,最终下令,让他免于日常朝贺,但仍然负责主持都察院的领导工作。(《明史·顾佐传》卷158)

宣德十年(1435)四月,行在礼部尚书胡濙向小皇帝朱祁镇上言:"右都御史顾佐在先帝时以风疾免朝参,止令于衙门视事。今佐疾虽少瘥,其步履尚艰。乞仍令免朝,视事如故。"英宗当即予以允准。(《明英宗实录》卷4)

正统元年(1436)六月,顾佐主持下的行在都察院考察监察御史,发现有15人不合格,随即便上奏英宗朝廷予以降黜。不料有个叫邵宗的监察御史不服考评结果,申诉道:"我们几个九年任满,在吏部早已考核过了,且考得个合格。现在右都御史顾佐等又对我们进行了考核,还考得好多个人都不合格。这种做法不仅使我们无法接受,而且与我大明法定规制也不相符。"行在吏部尚书郭琎听说后也替邵宗等人说话。小皇帝明英宗终于发话:"右都御史顾佐等人的做法颠三倒四,应该严加责戒!"行在浙江道监察御史张鹏等听到自己的领导挨批了,赶紧出来救场:"邵宗等人虽说在吏部已经考过,但他还是有些小错误,理应受到处罚。"这下小皇帝明英宗发火了:"顾佐的做法本来就不合祖制,一些不在任的监察御史也被考核了,这是搪塞我朝廷吗?现在可好,张鹏等监察御史又出来附和他们的领导,莫非欺罔朝廷,朋奸为党?今日暂时饶了你们都察院的这几个人,倘若以后发现你们再犯的话,定罪不饶!"(《明英宗实录》卷18;《明史·顾佐传》卷158)

那时的明英宗还是个娃娃,据说临朝时常由宦官"王先生"王振教授着如何应对。像欺罔朝廷、朋奸为党一类的罪名在9岁娃娃那里可能连名字都念不了,但这样的罪名实在太大了。顾佐敏锐地感觉到,时势在变,随即上书朝廷,"引疾乞致仕"。明英宗批准了,不过顾佐毕竟是有名的老臣,朝廷对他不能不表示一下,于是"赐敕褒谕并钞五千贯",且令户部免除顾佐老家人的赋税徭役,以示朝廷洪恩浩荡。(《明英宗实录》卷18)

人臣能到这一步已经算是很好了,可顾佐心里却并不高兴,一来身体长期有疾;二来小皇帝和有些朝廷大臣不喜欢他。史书说顾佐孝敬父母师长,道德操守可嘉,为人正直,行为清白,果敢刚毅,但就是个人性格比较内向,不苟言笑。据说他每天凌晨到明皇宫去朝见天子,都会提前来到外房歇歇,双足并立站在户外,严肃威仪。百官们要是远远望见顾大人站在那里,就赶紧绕行。每当在明皇宫内上班时,顾佐总是一个人待在小房间里,若没有什么政务要讨论的话,他决不与大家坐在一起,人称"顾独坐"。有人说"顾独坐"什么都好,就是冷了点,执起法来过于认真。(《明史·顾佐传》卷158)

过于认真执法的"顾独坐"最后坐到了自己的家里去了,但面对正统初年朝廷内外纲纪逐渐松弛的情势,只有找个强有力的清直大臣来接替"操履清白"和果敢刚毅的"顾独坐",或许这样还能增加些帝国政治领域里的正能量。这时一个颇有争议的人物进入了英宗朝辅政大臣的视野里——陈智。

陈智,何许人也?笔者查阅《明史》,居然没查到他的列传;又查《明实录》,结果也没找到他的列传,只有零散的史料记载。其实,永宣时代名叫陈智的大臣有两个:一个是参加过朱棣"靖难"之役和大明远征交阯战争的武将荣昌伯陈智(《明太宗实录》卷223),另一个是文臣陈智。我们现在讲的陈智就是这个文臣陈智。史书说，永乐十年(1412)前后，陈智出任巡按福建监察御史(《明太宗实录》卷17)。永乐十六年(1418)四月，升任陕西按察使，即相当于陕西省检察院检察长(《明太宗实录》卷199)。宣德七年(1432)十二月，陈智由陕西按察使升为江西右布政使即相当于江西省副省长。(《明宣宗实录》卷97)正统元年(1436)六月，行在都察院右都御史顾佐上请退休并获批准，英宗朝廷随即宣布，升江西右布政使陈智为行在都察院右都御史。(《明英宗实录》卷18)都察院右都御史，就相当于主持工作的最高检察院检察长。

从陈智的宦海经历来看，他倒是从地方上一步步上来的实干型领导干部，应该来说他有着一定的口碑。但事实是我们找不到有关他的传记，这到底是为什么？

与陈智同时代且同朝为官的后生官僚李贤，在他的笔记中为我们保留了一些有关陈智的信息资料。据说陈智性格偏执、急躁，或者说是个火药桶，经常打骂手下人，"暴挞左右之人，无虚日"(【明】李贤：《古穰杂录摘抄》)。他每天早上起来洗脸时总要有7个人侍候着，2个人揽住他的衣服，以免它贴着脸盆，2个人拎着他的衣领，1个人捧着脸盆，1个人捧着漱水碗，1个人拿牙刷，7人要协调好才行，一旦某人做不好或配合不好，就遭陈智一顿打。据说每天他洗个脸，就有三四人被打。(【明】李贤：《古穰杂录摘抄》)

有一天，陈智在处理公务之余，发现自己指甲里的污垢太多，想从岸帽中取出钻子来剔出污垢，哪知一不小心将钻子滑落到了地上，腾一下子火就上来了。他越火越找不到钻子，低下头去找，那地上的地砖也与他过不去，弄得堂堂大明最高检察院检察长头上一个个小坟包。这下他更火了，心想要好好暴打一下那该死的钻子。就在这时手下有人刚好走过，暴怒中的陈智听到那步履声，顿时又火冒三丈，随即上前将那人暴打一通。(【明】李贤：《古穰杂录摘抄》)

有人看到朝廷重臣这般暴怒无常，有失体统，就来劝谏陈智，改改自己的臭毛病。陈智说："好的！"随后令人做了一块小方木，上面刻了3个字"戒暴怒"，挂在了自己的胸口前，这样一来能时时提醒自己。但没过几天，他似乎又全忘了。那天刚好碰上劝谏他的那个人，不知为什么，没说上几句，陈智居然拿了那个小方木要砸人，幸亏那人跑得快,没砸着。自那以后,每次暴怒过后,陈智只要一看到那小方木上的字,就会后悔不已。(【明】李贤:《古穰杂录摘抄》)

陈智脾气不好,不过还能接受谏言,反省自己,怎么说他都算不上是个坏人。在工作中尽管态度粗暴,但他不阿权贵,眼睛里揉不得沙子,甚至可以说是疾恶如仇。

永乐十年(1412),福建右布政使即福建省副省长张拱辰犯有贪渎之罪,巡按福建的七品小官陈智发现后毫不犹疑地上奏朝廷,劾奏省部级贪墨高官。(《明太宗实录》卷130)

洪熙元年(1425)八月,出任陕西按察使的陈智不怕得罪人,奏请朝廷敕令"监察御史及各道按察司每岁八月中出巡审囚刷卷"(《明宣宗实录》卷7)。

正统元年(1436)九月,出任行在都察院右都御史才3个月的陈智上奏英宗朝廷,将斗争的矛头直接对准了明英宗的老师、宦官王振的党羽王骥等:"比有吴成者,妄争袭伯父真职,兵部不察其奸,遂欲准成袭。诏复核之,其伪始白,已将郎中龚永吉等下狱究治,尚书王骥、右侍郎李郁职掌兵政而不审如此,请并罪之。"明英宗袒护老师王振的党羽王骥等,"令各戒谨将来"。(《明英宗实录》卷22)

正统元年(1436)十二月,在行在都察院主持领导工作半年的右都御史陈智等向朝廷上奏,奏劾当时大明朝廷兵部尚书王骥和最为显贵之臣张辅等:"太师、英国公张辅等奉命议安攘之策,稽延数日,尚未回奏。及上召王骥责问,逮系之,辅等亦不出班叩头伏罪。给事中、御史职当言路,却乃畏避不举,请俱下法司究治。"明英宗接奏后发话:"英国公张辅之罪宽宥不究,但诸道御史和各科给事中各杖二十,罚俸三月!"(《明英宗实录》卷25)

就连明英宗的老师、宦官王振的党羽和大明朝廷最为显贵之臣都敢奏劾,可见陈智其人还真是个刚直不阿的大明都察院领导!问题是陈智在正统改元之初接替顾佐出任都察院右都御史之前正官居江西右布政使,远在千里之外,对于一个只有9岁的娃娃明英宗来说,非但不可能认识这位经常要暴怒的老爷爷,更不可能懂得要发挥好他那刚直秉性的作用。那么究竟是谁将他引入大明都察院担任主要领导职务呢?毋庸赘言,肯定是同为老臣的正统朝辅弼大臣。

其实在"三杨"和胡濙为代表的辅弼大臣看来,将一个长期在地方上担任行政和监察领导工作且能疾恶如仇的敢作敢为大臣引入朝廷,让他全面负责大明帝国监察工作,这不仅是"仁宣之治"厘清吏治与强化监察的继续,也是正统朝恪守成宪、确保长治久安所必需的。由此可以这么说,刚直清官陈智的入朝本身就意味着正统之初在继续任用或提升永宣以来忠心耿耿的清直大臣的同时,英宗朝廷开始实施整顿吏治的另一方面行动或言兴廉惩贪另一大举措——惩治贪污腐败,清退庸官冗员。

○ 惩治贪污腐败,清退庸官冗员,整顿大明官场秩序和社会风气

宣德十年(1435)正月,监察御史宋原端因丁忧家居期间强葬其父于他人茔,夺民良田,收迷失妇,勒其夫货财,且受民赂,为嘱县官,脱其徭役,被下巡按江西监察御史鞠论,罢黜为民。(《明英宗实录》卷1)同月,监察御史强敏差往山东巡视驿传,因受赃而被发为民。(《明英宗实录》卷1)

四月,监察御史郑禧因受命前往工部厂库,察究侵欺物料,反受匠吏刘志等银物,监察御史廖文昌因巡按广西,"令隶卒四外采访,虚张声势,扰害军民及所报谳囚多乖法律",皆被下狱鞠治。(《明英宗实录》卷4)

十月,监察御史刘滨因酗酒失职而被降为典史。(《明英宗实录》卷10)

正统元年(1436)正月,英宗朝廷"命行在吏部、都察院考察天下朝觐方面官贤否。方面官各言所属府州县官贤否而去留之"。凡退老、疾官205人,阘茸柔懦官74人,嗜酒、怠惰、临政暴虐官5人,不谙刑名官1人。(《明英宗实录》卷13)

二月,给事中、御史劾奏应城伯孙杰诱取良家女子为妾。明英宗令其戴头巾于国子监读书学礼,孙杰惭不谢恩,为鸿胪寺所奏,下三法司廷鞠,论以大不敬斩,英宗朝廷命固禁之。(《明英宗实录》卷14)同月,贵州按察司佥事程远尝点视驿传受贿,侍郎郑辰等考其有玷风宪,英宗朝廷将其罢黜为民。(《明英宗实录》卷14)同月,户部郎中蔡稯因以粮储事差往广东,索求财物人口,枉道回家,为巡按御史金敬所发;锦衣卫百户王兴因接受蔡稯贿赂,"在途迁延,差

人逮捕至京,法司会问拟罪以闻"。明英宗朝廷下令将两人斩之于市,以警其余。(《明英宗实录》卷14)

三月,刑部右侍郎吾绅考察广东右参政商惠"守己不廉,怠于抚字",明英宗下令将其罢黜为民。(《明英宗实录》卷15)同月,光禄寺寺丞董正等大肆侵盗赃贿,以数百计。英宗朝廷下令将董正等贬戍甘肃,同坐罪者自署丞而下共有44人。(《明英宗实录》卷15)同月,四川左布政使甄实因纵容儿子盘剥民财而被侍郎郑辰奏劾,英宗朝廷下令将其罢黜为民。(《明英宗实录》卷15)

四月,兵部右侍郎徐琦上奏:南直隶府州县官除治行可称者存留任事外,其不法者多达30人。明英宗命行在吏部黜之。(《明英宗实录》卷16)

五月,广东按察使陈礼因贪婪怠政被巡抚官奏劾,下刑部狱。(《明英宗实录》卷17)同月,巡抚辽东左佥都御史李浚上言:巡按辽东御史王浚、给事中陈枢"日逐廪给,逼索粳米,驿夫供以粟米则杖之不受。风闻散给各卫易貂鼠皮、高丽布等物,巡按御史邵嵩、章杲朋奸蒙蔽不行纠举,俱宜究问"。明英宗命行在刑部鞫之。(《明英宗实录》卷17)同月,广西布政司右参议胡永成因贪虐而被罢黜为民。(《明英宗实录》卷17)同月,有人上奏:云南按察司佥事陈文质有疾不胜其任事。明英宗令其冠带闲住。(《明英宗实录》卷17)同月,司礼监内使范听因奉命往广东盘点进贡方物、乘机因索取小民钱物而被下锦衣卫狱,赃物没收。不久明英宗宽宥其罪。(《明英宗实录》卷17)同月,行在都察院右都御史顾佐等上奏:"考得监察御史傅诚、毛宗鲁、邵嵩、王浚、胡正、陈懋、陶镛俱素行不立,秦瓛、邵宗、章杲、李缙俱法律不通,张璘、卢玹、张庆、邵新俱老疾不任事。"明英宗命素行不立者为民,法律不通者降黜,老疾者致仕。因敕佐等曰:"御史中有尝犯赃罪及暴酷枉人死者,尤宜一体降黜,其余各衙门属官有不才及不任事者,悉从堂上官各即用心考察具奏。但有徇私容隐者,听见任御史举刻以凭降黜。"(《明英宗实录》卷17)同月,行在刑部尚书魏源等上言:"考得本部郎中吴聘、潘锡、李弼员,外郎徐昂俱衰老,主事朱瑶、徐高俱不习法律。"明英宗命老疾者致仕,不习法律者黜降之。(《明英宗实录》卷17)

六月,行在吏部尚书郭琎等上言:"考得各属郎中、员外郎、主事、评事等官徐谥等8员有疾,杨荣等7员年老,张斌等5员行检不饬,陈善、韦昭不习法律。"明英宗下令:"有疾者冠带闲住,年老者致仕,不习法律者调外补,行检不饬者罢为民。"(《明英宗实录》卷18)同月,行在礼部尚书胡濙上奏:"会同国子监祭酒贝泰、司业赵琬考得本监博士、助教等官汪奉等7员俱老疾,杨质等5员学行迂疏,不胜表率。"明英宗下令:"老疾者致仕,不胜表率者罢为民。"(《明英宗实录》卷18)同月,行在翰林院侍读学士李时勉上言:"本院检讨李锡及办事大理寺寺副马信俱有疾,中书舍人陈宗渊、夏昺俱昏耄不堪任事。"英宗朝廷令有疾者回家调治,昏耄者致仕。(《明英宗实录》卷18)同月,行在吏部尚书郭琎上言:"会同兵部尚书王骥等考察得行在五军都督府并各卫京历王冲等3员不谙文移,张贯等18员老疾。"明英宗命张贯等冠带闲住,王冲等罢为民。(《明英宗实录》卷18)同月,行在工部主事董瑛因在宣德年间坐赃下狱及往云南公干时又娶军人女为妾而为吏部官所奏劾。英宗朝廷认为董瑛的行为已经玷污了廷臣的形象,将他罢黜为民。(《明英宗实录》卷18)

七月,云南左布政使殷序、湖广佥事吴克聪、裴俊等因贪而不检或无所作为而被罢黜为民。(《明英宗实录》卷20)

八月,行在福建道监察御史张忠、邢端有罪下狱,初忠等引犯人福建平海卫百户王胜、傅保估赃低价,故出入人罪。事觉,英宗朝廷命法司鞫治之。(《明英宗实录》卷21)同月,工部都水司主事蔡云翰因坐赃罪而被贬为广西平乐府通判。(《明英宗实录》卷21)同月,大理寺寺副陈善、韦昭因不谙法律而被外放为直隶庐州府无为州同知、湖广岳州府澧州同知。(《明英宗实录》卷21)

九月,直隶苏州府知府况钟上奏:"监察御史王琎以巡按代回越驿,乘舟所至,多索隶卒卫从,且携杭州驿夫门子偕行。"浙江按察佥事商贤亦劾王琎:"言轻行薄,骋小才而贼善良。"并具条其不法事以闻。英宗朝廷令刑部对王琎鞫问。(《明英宗实录》卷22)

正统二年(1437)二月,福建都指挥佥事刘海、左布政使周颐、按察使李素等奉敕理囚,不谨多致谬误。都御史陈智等论其故违诏旨,俱当逮究。明英宗宥其罪,但令巡按御史取罪状以戒之。(《明英宗实录》卷27)

四月,监察御史王学敏巡视店房后上奏说:"工部郎中毛永震等奸淫、纵役、受赇。"给事中并劾少保工部尚书吴中等庇奸不举之罪。英宗朝廷令都察院逮毛永震等鞫之。(《明英宗实录》卷29)

七月,行在福建道监察御史王学敏收受巡检陈永证贿赂,挟势嘱行在工部郎中崔镛荐升知县。"事觉,行在刑部论当赎绞。上命杖一百,枷示于各衙门三月,谪戍辽东边卫。"(《明英宗实录》卷32)

十月,行在都察院右都御史陈智等劾奏:"少保兼行在工部尚书吴中当初响应朝廷的号召,举荐人才。可吴少保举荐的山西高平县主簿张麓原本就是个贪污犯,声名狼藉,被推荐出任定州知州后又听说那里的州政务繁杂,他就不想去了,于是导演了'高平县民作奏状留署县事'一出闹剧,如此之人愈肆贪黩,请朝廷对吴中治以滥举之罪。"明英宗回答:念及吴中为老臣,姑且饶了他。(《明英宗实录》卷35)

正统三年(1438)六月,山东按察使李璲数因副使金事论狱有失,不能驳正,及诏令自陈又不引咎。英宗朝廷先将其逮捕至京,后罢黜为民。(《明英宗实录》卷43)同月,广东宜伦县知县方季仕年老坐诈取财物徒罪,按律当收赎、按例当戍边。明英宗指示:让方季仕家里年壮者代戍边远为军。(《明英宗实录》卷43)同月,行人李叙原为御史,因坐贪酷宥死而降为行人。后他受命出使云南车里(今景洪)时因事牵连当受赎罪免官。但李叙不肯接受这样的判决,屡次构词告讦。刑部尚书魏源以李叙谲累恶不悛,请勿以常律治。英宗朝廷觉得魏源的主意不错,随即下令,将行人李叙远戍威远卫。(《明英宗实录》卷43)同月,行在吏部文选主事吴昉告归省祭,恃势纵恣,奴役乡人,辱詈有司,受贿赂无箄,为县官讦奏。法司论当赎死免官。英宗朝廷下令谪戍大同。(《明英宗实录》卷43)同月,右都御史陈智等奏劾:广东按察司金事赵奎为御史时曾巡按福建,与福建按察司副使杨勋听讼,论决不如例,金事张崇不举其失,请求朝廷按律治罪。英宗朝廷下令,逮赵奎、杨勋下狱,责张崇自陈不举状。(《明英宗实录》卷43)

七月,行在礼部失印,给事中、御史劾奏礼部尚书胡濙等不谨。明英宗命逮胡濙等下锦衣卫狱,署部事仪制司郎中刘孟铎请重铸礼部印。明英宗批准了。(《明英宗实录》卷44)同月,户部尚书刘中敷、右侍郎吴玺等因将官军俸粮支取地点通州误作为京城官仓而被中官"逮住把柄",王振等唆使给事中、御史交章奏劾刘、吴。明英宗下令将其下狱。(《明英宗实录》卷44)同月,保定伯梁珤奉命烙南直隶民养马,徇私作弊。明英宗下令宽宥其罪,逮捕梁珤的随行者,送法司鞫问。(《明英宗实录》卷44)

八月,广东都指挥同知李端尝杖死所隶之不听调者,又受所属官玉带。事觉复妄陈被诬,逮至京。法司以赦前除罪,但论以妄奏赎徒还职。明英宗允准之。(《明英宗实录》卷45)同月,浙江按察司佥事耿定因怒人不避道,杖之至死而被人告发。逮至行在都察院,鞫之,坐罪当斩。耿定不服连连喊冤,并辩称自己所犯之事最多判个徒罪。英宗朝廷回应:"杖死无辜,何得以徒论?"随即下令将耿定谪戍辽东,并治罪朝廷中那个帮他说情的御史。(《明英宗实录》卷45)同月,河南按察司佥事朱理出巡刷卷敷衍了事,为巡按监察御史奏劾。明英宗下诏,逮朱理鞫治。(《明英宗实录》卷45)同月,江西发生越狱事件,英宗朝廷下令,将相关责任人江西按察使石璞降为副使,都指挥同知汤节降为都指挥佥事。(《明英宗实录》卷45)

九月,山西都司发生越狱事件,巡按御史劾奏:都指挥使宫得、都指挥佥事陈亨戒饬不严,请治其罪。英宗朝廷命行在都察院录状示各官,令其自效,若贼不获,必罪不宥。(《明英宗实录》卷46)同月,行在刑科给事中刘纲奏劾:都指挥林丛等人在上朝期间偷懒,于左、右阙门潜坐,请治其怠慢之罪。明英宗命行在锦衣卫执治之。(《明英宗实录》卷46)同月,巡抚右佥都御史曹翼上奏:陕西按察司副使周廉以无罪杖死门隶老军三人。英宗朝廷命械周廉至京鞫之。(《明英宗实录》卷46)同月,山西都指挥佥事黄顺往平定州公干,勒取部下财物。巡按御史拟赎徒还职。明英宗下令,将其降一级,发辽东边卫哨守,如误事必处以死。(《明英宗实录》卷46)

十月,有人上奏:福建按察司副使杨勋鞫龙溪县民私往琉球国贩货,例当械至京。但杨勋不懂管事衙门隶属关系,就直接将犯人发往了都察院,请朝廷逮杨勋下狱,坐赎罪还职。明英宗说:"杨勋不谙宪体,让吏部给他调个部门工作吧!"(《明英宗实录》卷47)同月,宁夏参赞军务、右佥都御史金濂上言:"各处军卫设杂造局,专修军器。今宁夏前卫管局百户游璇不叫人修军器,反令军士用月粮去做买卖,弄得穷困者流离失所。恐其他各处亦有此弊,乞令各杂造局皆铨官降印,庶可祛奸便军。"明英宗不懂军中杂造局之事,就让少保吴中拿个处置方案出来。吴中说:"铨官降印旧制所无,宜择军职廉慎者一人督之,有违者从宪臣奏请问罪。"明英宗依之。《明英宗实录》卷47)同月,有人上告:福建按察司副使姚震利用自己的职权优势,向民间放贷,收取高额利息。英宗朝廷下令给法司部门,将姚震逮捕起来,后论赎罪为民。《明英宗实录》卷47)同月,广西桂林中卫总旗唐肆因见到瑶人潘才贤等家富田饶,顿生歹念,找了个机会向广西都指挥胡成瞎说,说潘才贤家匿藏对抗官府的流贼。胡成听后派了百户章腹、叶马前去侦查。章、叶率领部分人马非但没去调查,反而就直接杀入了潘才贤家,俘虏了他的全家人,还分了他家的财产,但就是找不到所谓流贼的半点影子。这下章、叶两人怕了,几乎走投无路,怎么办?自首吧!总旗唐肆知道后赶紧给他们送去车马费,让他们出去避避风头。谁知这事给巡按广西监察御史知道了,他上报朝廷,请求给予严处。明英宗下令,都指挥胡成可能真的不明事情真相,令他自陈失职,其余人都按《大明律》论处。(《明英宗实录》卷47)同月,"行在兵部主事章文昭有罪坐绞。初文昭怒妻侄傅约生通其妾,杀约生,佯言为贼所害,令义男天禄告官,遂推罪天禄。文昭嘱刑部主事徐禄锻炼成狱。事觉,法司拟文昭赎罪复职。上不从,乃更拟绞。时禄已升湖广佥事,并逮治之"(《明英宗实录》卷47)。同月,巡按山东监察御史李纯上奏:"辽东广宁左屯卫典史赵琰、中屯卫司吏赵砺、前屯卫军牟伦皆先任御史,以贪淫无耻罢职。今长恶不悛,砺诈称陈情,伦嘱人荐举,俱诣京;琰假以守制还乡,岁久离役,请逮治之。"明英宗"命各杖一百,发肃州哨守"(《明英宗实录》卷47)。

十二月丙辰日,巡抚湖广礼部右侍郎吴政等因上奏只谈辽王诸罪而匿其奸郡主重情被逮至京。行在刑部尚书魏源、右侍郎何文渊、都察院右都御史陈智、右佥都御史王翱、大理寺左少卿程富、右少卿贺祖嗣等受命鞫问,因论罪不当而被明英宗下锦衣卫狱,后被宽宥释放。(《明英宗实录》卷49)同月戊午日,监察御史马谨上奏:"驸马都尉赵辉初奉诏烙马于扬州,听其从伯父穆等嘱,逼取民田三千余亩为己业,又纵堂弟鼎殴死平民。"明英宗下令,除了赵辉外,其余全部逮捕起来问罪,如果侵夺,即令巡按御史给还民。

(《明英宗实录》卷49)同月己巳日,户部主事吴轨路过自己单位领导郎中盛遴家,刚好盛遴不在,见到盛遴小妾长得如花似玉,吴轨把控不住,前去调戏。小妾吓坏了,大叫大喊,一下子将事情弄大了。盛遴知道后就向自己的户部领导告状,户部尚书刘中敷没向皇帝上奏这事,只是将吴轨臭骂了一通。户部侍郎吴玺也懂主管领导的隐痛:家丑不外扬。刚好山东按察司缺个佥事官,吴玺就向朝廷推荐了吴轨。哪知吴轨调戏领导女人的丑闻传得太快了。给事中和十三道御史听说后连章劾奏:吴轨贪淫,刘中敷容奸,吴玺滥举,俱合正其罪。明英宗宽宥了刘中敷,下令将吴玺、吴轨下狱鞫问。(《明英宗实录》卷49)

正统四年(1439)正月丁亥日,行在吏部尚书郭琎等上奏:"臣等奉命考察天下朝觐官,今布政使等官吴润等开报在任官老疾、茸懦、酗酒、贪污者220员,宜照前例,老疾者冠带致仕,茸懦者罢为民,酗酒、贪污者置之法。"英宗朝廷答复:"从之。"(《明英宗实录》卷50)第二天,行在吏部上奏:"天下朝觐官吏例当去岁十二月到京,今广西太平府罗阳县头目官族唐安等10名俱违限,当置之法,又有在途托故丁忧官6员、称病官4员、逃回官2员及违限未到官85处,俱当究治。"英宗朝廷答复:"唐安等远方土人,姑置不问;其未到者令具实以闻,逃回者逮治之,丁忧称病者移文体覆,若虚诈必罪不宥。"(《明英宗实录》卷50)辛丑日,给事中、御史郑泰等交章劾奏:太常少卿袁廷玉、袁忠彻父子挟相术为先朝宠遇。袁忠彻现官至尚宝司少卿,但他颇矜傲,"凡文武官诰敕必令中书舍人异至本司,逐一开读,方与用宝;又将私家书林别集四卷,令中书舍人抄录。请治其罪"。明英宗命锦衣卫逮袁忠彻下狱鞫问,后没多久宽宥其罪,命致仕。(《明英宗实录》卷50)

二月辛亥日,御史严敬奏劾:"直隶镇江府丹徒县知县陈希孟朝觐,既辞潜于崇文门外买妾不即去。"法司判其坐赎罪为民。明英宗命谪戍威远。(《明英宗实录》卷51)

闰二月辛丑日,有人上告:广西按察副使李立徇私枉法,释放有罪之人。朝廷诏令,将李立逮至京师,打入都察院狱。哪知这个李立像疯狗一样,又诬构都察院官。明英宗下令将李立谪戍威远卫。(《明英宗实录》卷52)

三月丙寅日,监察御史章圭上奏说:"工部主事孙雷守制在家时曾夺人园地,杖人致死。论罪应绞,但后来遇赦了,理应让孙雷官复原职。"说完章圭一想,自己说错了,于是改口:孙雷犯的赃罪应该是罢黜为民。右都御史陈智等劾章圭奏词先后不一,居然为贪官污吏张目,请治其罪。明英宗命罢孙雷为民,下章圭于都察院狱鞫之。(《明英宗实录》卷53)

五月丙子日,有人上奏:"直隶淮安府同知吴璧索属吏白金及奸部民妻,坐赎徒为民。璧纳贿内使郭茂,图复职。"明英宗"以璧所为如此,不可以常律论,命谪戍大同,锢禁茂于锦衣卫狱"(《明英宗实录》卷55)。

六月壬午日,有人上奏:通政使司右通政张隆酗酒,责溧阳驿丞。明英宗命将其降为通政使司右参议,仍理永平等处粮草。(《明英宗实录》卷56)

九月己巳日,鉴于"诸处疑狱之报甚少,岂天下狱无冤滞可雪?盖各官宅心不同,或忍而不仁,或短于识见,或虑有干系",右都御史陈智上请英宗朝廷下令,让各省的都司、布政司、按察司三衙门每年委派廉明公恕官,会同巡按御史,审录各地大案要案和疑难案件。每年年底将这些案件的审理情况上报给朝廷复审辨明。明英宗依之。(《明英宗实录》卷59)

十月甲午日,巡按御史陈浚上言:广东右参议李谷老乡韦颖任广西梧州教授,因为受贿而被陈浚逮治。韦颖想赶紧出狱,就托人送70两白银给老乡广东右参议李谷,让他向陈浚说情放了韦颖。没想到李谷银子拿了,但没为韦颖办事。韦颖知道后很恼火,将李谷受贿之事也抖了出来。陈浚听说后上奏朝廷,请治李谷之罪。英宗朝廷命行在都察院逮治之。(《明英宗实录》卷60)

正统八年(1443)正月己巳日,监察御史孙毓等上言:先前六安州知州游璧夤缘吏部郎中苏镒、员外郎夏瑜赂吏部尚书郭琎之子郭亮求升迁。结果被人发现告发,游璧、夏瑜充军,苏镒罢黜为民。而身为吏部尚书的郭琎就这么跟没事似的,朝廷理应要将他黜免。明英宗下令,宽宥郭琎之罪,特令他致仕。(《明英宗实录》卷100)

正统十年(1445)正月壬辰日,吏部上奏:"昨奉命考察天下朝觐及在任官,云南布政司等衙门左参议等官王善等385员,俱老疾当致仕,两淮都转运盐使司等衙门副使等官杨有文等48员俱阘茸,浙江秀水县主簿等官陈刚等2员俱民心不服,浙江处州府等衙门同知等官曹纮等18员俱贪污,江西庐陵县县丞陈胜酷刑,俱当罢为民。"英宗朝廷悉从之。(《明英宗实录》卷125)

正统十三年(1448)正月丁酉日,吏部尚书王直等上奏:"臣等奉命会同都察院考察天下司府州县等衙门朝觐及在任官员右布政司等官彭远等345员,俱老疾当致仕,典史等官丛泰等21员俱阘茸,知府等官骆暹等5员俱贪污,知县等官张镛等3员俱酷刑,驿丞王时柔懦当黜为民,按察司等官孔文英等131员俱为事宜,移文法司究理。"英宗朝廷悉从之。(《明英宗实录》卷162)

……

从上述一系列史实中我们不难发现:

第一,正统朝惩治贪污腐败、清退庸官冗员开始得很早,在明英宗即位后的第二天,即宣德十年(1435)正月十一日,朝廷就"黜监察御史宋原端为民"。那时的朱祁镇才8周岁,一个可能还在尿裤子的娃娃懂得整饬吏治,那他肯定是个超级天才?可从历史实际来看,明英宗是个昏庸之君,根本不是明代官史上所吹嘘的那样"天资聪明"(《明英宗实录》卷361)。那么究竟是谁在主持当时朝廷开展的政治整顿?答案是以"三杨"为代表的久经风雨的永宣老臣,而这些老臣所做的正是秉承了"仁宣之治"的基本精神。因此说,正统初年的吏治整顿完全可以视为大明的黄金时代——"仁宣盛世"厘清政治之继续。

第二,正统初元惩治贪腐、整顿吏治的主要对象是中下级官员,涉及上层的并不多。正统元年(1436)三月,四川左布政使甄实因纵容儿子巧取民财而被罢黜为民,五月,广东按察使陈礼因贪婪怠政而被巡抚官奏劾下刑部狱。这两起案件在当时治腐过程中算是涉及官员级别较高的案例了。至于户部尚书刘中敷、右侍郎吴玺被下大狱案,行在刑部尚书魏源、右侍郎何文渊、都察院右都御史陈智、右佥都御史王翱、大理寺左少卿程富等数人被下大狱案,那都是宦官王振嗾使昏童天子故意小题大做而致成的,从严格意义上来讲,都不能算作正统初元由辅政大臣实际操作的英宗朝廷惩治贪腐、整顿吏治的范畴。细细想想这些,读者朋友或许会觉得很滑稽,正统初元英宗朝廷进行政治整饬就如同老太太吃柿子,专挑好捏的下手,这是为何?

我想主要原因还在于当时朝廷权力格局的特殊性。冲龄天子即位,大明帝国形成了以太皇太后张氏为核心、以"三杨"为主要代表的临时中央朝廷权力机构,这样的权力机构在实际运作过程中遭遇了尴尬。太皇太后张氏在一般人心目中只是女流之辈,一旦干涉了外朝政事,就不免有"牝鸡司晨"之嫌,更何况明朝祖制中还有不许后宫干政之戒条。(《皇明祖训·内令》)而"三杨"虽说在当时朝廷中的威望相对较高,但怎么说他们还是大明皇家的臣工,如果过多地决断就会让人觉得有僭越之嫌。而真要是留下了僭越的口实,那就后患无穷,或言令人毛骨悚然了。数十年前的"靖难"战争结束时,最为倒霉的还不就是那些被指摘为僭越职权、破坏祖制的所谓建文"奸党",他们遭受了惨绝人寰的杀戮——壬午殉难。(详见笔者《大明帝国》系列之⑤《建文帝卷》,东南大学出版社,2014年1月第1版)"三杨"等就是从那时候过来的人,且那些人还是他们的朝中同事,对于这一切难道会忘记?绝对不可能。所以正统初元辅政大臣们个个都小心翼翼,唯恐捅了大娄子,尤其对军队里的高官,他们更是不敢去得罪,由此军队整治几乎无从谈及,这就使得那时的惩治贪腐、整顿吏治工作大打折扣。

第三,直接领导正统初元惩治贪腐的朝廷主要机构依然是大明祖制所规定的都察院、刑部,其次才是给事中、通政司和各地按察司等。而正统前期大明都察院的一把手陈智虽说有着个性等方面的较大缺陷,但他负责领导的大明帝国监察工作却毫不含糊。诚如前文所言,他对于正统朝最为显贵的英国公张辅和朱祁镇的老师王振的党羽都敢弹劾,可这样一位宁直不屈的都察院领导却在正统六年(1441)六月"中枪"了。缘由是行在工部左侍郎李庸被劾"贪赃无厌,不顾廉耻",而陈智与李庸平时关系不错,据说双方还曾有过礼尚往来,现在李庸遭到了纠劾,他不但不反省自己,反而埋怨陈智不救,随即上奏,检举揭发陈智"贪婪暴怒诸不法罪,并诬监察御史、给事中朋奸党蔽"。明英宗已听多了有关陈智的"罪状",可这一次是由平时里与陈智有着往来的"老朋友"李庸来揭发他的"贪墨"之罪,15岁的大明天子顿时暴怒,下令将李庸、陈智一起逮捕,下锦衣卫狱,

后将他俩双双发回原籍为民。(《明英宗实录》卷80)

陈智被撵走了,幸好继任其位的是都察院老右都御史顾佐所称赞的王文也能"持廉奉法"(《明史·王文传》卷168),这样就使得整个正统初元的吏治整顿和惩治贪腐工作开展得还算可以。

第四,正统朝惩治贪腐、整顿吏治常与大明制度性考察相结合,例如正统元年(1436)正月,利用天下朝觐方面官朝觐之机,吏部与都察院对于朝觐官进行了全面的考察,最终清退了老疾、阘茸柔懦、嗜酒怠惰、临政暴虐官员共计285人。(《明英宗实录》卷13)正统四年(1439)正月又是常规性的天下方面官朝觐之时,行在吏部尚书郭琎等考得布政使等官吴润等开报在任官老疾、茸懦、酗酒、贪污者220人,随即朝廷对其进行了一一处理。(《明英宗实录》卷50)更有正统十三年(1448)正月,吏部尚书王直等会同都察院考察天下司府州县等衙门朝觐及在任官员,右布政司等官彭远等345多号人不合格,随即朝廷对他们进行了严肃的处理。(《明英宗实录》卷162)如此情势不能不说正统朝整顿吏治还是有着一定的力度的。

第五,正统初元整顿吏治有时几乎是瞎胡闹,例如正统三年(1438)礼部第二、三次丢官印,礼部尚书、辅政大臣胡濙居然为此下大狱,后来才发现官印是内贼所盗——原来我是逗你玩的?按理说,这还真算不上什么大事,但耄耋之年的数朝老臣胡濙却为之进了班房。一来反映出当时新天子上台后的朝廷威望不高,朝纲已经松弛;二来也向人们暗示了,新天子下手还是蛮狠的,对辅政大臣也不买账。那么11岁的娃娃真懂这一套吗?这是不难回答的。他背后有"王先生"指点呐,若隐若现的明廷大珰即将浮出水面(《明英宗实录》卷44)。

但不论怎么说,自8龄童明英宗即位那时起,以"三杨"和胡濙为代表的正统朝辅政大臣在张皇太后的全力支持下,"宣力效忱"与辅弼正统皇帝,采取了内外除弊、"革故鼎新"与兴廉惩贪、整顿吏治以及裁抑冗费冗员,关注民生、发展生产,重视社会多层面教化、添设提调学校官员等多种措施并举的方法,清除了宣德中后期以来的内外诸多积弊,努力使正统之初的大明帝国朝着"与天下更新"方向前行(《明英宗实录》卷1)。那么正统初元英宗朝廷的这等所作所为达到的效果又是如何呢?

● 郡守善抚　天下富庶

　　清代人编撰的《明史》对正统朝的治理结果有着这样的评价："英宗承仁、宣之业，海内富庶，朝野清晏。大臣如'三杨'、胡濙、张辅，皆累朝勋旧，受遗辅政，纲纪未弛。"(《明史·英宗后纪》卷12)明朝大思想家李贽差不多也有相似的评述："正统初，英宗以幼君临御，张太后每加拥护，专任'三杨'，……是以数年朝纲整饬，海内晏安。"(【明】李贽:《续藏书·太师杨文定公》卷10，引《两湖尘谈录》语)

　　现代学者似乎不同意上述这种说法，认为："从明成祖朱棣上台到明宣宗朱瞻基去世，其间共33年，是社会经济迅速发展，人民生活日趋稳定的明初繁荣阶段……终于出现了短暂却又辉煌的'仁宣盛世'。英宗朱祁镇以昏童嗣位，王振为首的宦官势力急剧膨胀，朝政陷入混乱，严重的危机迫在眉睫，有明一代的历史进程进入由乱而治的转折时期。在这转折的前后两阶段，辅政五大臣、尤其是内阁'三杨'，都是关键性人物。'仁宣盛世'的出现，辅政五臣、尤其是内阁'三杨'颇享美誉，而正统朝国事浊乱，我们认为辅政大臣也难辞其咎。"(赵毅、罗东阳:《正统皇帝大传》，辽宁教育出版社1993年12月第1版，P22)

　　针对上述几乎完全不同的两种观点，我们到底怎么来看待正统初元大明帝国的实际？综观明代官史与《明史》等史料，笔者认为：尽管有着诸多的历史局限和不尽如人意之处，但不可否认正统之初，在张皇太后的全力支持下，经过"三杨"、胡濙和张辅等辅政大臣的不懈努力，大明帝国还是取得了一定的成绩，最主要体现在以下两个方面：

　　1. 通过兴廉惩贪和整饬政治及继续加强社会教化，为地方上保留了一大批清民官吏，这就稳定了大明帝国的地方秩序。

　　诚如前文所述，由于自身的臣工地位，外加"壬午殉难"的历史伤痛，以"三杨"为代表的辅政大臣在正统初元兴廉惩贪、整饬政治秩序时尽管清除了一批贪官污吏，但从整体上而言他们还是以兴廉为主，即在中央朝廷继续留任或擢升一些久经风雨的清直忠诚之臣，而在地方上则沿袭"仁宣之治"的做法，对于一些深受百姓耆民所喜爱的州府县之廉官良吏往往予以留任，详见下表：

第1章 初元循规 盛世余晖

正统时期为耆民等所奏要的地方官留任复职情况简表

时间	留任官及其原职务	离任原因	留任复职原因	留(升)任职务	史料来源
宣德十年二月	直隶隆庆州儒学学正刘鉴	任职期满,乏科举例当谪戍云南	其生徒言鉴训海有方,乞复任	直隶隆庆州儒学学正	《明英宗实录》卷2
宣德十年三月	陕西平凉府静宁州判官向侃	初以抚民增置在官,后以停罢抚民官取回	持己廉慎,任事公勤,民爱之	陕西平凉府静宁州判官	《明英宗实录》卷3
宣德十年三月	山西石州知州陕道	以亲丧去任	在任赋役均平,州民千数百人保道复任	山西石州知州	《明英宗实录》卷3
宣德十年五月	陕西西安府知府顾经	九载考满	在任持己廉谨,抚字勤劳,属县民数百人保留	复任陕西西安府知府,升正三品俸	《明英宗实录》卷5
宣德十年五月	江西南昌府知府任肃	九载考满	肃有最绩,本府属县人民思肃惠泽之深,乞留复任	复任江西南昌府知府,升正三品俸	《明英宗实录》卷5
宣德十年秋七月	温州府知府何文渊	任期考满	抚字宽平,政绩为郡邑之最	复任,升俸级,仍赐敕奖励之	《明英宗实录》卷7
宣德十年秋七月	黄岩县知县周旭鉴	任期考满	驭下严明,政绩为郡邑之最	复任,升俸级,仍赐敕奖励之	《明英宗实录》卷7
宣德十年秋七月	直隶怀宁县知县未显	考绩被任为阃荐,不能胜任	未显诉冤状。朝廷复命巡抚侍郎等官公察,其实以闻	复任直隶怀宁县知县	《明英宗实录》卷7
宣德十年十一月	直隶徐州知州杨秘	任满,赴部当迁	其郡民700余人并军卫员各上状,言秘处事公勤,吏民畏服,乞留复任	复任直隶徐州知州,升从四品俸	《明英宗实录》卷11

(续表)

时间	留任官及其原职务	离任原因	留任复职原因	留(升)任职务	史料来源
宣德十年十二月	直隶保定府定兴县丞张陶麟	以母忧去任	在任有善政,深得民心,邑人伏阙保留	复任保定府定兴县丞	《明英宗实录》卷12
正统元年三月	顺天府通州武清县县丞陶铨	以冗员裁革	邑民伏阙,言铨持身廉洁,赋役均平,乞留复任	复职顺天府武清县县丞	《明英宗实录》卷15
正统元年三月	东安县知县王睿	以大臣会举,升四川合州知州	县民三千余人保奏廉政爱民,不忍舍去	王睿职升知州,管顺天府东安县事	《明英宗实录》卷15
正统元年四月	山西泽州高平县主簿张麓	九载任满	邑民保其廉能惠下,乞留复任	复任高平县主簿,升俸二级	《明英宗实录》卷16
正统元年四月	直隶河间府沧州判官胡信	先时前任判官傅润任满,以信代之	州民保胡润复任,既而润升开州,民复保信	胡信复任直隶河间府沧州判官	《明英宗实录》卷16
正统元年六月	浙江青田县知县吴安	巡按监察御史王理考安才力不及	安不不服,下巡抚、布、按二司管核,拾字有方,按二司管覆核,安在任称职	吴安复任浙江青田县知县	《明英宗实录》卷18
正统元年六月	顺天府香河县知县曹铭	曹铭在县九年,任满	县民诣阙言铭公勤廉惠,抚字有方,乞留复任	升曹铭为顺天府通判,正六品俸	《明英宗实录》卷18
正统元年六月	保定府知府周监	周监在任九年,任满	其所部人民言其纲明廉慈,乞留复任	周监升为山东左参政,支正三品俸,仍掌府事	《明英宗实录》卷18
正统元年闰六月	四川成都府灌县蚕崖关巡检司巡检杨节	九年任满当调	是关当蕃夷来之冲,节盘诘禁捕,勤慎有方。羌民奏乞复任	杨节复任四川成都府灌县蚕崖关巡检司巡检	《明英宗实录》卷19

(续表)

时间	留任官及其原任职务	离任原因	留任复职原因	留(升)任职务	史料来源
正统元年八月	山东济南府德州知州常景先	九载任满	州民言其刚方谨敏，吏民信服，乞留复任	常景先升为本府同知，仍理州事	《明英宗实录》卷21
正统元年八月	山东兖州齐宁州同知陈亮	以故人人死罪，法司鞫之，论当运府还职	州民杨平等四百余人上章，言其公平正直，廉能干济，民得安业	明英宗命免陈亮罪，令还职任俸半年	《明英宗实录》卷21
正统元年九月	浙江富阳县知县吴堂	巡按浙江监察御史王琎考察堂事体生疏，要黜为民	吴堂不服诉冤，已而部民保堂廉干，乞留复任事	吴堂复任浙江富阳县知县	《明英宗实录》卷22
正统元年九月	山东济南府德州德平县县丞徐善	善在德平先后以父母忧去职	县民言其赋役均平，奏乞复任事	徐善复任济南府德州德平县县丞	《明英宗实录》卷22
正统元年九月	行在工部郎中王政	改巡视济宁等处河道，九年考满	运粮总兵都督佥事武兴保留复任	行在吏部奏拟复职，升正四品俸。上以孜勤谨无过，宜升其职	《明英宗实录》卷22
正统元年九月	山西潞州同知王范	以兵部尚书王骥等处陕西佥州知州	潞州民奏，留范莅事	上以泾州临边，事剧民劳，非范不能治，令即赴任	《明英宗实录》卷22
正统元年十月	河南彰德府武安县知县马忠	以九载考满归吏部	忠公勤莅事，宽厚恤民，县民乞留复职，行在吏部覆奏，拟忠复职，升正六品俸	上以廉宠才良，宜升马忠为本府通判，仍署县事	《明英宗实录》卷23
正统元年十一月	直隶真定州府定州知州张麓	麓先任高平县县丞，能崇儒重士，恤孤怜贫。因政绩优异常而升迁	县民二千五百余人诣阙告留	升任直隶真定州府定州知州，掌山西高平县事	《明英宗实录》卷24

第1章 初元循规 盛世余晖

99

(续表)

时间	留任官及其原职务	离任原因	留任复职原因	留(升)任职务	史料来源
正统元年十一月	陕西平凉府镇原县县丞李显	显在镇原县廉谨,以亲丧去任	县民乞留	李显复任平凉府镇原县县丞	《明英宗实录》卷24
正统元年十一月	湖广黄州府蕲州知州李信圭	信圭先任清河县知县,为政宽廉。升蕲州知州	清河县民乞留之	李信圭为蕲州知州,掌淮安府清河县事	《明英宗实录》卷24
正统元年十一月	河南卫辉府新乡县知县诸贤	贤临民有恩,以丁忧去任	卫辉府新乡县县民数百人告留	复任南卫辉府新乡县知县	《明英宗实录》卷24
正统元年十一月	四川叙州府通判杨文进	文进以母丧去任	郡民奏乞复任	复任叙州府通判	《明英宗实录》卷24
正统元年十二月	山东济南府滨州知州梁昭	以母丧去任	昭任滨州勤击奸豪,抚恤劳民,民闻昭丁忧,相率赴京奏保	复任山东济南府滨州知州	《明英宗实录》卷25
正统二年二月	直隶真定府深州衡水县管马县丞田恒	恒在衡水任满	县民言其莅政公勤,马蕃息而民不扰,乞留之	命恒复任直隶真定府深州衡水县县丞,升从七品	《明英宗实录》卷27
正统二年四月	直隶滁州知州唐振	振在州九载当迁	以州民奏留	唐振复任直隶滁州知州	《明英宗实录》卷29
正统二年四月	江西临江府知府朱得	朱得九载任满	部民奏其有善政,乞留之	升为布政司右参政,仍理府事	《明英宗实录》卷29
正统二年四月	南昌府经历周远	周远九载任满	部民奏其有善政,乞留之	复任南昌府经历,升正七品	《明英宗实录》卷29

(续表)

时间	留任官及其原职务	离任原因	留任复职原因	留（升）任职务	史料来源
正统二年四月	顺天府宛平县知县管裕	母丧，当还家守制	县民四百余人伏阙奏称：裕有善政，乞留复任	复任顺天府宛平县知县	《明英宗实录》卷29
正统二年五月	陕西左参政郜坚	坚丁父丧去职	属民诉于镇守都督郑铭等，言其廉能，有惠政，乞为起复视事	复任陕西左参政	《明英宗实录》卷30
正统二年六月	直隶大名府滑县县丞周斌	斌在任九载，任满	邑民言其善抚马蓄息，人亦不扰，乞留之	升周斌为直隶大名府滑县知县，仍理马政	《明英宗实录》卷31
正统二年八月	直隶松江府上海县县丞张树	上海县知县缺，民请以树朴之	耆民相率言诸巡抚周忱，言树公勤和缓，抚字有方，乞留任当地	张树升为直隶松江府上海县知县	《明英宗实录》卷33
正统二年九月	吏部主事刘宾	宾督粮江西，以秩满还京	江西左布政使吴润奏廉勤有为	刘宾升为江西右参议	《明英宗实录》卷34
正统二年九月	直隶苏州府通判部谌	谌九载任满，考称当迁	耆民保留。巡按监察御史曹习以闻	部谌升为直隶苏州府同知	《明英宗实录》卷34
正统二年十月	行在礼部左侍郎陈珽	以九载任满，赐老致仕	上以建精力未衰，仍令复职	陈珽复任吏部礼部左侍郎	《明英宗实录》卷35
正统二年十月	顺天府通州知州杨衡	衡九载任满，考称当迁	民言其清慎，保留复任	杨衡为本府冶中，仍理州事，支从四品俸	《明英宗实录》卷35
正统二年十一月	直隶保定府完县主簿林魏	魏九载任满当迁	其所部民上奏，其善抚绥，乞留复任	林魏复职，升从八品俸	《明英宗实录》卷36

第1章 初元循规 盛世余晖

（续表）

时间	留任官及其原职务	离任原因	留任复职原因	留（升）任职务	史料来源
正统二年十一月	贵州思州府都评峨异溪蛮夷长官司吏目范文忠	文忠俱九年任满当迁	其所部民僚上奏，其善抚绥，乞留复任	范文忠复职	《明英宗实录》卷36
正统三年正月	直隶保定府祁州深泽县知县高文	文九载任满当代	理事有治绩，属民数百诣府告留	高文复任保定府祁州深泽县知县，升从六品俸	《明英宗实录》卷38
正统三年二月	行在工部左侍郎李庸	九载考满，行在吏部以闻	明英宗命令其复职	李庸复任行在工部左侍郎	《明英宗实录》卷39
正统三年二月	直隶河间府景州知州刘深	九载任满	州民千数百人复诣阙保留	刘深复任直隶河间府景州知州	《明英宗实录》卷39
正统三年四月	山东按察司佥事袁文	九载任满，东昌等府民2 000余人奏乞留之	兴有惠政，水利以通输运，军民便之	袁文为山东按察司副使	《明英宗实录》卷40
正统三年四月	顺天府涿州知州朱冀	冀任满当代	部民耆老言其躬亲劝课，有惠及民，乞留复任	朱冀为顺天府治中，仍理州事	《明英宗实录》卷41
正统三年四月	山东汶上县知县卫昉	昉任满当代	部民耆老言其躬亲劝课，有惠及民，乞留复任	卫昉复任山东汶上县知县	《明英宗实录》卷41
正统三年五月	山西汾州知州张钶	钶九载任满当迁	州民保钶持身廉谨，剖讼详明，乞留还任	张钶复任汾州知州，升从四品俸	《明英宗实录》卷42
正统三年五月	陕西西安布政司副使郭振	振以任满考	郭振以任满考最	郭振升为山东布政司左参政，给以正三品俸	《明英宗实录》卷42

(续表)

时间	留任官及其原职务	离任原因	留任复职原因	留(升)任职务	史料来源
正统三年五月	直隶晋州判官郭麟	麟以任满	麟以部民保留	郭麟复任晋州判官,升正七品俸	《明英宗实录》卷42
正统三年五月	光禄寺少卿张惠	先是惠丁母丧去任	厨役数百人奏保,惠莅事公正,乞起复视事	复任光禄寺少卿	《明英宗实录》卷42
正统三年六月	直隶真定府同知黄忠	忠九载考满诣京	属县官吏耆民数千人奏保,忠廉谨有为,乞留复任	黄忠升直隶真定府知府	《明英宗实录》卷43
正统三年六月	山西潞州判官李茂	李茂九载任满	以部民保留	李茂复任山西潞州判官,升俸一级	《明英宗实录》卷43
正统三年六月	贵州黎川县知县冯朔	冯朔九载任满	以部民保留	冯朔复任黎川县知县,升俸一级	《明英宗实录》卷43
正统三年六月	顺天府源县主簿鲍鲤	鲍鲤九载任满	以部民保留	鲍鲤复任源县主簿,升俸一级	《明英宗实录》卷43
正统三年六月	江西浮梁县知县曾真保	真保九载任满	以部民保留	保复任浮梁知县,以有过故不升俸	《明英宗实录》卷43
正统三年七月	直隶广平府推官郗谈	谈秩满当迁	部民奏其谳狱明慎,乞留之	郗谈复任广平府推官,升从六品俸	《明英宗实录》卷44
正统三年七月	湖广武岗州城步巡检司巡检陈诚	诚累表获寇盗,当不次擢用	以邻境绥宁县知县陆文明奏保复任	陈诚升为湖广武岗州判官,仍理巡检司事	《明英宗实录》卷44

第1章 初元循规 盛世余晖

(续表)

时间	留任官及其原职务	离任原因	留任复职原因	留(升)任职务	史料来源
正统三年七月	直隶苏州府昆山县典史叶俊辉	兵部右侍郎徐琦等察俊辉行检不饬,已黜罢之	县民数千保留不允,俊辉诉冤。巡抚侍郎周忱等覆之,具言俊辉勤谨,商等误听豪黠谗任	叶俊辉复职苏州府昆山县典史,右侍郎徐琦等罚俸半年	《明英宗实录》卷44
正统三年七月	浙江严州府同知杨彦祯	彦祯九载任俻	部民保其公勤廉慎,抚字有方,乞留之	彦祯复任严州府同知,升从四品俸	《明英宗实录》卷44
正统三年八月	山东东阿县知县叶琪	琪九载考称当迁	县民奏乞复任。事下所司核实,皆言琪廉能宽厚,吏爱民乐	叶琪复任山东东阿县知县,升从六品俸	《明英宗实录》卷45
正统三年八月	直隶凤阳府临淮县丞陶斌	斌九载考称当迁	县民保其勤慎平恕,乞留复任	陶斌复任临淮县县丞,升从七品俸	《明英宗实录》卷45
正统三年八月	江西吉安府安福县知县何澄	巡抚侍郎赵新言,安福县繁剧,别选知县谭择代澄回	澄在任慈祥,外若无刃,内有区画。县民赴兵司恳荐,又相率诣阙奏保	何澄复职江西吉安府安福县知县	《明英宗实录》卷45
正统三年八月	浙江杭州府富阳县知县吴堂	先是堂巡按监察御史等官考察不达政体,已黜罢	堂诉冤。下巡抚侍郎等覆勘,咸称堂有政绩,惟胥不便,为其所任	吴堂复职浙江杭州府富阳县知县	《明英宗实录》卷45
正统三年九月	直隶保定府同知钱宁	时宁以父丧去任	部民奏乞复任	起复钱宁为直隶保定府同知	《明英宗实录》卷46
正统三年九月	陕西西安府醴泉县知县胡琎	时琎以父丧去任	部民奏乞复任	起复胡琎为陕西西安府醴泉县知县	《明英宗实录》卷46
正统三年冬十月	浙江余姚县知县黄维	巡按御史王瑛及参政龚士悦考察事体生疏,黜罢之	县民数百人赴按察司、布政司保维政治公平,抚字不怠,恳乞留之	黄维复职浙江余姚县知县	《明英宗实录》卷47

(续表)

时间	留任官及其原职务	离任原因	留任复职原因	留(升)任职务	史料来源
正统三年十一月	山东邹县知县房岩	岩以九载任满,例应起京	县民累数百人保岩为政公勤,善于抚字,恳乞留之	房岩复任山东邹县知县	《明英宗实录》卷48
正统三年十二月	江西南昌府同知王甫	甫九载考满,例应升用	部民数百人保王甫廉存心恺悌,处事公廉,乞留复任	王甫复任江西南昌府同知,升正四品俸	《明英宗实录》卷49
正统三年十二月	直隶扬州府通州知州魏复	复丁父忧去职	部民数百人保公廉慈惠,民赖以安,乞留复任	魏复复任扬州府通州知州	《明英宗实录》卷49
正统三年十二月	四川成都府威州知州陈冤	冤以母丧去任	州民赴阙言,陈冤绥怀抚谕,甚得民情,乞留之	起复陈冤绥为成都府威州知州	《明英宗实录》卷49
正统四年正月	陕西平凉府隆德县知县马玉	玉以载满考	部民不忍释去,诣布政司保其公勤才干,乞留复任	马玉复职保定隆德县知县,升从六品俸	《明英宗实录》卷50
正统四年正月	直隶保定府束鹿县知县张晟	晟九载考满,行在吏部考核皆善政,当迁秩	以属民四百五十人告留	张晟复职保定府束鹿县,升从六品俸	《明英宗实录》卷50
正统四年正月	四川布政司右布政使李教	教以母丧去任	重庆等知府奏称,教处事公平,为吏民所怀,乞夺情复任	起复李教为四川布政司右布政使	《明英宗实录》卷50
正统四年正月	山东济南肥城县主簿王荣	荣九载考满,行在吏部考称职	以县民保其能均赋恤民,乞留相率诣阙奏复任	王荣复职肥城县主簿,升从八品俸	《明英宗实录》卷50
正统四年二月	府同知署直隶徐州事杨秘	杨秘为徐州府同知,署州事。后坐事免	恰逢徐州知州失陷入狱,诣阙奏复秘,以慰人心	明英宗命同知署事杨秘复任	《明英宗实录》卷51
正统四年二月	陕西巩昌府伏羌县武宁	以父丧去	属民数百人诣巡按御史闾肃保其勤能干济,乞留复任	起复为武宁陕西巩昌府伏羌县知县	《明英宗实录》卷51

第 1 章 初元循规 盛余世晖

正统、景泰帝(上)卷

(续表)

时间	留任官及其原职务	离任原因	留任复任原因	留(升)任职务	史料来源
正统四年二月	陕西凤翔府汧阳县知县刘晟	晟九年考满,行在吏部考其绩最当迁	因县治绩和善政,耆老上请保留之	刘晟复任陕西凤翔府汧阳县知县	《明英宗实录》卷51
正统四年二月	广西浔州府通判庞本厚	本厚以母忧去	属县耆民二百余人保其处事详允,乞夺情复任	起复庞本厚为广西浔州府通判	《明英宗实录》卷51
正统四年闰二月	贵州思州府知府郜晟	初晟为西安府同知,考满有最绩,升思州府知府,以忧制去任	西安民思之,不置适本知府他迁,民千余人诉乞复晟	起复贵州思州府知府郜晟任,陕西西安府知府	《明英宗实录》卷52
正统三年三月	直隶苏州府吴县县丞陈晖	以九载任满	县民上请保留之	命直隶苏州府吴县县丞陈晖复任,升正七品俸	《明英宗实录》卷53
正统三年三月	浙江湖州府知府赵登	登九载秩满去任	部民怀其善政,相率诉于巡抚侍郎王瀹乞留复任	赵登复任浙江湖州府知府,升正三品俸	《明英宗实录》卷53
正统四年四月	湖广荆州府知府刘永	永闻母丧去任	部民二千五百余人言,永廉明公恕,爱民如子,乞留复任,以慰众情	起复湖广荆州府知府刘永仍旧任	《明英宗实录》卷54
正统四年五月	浙江钱塘县县丞徐寄刚	寄刚以九载考满当去	县民千数百人诣巡按御史保其廉公善抚字,乞留复任	徐寄刚复职钱塘县县丞,升正七品俸	《明英宗实录》卷55
正统四年六月	山西太原阳曲县知县张道	道九载考称当迁	邑民保其善抚字,均赋役,乞留复任	张道复职阳曲县知县,升正六品俸	《明英宗实录》卷56
正统四年六月	江西抚州临川县主簿丁耀	耀九载考称当迁	县民奏耀宽惠廉能,吏民信服,乞留复任	丁耀复职临川县主簿,升正八品俸	《明英宗实录》卷56

（续表）

时间	留任官及其原职务	离任原因	留任复职原因	留(升)任职务	史料来源
正统四年七月	四川成都府茂州汶川县知县霍泰	秩九载考称当迁	先民奏其善于抚绥	霍泰复职汶川县知县，升正六品俸	《明英宗实录》卷57
正统四年七月	直隶河间府任丘县主簿解伯通	伯通九载考称当任	县民保其善拊字，赋役均，乞留复任	解伯通复任丘县主簿，升从八品俸	《明英宗实录》卷57
正统四年八月	顺天府平昌县知县杨雄	雄秩满去任	县民诣阙，奏其居官平恕	杨雄复职昌平县知县，升从六品俸	《明英宗实录》卷58
正统四年八月	直隶大名府浚县主簿康英	英秩满考称当任	县民保其公勤平恕，乞留之	康英复职浚县主簿，升从八品俸	《明英宗实录》卷58
正统四年十月	云南按察司金事郑雍言	雍言以九载考满升	上(明英宗)念雍言常任职中书，执事内廷	郑雍言升为太常寺少卿	《明英宗实录》卷60
正统四年十月	直隶凤阳府泗州判官黄绂	绂久载考满	巡按御史奏绂任廉慎，莅政公廉能，乞令复任	黄绂复职泗州判官，升正七品俸	《明英宗实录》卷60
正统四年十月	浙江金华府知府蒋劢	劝以亲丧去职	属县民千九百人奏，奏其居官佐政廉慎，毙尽革，民赖以安，乞留复之	起复为浙江金华知府	《明英宗实录》卷60
正统四年十月	直隶淮安府山阳县主簿李青	青管马，秩满当代	邑民二百余人奏其佐政廉慎，孳牧蕃息，乞留之	李青复职山阳县主簿，升正八品俸	《明英宗实录》卷60
正统四年十一月	直隶保定府雄县县丞张恭	恭任满当赴(吏)部	巡按御史奏其能爱民，民乞留之	张恭复职雄县县丞，升从七品俸	《明英宗实录》卷61
正统四年十二月	贵州蛮夷长官司流官吏目张顺	顺以亲丧去职	夷官及者奢民言顺善绥怀抚恤，乞复其任	行任吏部言，例不当复，上以蛮夷信服之，特命复任	《明英宗实录》卷62

第 1 章 初元循规 盛世余晖

107

正统、景泰帝卷（上）

(续表)

时间	留任官及其原任职务	离任原因	留任复职原因	留(升)任职务	史料来源
正统四年十二月	陕西宜君县知县王志	志秩满赴京	县民相率诣阙，言其居官有守，政不苟刻，乞留任	王志复职宜君县知县，升从六品俸	《明英宗实录》卷62
正统五年正月	山西太原府宁乡县知县刘岳	岳九年任满，考称当升	巡按监察御史奏其守宁，民有恩意，乞留任	刘岳复任宁乡县知县，升从六品俸	《明英宗实录》卷63
正统五年二月	山西泽州阳城县典史赵智	智九载任满当迁	属民保其赞画有方，乞留之。御史额继为之奏请	赵智复任阳城县典史，升从九品俸	《明英宗实录》卷64
正统五年三月	直隶松江府知府赵豫	豫九载任满当迁	耆民五千余人保其廉静爱民，乞留	赵豫复任松江府知府，升正三品俸	《明英宗实录》卷65
正统五年三月	湖广荆州府夷陵州知州耿辉	辉九载任满，行在吏部考最当迁	以巡按御史为民奏	耿辉复任夷陵州知州，升从四品俸	《明英宗实录》卷65
正统五年四月	直隶大名府通判石浩	浩九载任满谐京	部民怀其善政，请留复任	石浩复任大名府通判，升正五品俸	《明英宗实录》卷66
正统五年四月	应天府上元县主簿唐九万	九万专理马政，九载任满	邑民保其乞留之。事以巡抚任郎周忱核实以闻	九万复任上元县主簿，升正七品俸	《明英宗实录》卷66
正统五年七月	山西大同府山阴县知县蔡宁	宁九载任满去任	邑民保其公勤爱民，乞留复任	蔡宁复任山阴县知县，升正六品俸	《明英宗实录》卷69
正统五年七月	山西泽州阳城县知县韩谨	谨九载任满当迁	邑人奏保其守法奉公，民心爱慕	韩谨复任，升正六品俸	《明英宗实录》卷69
正统五年八月	浙江严州府寿昌县范衷	衷九载任满当迁	邑人保其廉恕，乞留之	范衷复任浙江严州府寿昌县知县	《明英宗实录》卷70

(续表)

时间	留任官及其原职务	离任原因	留任复职原因	留(升)任职务	史料来源
正统五年八月	直隶常州府知府莫恩	以九载秩满去任	愈在任勤慎详明,吏民畏服。属邑耆民具奏保留	莫恩复任常州府知府,升正三品俸	《明英宗实录》卷70
正统五年八月	直隶淮安同知杨理	理以御史秩满升于府适知府员缺	所属州县官民奏其执法抗直,畏戢,小民乐业,乞升补其缺	升直隶淮安府同知杨理为本府知府	《明英宗实录》卷70
正统五年八月	山东昌府聊城县县丞黄惟顺	惟顺九载任满,考称当正	耆民保其复任,巡按监察御史核实以闻	黄惟顺复任聊城县县丞,升正七品俸	《明英宗实录》卷70
正统五年八月	青州府益都县县丞机运	机运九载任满,考称当正	耆民保其复任,巡按监察御史核实以闻	仍运复任益都县县丞,升正七品俸	《明英宗实录》卷70
正统五年九月	山东济南府德州知州常景先	直隶保定府缺,行在吏部会官举景先	常景先为直隶保定府知府	德州知州常景先升为保定府知府	《明英宗实录》卷71
正统五年十月	陕西延安府宜君县知县王圭	初圭为合水丞,秩满升宜君县	既而宜君旧官复任,适合水县缺员,合水民相率赴布政司告乞还官	王圭被调回,任庆阳府合水县知县	《明英宗实录》卷72
正统五年十月	山西保德州知州田耕	耕以母丧去职	州民百余人保耕为政仁恕,乞起复以惠边民	起复山西德州知州田耕仍旧任	《明英宗实录》卷72
正统五年十月	直隶扬州府宝应县县丞黄致	致九载任满当迁	耆民言其佐理勤慎,乞留之	黄致复任宝应县县丞,升从七品俸	《明英宗实录》卷72
正统五年十一月	顺天府通州同知李经	经有治才,能处繁剧。时知州员缺	耆民三余人保之,宜升知州,以惠黎庶	李经升为顺天府通州知州	《明英宗实录》卷73
正统五年十一月	浙江绍兴府知府罗以礼	以礼丁忧去官	属耆民保以礼有治才,乞还任	起复绍兴知府罗以礼仍旧任	《明英宗实录》卷73

第1章 初元循规 盛世余晖

(续表)

时间	留任官及其原职务	离任原因	留任复职原因	留(升)任职务	史料来源
正统五年十二月	山东右参政洪璇	璇奉敕措置备荒粮储,闻母丧当去	行在吏部言璇所理民食急务,乞令起复视事	起复洪璇为山东右参政	《明英宗实录》卷74
正统五年十二月	淮安府知州邳州郭珏	珏以母丧去职	属县民数百人保珏莅政廉明,抚恤不怠,乞令起复,以终惠民	起复淮安府邳州知州郭珏仍旧任	《明英宗实录》卷74
正统五年十二月	行在武选司郎中李贲	贲以九载考最	贲有政绩,明英宗予以升职	李贲升为行太仆寺少卿	《明英宗实录》卷74
正统五年十二月	浙江按察司副使江镁	江镁以九载考最	江镁有政绩,又以大臣会举,明英宗予以升职	江镁升为广东布政司右参政	《明英宗实录》卷74
正统五年十二月	江西按察司佥事汪泳	汪泳以九载考最	汪泳有政绩,又以大臣会举,明英宗予以升职	汪泳升为贵州布政司右参政	《明英宗实录》卷74
正统六年正月	广东潮州府知府王源	源以三载任满起部考绩	属县民闻其欲告致仕,相率诣阙,奏其兴学弭盗,乞留之	英宗命广东潮州府知府王源复任	《明英宗实录》卷75
正统六年正月	直隶苏州府知府况钟	钟九载任满当迁	耆老军民二万余人赴巡按御史张文昌处,陈其能抑强扶弱,乞留复任	命况钟复任,升正三品俸	《明英宗实录》卷75
正统六年正月	直隶真定府滦城县知县博善	善以九载任满	属民告留	命滦城县知县博善复任,升俸一级	《明英宗实录》卷75
正统六年正月	直隶真定府滦城县主簿雷震	震以九载任满	属民告留	命滦城县主簿雷震复任,升俸一级	《明英宗实录》卷75
正统六年二月	陕西巩昌府知府韩福	福九载任满,行在吏部考最当升	巡按御史及巩昌卫官上章,言民怀其惠,乞保留之	韩福复任巩昌府知府升从三品俸	《明英宗实录》卷76

（续表）

时间	留任官及其原职务	离任原因	留任复职原因	留（升）任职务	史料来源
正统六年二月	直隶保定府安州高阳县知县王琡	弼九载任满	县民言其能兴废补救，乞留之	王琡复任高阳县知县，升从六品俸	《明英宗实录》卷76
正统六年二月	直隶凤阳府太和县主簿马齐翼	翼九载任满	凤阳府为属民奏其有能，乞留之	齐翼复任太和县主簿，升从八品俸	《明英宗实录》卷76
正统六年三月	顺天府宛平县知县马俊	俊闻父丧将去任	部民三百余人奏其莅下宽平，乞留复任	起复马俊为顺天府宛平县知县	《明英宗实录》卷77
正统六年三月	浙江金华县知县余宽	宽以父丧去	知府蒋劝等为民奏保其能，革吏弊，得民心，乞夺情视事	起复余宽为浙江金华县知县	《明英宗实录》卷77
正统六年四月	直隶宁国府照磨所照磨荆瑜	瑜九载任满	民乞留之	命荆瑜复任宁国府照磨所照磨，升从九品俸	《明英宗实录》卷78
正统六年五月	河南开封府扶沟县典史李翔	翔九载任满	民乞留之	李翔复任扶沟县典史，升从九品俸	《明英宗实录》卷79
正统六年五月	河南蔚氏县典史杨青	青九载任满	民乞留之	杨青复任蔚氏县典史，升从八品俸	《明英宗实录》卷79
正统六年五月	浙江杭州府知府陈复	以母丧去职	复抗持已廉静，为政宽平，大为吏民所畏服	起复陈复为浙江杭州府知府	《明英宗实录》卷79
正统六年六月	行在兵科给事中王永和	永和九载任满	给事中宋杰等奏其详慎，乞仍留侍从	升王永和为本科都给事中	《明英宗实录》卷80
正统六年七月	江西临江府清江县丞顾兕	兕在任专理粮税，因丁忧去任	民思之不置。及是起复，合邑民六百余民保其公勤不苟，故命复之	复任顾兕为江西临江清江县县丞	《明英宗实录》卷81

第 1 章 初元循规 盛世余晖

111

正统、景泰帝卷（上）

(续表)

时间	留任官及其原任职务	离任原因	留任复职原因	留(升)任职务	史料来源
正统六年九月	直隶顺德府平乡县知县丘陵	先是陵丁忧去，新任永生庸懦不称，许永复任	至是陵服阕，邑民奏保陵廉勤公谨，乞复任	复任丘陵为直隶顺德府平乡县知县	《明英宗实录》卷83
正统六年十月	江西抚州府知府王昇	昇九载任满当迁	部民二千余人言其政尚宽简，吏民悦服，乞留之	王昇复任，升从三品俸	《明英宗实录》卷84
正统六年十月	江西吉安府知府陈本深	九载任满，当诣京所部	九县耆民数千人保留，升正三品俸	陈本深复任吉安府，升正三品俸	《明英宗实录》卷84
正统六年闰十一月	直隶凤阳府寿州同知李亨	亨九载将满，吏部言当迁	州民相率言其廉慎平易，乞留之	李亨复任寿州同知，升从五品俸	《明英宗实录》卷86
正统六年闰十一月	江西赣县知县李素	素九载秩满当迁	巡按御史为邑民奏请复任	李素复任赣县知县，升正六品俸	《明英宗实录》卷86
正统六年十二月	直隶砀山县知县杜钊	钊秩满赴京	县民相率言其有惠政，给流通复业者甚众，乞留之	杜钊复任砀山县知县，升从六品俸	《明英宗实录》卷87
正统六年十二月	河南洛阳县县丞冀信	信以九载秩满当迁	县民诣上司言：信佐政廉平，乞奏留之	冀信复任洛阳县县丞，升正七品俸	《明英宗实录》卷87
正统六年十二月	陕西巩昌府通判李宗政	宗政九年秩满考满	属县民言其佐政宽恕，抚字有方，乞留以惠民	李宗政复任，升从五品俸	《明英宗实录》卷87
正统七年正月	直隶苏州府嘉定县县丞俞观	观九载考满	县民四千余人奏其公勤爱民，乞留之	俞观复任嘉定县县丞，升正七品俸	《明英宗实录》卷88
正统七年三月	直隶松江府上海县县丞蒋文岂	文岂九载考满赴部	巡抚侍郎周忱以为民奏留之	蒋文岂复任上海县县丞，升正七品俸	《明英宗实录》卷90

(续表)

时间	留任官及其原职务	离任原因	留任复职原因	留(升)任职务	史料来源
正统七年四月	山东兖州府曹县知县范希正	希正九载任满	邑民保留。巡按监察御史等官核实以闻	范希正复任山东兖州府曹县知县	《明英宗实录》卷91
正统七年四月	江西袁州府分宜县丞李忠	李忠九载任满	邑民保留。巡按监察御史等官核实以闻	李忠复任江西袁州府分宜县丞	《明英宗实录》卷91
正统七年四月	浙江温州府乐清县主簿吴琼	吴琼九载任满	邑民保留。巡按监察御史等官核实以闻	吴琼复任浙江温州府乐清县主簿	《明英宗实录》卷91
正统七年四月	直隶宁国府南陵县典史杨意	杨意九载任满	邑民保留。巡按监察御史等官核实以闻	杨意复任直隶宁国府南陵县典史	《明英宗实录》卷91
正统七年四月	江西抚州府崇仁县县丞潘原清	原清九载任满	部民保其勤于佐政	潘原清复任崇仁县县丞,升正七品俸	《明英宗实录》卷91
正统七年六月	江西瑞州府知府刘说	说任满,诣京自陈老疾,乞致仕	部民十余人言其廉公有为,克勤政务,乞留复任	刘说复任瑞州府知府,升从三品俸	《明英宗实录》卷93
正统七年六月	江西南昌府新建县主簿景春	景春九载任满,考称当升	县民言其理事详明,乞留复任	景春复任新建县主簿,升正八品俸	《明英宗实录》卷93
正统七年六月	江西饶州府鄱阳县主簿沈诚	诚九载任满,考称当升	民言其廉行详明	沈诚复任江西饶州府鄱阳县主簿	《明英宗实录》卷93
正统七年六月	广东惠州府通判郑述	任职期间有政绩,惠政	从按察使郭等奏其廉能公恕	郑述升为南雄府知府	《明英宗实录》卷93
正统七年六月	陕西西安府咸阳县知县王瑾	瑾丁父丧去职	县民千余人言其廉能公恕,乞留复任	起复王瑾为陕西西安府咸阳县知县	《明英宗实录》卷93

第1章 初元循规 盛世余晖

(续表)

时间	留任官及其原职务	离任原因	留任复职原因	留(升)任职务	史料来源
正统七年六月	直隶真定府平山县张璟	九载任满,吏部考验有政绩	巡按御史陈璲奏璟抚字有方,民乞留之	张璟复任平山县,升从六品俸	《明英宗实录》卷93
正统七年八月	江西宜春县县丞孙升	升九年考满,巡按监察御史等会奏	升抚字公勤,通亡乐归,民不忍其去,告保复任	孙升复任,升正七品俸	《明英宗实录》卷95
正统七年十月	光禄寺典簿蔚能	初任在职,颇以才干著闻。至是九载任满	众朝廷官与本卿李亨言:即今外夷入贡烦务从脞,乞将能升职分理庶务	蔚能升为光禄寺丞	《明英宗实录》卷97
正统七年十月	山东日照县知县刘炫	炫九载任满当迁	县民言其宽厚不扰,多有惠政,乞留之	刘炫复任日照县知县,升从六品俸	《明英宗实录》卷97
正统七年十月	四川叙州府推官杨节	节九载任满当迁	节理狱平恕,以九载考最故也	杨节复升为山西按察副使	《明英宗实录》卷97
正统七年十月	湖广道监察御史张谦	以九载考满	以九载考最故也	张谦复为山西按察副使	《明英宗实录》卷97
正统七年十月	南京浙江道监察御史黄文政	以九载考满		黄文政升为山西按察佥事	《明英宗实录》卷97
正统七年十月	直隶清苑县知县屈义	义屡为刁民所诬,辄以义留得伸,至是复有诬者受财枉法,坐械刑部	其民二千余人诣阙,具陈义任廉勤,招抚有方,并被诬状,请与诬者面诘。刑部尚书魏源等讯之,具验	命直隶清苑县知县屈义复任	《明英宗实录》卷97
正统七年十一月	山东城武县知县刘恕	恕秩满当请京	耆民赴巡按御史言,其为政平不恕苛,乞留之	刘恕复任城武县知县,升从六品俸	《明英宗实录》卷98

(续表)

时间	留任官及其原职务	离任原因	留任复职原因	留(升)任职务	史料来源
正统八年二月	直隶真定府武邑县典史张赟	知县李琰九年考满,民请张赟代之	属民以赟有善政,奏保代之	升张赟为真定府武邑县县丞	《明英宗实录》卷101
正统八年二月	直隶保定府安州高阳县知县王珝	珝先以九年满	县民保留复任。后州民复告保珝升任本州	王珝升为保定府安州同知,升从六品俸	《明英宗实录》卷101
正统八年三月	湖广郴州判官黎用显	用显九年考满,吏部考称当迁	巡按御史为州民奏留	黎用显复任郴州判官,升从六品俸	《明英宗实录》卷102
正统八年三月	江西吉安府庐陵县知县张序	序九年载任满	巡按监察御史为民奏留	张序复任庐陵县知县,升从六品俸	《明英宗实录》卷102
正统八年三月	河南陕州卢氏县知县张慎	慎九载任满	属民怀其惠,上疏保留	张慎复任卢氏县知县,升俸二级	《明英宗实录》卷102
正统八年三月	湖广长沙府湘潭县县丞冯熙	熙九年考满	属民怀其惠,上疏保留	冯熙复任湘潭县县丞,升俸二级	《明英宗实录》卷102
正统八年五月	广西桂林府全州知州周健	健九载任满诣京	巡按御史言其勤于得民心	周健复任全州知州,升俸二级	《明英宗实录》卷104
正统八年五月	江西南昌府南昌县县丞陈嗣	嗣九载任满诣京	巡按御史言其勤于得民心	陈嗣复任南昌县县丞,升俸二级	《明英宗实录》卷104
正统八年六月	直隶怀宁县知县陈廉	廉九载任满	县民言其勤慎、善抚字,乞保留之	陈廉复任怀宁县知县	《明英宗实录》卷105
正统八年六月	山东黄县知县陈廉	廉九载任满	县民言其勤慎、善抚字,乞保留之	陈廉复任山东黄县知县	《明英宗实录》卷105

正统、景泰帝卷(上)

(续表)

时间	留任官及其原职务	离任原因	留任复职原因	留(升)任职务	史料来源
正统八年六月	四川嘉定州大邑县知县冯泰	泰九载任满	县民保其莅事公平,乞留事。吏部考其政绩当升	冯泰复任大邑县知县,升从六品俸	《明英宗实录》卷105
正统八年七月	陕西渭南县知县周璘	璘任满考称当迁	属民以其抚字公勤,乞留任	周璘复任渭南县知县,升正六品俸	《明英宗实录》卷106
正统八年八月	陕西按察司佥事卜谦	以九载考称	吏部考核称职	升谦为山东按察司副使,专理河道	《明英宗实录》卷107
正统八年八月	广东雷州府海康县胡文亮	文亮任满二载,以旧官复职代回	布政司为民奏留之	胡文亮复任广东雷州府海康县知县	《明英宗实录》卷107
正统八年八月	湖广武昌府通城县杨庆	庆九载任满当迁	邑民奏其奉公守法,乞复任	庆复任通城县知县,升从六品俸	《明英宗实录》卷107
正统八年九月	山东道监察御史赵全	全九载任满	以清理军政未竣,仍令赵全任浙江清理军政	朝廷命赵全复任	《明英宗实录》卷108
正统八年九月	南京大仆寺丞韩进	进九载任满当迁	群长寿相率奏言,进任廉勤,提督有方,乞复任以慰民望	命南京大仆寺丞韩进复任,升正五品俸	《明英宗实录》卷108
正统八年十月	山东长清县典史何聪	初聪任长寿典史,以忧去,改除江西改除长清	至是长寿缺知县,民五十余人诣关,言聪前任公廉干济,乞升本邑知县	升山东长清县典史何聪为四川长寿县知县	《明英宗实录》卷109
正统八年十一月	京卫武学教授纪振	振学九年秩满,改除江西安福前儒学教授	命方下而武学生冯凯等言,振学有法,海道有获,乞留任	命京卫武学教授纪振复任	《明英宗实录》卷110
正统九年二月	广西太平府养利州判官汪浩	史书未载任具体缘由	浩抚民有方。当地头目赵继泰,庶州民终受其惠,令永远任岢岚,庶州民终受其惠	汪浩复任广西太平府养利州判官	《明英宗实录》卷113

(续表)

时间	留任官及其原职务	离任原因	留任复职原因	留(升)任职务	史料来源
正统九年三月	江西抚州府崇仁县县丞潘原清	原清先以县丞,九年考满,升正七品俸	至县为本县缺知县,属民邹生等八百余人诉于巡按御史,乞为奏升原清补之	升江西抚州府崇仁县县丞潘原清为本县知县	《明英宗实录》卷114
正统九年三月	直隶真定知州卫景严	景严九载任考满	属民赴巡按御史言其赞郡勤慎,有泽于民,乞留任	景严复任真定府知州,升正八品俸	《明英宗实录》卷114
正统九年四月	直隶河间府交河县典史杨贵	时知县林俊秩满,缺知县	耆民奏,贵廉正勤能,堪代其职	杨贵升为交河县知县	《明英宗实录》卷115
正统九年四月	山东武定州乐陵县典史孙智	智九载秩满去任,又主簿张喧病不任事	民谣咽言,智处心平恕,理事明决,今主簿张喧病不任之	孙智升为武定州乐陵县主簿	《明英宗实录》卷115
正统九年四月	直隶凤阳府怀远县县典史李文斌	文斌九载任满	县民诉于巡按,言其资性纯笃,处事公平,乞留复任	文斌复任怀远县典史,升从九品俸	《明英宗实录》卷115
正统九年四月	直隶保定府清苑县主簿高俨	俨专理马政,九载秩满去任	会县民百余人诣阙,奏保俨堪任其职	高俨为保定府清苑县县丞	《明英宗实录》卷115
正统九年四月	直隶真定府阮氏县主簿尚俊	俊专理易州薪炭,以任九载	属民诉其慎于持己,处事得宜,乞留复任	尚俊复任阮氏县主簿,升从八品俸	《明英宗实录》卷115
正统九年五月	云南鹤庆军民府儒学训导杨应	应九载秩满,赴吏部	生徒数十人言,应训诲有方,保其律已奉公,乞复任	杨应复任鹤庆军民府儒学训导	《明英宗实录》卷116
正统九年五月	湖广德安府经历张孟升	孟升九载秩满去任	属民数百人累章,保其律已奉公,拒革奸弊	孟升复任德安府经历,升正七品俸	《明英宗实录》卷116

第1章 初元循规 盛世余晖

117

正统、景泰帝卷（上）

（续表）

时间	留任官及其原职务	离任原因	留任复职原因	留（升）任职务	史料来源
正统九年五月	湖广襄阳府均州知州王从	从九载秩满当升，巡按马恭等言	民数百人诉称，从勤廉抚字有方，乞留复任	王从复任均州知州，升从四品官	《明英宗实录》卷116
正统九年五月	直隶扬州府泰州判官王思受	思受专理马政，会州同知缺员	军民一千九百余人诉保思受勤干，堪任其职	王思受升扬州府泰州同知	《明英宗实录》卷116
正统九年六月	陕西延安府安定县县丞柴林	林九载秩满	县民诉于右都御史陈镒，言林廉正爱民，乞留还任	柴林复任安定县县丞，升从七品俸	《明英宗实录》卷117
正统九年七月	浙江台州府通判掌黄岩县事周旭鉴	史书未载具体缘由，但从史料记载来看，应该是考满	民千六百余人言，旭鉴严明勤慎，能锄强扶弱，民安盗息，乞留之	周旭鉴升为台州府知府	《明英宗实录》卷118
正统九年七月	福建汀州府经历王得仁	得仁九载任满	属邑民言其廉能勤恕，乞留之	得仁复任汀州府经历，升正七品俸	《明英宗实录》卷118
正统九年七月	直隶河间府同知廖谟	至是知府缺，所属州县官、耆民奏保廖谟堪升任	谟初之金时调佐河间，洁己奉公，息讼简。州县官、耆民奏保复职	河间同知廖谟升为河间府知府	《明英宗实录》卷119
正统九年八月	直隶保定府推官徐坚	先是坚九载考称当迁	所属属县民官以律己公勤，允当民望，奏保复职	徐坚复任保定府推官，升正六品俸	《明英宗实录》卷120
正统九年九月	应天溧阳县县丞邹璃	先是璃九载考满当迁	邑民告保复任。至是知县缺员，巡抚侍郎周忱又为保升补	县丞邹璃升为溧阳知县，升正七品俸	《明英宗实录》卷121
正统十年正月	江西左政使吴润	吴润以母忧当守制	所属府县官奏其公廉惠民，乞夺情视事	吴润留任江西左布政使	《明英宗实录》卷125
正统十年二月	河南开封府鄢陵县知县谭敬宗	先以丁忧解任，至是服阕赴吏部		县民奏乞敬宗复任	敬宗复任河南开封府鄢陵县知县	《明英宗实录》卷126

(续表)

时间	留任官及其原职务	离任原因	留任复职原因	留(升)任职务	史料来源
正统十年二月	参赞宁夏军务监察御史罗绮	参赞宁夏军务将满一年	官军千余人赴右都御史陈镒处告留，镒以闻	罗绮复任参赞宁夏军务监察御史	《明英宗实录》卷126
正统十年三月	陕西凤翔府知府鹰通	鹰通九载任满，吏部考最当迁擢	巡按监察御史张文昌为民奏乞复任	鹰通复任凤翔府知府，升正三品俸	《明英宗实录》卷127
正统十年六月	河南睢州知府仲广	广以亲丧去职，巡抚于谦等上言	耆民三百余人诉保广廉慎得民心，乞起复任事	起复仲广为河南睢州知州	《明英宗实录》卷130
正统十年九月	陕西韩城县知县李简	简以九载考满	简善抚字，吏民怀慕。镇守陕西的右都御史陈镒上言保留	明英宗救吏部将简照例升俸复任	《明英宗实录》卷133
正统十年九月	陕西郿县知县石玻	玻闻亲丧去职	玻善抚字，吏民怀慕。镇守陕西的右都御史陈镒上言保留	明英宗救吏部将玻夺情视事	《明英宗实录》卷133
正统十年九月	先任安定县丞柴林	柴林尝经秀才为民保留复任，今在原籍守制	米脂县地险民诈，见缺知县。柴林才堪其正。陈镒上言乞调	明英宗救吏部将林起复补米脂县缺	《明英宗实录》卷133
正统十年十一月	直隶河间府河间县史简	简九年考满当迁	河间府知府廖谟以民保留，奏保复任	史简复任河间县知县，升从六品俸	《明英宗实录》卷135
正统十年十二月	直隶苏州府吴江县丞王懋本	懋本先以丁忧去。至是服阕需选	王懋本勤慎廉能。时值吴江缺知县。民相率伏阙乞升懋本任知县	王懋本升任吴江县	《明英宗实录》卷136
正统十一年正月	直隶大名府开州判官林伯兴	伯兴专管马政，九载考满	州民赴巡抚侍郎薛希琏处，保其公勤得民，乞留之	林伯兴复任开州判官，升正七品俸	《明英宗实录》卷137
正统十一年正月	山西太原府阳曲县知县王燕云	九载考满	先后任职曲沃、阳曲，便民之政不断，属民保留	巡抚少卿于谦奏乞升为滁州知州	《明英宗实录》卷137

第1章 初元循规　盛世余晖

119

（续表）

时间	留任官及其原职务	离任原因	留任复职原因	留(升)任职务	史料来源
正统十一年正月	直隶顺德府同知徐彬	九载考满	属民怀其善政，上请留之	徐彬复任直隶顺德府同知	《明英宗实录》卷137
正统十一年正月	山东兖州府宁阳县管马县丞齐郁	九载考满	属民怀其善政，上请留之	齐郁复任宁阳县管马县丞	《明英宗实录》卷137
正统十一年二月	直隶保定府束鹿县典史潘峻	峻任束鹿县无暴政，九载将满	邑民保留，巡抚侍郎薛希琏为民奏请	潘峻复任束鹿县典史，升从九品俸	《明英宗实录》卷138
正统十一年二月	浙江处州府通判黄聪	提督银场，深得民心，九载任满当去	属县民八千余人告留。知府张佑具以闻	升黄聪为浙江处州府同知	《明英宗实录》卷138
正统十一年二月	陕西道监察御史马恭	史料未载明原因	恭在陕西协赞军务，延安等卫官军三千余人及廷臣告保恭公廉有为，乞升其职	朝廷升马恭为都察院右佥都御史	《明英宗实录》卷138
正统十一年三月	湖广荆州府知府刘永	永以父丧去	军民一万八千余人言，永能恤民革弊，乞夺情视事	命刘永复任湖广荆州知府	《明英宗实录》卷139
正统十一年三月	山东济南府经历严兰	九载考满	属民二千五百余人告保，肃赞政公勤	严兰复任济南府经历，升正七品俸	《明英宗实录》卷139
正统十一年三月	江西布政司经历司都事李贵	贵专督捕盗，九载考满	贵捕盗有方，细民安业。巡按御史等官会勘，具疏以闻	李贵升为江西布政司经历	《明英宗实录》卷139
正统十一年四月	浙江绍兴府通判白玉	玉佐府年久	其属县民二千八百人赴按察御史王琳处告保玉公勤廉干	白玉升为浙江绍兴府同知	《明英宗实录》卷140

(续表)

时间	留任官及其原职务	离任原因	留任复职原因	留（升）任职务	史料来源
正统十一年四月	陕西西安府知府陈斝	九载任满当代	斝为政廉敏而公，民戴其德。镇守都御史王文为民奏留	升为布政司右参政，升正三品俸，仍管府事	《明英宗实录》卷140
正统十一年五月	山东左参议张允中	以父丧回家守制	属民千五百人告允中清谨宽平，乞起复任事	起复张允中管理易州薪炭	《明英宗实录》卷141
正统十一年五月	直隶大名府长垣县主簿闵彦升	彦升任满九载	县民保其居端谨，抚字劳勤	闵彦升升为长垣县县丞	《明英宗实录》卷141
正统十一年五月	贵州石阡府经历杨彬	彬以母丧去职	耆民保彬律己奉公，善抚蛮俗，乞令起复任事	起复杨彬为贵州石阡府经历	《明英宗实录》卷141
正统十一年六月	直隶苏州府吴县知县叶锡	锡剖民争产者，民不平，诉司诬锡己。法司谳罪锡	耆民百余人诉阙言，锡清廉仁恕，政平讼理。乞留之	有旨隶苏州府吴县知县叶锡使其还职	《明英宗实录》卷142
正统十一年七月	直隶河间府沧州庆云县典史赵亮	九载任满	亮治行卓异，吏部以为言	升赵亮为沧州庆云县知县	《明英宗实录》卷143
正统十一年七月	直隶扬州府通州海门县县丞郭得	得九载任满诣京	军民数百人保得勤能干济，抚字有方，乞升本州判官	升郭得为扬州府通州判官	《明英宗实录》卷143
正统十一年七月	应天府尹李敏	敏丁母丧去任	耆民1800人告保敏在任公勤廉正，民赖以安，乞夺情任事	起复李敏为应天府尹	《明英宗实录》卷143
正统十一年八月	直隶顺德府沙河县典史张亨	亨九载任满	邑民三百余人保亨留复任。巡按监察御史核实以闻	张亨复任沙河县典史，升从九品俸	《明英宗实录》卷144

(续表)

时间	留任官及其原职务	离任原因	留任复职原因	留(升)任职务	史料来源
正统十一年八月	直隶真定府藁城县知县徐荣	以亲丧去任	耆民百余人奏保荣廉勤有为,民皆悦服。新任知县皆不任事,乞令荣还任	徐荣复任直隶真定府藁城县知县	《明英宗实录》卷144
正统十一年十月	河南汝宁府同知张鉴	鉴初以金事调任同知	鉴端谨有为,属邑无扰。时知府缺员,所属吏民奏乞升鉴	升张鉴为河南汝宁府知府	《明英宗实录》卷146
正统十一年十月	直隶顺德府邢台县知县梁萱	殚力载考当迁	邑民以其抚字有方,奏保升迁	梁萱复任邢台县知县,升正六品俸	《明英宗实录》卷146
正统十一年十二月	直隶真定府元氏县主簿尚俊	初俊管本县柴炭于易州,九载当还	至是本府管柴炭通判缺,所属州县官民奏保俊还补	升尚俊为真定府通判	《明英宗实录》卷148
正统十一年十二月	浙江按察司金事沈敬	敬九载任满	吏民稍率告复任。都、布、按三司会奏保俊无异以闻	命沈敬复任浙江按察司金事,升正四品俸	《明英宗实录》卷148
正统十二年二月	直隶大名府知县李格	九载任满,寻又丁忧	属民起巡按监察御史,赴京告留	李格复任直隶大名府知县	《明英宗实录》卷150
正统十二年二月	直隶大名府大名县县丞王璘	先是璘职专抚有惠政,后以冗员取回	至是本县缺管马县丞,民诣阙奏保之	王璘复任直隶大名府大名县县丞	《明英宗实录》卷150
正统十二年二月	福建汀州府经历王得仁	九载考满	得仁廉能勤恕,所属军民千余人保留复任,告乞升秩	升王得仁为福建汀州府推官	《明英宗实录》卷150
正统十二年二月	山西汾州知州李善	善先任黎城知县,并布政二司会举升汾州知州事,以黎城民告保复任	至是汾州民一千五百余人又奏:"本州政务冗剧,得善理之,庶事集民安。"	李善复任山西汾州知州事	《明英宗实录》卷150

（续表）

时间	留任官及其原职务	离任原因	留任复职原因	留(升)任职务	史料来源
正统十二年三月	直隶苏州府吴江县主簿雷铭	铭九载任满,吏部考称当升	巡抚侍郎周忱为民奏留,巡按御史勘实	雷铭复任吴江县主簿,升正八品俸	《明英宗实录》卷151
正统十二年四月	直隶肥乡县知县许显	显九载任满	民告保留。巡按御史陈沓等勘,显有治剧之才	许显复任肥乡县知县,升从六品俸	《明英宗实录》卷152
正统十二年闰四月	陕西三原县知县杨聪	聪九载任满	耆民保留。下巡按监察御史张文昌等核实	杨聪复任陕西三原县知县	《明英宗实录》卷153
正统十二年五月	直隶常熟县致仕知县郭南	以年老致仕（即退休）	南勤敏有治剧才。邑耆民及宦于朝者各乞南复任	郭南复任常熟县知县	《明英宗实录》卷154
正统十二年七月	应天府浦江县主簿萧增	增专理马政任满	县民保其孝牧有方。巡按监察御史覆实以闻	萧增复任浦江县主簿,升正八品俸	《明英宗实录》卷156
正统十二年七月	陕西巩昌府安定县知县杜让	杜让任满当代	县民告保让勤民抚民,乞留其职	杜让复任安定县知县,升从六品俸	《明英宗实录》卷156
正统十二年七月	浙江杭州府同知侯昌	九载任满	侯昌守职勤能,属民千余人乞留。巡按监察御史欧阳澄等奏请升其职	侯昌升任杭州府知府	《明英宗实录》卷156
正统十二年八月	湖广右参政柳芳	以父丧去任	柳芳有政绩,至仕服阕	复任柳芳干山西布政司	《明英宗实录》卷157
正统十二年八月	浙江道监察御史周铨	以父丧任满	任满考核称职	升周铨为四川道右参议	《明英宗实录》卷157
正统十二年八月	四川右参议徐璟专理边储	父丧去任	璟处事公平,军民服,乞起复任事	徐璟复任四川右参议,专理边储	《明英宗实录》卷157

(续表)

时间	留任官及其原职务	离任原因	留任复职原因	留(升)任职务	史料来源
正统十二年十月	辰州府黔阳县主簿古初	被湖广左布政使萧宽等考为老疾送部	县民相率伏阙言,初到任朞年,清谨有为,化服洞蛮,委非老疾,乞令还任	古初复任辰州府黔阳县主簿	《明英宗实录》卷159
正统十三年二月	直隶真定隆平县县丞米进	进九载任满	知县张玉奏保进在官有惠政,堪任知县。吏部亦奏职当升	米进升为直隶真定府栾城县知县	《明英宗实录》卷163
正统十三年二月	陕西平凉府镇原县县丞李显	显九载考满,丁父忧	至时服阕,属民具告保复任,镇守官保复任。镇守官保复任,御史文振覆实以闻	李显复任镇原县县丞,升七品俸	《明英宗实录》卷163
正统十三年二月	山西平阳府通判李茂	九载任满	以九载考最,巡按御史奏保复任为民留也	李茂复任平阳府通判,升正五品俸	《明英宗实录》卷163
正统十三年二月	山东兖州府峄县知县王懿	九载任满	以九载考最,巡按御史奏保复任为民留也	王懿复任山东兖州府峄县知县	《明英宗实录》卷163
正统十三年二月	南临安府同知徐文振	(未载原由)	时知府赖毖考老,属民具保文振律已勤政,堪代其职	徐文振升为南临安府知府	《明英宗实录》卷163
正统十三年五月	山东济南府泰安州知州甄泰	九载任满	军民二百余人奏保,巡按监察御史覆奏实以闻	甄泰复任山东济南府泰安州知州	《明英宗实录》卷166
正统十三年六月	山东济南府泰安州施守正	时守正以母故服阕赴吏部	州民二百余人奏保,守正居官勤慎,有善政及民,今新任知州陈高老不胜任,乞以守正复任,庶终其惠	施守正复任济南府泰安州	《明英宗实录》卷167
正统十三年六月	山东濮州观城县知县王用	用以任满九载当代去	民奏乞留之。事下巡按御史等官覆实奏以闻	王用复任濮州观城县知县	《明英宗实录》卷167

(续表)

时间	留任官及其原职务	离任原因	留任复职原因	留(升)任职务	史料来源
正统十三年七月	山东按察司佥事张清	任满九载	张清提督沿海仓储,奉政廉谨,耆民乞留	朝廷命张清升本司副使,仍理前事	《明英宗实录》卷168
正统十三年八月	顺天府通判沙安	安任满九载当升	属民保安安事勤慎,抚下宽慈,乞留复任	沙安升为顺天府治中,仍理薪炭	《明英宗实录》卷169
正统十三年九月	浙江湖州府长兴县县丞国臻	(未载原由)	国臻宽惠勤谨。湖州府知府姚奏保乞升本县知县	明英宗升国臻为长兴县丞	《明英宗实录》卷170
正统十三年九月	山西翼城县主簿王玉	时玉九载考称当迁	县民诉称:玉淳厚勤能,言玉保复任,乞保复任	王玉复任翼城县主簿,升从八品棒	《明英宗实录》卷170
正统十三年十月	浙江桐乡县知县田玉	先是玉丁父忧去	县民相率赴布按二司,言玉在任能均役、兴学,敢奸、植良,乞留情视事	浙江桐乡县知县田玉复任	《明英宗实录》卷171
正统十三年十一月	直隶淮安府同知程宗	宗九载考满升	属民言其端谨慈明,乞留复任	程宗复任淮安府同知,升正四品棒	《明英宗实录》卷172
正统十四年正月	应天府上元县知县姜德政	德政以母丧还家	县民三千五百余人保留。巡抚侍郎周忱等文章保之	起复姜德政为应天府上元县知县	《明英宗实录》卷174
正统十四年四月	广西庆远府知府杨禧	禧任满当代	属民言民保禧宽而有为,吏畏民服,乞留复任	杨禧复任庆远府知府,升正三品棒	《明英宗实录》卷177
正统十四年五月	江西袁州府知府姚文	文任满九载	属民耆民保持身勤谨,乞留任事	姚文复任袁州府知府,升正三品棒	《明英宗实录》卷178
正统十四年七月	江西建昌府南城县知县口智	智满九载	属民言保留存心仁恕,抚字宽平,乞留复任	口智复任南城县知县,升正六品棒	《明英宗实录》卷180

第 1 章 初元循规 盛世余晖

通过上表,我们看到,自明英宗登基即位到土木之变,在前后共计15年的时间里,明朝官史上记载的"为耆民等所喜爱的地方官留任复职"事件共发生了274起,其中正统初元即宣德十年到正统七年这8年时间里发生了169起,平均每年有21起,差不多每个月有2起。相比之下,正统后期即以张皇太后病逝后的正统八年算起,到正统十四年七月,在6.5年时间里共发生了105起"为耆民等所喜爱的地方官留任复职"事件,平均每年16起,每月有1起多一点。十分明显,明英宗亲政后大明地方吏治也开始大不如以前了。

2. 正统初元以"三杨"为代表的辅政大臣通过关注民生,蠲免赋税,赈济灾荒和恢复发展生产,使得大明帝国继续着"仁宣之治"的轨道向前滑行,也使得"仁宣盛世"之余光再度闪耀,尽管这余光闪耀的时间较短,但在相当程度上表明了当时的大明帝国的社会基础还是牢固的。

以人户数为例,宣德九年(1434)全国户数9 702 322户,这数字比整个宣德年间人户平均数稍低一点。再看明英宗登基即位后的人户数,宣德十年(1435)为9 702 495户(《明英宗实录》卷12),正统元年(1436)为9 713 407户(《明英宗实录》卷25),正统二年(1437)为9 623 510户(《明英宗实录》卷37),正统三年(1438)为9 704 145户(《明英宗实录》卷49),正统四年(1439)为9 697 890户(《明英宗实录》卷62),正统五年(1440)为9 686 707户(《明英宗实录》卷74),正统六年(1441)为9 667 440户(《明英宗实录》卷87),正统七年(1442)为9 552 737户(《明英宗实录》卷99),自这一年起到正统十四年(1449),全国居民户数再也没有超过9 560 000(《明英宗实录》卷111~卷186,《废帝郕戾王附录》第4)。人口数也有相似情况,在此不做赘述。

我们再来看看那时大明帝国田赋数字有着怎么的变化:仁宣时代全国田赋收入最低的年份也是宣德九年(1434),为28 524 732石(《明宣宗实录》卷115),明英宗即位后的宣德十年(1435)全国田赋收入为28 499 160石(《明英宗实录》卷12),正统元年(1436)为26 713 057石(《明英宗实录》卷25),正统二年(1437)为26 979 143石(《明英宗实录》卷37),正统三年(1438)起到正统十一年(1446)基本上一直维持在27 000 000石的水平(《明英宗实录》卷49~卷148),到正统十四年(1449)时就大跌了,跌到了 24 212 143 石(《明英宗实录》卷186,《废帝郕戾王附录》第4)。

  由此我们不难看出,尽管后来明英宗亲政后,以大珰王振为首的腐朽势力开始不断地侵蚀大明帝国的正能量,其危害主要还是在中央朝廷,而从大明帝国的社会基础与物质经济角度来讲,整体上还是比较牢固的。如,正统三年(1438),行在户部在上奏英宗朝廷的奏章中就曾这样说道:"(广西、云南、四川、浙江)四布政司所属郡邑多不通舟楫,递年存留粮米,若尽彼处文武官吏军士岁用,会计其中有二三十年支销不绝者,浙江嘉兴府亦积粮数多,皆恐年久腐蛀。"(《明英宗实录》卷41)这恐怕就是后来土木之变后大明帝国没有发生土崩瓦解的一个重要原因。当然这一切要首先归功于正统初元以张皇太后为核心、以"三杨"为代表的辅政集团所做出的努力与贡献。如果要用贴切的言语来简单概括正统初元这段历史实际的话,以笔者之愚见,恐怕如下话语比较合适:初元循规,盛世余晖,郡守善抚,天下富庶。只可惜这样的局面仅昙花一现,等到正统帝亲政后,随之而来的是"阉腐国基"。

第 2 章　少帝错爱　阉竖大害

> 拨开层层的历史尘埃,我们看到正统初元大明帝国并没有像过去有人所说的那样一开始就一团漆黑,恰恰相反,呈现出"仁宣之治"的余晖。虽说明代官史《明实录》以正统"更新"之词来美誉与称颂,但十分可惜的是,维系这样的"正统更新"时间实在不长。时间不长也不要紧,糟糕的是随后不久大明帝国陷入了空前绝后的大危机,这究竟是为何?究其根本,人们往往众口一词:都是那个让人万分憎恨的大珰王振擅权所导致的。但要知道,大珰再怎么大,充其量也就是为皇帝跑个腿、办个事的阉割之人,可能还不如当今时髦的"人民公仆"或"老总"身边的"小蜜"或司机,怎么可能从根本上损毁了大明根基,又怎么可能将一个"盛世"帝国导向了几近瓦解的境地?
>
> 要想说明清楚这些问题,我想还得从大明历史上第一个冲龄天子正统帝的由来说起。

● 幼教缺失　"先生"入室

◉ **红巾军领袖家族里的帅哥靓女"精心培育"出来的昏童皇太子**

正统帝朱祁镇是明朝开国后的第六位皇帝,套用今人时髦语叫"根正苗红"。"根正"是说朱祁镇为第一个诞生在大明帝国皇家宫廷里的"正宗"皇位继承人,即所谓的皇帝家"嫡长子",他不像高祖皇帝朱元璋那样急吼吼地赶着出世,结果让他老娘生在了荒野的破庙里头；他也不像朱允炆那样诞生在不该诞生的地方——他的母亲连妃子都不是，只是一般的宫人，几乎可以说是"野合"之果；更不像成祖太爷爷那样连自己的这个品种究竟从何而来至死都没弄明白。与出生在凤阳那个乡间旮旯的皇爷爷朱高炽相比，朱祁镇诞生于人间最为显贵的地方，一出生就拥有无比神圣的色彩；与诞生于当时还是大明藩王府第的父皇朱瞻基相比，朱祁镇确系在迁都后的大明新京师都城诞生的。如此的不同凡响，这样的皇位后继者不是"正统"，还有谁为"正统"？谁为"根正"？不过光有"根正"是不够的，还必须要"苗红"。想当年朱祁镇的太爷爷朱棣就是因为苗子不红，才冒天下之大不韪起来造反，屠杀了数万个维护正统皇权的"不识时务者"，最终抢夺到了帝国的大位。朱祁镇的"苗红"身世可谓是得天独厚，父亲就是大明帝国第五位皇帝明宣宗。至于他的母亲，据明代官史《明实录》所载："英宗法天立道仁明诚敬昭文宪武至德广孝睿皇帝，讳祁镇，宣宗宪天崇道英明神圣钦文昭武宽仁纯孝章皇帝嫡长子，母孝恭懿宪慈仁庄烈齐天配圣章皇后，以宣德二年丁未十一月十一日生。"（《明英宗实录》卷1）

这个章皇后就是《明史》里头所说的"宣宗孝恭皇后孙氏"，也就是朱祁镇的父皇明宣宗的宠妃"二奶"孙氏。那么朱祁镇到底是不是由孙氏所生的？对于这样的问题，可能有读者朋友要发笑：这有什么可疑问的，即使是600年后的今天，满大街的"小姐"们都十分想得开地将贞操换成了人民币或极度的快感了，但她们与自身所产的子女之间的关系还是十分清楚的，只会不知其父，不可能不知其母。不过，600年前的大明宫中的那段非常肉欲情爱史，恰恰颠覆了今日人们的常规概念。

○ "正统"龙种的不正统产地——明英宗至死才知，"我妈"原来不是我妈

明英宗、宪宗时期的文人笔记《寓圃杂记》和清人撰写的《明史》《明史稿》《罪惟录》等都记载说：朱祁镇的父亲明宣宗的原配皇后不是孙氏，而是大臣胡荣的三女儿胡善祥，即明代官史上所说的胡氏。就最初的地位而言，胡氏为宣宗皇后，美女孙氏为贵妃，地位低于胡皇后，两人与共用老公朱瞻基结婚后再怎么努力，就是没

法生出儿子来。与胡皇后相比，孙贵妃不仅入宫早，人也长得漂亮，且还心眼多，看到自己日日夜夜与姐妹们共用的老公加班加点地拼命干，到头来还是一个"孙白劳"，她就开始不断地活动心眼。听说宫中有个"美眉"被宣宗皇帝偶尔临幸了一下有了"喜"，孙氏就与心腹宦官和宫人开始密谋，然后对外宣称自己也怀上了，按照时间的推算，每过一段时间给自己肚子上多包裹一些衣服。等到了那个宫女哇哇叫着要生产了，孙氏也来个依葫芦画瓢，在贴身宫女和宦官的协助下，将那"美眉"生的男孩抱到自己身边，随后便对外报喜。(【明】王锜：《寓圃杂记·胡皇后》卷1；【清】万斯同：《明史稿·列传一》；【清】查继佐：《罪惟录·列传二》)

听到自己心爱的美女"二奶""生"了儿子，宣德帝可高兴透了，这是一件双赢的事情，儿子是自己的血脉，只不过从这个娘身边抱到了另一个"娘"身边，怎么说都是俺老朱家的种子；对于孙贵妃来说，那可更划算了，现成"捡"了个儿子，这就是后来的明英宗朱祁镇。至于那个"倒霉蛋""美眉"不仅白吃10月怀胎之苦，就连自己的小命也给人搞没了，谁叫她没名位，谁叫她那么倒霉的！这种事在最高统治阶层中时常会发生，也是最大的秘密和政治！自此以后再也没有谁弄得清楚皇长子朱祁镇的真正生母，孙贵妃与丈夫朱瞻基装聋作哑了一辈子，直至死都没泄露半点秘密。(《明史·后妃一·宣宗孝恭孙皇后传》卷113)

再说孙贵妃自从"生"了朱祁镇后，"眷宠日重"(【清】万斯同：《明史稿·列传一》；《明史·后妃一·宣宗孝恭孙皇后传》卷113)，最终取代了皇后胡善祥的地位，成为大明后宫的女主人。

好儿媳无辜遭斥，孙儿从这宫搬到了那宫，妖艳宠妃孙氏愈发受宠……自家"活宝"儿子、儿媳上演的一出出闹剧，当时的皇太后张氏即前章提到的仁宗皇帝正妻张氏对此是心知肚明的。不过她更清楚自家皇帝儿子的个性与处事风格——他拿定主意要做的事情谁也阻挡不了。只要他做得不过头的话，年轻时就"操妇道至谨"的张太后是不会与自己皇帝儿子过不去的。只可怜原皇后胡善祥那么贤惠善良却无辜被废，年纪轻轻地就被封为了"仙师"，守起了"活寡"，婆婆张太后每每想起就要为她叫屈啊！后来终于想到了一招，令人将"胡仙师"叫来，让她与自己同吃同住于清宁宫。

就形式而言,被废的胡皇后几乎享受到了比皇后孙氏地位更高的皇太后的待遇。不仅如此,张太后每逢朝廷宴会,必定要"胡仙师"坐在新皇后孙氏之上。一旦落座,婆媳之间说笑不断,恩礼甚笃,弄得艳后孙氏常常怏怏不乐。明英宗登基后,张太后升格为太皇太后,艳后孙氏也因此升格为皇太后。颇识时势的"胡仙师"自此而始愈发小心谨慎,"每事谦让,不敢居孙之右"。正统七年(1442),太皇太后张氏驾崩,六宫中凡有位号的皇帝性伴侣都要按照一定的次序和礼仪出来祭奠。"胡仙师"胡善祥尽管老早就被废了,但她毕竟是宣宗帝的原配,至少也应与孙太后同垺,可她就是不敢,只是与宫中嫔妃同列。孙太后知道后很为不爽,就怕自己因此而遭人谴责,于是就去劝说"胡仙师"。可"胡仙师"任凭你说啥也不肯出来与孙太后一同祭奠,而且每听一回孙太后虚情假意的劝说,她就想起真心待自己的好婆婆说走就走了,便止不住恸哭起来。由于伤心过度,没过多久,"胡仙师"也步好婆婆张太后之后尘而去了。(【明】王锜:《寓圃杂记·胡皇后》卷1;《明史·后妃一·宣宗恭让胡皇后传》卷113;《明英宗实录》卷111)

"胡仙师"死了,原本的情敌、后来的"败将"就这样不经意地走掉了,这对于孙太后来说无论如何也算不上什么事,抑或是件好事情,免得日后产生出意想不到的麻烦。不过麻烦恰恰发生在老情敌死去这件事情上,孙太后心里清楚:老情敌年轻时与自己共用一夫,曾经还爬到自己的头顶上,当过这大明帝国的第一女主人。现在她死了,按照礼仪或许应该就以皇后礼仪出殡下葬。若是,她到了阴间里就能与已经仙逝的宣宗皇帝"同室合眠"了,而我孙太后又算作什么呢?百年后又能葬到何处为好呢?但要是不按照规制处置"胡仙师"的身后事,会不会招致世人的非议与责骂——堂堂一国之母,竟然与死人都过不去?想到这些,孙太后顿时就没了主意,随即传话,让朝廷内阁和部院大臣商议"胡仙师"的治丧之事。

前文已述,经过明初数朝的绝对君主专制主义的驯化,大明朝廷上下"犬儒"云集,有的是对"伟大君主""英明领袖"的无限忠诚和忠心,缺的就是自身的主心骨与脊梁。孙太后一发话,众大臣顿时就没了主意。大家七嘴八舌说了一大阵,最终还是觉得应该去问问领头羊、内阁首席辅臣杨士奇。杨士奇那时身体很不好,正卧病在床,不过脑子还很清醒,听完众同僚所问问题后,当即回答说:"这样的事情还用多说吗?对于胡氏应该以皇后之礼入殓,下葬景陵,与宣宗皇帝合葬一处啊!"众人听后面面相觑,有人直言相告:"先生所言恐非合当今宫中皇太后之意!"听到这话,杨士奇顿时就来气了,随即将脸转了过去,面对墙壁长久不语,最后冒出一句:"你们如果要依着中宫之意做的话,恐怕免不了要遭受后世唾骂!"众大臣没接受杨士奇的意见,终以妃嫔之礼下葬"胡仙师"于金山。

【明】王锜:《寓圃杂记·胡皇后》卷1;《明史·后妃一·宣宗恭让胡皇后传》卷113)

十多年后的天顺六年(1462),孙太后殡天,明"英宗尚不知己非孙所出,惟皇后钱氏知其详,亦不言。八年(1464),英宗大渐,后泣诉曰:'皇上非孙太后所生,实宫人之子,死于非命,久无称号。胡皇后贤而无罪,废为仙姑。其死也,人畏孙太后,殓葬皆不如礼。胡后位未复,惟皇上念之。'英宗始悟,卒如其言,遗命大行尊崇之典"。(【明】王锜:《寓圃杂记·胡皇后》卷1)。

○ "天质秀杰"的龙仔朱祁镇"从天而降",生后三月不到被立为皇太子

上述有关明英宗究竟产于"何地"之问题在今人看来意义不大,但在那个年代里却不这样。按照传统的规制,继承皇位的必须首先是皇帝家的嫡长子,而所谓的皇帝家嫡长子就是明媒正娶的皇帝正妻皇后所生的长子,这就是传统社会里人们常说的"子以母贵";但有时皇后与她的皇帝老公再怎么"革命加拼命",没日没夜地死命干活,就是不见龙种"破土而出"。恰恰是皇帝老爷的一时性起,就如动物园里的公兽看中了一只令其心旷神迷的母兽瞬时冲动了一下,不曾想到被临幸的"母兽"——嫔妃或宫女却偏偏有喜了,在不期而至的皇长子诞生后,将其确立为皇太子,而后改立其生母为皇后,这叫"母以子贵"。大明宣德年间明宣宗朱瞻基"宠艳妃而废元妃"之经过就是很好的历史诠释。不过从朱瞻基的长子朱祁镇角度来说,因为皇后母亲——嫡母无子所出,所以他的恰逢其时与"恰逢其地"的出世更使他自身具有浓厚的正统性和显贵的优越性。

第2章 少帝错爱 阉竖大害

朱祁镇出生的显贵优越性不仅仅表露在他诞生在一个以红巾军起家、以无数血色杀戮为背景的"红彤彤"帝国第一家族内，而且还反映在他一来到这个世上就开始沐浴到无限幸福的帝国"圣君盛世"之阳光雨露。

宣德二年（1427）丁未十一月十一日这一天，秋阳高照，对于大明君主无限忠诚的大明臣僚们惊喜地发现：耀眼的阳光下居然出现了难得一见的五色祥云。就因为有了这五色祥云，大明帝国的太阳光也变成了瑞祥之光，照在了全国人民争先恐后都想前来朝觐的神圣殿堂——大明皇宫殿陛上。这是千百年来难得的"盛世"之象，习惯于台阁体创作的大明臣僚们马上开始搜肠刮肚地寻找最美的词语来歌颂当今圣上。忽然间，从皇宫里头传来了喜报：大明帝国臣民们翘首以盼的皇长子诞生了！是啊，这是一个多么振奋人心的消息啊！大臣们刚听完喜报，就不约而同地朝着大殿正北方的宣德皇帝作揖祝贺。只见那朱瞻基依然一脸的严肃，除了敷衍性地应答"同贺，同贺！"外，并没有露出乐不可支的失态，而他的内心却似翻江倒海：自永乐十五年（1417）大婚起，到现在宣德二年（1427），整整10年了，自己没日没夜地在自家的田地里拼命地劳作、耕耘，而今终于有了了爱的果子之收获！想到这里，朱瞻基捋着满脸络腮胡子，对于自身异常发达的荷尔蒙更是充满了极度的自信，狂喜之情一时无以言表，随即又想到降诏天下，普天同庆。其诏曰："阳德初复长子肇生，因大赦天下，盖皇朝列圣在先者，皆生于潜邸，惟上生于宣宗皇帝御极后，天下闻之莫不欣忭，曰：'此真吾主也。'是以出世之日，即蒙庆泽及我苍生爱戴之念，已旁洽于无外矣。"（《明英宗实录》卷1）

再说这个新降生的龙子确实也非同寻常，"天质秀杰，龙颜魁硕，迥异常伦"，这倒没有什么溢美之辞，从流传至今的明英宗画像来看，他可能是明朝前期列帝中长得最为英俊的一个，完全可以称得上是个"大帅哥"。"大帅哥"朱祁镇不仅貌俊，而且头还特别大，一般的帽子、头巾戴到他头上都嫌小，当然对于大明第一人家来说，这样的事非但不是麻烦与累赘，反倒表明天生龙种，超乎寻常。龙种播撒者即当朝天子朱瞻基听说后更是心花怒放，乐不胜收。在他看来，盼望已久的龙子的降生不仅是宗祧绵延，更主要是国祚

133

永享的希望和保障,于是在龙子出生后百日都不到的宣德三年(1428)二月初六日,他下令举行隆重的仪式,将襁褓中的朱祁镇册立为皇太子。(《明英宗实录》卷1;《明史·宣宗本纪》卷9)随后为了褒扬小龙子"生母"孙贵妃"生育"有功,于宣德三年三月即册立皇太子后的第二个月,朱瞻基废了自己的原配"大奶"胡皇后,令其移居长安宫,赐号"静慈仙师",改立青梅竹马的老相好、艳妃孙氏为大明皇后。(《明史·后妃一》卷113)

速立太子,宠幸艳后,明宣宗所做的这些还仅仅是开了个头。自从有了皇子朱祁镇,一向极其讲究品位的风流天子朱瞻基干起了一些下人们的活儿,抱起自己的心肝宝贝,时不时地逗他咯咯笑,也时不时地让他尿尿,舐犊之情,无以复加。等孩子稍稍长大了一点,会说话了,朱瞻基就将他带到外朝大殿,抱坐在自己的膝盖上,并当着大臣们的面直接进行父子对话。明宣宗问:"宝贝,你长大了,当天子后能使天下太平吗?"小朱祁镇回答:"能!"明宣宗又问:"他日若有人干犯纲纪国法、制造社会不安,你敢亲率朝廷六师前去讨伐吗?"小朱祁镇又清脆地回答:"敢!"说话之间,"音响洪亮,神采英毅,无所疑虑"。见到皇太子小小年纪这等"英武刚毅",明宣宗顿时大喜,随即解下自己身上的龙袍宝带,将它们加盖在小朱祁镇的身上,而后又把他放置在自己的九龙椅上。虽说这是一出看似逗孩儿玩的游戏,但在一向具有很高政治觉悟的中国人看来:岂止游戏,简直就是当今大明帝国的最大政治——明宣宗在告诉大臣们:"他就是朕百年以后的正统天子,一个合格的帝国君主,自古英雄出少年啊!"对此,在极端专制主义熏陶下生活了几十年的大明朝臣岂会不懂这些,他们赶紧顺着皇帝放出的竿子爬啊!一时间朝堂上所有的大臣一一跪下,然后齐声高呼:"皇上,万岁!皇太子,千岁!"(《明英宗实录》卷1)

过了几天,明宣宗因有事要找首席阁臣杨士奇谈话。杨士奇来到文华殿时,皇帝朱瞻基已坐等在那里。因为君臣之间关系十分融洽,明宣宗一见到杨士奇就直接谈事了。谈着谈着朱瞻基的内心开始跑题了,他想起了自己的宝贝疙瘩,于是令人将小朱祁镇抱出来,与当今大明首席阁臣杨爷爷见个面。杨爷爷杨士奇可是个见过大世面的人,历经建文、永乐、洪熙和宣德四朝,阅人无数,不过这回他可真算是开了眼,见了"龙颅魁硕"的小朱祁镇,就激动得热泪盈眶,当即说道:"《书经》里称赞商汤之勇智,周武王之聪明,皆本于天生。老臣愚蠢,这么多年来一直都没有认识到这类话的真正含义。今天目睹了太子天颜,终于开始相信古人所说的都是真的。陛下有这样的好太子,实乃我大明宗室社稷之福,也是我们国家的未来希望之所在啊!"说完,杨士奇就不停地顿首称贺。(《明英宗实录》卷1)

● 锦衣玉食的童年"仙境"与大明第一家庭父母教育的缺失

尽管"盛世"君臣上下都喜爱甚至可以说是溺爱皇太子朱祁镇,但对于自小在皇爷爷朱棣直接调教下长大的皇帝朱瞻基来说或许更清楚这样的道理:教育要从娃娃抓起!而今自家的宝贝疙瘩不仅会说会走,且初长成了,但再多的爱都比不上适时教育的重要!也亏得自家皇爷爷朱棣有了"一大发现"——培育文化太监,让他们在内廷里直接替皇帝干"私活"。从小就是机灵鬼的朱瞻基深刻领悟祖宗的"良法美意":自身体内荷尔蒙发达,宫中美女又多,干这种活,多忙多累啊!没办法,批阅章疏的活儿就让文化太监们去干了——明朝宦官开始执掌批红权。还有眼下宝贝疙瘩的教育,本该由做父皇的他自己通过言传身教来进行和完成,可宣德帝宫中的温柔乡实在太多、太甜美了,一时半会儿说也说不完其中的惬意与舒适,于是教育幼年皇太子的活儿也只好交由宫中近侍宦官去干了。据说明宣宗曾命令几个近侍专门从事对朱祁镇进行启蒙教育的工作,包括儒家经书教学。而在这些从事教育皇太子的近侍中,很有可能就有后来权倾朝野的大珰王振。每当这些近侍"先生"读讲到关键的地方,小皇太子的喜怒哀乐一下子就写在脸上。近侍"先生"得看清楚,必须陪着这小祖宗开心。其实,朱祁镇的幼年与普通孩童没什么两样,用两个字来概括,就是"贪玩"。不过他在玩的时候常常会在人不经意间狠狠地瞥一下四周,要是发现近侍"先生"有劝诫他的意图时,他会怒视着,眼睛里发出烨然有威的光芒,让站在他身边的人浑身不寒而栗,并有可能再也挪不动自己的步子了。(《明英宗实录》卷1)

以上这些是目前为止我们所能掌握到的朱祁镇幼年学习与生活的最早史料。按照明代官史的说法，那时的朱祁镇还是个幼童，一个幼童能学习在今日成年人读起来都会头大的儒家经书？想必也就是听听近侍"先生"的说书罢了。倒是官史在一定程度上为我们展示了幼年明英宗自命不凡、傲慢一切和懒学贪玩等个性特征。

其实朱祁镇的这些特别个性不是与生俱来的，他诞生于大明第一人家，父亲是大明帝国第一人，所谓"母亲"是宫中女主人，他在出生的百日之内就被封为了皇太子。皇太子就是帝国上下除了皇帝、皇后外最为显贵之人。锦衣玉食不消说了，饭来张口、衣来伸手也不用讲了，那时的皇太子朱祁镇还接受着宫廷内外的千宠万爱，上有父皇疼母后爱，下有千万个犬奴近侍随时听命服务，实际上他是大明无冕之皇帝啊！由此而言，日积月累自然而然地养成了他颐指气使、目空一切的习性。至于真正的启蒙学习与教育，虽说有近侍"先生"忙乎着，但这些人都是奴才，哪个敢管教大明无冕之皇帝啊！俗话说得好：父母是儿女最好的老师，可朱祁镇的父亲朱瞻基却几乎是个美女色欲嗜好者。正因为如此，他纵欲无度，造成了婚后十年无子；也正因为有着这等嗜好，他最终还是将小命搭在了美女身上。因此说，宣宗年间朱瞻基确实很忙，宫中有着实在太多太多的自留地等待他去耕耘，偶尔空下来他还要上北疆去溜达溜达，寻找当年皇爷爷太宗皇帝朱棣亲征巡边的感觉。即使在宫中朝会之余的短暂闲暇，他还有作诗、绘画等类的雅兴，哪有什么心思和性子去教育那"狗都嫌"的顽童孺子？

还有一个能够震住且应该好好教育朱祁镇的人，她就是所谓"生母"孙皇后。孙皇后从小就是个美人胚子（《明史·后妃一·宣宗孝恭孙皇后传》卷113），长大了自然不必说，否则阅女无数的明宣宗怎么会那么死心眼一条道跑到底、冒着被人骂为昏君之大不韪而废元妃立艳妃呢？其实，如果你仔细观察的话或许会发现，大凡漂亮女人或自认为漂亮的女人几乎都有一个共同的特征：那就是特别在乎自己的容貌，即今人常说的喜欢"臭美"，总希望天下人个个都说她是天下第一美人。她会将自己所有的精力与心血都用在打扮上，至于子女教育等类的事情那就随心所欲了。由此，古代中国人形成了独特的"美女认识论"：女子无才便是德【清】张岱：《公祭祁夫人文》)。纵然这话在今人看来有着诸多的不是,但理性而言也有几分道理。女人没有什么才气或没什么漂亮资本,只要知趣,她就会恪守自己的"本职"——相夫教子,这就是最大的德,也是最令人肃然起敬的德。"孟母三迁"造就了一位仅次于孔子的儒家"亚圣"、一代宗师,陶母"封坛退鲊"树立了为历代士大夫所仰慕的陶渊明"不为五斗米折腰"的清官气节,欧母"以荻画地"孕育了欧阳修"先天下之忧而忧,后天下之乐而乐"的民族与国家脊梁之魂,"岳母刺字"铸就了一员精忠报国的优秀军事统帅——岳飞……

孟母、陶母、欧母和岳母或许都没有漂亮的外表,但她们的人格力量深深地影响了国家的脊梁,甚至是民族的进程。有这样美德的女人难道不美吗?可大明宣德皇帝的第二任皇后孙氏仅有外表的漂亮,内在没什么美德可言;或许她一门心思只知道炫美和博得皇帝老公的欢心,忽视和缺失了对"儿子"朱祁镇应有的早期教育与培养。

父母教育没到位,隔代的皇爷爷朱高炽早已谢世,活着的皇奶奶张太后是个"操妇道至谨"之人。在她看来,皇太孙朱祁镇是皇儿朱瞻基与艳后孙氏的"杰作",儿子、儿媳爱得死去活来,对孙儿呵护有加,唯恐不周,做皇奶奶的还要过多插手去管教吗?大可不必了!于是大明红色家族的正统皇太子在皇家无意识的父母第一教育忽视的情势下渐渐地长大。随即而来在当时看似特别重视但实际上对他并没多少正面效果的教育,就是正规的宫廷专门教育了。

● 正统朝十分重视的宫廷正统教育与昏童天子的贪玩懒学

正规的宫廷专门教育最为主要的形式就是经筵进讲。经筵是指汉唐以来为帝王讲论经史而特设的御前讲席,经筵进讲说得白一点,就是朝廷专门为皇帝开设的正统教育制度或言皇帝、皇太子进学的主要方式。担任此类教育的教官一般来说往往是朝廷重臣或言学识渊博的硕儒大臣,他们以儒家经典或治国之道讲授给皇帝、皇太子。这样的特殊宫廷教育与普通传统教育有所不同的是,由于教授的对象很特别,作为教师的经筵讲读官在进行教学时不再是一味地满堂灌,而是与特殊学生相互讲明经义,论辩政事。但要是碰到皇帝或皇太子年幼,那还是以老师讲读为主。而大明正统初年英宗冲龄即位,所需要的正是这种教育。

为了能把冲龄天子培养成传统儒家理想中的一代圣君,辅政五大臣殚精竭虑甚至绞尽脑汁。就在明英宗登基没多久,少傅、兵部尚书兼华盖殿大学士杨士奇,少傅、工部尚书兼谨身殿大学士杨荣,礼部尚书兼翰林院学士杨溥等联名进疏上言,请求早开经筵:"伏惟皇上肇登宝位,上以继承列圣,下以统御万邦。然其根本在致力于圣学。自古圣贤之君,未有不由讲学而能致治者也。《书》曰王人求多闻,时惟建事学于古训,乃有获。又曰仆臣正,厥后克正。仆臣谀,厥后自圣后德,惟臣不德。惟臣由是观之,凡经筵讲读之官,左右侍从之人,必皆选正人用之,君德庶有成也。"(《明英宗实录》卷14)

辅政大臣们说了,之所以要求速开经筵就是为了让冲龄天子致力于儒家圣学学习,以期其成为一位有道圣君,进而达到天下大治之目的。这里特别强调了少年天子应该更多地接受正人君子的影响,因而提出了经筵官和进学过程中左右侍从都应该以正人君子来充任。问题是自古以来,人们概念中的君子与小人向来没有十分明确的定义与界定,更没有谁将这类定性写在脸上,所以要想一下子很好地区别君子与小人还真不容易。对于那时还只有9岁的娃娃明英宗来说,除了吃玩,能做到的就是基本上无意识地沿袭宫廷里的习惯做法,于是他"命太师英国公张辅等推举讲读官以闻",随后于正统元年(1436)二月"赐敕谕以(张)辅知经筵事,(杨)士奇、(杨)荣、(杨)溥同知经筵事,少詹事兼侍读学士王直,少詹事兼侍讲学士王英,侍读学士李时勉、钱习礼侍讲,学士陈循,侍读苗衷,侍讲高谷,修撰马愉、曹鼐兼经筵官,翰林、春坊等衙门儒臣分值侍讲。又以太子太保、成国公朱勇,少保兼工部尚书吴中,吏部尚书郭琎,礼部尚书胡濙,兵部尚书王骥,刑部尚书魏源,都察院右都御史顾佐侍班"(《明英宗实录》卷14)。

从上述一大堆人名来看,正统时期从事经筵活动的是那时的朝中重要辅政大臣。不说别的,仅看一眼那么多的人名,或许就会让人感觉要头晕。更有,一个9岁的小娃娃要跟这么多的老爷爷学习,他学得过来吗?就像当今由特殊材料所组成的某些"人民公仆"和"老总"们攻读在职硕士、博士那样,学的科目五花八门,导师个个都是名师,文凭全是金灿灿的,至于学到了什么?其中的水分有多少?只有天知道了。皇帝,九五之尊,那就更不用说了,天生就是天下第一人,有谁敢怀疑他能不能学得来?又有谁敢怀疑他能不能学好?明代官方已定性:英宗皇帝"圣性之天然"(《明英宗实录》卷1)。既然如此,做大臣的就应该在职责范围内发挥好自己的作用了。

正统元年(1436)二月丙辰日,行在礼部尚书胡濙等进经筵仪注。该仪注规定:自正统元年二月起,除盛夏与严冬外,每月的初二、十二和二十二日为皇帝的进学日子,风雨无阻。进学那一天,皇帝在奉天门御朝结束后,由大臣们陪同来到文华殿开始学习。学习内容为《大学》与《尚书》,经筵官即讲课老师根据这两书事先做备课准备——书写和编撰讲义,在皇帝进学的前一天是由宫廷内官放置在皇帝的御座与讲课大臣的案上。皇帝的读书经过是这样的:"先读书,次读经,或读史,每伴读十数遍后,讲官直说大义,惟在明白易晓。讲读后侍书官侍上习书(即学习书法),毕各官叩头退。"(《明英宗实录》卷14)这样的学习活动一直进行了近10年,直到"三杨"去世都不曾停止过。

那么明英宗少年时代的这种专门的正规教育效果如何呢?

我们从两个方面来分析:一方面从教学内容来看,主要教学内容为《大学》和《尚书》。《大学》原为《礼记》第四十二篇,并不单独成书,是宋儒将其划出;且其原来也不分章节,是南宋朱熹按内容将其分为经一章,传十章,从此以后就成为中国传统儒家经典《四书》之一,且位居其首。《大学》撰成于战国末期至西汉之间,距离明代已有1600多年,时隔已久,加上其阐述的主要内容为"格物""致知""诚意""正心"和"齐家""治国""平天下",有人将其演绎为三纲领与八条目理论。而所谓的三纲领与八条目又可解释为"内圣外王",内圣强调的是自身内在修养,外王则是指对外界的管理与行动。一句话,这是从形而上到形而上的学习内容,对于儿童的启蒙教育或言早期教育怎么说都不是很适合的。

再说《尚书》,《尚书》是中国第一部上古历史文件和部分追述古代事迹著作的汇编,其分为《虞书》《夏书》《商书》《周书》等,都是些"上古之书",故名为《尚书》。《尚书》在古代属于"五经"之一,也是当时人们的必读之书,虽然内载古代帝王的文告和君臣谈话记录及那时期的天文、地理、哲学、思想、教育、刑法和典章制度等方面的内容,但它大体成书于先秦时代,距离明朝已约有2 000年。这些很久很久以前发生的事情和诸多难记、难懂的异体字、通假字,对于少年儿童的启蒙能不能真正起作用,都是很难说清楚的事情。

另一方面从教学对象来看,尽管明代官书对明英宗的天资充满了溢美之词,但从实际来看,大明朝这第6位天子各个方面才能与天赋至多只能说是一般般。与其他儿童没有什么两样的是,他十分贪玩,父皇"宣宗皇帝命近侍以经书劝上读讲,辄喜动颜色至,或以玩好奉之,若不经意然,居常顾盼之际,烨然有威,立其侧者,皆若上旁睨之,不敢稍怠肆也"(《明英宗实录》卷1)。明宣宗在世时,昏童朱祁镇尚且敢不好好学,一旦父皇朱瞻基死了,正值"狗都嫌"年龄的明英宗就更不可能潜心于书本了。加上经筵官都是满口"之乎者也"且一脸正经的60~70岁老爷爷,代际之间的交流不畅和不适合年龄的知识文化教育使得明英宗的早期正规教育收效甚微,甚至在他的内心产生了对经筵教育的逆反心理。相比之下,先前父皇明宣宗在世时给他配备的"宫廷近侍教育"反倒成了他的牵挂或言喜爱。

● 混账"盛世圣君"为后代子孙培植好"癌症"病毒——设立内书堂

"宫廷近侍教育"通俗地说就是宫廷宦官教育,在明初还没有,确切而言,非但没有,而且还是大明皇家老祖宗绝对禁止的。明太祖朱元璋和建文帝朱允炆都很有远见,绝对禁止宦官干政,明确规定"内侍毋许识字"(《明史·职官三》卷74)。

但明初的祖制到了自称为高皇帝"好儿子"、篡位皇帝朱棣上台后就开始大加破坏。明成祖不仅将洪武定制的原由外廷吏部管辖的内监二十四衙门改为了直接听命于内廷宦官的首脑机构司礼监,使其独立成系统,而且还极为重用宦官,派遣他们出使、专征、监军、分镇、刺察,更为混账的是这个被人美誉为"盛世圣君"的魔主居然还"听选教官入内教习之(指内侍)"(【清】夏燮:《明通鉴》卷19)。这就首开了宦官读书识字之禁,实际上为后来宦官干政铺平了道路。等到他的好皇孙朱瞻基上台后的一周年,即宣德元年(1426)七月时,皇帝竟然在宫廷中堂而皇之地特设内书堂,任命行在刑部陕西清吏司主事刘翀为行在翰林院修撰,"专授小内使书"(《明宣宗实录》卷19)。由此大明培育内廷领导干部"文化太监"的摇篮——大明内书堂教育进入了制度化、常规化阶段。那么通过这样的内廷特殊教育,宣德朝究竟拥有了多少个文化太监呢?《明实录》《明史》均未载确切数字,夏燮在《明通鉴》中说:"至是开书堂于内府,改刑部主事刘翀为翰林修撰,专授小内使书,选内使年十岁上下者二三百人读书其中。"(【清】夏燮:《明通鉴·宣宗宣德元年》卷19,纪19,第2册,P803)刘翀首任内书堂讲习,就教授了200~300个小宦官,后来又有陈山、郑雍言等四五批老师来内书堂任教职,以此类推,整个宣德年间总共培养文化太监可能就有1500人次。(详见笔者《大明帝国》系列之⑨《洪熙、宣德帝卷》上册,东南大学出版社,2014年1月第1版)真可谓蔚为壮观,奇特无比。

更为奇特的是永宣时代还开始出现了普通学官入廷当教官的非常之事。什么,普通学官能进入内廷当教官,难道就不怕这些教官先生哪一天乘着皇帝老爷不注意,与宫中"美眉"来个偷欢?难道明皇宫里的独裁者"魔鬼"朱棣及其后代帝王们甘愿自戴绿帽子?

不是,这哪可能!这里边有个前提,那就是入廷当教官的"先生"必须要阉割,此制始于朱棣时代。

"永乐末,诏许学官考蒲,乏功绩者审有子嗣,顾自净身入宫中训女官辈。时有十余人,后独王振官至太监,正统初居中得宠,至张太后崩权倾中外。"(【明】黄溥:《闲中今古录摘抄》卷1)

明中期文臣严从简留下了相似的记载:"永乐末,诏许学官考满乏功绩者,审有子嗣,愿自净身,令入宫中训女官辈,时有十余人,后独王振官至太监,世莫知其由教职也。"(【明】严从简:《殊域周咨录》卷17)

明末清初学者查继佐则记录得更为详细：王振"始由儒士为教官，九年无功，当谪戍。诏有子者许净身入内，(王)振遂自宫以进，授宫人书，宫人呼王先生"(【清】查继佐：《罪惟录·王振》卷29下)。

上述史料大致是说，永乐末年，朱棣下诏，允许官学里教学考绩不合格又有自己子嗣的教官自宫净身，入内教授宫中女官和宫人。当时大约有10个教官为了免于谪戍和自己的远大前程，不要命地走上了这条"进取"之路，而只有一个叫王振的后来出了名。宫人们称他为"王先生"，乳臭未干的娃娃朱祁镇在宫人们的影响下也就跟着这般称呼他了。

● 非常师生非常感情：不简单的王先生与不成大器的昏童天子正统帝

王振，蔚州即河北蔚县人。按照《明史》的说法，宣德时期他被选入内书堂读书扫盲，后专侍皇太子朱祁镇。其实这种说法大有问题，《明实录》中对王振的记载早就有了：

宣德元年(1426)七月己亥条："左都御史刘观等奏，决强盗及杀人重囚七十人。上(指明宣宗)曰：'此固法不可宥者，尔等仍再审录。'观对曰：'已屡审录无冤，今应决。'上可之，既退，遣太监王振出谕观等曰：'适令所决囚，姑止即备录，所犯情罪进来，朕详阅之。'"(《明宣宗实录》卷19)

宣德九年(1434)八月庚辰条："上(仍是指明宣宗)将率师巡边，命武定侯郭玹、西宁侯宋瑛、广平侯袁祯、都督张升、李英掌行在五军都督府事，行在吏部尚书郭琎兼行在工部事、都察院右都御史熊概兼行在刑部事，敕之曰：'朕今率师巡边，特命尔等守北京小大之事，须措置得宜，遇有警急机务，同太监杨瑛等计议施行，仍遣人驰奏，务在详慎，不可偏执己见，怠慢忽略，庶副委任之重；命太监杨瑛、李德、王振、僧保、李和等提督皇城内外一应事务；命少师蹇义、少傅杨士奇、杨荣、礼部尚书胡濙、杨溥、工部尚书吴中等扈从。"(《明宣宗实录》卷112)

从上述两条史料来看，由教官出身的王振在宣德时期早已开始活跃于大明宫廷之中，只不过他在内廷宦官的排行可能还居于大太监杨瑛、李德等人之下。由此进一步说下去，若不是王振资格很老、且年长于朱祁镇的话，想必冲龄天子也不会那样称呼他为"先生"了。

综合永乐、宣德和正统三朝的实录及其他相关史料来看，尽管在教学士子应对科举考试方面的业绩不佳，但当年的王振已经到了不惜忍受无比巨大的肉体残害痛苦和人格屈辱的地步，下足了决心和狠心，"有为"到底，这才有了入宫当教官的"美差"。从中我们也不难看出：第一，永宣开始，不仅严抑宦官的"潘多拉魔盒"已被打开，而且大明最高统治者对于洪武、建文时代被定性为邪魔势力的代表——宦官的认知有了根本性的转变；第二，一个原本有着"积极有为"理想的官学教官王振居然能忍受常人所无法想象的痛苦，自愿被阉而得以入宫，由此可想此人实在不简单啊！

由于明初永乐、洪熙、宣德时期多数宦官仅能识字而不知文义，饱读诗书的教官先生王振来到宫中后一下子就凸显了出来，加上他生性聪明，所以很得明宣宗的喜欢。

据说宣德皇帝曾有一个十分宠爱的宦官"长随"叫刘宁，有一次明宣宗外出巡游，正要上马时一不小心将垫脚的胡床给踩踏断了，在旁的"长随"刘宁毫不犹豫地趴到地上，以身代床，让宣德帝踏其背上马（【清】查继佐：《罪惟录·王振》卷29下）。还有一次，明宣宗在北京皇宫西苑泛舟游艺，可能是由于情绪太激动了，一不小心将舟给弄翻了，刹那间堂堂大明天子成了落水狗暂且不说，在场的人个个都惊讶得目瞪口呆又手足无措。就在这生死一线间，只见刘宁毫不犹豫地跳入水中，使尽所有的力气，将皇帝扶掖出水，游到岸边。为此明宣宗十分感动，随后便任命刘宁掌司礼监。但不巧的是刘宁"不知书，上（宣德帝）命王振代笔"（【清】查继佐：《罪惟录·王振》卷29下）。

由此说来，王振进入内廷宦官二十四衙门的首席机构司礼监是不是很讨巧？其实也不能完全说是讨巧，聪明、狡黠加上办事很得体，这才使王振有别于其他没多少文化的宦官，让宣德皇帝刮目相看，于是就经常差遣他去办事。经常受命办理皇差，时间长了，王振就挤入了宦官行列的高层领导行列，接近大太监杨瑛、李德，与外廷内阁、部院大臣杨士奇、杨荣、胡濙、杨溥和塞义等也能说上

话了。(《明宣宗实录》卷112)

但即使这样,很有知识的文化太监王振并没有像明宣宗宠信的宦官袁琦、阮巨队和裴可烈等阉竖那般浅薄,而是表现得十分谨慎,确切地说很有城府。当目睹了宣德朝严惩不法宦官那血腥的一幕幕后,他更是注意潜下心来,做好本职工作,将自己包装得严严实实,以此来赢得朝廷内外对他的认可与肯定。

转眼之间宣德皇帝撒手尘寰驾鹤西去,冲龄天子登基即位。在这个新旧交替的微妙时期,王振一方面利用自己"侍英宗东宫"(《明史·宦官一·王振传》卷304)的有利条件,将昏童皇帝掌控在自己的手里;另一方面继续装出十分忠诚、谨慎的样子,竭力维系各方面的关系,尤其注意表现出对太皇太后张氏和以"三杨"为代表的辅政大臣极其恭敬的态度。因为他很清楚,太皇太后张氏是当下举足轻重的人物,万万不可得罪,"三杨"与张辅等朝廷权力阶层的重要人物也是轻慢不得的,于是要尽一切可能在他们这些人面前表现得更加中规中矩、得体到位,只有这样,才能赢得他们的好感,才能使自己有足够发展与活动的空间。而那时的大明帝国实际最高权力人物太皇太后张氏是个笃信佛教的老太太,她时常要走出紫禁城,上功德寺去参禅拜佛。对于虔诚的佛教徒来讲,拜佛得有很多的讲究,于是太皇太后张氏一去就是好几天,且她每次去的时候都要带上自己的宝贝孙子正统帝。这样一来,本该待在宫中接受知识教育的小皇帝在皇奶奶的带领下,优哉游哉地在外嬉戏游乐,对此大明朝臣们却并不以为然。王振看在眼里,找了个机会,嘱咐正统帝告诉他的奶奶:在后宫中设个佛堂,将庙里的佛像请回来,这样既可不出宫门又能参禅求福,两全其美。这事做成后,无论是太皇太后还是朝廷众臣都对王振产生了一定的好感。就小皇帝明英宗一人没了外出偷乐的机会,但9岁的孩童总能找到他喜欢的乐趣,即使在宫中也是如此。

据说当时明英宗酷爱踢球,这是中国古代一种特殊的足球运动,有点像现在的足球比赛,也要有好多人一起参加。明英宗喜爱上了这项活动后,常常会喊上宫中小内使,一玩就没个数,往往连吃饭都给忘了,更别提处理国事了。为此,朝廷大臣私下里议论纷纷,认为小皇帝这样玩有损于君德。王振听到后往往会赶到踢球现场,正玩在兴头上的小皇帝明英宗见到突然"冒出来"的王先生就立即停了下来,像知道犯错的普通孩子一样,两颊通红地傻站着。而王振却当场什么也不说,这样不仅震住了小皇帝,同时也给足了他面子。可到了第二天清晨,小皇帝上内阁后,王振却当着"三杨"等辅政大臣的面跪在小皇帝跟前,直谏道:"先皇帝(指明宣宗)为一毬(球)子几误天下,陛下复蹈其好,如社稷何?"意思是说:你爸爸因为喜爱踢球,几乎将天下大事给误了,陛下您承袭了您老爸的喜好,那我大明江山社稷将怎么办?一副忠君爱国的模样,直把小皇帝问得哑口无言和无地自容,连在场的"三杨"也为之叹服,说道:"宦官宁有是人!"(【清】夏燮:《明通鉴》卷21)

有一天,明英宗在吃饭时叫了个会吹箫的宦官作伴,即相当于我们现代人边吃饭边享受午餐音乐。哪知箫声随着风儿四处飘扬,小皇帝的先生王振循着箫声追了过来。有个小宦官听说后急急忙忙前来通风报信,吹箫宦官一听说是小皇帝的王先生来了,赶紧逃跑并躲了起来。只见王振边追边严斥:"谁叫你吹箫的呀?你服侍皇上,应当进献正言,谈论正事,以养圣德,怎么能用这类淫声之乐来迷惑皇上的呀!"随即他令人彻底搜寻吹箫者。当将其找出后,王振又命人对他施以杖刑二十。(【明】许浩:《复斋日记》卷上)

据说还有一次,有个负责给朱祁镇梳头的宦官乘着为主子服务的机会,向小皇帝讨个官做做。小杆子皇帝不假思索地授予他奉御之职,并随后漫不经心地把这件事情说给了他的王先生听。哪知刚说完,王先生王振脸上顿时露出了特别严肃的表情,随即告诫冲龄天子明英宗:"官职是用来赏给那些为我大明立过功的人,梳头为贱技微劳,即使他为皇上干得很好,充其量也就对他赏以金银布帛而已,怎么能随随便便地拿官职给人呢!"听到王先生的这席话,小皇帝的脸顿时如红纸一般,而后他下令,收回授予梳头宦官奉御的成命。(【明】许浩:《复斋日记》卷上)

不仅仅在口头上秀秀,王振还在实际行动中竭力表现出来自己的"精忠"和"恭敬"。每当领旨受命上内阁去办事时,他总是小心翼翼地站在阁外,一直要等到"三杨"出来招呼了,他才敢进去,以示其对辅政大臣的尊崇。因此说,正统即位之初,在已经被灌足了迷魂汤的"三杨"看来,由饱读儒家诗书又忠顺谨慎的太监王振

第 2 章 少帝错爱 阉竖大害

来服侍小皇帝是可以放心的。

那么当时的王振在宫里头究竟干什么工作？《明史》仅说他"侍英宗东宫"，不过从史料的话里话外意思来看，很可能他实际上担当了相当于我们现在社会里的家教老师或者说是小学老师的角色。明代文人笔记记载道："太监王振，代州人，有才识，能驱驾人，见知于宣庙（即明宣宗）。英庙（指明英宗朱祁镇）在东宫时，使事之，仍责之以授书授字。"（【明】许浩：《复斋日记》卷上）由此说来，小杆子朱祁镇称王振为"先生"也不为过也。那么他教小杆子朱祁镇教得到底怎么样？

虽然以前在官学教书生涯中，王振毫无政绩，但对待幼童的启蒙教育他却似乎很得要领。与那外朝一脸正经又满口"之乎者也"的经筵官"老爷爷"、老古板相比，王振似乎更多地注意"因材施教"与"因时制宜"，当着众人或大臣的面，他会以直谏的方式对小皇帝从严要求，这可称之为立威，即树立他个人的威望；而在大家不注意或不在场时，他则更多地对昏童朱祁镇施行"寓教于乐"，可称之为纵乐，即放纵甚至是唆使小皇帝游乐，当然这里所说的"乐"当指儿童喜爱的游戏一类活动。

明代文人笔记记载了这样一件事：宣德十年（1435）春，8岁的明英宗刚刚登基，朝廷大臣们正在讨论怎样给小皇帝开设经筵教育，王振就在冲龄天子面前大吹特吹将台阅武如何好玩，逗得朱祁镇心里痒痒的，于是小天子金口一开，满朝的文武大臣跟着他与王振王先生呼啦啦地全上朝阳门外的将台去观看射箭比赛了。观看射箭比赛在那时叫阅武将台，明宣宗时就有了，它有一套规整的比赛程序与规则。但宣德十年春天的这次阅武将台很大程度上是"即兴发挥"，乱哄哄的，没有真正按规则行事，却在最后弄出了比赛结果：已经暗中投靠王振麾下的隆庆右卫指挥佥事纪广得了第一名，小皇帝得报后按照王振王先生的示意，立即给纪广升职，让他由指挥佥事升为都指挥佥事。其实这个纪广没有什么才能可言，生性懦弱，政绩平平，他的高升无非是投靠了宦官王振的缘故，人们因此对他十分鄙薄。可王振不这么想，将一个听话的平庸者弄上去了，这就等于告诉人们：我是小皇帝的私人家教，连九五之尊的皇帝都喊我先生，且对我礼让三分，大家都拎清一点！（【明】黄瑜：《双

槐岁钞·阅武将台》卷5；【清】谷应泰：《明史纪事本末·王振用事》卷29）

上述这类皇家娱乐活动在今人看来无可厚非,但从那时的实际情况来说则不然。皇帝的老子死了,冲龄天子应留在宫中好好地守孝并读点书。可朱祁镇恰恰没做到,相反与王振一起带了文武大臣去观看军中将士阅武将台。这种活跃、刺激的户外活动在很大程度上满足了少年儿童的心理需求,于是王振由原本的正人君子似的东宫陪侍先生变成了可近可亲的儿童游戏玩乐朋友,自然会获得儿童皇帝朱祁镇的好感。类似的游戏活动次数一多,时间一长,既可畏又可"亲"的太监王振王先生越来越成为朱祁镇心目中不可或缺的人物。

但儿童毕竟是儿童,人们不是常说:童言无忌。其实何止童言,童行也是无忌的。而儿童的无忌说到底就是时不时地游离了成人理性之言之行,也就是时不时地游离了当时的某些规范与礼仪。每当这样的情形出现时,近侍王振王先生会出来劝谕朱祁镇:身为天子总要表现出天子的样,在臣下面前要摆出威严的姿势,遇事不能露出惊慌,要表现得沉得住气,云云。这样日积月累的灌输,并不是一无是处,至少让明英宗懂得了不少正规的礼仪与得体的举止。正统十四年(1449)土木堡之变突发,朱祁镇在遭受灭顶之灾时居然席地盘坐,不失天子之态,想必这样的措置与他早期接受的教育有着很大的关系。也正因为王振竭尽全力地与朝廷中央第一人保持高度的一致,因而其甚得冲龄天子明英宗的欢心。于是人们看到,与宣德朝一路过来的老牌太监金英、李德等人相比,他迅速地成为昏童正统帝心目中的"最爱"。史料说:"帝(明英宗)方倾心向振,尝以先生呼之。"在小皇帝登基之初即尚未改元时,王振便"越金英等数人掌司礼监"(《明史·宦官一·王振传》卷304)。

金英与范弘是宣德时期最为得宠的两个太监,"金英者,宣宗朝司礼太监也,亲信用事。宣德七年(宣宗)赐英及范弘免死诏,辞极褒美。英宗立,与兴安并贵幸"(《明史·宦官一·金英附兴安、范弘传》卷304)。因此说,与太监老前辈金英、范弘和兴安等相比,尽管早过而立之年的王振在宦官群里还是属于后来者,但这个后来者还真不能小觑。一来他阴险毒辣,诡计多多,整起人来往往自己不出面,却又能达到目的。要是你与他相处一不留意的话,很可能被他卖了还会帮他数钱。二来他与冲龄天子的关系非同一般。朱祁镇打小起就是在王振的陪伴下玩大的,你看小皇帝见了王振,口口声声喊"王先生",那亲热劲,别提两人关系有多好了。屡经大风大浪的司礼监大太监金英识趣地告退,将位子让了出来;另一个司礼监大太监范弘虽说反应没这么快,但在正统改元之际,也让明英宗封为了"蓬莱吉士"(《明史·宦官一·金英附兴安、范弘传》卷304),由管事太监"内退二线"。这样一来,在明英宗上台没多久,明廷内官系统的最高权力机构司礼监的头把交椅在毫不费力的情势下,让一个与学生皇帝有着非同寻常关系的"后来之秀"给占了。

● "活宝"师生,慑服大臣

掌控内廷大权后,王振就开始盘算着如何向外廷渗透他的势力。前文已述,外廷在宣德、正统交替之际主要是由"三杨"、张辅和胡濙等前朝老臣掌控着,他们的总后台是明英宗的皇奶奶张太皇太后,这是一位历经风雨且能把控得住大局的老太太,面对皇儿先己而逝的不堪局面,她遵循后宫不干涉政事的祖制,毅然委政于"三杨"等老臣。而这些老臣恰恰是明成祖系统久经考验的"贤臣",甚至有人将"三杨"称为"贤相"(《明史·杨士奇、杨荣、杨溥传》卷148)。是否真是贤相,我们暂且不论,单说以"三杨"为代表的老臣多年在朝,娴熟朝廷政事,又曾经历了大明的永乐之世和"仁宣之治",有着丰富的治政经验,哪是内廷后起之秀王振所能望其项背的,或者说根本没有他多大的说话余地。

● 正统之初起,皇帝朱祁镇对太监王振佩服得五体投地,这是为何?

既然明的根本没有多大的说话余地,就来暗的一手。小皇帝明英宗是由自己一手"调教"出来的,王振十分清楚"奇货可居",不断地在冲龄天子身上下工夫,做文章。对此,身居内廷清宁宫的张太皇太后不久就听到了风言风语。有一天,她来到便殿,令人将英国公张辅,大学士杨士奇、杨荣、杨溥,尚书胡濙等五人一起叫上。

等五位辅政大臣一一到齐时,9岁的儿童天子明英宗早已面东侧立在皇奶奶的身旁。就在这时,司礼监太监王振也被叫到了现场,见到场面严肃、紧张,他大气都不敢喘,更别说是与众大臣一般站着呐,就像条狗一样趴着。张皇太后见之,脸色顿时大变,大声说道:"你这个狗奴才,听说你侍候当今皇上很不规矩。今日将你找来,当着众大臣与皇上的面赐死你。"她刚说完,宫中女官们已将刀架到了王振的脖子上。这时空气凝固的大殿上只听得"噗通!噗通!"的磕头声,昔日神气活现的大太监王振头如鸡啄米似地不停磕着,口口声声求饶,并发誓赌咒,保证以后不再引诱儿童皇帝胡作非为。再说此时的娃娃天子正统帝也给吓坏了,看到自己喜爱的"王先生"这般可怜兮兮地跪地求饶,他也跟着一起下跪。皇帝都下跪了,众大臣见此情景不能不有所反应啊,于是大家一起跪了下来,众口一词:请求太皇太后这回饶了儿童皇帝明英宗的"启蒙老师"王先生。太皇太后张氏原本要的就是这样的效果,于是乘势说道:"当今天子年少,哪能懂得这般阉竖祸国害人啊!今天我看在皇上和众大臣的面上暂且饶了你王振不死,但我要告诉你,如果以后你再干涉国事,定斩不饶!"(【清】谷应泰:《明史纪事本末·王振用事》卷29)

这是清初学者在编撰明代史书时演绎的一段故事,故事很生动、也很惊悚,但真实性值得怀疑。以当时王振的资历而言,他既不像老牌太监金英、范弘和王瑾那般是先帝非常宠信的内廷近侍,也不像"三杨"、张辅和胡濙一般是与朱高炽、朱瞻基父子一起屡经惊涛骇浪且能同舟共济的铁杆忠臣,说得白一点,他充其量不过是宣德时期被牵入大明宫中的一条聪明狗,经由非常路径占据大明内廷的高位。因此说,在以张太皇太后为首的朝廷核心势力看来,其地位是微不足道的。若真想要除掉王振,就凭她太皇太后一道懿诏,将他打发到南京明孝陵去守墓或上龙江去种菜,就足够可以了,或直接将这狗奴才杀了了事,大可不必这样小题大做。再从张太皇太后的一贯为人处世风格来看,她是个严格恪守祖宗先例的人,凡事绝不会瞎来。所以说谷应泰书中的这段故事很可能来自民间野史,而非历史上真有此事。谷氏的《明史纪事本末》成书于《明史》之前,没有官方当局那么多的忌讳,这正是该书的可贵之

第2章 少帝错爱 阉竖大害

处。但它同样也存在问题，譬如取材不精，上述故事的真实性就是一个典型的例证。笔者查阅了当时的相关史料，不仅《明实录》没有留下该事的只言片语，就说那时的文人笔记也没有任何记载该事的蛛丝马迹。因此说这样的事情不足为信。

不过谷应泰书中的叙述倒是有一点把准了，那就是英宗初立，太监王振暗中引诱儿童皇帝胡为乱来。或者说得直白一点，台面上所做的是明英宗，后台的狗头军师就是"王先生"王振。

明英宗与王振的关系很特别，前文已述，除了儿时后者充当前者的老师，"循循善诱"以外，更多的可能是由于朱祁镇登基前后王振给予他特殊的心理帮助或心理支撑。心理学上比较公认的观点是，人生儿童时代第一恋母情结时期极为关键。以男孩子为例，他与父亲同性，同性很容易引起心理上的认同，于是往往就出现这个男孩子以心目中的"英雄偶像"父亲为榜样，模仿父亲，学习父亲，把父亲的品质与心理特点吸收过来，成为自己的心理特征之一部分，这在心理学上简称之为"仿父"；但同时由于男孩与母亲是不同性，异性相吸、异性互补，所以这时的男孩子十分依恋自己的母亲。

以儿童时代的朱祁镇为例，尽管生母早早地去了，但他是艳后孙贵妃的"爱子"与晋级的砝码，所以那时不知底细与真相的小朱祁镇恋母似乎是不成问题的。再说他的仿父，"及（朱祁镇）能言时，宣宗皇帝抱置膝上，问：'他日为天子，能令天下太平乎？'曰：'能。'又问：'有干国之纪者，敢亲总六师往正其罪乎？'曰：'敢！'答应之际，音响洪亮，神采英毅，无所疑惧"（《明英宗实录》卷1）。看到这里，想必读者朋友肯定能感觉到朱祁镇身上的仿父情结，或者说是一个威猛勇武、唯我独尊的活脱脱小朱瞻基样。正因为如此，在以后的皇帝生涯中，他很大程度上承袭了父皇明宣宗乾纲独断的做派，甚至邯郸学步似地模仿自己的父亲、祖父的亲征之举，这些都是朱祁镇童年时代"恋母仿父"情结之潜影。理性而言，这个阶段的朱祁镇心理上没出什么问题，关键是在后来的生活中麻烦出现了。

按照现代心理学家的观点，一个人从青春期开始进入第二恋母情结时期。这个时期的恋母情结对象一般来说不再是自己的亲生父母，而是父母的替代者，如家族里的尊长、父母的朋友或自己的老师或社会上的明星，等等。相似的作用就是这个男孩往往以某长者为心目中的偶像、榜样，学习他、崇拜他。

朱祁镇8岁时死了父亲，进入青春期前后一直由王振等宦官陪伴，从当时的宫廷实际来看，他所学习的偶像很大程度上就是王振。小皇帝学王振？学个奴才？有没有搞错呀？没错，别看奴才的那种卑躬屈膝样，一旦有机会了，他可能表现得比主子还要主子。那时宫中奴才王振虽说在外朝很少露脸，但在内廷却已经技压群竖，坐上了司礼监的头把交椅，"宫中之事，一皆统之"【明】许浩：《复斋日记》卷上）；更有他"精心"调教小皇帝，用尽心机，让小皇帝对他畏惧、敬佩。

据说每逢经筵进讲之日，昏童皇帝明英宗常常逃学，由一批小宦官作伴上明皇宫的西海子游玩。一旦王振知道后，立即去报告给太皇太后听。太皇太后随即派人去将小天子召来，并予以严厉的训斥，"久之始释"；而对于作伴的小宦官，往往将他们下狱抵罪。如此下来，小皇帝的日常生活起居等都得要问问王先生是否妥当。即使是小皇帝到内廷各宫中拜谒太皇太后、皇太后，或临幸某后宫"美眉"，他都得要通报一番。要是哪次不按程序乱来的话，当场就要被劝回，这时"王先生"会这般"进谏"道："皇上的恩泽应该平均施予，不可偏爱于某一宫啊！"而在平日里王振又往往会表现出"庄严自持"，由此，"英庙（即明英宗）亦严惮之"【明】许浩：《复斋日记》卷上）。

但光让小皇帝惧怕自己、敬佩自己还不够，古人云：敬而远之。所以说，这不是王振所要达到的仅有的目的，他更要冲龄天子在惧怕、敬佩他的同时又依赖于他，那么怎么才能做到？

每到冲龄天子临朝时，王振总要为小皇帝做些准备工作，将该说的和该做的预设一番，就像演员彩排一般先进行预演，然后再三叮嘱所要注意的事项；每当正统天子临朝结束回归后廷时，他又要弄清楚在朝堂上发生了什么事，随即对诸事做仔细的揣摩，再告诉给小皇帝，某人、某事该如何应付、如何处理，要怎么做了才能服人，又怎么做了才让人对你皇帝十分敬畏。王振不同于一般的内廷太监就在于他在入宫前做过教官，有知识不说，而且还有一定的社会阅历，加上他端坐于宦官权力金字塔之巅，底下有的是走狗、马仔,消息通畅。一般来说,他估摸预测与幕后操控的事情十有九中,弄得小皇帝朱祁镇不得不为之惊叹不已,佩服之至。更为关键的还在于王振特别用心"引导"小皇帝如何处事不惊、如何树立君威和如何来驾驭群臣,让大家畏威而不敢欺上,将一个蒙童调教成唯我独尊的极权君主。由此正统帝即位之初,在人们不经意间一代大珰王振就开始暗暗弄权了。

● 台前朱祁镇唯我独尊,台后王振弄权——三年内朝廷部院大臣一半以上都被下过狱

王振开始弄权时相当隐蔽,前文说过,宣德十年(1435)初,他唆使小皇帝阅武北京朝阳门外将台,利用自己"通天"的职位便利,不露声色地将投靠自己的隆庆右卫指挥佥事纪广"(上)奏广第一(名),超擢之"。【清】谷应泰:《明史纪事本末·王振用事》卷29)。

一年后的正统元年(1436)十月,同样是进行阅武活动,小皇帝朱祁镇亲自主持,当时命令参加比赛的诸将必须是骑射,即在骑马时射箭,以三箭为准,谁要是射中了三箭,就被视为优胜者。当时参加比赛的有 10 000 来号人,只有驸马都尉井源三发三中,顿时赢得了在场人们的阵阵掌声与欢呼声,声彻天地。小皇帝朱祁镇看得也出神,不过幸好他没忘记自己的身份,当即赐予优胜冠军井源一杯御酒,就此将射骑比赛推向了高潮。

当活动结束时,人们开始议论纷纷:"往年王太监阅武,优胜者纪广马上得到了超级提升。今年天子亲自来主持阅武,就一杯薄酒,没有其他特殊的赏赐?"(【明】黄瑜:《双槐岁钞·阅武将台》卷5;【清】谷应泰:《明史纪事本末·王振用事》卷29)

对于人们的议论,深居内宫而一旦出来又前呼后拥的大明天子是很难知晓的,更何况这位天子那时还只是个 10 岁的娃娃,即使听到了,又怎能品出其中的含义?他所能懂的和所能做到的就是"王先生"教授他的,树立君主的绝对权威,不让臣下有丝毫的懈怠与蒙蔽,更别提那公然的"漠视"与"欺罔"了。懈怠、蒙蔽、漠视与欺罔等等,都是书面化的词语,对于一个九、十岁的孩子来说是否真能懂得其中的含义,这恐怕就很难说了。不过"王先生"的启

蒙教育中经常说到,天子的话就是绝对的命令,臣下必须得无条件地服从和执行。那要是有人不执行,怎么办?王先生又在暗中教导小皇帝"用重典御下,防大臣欺蔽"(【清】谷应泰:《明史纪事本末·王振用事》卷29),必要时还得来个杀鸡给猴看,弄几个不能"与时俱进"的欺罔大臣来,将他们好好地整治一番,看看还有谁敢漠视、顶撞和忤逆本朝天子的?!

● 张冠李戴处理朝政,王骥和邝埜阴差阳错成了首批挨整下大狱的大臣

就在台前台后、台上台下这一主一仆导演的一系列闹剧中,自正统元年起,一批又一批的大臣稀里糊涂地成了挨整的对象,他们中轻则入狱、枷号,重则丢命甚至被肢解,而掌握大明军政事务的兵部尚书王骥、右侍郎邝埜又偏偏不幸成为正统朝首批被整下大狱的廷臣。

事情的起因是这样的:正统元年十二月上旬一日,大明西北边疆守将派人送来急信,说漠北瓦剌有股势力正向着大明边境靠近,情势似乎很危急。小皇帝明英宗临朝时按照"王先生"事先的筹划,将该事交由朝廷诸将会聚议议。可已经过惯了歌舞升平生活的将领们哪有这等心思,听到小皇帝的谕旨后,个个都把头给耷拉了下来。这时冲龄天子只好使出"王先生"教好的第二招,将西北边境之事交由兵部尚书王骥、右侍郎邝埜负责讨论,让他们拿出个解决方案来。根据大明太祖皇帝朱元璋时代制定的祖制规定,兵部只管军政,不管军事指挥及其相关事务,而是由皇帝任命的勋臣、五军都督府将领负责管理和指挥作战的。(《明史·兵志一》卷89)因此说刚刚登基的娃娃皇帝明英宗将西北是否要统兵作战之事交由兵部来负责讨论,颇有"乱点鸳鸯谱"之味。但我们中国人自古以来就特别听话,即使上级领导错了,你也不能说出来,否则的话,轻者让人笑话——官场情商低;重则丢官罢职,甚至有时还可能会搭上一条小命,这就是中国特色,断然不能"乱"说!正统元年(1436)时,大明兵部主管领导兵部尚书王骥和右侍郎邝埜大概就是这样的人,他们不敢说:"皇上,您说的这事不归我们管!"而是

第 2 章 少帝错爱 阉竖大害

153

漠然处之。没想到五天后,上朝之际娃娃皇帝突然发问:"王尚书、邝侍郎,你们的方案拿出来了吗?"王骥和邝埜听到皇帝点名问事,正想找出合适的说法来解释这事时,小天子已经不耐烦地发火了:"边疆的事情这么紧急,我叫你们去讨论个方案出来,居然弄了五天还没个音信,到底为什么迟迟不办呀?是不是欺朕年幼呀?来人呐,将这两个目无君上的家伙打入大牢!"(《明英宗实录》卷25;【清】夏燮:《明通鉴》卷23)

一个小娃娃即皇帝位一年多,就以一道圣旨将两个朝廷部院大臣一下子打入了大牢,刹那间朝堂上莫不为之惊愕。众公、侯、伯,五府六部官,太师、英国公张辅等大臣看到情势不对劲,赶紧上奏说:"陛下,北疆甘肃、延绥、大同、宣府各边关都有总兵官等军事将官镇守着,其所统领的军队不可说不多,烽堠等军事防御也不可谓不备,之所以北虏还能来侵扰,根本原因就在于边关将领管理不善、防备不力。但你要是真的委任将领领兵出关清剿的话,那些北虏早就跑得无影无踪了,且他们逐草而居,出没无常,你要想直捣他们的老巢,还真不容易找到他们的老巢在哪儿。因此,为今之计只有命令北疆各处镇守官用心防卫,加强巡逻,毋蹈前辙;倘若真的遇到北虏来袭,那么不论是守城的还是出击打仗的,都应该一起行动起来,抵御外患。同时宜敕令都督蒋贵、赵安'各率精骑时于贼人出没地方巡哨,遇贼追杀,毋纵入境;官军有功计劳受赏,畏缩失机量情行辟;其延绥地方旷远,都指挥王永所领兵少,乞将山西在京操备官军内摘二千人,举智勇都指挥一员,管领前去,同永守备;其在京旧选官军四万,令成国公朱勇训练,以备有警。'"听到这里,小皇帝终于满意地笑了,随即下令给相关部门:以此行事!(《明英宗实录》卷25)

由不知边疆实情和不熟悉皇帝业务而引发的朝廷政务处理矛盾,因英国公张辅等人的及时应对和补救最终得以化解了,被小皇帝冤枉了的兵部尚书王骥和右侍郎邝埜也在一个月之后让人从狱中给放了出来,且十分低调地官复原职。对此,《明实录》居然忘了记载。

回想起这事的前后经过,令人颇为感慨,一个10虚岁的娃娃一不留意发了火,将两个"不听话"的爷爷级别的朝廷大臣投入了大牢，这究竟是哪门子的事？在明朝前期那个犬儒成群的年代里，朝廷中有没有大臣为此"小题大做"而当场公开说些什么，或向上进谏一番？

没有！不过，事过数日后，有个看出其中是是非非且想技术性地进行正本清源的正直大臣还是出来说话了。正统元年（1436）十二月己卯日，行在都察院右都御史陈智上奏说："前些日子西北边事告急，太师、英国公张辅等人本应该奉行君命，筹划好安边攘外之策，但谁也没想到这事让他们给拖延了好多天，一直没有回奏。直到圣上召问兵部尚书王骥和右侍郎邝埜时，理应担负其责的张辅等人才出来说了一下解决西北边事的方案，但并没有引咎自责，叩首谢罪；而朝中设立给事中和御史等官职，其主要职责就在于上言进谏，纠偏补漏，可令人失望的是，如此职位上的人却患得患失，不作为。在此小臣恳请陛下将他们与张辅等高官一起交由法司部门，追究罪责。"（《明英宗实录》卷25）

行在都察院右都御史陈智以刚直果敢著称，以他所在的都察院职责而言，出来纠正朝廷流弊属于分内之事。但他当时毕竟是右都御史，实际相当于最高检察院的副检察长，因此指摘朝廷失误又不完全是他的事，可他还是说了，且两方面都说到：一方面他较为委婉地点到了小皇帝不该乱开金口，不该问责兵部尚书王骥和右侍郎邝埜；另一方面又告诉了冲龄天子，要追究朝中失责军队高官张辅和疏于规谏的给事中与御史之责。可这样的上言进谏让不断膨胀唯我独尊欲望的小皇帝听到后一下子阴差阳错地来劲了：运用重典惩治失职朝臣是树立君主绝对权威的不二法宝，同时也是"王先生"经常传授的用权运势的一大秘籍啊！所以当听到大臣陈智提出要追究与惩治失职大臣时，原本是个昏童的正统帝却十分"聪明"地做出如下指示："张辅是数朝老臣，曾为我大明立下了卓越的功勋，且又是皇家亲戚，朕暂且宽宥了他的罪行，至于其他失责官僚，御史、给事中各杖二十，仍住俸三月。"（《明英宗实录》卷25）

按照明初祖宗规制，仅朝中御史就有110多号，加上20来号给事中，由此说来，从张冠李戴地处置兵部尚书王骥和右侍郎邝埜开始，小皇帝明英宗前后一共惩治了大约130～140号人，打了这些人的屁股，停发了他们3个月的工资。自大明开国以来，一次性大规模地惩治朝廷大臣还真不多见。

再说那些被打被罚的100多号朝廷监察官,虽然没被娃娃皇帝下大狱,可让人打了20杖也足够丢面子的了;每每想起这事,心中就格外窝火,明明不是自身的什么过错,但招来此等大辱,这究竟为何呀？聪明机灵一点的监察官逐渐地悟出了道理:娃娃皇帝可不简单,他不是责问兵部尚书王骥和右侍郎邝埜:"你们欺朕年幼呀？"看来我大明朝的这位新天子年纪虽小,但唯我独尊心态却一点也不逊色于列祖列宗,甚至有过之而无不及！因此为今之计当与冲龄天子保持高度的一致,明察到秋毫！

监察官们拥有如此心态,昏童皇帝朱祁镇与他的"王先生"要的就是这个效果。"自是言官承（王）振风旨,屡撼大臣过,自公、侯、驸马、伯及尚书、都御史以下,无不被劾,或下狱、或荷校,甚至谴谪,殆无虚岁。"(【清】夏燮：《明通鉴》卷23)

再说自慑服兵部尚书王骥、右侍郎邝埜和一大批朝廷监察官后,尝到甜头的朱祁镇与他的"王先生"这对"活宝师生"就开始逐渐地将目光转向了在朝颇有地位的顾命大臣身上。

● 蹊跷的礼部官印三次失窃,胡濙成为首位挨整的正统朝辅政大臣

前文已述,朱祁镇即位之初,张太皇太后就十分严肃地告诫他:"三杨"、张辅和胡濙是久经考验的朝廷忠臣和重臣,也是当今正统朝的股肱大臣、擎天大柱！但这样的最高权力实际掌控者的"定制",到了朱祁镇的早期启蒙"先生"、一向以周公自诩的王振那里却无论如何也不能接受(【清】谷应泰：《明史纪事本末·王振用事》卷29)。在他看来,有了"三杨"、胡濙等顾命大臣,还用得着他王振这个当代周公吗？当时躲在深宫里的"王先生"尽管不敢公然否定太皇太后定下的"规制",却能在暗地里巧妙地使唤对自己心悦诚服的昏童天子——利用他的妄自尊大心理,打击不合心意的朝廷大臣,尤其是要挫一挫那些辅政大臣的"傲气",以此来进一步树立"学生皇帝"的威信。"学生皇帝"的威信树立、稳固了,他这个启蒙老师还不得一起沾光,抖抖威风啊！

可现在的问题是如何下手呢？经过细致的观察，王振发现：在正统朝辅政五大臣中，相比于其他四人，胡濙的地位最低、资格最浅。杨荣在永乐朝最为得宠，杨溥是最让洪熙帝和张太皇太后心心挂念和感激涕零的，杨士奇在永宣时期就享有崇高威望。"三杨"之外，张辅既是朱祁镇太爷爷朱棣抢夺江山——"靖难"战争中"救主"殉难的大英雄张玉之子，又是永乐帝的妃兄，说得透彻一点就是皇帝家的老辈皇亲国戚，更有永乐年间张辅曾统领过百万大明军，横扫安南，郡县交阯，立下了不世之功，实为永宣时期直至正统时代大明朝军界第一号人物。这些人都不能轻易碰，唯有胡濙这个辅政大臣不具备上述那般优势与资历。虽说他是朱棣时代的宠臣、密臣，但到永乐末年时还只是个侍郎，即副部级之官。他的正部级官衔(尚书之职)是宣德中才给弄到的，相比于其他辅政大臣，则要显得晚多了(《明史·胡濙传》卷169)。再者，胡濙这人虽说很机敏，看问题能看得很远很远，但他不太注意工作中的一些小节，尤其现在年纪大了容易出错。对了，像这样的辅政大臣正是最好的首先下手对象。

当王振"王先生"设计着如何拿胡濙"开刀"时，一个意想不到的机会送到了眼前。正统元年(1436)九月甲辰日上朝，礼部尚书胡濙突然上奏自劾：因年老昏聩疏于管理，致使工作中不慎将礼部的官印给弄丢了，请皇帝陛下治罪！大明朝廷礼部衙门的官印给弄丢了，这样的事情太出乎人们意料了。10岁的娃娃皇帝明英宗尽管不太懂这官印到底有何用，但他知道，丢了，就重新弄一个呗！(《明英宗实录》卷22)

太突然、太意外了，什么东西都可能被弄丢，就是这经常被锁起来偶尔才用用的官印居然也会不翼而飞，这样的事情即使在"巧黠多智"(【明】高岱：《鸿猷录·己巳虏变》卷10)的"王先生"看来也是匪夷所思。退朝后，当有人将朝堂上所发生的事情讲出来时，"王先生"王振听了直跺脚，只恨自己怎么没想到，事先给学生皇帝做个这方面的假设性预演辅导，从而白白地失去了良机。不过他很快地振奋精神，有小皇帝在手里，就不愁没机会。常言道：亡羊补牢为时不晚，对，马上就对冲龄天子进行辅导：朝政活动中，如果有大臣丢三落四、工作漫不经心，时不时地出差池或随便行事的，那就意味着他(们)对你这个年幼皇帝的不尊重,或者说他们根本就没把你放在眼里。对此,你必须得予以严厉惩治。不过做起来得一步步来,不能一下子来得太猛。只有这样,才能显现出朝廷的威严和天子的尊贵。

自小就特别自尊且自我感觉良好,不,应该说是自我感觉优秀的朱祁镇对读书没兴趣,面对"王先生"的"点拨"倒是恰如海绵吸水般地吸在脑子里头。正统二年(1437)七月癸丑日刚上朝,已被小皇帝驯服了的北京行在六科给事中、十三道监察御史突然上奏,弹劾行在礼部尚书胡濙。那么胡濙又犯了什么罪?先前领刑20杖并被罚俸3个月的科道官们说:"大明宗室鲁王和楚王分别派了他们的门正简宁、典膳林青先后来北京,带了各自藩王的令旨,上行在礼部去领取王妃冠服和仪仗。礼部官弄不清到底要不要给,于是就上请皇上。"小皇帝更是丈二和尚摸不着头脑了,他反问礼部官:"以往祖宗各朝有没有这类事情的先例?"众官无人应对,场面很是尴尬。这时有人说了,像这一类事情应该具体怎么做,要问礼部官具陈仪制司郎中刘孟铎才会晓得。英宗传令,马上召见刘孟铎。刘孟铎来到大殿听说是这等事情,顿时也犯傻了,不过好在他脑子反应快,稍稍停了一下,随即应对道:"前朝有没有这类事情的先例?洪武、永乐年间的档案都在南京,我们现在无法查到。"被调教得反应灵敏的六科给事中、十三道监察御史们闻听此等回答,立即上奏,弹劾刘孟铎及其主管领导礼部尚书胡濙等,指控他们妄奏,胡乱应对君上。小皇帝明英宗什么也没弄清楚,但能记起"王先生"的先前教导,于是宽宥了其实并没什么罪的胡濙,还警告说:不得再犯。刘孟铎可没这么"幸运"了,当即被下了大牢(《明英宗实录》卷32)。

顾命大臣胡濙及其部下原本没犯什么罪,或者说尚未被证实他们犯了什么罪过,但这一切在昏童皇帝的乾纲独断下,却给草草地定性结案了。皇权的魔力、皇帝的至尊所产生的影响令人难以想象。不过对于屡经政治大浪且向来将眼光放得远的辅政大臣胡濙来说,这样的朝廷政治游戏算不上什么,以他的政治经验而言,最好的处事方法是:什么都不要解释,以不变应对万变。嗨,这一招还真高,在以后一年多的时间里,自己与下属都能平安无事。

可这样的平静安宁局面随着正统三年(1438)初秋的到来而被打破。那年的七月初一,有人潜入行在礼部主印官的办公室,盗走了礼部衙门的官印。两年都不到,礼部第二次发生官印失窃事件,早已被调教得听话、灵敏的六科给事中、十三道监察御史听说后纷纷上奏小皇帝明英宗,请求严惩礼部官的工作失职。这回明英宗心里有底了,传令下去,将胡濙与官印失窃案相关的官员逮捕起来,投入锦衣卫大狱。至于礼部官印缺失,那就让相关衙门帮着再补办一个。可让人们没想到的是,这个新制的礼部官印用了没几天又不翼而飞了。这到底是怎么一回事?负责皇宫治安的锦衣卫千户高英等终于坐不住了,如果这样的事情再发生,不仅仅是丢印衙门的主印官与主管领导下大狱,就是他们锦衣卫官员的脑袋都有可能不保,为此他精挑细选了8个办案高手夜以继日地拼命工作,到处侦察。功夫不负有心人,他们终于发现,原来礼部老丢官印,不是什么江洋大盗干的,而且由礼部内部一个办事小吏所为。案情真相大白,由此说来,礼部尚书胡濙等也是被冤枉的。既然是被冤枉的,那就马上将他们从大狱里头放出来啊!不,这还不行,要是随随便便将胡濙给放出来了,人们要是日后讲起来了,肯定以为,小皇帝不懂事,错将辅政大臣下大狱了。这样多损皇帝的尊严啊!那怎么办?不急,人家小皇帝的启蒙老师"王先生"早已想好了释放的理由,叫宽宥辅政大臣之罪。这样一来,对于胡濙来说则是"蒙宥",即承蒙皇帝大恩才得到宽大释放的。(《明英宗实录》卷44。按:《明史》将其载入正统五年纪事中,这是错误的)

● **户部官将支粮地点弄错了——第三批挨整的朝廷重臣刘中敷、吴玺等**

辅政大臣胡濙被打入大狱,但很快又被放了出来,在常人看来,11岁的孩童皇帝明英宗这般处置朝廷重臣就如儿戏似的。倘若你真是这么认为的话,那就太小瞧了人家根正苗红的金种子了。在明英宗与他的启蒙先生看来,之所以要严惩辅政大臣胡濙,主要是因为他太不把大明朝廷政务工作当回事了,否则怎么会老丢官印呢?再说惩治了胡濙,不仅给百官们树立了个反面典型,而且给朝廷其他高官重臣也提了个醒：不论你有多老的资格，也不论你立有多大的功劳，只要不听本皇帝的话、不与中央朝廷保持高度一致，即使你那儿出的事就芝麻那么大，本皇帝、本朝廷也绝不会坐视不管，恰恰相反，会"认真对待"、严惩一番。

不过不是所有的朝廷大臣都能及时地对冲龄天子与他的启蒙先生的这般心路历程有着透彻的理解和深刻的领悟。就在辅政大臣胡濙出事后没几天，又有两位朝廷大臣即户部尚书刘中敷、右侍郎吴玺被打入了大牢。这究竟是怎么一回事？我们还得要从户部尚书刘中敷的经历说起。

刘中敷，北京郊区大兴县人。建文初年，朱棣在北京发动抢夺皇位的"靖难"战争，当时还是诸生（考取秀才入学的生员称为诸生）的刘中敷加入了北京保卫战行列。就此而言，他属于"靖难"下层人士，但在魔鬼皇帝登基后也受到了奖赏，被授予陈留县丞，后又擢升为工部员外郎。永乐末年，刘中敷曾一度署工部事，即临时主持北京行在工部工作。洪熙年间，他外迁江西右参议。宣德三年迁山东右参政，进左布政使。也就是说最初还是官学学生的刘中敷因在朱棣篡位的政治大变脸过程中投对了阵营而得以步步高升。宣德末年正统初年，他已成为权重一方的封疆大吏——山东左布政使。据说刘中敷"质直廉静，吏民畏怀。岁大侵，言于巡抚，减赋三之二"（《明史·刘中敷传》卷157）。

正因为有着这样的特殊经历和相当的政绩，在皇帝年幼、几乎都是由正人君子所组成的辅政大臣班子鼎力相佐的正统初年，刘中敷很受朝廷重视，"父忧夺情，俄召拜户部尚书"（《明史·刘中敷传》卷157）。也正因为有参加"靖难"战争的老资本，刘中敷一直将自己视为篡位后朱棣一系的铁杆功臣与能臣，加上出任过地方上一把手而形成的工作习惯思维，当他来到朝廷中央担任户部尚书即财政部长后依然保留着先前的工作作风，敢作敢为。殊不知这样的工作风格恰在正统小皇帝即位之初就犯了大忌，大祸随之降临他头上。

正统三年(1438)七月的一天，有人向户部请示：官军俸粮发放的时间到了，朝廷有没有什么新的说法？担任户部尚书才一年的刘中敷不假思索地回答："新的说法，没有，赶紧从京城官仓里取粮给他们!"相关人员也没有及时提醒新尚书,朝廷发饷有着不成文的规矩:皇家贵戚、功臣勋旧之类的俸粮是在北京京仓里支取,而官军俸粮往往是在北京郊区的通州支取。两者之间的差别就在于上通州去取粮要多花费一点人力,这也是显示出朝廷优渥皇亲贵戚和功臣勋旧的深情厚谊。刚刚履任新职的刘中敷不明就里就开口表态了,他的副手右侍郎吴玺也没及时阻拦。就这么一个根本算不上什么过失的事情却让内廷"王先生"逮住了把柄,他不断地唆使已经驯服了的给事中和御史们交章奏劾,指摘刘中敷、吴玺不遵旧制。与此同时,他还在自己的"得意门生"12岁的明英宗面前煽风点火:别看刘中敷当年与你家皇爷爷他们一起坚守北京城,那都是隔年黄历了,这些年来大明皇家对他也不薄,不断地给他加官晋爵。可他倒好,压根儿就不懂得好好地报答大明皇家。陛下您冲龄登基,随后没多久就将他调任户部尚书,这是多少人都眼馋的领导工作岗位啊!可这个刘中敷还有他的副手吴玺目无君上,随意变更发饷地址,又不上奏朝廷,说到底就是欺负陛下年少啊!

经王振这么一煽,加上朝堂上已经与时俱进的给事中和御史们接二连三的奏劾,本来就年少气盛的明英宗一下子就发起了大火,当即令人将户部尚书刘中敷、右侍郎吴玺等打入大牢!(《明英宗实录》卷44)

什么罪名也没给,就凭小皇帝的一句话,大明朝廷又有两位部院大臣被送进了监狱。当户部尚书刘中敷、右侍郎吴玺等来到锦衣卫大牢里时,辅政大臣、礼部尚书胡濙等已在那里头待了9天了,这下可好了,大明朝廷两个部的正副长官都被关起来了。够热闹了?不,还不够热闹,就在刘中敷和吴玺等被下大狱的第5天,又有一批朝廷部院大臣让昏童皇帝明英宗给关了进来。那么,这是一批什么样的朝廷大臣?他们又犯了什么事呀?

● 半年不到,魏源、何文渊等司法部正副部长竟二度被打入锦衣卫狱

事情得从一起蹊跷的"通奸"案说起。正统三年(1438)上半年的一天,刑部尚书魏源、侍郎何文渊接到了一起地方上送来的案

子,案件的主犯是个美少妇,姓韩,人称韩氏;另一个主犯叫顾安,据说是韩氏之"奸夫"。从地方上审案的结果来看,人证、口供几乎样样俱全,但就是"淫妇"韩氏老喊冤。刑部是大明刑事审判的最高机构,可能相当于我们现在的最高法院,刑部尚书魏源、侍郎何文渊的职责就是负责各类疑难案件的最终审结。当他们拿到案宗,对"奸夫淫妇"进行复审时并没有发现有什么异样,于是当场就结了案子。按照当时的司法程序,疑难案件除了刑部审结外,还得要交予大理寺复审。而就在这个所谓的"通奸"案移交前夕,"淫妇"韩氏又突然大呼冤枉。这事很快就传开来了,反应灵敏的六科给事中马上奏小皇帝明英宗,要求追究刑部尚书魏源、侍郎何文渊等人的罪责。朱祁镇询问了相关人士,当得知刑部在审结该案时并没有动用酷刑屈打成招的消息后,他宽宥了魏源和何文渊之罪。哪知道魏源是个一根筋的大臣,自己没做错什么,凭什么要让人说三道四,也用不着什么皇帝宽宥不宽宥。这下可把小皇帝给惹毛了,他当即命令内廷太监王振与翰林院堂上官共同复审韩氏"通奸"案。也不知怎么的,可能是由于在刑部看到了那一个个令人毛骨悚然的刑具之缘故吧,韩氏这回倒是在王太监与翰林院堂上官面前说得十分坦然。她说:"人家说我与顾安'通奸',哪有这事。我与顾安以前是有过一些关系,那也是见过一次面,双方都有好感罢了。当时他托了媒人上我家来提亲,可我父母嫌他们家里穷,死活都不答应。后来我嫁给了现在刚刚死去的丈夫景申,顾安他也娶妻生子,我们各过各的。没想到前些日子我家丈夫突然害病死了,我公公婆婆心疼儿子,非要说是我克死了丈夫,还说我与顾安一起'通奸',合谋害死了他……古人说得好:捉贼要捉赃,捉奸要捉双。地方官府相信的是口供与所谓的'证人',但关键是,说我们'通奸',证据却一直都拿不出来啊!"

案件大体明了了,这下小皇帝明英宗更火了,原来刑部尚书魏源、侍郎何文渊审案子也没审清楚,来人呐,将这两个犟嘴的家伙给我关到锦衣卫大牢里去。(《明英宗实录》卷44)

○ 刑部尚书魏源"二进宫"之缘由及其以后

从正统三年(1438)七月癸未即初一到七月乙未即十三,在半个月不到的时间,大明朝廷六部中有三个部(礼部、户部与刑部)的部长、副部长等因工作中的小疏忽或因一些鸡毛蒜皮的小事而被12岁的娃娃皇帝——关进了锦衣卫大牢,这在大明甚至中国历史上都是不常见的,一时间朝廷内外舆论纷纷。纵然以"三杨"为首的辅政大臣再精心辅政,但对于大明开国建制的无上君权却只能徒生奈何。好在那时小皇帝上面还有皇奶奶在世,前文说过,张太皇太后是朝廷内外令人尊敬的一代贤后,也是屡经风浪且能稳得住大局的了不起人物。从个人命运角度来讲,一个北方农家女十分幸运地进入了大明第一人家,成为了现在掌控乾坤的幕后人物,张太皇太后的人生够幸运的了。但她也有不幸之处,自年轻时起就与受气的皇太子丈夫一起受尽了精神变态老公公朱棣的惊吓,两人相濡以沫,同舟共济,好不容易熬出了头,没想到自己的丈夫仅仅当了一年的皇帝就匆匆地"走"了。40岁不到就开始守寡,张太皇太后也够不幸的了,更不幸的是50岁不到,自己的皇帝儿子明宣宗因纵欲过度居然也先她而去,留下了这个寄托着无限希望的孙子皇帝朱祁镇。本来指望他能跟着"三杨"、张辅和胡濙等久经考验的数朝老臣好好地学习治国理政,成为一代有道之君,没想到登基才4年,这个孙子皇帝居然在一个月内将朝廷六部中的三部长官和副长官都关到大牢里头,这也太离谱了!张皇太后在陆续听完宫廷内侍与相关人员的报告后终于按捺不住了,叫上宫中女官与内侍一起出宫,将娃娃皇帝喊出来,让他下令把那些关押着的朝廷部院大臣一一给放了。

张太皇太后之所以这般所为,可能主要出于以下几方面的考虑:第一,碍于后妃不得干政的祖训,除了特别重大事件的决定外,一般都让孙子皇帝去做主。第二,"树大自然直",这也是传统中国人对于儿孙教育的一种"无为而治"之法,一般为岁数比较大一点的年长者所乐用。张皇太后当年教育皇儿明宣宗时似乎也曾使用了这种方式,她"总大纲、疏小节"。当正值奔腾年龄的明宣宗迷恋艳妃孙氏,提出让孙氏当皇后的要求时,她起先也是很反对的,但最后还是让步了。因为她看到,作为"小杆子"皇帝只要未来能好好地干,其他什么都不太紧要。由当年的儿皇帝再联想到现在的孙皇帝,张太皇太后再次迁就了。第三,大明江山迟早是要由孙子朱祁镇来独立掌控的,现在他处理政务犯了错,就如小孩子学走路,走过了、走错了,我纠正他一下,不就得了。所以正统三年七月因细务小过而被关入大牢的大明朝廷三部长官和副长官因张皇太后的及时善后补救而得以一一出狱,原本日趋紧张的朝廷政治形势也得到了缓解。

不过话得说回来,正统小皇帝朱祁镇下令将那三部长官和副长官送入大牢并非完全不对。礼部丢了官印,其主管领导胡濙再怎么说也应该负些责任;户部刘中敷、吴玺不熟悉本职工作业务程序,支粮不合原先规矩,也应该说是有些责任的;尤其是刑部尚书魏源、侍郎何文渊审结案件却没有完全查清,虽没有造成大害,但对于人命关天的大案不能做到查个水落石出,由此而追究他们一下职责也未尝不可,只是将之逮捕下狱的处置太重了一点。可在小皇帝看来却不是这样,特别是这批大臣中的刑部魏尚书早就让他格外不舒服了。正统二年,魏源受命"整饬大同、宣府诸边","事竣还朝,与都御史陈智相詈于直庐"(《明史·魏源传》卷160)。堂堂两员朝廷大臣居然在朝廷的值班室里相互詈骂,他们眼里还有我这个皇帝吗?明英宗清楚地记得"王先生"的这般"点拨",虽说对于皇奶奶张太皇太后的善后处置无可奈何,但其内心还是充满了对魏源等老臣的格外警觉。

● 正统三年年底到了,大明三法司主政官全在监狱待着,这可怎么办?

皇帝盯上了大臣,大臣可就没什么好日子过了。正统三年(1438)十二月,巡抚湖广礼部右侍郎吴政等上奏正统帝,说他巡察范围内的辽王朱贵烚犯有诸多不法之事。可从另外的情报系统传来的消息却说:辽王还犯了令人羞于启齿的乱伦罪。什么叫乱伦?当时的正统帝尽管像小公鸡似地有着朦胧的性冲动意识,但他毕竟只有12岁,对于人世间的这类特别的事情和特别的名称却是一无所知。小皇帝不懂,可他身边有"王先生"啊,他可以作指导:乱伦是指近亲男女之间发生了不该发生的两性关系。具体地说,就是辽王朱贵烚与他的大妹妹辽简王长女江陵郡主和小妹妹辽简王十女泸溪郡主长期保持不正当的两性关系(《明英宗实录》卷53)。什么?做哥哥的与自家的两个亲妹妹发生了两性关系?羞死人啊,这是我大明皇族子孙所该干的事情?!嗨,怎么巡抚湖广当地的礼部右侍郎吴政在上奏的奏章里头没谈这事,莫非他受了辽王府的什么好处将这事给隐瞒了?在"王先生"王振的唆使下,正统帝下诏:将外巡的吴政等逮捕回京问个明白。鉴于事关大明皇族,冲龄天子随后命令行在刑部尚书魏源、右侍郎何文渊、都察院右都御史陈智、右佥都御史王翱、大理寺左少卿程富、右少卿贺祖嗣6位朝廷法司大臣进行特别会审,专门审理辽王府违法犯罪之事。(《明英宗实录》卷49)

再说魏源等6位朝廷法司大臣听到小皇帝让他们审理辽王府案件,顿时浑身鸡皮疙瘩都起来了。审理什么样的案件都可以,偏偏就是这类朱皇帝家族里的事最不好审,也最令人头疼;尤其那小道消息说,辽王朱贵烚与自己的两个亲妹妹通奸,按照《大明律》的规定,通奸罪是要被处死的。那么辽王府内真的发生了这样的丑事?若是,真不知道他们将该如何处理呢?

就在诸法司大臣内心忐忑不安之际,又有皇命下达了:立即开始审理案件!怎么办?皇命不可违,审就审吧!一圈程序走下来,谢天谢地,幸好那个被审者巡抚湖广礼部右侍郎吴政还算"拎得清",说了一大堆的辽王之罪,就是没说他通奸乱伦之事。好了,就此可以结案,上奏皇帝。可冲龄皇帝朱祁镇与他的启蒙先生王振不干了,怎么没有审出辽王乱伦之事?已经成为最高统治者"蛔虫"似的、行在刑科给事中郭瑾等人立即上章,奏劾刑部尚书魏源等6位朝廷法司大臣失责。火气冲冲的正统帝要的就是这样的上奏,他当即下令将魏源等6人打入锦衣卫大牢。(《明英宗实录》卷49)

这下可好了,出狱才5个月的魏源等又"回来"了,且还带来了一批重量级的朝廷法司大臣。重量级的法司大臣都被下大狱了,那朝廷的司法工作活动会不会受影响呢?有人说:不用急,人家皇帝还年少,一时有火气,过不了几天,他就会下令放人了。是吗?那就等一等吧。一天、二天、三天……一直等到第八天,还没见小皇帝有什么最新指示。这时,已经"二进宫"的刑部尚书魏源终于明白了,小皇帝不喜欢我们这些老臣,他的眼里只有"王先生",我们又何必要这样不识趣呢!想到这里,他就给朱祁镇上奏,大致是说:"皇帝陛下,我自永乐时代中举入仕,承蒙你家太爷爷朱棣、皇爷爷朱高炽和皇父朱瞻基的厚恩,我效命朝廷已达 30 余年,如今成了老朽,两眼昏花,神疲体乏,不堪胜任本职工作。前几天审理辽王奸淫之事,我等实在是愚昧之至,参拟失当。在此恳请陛下看在耄耋之年、体弱多病的份上,赐予我等老臣告老还乡。"(《明英宗实录》卷 49)

魏源的上奏表面上说是一份要求退休的请示报告,且还承认了审理辽王府一案的失当,给足了小皇帝的面子。不过他只字不说辽王乱伦之事,而是用了"奸淫"两个字,以此想规避风险巨大的皇家是是非非。

对于这样一份意思深刻的上奏奏章,12 岁的娃娃能看懂吗?当然不可能看懂。不过他的启蒙老师可懂啊,在"王先生"的授意下,明英宗回复了魏源:"不允!"

"不允"就是不批准魏源等人的退休请求,让他与其他重量级的朝廷法司大臣一起继续在锦衣卫大牢里待着。一晃 10 多天过去了,朝廷政事开始受影响了,以"三杨"为代表的辅政大臣急得像热锅上的蚂蚁。5 个月前大明六部中一半衙门的长官和副长官被小皇帝发大火关了起来,现在可好了,不仅有最高审判机构和复核机构的长官即刑部尚书魏源和大理寺左少卿程富、副长官即刑部右侍郎何文渊、右少卿贺祖嗣进入了大牢,而且还有最高监察机构的长官和副长官即都察院右都御史陈智、右佥都御史王翱也陪在那里头。整个朝廷的司法、审判与监察系统处于无人主管的状态,这还了得啊!"三杨"、张辅和胡濙等辅政大臣利用一切可以利用的机会,将朝廷发生的奇事秘密通报给了小皇帝的老奶奶张太皇太后。张太皇太后闻讯惊起,随即下达懿旨,释放魏源等被关押的朝廷法司大臣。

● **王先生的城府:不露痕迹地将太皇太后与内阁阁臣之间关系给疏远了**

从正统三年(1438)七月到正统三年十二月,连头带尾只有 6

个月(实际仅5个月多一点),一个乳臭未干的小娃娃竟然将大明朝廷10余个大的部院中一半以上的长官、副长官都关过锦衣卫大牢(除了吏部和工部外)。此时一向"懂大局、识大体"的张太皇太后感到,如果再任由这样的事情发生,局势将会越发不妙。尽管祖宗立有规制:后宫不得干涉政事!但就目前娃娃皇帝的胡为而言,自己不能不对一些大事情过问一番。于是,"每数日,太后必遣中官入阁,问施行何事,具以闻"(【清】谷应泰:《明史纪事本末·王振用事》卷29)。

张太皇太后每隔几天都要派上宦官到内阁,向"三杨"询问朝廷所要实施的大事,如此下来小皇帝的任性胡为得到了很大程度的抑制。当然他的启蒙老师王振的所言所行也因此受到了影响,形势变化告诉王振:在太皇太后与内阁"三杨"联手辅政下,想要巧妙地"指挥""学生皇帝"一如既往地为所欲为,那似乎不太可能。眼下最好的处理方法就是暂时采取守势,等待合适的时机再出手,或者是打破太皇太后与内阁"三杨"等辅政大臣之间的联盟,使得他们之间相互不信任,这样一来,事情可就好办多了。

王振是读书人出身,比起一般宦官来要有"涵养"和城府,他耐心地等了快一年,终于等到了机会。正统四年(1439)十月,福建按察金事廖谟因工作中用刑不慎,杖死了一名驿丞(即掌管驿站中仪仗、车马、迎送之事的站长)。事后,该驿丞家属因不满当地官府对事情的处理,派人上北京,找老乡、内阁阁臣杨溥诉说。杨溥听完后很是同情,并表示要为驿丞的死争个说法。也不知怎么的,这事走漏了风声,因公过失杀人者即福建按察金事廖谟听说后很害怕,为了减轻自己的罪责,他也动起了老乡的脑筋,并开始了活动。廖谟的老乡不是别人,正是内阁首席阁臣杨士奇。于是接受各自乡人请托的"两杨"在福建上报朝廷的疑难案件票拟时发生了意见分歧,争议不休。由于那时张太皇太后还时不时地过问一些重大事件,这样争执不决的案子自然也就送到了她那儿。当她了解了事情的来龙去脉后也犯糊涂了,不知道该如何了断这桩案子,于是问在旁的呈送案件卷宗的太监王振:"这事该怎么办?"听到这话,趴在地上犹如哈巴狗一般的王振立即抬起了头,用那不停转悠的老鼠眼打量着一筹莫展的张太皇太后,随即轻声说道:"启禀太皇太后，要说这桩案子了结清楚其实也不难，两位杨大人虽说都是数朝元老，劳苦功高，但在廖谟杀人案上却似乎都有偏袒家乡人的倾向。以奴才之鄙见，如果以一命偿一命来判决，似乎处置得太重了一点；而如果以因公误杀人来判决，就对廖谟只进行罚俸，这样的处理似乎也太轻了点。最佳的方法是实行对品降调，将廖谟降为知府同知。"张皇太后听后觉得很有道理，就依了王振的意见，随即下令下去，照此执行。(【清】谷应泰：《明史纪事本末·王振用事》卷29)

也就自此以后，张皇太后对于"两杨"的态度起了微微的变化，说透一点，就是没有以前那么信任了。而这一切都未能瞒过狡猾无比的太监王振，他表面上什么都不说，装作很老实、很谨慎的样子，却在暗中"渐擅朝事"，甚至有时还会将朝廷重务"自断不付阁议者"，即说他对朝廷重要事情不交予内阁阁臣去讨论和票拟，而是自行做主行事。时间一长，经历的事情多了，张太皇太后发现了其中的猫腻。而一旦发现，她就立即将王振召来，当面予以斥责。因此说，张太皇太后在世时，颇受小皇帝明英宗喜爱的太监王振始终不敢太放肆。(【清】谷应泰：《明史纪事本末·王振用事》卷29)

● 王先生这回失算了：本想在内阁安插亲信，结果弄巧成拙

不敢太放肆，并不意味着太监王振就此安分守己，相反他利用为冲龄天子办事的一切可能的机会竭力扩大自己的权势。

竭力扩大自己的权势，挑战既定的政治格局，冲在前面的是昏童皇帝，躲在幕后的是王振"王先生"；要说正统初元这几年自己到底有多少真正的收获，王振一旦静下心来想想，发现还真没多少。那么为什么会这样？除了可利用的小皇帝头上还有个太皇太后在看管着的因素外，自身阵营里头力量单薄也是制约权势扩大的一大缺憾，尤其是在朝廷政务讨论、决策和执行的关键部门内阁和六部等衙门都没有自己人，这可不好啊！王振的聪明与狡黠就在于他反应灵敏、行动隐蔽。在内廷事务处理与代理皇帝批红活动中，他已对以"三杨"为首的内阁辅政大臣的秉性摸得一清二楚，说好听一点，这几位老人都是久经政治风浪的股肱大臣；说得难听一点，他们又是大明朝开国以来"进化"得最为完美的犬儒。与外廷

部院内那些"拎不清"的尚书、侍郎等大臣相比,由"三杨"组合成的内阁是很容易对付的。王振对此似乎十分自信,不过鉴于太皇太后张氏冷不丁地过问一番,读书人出身的王先生就委婉地来一手,给内阁敲敲木鱼。

正统五年(1440)开春后的一天,太监王振到内阁去办事。就在办事之际,他假装热情关心"三杨",跟首席阁臣杨士奇这般说道:"当今天子年幼,朝廷之事久劳你们三位老先生了。你们三位好像年纪都很大了,有点累了吧?往后将如何考虑呀?"杨士奇听后立马明白他的话意,尽管心里很不买账,但还是委婉地表达了:"我等老臣屡受历帝厚恩,当尽瘁报国,死而后已。"在旁的杨荣听后却不同意这样的说法,他顺着王振的话意接了下去:"王公公说得极是,我们几个确实老了,不大干得动了,只有选出年富力强者,将他们带一阵,也好报效朝廷的厚恩啊!"王振听到这话,顿时心里乐开了花,随后喜滋滋地走了。(【明】祝允明:《九朝野记》卷2;【明】焦竑:《玉堂丛语》卷5;【清】谷应泰:《明史纪事本末·王振用事》卷29)

王振走后,杨士奇开始埋怨杨荣:"你怎么能那样说话,这岂不是顺了他的意!"杨荣可不这么认为,他说:"王振老早就厌烦我们了,并一直在打内阁的主意。即使我们不走,坚持下去,他会长期容忍我们?一旦要是他在小皇帝面前捣鼓一番,说我们内阁人少、阁臣年纪又大,就以不经票拟的皇帝旨意形式直接派他的人到内阁来,我们将会束手无策。倒不如现在来个顺水推舟,先麻痹他一下,然后我们再推荐几个可靠的人出来,票拟好了送给小皇帝批一批就是了。"杨士奇一听,这主意好。随后他们开始行动,选择了相对可靠的侍读学士苗衷、侍讲学士马愉、侍讲曹鼐和侍讲学士陈循、高谷5人,并将他们的名字开列出来,然后再送给冲龄天子定夺批示。当时明英宗只有14岁,哪可能真懂什么政治权术,要他选人入阁,他便在5人中选择了相对熟悉一点的马愉、曹鼐2人,并于正统五年(1440)二月乙亥日,正式"命翰林院侍讲学士马愉、侍讲曹鼐文渊阁办事"(《明英宗实录》卷64;【明】祝允明:《九朝野记》卷2;【明】焦竑:《玉堂丛语》卷5;【清】谷应泰:《明史纪事本末·王振用事》卷29)。

当王振听到内阁新成员任命名单时当场就气得七窍生烟,可事已成定局,再多的怨恨都已无济于事。因为他深知,依照祖制惯例:内阁成员一般也就是五六人左右,不可能再多了,所以要想亡羊补牢似地增补自己的党羽进入内阁已是不可能的事了;再说学生小皇帝不懂事已经批准了内阁新成员的任命人选,"天命"不可违,自己一向给小皇帝灌输乾纲独断、君命如山的理念,现在突然间要小皇帝收回成命,这似乎太离谱了。因为那时的明英宗毕竟不是三岁的娃娃,自己做得太过于露骨也不行。不过通过这次看不见硝烟的人事战争王振意识到:就以目前自己尚能基本掌控的冲龄天子和一些投靠自己的政治势力,要想与以太皇太后为总后台、以"三杨"为代表的辅政大臣争夺大明朝廷政治制控权还为时尚早,眼下最为紧要的事情就是发展与扩张自己的势力。而发展与扩张自己的势力最为关键的还得要拥有相当的武力,由内而外地收服不听话的实权人物,于时他将目光盯上了一个特别的人物——锦衣卫指挥马顺。

● **掌握皇帝秘密警察部队才是硬道理:收服锦衣卫恶犬马顺、王裕**

马顺原本不是王振的死党,但他是个见风使舵的地道小人。

正统改元之初,老牌太监僧保、金英由于前朝宣德皇帝的宠信一上来就很有权势,他们秘密指使自己的心腹爪牙在北京城内外私创塌店11处,唆使社会上的一些地痞无赖霸集商货,垄断市场,由此引发了极大的民怨。有人将此上报给了明英宗。小皇帝在"王先生"的"指点"下,命令锦衣卫与监察御史一同去调查、处理该事。没过几天,负责调查和处理该事的监察御史孙睿、锦衣卫千户李得上报说:现已查明,僧保、金英确有恃势临街开店、欺行霸市的不法行为,现已将其欺骗或抢夺来的库存商品货物还给了原主,还有很大一部分是从民间强行赊欠的,恳请皇帝下令,让锦衣卫相关人员专门负责追查处理。明英宗批示:就按上请的建议去办,并令锦衣卫指挥马顺专门负责这事。

监察御史孙睿、锦衣卫千户李得在取得了皇帝的谕旨后走到外廷,刚好碰上了马顺,就把事情告诉了他。哪知马顺听后并不买账,当场就与孙睿、李得吵了起来,且边吵边骂,还把处理该事的公文扔还给孙睿、李得。马顺的同事锦衣卫指挥徐恭、刘源听到吵骂声立即赶了过来,加入同行的战斗营垒。徐恭甚至利用自己的职权,令人将下官李得抓了起来,狠狠地打了他20杖。这下可把李得和孙睿给激怒了,就算处理公事有争议,你也不能利用公权来打压别人啊,两人越说越激动,乘着上朝的机会,将徐恭滥用职权等事的来龙去脉上报给正统帝。正统帝听"王先生"说过,马顺等锦衣卫领导干部如何与太监僧保、金英等狼狈为奸,心里早已有了数,当即下令:将马顺、徐恭打入大牢,并令大明都察院彻底调查和处理此事。不久都察院上报说:马顺、徐恭胡作非为,紊乱朝政,理应处斩。听到这样的判决,马顺、徐恭这才意识到自己完全站错了阵营,于是改换方式,乞求活命。锦衣卫的人想活命,手段有的是,马、徐一口咬定自己被冤枉了。既然是被冤枉的,那就当着大家的面对质一番不就解决问题了。小皇帝明英宗当即下令,将御史孙睿逮到大殿来。孙睿接到皇帝谕旨后,顿感问题越来越复杂,怎么办呢?他一路走一路在寻思对策和计谋。当来到明皇宫大殿时,他的计谋想得也差不多了,且抱定主意:对付马顺、徐恭这类恶棍与无赖决不能心慈手软,必须要狠。正因为有着这样的思路,孙睿一上大殿就向明英宗上告,马顺、徐恭除了前面讲过的犯了目无君上的"大不敬"之罪外,还曾擅杀宦官张谷等,说白了他俩身负人命大案!听到这里,马顺、徐恭更是一脸的"委屈",百喙难辩,随即构陷反咬。小皇帝让法司衙门的官员出来给他们定罪,最终判定马顺仍处以斩刑;徐恭改判为流刑即发配充军;御史孙睿负有妄告之罪,被判以徒罪。(《明英宗实录》卷29)

案件判定后上报给明英宗,小皇帝的"高参""王先生"王振就开始盘算:马顺、徐恭等人到底犯没犯紊乱朝政罪和杀人罪,就凭孙睿一面之词将人给斩了和处置了,这很难服人心的;更何况自己原本也不想置人于死地,而是要收服这几条鹰犬!于是他授意小皇帝将人犯先关起来了再说。(《明英宗实录》卷29)

马顺等人被关了一年左右悟出了很多道理,当今小天子是由"王先生"一手栽培出来的;你看看那小杆子皇帝左一声"王先生",右一声"王先生",不用多说,在当今朝廷能左右得了小皇帝的不是昔日宫廷红人大太监僧保、金英,而是王振"王先生"。马顺想到这些,就让人开始偷偷地活动,活动下来的结果是马顺出狱,官复原职。

马顺重新当上锦衣卫指挥后,不仅眼睛亮多了,而且头脑也清醒多了。要说当今大明朝说话最有分量的,表面上是小皇帝明英宗或言张太皇太后,而实际上却是司礼监大太监王振"王先生"。你看他不到两三年的时间几乎将整个宦官系统收拾得"整整齐齐",还有几人不服的?!更令人惊诧的是如今王先生已开始将自己的势力渗透到外廷,要是你留心的话,看看当年叱咤安南战场的国舅爷张辅那副熊样、"三杨"那副犬儒相以及辅政大臣胡濙等如何挨整的,便什么都明白了。不过与内廷相比,外廷中饱读儒家诗书、深受传统思想教育的正人君子或言"拎不清"的刺头还真不乏其人。

正统四年(1439)三月戊午日,北京行在兵科给事中王永和等人上奏说:"前不久北疆上发生了御马监军迭里米失叛逃事件,实为太监刘顺故意纵容所致。陛下曾下令让锦衣卫指挥王裕、马顺等调查和审理这个案件,但王、马两人却辜负圣恩,竭力掩饰太监刘顺之罪。在此小臣恳请皇帝陛下:严惩叛徒御马监军迭里米失,深究其后台老板太监刘顺的罪行,只有这样才能整饬我大明边疆军事。"什么,什么,这个叫王永和的吃了豹子胆了,居然要小皇帝整治自己的"高参""王先生"的人,马顺、王裕正想发作,小皇帝开口表态了:"迭里米失叛逃,法本难容,但事在赦前,姑且宽宥了。锦衣卫指挥马顺、王裕若日后再鞫问不明,必重罪不饶!"(《明英宗实录》卷53)

皇帝发了狠话,只要以后审问案子仍不清的,马顺、王裕就要被严究其责。可说归皇帝说,做归马顺、王裕做,一年后已升为行在锦衣卫指挥佥事的王裕、马顺两人不仅仅审不清案子,而且还犯了过失杀人和欺君之罪。按理说犯下这么大的罪行必死无疑了,可出乎人们意料的是他们居然没死,且还能安然无恙地继续当他们的官,这究竟是怎么一回事?

正统五年(1440)三月的一天,有个小内使叫张能的上告说:内廷大太监僧保犯有诸多不法事。按照当时的礼法规制,除了谋逆、谋反一类特别大的罪行外,一般来说下级不能状告上级,婢幼者不能状告尊长者；因此张能的这个上告非但没告倒僧保，反而给自己招来了杀身大祸。

小皇帝听到上告之事后，命令行在锦衣卫指挥佥事王裕、马顺将张能逮捕下狱进行拷问。哪知这个叫张能的宦官太经不起折腾了，马顺、王裕本想让他尝遍锦衣卫里的刑具，谁也没想到他的身子骨一下子就垮了，且匆匆地走上了黄泉之路。案子没审清，人犯却死了，这如何是好？锦衣卫的高层领导有的是本领，他们就以张能病死为名上报了上去。明英宗听了觉得好不奇怪，原来还好端端的，怎么会一下子就病死呢？这是怎么回事？他向"王先生"请教，"王先生"示意他让御史徐郁等人去复审案件，表面看来这是纠正冤假错案，实际上是为了彻底慑服马顺、王裕，让他们从此死心塌地为自己卖命。再说御史徐郁等早已屈服于王振的淫威，接到皇帝圣旨后十分卖命地工作，很快就查清了案件的真相。随即马顺、王裕被逮捕下狱，过失杀人罪加上欺君之罪，这次两位锦衣卫高级领导必死无疑了？没有，在"王先生"的指导下，小皇帝下令将马、王两人先锢禁起来。(《明英宗实录》卷65)

再次品尝牢笼之苦的马顺和王裕这次可有经验了，之所以第二次被锢禁起来关键还在于自己的工作不能与朝廷中央时时刻刻保持高度的一致，而事已至此，能将自己捞出去并能得到小皇帝宽宥的只有一个人，那就是大太监王振了。马、王两人打定主意，就让人在外紧锣密鼓地开展活动，向王先生表达十二分的忠诚，心甘情愿做其马仔，当然少不了要向他好好地孝敬一番。如此下来，大约过了3个月，王先生估摸着火候差不多了，就找了个借口与小皇帝说了说，于正统五年(1440)六月壬午日宽宥了行在锦衣卫指挥佥事王裕、马顺之罪，并让他俩官复原职。自此以后，马、王两人死心塌地为王振所用，成为他的最为忠实的鹰犬。(《明英宗实录》卷68)

● **最先投靠王太监的外廷两条哈巴狗：兵部尚书徐晞与工部郎中王佑**

统领内官系统，慑服锦衣卫"大佬"，太监王振的势力一天天地强大起来，并由内廷不断地渗透到外廷。外廷最为主要的权力机

第2章 少帝错爱 阉竖大害

构就是内阁与部院,前文说过,在与内阁的交锋中,阴鸷狡黠的王振大意失荆州,让"三杨"占了上风,可他并不气馁:一来与"三杨"相比,自己正年轻着;二来眼下连太皇太后也有所顾忌的小皇帝一直与自己保持着特殊的关系,要说这个小皇帝可是个宝物,他庸碌而自用,执拗而自以为英明,童稚任性,好胜心强,又喜欢别人阿谀,这些个性特征不正好可利用;三来虽说在最高决策机构——内阁争战中略输一筹,但在最高执行机构——部院的控制权争战中究竟鹿死谁手,大家走着瞧。大明朝廷中这种无声的权力之争早在正统改元之初就悄悄地拉开了序幕。王振"喜人趋附,廷臣初不知,数以微谴见谪,如惧。兵部尚书徐晞、工部侍郎王佑,憸邪小人,首开趋附之路,百计效勤,极尽谄媚之态,遂宣言于众曰:'吾辈以其物相送,(王)振大喜,以为敬己,待之甚厚。'且言振意:'不进见致礼者,为慢己,必得祸。'众闻知益惧,皆具礼进见,从此以为常(【明】李贤:《古穰杂录摘抄》)"。

○ 与朝廷中央率先保持高度一致实在好处多多,徐晞首开正统朝无耻之风

当朝人李贤直截了当地指出,正统朝首开趋附之路的憸邪小人为尚书徐晞和侍郎王佑。

徐晞是正统尚未改元时就屈膝于王振的。(《明史·宦官一·王振传》卷304)正因为如此,王振十分喜欢他,于宣德十年(1435)三月授意冲龄天子明英宗,擢升当时还是行在兵部武库司郎中的徐晞为本部试右侍郎,叫他与其他新提拔的官员前往西北边疆等地"提督所属卫所官军、土军操练"(《明英宗实录》卷3),可能相当于我们现在熟悉的下基层挂职锻炼。大约过了8个月,就把他召回了朝廷(《明英宗实录》卷11),随即正式任命他为行在兵部右侍郎(《明英宗实录》卷13)。自从投靠了内廷太监王振后,徐晞的仕途可谓一帆风顺,官运亨通。一年的时间由兵部郎中升任为兵部右侍郎,旋为左侍郎,后又花了五年多的时间,即于正统七年(1442)五月坐上兵部头把交椅——兵部尚书。(《明英宗实录》卷92。清初史学家谷应泰将徐晞任职兵部尚书写作为正统七年十二月是不正确的)

一个江阴乡间小吏(【明】马愈:《马氏日抄》))居然在正统朝当上了

兵部尚书,这实在是令人匪夷所思。不过让人不可思议的事情还在后头,徐氏子孙皆无寸尺之功,却都能在朝廷中担任官职。徐晞退休后,他的儿子徐讷乞恩袭位,正统帝授予他为后军都督府经历司都事。可他上了没多少天班就说自己身体不好,皇帝同意他回老家江阴养病,这一养就是近10年。到天顺元年(1457)夺门之变后,他的病终于也好了。明英宗听说后就擢升他为尚宝司司丞。(《明英宗实录》卷280)徐晞的孙子徐世英原本什么也不是,但他娶了明英宗"母亲"孝恭皇后即孙太后姐姐的女儿,小时候他与小杆子皇帝一起玩过,后来也回了江阴老家。一晃许多年过去了,有一天,明英宗忽然想起了他,下令让他乘坐大明官方驿车火速抵京觐见。见到儿时玩伴那一刻,正统帝几乎认不出平头巾打扮的徐世英,随后很不服气地跟吏部官说:"朕岂有白衣亲?与他九卿堂上官做!"六科给事中与十三道监察御史听到后赶紧出来规谏,提醒皇帝,不能因此而坏了祖制的章法。哪知明英宗听后大为光火,吼道:"今后再有来说者,打掉牙齿!"而后便授予徐世英为中书舍人。天顺复辟后又升其为通政使司通政。(《明英宗实录》卷175;【明】李诩:《戒庵老人漫笔·江阴徐世英异宠》卷1;中华书局1982年2月第1版,P10)

○ 正统朝首开趋附之路的另一个奸佞小人王佑

说完了徐晞,我们再来讲讲正统朝首开趋附之路的另一个奸佞小人王佑。王佑(《明史》中作"王祐",笔者认为有误,应该以《明实录》和《古穰杂录摘抄》中的"王佑"为准)原是工部主事,可能相当于现在的建设部下属的某司局的司局长。此人与徐晞相比更无耻,是个地地道道的小人。正统改元之初,他看到小皇帝的"老师""王先生"很吃香,就开始暗中投靠。王振也没亏待他,提拔他为本部郎中,升了一大级官。(《明英宗实录》卷13)但那时王振的权势刚刚开始腾升,他做事还算有章法,不敢过分露骨地擢黜某人;加上这个叫王佑的人品与声誉实在不咋样,所以一直等到五六年后的正统六年(1441)八月,王振才又一次出面让明英宗任命王佑署行在工部本部事,换成今天大白话来说,就是主持建设部的日常工作。(《明英宗实录》卷82)见此有人可能要问了,难道工部没有它的官长了,竟然要由一个郎中来主管朝廷的部级衙门?

● 五毒俱全的怕老婆贪官、建设部部长吴中也投靠了王振

事情的原委是这样的：正统之初工部尚书即建设部部长是个数朝元老，他叫吴中，山东武城县人。洪武中国子监生出身，被授予辽东营州后屯卫经历。朱棣发动"靖难"叛乱，进攻辽东大宁时，吴中与他的衙门同僚一起投降了朱棣，负责粮草转运与城池守护，立有功劳，后被擢升为都察院右都御史。永乐五年（1407）改为工部尚书，跟随朱棣北巡，肇建北京。但不久因家中有父母之丧而回乡守制，服孝结束后起复为刑部尚书。永乐十九年（1421）与夏原吉、方宾等人以北征饷绌为由，劝谏朱棣不要再进行大炮打蚊子式的远征，没想到就此触怒了永乐皇帝而被捕入狱。

这一关就是三年，一直等到永乐二十二年（1424）夏秋之际朱棣客死北疆、明仁宗朱高炽上台后，吴中才得以出狱，官复原职，兼詹事，加太子少保。

宣德初年他调回工部任尚书，后曾跟随明宣宗远征乐安高煦之乱，因有功而受赏。宣德三年（1428）六月的一天，明宣宗朱瞻基忽然来了兴致，登上北京明皇城楼想看看风景。可刚刚上楼，一幢壮丽雄伟的建筑映入了眼帘。他十分好奇地问道："这般规模宏大的建筑以前好像没有的，这是什么衙门机构？"随身近侍回答道："启禀陛下，这是新近盖成的太监杨庆府宅。"听到这里，宣德皇帝就更好奇了："什么，太监杨庆的家？他哪来这么多的钱盖如此豪华的府第？"近侍解释说："听说杨宅那些一人都抱不拢的大木头和高档砖瓦都是工部尚书吴中送的。"朱瞻基这下可火了，立即下令，逮捕吴中。随即展开调查，发现锦衣卫指挥王裕知而不奏，这下可好了，锦衣卫头目王裕紧跟吴中之后被下了大狱。因案件主犯为朝廷高官，朱瞻基命法司衙门与朝廷重臣一同审理该案，最终审得，吴中监守自盗，结交宦官，按律当罪；王裕知而不奏当连坐。但宣德皇帝在这个关键时刻却十分心疼"会办事"的吴中，以其为皇祖朱棣时代的老臣为名，宽宥了他的罪行，只罢了他的少保之职、罚尚书俸一年，随即将其释放了，并官复原职——工部尚书。（《明宣宗实录》卷44；《明英宗实录》卷93；《明史·吴中传》卷151）

从上述吴中的经历来看,正统初年的这位老臣尽管历经了许多的风雨,但其发挥的正能量却很有限。明代官史就说吴中"仪观魁伟,奏对洪亮,有材能,累朝营建山陵、宫殿,中皆与有劳。然昧于大体,谄事中贵,不恤民力,惟黩声色货利,宠妾数十,每房各具衣及带,中随所至而服之,且畏其妻,不敢忤"(《明英宗实录》卷93)。

这段史料是说吴中身材高大、仪表堂堂,说话清脆,嗓音洪亮,有着相当的才能,尤其是在建筑营造方面拥有杰出的天赋。他在工部担任领导职务长达20余年,负责建造了北京明皇宫殿、长陵、献陵和景陵等一系列大型工程,"职务填委,规画井然"(《明史·吴中传》卷151)。但这样一个有才之人的品行却实在令人不敢恭维,他为人处事没有大局意识、没有底线,见到有权有势的,他就点头哈腰、百般献媚;与此相对,对于下层的普通百姓与弱势群体,他则不恤民力,将其当作牛马一般任意驱使。更为糟糕的是,吴中的个人道德品行十分糟糕。他追逐声色犬马,迷恋美女肉欲,大肆贪渎。

与其同朝为官的文臣们记载说,光吴中宠爱的漂亮"二奶""三奶"一类女人就多达数十个。这数十个漂亮"美眉"每人都有专门的院落,吴中在每个院落中都置办了自己的服饰,每当夜幕降临后,他就任意挑选一位姑娘作陪,第二天潇潇洒洒地穿上那里早已准备好的衣裤来朝上班,潇洒走一回。吴中的奢靡腐化与600年后他家乡山东邻省的山西五六位省部级高官合用一个商界女豪杰倒是颇为相似,不过可能让后者汗颜的是,这五六位"人民公仆"太过于节俭了,数人合用。中国是个人口资源相当丰富的大国,类似"郭××"式的女人多的是,何必要那么节省资源?!当然有人见此可能要说,这不叫节省资源,殊不知有句顺口溜已经流传了好多年:"家中红旗不倒,外面彩旗飘飘。"说到此,笔者发现一个奇特现象:当下我们社会里的某些"人民公仆"特厉害,也特威猛,外面"彩旗"再多,家中的"红旗"也早已与时俱进,不吵不闹。而600年前的省部级高官吴中可没这么省心,因为他家中有一只母老虎。虽说吴尚书吴部长是地道的山东人,却不知怎么地一点也没有山东汉子气,家中做主的是他的妻子,这倒与600年后的南方某地男人颇为相似,因而吴中惧内之"美名"在当时是妇孺皆知的,就连深居紫禁城里的皇帝也知道了。那时20余岁的年轻皇帝朱瞻基总喜欢拿老爷爷吴中惧内说事、开涮，甚至连下达皇帝诏书、颁赐诰命时也没忘这事。据说有一次宣德皇帝在宫里闲得没事，叫来一拨子文艺工作者在宫里演出惧内滑稽戏，组织朝官一起观看。当百官们看了笑得前仰后合时，一向老脸厚皮的吴中顿时也被羞得脸如红纸，但就是没法解决自己的惧内问题。(【明】李贤：《古穰杂录摘抄》)

还有一次，皇帝朱瞻基令人将诰命送到吴府去，吴府女一号一听说是皇帝叫人送来的诰命，就让家里的儿孙取来念给她听听。听完后她很好奇地问了："这诰命是皇上亲自写的，还是翰林儒臣代笔的呢？"有人回答："这肯定是代笔的，皇上要处理的事情太多了，哪可能为这类事而亲自为之。"吴妻颇为感慨地说道："诰命每个字我都听清楚了，一言一语没有一个涉及我家老爷'清'和'廉'，翰林先生讲得中肯啊！"众人听后顿时哄堂大笑，而在旁的吴中却只好跟着大家强笑一番，就是不敢发怒。(【明】李贤：《古穰杂录摘抄》；《明英宗实录》卷93)

惧内的吴中尽管天天卧拥着美女带来的快乐，但他在男欢女爱方面似乎要比纵欲的上级领导宣德皇帝有经验得多，当孙辈皇帝明宣宗被美女们掏空了身体驾鹤西去时，吴中还精神矍铄地享受女色的欢乐，且依然"勤敏多计算"着。之所以要这样"勤勉"和不辞劳苦，因为他清楚，吴府上下、里里外外有着几十号的小"美眉"正日思夜想着他呐。事实上吴中确实也不赖，他"不孚众望"，"贪财钜万，嬖妾数十人"。(【明】李贤：《古穰杂录摘抄》)。

吴尚书能贪得巨万资财，一个很重要的秘籍就是充分利用明初好大喜功的永乐帝大搞工程建设的机会使命地捞钱。工程开工得越多，主管工程建设的工部尚书吴中下手的机会自然也就越多。与此相随，展示于世人面前的一代"盛世圣君"之"丰功伟业"也就越多。尽管魔鬼君主朱棣及其子孙无所不为，但并不是所有的事情都能随其所愿的。

极有讽刺意味的是，当天下第一皇宫——北京明皇宫建造初竣、魔鬼君主处心竭虑迁都北京的大难题刚刚得以解决时，一场无名大火将明皇宫奉天、华盖、谨身三大殿和乾清、坤宁两大宫烧了个精光。无论魔鬼皇帝对反对迁都北京之大臣实行怎样的残酷打击,也无论由其一手调教出来的好皇孙朱瞻基怎样忠实地执行皇祖之成宪,拖延甚至拒绝还都南京,有一个不争的事实却一直摆在大明帝国君臣面前,那就是永乐之后,北京明皇宫的三大殿与两大宫的重修问题始终没了下文。

● 昏童天子欲做盛世之君,下令重修北京明皇宫三大殿、两大宫;"先生"乘机肆意受贿,并收服"乖乖儿"中央朝廷副部级领导王佑

可这一切随着一个乳臭未干的娃娃登基而开始有了改变。由幼儿时代的父皇启蒙教育到冲龄践祚前后"王先生"的循循善诱,无数次相似意识的不断灌输,使得小杆子皇帝朱祁镇的内心深处充满了成为一代有为之君的雄心壮志。那么怎么才能成为有为的一代圣君?用国人耳熟能详的话来说,就是继往开来,建立不世之功业。朱祁镇内心的这种潜意识随着年龄的增长而越发强烈,正统五年(1440),他刚好13周岁,年少的狂躁,几乎没有什么制约得了的皇权,加上王振王先生的鼓动,大明少年天子干起了皇祖皇父都不敢轻易触及的大事情:那年上半年,他轻率地做出了大举进攻西南麓川叛乱势力思任发的决定(《明英宗实录》卷64);与此同时,他又"以营建宫殿发各监局及轮班匠三万余人、操军三万六千人供役",以此开启了有明一代北京明皇宫的再次修建。(《明英宗实录》卷64)

修建三大殿、两大宫是项极其浩大繁琐的工程,"初太宗皇帝(指朱棣)营建(北京)宫阙尚多未备,三殿成而复灾,以奉天门为正朝"(《明英宗实录》卷65)。正统五年(1440)三月戊申日,小皇帝朱祁镇首先派遣大明皇家姻亲驸马都尉西宁侯宋瑛等敬告天地、太庙、社稷及司工诸神,随即下令营建宫阙工程正式开工。

当时工程建设总体上由工部尚书吴中负责,这样的安排似乎有着一定的合理性,吴尚书在任这些年不仅建造了北京城、明皇宫殿、长陵、献陵和景陵等巨型工程,积累了丰富的工作经验,而且他还特别拥有了无节操的个性特征,这恰恰为冲龄天子及其幕后军

师王振"王先生"所喜欢。喜欢归喜欢，干工程毕竟要时不时地上工程实地去跑、去看、去指挥，而总管工程建设的工部尚书吴中又偏偏年近古稀，虽说他在每日乐一回的美女面前或许雄风不减当年，但要是让他风里来雨里去地跑工地，那可是不切实际的。鉴于当时已"发现(通'现')役工匠、操练官军七万人兴工，其材木诸料俱旧所采办储积者"的实际情势《明英宗实录》卷65)，小皇帝明英宗在"王先生"的指点下，让嘴上涂了蜜似的年轻官员——工部郎中王佑来直接进行现场管理，这就有了《明实录》中所说的正统六年(1441)八月壬午日，正统皇帝任"命行在工部郎中王佑署本部事"(《明英宗实录》卷82)。

这样的任命很有意思，工部即建设部里连部长助理都不到的中高级官员郎中来主持建设部的工作，"理各厂工匠"(《明英宗实录》卷104)，这说明了什么？明眼人一看便明白，这个叫王佑的年轻官员与当今天子及其幕后军师有着非同一般的关系，否则怎么会将这么重要的使命交予他来完成呢！历史恰巧留下了这个方面的记载:众所周知，正常男人因为雄性激素作用的结果往往会胡子拉碴，而太监由于被阉割而使得自身体内的雄性激素无以存在，因而其脸部等外在特征与女人相同或言相类。当年的王振为了实现自己的"有为"理想而忍受巨大的肉体痛苦，最终才当上了"王先生"。虽说人称其为先生，甚至连小皇帝也这么喊着他，这是多大的荣耀！不过毕竟是读书人出身，王振多少还识趣些，在满朝都是爷儿们的世界里，自己没法享受男欢女爱的快乐暂且不说，就这脸上光光的、一根毛也没有还真让人难受。王振"王先生"不可言喻的痛苦只能偷偷地往肚里咽，开弓没有回头箭，世上没有后悔药可吃，谁叫他自己当初……嗨，你还真别说，有一天王振"王先生"眼前一亮，内心顿时一阵狂喜:经常来向自己作工作汇报、时不时地进贡金银珠宝孝敬自己的年轻官员、工部郎中王佑的脸上居然也是光光的，这是怎么一回事？王振一好奇，就有了求解疑惑的欲念，乘着王佑来到跟前说事之际，就问了:"王郎中怎么也没有胡子？"王佑听到这样的问话，觉得这是谄媚的好时候，立马恬不知耻地回答:"老爷您没有胡子，孩儿我怎么敢长那东西呀？"王振听到这么舒适、顺耳的回话，顿时差一点乐晕过去。(【明】李贤:《古穰杂录摘

抄》;【清】谷应泰:《明史纪事本末·王振用事》卷29)

不过王振毕竟是读书人出身,与一般宦官有所不同的是他读过很多的书,明白像王佑这类献媚者之所以这么乖顺、贴心和听话,完全是冲着他与冲龄天子手中的权力而来的,至于这样的人怎么说也谈不上他们有多大的可靠性,当然检验还是要靠时间老人。于是人们看到,在王佑投靠王振的最初几年内,王先生并没有立即授意小杆子皇帝大力提拔他,而是让他去干事、捞好处,以此来孝敬自己,更多的还在于考验考验其是否忠诚。

正当王振用心考验投靠自己的哈巴狗时,一个不期而至的偶发事件却着实考验了他与小杆子皇帝的关系。

● 自诩"周公"的王振终于能参加皇宫正殿大宴,狼与狈走得更近了

正统六年(1441)九月初一日,北京明皇宫奉天、华盖、谨身三大殿和乾清、坤宁二大宫正式竣工,彰显一代守成之君丰功伟业的一大政绩工程终于如愿以偿地展示于世人面前。小杆子皇帝明英宗心里爽透了,当即下令在新建的明皇宫大殿上设宴,招待百官,以示庆祝。

这是一个多么值得高兴与荣耀的日子啊,小杆子皇帝正手忙脚乱地准备着,就想在这难得的大喜大贺的宴会上好好地露露脸,展示一下少年圣君的勃发英姿。突然有个小内使急急忙忙地走了过来,低声耳语道:"陛下您有所不知,王先生好像没被邀请来参加宴会,听说他正在家里发火呐!"听到这话,朱祁镇心里一怔:对啊,怎么这件事没想好怎么处理?按照我大明朝祖上规制:即使再受宠的宦官都不能参加朝廷正殿举行的宴会!但王先生……既是朕的先生,又是内廷大太监,怎么说呢?这样吧,先叫人上王公公府上去看看,到底发生了什么?

内使没多一会儿回来了,报告说:"陛下,王公公的府宅庭院内东西摔得满地都是,王先生正在家中发大火呐,他不停地来回走着,并重复一句话:'周公辅佐成王,难道我这个当代周公就不能到成王举办的大殿宴会之席位上去坐一坐吗?!'"听到这里,明英宗

顿时愁容满面,局促不安,过了一阵子,他似乎拿定主意了,随即下令:"打开东华门正门,让王先生直接入宫上殿,参加朝廷大宴会!"(【清】谷应泰:《明史纪事本末·王振用事》卷29)

什么?宦官也可以正儿八经地直接进入大殿参加宴会了!一直在发肝火的王振几乎不相信自己的耳朵。当底下小宦官向他重复了小杆子皇帝的口谕,并强调这是圣上诏命时,王先生这才转怒为喜,并自言自语道:"看来这些年我这个周公在成王身上的心血没白花!"说完就带了一拨子走狗随从,趾高气扬地往东华门方向走去。这时,云集在东华门口的百官们听说王太监来了,好多人都不相信这是真的,但眼前的事实可明摆着啊,王太监正神气活现地领着一帮子人向东华门正门口走来!刹那间,诸朝臣一一跪倒在地,犹如拜见皇帝一般,王振王先生见此内心阵阵狂喜,他撇着嘴,昂着头,大摇大摆地走向明皇宫大殿。(【清】谷应泰:《明史纪事本末·王振用事》卷29)

通过参加明皇宫大殿宴会的考验,不仅使得王先生在小杆子皇帝明英宗心中的地位得到了进一步的提升,而且也让他在朝廷百官中树立了极高的"威望"。不过话得说回来,王振的这种威望不全是借助了王权,很大一部分还来自他"善于做人"和善于经营。

明皇宫奉天、华盖、谨身三大殿和乾清、坤宁两大宫的竣工宴会后,王先生及时提醒小杆子皇帝明英宗:对于工程建设的相关人士应该进行奖励和升赏。于是,督理该工程的内廷大太监阮安、僧保受到了朝廷丰厚的金银财物赏赐;负责管理军士劳作的都督同知沈清升为修武伯,食禄1 000石;主管总工程建设的少保、工部尚书吴中升为少师,等等。不过,在升赏与北京皇宫工程建设相关人员时,王振唯独没有授意小皇帝对负责工匠技术质量管理的工部郎中王佑进行升赏(《明英宗实录》卷84)。那么作为王太监的心腹走狗王佑会有意见或牢骚吗?没有,人家王佑就是政治觉悟高,毫无怨言,这下可把王振"王先生"给折服了。又是一年后的正统八年(1443)五月,"王先生"授意,明英宗"升工部虞衡司郎中王佑为本部右侍郎,仍理各厂工匠"(《明英宗实录》卷104)。

经过多年的考验,狼与狈不仅走得更近了,而且还结成了死党。不过就王佑等几个外廷大臣归附于己,一心想要为所欲为的大珰王振那时还不能掌控朝廷、"施展宏愿"。为此,他利用一切机会,假着冲龄天子的权势,继续立威于朝廷内外。

● "暗箭"伤及大明军界第一人,辅政大臣张辅就此给搞得灰头土脸

前文说过,明英宗改元之初,王振立威的手法还很隐蔽。从正统元年到正统三年,他虽然借小皇帝之手整治了王骥、胡濙、刘中敷、魏源等一大批"不听话"的朝中大臣,可最终几乎没有一个给他彻底整垮的,有的还让实际掌控大明朝廷核心权力的张太皇太后给救了,每每想到这些,王振就气不打一处来。不过好在自己还年轻,小皇帝还算听他的话。至于那个冷不丁出来"搅局"的张太皇太后,就她那副病歪歪样,估计也活不了几年。眼下最佳的做法就是不露痕迹地继续利用政治情商并不高的少年皇帝,进一步收拾那些不听话的朝廷大臣。

自从王振"王先生"有了这份心思后,机会马上就送到了他的眼前。

正统五年(有的书上记载为正统六年)三月的一天,顾命大臣、太师、英国公张辅上奏说:"家父张玉参加并殉难于太宗皇帝发动的'靖难'战争,承蒙大明皇家厚恩,让我家二弟张軏福荫为官,当上了神策卫指挥使,哪想到我们张家就此冒出了不肖子孙。由于家族中曾有过一些小矛盾,我家二弟张軏竟不顾礼法与血缘亲情,领了他的儿子张瑄、张斌上门来大骂老臣,殴打老臣父亲张玉的守坟宦官,还扯下了他的头发,并这样骂道:'扯了你的头发就等于扯了太师张辅的头发。最为恶劣的是张軏父子三人还往守坟宦官的脸上吐口水,并说就是要将你的主子张辅吐得一头一脸,让他没脸见人!'"(《明英宗实录》卷65)

张辅是"威名闻海外"的明初数朝元老(《明史·张辅传》卷154),也是永宣以来朝廷第一军事大臣。不过这是从外在的政治层面而言。从家族内部角度来讲,自张玉战死后,长子张辅就是张家的大家长,他的两个弟弟张軏、张軏及其儿孙理应尊敬与服从张辅。可现在倒好,一切都反过来了。张辅心里当然受不了这番侮辱了,于

第2章 少帝错爱 阉竖大害

183

是上告朝廷。没想到小杆子皇帝明英宗在"王先生"的暗中指点下做出了这般处置:"命行在锦衣卫逮(张)辄父子,究问狱具,命固禁之。"(《明英宗实录》卷65)根据中国传统宗法制之规制,家族内发生的事情(除谋反、谋逆一类外)即使上告到朝廷或公堂上,一般来说还是由家族内的家长或大家长依照家法自行处置,以此来维护家长或大家长的地位与尊严。张玉家发生婢幼辈侵犯尊长辈的事件,说到底也就是家法执行不力,张辅上告的目的无非是指望朝廷重申家法的威严,明确授权给他惩治已经当上神策卫指挥使的弟弟张辄及他的两个儿子。可王振授意正统帝那般处置,就是将张家家族内的私事进行公事化,面子上是保护张辅、打击张辄父子,可从本质上来讲,一旦世人知道了往往以为张辅无能,连自己家族里的人都没法搞定,何以能辅助年幼皇帝治天下呢?!

连数朝元老、朝廷第一军事大臣都被暗搞了,王振眼里的外廷大臣还有谁好怕的? 不过话不能说得太绝对,就当时犬儒成堆的正统朝廷而言还真有几个拎不清的大臣老不听话,譬如在正统改元之初曾被狠狠整治一番的户部尚书刘中敷、侍郎吴玺和陈瑺就是这样的典型。

● **老拎不清而"三进宫"的财政部正副部长3人差一点成了刀下之鬼**

正统六年(1441)十月,有人上请户部:"冬天就在眼前,北京城里的草料很少,不足饲养大明皇家的御用牛马,今请户部明示,作何处置。"户部尚书刘中敷接到上请报告后十分重视,将左侍郎吴玺、右侍郎陈瑺等属官一起召来,讨论解决问题的方案。大家想了好长时间还是觉得,不论以何种形式饲养御用牛马,最终还得要由百姓来买单,与其这样,倒不如现在就直接将御用牛马分派到民间各户去牧养,这样既省心又能省力。在随后上朝议政时,户部尚书刘中敷便将该方案上报给了英宗朝廷。小杆子皇帝不通政务,当场并没作出任何指示,随后请示"王先生"王振。王振自正统三年狠狠惩治了刘中敷、吴玺与陈瑺后,老觉得这三个户部官长似乎还没有完全臣服,这从他们的日常言行尤其是那自命清高的眼神里一看便知。快两年了,他老想找个机会再"修理修理"他们,可一直也没什么好的借口,这下可好了。现在刘中敷等户部官不是要将御用牛马分牧于民间嘛,就以变乱祖制为名再狠狠地教训他们一番。王振拿定主意后就诱导小杆子皇帝,让言官们交章奏劾:户部尚书刘中敷、侍郎吴玺、陈瑺变乱成规,理应治罪。正统帝依此操作,命令先将刘中敷等3人逮捕入狱,然后再交给大臣们廷议。廷议结果是,变乱祖制,按律当斩。可谁都清楚,刘中敷等3人仅仅提出了意见和想法,根本就没有变乱祖制之实;如果真的将他们给斩了,这似乎太过于草率了,那怎么办?还是"王先生"有办法,他不仅要让刘中敷等3人坐牢,而且还叫他们在长安门"荷校"。(《明英宗实录》卷84)

什么叫"荷校"?荷就是承载,校也称枷,是那时的一种刑具,该刑具为木质方形项圈,由数块厚木板制成。一旦犯人被判定处以此刑罚时,方形木质项圈就套住犯人的脖子,同时还套住他的双手,然后再强制该罪犯戴着这个枷或称校于监狱外或官府衙门前站着示众,以示羞辱,令其十分痛苦。痛苦主要来自两个方面:一个是身体上的折磨。罪犯肩扛的这种校分量很重,有一二十斤以至几十斤不等,明代中后期的校重达上百斤,甚至有一百五十斤,所以一旦被处以"荷校"或言"枷号",很多戴上最重枷的囚犯要不了几天就一命呜呼。另一个是精神上的摧残。被处以"荷校"或言"枷号"的罪犯往往要戴着那么沉重的刑具站在某个指定的地方,一站短则几天,长则十几天、一个月、两个月,在饱受身体折磨的同时遭受精神摧残,因此有人干脆就称其为耻辱性的酷刑。至于这种酷刑是不是由王振发明的,目前尚有争议,有人说明初朱元璋时代就已经有了,但那时似乎较少使用,文献中也少有记载。可到了正统年间,为了显示自己的权势,树立小皇帝与王先生的绝对淫威,"荷校"或言"枷号"开始频频使用。就说眼下这3个脑子老拎不清的户部长官,这回可让他们好好地品尝一下枷号的滋味。于是户部尚书刘中敷、左侍郎吴玺、右侍郎陈瑺3人被丢人现眼地罚站了十几天,但他们始终不肯屈服求饶。这事最终被捅到了太皇太后那里,皇奶奶看到自己的孙子皇帝又在胡闹了,立即将他叫到自己的身边,好好地教育了一番,让他自行改正。

小杆子皇帝迫于皇奶奶的压力,不得不放了刘中敷等3人,让他们官复原职。不过深刻领会王先生教诲和出于自身面子考虑的正统帝在释放刘中敷等3人的同时却撂下了这样的话:"(刘)中敷等情固难恕,第念旧臣,曲法贷之。如再不悛,处死不宥。"(《明英宗实录》卷84)小杆子皇帝的意思是,刘中敷等人犯的罪本来是难以饶恕的,但本皇帝念在他们都是旧臣的份上,曲法宽宥了他们。倘若日后他们再犯,那就处死不饶!

多大的事?不就是提出了一个与祖制不一的建议,又没有进行实质性的变更,就要将提建议的大臣处死,这似乎太荒唐了?!说白了就是户部尚书刘中敷、左侍郎吴玺、右侍郎陈瑺3人不听话,自以为是。明英宗与他十分宠信的王先生早已记下了这一笔。嗨,你还真别说,明英宗处理国事十分无能,盲目自尊与"记仇"、报复却是绝对一流水平。

大约一个月后的正统六年(1441)闰十一月的一天,有人上报朝廷说:"北方蒙古瓦剌使者来京朝贡,一路上带过来了大批的马匹与骆驼,存放在北疆边关大同放养。"小杆子皇帝听了觉得很好奇,当即就问刘中敷等户部官:"瓦剌人存放在大同的马匹与骆驼有多少?需要用多少草料来予以饲养?"一般来说域外来使都由礼部等衙门首先负责接待,户部不管这类事情,刘中敷等当然无言以对。臣下答不上来,小杆子皇帝更是不知道该以何名目来加以严惩。这时太监王振告诉明英宗,就以玩忽职守为罪名将刘中敷、吴玺、陈瑺3人先拿下,打入大牢,再组织朝廷官员共同审理该案。那么组织什么样的朝廷官员来审理该案?这似乎变得无关紧要,现在朝堂上凡是能喘气的都知道,小杆子皇帝与他的"王先生"要置刘中敷等3人于死地。毋庸赘言,会官鞫问的最终结果肯定是,刘中敷等3人要被处以死刑。但这样的会审结果出来时已经过了秋后问斩的期限,小皇帝只得下令"禁锢之"(《明英宗实录》卷86)。

3个不听话的户部官这回犯事可没以前那么"幸运"了,因为那时唯一能管着小杆子皇帝的太皇太后张氏已经病入膏肓,根本无法也不可能再出来做些弥补昏君过失的工作了,于是刘中敷等3人只好在监狱里待着,等待来年的秋后问斩。不过这3个人可能是命大,也可能是朝廷正直大臣对小皇帝的婉言相谏多少起了些作用,在刘中敷入狱后不久,他的老家来人报丧:刘母病逝。按照那时的规制,父母等亲人长者逝世,做儿子的理应回家守制,刘中敷就此上请朝廷,小杆子皇帝不得不予以批准。这样一来,3个户部官只有吴玺和陈瑺继续待在监狱里。一转眼就是正统七年(1442)九月,即人们常说的深秋——古代处置犯人的季节。朝廷法司部门上请:是否要处决那几个户部官?正统帝在王振"王先生"的指导下批示:宽宥吴玺、陈瑺之死罪,谪戍威远卫做苦役;刘中敷守制结束后回京,被罢黜为民。(《明英宗实录》卷96;《明英宗实录》卷99)

● 正统七年 "治世"大限

　　刘中敷、吴玺、陈瑺3个老不听话的部级高官终于被"开"走了,当朝唯一能与正统帝宠信的"王先生"抗礼的大明朝廷第一军事大臣张辅也早被搞得灰头土脸了,更别提那先前让小杆子皇帝和他的先生"修理"过的辅政大臣行在礼部尚书胡濙、行在兵部尚书王骥、右侍郎邝埜、行在刑部尚书魏源、右侍郎何文渊、都察院右都御史陈智、右佥都御史王翱、大理寺左少卿程富、右少卿贺祖嗣等人了。据说那时"王振擅权,文武大臣望尘顿首"(《明史·张辅传》卷154)。这样的情势随着正统七年(1442)太皇太后张氏的归天和在此前后"三杨"的去世而变得愈发严重,大明帝国"盛世之治"的大限到了。

　　说到此,我们不能不说一下正统中期有个有趣的现象:大约每隔两年,正统朝辅政老臣就要"走掉"一位,而最初"走掉"的辅政大臣是杨荣。

◉ 第一个"走掉"的辅政大臣杨荣拥有"超前感应"?

　　前文说过,杨荣为永宣时期最为机敏、最有谋略的朝廷决策大臣,正因为足智多谋,他才躲避了那个时期的一个个惊涛骇浪,由此也就成为正统初元的辅政元老之一。这是从正面角度而言的,若从反面或从其人性的弱点来讲,杨荣有两大致命的缺陷:第一,浑身上下渗透着犬儒主义,他为人处事十分乖巧,常常顺着别人心思说话,尤其注意不冲撞皇帝主子的意志。他曾跟人这么说:"事君有体,进谏有方,以悻直取祸,吾不为也。"(《明史·杨荣传》卷148)就此而言,他是个地地道道的犬儒"教父"。第二,贪财好利。据说从永乐时期起边关将领每年都要给杨荣送良马,他都一一笑纳。杨荣的这种贪财好利的毛病始终都没改,一直到他的生命终点,或者换一种说法,贪财好利是杨荣死亡的催化剂。何以为据?我们不妨先来看看杨荣死亡那一年在他身上所发生的那些事:

正统五年(1440)新年刚过,小杆子皇帝明英宗13周岁,按照现代人的说法,也就是一个初中一二年级的学生,可那时的朱祁镇当皇帝已经当了第6个年头。那么他这个皇帝当得怎么样?朝廷外发生的事情不怎么清楚,但在朝廷内杨荣目睹了一半以上朝廷部院衙门的一二把手让小杆子皇帝送进了监狱,有的甚至还饱受凌辱。虽说这些大臣或多或少都有些瑕疵和讹误,虽说小杆子皇帝胡为的背后有个狗头军师——王振"王先生",但如此这般重重责罚当年皇祖、皇父都十分敬重的数朝老臣,怎么讲都无法表明当今小天子日后会有多英明,素有"警敏"美誉的杨荣感觉到:"三杨"辅政、歌功颂德的"盛世之治"时代一去不复返了,现在是小杆子当皇帝,他所需要的辅政者是年富力强的"王先生"。"以悻直取祸,吾不为也"之信条终使杨荣下定了决心:远离当今朝廷这个是非窝!但如何离开呢?你总不能说我看不惯,或者说我们是数朝老臣,现在皇帝要的是年轻化……要真是这么说了,人家明英宗虽说是个13岁的少年,但对于上述这类闹情绪化的言语还是能听懂的;万一他听不懂,他背后的"王先生"可是个"高人"啊。所以说,要想离开眼前的这个是非窝,必须得找个十分过硬且又巧妙的借口和理由。杨荣想啊想,忽然想到了。正统五年(1440)二月丙戌日,"少师、工部尚书兼谨身殿大学士杨荣乞还乡,祭扫先茔"(《明英宗实录》卷64)。

杨荣离京返乡的理由是,好久没回家乡了,想回去给祖先扫扫墓。这个借口提得实在妙,一来在时间上卡在开春后不久,从北京到闽赣间的建安,按照那时的交通条件恐怕要走几个月,大致在清明扫墓之际差不多能赶回老家了;二来在离京理由方面很充足、很过硬,杨荣要回去扫墓,祭祀祖先,这是传统中国人所必须要践行的"孝道",更何况大明开国之际就宣称"以孝立国";三来杨荣"以久违先茔,乞归祭扫"(《明英宗实录》卷69),真不愧有"警敏"美名,杨荣离京上请一提出,小杆子皇帝无论如何都要批准。而当年明英宗的谕旨批复是这样的:"卿为国老成人,不可一日去朕左右。但致孝于其先,此人子不自已之心,而朕素所嘉尚者,故勉循所请,毕事其即还朝,毋缓!"(《明英宗实录》卷64)

上述这话的意思是:"杨爱卿,你是我大明数朝老臣,你可一日都不能离开朕的啊。只是致孝于先人,是为人子孙最为基本的道行,也是朕向来所倡导的,所以今天姑且批准你的请求。不过扫墓之事完成后还请杨爱卿速速回朝,万万不要迟缓!"

明明小杆子皇帝倚重的是"王先生",以"三杨"为代表的辅政大臣所起的作用越来越不重要了,可小皇帝在"王先生"的诱使下装腔作势地说:"卿为国老成人,不可一日去朕左右。""故勉循所请,毕事其即还朝,毋缓!"这到底是什么意思呀?更耐人寻味的是,杨荣这次回乡,还有宫廷宦官陪同,表面看上去很风光,可实际又是怎么一回事?目睹了明初一股又一股政治大浪的杨荣当然心里不会轻松。有时人的第六感觉还是挺准的,就在杨荣离开京城一个月左右,大明皇室桂林靖江王"以黄金六条"馈赠杨荣之事"暴露"(《明英宗实录》卷65)。王振抓住时机,唆使明英宗严办此事。杨荣途经杭州时获得京城传来的消息,忧愤而死,终年七十。(《明英宗实录》卷69)

● **正统七年:大明掌舵人太皇太后张氏没了,帝国巨轮就此迷航?**

继杨荣之后"走掉"的第二位正统朝辅佐老人是太皇太后张氏。有关太皇太后张氏的事情前文已经做了很多的阐述,总之她是明朝前期一位了不起的女政治家,明清之际史学家傅维鳞曾对她这样评述道:"当时仁宗在东宫濒危殆,非后(指张太皇太后)妙于周旋,祸且不测。宣(宗)英(宗)二朝天下治平,后之力居多,人称女中尧舜,信然。"(【清】傅维鳞:《明书》卷20)若要说得更为准确一点,从洪熙到宣德直至正统初元,明朝前期出现了天下治平的盛世局面,太皇太后张氏出力甚大,奉献多多。从今人角度来看,这叫于公,那么于私呢?虽然中年时太皇太后张氏便开始守寡,但她恪守妇道,垂范后宫,约束外戚,稳住大明皇家,尽到了一个家族女性长者所应尽的职责,诠释了中国传统女性优秀的美德。尤其值得称道的是,在宣德到正统交替之间,太皇太后张氏既没有利用皇权空虚之际仿效历史上的吕后和武则天那般垂帘听政,也没有固执己见册立爱子襄王朱瞻墡(明宣宗的同母小弟弟、皇太子朱祁镇的亲叔叔),而是接受了杨荣、杨士奇等老臣的建议,因袭传统的嫡长子继承制,辅佐皇太孙朱祁镇登基即位,这不仅消弭了一时的帝国政治紊乱,而且也规避了日后大明皇家骨肉相残的悲剧出现(以后的明英宗与明代宗对皇权的争夺与张太后没什么关系)。

作为大明皇家最为尊贵的长者,太皇太后张氏在她晚年还曾做了一件合格的传统中国家长所必须做的事情——为儿孙完婚,尤其是为大明江山小主子择得了一位贤内助——金吾右卫带俸都指挥佥事钱贵之女钱氏。

这事起始于正统七年(1442)年初,可能是由于身体方面的原因,太皇太后张氏开始为年仅16虚岁的孙子皇帝朱祁镇择偶婚配,在经过层层筛选后,最终选定与小杆子皇帝同庚的钱贵女儿为正统帝的皇后。当时钱贵的身份是金吾右卫带俸都指挥佥事,为了能与大明皇家门当户对,那年四月,正统朝廷下令,将钱贵的身份提升为中军都督府都督同知。《明英宗实录》卷91随后于五月初一,大明礼部恭进大婚礼仪注,纳采问名礼、纳吉纳征告期礼、谒庙礼、合卺礼等礼仪程序、仪仗和卤簿等一一呈上。两天后,朝廷"命英国公张辅为正使,少师、兵部尚书兼华盖殿大学士杨士奇为副使,持节行纳采问名礼"。四天后的五月初七,朱祁镇又命成国公朱勇为正使,少保、礼部尚书兼武英殿大学士杨溥,吏部尚书郭琎为副使,持节行纳吉纳征告期礼,并将良辰吉日定在了五月十九日。

五月十九日,由英国公张辅为正使,少师、兵部尚书兼华盖殿大学士杨士奇,户部尚书王佐为副使的迎亲队伍到达钱贵家,迎娶新娘。皇帝新郎朱祁镇制好了册文,其文曰:"朕躬膺天命,祗嗣祖宗大位,统御天下,致理之本,肇自正家。惟夫妇之道,体乾坤之义,越稽古先,圣君明主,咸有令德,辅成于内,以兴王化之美,以厚万福之原。咨尔钱氏,生于勋门,天禀纯茂,慈惠贞淑,静一诚庄,敬承姆师,恒循礼度,敷求懿德,穆卜大同。今遣使持节,以金册金宝立尔为皇后。于戏,惟君暨后奉神灵之统,理万物之宜。惟孝惟诚,以奉九庙之祀。惟敬惟爱,以承两宫之欢。惟勤致儆戒,相成之益。惟无忘诗书图史之规,惟谦和以睦宗姻,惟节俭以处富贵。弘樛木逮下之惠。衍螽斯蕃嗣之祥,于以表正六宫,于以母仪四海。懋钦乃行,用永光华,止王后受册宝,自其第至大内,行礼皆如仪。"(《明英宗实录》卷92)

无论从册文的内容来看,还是从中国传统的礼俗与伦理而言,成婚大礼后小杆子皇帝算是长大成人了,他将要乾纲独断。而作为大明皇家家族最为尊贵的长者太皇太后张氏至此也可算作圆满地完成了使命,可以舒舒服服地安享晚年生活了。

可命运常常会作弄人,就在明英宗完婚后半年不到的十月之初,一代贤后张氏开始害病(《明英宗实录》卷97)。当时她的岁数可能60岁还不到,比"三杨"要小10来岁,且她的身体一向还可以,所以最初大家听到太皇太后病了也没有太在意。哪知病情每况愈下,到了该月月底(乙巳日)时,即使是华佗再世都已经对其无能为力了。(《明英宗实录》卷97)这时神志尚为清醒的太皇太后张氏自己也觉得将不久于世,便下令召"两杨"入宫,并让中官询问他俩:"国家还有何大事未办的?"杨士奇列举了三件大事:第一,前朝建文帝的小儿子建庶人朱文圭自2岁起就被软禁在凤阳的广寒宫,至今快要40年了,且建文一朝尚无实录存世,应该赶紧组织人马编撰;第二,太宗皇帝朱棣曾下诏,凡天下收藏方孝孺等建文"奸党"著作的人都要以死罪论处。今宜下诏,除去此项禁令;第三……杨士奇还没来得及说完,太皇太后张氏就晏驾了。老太太的遗诏是"勉大臣佐帝惇行仁政,语甚谆笃"。明英宗为其上"尊谥曰诚孝恭肃明德弘仁顺天启圣昭皇后,合葬献陵,祔太庙"(《明史·后妃一·仁宗诚孝张皇后传》卷113)。

● 移走"禁内臣碑","帝师""王先生"公然走上前台,威震正统朝廷

看了上述这样的太皇太后尊号,你或许以为,明英宗对老奶奶

的死充满着无比的痛惜之情,其实这是表面文章。从历史的实际来看,太皇太后的仙逝使得小杆子皇帝自此以后完完全全摘去头上的紧箍咒,他可以运用绝对皇权,任意折腾;同时对小杆子皇帝心目极为敬畏和信任的"先生"王振来说,那更是喜从天降,因为"太后既崩,(王)振益无所惮矣"(【清】谷应泰:《明史纪事本末·王振用事》卷29)。

就在太皇太后张氏晏驾后没几天,宫廷大太监王振做了一件影响大明宫廷历史的大事:偷偷移走太祖"禁内臣碑"(【清】谷应泰:《明史纪事本末·王振用事》卷29)。这碑是洪武年间太祖皇帝朱元璋鉴于前朝宦官为患的历史教训而专门设立的,上面铸有"内臣不得干预政事"8个字。该碑用铁制成,高3尺,约今天的一米,放置在内廷宫门内的醒目位置,而碑文中的"内臣"即指宦官。毋庸赘言,该碑告诫内廷宦官们:谁要是碰了这大明宫廷的高压线,谁就得要被处死。王振的狡黠之处就在于乘着太皇太后去世后大明皇宫忙乱之际,让人把这根祖宗竖立的高压线给偷偷地除去,为日后自己的擅权扫清祖制法理上的障碍。(【清】谷应泰:《明史纪事本末·王振用事》卷29)。

明朝是个极其注重祖制的朝代,即使像朱棣这样的混蛋儿子,在篡位上台后虽一反老子明太祖朱元璋立下的诸多祖制,但他始终不敢明目张胆地反对或抛弃它们,相反还要时不时地将它们拿来作为自己的遮羞布。换言之,明制之坏始于明成祖朱棣,而对其大肆毁损的则自昏童皇帝明英宗开启。英宗是朱祁镇死后的庙号,而英宗的"英"字原本含有"精华""杰出"和"英明"等义,其实明英宗既不"英明",也不"杰出",相反他表现出极度的糊涂。对此明末清初史学家谷应泰一针见血地指出:"至张后崩时,年已十六。质果英铭,亦当知上官之诈矣。何至呼(王振)为'先生',使(王)振周公自待。大晏不预,惧振惭愤,乃开东华中门,令振出入以悦之。此何异(汉)哀(帝)宠董贤,愿让天下;僖呼阿父,遂作门生者与!"(【清】谷应泰:《明史纪事本末·王振用事》卷29)实际上明英宗之混,远不止于自甘为宦官大珰王振的学生,更多的是在看似他乾纲独断,却偏偏又没有意识到狐假虎威之害和对于祖制破坏所带来的巨大隐患。

就在偷偷移走祖宗严禁内臣碑后,王振发现小杆子皇帝居然一点反应也没有,于是他的胆子愈发变大。"时振权日重,(徐)晞以谄见擢。于是府、部、院诸大臣及百执事,在外方面,俱攫金进见。每当朝觐日,进见者以百金为恒,千金者始得醉饱出。由是竞趋苞苴,乃被容接,都御史陈镒、王文俱跪门俯首焉。振侄千户山,为锦衣卫指挥同知世袭,寻命侍经筵。"(【清】谷应泰:《明史纪事本末·王振用事》卷29)

这一段史料是说,大致在太皇太后过世后,每当朝觐之日,朝廷百官都要带着金银财宝上朝,用来孝敬大珰王振。如果你奉上100两黄金,那属于一般性的送礼;如果你进献了1 000两黄金,王太监就会留你下来,饱餐一顿,甚至醉酒而出。"由是,以廉者为拙,以贪者为能。被其容接者,若登龙门,上下交征利,如水去堤防,势不可止。君子付之太息(即叹息)而已。"(【明】李贤:《古穰杂录摘抄》)

更为甚者,王振"劫主之威"(【明】王锜:《寓圃杂记·王振》卷10),党同伐异,谁要是听他话,给他送礼,保你官运亨通;谁要是不听话、不行贿,那就有你好受的了。据说都御史陈镒、王文等就曾因为不肯就范而被王振强行罚跪在他家的大门口,当时有大臣目睹了这不堪的一幕。

有一天,王振派人召一个叫蒋性中的朝臣上他那儿去。在朝廷群臣中,蒋性中的职务是兵科给事中,属于低品级官员,他接到皇帝先生的命令后岂敢怠慢,三步并做两步地跟着来使赶往王太监那里。快要到时,看到一处坐北朝南的建筑十分豪华、宏伟,蒋性中从那建筑的东边横向前行,将要走到正大门时,只听见有人连声说:"是,是……"出于好奇,他仔细地打量着前面:原来是都御史陈镒和王文两位朝廷大官面北跪在了门口,且还低着头。从这样的场面来看,不用多说,肯定是皇帝在里头。蒋性中想到这些,放慢了脚步,屏住呼吸,竖起耳朵仔细听着,可什么也没听到。只见得都御史陈镒、王文两人连诺而起,转而向东走去,没走几步就碰上了蒋性中。蒋性中好奇地问:"当今圣上在这儿?"两人说:"不是的,是王公公在这儿。"怀着忐忑的心情,蒋性中随即走进了那华丽的建筑,还没站稳脚跟,只听得两声阴森的咳嗽声,一个满脸奸笑的宫中公公突然出现在眼前,并开口发话:"蒋性中,你给我将《辽东地图》找来!"就这么一句话,没有下文了。蒋性中听后心里直打鼓,《辽东地图》……有这图,但属于皇帝专控的军事机密,没有皇帝的谕旨,任何人都不能私自查阅;但如今面对的是小皇帝都得敬畏的王公公,谁还敢坚持原则!回到兵科办公室后挖地三尺,蒋性中终于将那图给找了出来,随后交给了王太监王振。(【明】王锜:《寓圃杂记·王振》卷10)

给事中、都御史和御史都是朝廷的监察官,即使是位及正一品的高官都得要受到他们的监察与纠劾;如今倒好,一个个几乎都成了内廷大珰的乖孙子,大明朝堂正演变为宦官大佬王振揽权施威的场所了。谁要是拎不清这样的时势,谁要是不能与当今新朝廷中央保持一致,那就让他吃不了兜着走!

说到这里,有人可能要问了,不是说张皇太后死后,原先多少还能让昏童皇帝和他的王先生不敢乱来的内阁"两杨"(杨士奇和杨溥)还在,难道他俩也不能有点作为?

● 第三、第四个"走掉"的正统朝辅政内阁元老:杨士奇与杨溥

要说这"两杨"中的杨士奇,原本他在永宣时期的朝廷大政商议、国事决策和规谏君主等方面还真做出了不少的政绩,且素以清正公允著称,因而在朝廷内外享有很高的威望。进入正统朝时,已成文臣之首的杨士奇继续在内阁中发挥着不可或缺的作用,尤其是在张皇太后的支持下,他那"处心公正,论事存大体"的正能量与工作作风(《明英宗实录》卷114),不仅在一定程度上确保了正统初元的大明帝国沿着"仁宣之治"的轨道上继续前行,而且也使得以王振为首的腐朽宦官势力受到了一定的遏制。流传下来的有关杨士奇"斗"王振的故事似乎是一种较好的诠释。

据说,有一次太皇太后张氏让王振上内阁去,看看所要票拟的事情弄好了没有。当被告知尚未完成时,王振乘机议论起这事该如何如何票拟。内阁首席阁臣杨士奇听后顿时火就腾腾地上来了,内阁重地哪有你太监说话的权力!只不过当时他没有直接说出来而已。随后杨大臣闭门三日不出。再说张太皇太后左等没消息,右等没回音,最后忍不住了就要询问缘由。刚好杨荣(那时还

健在)入宫觐见,太皇太后张氏便问他,到底为何内阁迟迟不下拟议之事?杨荣如实相告,这下可把太皇太后给震怒了,她立即下令,将王振绑来,当廷予以鞭笞,而后又令其上杨士奇处谢罪,并告诫道:"再尔,必杀无赦!"(【清】夏燮:《明通鉴》卷22)

不过也有人说,这样的事情不见于正史记载,历史上可能没有发生过。甚至有人认为,王振与杨士奇的关系还过得去,两人之间的交恶可能缘于两件事情:第一件事情就是前文所说的内阁成员的增补。对于咄咄逼人的宦官势力,杨士奇直面应对,使王振感觉到了来自内阁的巨大阻力。但就内阁成员增补这件事的最终结果而言,是由于杨荣的机敏而使得王振的阴谋没有得逞,因此说,王振真正恨的不应该是杨士奇,而是杨荣。杨荣自此以后不断地受到王振的攻击,最为严重的一次就是前文所述的正统五年(1440)"靖江王佐敬私馈荣金"之事。当时杨荣已不在京城,"先省墓,归不之知。(王)振欲借以倾(杨)荣,(杨)士奇力解之"。可最终是"(杨)荣寻卒,(杨)士奇、(杨)溥益孤"(《明史·杨士奇传》卷148)。

杨士奇与王振之间的真正交恶可能缘于一个叫薛瑄的官员之推荐。事情的经过大致是这样的:正统初元,王振借着小皇帝明英宗的名义不断发展自身势力。大致到正统中后期时,这个第一大珰已经"每事不由于朝廷,出语自称为圣旨,不顾众议之公,惟专独断之柄,视勋戚如奴隶,目天子为门生",但即使这样,他总感觉缺少来自自己家乡的心腹。因为一旦这样的事情办成了,不仅壮大了自身势力,而且还可以借助家乡同党扩大影响,荣宗耀祖。正因为有着这样的心思,有一次乘着上内阁取公文的机会,王振就问杨士奇:"我老家出来做官的人当中有谁可大用的?"这样问话的本身就表明了:第一,问话者很有权势;第二,他重视人才;第三,他与杨士奇的关系还算不错,或者说至少还过得去。而杨士奇似乎也从杨荣那里学到了乖巧的一招,当即就推荐了山东提学佥事薛瑄,说他如何有才,如何有能耐,直把王振说动了心。正统六年(1441)九月,王振授意明英宗召山东按察司佥事薛瑄进京,出任大理寺左少卿。(《明英宗实录》卷83)

再说这个山东按察司佥事薛瑄确实也不赖,他"廉能端重有学识",尤其值得一提的是他秉承了中国古代真儒的精神,在接受皇命来到京城后,除了遵循常规,上明皇宫去朝见小杆子皇帝外,什么人也不谒见,就直接履任新职了。可王太监王振却不知其底细,心里老琢磨着薛瑄何时来拜谒,自己如何过过权势熏天之瘾,没想到左等右等就是见不到薛瑄的人影,心里挺纳闷:这老乡怎么这么不懂事?终于有一天乘着上内阁的机会,他就问杨士奇和杨溥:"为什么没见到大理寺新任左少卿薛瑄?""二杨"赶紧说:"薛少卿的新工作实在太忙,他让我们代他向你问好、致谢。"这话等于是给王振当头浇了一盆凉水,你想以公谋私、拉帮结派,他薛瑄可是个坦荡荡的君子,绝非是尔等蝇营狗苟之徒,要谢、要拜谒的除了大明天子,没有别的人了。可王振没想到这些,他既气又恼,本欲培植一个铁杆的家乡心腹,却不曾料到落得个这般结果,多丢人啊!他心想:要是这事情不处理好,我"王先生"日后还能在这大明朝堂上下"横"吗?王振想着想着,就想起了一个人,谁呀?李贤!据说他与新近履任的大理寺左少卿薛瑄之间的关系还不错,且此人还不像薛瑄那样太过于刻板。想到这些,王振就令人将李贤叫到了跟前,如此这般地做了交待,并反复强调自己对薛瑄从山东地方上调到中央高就如何之出力、如何之关心。

李贤完全领会了王振的意思,来到朝房,发现薛瑄正在里头,赶紧走了过去,一五一十地将"王先生"的话给复述了一遍。他刚复述完,只见薛瑄把眼睛睁得大大的,脸上露出极大的惊讶,当即说道:"厚德(李贤的字,古人一般不直接称呼对方名字,而是称其字或号,以示尊重),别人充当这样的说客还情有可原,你厚德为那样的人说事恐怕不合适吧!拜爵于公朝,谢恩于私室,别人可能会这么做,可薛瑄却绝不为之!"李贤听到这里,顿觉惭愧不已,说客使命就此戛然而止。过了好久,王振终于明白了这里边的无言之意,从那以后他再也不过问薛瑄来不来拜谒之事了,而无言对弈之局面就此拉开了序幕。

有一天王振上东阁,那里大臣们正在讨论着事情,忽然听到有人说:"王公公来了!"大家立即齐刷刷地就地跪拜,如见天子一般。一眼望去,嗨,群臣中就一人依然站着,犹如鹤立鸡群一般,王振又恼又好奇,让人上前探问:站立者为何人?当被告知是薛瑄时,王振的牙根咬得咯咯响。(【清】谷应泰:《明史纪事本末·王振用事》卷29)

由对薛瑄的恨联想到举荐者杨士奇的"狠",王振每时每刻都想要找个借口,好好地收拾一下这两人,可人家是正人君子,识大体、懂大局,再加上当时杨士奇后面还有太皇太后支持着(张太后是在正统七年十月驾崩的),不是你想要收拾就能一下子收拾得了的,唯一的好办法就是耐心等待合适的机会再出手。

　　一转眼几个月过去了,在这过去的几个月里,大明朝廷内外发生了好多事情。其中影响最大的莫过于太皇太后的驾崩。前文说过,正统七年(1442)十月张太皇太后的驾崩,不仅使得大明帝国失去了一位能够把控住当时大势和大局走向的一代女政治家,而且从此以后也让以杨士奇为首的辅政大臣背后缺少了有力的支持。屋漏偏逢连夜雨,就在张太皇太后过世后没多久,从江西不断地传来坏消息,将大明内阁中处事"存大体"即最能恪守原则的首席辅臣杨士奇给彻底击垮了。那么都是些什么样的消息具有如此大的威力呢?这就不得不从杨士奇的人性弱点说起。

　　前文已述,杨士奇一生大体上都值得肯定,但他有个致命的弱点,那就是溺爱儿子。与杨士奇同朝为官的李贤曾记载道:杨士奇晚年特别溺爱自己的儿子杨稷,却不知其在家乡作恶和做下了最为败德之事。倘若江西省府州县官或出巡当地的大臣看到或听到杨稷横暴作恶之事,进京后以实相告,杨士奇必定会对其有所怀疑,并将别人告状的事情原原本本地写在书信里告诉儿子:某人说你如何如何不好,如果你真有这方面的毛病,当立即改之。杨稷收到父亲的来信后,往往会回信说:"某人之所以要告我的黑状是因为他在我们江西胡作非为、横行不法,孩儿我常常从维护家乡百姓利益的角度出发予以劝阻,由此也就让某人给恨上了,所以他才会诬陷孩儿。"杨士奇接到儿子这样的回信,大体"明了"事情的原委,从那以后再也不相信人们所说的杨稷作恶之事了。而对于阿谀奉承者,晚年杨士奇却十分信任。有人说杨大臣家里的儿子如何有能耐,如何积德行善,杨士奇往往信以为真,且大为兴奋。这样一来,有关儿子杨稷作恶的消息,杨士奇晚年听到的越来越少了,而受害者状告杨稷的奏章却如雪片般地飞进了明皇宫。当时小杆子皇帝明英宗顾及这位数朝老人、内阁首席大臣的面子,没有对杨稷采取行动,仅将上奏奏章封起来,再令人将其送到杨士奇那里,并

第 2 章　少帝错爱　阉竖大害

宽慰地转述道:"令郎之不善都是他周围那些不良之人诱使而导致的。"从明英宗的这般处理来看,他确实也给足了杨士奇的面子。但杨士奇的儿子实在不是个东西,他坏事做绝,光人们状告他犯下的人命案就有几十起,恶不可言。(【明】李贤:《古穰杂录摘抄》)

正为击垮杨士奇、进逼内阁找不到契机的王振听到杨家逆子犯事的消息后顿时来了精神,他授意明英宗从维护大明纲纪出发,立即下令,将杨稷逮捕入狱。杨士奇听说后更是"钳口闭户","病而不能起"。由王振一手调教出来的明英宗此时不忘演好最终一出戏,"恐伤(杨)士奇意,降诏慰勉。士奇感泣,忧不能起"(《明史·杨士奇传》卷148)。正统九年(1444)三月,80高龄的杨士奇抑郁而死。(《明英宗实录》卷114)而后正统朝廷"论其子于法,斩之"(【明】李贤:《古穰杂录摘抄》;《明史·杨士奇传》卷148)。

杨士奇死后,内阁辅政老臣仅剩一个杨溥。杨溥是个学者型官僚,生性淡泊,与世无争。史书说他"尤谦恭小心,趋朝循墙而走,儒之淳谨者也"(《明英宗实录》卷143)。像这样的人在内阁诸老共同辅政中所起的作用仅仅是襄助杨士奇与杨荣而已,或言之,他始终是个跑跑龙套的配角,连主角都不是。现在"二杨"都不在了,杨溥也就自保而已。到正统十一年(1446)七月杨溥死后(《明史·杨溥传》卷148;《明英宗实录》卷143),内阁老臣已经无人,增补的内阁新成员马愉、曹鼐虽说是状元出身,学历甚高,但他们资历浅,又"势轻,(王)振遂跋扈不可制",换言之,内阁后生更难抵挡得住以王振为首的宦官势力的进攻(《明史·杨士奇、杨荣、杨溥传·赞》卷148;《明史·宦官一·王振传》卷304),"于是大权悉归(王)振矣"。(【清】谷应泰:《明史纪事本末·王振用事》卷29)

至此,我们可以这么说,大致从正统七年十月张太皇太后驾崩起,明英宗正统朝前期以太皇太后张氏为总后台和以杨士奇为首的五大臣共同辅政之格局就已分崩离析、灰飞烟灭,大明帝国"盛世"余晖消失殆尽,历史进入了正统皇帝亲政、宦官大珰王振肆意横行的时期。

● 正统亲政　王振更横

王振由宠变横大致是伴随着正统帝亲政而不断发展的。有关

正统帝的亲政,历史有着两种不同的说法:

● **明朝皇帝每日三朝制变为每日一朝制与昏童天子明英宗的亲政**

第一种说法,正统五年(1440)正月,13 周岁的正统帝开始亲政了。而在这以前,虽说当时的大明帝国名义上的最高统治者是正统帝朱祁镇,但实际上他是个娃娃,根本无法处理国家大事。

明"太祖、太宗日视三朝,时召大臣于便殿裁决庶政,权归总于上"(《明史·刘球传》卷162)。以此而言,大明天子不仅要每日三次临朝,而且还得"每至日鼎食不遑暇,惟欲达四聪,以来天下之言"(【明】王锜:《寓圃杂记·早朝奏事》卷1),即说皇帝上完朝后要听取各地、各方面的奏报、建言,常常到了日中尚未落得空。这样大的工作量对于一个只有10来岁的娃娃皇帝来说,无论如何都是不可能接受得了的。正统初年,"三阁老杨荣等虑圣体易倦",因而搞了个变通办法:"每一早朝,止许言事八件,前一日先以副封诣阁下,预以各事处分陈上。"(【明】王锜:《寓圃杂记·早朝奏事》卷1)

即说正统以前都是一日三朝的,现在因为皇帝年幼,每天就只搞一次早朝,且上朝时只能讨论八件事。廷臣要想奏报事情,必须提前一天交予内阁,内阁阁臣就此拟好处理意见,交由娃娃皇帝朱祁镇记熟。到了第二天正式上朝讨论时,廷臣们再假模假样地上奏,娃娃皇帝开始背诵隔夜熟记的内阁拟就的处理意见,这一奏一答就像当代的电影演员演戏、背台词一般,外行人一般是看不出破绽的。所以正统初元为何大明帝国能再现"仁宣之治"的余晖,其中一个重要的缘由就在这里。另外,明朝官方文书中称正统帝为"英宗",有朋友说,怎么看都不觉得这个皇帝"聪明"在哪里,"杰出"在哪里。撇开官方的阿谀成分,笔者认为,小小年纪能将隔夜记熟的台词当廷再一一复述,在满朝都是老爷爷面前算得上是聪明英杰了。就像我们看到当今中小学优秀的孩子基本上都是那些善于背诵的女性一般,我想明英宗要是晚生 600 年,恐怕也进北大、南大了吧。说到这里,有人可能要问了,难道娃娃皇帝明英宗没有记错的?有啊,像前文所说的兵部只管军政,不管军事指挥及其相关事务，可小皇帝没弄清，处理错了王骥等人，只好将错就错——因为皇帝是神圣的，他永远不会有错。再加上小皇帝有个"贴心"的"王先生"时不时地"指点迷津"——王振受宠用事由此而始。"及(英宗)登极，未亲政事。议于阁下，而决于太皇。多令传旨,(王振)以此渐干政事，而敢肆然。"(《明》许浩:《复斋日记》卷上)

以上就是明英宗亲政之前的大明朝廷政务运作的大概轮廓。后来明英宗逐渐长大成人了，正统五年(1440)正月甲辰朔，"上(指明英宗)诣奉先殿、太皇太后宫、皇太后宫行礼，毕出，始御正朝，文武群臣及四夷朝使行庆贺礼"(《明英宗实录》卷63)。

可自杨荣、杨士奇和杨溥等内阁老臣相继谢世后，朝堂之上"无人敢言复祖宗之旧者"(《明》王锜:《寓圃杂记·早朝奏事》卷1)，于是明朝皇帝每日三朝制就此变成了每日一朝制。

● 争执了五六十年的大明定都何处问题让小杆子皇帝轻率地定在了北京

第二种有关明英宗亲政的说法是，正统六年(1441)十一月，朱祁镇御北京明皇宫正殿——奉天殿，并颁诏天下，标志着当了7年的形式上的皇帝明英宗从此亲政了。

正统六年(1441)十月，展示于世人面前的一代"盛世圣君"之"丰功伟业"——北京明皇宫三大殿、二大宫正式修建完成(《明英宗实录》卷84)。小杆子皇帝朱祁镇春风得意，除了对宫殿工程建筑相关人员进行大力升赏外，正统六年(1441)十一月初一日，他还"御奉天殿，颁诏大赦天下，诏曰：'朕以菲德祗膺天命，嗣祖宗大统，主宰天下，夙夜思念开创惟艰，继承匪易。诚以疆宇之广，亿兆之众，一人失所，过实自予。临御以来，志存安利，寝食弗忘。比者敬循祖宗之旧，建奉天、华盖、谨身三殿，乾清、坤宁二宫，礼典宜备，尚虑烦民，迺材因素有，费悉公出，人悦趋事，聿告成功，已于今年十一月初一日御正朝，临群臣，眷言居正而安，宜有及民之泽，其诸事宜条示于后'"(《明英宗实录》卷85)。

随后在诏书中明英宗列举了42款，内容涉及赦免罪犯、蠲除逃赋、抚恤鳏寡、裁撤冗员、招揽贤才、纠正官箴、严肃风宪、勾清逃军、罢不急之务、兴修水利、发展生产、安辑流民、敦厚教化、祭祀神祇、旌表节孝等方面,尤其最后说"惟君以仁民为事天之本,惟臣以仁民为事君之忠,尚钦体于深仁,庶咸臻于郅治,敷告中外,悉使闻知"(《明英宗实录》卷八十五)。这至少在官方正式场面上表明了那时的明英宗已不再是背背台词的"演员"皇帝,而是他亲政了,更让人充满遐想的是他要"臻于郅治",即要成为一代盛世的守成之君。因此相比于第一种说法,正统六年(1441)十一月明英宗亲政之说更为正式,因为那时小杆子皇帝还颁布了类似于后世施政纲领的天下诏书。

不仅如此,正统六年(1441)十一月初一日那一天,小杆子皇帝还做了一件影响大明帝国历史的事情——正式下令定都北京。正统六年十一月甲午日,明英宗下令:"改给两京文武衙门印。先是北京诸衙门皆冠以'行在'字,至是以宫殿成,始去之。而于南京诸衙门增'南京'二字,遂悉改其印。"(《明英宗实录》卷85)

明朝开国后有关定都何处问题似乎一直悬而未决。我们在前面的明朝列帝叙述中已用了大量的篇幅做了考证,在此仅做简单的回顾与概述:

明太祖朱元璋似乎从起兵起就看好南京,并以此作为他所开创的大明帝国的都城。虽然到了洪武晚期,好像是老朱皇帝对此并太不满意,并生发了迁都的念头。但这样的文字记载大多见诸篡位上台的朱棣当政后钦定的文献之中,其真实性与可靠性值得怀疑。

永乐十九年(1421),明成祖朱棣迁都北京,从遵循祖制角度来讲,这已经违背了太祖皇帝的遗制,而违背祖宗遗制的人就是乱臣贼子,这是那时地球人都知道的"真理"。尽管当年明成祖朱棣暴戾无比,推行极端法西斯统治,但就他的内心而言还是相当之虚的。极有讽刺意味的是当朱棣下令正式放弃"老爸"定都的南京、迁都北京后的三月,新建的北京明皇宫突发一场大火,将奉天、华盖、谨身三大殿烧了个干干净净,老天的无情就在此。(《明太宗实录》卷236)可老朱棣至死都赖在北京,不顾自己的行为到底是不是违背了天意与祖制,也不顾江南人民为南粮北运饱受了深重的灾难——就此而言,怎么说他都称不上是个爱民的好皇帝。更为辛

第 2 章 少帝错爱 阉竖大害

辣嘲讽的是，明成祖迁都北京似乎是为了巩固帝国统治，加强北疆边防(实际原因很复杂，详见笔者的《大明帝国》系列之⑧《永乐帝卷》下册，东南大学出版社，2014年1月第1版)，可他最终却将自己的小命也搭在了北疆上。

与其相比，继承帝国大位的洪熙帝可要智慧得多了，上台半年左右就下令还都南京。洪熙元年(1425)三月戊戌日，明仁宗朱高炽"命诸司在北京者悉加'行在'二字，复建北京行部及行后军督督府。上(指明仁宗)时决意复都南京"(《明仁宗实录》卷8下)。可天不假年，就在明仁宗下令还都后没多久，一代仁君匆匆离去，大明的历史进入了风流天子朱瞻基当政时代。

尽管在治国理政方面朱瞻基"恪遵成宪"，"敷宣德意"，"克致太平"(《明宣宗实录》卷50)，基本完成了皇父之宏愿，但在还都南京问题上他却迟迟不执行皇父之遗愿。由此一来，南京依然是大明帝国官方名义的首都，北京虽是朝廷中央政权的所在地，但在公开的名分上却是"行在"，这就隐含了明朝尽管开国快要60年了，但帝国都城中心究竟定于何处问题还是悬而未决。

坦率而言，明宣宗当政时不去触动这一剪不断理还乱的麻烦问题是极其聪明的。我们在《大明帝国》系列的《洪武帝卷》中已经详尽地阐述了定都南北京的各自利弊，一言概之，无论是定都南京还是定都北京都不是有百利而无一害，关键在于人们站在什么样的角度来看待问题。有意思的是，永宣时代拥护迁都北京和主张还都南京的两派大臣，前者往往是当年跟随朱棣"靖难"或来自北方的大臣，后者一般都是出身于南方地区的文臣。这样意见迥异的两派一直到了明宣宗驾崩、正统皇帝即位后还在或明或暗地争论着，只不过世人没有充分注意罢了。

宣德十年(1435)正月，娃娃天子朱祁镇登基之初，辅政大臣、少傅、兵部尚书兼华盖殿大学士杨士奇等上言六大国家要务，其中之一就强调"南京，国家根本之地"，建议新天子"敕内外守备官员谨慎关防，切见南京户部尚书黄福老成忠直，宜敕令就彼参赞机务，庶无疏失"(《明英宗实录》卷1)。那时的明英宗是个除了吃喝玩乐什么不都懂的昏童，所谓的天子理政只不过是走走形式而言，因此，杨士奇的建议很快就获得了批准。(《明英宗实录》卷1)

正统初元第二个公开表达要将大明都城安在南京的是北京行在礼部尚书、辅政大臣胡濙。而胡濙的这次公开表态是有所针对的。正统六年(1441)八月，浙江宁波府知府郑恪看到小杆子皇帝与他的"王先生"一唱一和地大搞北京明皇宫工程建设，顿时就来了精神，这岂不是与朝廷中央保持高度一致、飞黄腾达的好机会吗？他立即向朝廷上言："国家肇建两京，合于古制。自太宗皇帝(指朱棣)鼎定北京以来，四圣相承，正南面而朝万方，四十年于兹矣。而诸司文移印章乃尚仍行在之称，名实未当，请正名京师，其南京诸司，宜改曰南京某府某部，于理为得。"(《明英宗实录》卷82)

郑恪的上书似乎很有水平，先是打着我大明朝开国以来建立两京制合乎古制之旗号，然后又抛出明太宗朱棣定鼎北京40年的论调，意思是这样的选择十分正确，就差一点快要说：这是代表全国人民的愿望，这是历史的必然选择。犬儒中的顶级哈巴狗不仅嗅觉极度灵敏，而且还能装得十分正经、得体。想当年这个叫郑恪的浙江宁波知府就是这么一条哈巴犬，在讲完了所谓太宗皇帝定鼎北京之优后，他终于表达出自己要与中央朝廷保持高度一致的政治觉悟，即上请小杆子皇帝将北京正名为京师，去掉明英宗的皇爷爷明仁宗曾敕令规定还都南京、在北京诸朝廷衙门前加上"行在"的字样。换言之，即以当今皇帝颁布最高指示的形式，正式确立定都北京。

但实际上这是睁着眼睛说瞎话，一来明朝开国的是太祖朱元璋，而不是朱棣，朱棣是乱臣贼子，又是破坏大明朝祖制的罪魁祸首，从正统意义上来讲，这样的太宗皇帝是不值得后世子孙效仿的；二来就以朱棣迁都北京(永乐十九年，1421)到明英宗正统六年(1441)而言，前后也只有20年，根本就没有40年，因而明眼人一看便知，这份马屁十足的上言书漏洞百出，根本就不值得一驳。不过当时负责朝廷正名礼制的辅政大臣胡濙却并没有直接从郑恪上言的低级错误入手进行反驳，或许他更多看到的是，当今天子毕竟是明太宗的后代，于是十分智慧地应对道："(北京)行在(之名)，太宗皇帝所定，不可辄有变更。"(《明英宗实录》卷82)其潜台词是，谁要是乱改了，谁就是不肖子孙或乱臣贼子。那时候的明英宗已是14周岁，面对这样的大是大非问题，他总算还拎得清，明明自己是郑恪主张的力挺者,却又不敢公开违背祖制,于是当廷做个搁置争议的处置——大明国都之争问题"遂寝",即不了了之。(《明英宗实录》卷82)

三个月后的正统六年(1441)十一月,在没有任何廷议的情势下,对君主职责与江山社稷尚处于一知半解的小杆子皇帝在"王先生"的指引下轻率地做出决定:定都北京,作为大明帝国的政治、军事中心,"文武诸司不称行在",改北京"行在"为京师;与此相应,大明"国家根本之地"南京则退居留都的地位。(《明英宗实录》卷85;《明史·英宗前纪》卷10)

由此,明朝前期两代雄主与两位承平之君当政期间争执了五六十年的大明定都何处问题,到了自命不凡、意欲成为"盛世之君"的小杆子皇帝朱祁镇亲政的当日,在自诩为"周公"的"王先生"辅佐下,轻率地一锤定音了。殊不知就此却埋下了无限的祸患——将都城定在了时时都可能闹惊慌的边疆线。大明皇帝、中央朝廷、国家军事重心与北疆军事防御自此以后彻彻底底地黏在一起,一旦蒙古草原上响起了阵阵的马蹄声,北京紫禁城的皇帝老爷就会被惊魂。八年后就是这个小杆子皇帝明英宗第一个尝到了这种轻率决定所种下的苦果,当然这是后话。就眼下正统六年(1441)年底而言,小杆子皇帝明英宗正意气风发、指点江山,致力于"臻于郅治"。咋看上去,颇有一代"仁宣之治"之余韵,实为狗尾续貂都不如;而作为教育出这样顶级门生的老师,那个浅薄的大太监王振此时更是颐指气使,不可一世。

● 北京皇家内外装修得越发富丽堂皇,大明帝国劳民伤财、天怒人怨

在王太监及其门生皇帝看来,既然大明定都北京了,那么作为大一统帝国的中央朝廷机构就不能再像以前临时性的"行在"衙门那样将就着,而应该造得体面、气派;于是"遣工部尚书王卺、左侍郎张琦分祭司工之神",监督"营建刑部、都察院、大理寺詹事府"等中央朝廷衙门。(《明英宗实录》卷104)

不过随后王太监王振发现,这还不够。既然门生皇帝朱祁镇

家即那拖延了近20年的三大殿、两大宫如今都已造得金碧辉煌，那相关的帝国皇家设施也不能将就着，否则怎么能与这"辉煌"的"太平盛世"年代相称呢？经当代"周公"的这番点拨、提醒及其运作，一批批帝国极品开始源源不断地被运往到了大明皇家宫里头，仅"新造上用膳亨（烹）器皿共三十万七千九百余件，除令南京工部修造外，其金龙金凤白瓷罐等件令江西饶州府造，朱红膳盒等件令（北京）行在营缮所造"（《明英宗实录》卷79）。

小杆子皇帝家的殿堂修得富丽堂皇，宫廷内的设施与用品焕然一新，天下第一，就新添的顶级膳食器皿而言将达308 000件，而辅佐这样的"天下第一人"的老师——他王振家无论怎么说也不能将就着，否则怎么能与"周公辅成王"所带来的"致治盛世"大好形势相称呢？于是王公公"作大第皇城东，建智化寺，穷极土木"（《明史·宦官一·王振传》卷304；【清】谷应泰：《明史纪事本末·王振用事》卷29）。

王振让人营作这些工程究竟有多大？因修撰于成化年间的《明英宗实录》贯彻了明宪宗为父亲明英宗遮丑——宠信宦官、祸国殃民的基本精神而未做具体的描述，但我们今人如果仔细阅读《明实录》，还是大致能读出个子丑寅卯来的。正统七年（1442）三月辛未日，工部上言："今造作方殷，而匠之逃者三千余人，屡征弗至，乞令所司专遣官追械赴京。"明英宗批复："从之。"（《明英宗实录》卷90）正统十年（1445）七月戊寅日，又是大明工部上奏说："取工匠在逃者万人，恐有司怠缓，欲责以解行期限。"明英宗回答："限岂可责也，但延缓过甚者，必以法治之。"（《明英宗实录》卷131）

这两段史料很有意思，前一段文字中说当时逃跑的工匠有3 000多人，后一段又说三年后逮到逃跑的工匠有10 000人，到底哪个才是正确的信息呢？更有意思的是，两段史料中用了"令所司专遣官追械赴京"和"责以解行期限"等语句，从这样的字里行间不难看出：第一，当时国家的行政管理很紊乱，居然有这么多工匠逃跑，还能指望这样的帝国政权有何作为？第二，就后一段史料中所说的逮到逃跑的工匠10 000人次来看，当时在北京工地上劳作的服苦役人数肯定有很多很多，有可能几万、十几万，甚至有可能几十万，要不是规模巨大的话，逃跑了10 000来人，整个工地就有可能要停工了，但从历史记载来看，当时没说停工呀。第三，工匠服役自大明开国起就有明确的规定，大致每干一小段时间的皇家义务劳动后便可以自由从事生产活动，以此来养家糊口，因而明初也就没有发生大规模的工匠逃跑。为什么到了正统中期倒有这样的事情发生了？这又说明了什么呢？

我想比较合理的解释应该是，当时北京工程建设工地太大，就前面讲过的明皇宫三大殿、两大宫和朝廷衙门机构设施的建筑面积大约有 155 000 平方米（参照今日北京故宫的建筑面积——明亡后北京明皇宫为清占有，而清基本上未作大扩充），如果我们以上述面积数字的 50% 作为明成祖迁都前后建造的一些工程进行扣除，那么正统中期北京明皇宫的建设工程面积可能不会少于 80 000 平方米。而据《明英宗实录》的记载，该工程当时用工情况是：工匠 30 000 多人，军士约 36 000 人，总人数大约在 70 000；开启于正统五年（1440）三月，完成于正统六年（1441）十月，前后花了一年半时间（《明英宗实录》卷 65）。如此大的工程量却用这么短的工期，由此可想当时人们的劳动强度是何等之大啊！而当北京明皇宫的修建工程刚完成，小杆子皇帝又急吼吼地逼迫人们继续"营建刑部、都察院、大理寺詹事府"等中央朝廷衙门，以及大珰王振的"大第"和智化寺等，"穷极土木"。这时已经精疲力竭和苦不堪言的工匠们再也无法忍受了，逃跑成了他们的必然"选择"。可逃跑的结果是，除了被抓回来承受处罚外，还有的就是上北京工地上去继续玩命劳作。

对于如等劳民伤财之举，小杆子皇帝朱祁镇及其先生王振王大太监却心安理得，为所欲为。这下可"惹"怒了上天，正统八年（1443）五月戊寅日，"雷震奉天殿鸱吻"（《明英宗实录》卷 104）。这里的"鸱吻"又名螭吻、鸱尾，是传说中的神兽，为龙生九子之一，口润嗓粗而好吞。正因为如此，在科学不发达的古代社会里，人们常在皇家宫殿屋顶殿脊两端制作这种吞脊兽，其寓意除了龙子守望皇家外，还有"灭火消灾"的心理祈求。可事实是再多的美妙说辞都要经受大自然界的严峻考验，正统年间新修而成的北京明皇宫却偏偏没能经受得住这种考验。"雷震奉天殿鸱吻"这句话换成民间百姓之语来说，就是天打奉天殿了，且打在大明皇家正大殿的屋脊上。这说明了什么？没什么，自然界的雷击现象——这可是我们现代人的认知。相信天人感应的古代人很迷信，他们认为：天打奉天殿，肯定是奉天殿的主人没有尽好自己作为人主的职责，必须得忏悔、反思，否则要受到更大的天谴。为此，曾经目空一切和不知天高地厚的小杆子皇帝明英宗诚惶诚恐，于"雷震奉天殿鸱吻"的第二天下令："辍朝三日，禁屠一十七日，遣官昭告昊天上帝、后土皇地祇"，并向上苍祈告："祁镇顾以菲德嗣承大位，负荷惟艰。今月二十四日早雷震奉天殿鸱吻。上帝震怒，实自祁镇不德所致。祁镇内怀祗惧，兢兢弗胜继。自今戒谨修省，不敢怠荒，仰惟皇慈俯垂矜宥祁镇，下情无任恐惧，祈告伏惟鉴知。"（《明英宗实录》卷104）与此同时，他还"敕修省"（《明史·英宗前纪》卷10），"诏求直言"（【清】谷应泰：《明史纪事本末·王振用事》卷29）。若将其翻译成现代汉语的话，那就是说皇帝要自我反省，作批评与自我批评；臣下应当踊跃提意见，谁要是意见提得越多就意味着对皇帝与朝廷中央越忠诚，这就是国人津津乐道的中国特色"民主"。

● **首开杀戮朝廷大臣之戒，皇帝秘书翰林刘球成了第一个倒霉蛋**

不过你千万不要将这当真，所谓中国特色的"民主"说到底就是形式上秀一秀，你要是真将它当回事，其结果是很可怕的，轻者被最高统治者当做荆刺、冲头，要么投闲置散，要么丢官罢职；重则还可能要送命，甚至毁家灭族。但自古以来我们中国就有那么一些人，他们或许真的可以称得上是国家与民族的脊梁，甘冒杀身灭族的危险也要将帝国君主从错误的道路上拉回来。正统帝当政时纵然大明朝廷上下犬儒云集，可这样的国家与民族的脊梁还真不乏其人，刘球就是这样的脊梁中杰出的一员。

刘球，字廷振，江西安福县人，自幼落落大方，言行不凡，长辈们见了他都说："这孩子将来肯定会成为国家的栋梁之才。"永乐十八年（1420），刘球参加江西地方乡试，中了举人。第二年参加朝廷会试，又中了辛丑科的进士。由此说来，刘球的学问算是不错的了，可他自己认为还不行，于是回家又苦学了10年，成为满腹经纶的大学者,尤其是在经学方面取得了很深的造诣,赢得了人们的赞誉。当时投到他的门下、执弟子礼的就有相当多的人。刘球正式出仕是在宣德中后期,初入仕途就被授予礼部主事,可能相当于礼部的司局长。由于数朝老臣胡濙慧眼识才,刘球后来被提升为侍经筵,即担任小皇帝明英宗的老师,参与《宣宗实录》的修撰,因有功而被授予翰林侍讲。(《明史·刘球传》卷162)

刘球这人不仅有才学,且道德品行高洁。他有个堂兄弟叫刘玭的出任福建莆田知县,当地人送给他一块夏布,这是用苎麻制成的平纹布料,具有易洗易干、通风透气及穿着凉爽舒适等优点,可能像20世纪70年代——那个物质极度匮乏时期的的确良布料那般珍贵、时兴。做弟弟的舍不得自己享用,就托人送给了刘球。没想到堂兄刘球不仅不接受,原物封还,还修书一封,告诫堂弟要防微杜渐、廉洁自爱。在很多人看来,刘球的这般做法颇为小题大做,但他就是这样的一个正人君子。(《明史·刘球传》卷162)

正人君子常常不能"与时俱进",有时甚至会干出让众人无法想象的"大傻事"来。正统初元,自诩为正统朝周公的大珰王振势力"日益积重,公侯勋戚呼曰翁父。畏祸者争附振免死,赇赂辏集"(《明史·宦官一·王振传》卷304)。可刘球与薛瑄等清直大臣却绝不趋炎附势,同流合污,非但如此,他还对正统朝廷决策提出了反对意见。

正统六年(1441),王振为了谋取边疆军事功劳,怂恿小杆子皇帝明英宗发兵大举进讨西南麓川之乱(下章详述)。对此,刘球上疏直谏,认为朝廷将驻扎在西北甘肃一带的大军调走,让他们前往西南,远征麓川残寇思任发,这就很不妥当。大明向来防范的主要边疆危险是北方蒙古残余势力,尤其值得注意的是近年来西北瓦剌日渐强大,现在要是把西北边防主力调走了,一旦有事,西北那里拿什么来抵御瓦剌的进攻与入侵?刘球的这等上疏与大明最高当局者的思路简直是南辕北辙,自诩为当朝"周公"的王振想通过战争来捞取边功,而他的门生正统帝打小起就想仿效甚至超越父祖,成就一代伟业。如今就西南麓川一隅思任发这样的残寇,自皇帝登基起就开始叛乱,一直到现在为止还没被平定,明英宗无论如何也咽不下这口气啊!所以当时任何反对麓川用兵的谏疏上言都是徒劳的。刘球上疏后,兵部以南征麓川成命已下为由,驳回了他的谏言,这事似乎也就这样不经意地过去了。但不曾想到,刘翰林的这个举动让一直想为自己增光添彩的王太监给恨上了。(《明史·宦官一·王振传》卷304)

正统八年(1443)五月,雷震奉天殿事件发生后,原先天不怕地不怕的小杆子皇帝明英宗已被吓得魂不守舍,他祈祷上苍,忏悔自己,并下诏求言,以应天谴。刘球就是在这样的背景下上书言事的,他说:"古圣王不作无益,故心正而天不违之。臣愿皇上勤御经筵,数进儒臣,讲求至道。务使学问功至,理欲判然,则圣心正而天心自顺;夫政由己出,则权不下移。太祖、太宗日视三朝,时召大臣于便殿裁决庶政,权归总于上。皇上临御九年,事体日熟。愿守二圣成规,复亲决故事,使权归于一;古之择大臣者,必询诸左右、大夫、国人。及其有犯,虽至大辟亦不加刑,第赐之死。今用大臣未尝皆出公论。及有小失,辄桎梏箠楚之;然未几时,又复其职。甚非所以待大臣也。自今择任大臣,宜允惬众论。小犯则置之。果不可容,下法司定罪,使自为计。勿辄系,庶不乖共天职之意;今之太常,即古之秩宗,必得清慎习礼之臣,然后可交神明。今卿贰皆缺,宜选择儒臣,使领其职;古者省方巡狩,所以察吏得失,问民疾苦。两汉、唐、宋盛时,数遣使巡行郡县,洪、永间亦尝行之。今久不举,故吏多贪虐,民不聊生,而军卫尤甚。宜择公明廉干之臣,分行天下;古人君不亲刑狱,必付理官,盖恐徇喜怒而有所轻重也。迩法司所上狱,多奉敕增减轻重,法司不能执奏。及讯他囚,又观望以为轻重,民用多冤。宜使各举其职。至运砖、输米诸例,均非古法,尤宜罢之;《春秋》营筑悉书,戒劳民也。京师兴作五六年矣,曰'不烦民而役军',军独非国家赤子乎?况营作多完,宜罢工以苏其力;各处水旱,有司既不振救,请减租税,或亦徒事虚文。宜令户部以时振济,量加减免,使不致失业。麓川连年用兵,死者十七八,军赀爵赏不可胜计。今又遣蒋贵远征缅甸,责献思任发。果擒以归,不过枭诸通衢而已。缅将挟以为功,必求与木邦共分其地。不与则致怒,与之则两蛮坐大,是灭一麓川生二麓川也。设有蹉跎,兵事无已。臣见皇上每录重囚,多宥令从军,仁心若此。今欲生得一失地之窜寇,而驱数万无罪之众以就死地,岂不有乖于好生之仁哉？况思机发已尝遣人来贡，非无悔过乞免之意。若敕缅斩任发首来献，仍敕思机发尽削四境之地，分于各寨新附之蛮，则一方可宁矣。迤北贡使日增，包藏祸心，诚为难测。宜分遣给事、御史阅视京边官军，及时训练，勿使借工各厂，服役私家。公武举之选以求良将，定召募之法以来武勇。广屯田，公盐法，以厚储蓄。庶武备无缺，而外患有防。"（《明史·刘球传》卷 162；《明英宗实录》卷 105）

这就是历史上有名的《修省十事疏》，我们不妨将刘球上言的十事做个分析与诠释：

第一，"勤圣学以正心德"。刘球说："古代圣德之君不做无益之事，故而他能做到心正而不违天意。陛下您不应该经常旷课，且要多擢升一些博学儒臣充任经筵官，向他们多学学，一定要使得自己知识扎实、学问精深。只有这样，圣心才能居正不偏。圣心正了也就不违背上天之心。"（《明英宗实录》卷 105）换言之，刘球相对委婉地指摘了正统帝不学无术、圣心不正、终招天谴。就以这事而言，明英宗能接受吗？前文说过，明英宗本身就是个妄自尊大又自我感觉优秀的独裁君主，恰好此时他又处于焦躁、冲动的青春期，刘球的上书恰恰就撞在了这小杆子皇帝的"枪口"上。

第二，"亲政务以总权纲"。刘球说："国家大政要是由君主亲自掌控了，那么权力就不会下移。想当初我大明太祖、太宗皇帝时代，每日三朝，国家庶政都由圣主在便殿上召集大臣予以处理，权归总上。陛下登基至今已有九年，对于国家与朝廷事务大致也熟悉了，希望您能遵守祖上'二圣'的规矩，亲自裁决庶务，将大权牢牢地掌控在自己的手中。"（《明英宗实录》卷 105）这类话换个角度来说，刘球批评了小杆子皇帝明英宗懒政，不务正业，颇有大权旁落之势，同时也不言而喻地指斥大珰王振擅自专权，不法用事。就冲着这一条，刘球着实将当时大明帝国最有权势的人物正统帝和他的老师王振全给彻底得罪了。

第三，"任贤德以重大臣"。刘球说："与君主共治天下的是百官臣僚，而古代有德之君遴选大臣常常要向朝中巨卿、大夫甚至普通的国人咨询。要是大臣有什么过错，即使是犯了死罪，国君也往往不对他行刑，而是命其回家自尽。而今我朝廷任用大臣却不是出于众人公论，常常会突然间就做出了任免决定。一旦大臣有个小失误，马上就桎梏相加，笞杖拷打，然后再予以复职，这哪是对待大臣所应有的态度啊！小臣在此恳请陛下，自今以后凡选用大臣就得广听博闻；要是大臣犯有小错误，姑且饶了他；要是他所犯之罪实在没办法宽恕，那就交法司部门按律定刑，不要动不动就逮捕大臣，这样也就不悖天地，君臣各司其职了。"(《明英宗实录》卷105)刘球的这条意见一来指出了正统朝选用大臣之失，其潜台词是说，正统帝身边的实际掌权人王振在朝廷大臣选拔方面实施暗箱操作；二来告诉正统帝对待大臣可不能像对待小民和奴仆那样肆意凌辱，君主可以乾纲独断但绝不要越俎代庖，不然的话就会紊乱朝纲与法纪的。就此而言，他再次把当朝皇帝及其跟前的大红人王振全给得罪了。

第四，"选礼臣以隆祀典"。刘球说："今朝廷太常寺就是古时候的秩宗，掌管朝廷的宗庙、祭祀和礼仪等，从这样的工作性质来看，就任该衙门的官员必须得清慎习礼。可至今为止，该机构的主官与佐官已空缺好久了，理应尽早选择儒臣赴任。"(《明英宗实录》卷105)

第五，"严考课以督吏治"。刘球说："古代圣德之君经常派遣大臣代替自己巡狩四方各地，以此来考察官员的得失和百姓的疾苦。像两汉、唐、宋等朝代的鼎盛时期就曾这么做过，我朝洪武、永乐年间也曾推行过这种做法。而今巡狩四方大臣已好久没有派出去了，难怪地方上多出现官吏贪虐与民不聊生的不堪局面，尤其是军中腐败更让人触目惊心。当务之急就是要挑选公明廉干之臣，分行天下各地。"(《明英宗实录》卷105)

第六，"慎刑罚以免冤抑"。刘球说："天降灾谴，多感于刑罚之不中。古代君王一般都不亲自鞫问刑狱，而是将之交专业的法司部门处理，大概是因为生怕自己的好恶而影响了案件的合理判决。可近来我朝法司部门秉承了朝廷敕旨而不顾案件事实，在审判案件时往往将应该轻判的变成了重判，将应该重判的变成了轻判，但他们又不向上复奏，于是冤狱不断。至于一般性的刑狱案件，审判官们也常常看着上级领导的颜色而行事，最终导致'民用多冤'。为此小臣恳请皇帝陛下让相关的部门各举其职，充分发挥法司机构的职能，只有这样才能做到刑正狱清。至于我朝长期实施的运砖、输米等赎罪条例因不合古制，应当予以罢黜。"(《明英宗

实录》卷105)

第七,"罢营作以苏人劳"。刘球说:"工程营建劳作之事在我们的儒家经典《春秋》一类的书籍中都有所论述,其核心大概只有一个,就是要特别留心,不能劳民。'土木之工不息,则天地之和有乖'。而今京师工程建设已进行了五六年,朝廷的说法是:'不烦百姓而役使军士劳作',就此而言,难道军队中的士兵不是国家与朝廷的子民吗?更有,从目前来看,一系列的大工程差不多都完工了,皇帝陛下应该马上下令,将工程建设者放回,让他们好好地休养生息一下。"(《明英宗实录》卷105)刘球的这条建议一方面等于抨击了正统帝的"不劳民"虚伪说辞,另一方面刚好与正在倾力打造富丽堂皇的自家大府第和佛教寺院智化寺的当代"周公"王振(《明史·宦官一·王振传》卷304)唱了对台戏,由此可想他能有好结局吗?

第八,"修荒政以悯民穷"。刘球说:"'天之视听自民,民安而后天定。'今各地不断发生水旱灾害,相关衙门理应立即组织救济,要是救济不了的,也该及时上请减免灾区租税,不能老玩公文游戏。为今之宜,皇帝陛下当下令给户部,以时赈济,量加减免,使不致失业。"(《明英宗实录》卷105)

第九,"息兵威以重民命"。刘球说:"自古道兵者,凶器!动了它必定会伤人,尤为天道所厌。麓川之役至今有六年左右,连年用兵,军中将士死去的十之七八,而朝廷赏赐的军功与金银财物不可胜数。如今又派出蒋贵率军远征缅甸,追逼他们交出叛贼思任发。真要是将该叛贼捉住了,说到底也没什么了不得的,他不过是个称雄通衢的头目而已。但缅甸就不会白白地送一个思任发过来,必定会向朝廷提出分割木邦土地的要求。你要是不给他,他就会发怒;要是给了他,岂不是一下子让两个蛮夷在西南坐大吗?这就是当下人们所说的'减一麓川生二麓川'之道理所在。小臣认为,实在是得不偿失啊!"(《明英宗实录》卷105)

第十,"修武备以防外患"。刘球说:"儒家经典中有言:居安思危,防患于未然。只有做到这样,才能确保未来无患。近年来迤北蒙古贡使不断增多,他们到底想干什么?诚为难测。以小臣之见,陛下应该将军事重点放在防范北虏这个宿敌上,分派给事中、监察御史到北京边上的官军中多多巡视监察,及时训练军队,整顿军纪,不能再让军官们私役军士。同时还要推行武举之法,选举良将;制定募兵法,招募勇士,增加军力;推广屯田,公行盐法,积蓄物力财力。只有做到武备无缺,才能确保外患有防。"(《明英宗实录》卷105;《明史·刘球传》卷162)

理性而言,刘球的这十条建议几乎条条都点到了要害,倘若那时当朝天子是仁宣之君的话,他或许能大多接受下来或挑最重要的着手做起,将最不重要的暂时放一放。而刘球上疏谏言中最不重要或言可办可不办或可缓办的,那就是第四条太常寺任官之事。历史上常常出现这样的有趣现象——昏君庸主往往干些不着边际的事情,将最为重要的国计要事搁置一边。出身于红彤彤的大明第一人家且自恃天生高人一等的正统帝恰恰是这样的一个君主。他在接到刘球上疏后,将其交予大臣廷议。在那犬儒成群的正统朝廷里,这样的廷议会有什么结果? 最终英宗朝廷觉得"(刘)球所奏,惟择太常官宜从,令吏部推举"(《明史·刘球传》卷162;《明英宗实录》卷105)。

这时翰林修撰董璘听说太常寺缺官,就自告奋勇"乞改官太常,奉享祀事"。由此一来,原本两个并无多大关联的书生文臣刘球与董璘在这样一个偶然的机会里"走到"了一起,而那份花费了刘翰林不知多少心血但又充满了杀身隐患的上疏谏言在英宗朝廷"民主集中制"的运作下几乎立即转化为历史的陈迹。不过历史的无奈还不仅于此,就在人们很快就要健忘刘翰林上言之事时,有个叫彭德清的官员却在暗中搅起了是非,进而兴起了一股大浪,将一代忠烈刘球给害死了,这究竟是怎么一回事?

原本这个叫彭德清的人还是刘球的老乡,人们常说:"他乡遇老乡,两眼泪汪汪。"这是讲的在异乡他地碰到故乡人的亲热与感动。可刘球的这个老乡彭德清实在不咋样,虽然他位居钦天监正,比翰林侍讲的刘球职位要高多了,但人品极差,很早起就投靠了大珰王振,并成为其心腹。彭德清的工作是观察天象,古时候的人很迷信,主张"天人合一",据说凡是人间君主身边出了奸佞之臣,天帝必定会垂象,警示人间君主要除奸臣,修德政。而正统年间恰恰是太阳黑子活动频繁、自然灾害高发期(后章将详述),天上垂象成了司空见惯的事情。彭德清为了能与当时大明第一红人保持高度的一致，往往对一些不利于王振专权的天象警报隐匿不奏。为此，王振十分感激，将其视为心腹不说，还常常对他优渥有加。狐假虎威，彭德清也就此变得炙手可热了，"公卿多趋谒"。可令他万万没想到的是，自己的老乡刘球却不买这个账，他什么人也不拜谒，简直就是不食人间烟火的。对于这样的人，不教训教训他，他还真不知道自己是谁呐。想到这些，一个恶毒的念头顿时闪现在彭德清脑海里。他找来刘球的上言疏文，睁大眼一字一句地细细扣，当读到刘翰林谏言的第二条"夫政由己出，则权不下移……皇上临御九年，事体日熟。愿守二圣成规，复亲决故事，使权归于一"，他几乎兴奋得快要跳起来了，立即去找王振，并指着疏文中的这几句谏言，说："刘球说的这些话矛头指向的就是王公公您啊！"王振本来很忙，没空一一细看，经彭德清这么一提醒，他对刘球更是怀恨在心了。旧仇加新恨，权倾朝野的当代"周公"王振想要整个人还不方便吗，他找来了早已投靠自己并成为心腹走狗的锦衣卫指挥马顺，让他去搞定这事。(《明史·刘球传》卷162)

　　王振与明代其他没文化的宦官大珰有所不同的是，他整人整得很"漂亮"——一定会找个合适的名目。前文讲过，刘球上请朝廷选拔合适的儒臣出任太常寺官，而后不久恰巧翰林修撰董璘上言愿意充任该职。王振就此作为兴作大狱的借口，指摘刘球与董璘为同谋朋党，并让马顺将他俩逮捕入狱。将不听话的大臣逮捕入狱、甚至枷号，这类事在正统中期的朝廷中已习以为常了，而对于一而再再而三地"冒犯"自己的刘球，只就以此方式处置他吗？这也太便宜他了，无论如何得要用更加严厉的手段来教训教训那些老不听话的另类大臣，王振反复地琢磨着，同时又仔仔细细地阅读起刘球的上疏文来，当读到疏文中这样的话语："臣愿皇上以古圣哲之心为心，视政之暇御经筵之时多，居宫苑之时少，凡无益之事，悉置意外，惟数进儒臣，讲求至理，笃尽精一之功，推极修齐治平之道，务使学问功至，理欲判然，则圣心正而天心无不顺矣。"王振心想：这刘翰林胆子可真大，他岂不是在骂当今皇帝贪玩废学、心术不正吗？将这样没政治头脑的家伙给"做"了，即使皇帝事后问及也不会怎么的。想到这里，他立即令人将走狗马顺叫来，如此这般地做了交待(《明英宗实录》卷105;《明史·刘球传》卷162;【明】焦竑：

《玉堂丛语》卷4)。

在随后的一个深夜里,马顺领了一名小校带了刀来到锦衣卫狱的刘球系所。当时刘球已经睡了,忽然听人在说,锦衣卫指挥马顺来了!他迅速从铺上爬了起来,当看到马顺与小校的脸上露出狰狞奸笑时,立马意识到自己殉难的时刻到了,于是大呼"太祖、太宗皇帝之灵在天,你们怎么能擅自杀人……"还没喊完,只见得那小校手起刀落,刘球的头颅滚落了下来,血如喷泉一般不断地冒出,更令人悲叹不已的是刘球的身体犹如植入深土中的松树似地屹立不倒。后来马顺与小校不耐烦了,用力将其推倒,然后再将尸体砍成一块块,就在监狱里头草草地埋了。在旁的董璘乘着马顺和小校忙碌不留意之际,偷偷地拿了一条刘球的血裙子。再说马顺在暗杀完刘球后,就以刘球在狱中暴卒为名向上奏报(《明英宗实录》卷105),想以此来混淆视听。可大家谁也不相信这是真的。刘球家人更是无法接受这一残酷的事实,他们不停地想方设法寻找,最终只找到了一条手臂和从董璘那里得到了一条血裙,万般无奈只得用血裙将手臂包裹起来,入殓下葬。(《明史·刘球传》卷162;【明】焦竑:《玉堂丛语》卷4;【明】王锜:《寓圃杂记·刘忠愍二子》卷3)

● **因为老乡大理寺左少卿薛瑄不肯来拜谒自己,王振将他投入监狱**

一条鲜活的生命说没了就没了,一位皇家高级秘书、大明朝廷的廷臣因为上奏谏言而惨遭杀戮和肢解,消失得无影无踪,如此残酷和恐怖的事实让人毛骨悚然。就在刘球被害后的那些日子里,每当有人提到王振和他的那伙人来,大家都不免要不寒而栗。而对于大珰王振来说,他要的就是这种结果,并总想让更多的人或者说所有的人都怕他、听他的话。但世界上往往有许多令人无法做到绝对的事情,就在刘球被害后没多久,威势日盛的王振遇到了老乡、大理寺左少卿薛瑄。众人听说王公公来了,立即齐刷刷地跪倒在地。嗨,就这个薛瑄好像什么也没听到似地依然屹立着。王振这下心里可恨了,恨不得马上走过去把他也给"做"了。

主子的这番心思,做奴才的再清楚不过了。没过几天有人前来向王振王公公密告:整治薛瑄的机会有了!那么,这是个什么样的机会呢?

原来不久以前发生了一起所谓的人命案。有个小军官害急病死了,留下了两个女人,一个是他的原配妻子,另一个是他的小妾即"二奶"。据说这"二奶"长得不赖,且十分有心计,看到军官老公一下子没了,顿时感觉自己青春好年华就此要葬送了,实在于心不甘啊!她不停地活动着心眼。巧了,王公公王振的侄儿王山听人说起了小军官家里的事,利用治丧期间人多眼杂的机会不停地上门,勾引那"二奶"美少妇。一个垂涎达三尺,一个红杏欲出墙,干柴碰到烈火,这下还得了。可小军官的正妻"大奶"不干了,一来丈夫尸骨未寒,做"二奶"的怎么能跟人私通呐?二来作为女人理应忠贞于自己的丈夫,无论怎么也不能背叛啊!正妻不同意,"二奶"就不好"嫁人"了。只见欲火中烧的小军官"二奶"眼珠子一转,一个歹毒的念头闪现出来了。她走出家门,来到朝廷衙门,大声喊冤,诬称共用老公小军官是被他的正妻毒死的,而不是染病而亡的。这下着实让事情变得十分复杂了。(【清】谷应泰:《明史纪事本末·王振用事》卷29)

当时正统朝廷下令,让锦衣卫指挥马顺上小军官家去逮人,然后进行审讯,审讯完了将案宗交给刑部议罪。刑部官早已听说王振侄儿王山的那些事,哪个敢得罪当朝皇帝"父师"或言先生家的人,就以小军官"二奶"的供词为准,判决"大奶"凌迟处死。这下"大奶"可比窦娥还冤了,她呼天喊地地叫屈,案件由此转入了最高复审机构大理寺。大理寺左少卿薛瑄等经过认真调查和复核后认为,这是一起大冤案,理应重审。那么叫谁来重审呢?薛瑄等上奏朝廷,提出让负责监察的大明都察院派员专审。都察院在接到朝廷的谕旨后先审视与权衡了一番,最终决定委派监察御史潘洪具体负责该案件的复审。要说监察御史在当时朝廷中算不上什么大官,但潘洪这个人还算不错,他秉着实事求是的精神,将那件案件查了个水落石出:所谓小军官丈夫被毒死之事压根儿就是子虚乌有,其遗孀"大奶"根本就不是什么杀人凶手,理应立即释放。案件到此本该了结了,但锦衣卫指挥马顺手下的校尉在汇报案件复审最终结果时添油加醋,搬弄是非,说什么"大奶"毒死小军官丈夫之事虽然不实,但她在丈夫生病期间大搞魇魅之术(一种迷信活动),且有形迹。监察御史潘洪犯有知情不报之过,理应治罪。(《明英宗实录》卷106)

本来已经平静了的风波经由锦衣卫校尉的这一捣鼓再次兴起了大浪。大珰王振听说后很兴奋,随即生发了一石打两鸟的灵感,先引导小杆子皇帝明英宗追究监察御史潘洪奏报不实之罪,将其打入锦衣卫大牢,"坐斩罪,宥充军",再嗾使给事中与御史们参劾大理寺左少卿薛瑄,诬陷他收受别人贿赂,"故出人罪"(【清】谷应泰:《明史纪事本末·王振用事》卷29)。正统帝听了言官们的奏劾后不知所措,最后将之交予廷臣集议。就在廷臣集议过程中,向来清正为人的薛瑄岂能忍受御史与给事中们的无端指责,当廷就与已经屈服于王振的都察院都御史王文直接争执了起来。为此王文心里也十分恼火,在与众大臣集体议罪时,"坐(薛)瑄以朦胧奏请",判处斩罪,其他大理寺官员都被判了流罪。再说正统帝在听取廷臣判决后,认为薛瑄等人案子没那么简单,据说还有人曾给他行贿,于是再令锦衣卫复审。不用多说,在王振走狗马顺控制下的锦衣卫要想什么就会有什么。不是有人说薛瑄受贿,那行贿人是谁?锦衣卫的工作效率特别高,一下子就查到了,是大理寺的"漏网之鱼"左寺丞仰瞻,随即仰瞻遭到逮捕。

而就在满朝一边倒时,或许出于良知或许出于尽职的"本能",正统八年(1443)七月乙卯日,刑部尚书王质等人上书正统帝,说以薛瑄为首的大理寺官员"奏事不实"虽然有罪,但按律论处也不应将薛瑄判处斩罪,而"当赎徒还职"。已受先生王振一番指点的小杆子皇帝岂肯接受,仍令对薛瑄的判处"如初议斩",至于其他的大理寺官员则可以流罪赎,降二等任用,而所谓的行贿人仰瞻则赎流罪,"谪戍威远卫"(《明英宗实录》卷106)。

一个原本就无中生有的诬陷案费了这么大的劲,最终落实到实处就是要搞死那老不听王公公的话,且时时桀骜不驯的大理寺左少卿薛瑄。再看有着古者仁人志士风范的薛瑄听到判决后怡然说道:"我因为为人辨冤而获罪,即使被处死了又有什么可愧疚的啊!"在等待最后处刑的日子,他泰然地在狱中生活着,每日"读《易(经)》以自娱。"可薛瑄的家里人没这么泰然,他的儿子薛淳等3人

第 ② 章 少帝错爱 阉竖大害

在听到判决后立即上请朝廷，想以1人代死，2人戍边来为薛瑄赎罪，但正统帝和他的先生王振说什么也不同意。(【清】谷应泰：《明史纪事本末·王振用事》卷29;【明】王锜：《寓圃杂记·五子代死》卷2)

眼看着对薛瑄实施斩刑的日子一天天临近了，王振的心里爽得简直无法言语，每时每刻都在盼望着感受那高昂的头颅终于滚落到自己脚下的快感。不过与其形成鲜明对比的是，王公公自己府上却有人在为薛瑄暗暗落泪，起初没人在意，可王公公读书出身，瞥见了一两次就留了心。原来这个暗暗落泪的是王公公府上厨役中的一名老奴。一个烧饭的老奴与大理寺左少卿薛瑄似乎是八竿子打不到一起的，他干吗要落泪？王振十分好奇地问了。老奴说："大理寺左少卿薛瑄要被斩首了，我正为他感到伤心啊！"王振听后又问："你怎么知道他的？"老奴说："何止知道，我们还是十分熟悉的老乡啊，他是个好人，是个正人君子，杀了这样的人岂不可惜、可悲……"王振听完了老奴的解释后心里受到了触动，也觉得以一个莫须有的罪名将老乡给处死了，无论怎么说都不太妥当啊！刚好有个叫王伟的侍郎上书朝廷，对处死薛瑄提出了异议。王振立即说服正统帝，做个顺水人情，免去了薛瑄的死罪，将其"除名放归田里"(【清】谷应泰：《明史纪事本末·王振用事》卷29;【明】刘若愚：《酌中志·累臣自叙略节》卷23;【明】张燧《千百年眼》卷12)。

◉ 第一大学校长李时勉因不去给王公公送生日礼物而被处以荷校

虐杀刘球、折磨薛瑄后，正统朝廷中敢于不礼、不拜自己的大臣几乎一个也没有了，"帝师""王先生"王振更加神气了。他出入煊赫，随从如云，权倾朝野，哪怕有一点点的个人小事也要弄得惊天动地。据说有一年王公公过生日，小宦官们早早地将消息放了出来。朝廷大臣听说后争先恐后地前来送礼祝贺，王公公笑得乐不可支，收得金满银满。可事后在一一清点礼单时，他忽然发现，有个拎不清时势的另类朝臣没来"孝敬"和庆贺，顿时就怀恨在心。欲问此人为谁？他便是永宣时期已经赫赫有名的直臣、现任国子监祭酒李时勉。

第2章 少帝错爱 阉竖大害

我们在以前的《大明帝国》系列之《永乐帝卷》和《洪熙、宣德帝卷》中已经讲过此人,在此仅作简述:李时勉,江西安福人。"成童时,冬寒以衾裹足纳桶中,诵读不已。中永乐二年进士。选庶吉士,进学文渊阁,与修太祖实录。授刑部主事,复与重修实录。书成,改翰林侍读。性刚鲠,慨然以天下为己任。"(《明史·李时勉传》卷163)

在明初那个犬儒盛行的年代里,李时勉秉性刚直,自入仕起就与众不同,常以天下为己任之情怀参政议政。也正因为如此,在他的一生中,因发生三次不顾身家性命直谏犯颜上书事件而名垂青史。

李时勉的第一次直谏犯颜上书是在永乐十九年(1421)。那年四月初八日,迁都才3个月的北京明皇宫突发火灾,将新建的奉天、华盖、谨身三大殿烧了个精光(《明太宗实录》卷236)。在目睹了上天的"愤怒警告"后,一向无所不为与"无所不能"的天才皇帝朱棣诚惶诚恐,以至于他花了两天的时间才喘过气来,即在火灾后的第三天,他下发了一份要求"群臣直陈阙失"的诏书(《明史·成祖本纪三》卷7)。当时李时勉在朝廷中担任翰林侍读,翰林侍读的主要职责有两个:其一,陪侍皇帝读书论学或为皇子等授书讲学;其二,讨论文史,整理经籍,备皇帝顾问。换言之,当时担任翰林侍读的李时勉没有直谏的必须义务——那是言官们所应该干的事情,可李翰林却是个直臣醇儒,洋洋洒洒"条上时务十五事",其中针对明成祖"决计都北京,时方招徕远人"提出了严肃的批评。"时勉言营建之非,及远国入贡人不宜使群居辇下,忤帝意。已,观其他说,多中时病,抵之地,复取视者再,卒多施行。寻被谗下狱。岁余得释,杨荣荐复职。"(《明史·李时勉传》卷163)

李时勉的第二次上疏直谏犯颜是在明仁宗当政时期。"洪熙元年复上疏言事。仁宗怒甚,召至便殿,对不屈。命武士扑以金瓜,胁折者三,曳出几死。明日,改交阯道御史,命日虑一囚,言一事。章三上,乃下锦衣卫狱。时勉于锦衣千户某有恩,千户适莅狱,密召医,疗以海外血竭,得不死。仁宗大渐,谓夏原吉曰:'时勉廷辱我。'言已,勃然怒,原吉慰解之,其夕,帝崩。宣宗即位已踰年,或言时勉得罪先帝状。帝震怒,命使者:'缚以来,朕亲鞫,必杀之。'已,又令王指挥即缚斩西市,毋入见。王指挥出端西旁门,而前使者已缚时勉从端东旁门入,不相值。帝遥见骂曰:'尔小臣敢触先帝!疏何语?趣言之。'时勉叩头曰:'臣言谅暗中不宜近妃嫔,皇太子不宜远左右。'帝闻言,色稍霁。徐数至六事止。帝令尽陈之。对曰:'臣惶惧不能悉记。'帝意益解,曰:'是第难言耳,草安在?'对曰:'焚之矣。'帝乃太息,称时勉忠,立赦之,复官侍读。比王指挥诣狱还,则时勉已袭冠带立阶前矣。"(《明史·李时勉传》卷163,列传第51。读者朋友若有阅读困难,可见笔者《大明帝国》系列之⑨《洪熙、宣德帝卷》上册,第3章第2部分,东南大学出版社2014年1月第1版)

明仁宗的儿子明宣宗在弄清了李时勉的上疏内容与事情的来龙去脉后,不仅没有对他进行治罪,而且还让他官复原职,即让他继续出任翰林侍读之职,随后又命他参与《明太宗实录》的撰写。宣德五年,"迁侍读学士"。可以这么说,自宣德皇帝登极起,李时勉的命运似乎发生了很大的转折,好运连连。但即使这样,他始终没忘儒家的政治理想与作为儒臣所应具备的基本道德素养和言行举止规范。据说有一次明宣宗突发奇想,上国史馆去瞧瞧那些修史儒臣们的工作干得怎么样。当看到大功即将告成时,这位大明第一人家出身的皇家公子哥一激动就干起了没修养的事情,将赏钱随手抛出,犹如主人扔骨头给狗吃一般,说轻一点这是对修史儒臣的不尊重,说重一点即为侮辱与轻慢。可诸儒臣那时哪管得了这些,见到空中落钱下来,纷纷争着去捡,唯独李时勉一人十分严肃地站着,一动也不动。宣德帝见之,内心大受震动,赶紧停止抛钱,将剩下的部分正儿八经地赏赐给李时勉。自那以后,朝廷内外的人凡是提到或见到李时勉没有一个不恭敬的。(《明史·李时勉传》卷163)

正统帝即位上台之初还是个娃娃,朝廷政事多由三杨、张辅和胡濙等老臣按规制处理。遵循历代的修史传统,正统初年朝廷组织班子撰修《明宣宗实录》,李时勉受命参与了这项修史工作,因工作有成于正统三年晋升为翰林学士,"掌(翰林)院事兼经筵官",即相当于他既主持皇家秘书院的工作,又兼任小皇帝朱祁镇的儒学老师。可有意思的是三年后即正统六年,他被外调为国子监祭酒。国子监祭酒就是帝国第一大学的校长,第一大学校长虽位居朝官之列,但从实际地位与权势来讲,那就远没有直接在朝廷中任职的职官那么重要和显赫。说白一点，李时勉被外调在某种程度上来讲是被贬了，可他毫不在乎，一出任这第一大学校长，就开始整顿学校教育，"列格、致、诚、正四号，训励甚切。崇廉耻，抑奔竞，别贤否，示劝惩"(《明史·李时勉传》卷163)。作为第一大学校长的李时勉，可没有像600多年后的我们当代社会里的大学校长那般无所不能，无处不通，八面玲珑，翻云覆雨于宦海之中，而是时刻记住自己为人师表的示范作用和为人长者的身份。凡是学生贫困不能成婚的，或家里有长者过世无力下葬的，他带头节省伙食费，以此资助与赡给；要是有学生生病了，他就请医生为其调治；要是有人不幸病逝了，他不仅为其置办棺衾，还会亲自撰写祭文，真是恩义兼尽。(【明】李贤：《古穰杂录摘抄》)不过他对学生的功课要求也绝不含糊。那时北京国子监里头常常"灯火达旦，吟诵声不绝，人才盛于昔时"(《明史·李时勉传》卷163)。

就此，《明史》在评述明朝前期帝国第一大学校长时曾这么说道：洪武年间国子学祭酒以宋讷最为有名，其后出任该职的宁化人张显宗申明学规，严格治学，人们称其为"宋讷第二"；永乐时期担任国子监祭酒之职的是有名的儒臣胡俨，人称其为"一代人师"；但若要以耿直、气节和名望以及折服一代士人而论的话，那就非李时勉莫属。也正因为如此，李时勉在朝廷内外享有崇高的声望，就连英国公张辅等公侯伯爵都极度仰慕李校长及其国子监。

据说正统初年有一次上朝，张辅就奏请朝廷，允准他带领公侯伯爵上国子监去听李时勉讲课。小皇帝明英宗当即批准，允其三月三日前去。再看听讲那一天一大早，李时勉正襟危坐在老师的讲席上，国子监的学生们依次入堂就坐，张辅率领公侯伯爵也——坐到了与学生同埒的席位上。一切准备妥当，李校长取《五经》中的一章，开始滔滔不绝地讲课。不知不觉大半天过去了，到了吃饭时，出于礼貌，李时勉想专门招待张辅等人，可公侯伯爵哪个肯呀，坚持要在国子监的食堂里与广大师生同坐一起用餐。若要以政治地位而言，张辅率领的公侯伯"学生团"中的哪一个人都要比李时勉位高权重，但大家都十分谦虚地坐到学生席上，并这样说道："国子监，受教之地，我们应当与学生们同坐才是啊!"向有"武臣中的儒士"之称的张辅这回反倒不客气了，与李时勉李校长坐在了一起,以示亲热无间。这时,学生们唱起了传统儒学校园歌曲——《鹿鸣》之诗:"宾主雍雍,尽暮散去,人称为太平盛事。"(《明史·李时勉传》卷163)

从上不难看出,若以当时的模范儒臣标杆而言,可能李时勉当为首论。可就这样一位德高望重的"模范儒臣"因为不肯去给过生日的宫廷大珰王振叩头送礼而招致忌恨、报复和打击。权势熏天的王公公王振想要报复打击李时勉,可人家李时勉是个言行举止十分严谨的正人君子、模范臣僚,不是你要想找茬就能一下子找得到的啊。不过,有句古话说:欲加之罪何患无辞?在那个奸佞当道、权欲横流的年代里,即使是无过无罪之人也会让居心叵测者给找出一些事来了。自打生日过后,王公公发现李时勉没来庆贺,别提心里有多别扭,老惦记着如何"修整"一下那不识时务的李校长。

有一天王振王公公突发灵感,带了一拨子人趾高气扬地来到北京国子监巡视,说是巡视倒不如说是寻事。他东转转西瞧瞧,总想找出个是非来。可人家李校长治校严谨、廉明,且又得体,听说大太监王公公突然光顾学校了,他坚持以儒家之礼泰然处之,没搞什么特殊的接待礼仪。这下可使得浅薄易盈的王公公从内心深处恨死了李时勉。巡视回来他赶紧吩咐下去,让小宦官们日夜盯着李校长,无论如何也要从鸡蛋里挑出骨头来。嗨,你还真别说,有一天有个小宦官气喘吁吁地跑来报告说,国子监里的一切都按部就班地照常进行着,只有一个小小的"变化",那就是国子监彝伦堂门口的那颗老松树因为长得太枝繁叶茂了,影响到学校师生的日常教学活动,李校长下令,让人对它进行了修剪一番。王振听到这里几乎要跳起来了,"什么?你赶紧将刚刚讲的事情再重复一遍!"小宦官不明情由,只得遵命复述一遍。王振终于听清了,这回可找到了整治和修理李时勉的借口了!(《明英宗实录》卷106;【明】王锜:《寓圃杂记·李祭酒荷枷》卷2;【清】谷应泰:《明史纪事本末·王振用事》卷29)

第二天即正统八年(1443)七月戊午日,上朝时,王振"诬以伐官木,私家用"罪名,"矫旨令(李时勉等)荷校"。荷校,前文中我们已经说过,就是给犯人脖子上套上沉重的方形木质项圈,同时还将其双手给套住。当时一同承受荷校刑罚的国子监教官有3人,校长祭酒李时勉、教务长司业赵琬和后勤总务长掌馔金鉴。因为王振特别忌恨李时勉,所以给他准备的荷校也特别重,且套入头上的中空格外小,几乎没有什么活动的余地。正值壮年的掌馔金鉴见此,就以自己年轻身体硬朗为名,要代替李校长承受这百斤重枷,可李时勉说啥也不愿意换,坚持自己受此重枷。(【清】谷应泰:《明史纪事本末·王振用事》卷29)

再说由于"李时勉为祭酒,多所造就,六堂师生,敬而爱之,私号曰古廉先生。又拟其有沧海之量、父母之心,亦不为过也"(【明】王锜:《寓圃杂记·李祭酒荷枷》卷2),所以当年近古稀的老校长将要受到重枷折磨的消息传开后,学生李贵、石大用、司马询等千余人痛心地哭了起来,随后上章伏阙,争着要代替李校长承受重枷折磨,"呼声彻殿庭"(《明史·李时勉传》卷163)。这时朝中一些正直之士也为之感动了,"上疏求解者数千人"。可王振还是不允,一定要李时勉亲受此刑。(《明英宗实录》卷106;【清】谷应泰:《明史纪事本末·王振用事》卷29)

再说李时勉毫不畏惧,将自己的生命置之度外,每日肩荷"百斤枷",与司业赵琬、掌馔金鉴一同站在了国子监的大门口,这一站就是15天。(【清】查继佐:《罪惟录·锦衣志》卷24)不过话得说回来,领受这样严酷的刑罚,即使是年轻人站久了也会要站死的,更何况当时李时勉年近古稀,到了第16天时,眼看快要不行了。刚好那天是孙太后父亲孙忠的生日,太后孙氏为了孝敬父亲,送了一份厚礼。孙忠随后准备回奏,就在这时,他听国子监助教李继讲起了李校长李时勉的不幸,随即便在给太后的回奏中顺带讲了这事。(《明史·李时勉传》卷163)孙太后获悉后马上将"活宝儿子"正统帝找来问话,但没想到"活宝儿子"朱祁镇却说,他根本就不知道这事。不过当时大家谁都能想到,干出这样的大奸大恶之事的,除了王振还有谁呐!孙太后与"活宝儿子"正统帝当即下令,将李时勉等人给放了。(【清】谷应泰:《明史纪事本末·王振用事》卷29)再说这时的李时勉已经奄奄一息,如果稍稍再晚一点,他可就没命了。(【明】王锜:《寓圃杂记·李祭酒荷枷》卷2)

在经受这次大劫难后,李时勉终于大彻大悟,自己历事大明四朝皇帝,在三个皇帝当政期间经受了惊涛骇浪,要说有何最大的感受,那就是大明皇家第一人主一代不如一代,尤其是眼前这个小杆子皇帝那绝非是什么善主，要想在他的手里实现儒家的治国理想，那可是比登天还难啊！心灰意冷的李时勉被那肆意泛滥的犬儒主义吞噬了，他"连疏乞致仕"，正统十二年（1447）春终获批准。（《明史·李时勉传》卷163）

李时勉要退休回老家的消息传开后，朝廷中的大臣和国子监的师生自发出来送别，据说"饯都门外者凡三千人，或远送至登舟，候舟发乃去"，其场面着实令人感动不已！（《明史·李时勉传》卷163；【明】李贤：《古穰杂录摘抄》）

● 南京国子监祭酒陈敬宗因不愿私谒王振竟十余年不迁

不肯摧眉折腰谄事权阉，一身正气的北京国子监祭酒李时勉在经受了重枷折磨后最终被迫致仕回乡，按理说此时的王振可以消停一番了。不，他可没有这样，就在李时勉告退之际，正统朝的这个顶级大珰又将罪恶的眼光瞄准了素有"南陈北李"之称的"南陈"，时称的"南陈"是指与北京国子监祭酒李时勉有着相当名声的南京国子监祭酒陈敬宗。（《明史·陈敬宗传》卷163）

陈敬宗，浙江慈溪人，与李时勉为"同年"，即同在永乐二年（1404）中了进士，后又同被选为庶吉士，进学文渊阁，参与编修《永乐大典》。书成后他被明太宗授予刑部主事，参与编撰《五经四书大全》《明太祖实录》等大型著作。永乐十六年，改为翰林侍讲，与出任翰林侍读的李时勉再次同在一起工作。可不久陈敬宗因母丧，回家守制三年，起复时大明当政者已为明成祖的孙子朱瞻基了。（《明英宗实录》卷196，《废帝郕戾王附录》卷14）

宣德元年（1426），陈敬宗受命参与编修《明太宗实录》和《明仁宗实录》。宣德二年（1427）转为南京国子监司业，可能相当于南京国子监的教务长。临行前宣德皇帝朱瞻基劝谕道："你过去任职的侍讲，那是从清直儒臣当中挑选出来的佼佼者方可堪任；而你现在将要就任的司业，又是儒士们学习之楷模的官职。虽然该官职说不上权重位高，但它的任务却不轻啊！"陈敬宗不停地叩首谢恩，并牢牢地记住了皇帝的谆谆教诲，在南京国子监教官任上，他"力以师道自任"，一丝不苟、兢兢业业，最终在九年考满时被擢升为祭酒

即校长。(《明史·陈敬宗传》卷163;【明】李贤:《古穰杂录摘抄》)

自升任南京国子监祭酒后,陈敬宗更加从严治校,"立教条,革陋习。六馆士千余人,每升堂听讲,设馔会食,整肃如朝廷。稍失容,即令待罪堂下"。对于言行举止稍稍有所失当的师生,就要论罪处置。陈敬宗如此治校几乎到了苛刻的地步,底下有人承受不了了,就开始诬陷他,并将他告到了法司部门去。被部下告到了法司部门,这在中国社会里是很丢面子的事情。为此,陈敬宗十分郁闷,找来了好朋友江南巡抚周忱,向他大倒苦水。周忱听后宛然一笑,随即为其谋划道:"解铃还须系铃人,既然有人诬告你,那你何不自己上疏作些解答呢?"陈敬宗听后觉得很有道理,但又不屑与小人一般见识,就让一个与他关系不错的下属替他起草了一份上疏文,然后取来想过目一番就上呈了,哪知道那份由人代笔的上疏文写得相当之委婉,甚至可以说是苍白无力,了无一身正气可言,陈敬宗见后十分惊讶道:"上疏文中的这等说法岂不有违于先皇帝的重托?"随后他干脆就不上疏作自我辩白了。好在正统初元明英宗还没亲政、大珰王振尚未用事,由"三杨"等辅政大臣主导的大明朝廷明白事理,很快就查明了陈敬宗受诬之事。(《明史·陈敬宗传》卷163;《明英宗实录》卷196,《废帝郕戾王附录》卷14)

一转眼就到了考满之际,陈祭酒又得了个"合格"(相当于现代考绩中的"优秀")等第,按照明初祖宗定制:满考,入京师,朝见天子。正统九年(1444)九月,陈敬宗来到北京,已经权倾朝野的大珰王"振素慕敬宗名,欲致之门下",但他又听人说起这个叫陈敬宗的是个一根筋直到底的老古板,与他打交道得讲究策略。王太监谋虑着,忽然一个主意闪现在他的脑海里:江南巡抚周忱与陈敬宗不仅是同年进士,而且据说他们还是很好的朋友。对,就找周忱,此人脑子活络,他肯定愿意帮忙从中撮合。果不出王太监所料,当他将自己的想法一说出来,周忱当即就表示:没问题!随后周巡抚去找陈敬宗,并转达了王振的意思。哪知道老朋友陈敬宗听后十分惊讶地说道:"我是国子监祭酒,为人师表,让我去私谒内廷权阉,于法于理可行吗?再说,要是我那么做了,我将怎么面对我的学生呀?!"一下子将周忱反问得哑口无言。好在周忱为人圆滑,事后找了个机会,委婉地将陈敬宗的意思转述给王振听。唯恐老朋友吃亏受苦,周忱还向王振"献计":"公公不用着急,南京陈祭酒与北京国子监的李祭酒都是太宗皇帝时代选拔出来的进士,他'博学善书,攻赋咏,能严立教范,剔除诸积弊,六馆之士翕然从化,盖知师道自重云'(《明英宗实录》卷196,《废帝郕戾王附录》卷14),对于这样的人,您得要从他的喜好入手。据说陈敬宗喜欢书法,写得一手的好字,公公不妨'以求书为名',让人先送些金钱礼物过去,陈祭酒就不好意思拒绝给您写字了,也不好意思不上您府上来还礼致谢了。"王振听到这样的妙计,立即竖起了大拇指,不停地说道:"高!高!高!"随即依计行事,让人送了金银财物,想让陈敬宗为他抄录宋代理学奠基人程颐的《四箴》。再说陈敬宗不知是计,听到有人要他的书法,他毫不犹豫地展纸挥毫,一呵而就。至于对方送来的那金银财物,他原封不动地退回,更别提那还礼道谢了。由此,王太监又气又恨,却又无可奈何,唯一能做的就是暗地里使坏,"(陈)敬宗为祭酒十八年不迁"(《明史·陈敬宗传》卷163;【清】谷应泰:《明史纪事本末·王振用事》卷29)。

● 焦敬、石璟两驸马因对王振稍稍不恭,一个被枷号,一个被下大狱

　　因不愿私谒中官,南京国子监祭酒陈敬宗竟十余年得不到升迁,说来让人挺郁闷的。不过静心想想,那个让后世万般诅咒的大珰王振当时似乎还没有到了丧心病狂的地步,否则的话,凭他当时的权势不说整死陈敬宗,就是让他到锦衣卫大牢里去长长见识,也是易如反掌,那么是不是说明当时的王振内心还不算太坏?

　　不是的,王振之所以最终没有对陈敬宗痛下毒手的关键就在于:正统朝的这个大珰毕竟是读书人出身,不像明朝后来的魏忠贤等没文化的宦官"大腕"那样想杀你就杀你,不需要有什么理由,王太监做坏事假模假样都要找个理由,让你受罪了却又无话可说。但南京国子监祭酒陈敬宗可是个地地道道的"高大全"官僚,史书说他"美须髯,容仪端整,步履有定则"(《明史·陈敬宗传》卷163;【明】李贤:《古穰杂录摘抄》)。连走路都有定则,中规中矩,不敢轻易逾越,对于像陈敬宗这样的人,指望能从他身上找出什么差池?当然就

不太容易了。而事实上那时的王振已经什么人都不在他的眼里了,不论你有多大的官爵,也不论你有多深的背景,只要有一点点的把柄让他给逮着,那就有你好受的了。

正统八年(1443)十二月,六科给事中与十三道监察御史一同奏劾驸马都尉焦敬"受留守卫舍人赃,纵之征私债于外",即指控焦驸马收受了南京留守卫应袭子弟奉献的金银财物后,派遣他们到外边去为焦府征收私债。按照洪武旧制:凡公、侯和朝廷内外文武四品以上官都不得放私债!上述的焦驸马之行为已违反了祖制,理应治罪。当时已经16周岁的小杆子皇帝明英宗听到言官们的这般奏劾后顿时就没了主意,参照洪武旧制和正统五年四月自己颁发的"严违例收息之禁"的敕令,本该要将焦驸马治罪。可焦驸马的身份很特殊,他的妻子是庆都大长公主、仁宗昭皇帝的第二个女儿(《明英宗实录》卷67),换言之,她是正统帝的二姑姑。正因为有着这层特殊的关系,小杆子皇帝明英宗为之很是头痛,他向"父师"王振请教。王振听后可没有门生天子那么犯难,他认为南京留守卫应袭子弟应该将金银财物送到他王公公家里来,而不应该送到焦驸马府上;反过来思考,这说明焦驸马的势力还真不小,手也伸得很长,且根本没把他王公公放在眼里啊!既然如此,王振心想:那就让你焦驸马领教一下我这个当代"周公"的厉害。于是他于正统八年(1443)十二月唆使正统帝治罪于焦敬,"命枷敬于长安右门"(《明英宗实录》卷111;《明史·英宗前纪》卷10)。一直到第二年也就是正统九年(1444)二月辛巳日,才"宥驸马都尉焦敬罪"(《明英宗实录》卷113)。

如果说驸马焦敬枷号长安右门多少还有点罪有应得的话,那么下面要讲的驸马石璟被下大狱那可实在是冤啊!

驸马都尉石璟是顺德长公主的丈夫,顺德长公主是明宣宗的长女、正统帝的大姐姐。换言之,石璟为朱祁镇的大姐夫。按照600年后的今天来讲,姐夫与小舅子简直就是一对好兄弟,更何况在600年前那个讲究"亲亲"的传统社会里。可正统九年(1444)发生的一件微不足道的事情却彻底地撕破了大明第一人家家里的这层血缘亲情面纱。

那年七月,石璟家里有个叫吕宝的家阉,因盗窃府中财物被人发现而遭主子石驸马的严厉斥责。可能当时石璟的情绪比较激动,多骂了几句"恶阉、盗阉"之类的话,让宫廷大珰王振给知道了。内心深层极度自卑的王公公认为,石璟大骂家阉吕宝,说到底就是对其同类宦官的大不恭,于是怒从心头起,恶向胆边生。王公公王振随即令人将驸马都尉石璟打入锦衣卫大牢,没什么理由,《明实录》中就留下了这么一句话:"为太监王振所恶也。"(《明英宗实录》卷118)

● 此于谦非彼于谦,王公公整人可不管整没整错人

由正统八年(1443)到正统九年(1444)整治当朝皇帝的亲姑父、亲姐夫两个事件来看,无论你是谁,只要是宫廷大珰王先生所不喜欢的或无意间冒犯了他的,那就有你罪受了。此时的王振"凶狠愈甚"(【明】李贤:《古穰杂录摘抄》),不仅肆虐横行于大明朝廷,而且还将罪恶之手伸向了帝国地方上去。

于谦是传统中国社会里妇孺皆知的大清官、大能臣,宣德之初曾外出巡按江西等地,"雪冤囚数百。疏奏陕西诸处官校为民害,诏遣御史捕之"。宣德五年(1430)九月起,巡抚山西、河南,安抚流民,政绩斐然,深孚众望。(《明宣宗实录》卷70;《明史·于谦传》卷170)史书说于谦"抚梁、晋十余年,惧盈满,举参政孙原贞、王来自代"。这话是说,于谦因为害怕英宗朝廷会怀疑他久居晋豫会雄踞一方而主动提出了换岗请求,并将替换他的人士都给找好了。哪知道这一举动却给他自己招来了大麻烦。因为于谦每次进京都是空着手,从不带什么东西给人送礼,这在当时权势熏天的王振看来简直是不可理喻的。赶巧那时朝廷中也有个叫于谦的御史常常忤逆王公公(【清】谷应泰:《明史纪事本末·王振用事》卷29),王公公没有弄清此于谦非彼于谦,就唆使右通政李锡等奏劾大清官于谦"方命不忠"。正统帝尽管不明事理,但对于皇爷爷朱高炽时代就出名的廉官良吏于谦还是有所耳闻的,所以当李锡劾疏呈进时,他"置之不问"。王振见之,很是着急,不过好在那时的言官们基本上都给他搞定了,于是他唆使北京行在六科、十三道谏官们交章奏劾。刚巧那时于谦因事来朝,正统帝糊里糊涂地下令,将于谦关入都察院大

牢。(《明英宗实录》卷77)这一关就关了两个多月,直到五月天热时,都察院右都御史陈智等巧妙地利用录囚的机会,将无辜被关押的于谦等囚犯名录上呈给正统皇帝,请求将他们一一发落。小杆子皇帝一发善心,于谦才"得以释",但他的官职由原来的行在兵部左侍郎降为了行在大理寺左少卿,并受命继续巡抚河南、山西。(《明英宗实录》卷79～80;《明英宗实录》卷274)

● 治行超卓的好知州张需因得罪了向王公公行贿的牧马官而被戍边

心系天下、爱民如子的巡抚地方好官于谦莫名其妙地被下大狱数月,虽最终"得以释",但这件事情的负面影响所及却远不限于于谦一人,它标志着以王振为首的正统朝宦官势力已越出大明朝廷,开始祸及地方。

就在于谦"左选大理少卿"、复任巡抚官(《明英宗实录》卷274)没多久,又有一位与其有着相同政治情怀的地方循官良吏遭受了宫廷大珰王振的迫害,他就是正统朝有名的地方循守张需。张需在《明史》中居然没有单独的列传,可能是当时修史者嫌他的行政级别不够吧。但据英宗朝他的同事李贤的笔记来看,他可绝对称得上是个治理地方的好官。

张需早年在郑州任佐官时就有很好的名声,据说郑州当地有条河渠淤塞了数十年,周围有一大批的水田由此被废。尽管历任郡守都动过修浚的念头,但到头来谁也没有解决好该问题。张需上任佐官时,郑州郡守告诉他:疏通淤塞河渠之难就难在动作一大,工程量就上去,劳民伤财那就更不用说了,而这恰恰又有违于朝廷的与民休息政策。张需听后什么也没说,当即带了几个人上河渠现场去考察了一番,然后回到衙门里对郡守说:"我看了一下那条河渠,如果想要解决它的淤塞问题,其实也不难,我只要带上少些人3天便能把它搞定。"郡守听后一脸的惊讶,而后吩咐张需便宜行事。只见张需召集了当地的百姓,让他们各自带上劳作的器具,然而根据河渠工地面积包干到人,分段疏淤,3天后河渠通畅。郡守听说后喜上眉梢,但又怀疑张需主持的疏淤工程是不

是得到了神的帮助。(【明】李贤:《古穰杂录摘抄》)

正因为"长于治民",又颇有政绩,张需在明英宗上台之初就被提拔为霸州知州。霸州位于河北廊坊地区,历经战乱,正统时这里"民游食者多",即说这一带民众中游手好闲的人很多。游食者多,地方社会治安、国家赋税征收就搞不好。因此说,张需上任霸州知州时所要面对的问题和困难还是挺大的。不过他并不气馁,一上任就采取果断措施:每里置一簿,簿中记录里中各户人家的信息,其中包括男女人数、年龄、耕种农田数量、农作物产量以及耕织工具和豢养家畜数量等,然后将它们公布开来。一旦张需有空,就带上州衙里的人到乡村去一户户地检查核对,看看其数量是否与簿籍记载中的相吻合,要是发现有所缺失的,那就要好好地进行处罚。据说这一招十分管用,州内"民皆勤力,无由偷惰。不二年,俱有恒产,生理日滋"(【明】李贤:《古穰杂录摘抄》)。张需的上级领导顺天府府丞王铎听说后十分高兴,将其作为循官良吏向正统朝廷作了推荐。正统十年(1445)正月,张需等人来到北京,以"治行超卓"朝觐官的名分受到了英宗朝廷的旌表。(《明英宗实录》卷125)

就是这样一个"以循良见称"(《明史·循吏传》卷281)的地方好官,却因为得罪了向王振行贿的官场小人,最终落得个戍边的结局。事情的起因是这样的:霸州位于北京郊区,是皇帝养马地之一。为皇帝养马,这是多么荣耀的事情啊!霸州牧马官颐指气使,经常逼迫境内百姓领养大明皇家之马。本来生活并不富足的人们深受其害,但就是敢怒而不敢言。知州张需知道后派人将牧马官给找来,不但当面予以严斥,而且还依据大明规制,对其处以笞刑,即相当于人们俗称的打屁股。被笞的牧马官是个地道的奸佞小人,自己害民了不悔过,反而将怨恨记在了张需身上,老想着要报复,但怎么报复?他听人说了,当今朝廷里有个大太监叫王振的无所不能,就连当朝天子也要让他三分。牧马官经过一番周折,带了好多的金银财物来到京城,拜谒内廷大珰王公公,如此这般地说了一番。其实王公公压根儿就没什么兴趣听那牧马官将白说成黑,将黑说成白,他所关心的是对方上门所送的礼物厚重不厚重。当发现全是金银宝货时,他立即眉开眼笑,随后便以张需笞打朝廷牧马官——对皇帝不敬为名,将其拿下,打入锦衣卫大牢,"棰楚几至于死"(【明】李贤:《古穰杂录摘抄》)。事情到此还没完,王振还要进一步追究相关责任人,顺天府府丞王铎因为先前推荐过张需,"乃枉以收需馈送",即诬称王铎收受了张需的贿赂才为其推荐的,由此让大明法司部门追究王铎的"罪责"。法司官判决:王铎坐赎杖,发落为民。正统十年(1445)七月,案件上呈到正统帝那里,小杆子皇帝最终裁定"宥(王)铎复职,戒勿再犯"(《明英宗实录》卷131),而张需"竟谪戍边城。人咸惜之,而莫能救也"(【明】李贤:《古穰杂录摘抄》;《明史·循吏传》卷281)。

● 被人诬告骂了王振为老奴,宁夏参赞军务、大理寺右丞罗绮谪戍边卫

其实无论是霸州知州张需还是巡抚晋豫的兵部左侍郎于谦都是受命于朝廷,代天子临民,他们清正廉直,忠君爱民,却都出人意料地落得个下狱受罪的结局,究其根本缘由都是因为他们不阿权贵,得罪了大珰王振及其走狗才导致的。我们换个角度来说,在权阉王振看来,不管你是朝廷大臣还是地方上的封疆大吏,谁要是与我王公公过不去的,只要流露出一丝丝的迹象,甚至什么迹象都没有,我也会让你吃不了兜着走。即使你是身处帝国边疆军事要塞,我也会让人将你逮来,领教一下我这个当代"周公"的厉害。

宁夏在明初属于陕西行省管辖,宁夏边关肩负着防御北疆蒙古鞑靼与瓦剌两面进攻之重任,因此自洪武起大明朝廷就对此予以了相当的重视。朱元璋当政时,镇守北疆边地主要是由他的儿子即明初十王(实际到位的是九王)负责。朱棣"靖难"打乱了父皇朱元璋设定好的格局,他篡位登基一上台就改变了"祖制",将拥有很大兵权的北疆藩王一一迁徙到内地,换上跟随他"靖难"玩命的将领去镇守北疆。但明太宗又不放心他们,除了差遣宦官去监军外,还派出文官"参赞××军务",这样做的真实目的就是为了牵制军中将领。该套体制后经洪熙、宣德两朝,到正统时已定型。"参赞××军务"即为担任某地的军中参谋。一般来说该类"参谋"都是由朝廷直接委派中高级文臣来担任。史载:正统朝中后期,大理寺右寺丞罗绮参赞宁夏军务(《明史·罗绮传》卷160),即说罗绮出任

大明北疆边关重镇宁夏的军事参谋。由此看来宁夏军事参谋是个极其重要的职位，而出任该职位的大理寺右寺丞罗绮肯定也是不错的官员了。史书说罗绮是"宣德五年进士。英宗即位，授御史，（巡）按直隶、福建，有能名。正统九年参赞宁夏军务。逾年当代，军民诣镇守都御史陈镒乞留。以闻，命复任。寻擢大理右寺丞，参赞如故"（《明史·罗绮传》卷160）。

与军士、百姓上请要求留任的好官罗绮形成鲜明对比的是，他的同事、宁夏边关军官——陕西宁夏前卫指挥佥事任信和宁夏操备署都指挥佥事陈斌却是只知拍马溜须和升官发财的奸佞小人。两人在军队里摸爬滚打了多年终于悟出了一条"真理"：要想拥有美好的前程，必须拍好自己顶头上司的马屁。他俩共同的顶头上司叫黄真，是当时宁夏边关的总兵官，官衔为都督同知。黄总兵治边多年，在边疆这种夜猫都不拉屎的地方待腻了但又不好说出口，于是就偷偷地享受起来，靠山吃山、靠水吃水，利用手中的权力，吃好的、穿好的、玩好的。玩好的说白了就是多找些美女，美女多了，黄总兵的内室就显得局促狭小了。作为"孝顺"的部下任信和陈斌看在眼里，明白上级领导最需要什么，于是"以官军千人私役于都督同知黄真"。哪想到参赞军务的大理寺右寺丞罗绮知道后将这事上奏给了朝廷，请求正统帝处分胡为者。这下可把任信、陈斌两军官给气坏了：你罗参谋长长本事啦？吃饱了撑着没事，来个狗拿耗子多管闲事，咱们走着瞧！

正统十一年（1446）四月，任、陈两人先后上奏朝廷，给罗绮罗列了一大堆的罪行，什么"妄费财力，以建淫祠，勒徙居人，以展察院"，什么"数与淫妇私受官吏赙，役士卒猎，甚至掘发古冢以为戏，其书吏稍谏沮之辄考掠，文致其罪，违法纵肆，不可胜言"，等等，最后要求正统皇帝严厉处置这个"坏"得不能再"坏"的军中参谋长。正统帝接到举报信后并没有回复，而是"命巡按御史、按察司核实以闻"（《明英宗实录》卷140）。

巡按御史和陕西按察司接到皇命后查了一大圈，可就是没查到罗绮有什么违法乱纪的事情，当即据实以报，这事似乎也就过去了。哪想到没过多少时间，朝廷接到了总兵官都督同知黄真的一份奏章，其内除了给罗绮罗织罪名外，还特别强调他口无遮拦，曾大骂王振等宫廷内官为老奴。

　　姜毕竟是老的辣,在官场混久了的总兵官都督同知黄真尽管身在塞外却"心系朝廷",且还能与时俱进。他的属下任、陈两军官之所以没能整倒罗绮,关键还在于"运力不到位",而要想"运力到位"就得要找准"支点",这个"支点"在哪里呢？黄真认为就在当朝大太监王振那里。王公公不同于一般的宦官,他读书人出身,虽然现在权势显赫,但他的内心却是极度的自卑,太监是什么？是宫廷中的高级宦官,但再高级的宦官说到底还是皇帝的奴才。一个本该成为治国平天下的栋梁沦落为被阉割了的不男不女的奴才,这是最令人难堪的,王振心里难道不苦、不痛吗？

　　果不出其所料,当黄真的那满纸谎言的奏章送达朝廷后,负责监察的大明都察院岂敢怠慢,马上上请正统皇帝,要他下令,让罗绮来朝做解释。罗绮接到皇命后赶到北京,已经沦落为王振哈巴狗的朝中给事中见到罗参赞回来了,立即不容分说上奏正统皇帝,要求严厉惩处他。正统帝不知该怎么处理,于是降下敕令,叫朝廷三法司审理该案。三法司经过审理后拟判,罗绮坐赎徒,还职宁夏,继续参赞军务。可经由王振精心调教的正统帝却不认可这样的判决,认为罗绮"恶语"王公公,已经大大损害了当朝"周公"的"伟大形象",理应由锦衣卫来好好鞫问此案。

　　其实这正是王公公的意图,因为锦衣卫指挥马顺就是他最忠顺的走狗。在经历一番非人折磨后,马顺审得:前番审判官右都御史陈鉴、右副都御史丁璇、刑部尚书金濂、右侍郎薛希琏和马昂、大理寺卿俞士悦、左寺丞廖庄、右寺丞张骥等都给蒙蔽了,糊涂审案。罗绮所犯罪行昭然若揭,他自己也都服罪了(其实重刑底下哪有不服的,笔者注),还有什么可多说的了。最终正统帝判定:右都御史陈鉴等前轮审判官自陈失责之罪,姑且宽宥,但罗绮之罪不可饶恕,"谪戍边卫"(《明英宗实录》卷144)。

● **同行反对者、内使张环、顾忠和锦衣卫士卒王永因写匿名信揭发王振而被凌迟处死**

　　罗绮到底犯了什么罪？《明实录》含糊其辞,就是说不出来。

要是真的说出来，就只有一句话，他被人诬告骂了当朝大太监王振为老奴。退一万步讲，即使是罗绮真的骂了一句老奴，在今人看来也没什么大不了的事，却落得个接近死刑的处罚（戍边是《大明律》中除死刑之外的最严重的刑罚），想来令人十分郁闷。不过在正统皇帝当政、权阉王振横行的岁月，这样令人昏闷的事情还真有不少。

长期以来一提到明代的宦官和锦衣卫，人们往往以为他们中十个九个坏，这是讲的大概。其实并不是所有的宦官和锦衣卫都是坏蛋，他们中也有一些人挺正直和挺仗义的。我们现在要讲的内官张环、顾忠和锦衣卫士卒王永就是这样正直、仗义之人。

正统八年（1443）十月，有人在明皇宫里捡到了一封信，打开一看，吓了一身的冷汗，尽管信的结尾没有落款是某某人写的，但它的内容全是揭露宫廷大珰王振罪行的。这还得了，有人竟然攻击当代"周公"。在王振王公公的授意下，正统皇帝下令给锦衣卫，彻底调查匿名信的作者及其幕后指使。这下可苦了宫廷中的那些不男不女人，由于匿名信是在宫中捡到的，宫廷内使便成了当时追查和用刑的重点对象。锦衣卫审案的高效与用刑的残酷无人不晓，也无人不怕，案子一一追查下来，内使张环、顾忠被坐实为匿名信的作者。这下可将他们的顶头上司大太监王振给气恼得咬牙切齿，不过好在他的门生天子朱祁镇深悟王先生的心思，"命磔（张、顾）于市，令内官俱出观之"（《明英宗实录》卷109）。

以诽谤之罪名将检举揭发王振罪恶的内使张环、顾忠处于磔刑，还叫内廷宦官一起出外观刑，正统帝究竟是个何等样的君主至此就毋庸赘言了。同时通过对这一事件的处理也向人们传递了这样的一个信息：以宫廷大珰王振为首的邪恶势力是多么的嚣张和猖狂！但邪的就是邪的，总不能老压住正的。

正统十年（1445）正月，有个叫王永的锦衣卫士卒因为实在看不惯王振那伙儿人，偷偷地写了好多匿名的揭帖，可能相当于后世的"大字报"，历数王振作恶多端的罪行，并将之散发到了北京城的各处，甚至一直贴到了王振侄儿王山的家门口。这下可将大腕宦官王振给气疯了，还是门生天子朱祁镇体贴人，一边安抚"父师"王振"王先生"，一边令人彻底鞫问匿名揭帖案。后经法司部门审得，锦衣卫士卒王永为该案的幕后"黑手"。刑部拟就以王永"造妖言"

论处斩刑,正统帝接到这样的判决后可不答应,一个小小的锦衣卫士卒居然敢欺负到了本皇帝的"父师""王先生"的头上,这还得了,最终他以特诏的形式下令下去,对王永实施磔刑,且嘱咐"不必覆奏"(《明英宗实录》卷125)。

● 天子错爱　国基损坏

在这两起匿名揭帖事件中,三个敢于与邪恶势力抗争的正直之人,最终都被处以磔刑,可悲,可惨啊!那么何为磔刑?磔刑就是我们民间通常所说的千刀万剐。究竟何等样的人犯要被处以这等酷刑?翻阅《大明律》及以前的《唐律疏议》和《宋刑统》等,一般来说,磔刑是不能乱用的。即使《大明律》比起《唐律疏议》和《宋刑统》来在用刑等方面要有所加重,但明朝法定最高刑罚就是斩刑,磔刑是法外刑,一般被明朝皇帝用于对犯有谋反、谋大逆等十恶不赦之重罪罪犯的处罚上,而匿名诽谤属于何罪?就永乐前期而言,篡位皇帝朱棣为了压服人心曾丧心病狂地实行"诽谤之禁",滥杀无辜(《明史·成祖本纪二》卷6)。这是历史的倒退,很不得人心的。所以到了洪熙元年(1425)三月时,好皇帝明仁宗就曾下达诏旨:"今奸人往往摭拾,诬为诽谤,法吏刻深,锻练成狱。刑之不中,民则无措,其余诽谤禁,有告者一切勿治。"(《明史·仁宗本纪》卷8)也就是说,明朝官方的"诽谤之禁"自洪熙元年(1425)起已经被废除。换言之,匿名诽谤算不上什么大的违法之事,于法无据,官方一般都不予深究。

● 正统帝:我的眼里只有你(们)——王公公(们)

可明英宗却将这两起匿名诽谤事件的"案犯"都给处以了磔刑,这要么说明尽管当了10多年的皇帝,但他对国家政务、法律制度尚不清楚明了,或者说其内心有着十分阴暗的残忍兽性;要么说明明代这个首位由冲龄登基的帝国主子已将迷幻中的当代"周公"王振真的当成了帝国第一人的"父师"。若换成现在人们熟悉的一首歌曲的歌名来说,叫做《我的眼里只有你》,正统年间小杆子皇帝朱祁镇的眼里只有"父师"王振等他所熟悉和喜欢的内官了，我们不妨从正统中后期他颁给王公公王振的诏敕里窥豹一斑：

正统十一年（1446）正月庚辰日，朱祁镇敕王振曰："朕惟旌德报功，帝王大典。忠君报国，臣子至情。此恩义之兼隆，古今之通谊也。尔振性资忠厚，度量宏深。昔在皇曾祖（指朱棣）时，特以内臣选拔，事我皇祖（指朱高炽）。深见眷爱，教以诗书，玉成令器。委用（眷爱）既隆，勤诚弥笃。肆我皇考，念尔为先帝所器重，特简置朕左右。朕自春宫至登大位，前后几二十年。而尔夙夜在侧，寝食弗违；保卫调护，克尽乃心；赞翊维持，靡所不至；正言忠告，裨益实多。兹特赐敕给赏，擢为尔后者以官。《诗》曰：'无德不报。'《书》曰：'谨忠惟始。'朕眷念尔贤劳，昕夕不忘，尔尚体至意，始终一致。我国家有无疆之休，尔亦有无穷之福。"（《明英宗实录》卷137）

明英宗在这个敕文里除了回顾王振与大明第一人家四代人之间非同寻常的关系史外，还高度赞誉了大明历史上首次出现的重量级宦官大腕，说他"性资忠厚，度量宏深"，"勤诚弥笃"，"夙夜在侧，寝食弗违；保卫调护，克尽乃心；赞翊维持，靡所不至；正言忠告，裨益实多"。由此可见王太监"深见眷爱"，不仅为"先帝所器重"，而且在明英宗眼里几乎还是"我国家有无疆之休"的福祉。

● 爱屋及乌，小杆子皇帝升赏"王先生"家人

正因为出于这样的认知，在重用、赞赏王振的同时，正统帝还爱屋及乌地对王公公家人及其同类"活宝"进行大加升赏。仅正统十一年（1446）正月庚辰日这一天，包括王振在内的5个宫廷重量级太监都受到了重赏。那天朱祁镇"赐司礼监太监王振并各监太监钱僧保、高让、曹吉祥、蔡忠白金、宝楮、彩币诸物"（《明英宗实录》卷137）。

王振有两个侄儿：一个叫王山，由于王振的关系，很早起就在朝廷里混着，当了锦衣卫千户。正统七年（1442）六月，明英宗将他擢升为锦衣卫世袭指挥同知。（《明英宗实录》卷93）明朝"中官世袭，实始于此"（【清】夏燮：《明通鉴》卷23）。另一个叫王林，朱祁镇于正统十一年（1446）授予其锦衣卫世袭指挥佥事之职。（《明英宗实录》卷

137)与此同时,大明天子还对他们大加赏赉。正因为有着这样的皇帝恩宠和特别关照,王振家的两个侄儿胡作非为,作恶多端,"淫乱暴横,强抢良家子女,夺占邻家地基",甚至还将朝廷官物抬出朝门,守卫官军竟然不敢过问。(《明英宗实录》卷181)

诚如前文所述,正统中期,王山听说有个死去的军官家里有个美貌的小妾,顿时就动了邪念,企图迅速占有。不曾料到那军官的"大奶"说啥也不同意。王山便仗着王振的权势,诬以谋害亲夫罪,将其下狱论死。(【清】谷应泰:《明史纪事本末·王振用事》卷29;《明英宗实录》卷106)王山的活宝兄弟王林被提升为锦衣卫中高级领导世袭指挥佥事后一年不到,即正统十二年(1447)四月,就与武功中卫指挥使华嵩为争夺一个妓女大打出手。为了彻底征服风月场上的"情敌",让欲火吞噬了的王林随即告发华嵩宿娼。朝廷相关衙门官员听说王公公侄儿来告状了,哪个敢怠慢!他们假模假样地审理一番后判决华嵩"坐宿娼当杖",即说华指挥使犯了嫖娼宿妓罪,应处以杖刑。正统帝获悉后认为,这样的判决不过瘾,特命将华嵩剃光脑袋,在上面涂上彩漆,然后再令他上官方妓院——教坊司大门前去枷号示众,最后又将他谪充大同军。(《明英宗实录》卷152)

● **无恶不作的"王先生"同类及爪牙也成了正统帝的"至爱"**

除了王山、王林外,正统时期王振王公公的爪牙马顺、毛贵、喜宁、王长随、郭敬、王裕、唐童、陈官等也受到了小杆子皇帝明英宗特别的优渥对待。即使他们为非作歹,触犯了纲纪刑宪,也往往被宽容。

正统二年(1437)十月,监察御史李在修等劾奏:南京守备太监罗智和袁诚放纵自家奴才杀人和贩卖簰筏(用竹木编成的水上交通工具),强行闯关,不向税务部门纳税。虽然这些犯罪者已被监察御史韩阳抓起来按律论处了,但他们的主子罗智、袁诚等人的放纵之责也应当予以追究!正统帝指示:叫太监罗智、袁诚据实陈述自家奴才的犯罪事实,明白事理。既然犯事的奴才已被处理了,那么他们的主子放纵之责就不要再追究了。(《明英宗实录》卷35)

正统四年(1439)二月,专门主管皇家礼仪布置的司设监太监吴亮利用自己的特殊身份，公然违反朝廷规制，擅自派遣在北京做工的工匠到外面去做生意，谋取私利。有人发现后向正统朝廷奏劾，北京行在都察院上请正统帝，要求逮捕吴亮按律论处。没想到小杆子皇帝朱祁镇居然答复："姑宥之！"（《明英宗实录》卷51）

　　正统帝的"姑宥之"不仅使得大明朝廷法纪又一次遭受到了践踏，也使得吴亮等不法之徒更加肆意妄为了。正统六年（1441）三月，锦衣卫奏："宫廷内使范好、火者来福同管本监外厂，谁也没想到这两人不好好地工作，反而琢磨起怎么讨好司设监太监吴亮、谋取他们个人私利的勾当。他们从北京工程建设的工地上叫了50来个工匠，在外厂的一块空地上给太监吴亮种菜，搞经济创收。50来个工匠来后就地搭起了简易帐篷，锅碗瓢盆和各种饮食之具随处乱放，不曾想到就此引发了大火。由于没有及时控制火势，大火越烧越旺，并迅速蔓延开来，最终将该处的皇家外厂厂房内的竹木、白藤、车辆等物料共计150余万件烧了个精光。恳请皇帝对把总内官福安等人治以不行严督之罪，负有直接责任的司设监太监吴亮虽然推托说，大火是由外厂厂房自燃而引起的，与他役人在空地上种菜无关。但朝廷不能就此宽宥了他，理应一同鞫问治罪！"明英宗听后做出这般决定，令司设监给吴亮记死状一次，但宽宥他所犯之罪；福安、范好等一并收执于锦衣卫，施以杖刑，并让他们赔偿官物损失。（《明英宗实录》卷77）

　　上述这事说到底，就是正统帝舍不得治罪吴亮。也正因为如此，数年后司设监太监吴亮的侄子吴江被任命为锦衣卫百户，史书记载说："因（吴）亮叙年劳以请故也。"（《明英宗实录》卷171）

　　就在太监吴亮"擅役匠人在外商贩"被人告发而未曾受到朝廷处罚时，有个叫张斌的宫廷内使受命到广东，去主管珠池的朝贡物品之生产。张斌当时的职务仅是内使，比太监、内官等大珰在等第上要低一大截，可就是这么一个一般性的宦官出了宫廷之门，在天高皇帝远的地方，"擅作威福，扰害生民，人有奏其过恶者"。正统帝接到奏劾后做出了这样的处理决定："以斌罪本难宥，姑移文令其改过，如怙终，必诛不贷。"（《明英宗实录》卷55）

　　又一次吓唬吓唬，正统帝如此管治宦官的实际效果等于零。在典守珠池的宫廷内使张斌出事受宥后一年左右，即正统五年

(1440)四月,负责明宣宗陵寝祭扫的神宫监内使仆林来告:他的上级领导景陵神宫监太监陈英从皇家养马机构御马监诱骗了一个小厮叫陈喜的到他的府上去当差。除此之外,陈英还逾制娶妻,视朝纪国法为儿戏。仆林这一上告似乎有鼻子有眼,朝廷法司部门立即将陈英逮来鞫问,发现前事属实,后事即陈英娶妻之事系仆林"挟私忿"而捏造出来的。正统帝知道后"命固禁之"。可没多久就到了朝廷录囚的时候,法司部门将调查所得的陈英不法之事重新上呈了上去,小杆子皇帝几乎不假思索地批示:宽宥景陵神宫监太监陈英、内使仆林之罪。(《明英宗实录》卷66)

正统帝对于不在身边的宦官尚且这样呵护,那对于一天到晚老在眼前转悠的"老伙伴"宫廷大珰就不用说有多关爱了。御马监太监刘顺自小就与哥哥刘通进入禁庭,入侍朱祁镇的太爷爷朱棣,并跟随其一同"靖难",后又陪同永乐、宣德二帝数次北征蒙古。出任御马监太监后,"其典内厩马,比德齐力,所以奉乘舆、供军国之用者,无不适其宜。历事四圣(四位皇帝),始终如一,而上(指明英宗)之宠任益加,金玉裘马田宅人口之赐,他所不能及"(《太监刘顺墓表》,《北京图书馆藏中国历代石刻拓本汇编》第51册,P252,转引自胡丹辑考《明代宦官史料长编》上册,凤凰出版社2014年1月第1版,P251~252)。正统五年(1440)十二月,这位让明初四代皇帝惺惺相惜的刘公公终于走了,正统帝除了"为之恻然兴悼,赐钞3万贯,遣官谕祭,命太监李公童主其丧事,有司治棺椁坟茔,诸物皆官给之"外,还对其身后家属予以特别的照顾。正统六年(1441)三月,刘顺家人上奏:"先臣存日,钦赐并自置庄田、塌房、果园、草场共二十六所,其蓟州草场等十所计地四百六十八顷,谨进入官,余十六所乞留与臣供祀。"正统帝立即批示,照准!(《明英宗实录》卷77)

● 以王振为首的宦官恶势力开始向京城以外的各地不断渗透

如果说正统七年(1442)年前,明英宗的喜欢与呵护导致了明廷宦官势力迅速发展壮大的话,那么自那年张太皇太后驾崩起,这股邪恶的无组织力量便呈现出不可遏制的疯长之势。

正统九年(1444)闰七月,镇守辽东的太监王彦死了,小杆子皇帝听说他生前在辽东很神气，捞了不少钱物，就派了与心腹大珰王振一伙的太监喜宁前往王家去清点财产。喜宁利用手中的权势，中饱私囊，将王家的奴仆、驼马、金银、器皿、田园、盐引等物统统归己。这下可将已经死去了的太监王彦之遗孀搞得没了活路，一怒之下她将喜宁的不法之事告到了朝廷。正统帝下诏：宽宥喜宁之罪，将其掠夺的田园、盐引等追回来，归还给王彦之妻，其他财物皆没入官库。(《明英宗实录》卷119)

正统九年(1444)闰七月壬辰日，专门负责皇帝饮食的尚膳监太监尹奉上奏说：自己看中了一处庄田，请皇帝满足他的这个愿望。小杆子皇帝听后毫不犹豫地答应了，随即令人将那3顷11亩庄田划给了他。(《明英宗实录》卷119)

正统十一年(1446)五月，监察御史蔡愈济上奏朝廷："有诏禁京城外西北开窑取土，而太监贾享、僧保，内官云保山、黄义擅役军士，于清河开窑，请寘于法。"明英宗听后下令，宽宥太监贾享、僧保之罪，将云保山、黄义下狱，"仍谕都察院申禁之"(《明英宗实录》卷141)。

同年同月，司礼监太监蔡忠上奏朝廷说："深州知州栾凤死于任上，他的儿子与州治官吏相勾结，占据了州衙就是不肯迁徙。更令人可气的是，栾家与小臣弟弟家本为邻居，人们常说：远亲不如近邻。可这个栾公子却让人霸占公用水井，不让小臣弟弟家人使用。小臣弟弟家实在气不过，向他们讨个说法，没想到他们越骂越起劲，越骂越难听，还一直骂到小臣的头上。小臣在此恳请皇帝陛下主持公道。"正统帝听后下令，将该事交由巡按监察御史陈浩等人查实论处。陈浩受命后经过一番调查，最终判决栾家公子及与其相勾结的深州官吏皆当处以"赎杖"，也就是通常人们所说的对犯事者原来要打打屁股的，现在叫他们掏钱赎罪。可小杆子皇帝听到这样的判决却不乐意了，总觉得这样做亏待了太监蔡忠，于是特命将犯事者发戍到辽东铁岭卫，即处以流刑——仅次于死刑的刑罚。(《明英宗实录》卷141)

深州蔡太监家人"受屈"之事得以"摆平"后半年左右，离深州只有几十公里的山西北疆监军太监郭敬听说后更来了精神，看来当今大明天子对咱们还真是"情有独钟"的。郭敬也是个不知好歹的地道小人，老早起就投到了宫廷大珰王振的麾下，成为其心腹。

自正统皇帝登基前后起,他便兴风作浪,屡次与北疆边将争斗,且几乎都能取胜,究其根本原因就在于他在宫中有人。也正因为如此,郭敬的胆子越来越大,干的坏事也越来越多。

正统十二年(1447)正月,也就是明英宗北疆被俘前两年,郭敬看到大明军器、军具在漠北蒙古人那里十分受欢迎,于是就指使部下军士王兴偷偷地用明朝军营里的盔甲跟蒙古人做交易,换取良马。哪料到这交易正在进行时被军士赵真发现了,赵军士立即向上做了汇报。这下可把郭敬给气坏了,他想利用自己手中的权力,把赵军士逮起来往死里整,可没想到的是赵军士特别机灵,早早就做好了准备,通过关系向巡按监察御史周纪奏报了郭敬的不法之事。周纪闻讯后倒抽了一口冷气,就以明朝军用器械去交易蒙古良马这一事来说,郭敬至少犯下了两重死罪:第一,大明祖制规定,臣民无外交,即大明除了帝国官方进行正常的对外交往外,任何个人都不得与外邦进行交流往来;第二,边疆军用物资和军用器械是绝对专控的,更毋庸说是不能用来对外交易了。所以说当周纪听到这样的边疆违法犯罪之事后,尽管反复思量了一下,但最终还是向中央朝廷做了奏报,恳请正统皇帝追究此事。可明英宗这个活宝皇帝一听到是自己"父师"王振的心腹郭敬"弗严关防,以致部属违法",就"特宥(郭)敬,但命法司录状示之"(《明英宗实录》卷149)。

对于一个犯了两重死罪的太监,明英宗都舍不得处理,只是让法司部门给他下达一个书面警告而已。正统朝廷如此宠爱宦官,其所产生的负面影响实在是无法估量的。有人看到这其中的奥妙,立即行动,想乘机好好地捞一票。

正统十二年(1447)二月戊午日,"御用监太监喜宁奏乞河间府青县地四百一十五顷有奇"。小杆子皇帝接奏后命令大明户部遣官覆视,覆视后发现喜太监看中的那一大块地里尚有好多百姓居住着,这下可犯难了,将百姓们赶走?那可不行,虽说明英宗很混,但不至于昏聩到了不知是非的地步,最终他还是决定,"以荒闲者七十九顷八十亩赐"予太监喜宁。(《明英宗实录》卷150)

自己开口要400顷,皇帝只给了其中的1/5,虽说少了许多,但反映出当今天子对他喜宁还是挺在意的。自从有了这样的想法,喜宁就更加胆大妄为了。正统十二年(1447)闰四月,喜宁又看中了一块地，一打听才知道，这块地的主人是太师、英国公张辅。这可是个了不得的人物啊！不，在喜宁看来全然不是这样，虽说张辅是当今大明军事第一人，又是太宗皇帝的舅子，但那都是过去的事。如今为正统"新时代"，"新时代"新皇帝对于老臣们是何等态度？正统五年三月张辅家里发生了矛盾冲突，小皇帝朱祁镇下令将张辅的弟弟重重地处罚了一番，这不就说明了问题啊！（《明英宗实录》卷65）想到这些，喜宁顿时来了精神，将自己的弟弟喜胜叫来，如此这般地做了交代。

只见喜胜随即带了一帮子自净家奴恶狠狠地冲向张辅家。自净家奴是什么意思呢？即当时北京及其周围地区的人们看到宦官十分吃香，就将自家的儿孙或从别人手里买来的男孩子进行阉割，然后再图谋将他们送入宫中，以图日后家族荣华富贵。但当时宫廷里宦官已经够多了，且明仁宗、明宣宗等皇帝曾几次三番下诏，严禁私阉。所以当时通行的潜规则是，一般民间被阉割的孩子往往投靠到宦官或官宦家里，充当其家奴，这就是明史上所说的自净家奴。自净家奴一般出身都很不好，没什么教养，加上自小多在不男不女的变态人身边长大，因此他们自身身上就匪气十足。喜胜带的就是带了这样匪气十足的自净家奴来到张辅家讨要田地。

再说张辅家虽说风光不及当年了，但老张头的爵位还是英国公、太师啊。俗话说得好，瘦死的骆驼比马大，更何况这骆驼还没到瘦死的地步啊！所以当喜太监的弟弟带人前去讨要田地时，老张头压根儿就不予理睬。不理睬也没关系啊，喜胜指挥手下的自净家奴捣毁居住在张家土地上的佃户居室，驱赶佃农及其家人。莫名受屈的佃农及其家人奋起反抗，暴力冲突由此上演。最终吃亏的肯定是张家佃农了，受伤的暂且不说，佃农家已经怀了孕的媳妇在冲突中被喜胜他们打得流血不止，当即堕胎而死。

张辅闻讯后十分气愤，立即向正统朝廷上奏，控诉喜宁、喜胜兄弟的恶行。朝廷接奏后命令法司部门审理该案，随即逮捕喜胜及其自净家奴。在通过一番调查、审讯后，法司部门判决：对喜胜和自净家奴处以杖刑。小杆子皇帝闻讯后觉得对自己钟爱之人喜宁的弟弟判得太重，当即改判：对喜胜杖刑不用行刑，让他出钱赎罪，将参与制造恶性事件的喜家自净家奴发配到广西南丹卫去充军。这下可乐坏了喜宁、喜胜兄弟了,弄出人命案来,居然只要出些钱,什么事也没有了。这时的喜胜已喜不自禁,反过来向朝廷揭发起张辅家的不端之事:大家别光看老张头光彩彩的一面,其实他也不是什么东西。我们喜家有自净家奴,他们张家也收了不少的这类人啊。小杆子皇帝听后简直不敢相信自己的耳朵,停了好一阵子才缓过神来,随即下令:宽宥张辅私收自净家奴之罪,但张家的这类人却不能留了,将他们也发配到广西南丹卫去充军。(《明英宗实录》卷153)

从表面来看,张辅家与喜宁家打了个平手,但细细想想,人们不能不由此感叹道:堂堂的大明军事第一人、英国公、太师最终还是敌不过一个"刑余之人"啊!更令人意想不到的是,实际占据上风的无耻小人喜宁至此还不肯善罢甘休,两个月后的正统十二年(1447)六月,他唆使直隶河间府青县知县向朝廷诬奏:英国公张辅擅自强占民田20顷,张家看守庄园的阉者另有庄田100多顷(《明英宗实录》卷155)。小杆子皇帝接奏后不问是非曲直,叫来老臣张辅,命其立即将侵占之田退还给老百姓,至于所谓张辅所行"于法有违",明英宗看在他是老臣的份上就不予追究了。比窦娥还冤的张辅见到小杆子皇帝这般偏听偏信,也只好忍气吞声,委曲求全,"稍曲以避其祸"(【清】夏燮:《明通鉴》卷23)。

● 王振:炙手可热,大明:国基遭蚀

正统中后期,喜宁等内廷大珰尚且这般猖狂,那他们中的"大腕"王公公王振可就更不得了了。

自从昏童皇帝朱祁镇登基起,王振"王先生"就变化着各色各样的手段,逐渐地将大明帝国最高权力人物掌控在自己的手中,并通过或明或暗各种途径,打击异己,顺之者昌,逆之者亡,树立自己的绝对威信。正统七年(1442)七月,张太皇太后驾崩,以"周公"自诩的王振更是无所顾忌,为所欲为。虐杀翰林侍讲刘球,迫害大理寺少卿薛瑄、国子监祭酒李时勉和陈敬宗,凌迟处死敢于检举揭发自己恶行的宫廷内使张环、顾忠及锦衣卫士卒王永,甚至还敢将疑有暗骂自己的驸马都尉石璟等下大狱……真是坏事做绝,罪恶滔天,罄竹难书。

那么作为大明帝国历史上的"睿皇帝"即聪明皇帝朱祁镇对此到底有何反应呢?有史书称,正统时期"聪明"皇帝明英宗"颇事燕闲",朝廷大臣甚至公侯伯都"不得睹其面,累日积月朝钟不鸣,章疏之人,司礼监则主之,可否时出入内批"(【明】谈迁:《国榷》卷3)。如此下来,王振王公公则"跋扈不可制"(《明史》卷304),他"夺主上之威福,怀奸挟诈,紊祖宗之典章,每事不由于朝廷,出语自称为圣旨,不顾众议之公,惟专独断之柄,视勋戚如奴隶,目天子为门生"(《明英宗实录》卷181)。

一个宫廷宦官猖狂到了这一步,还有什么可制的?正因为王公公权倾朝野,不可一世,在那时的朝廷上下谁要是有半点的不恭,哪怕是无意识的,他都要将其治罪,甚至处死。

正统九年(1444)十月的一天,王振因事经过光禄寺。光禄寺是专门负责帝国皇家祭祀、朝会、宴飨酒醴膳馐之事的衙门,为防止相关官吏贪污舞弊,大明祖制规定,光禄寺在收受祭物时一定要让监察御史在旁仔细监察、清点。那天王公公经过时,刚好有个叫李俨的监察御史在干这个工作。由于工作得十分投入,李俨根本没注意到宫廷大珰王振"大驾光临"。当发现时,他本能地站了起来,以常规同僚之间的作揖作为问候之礼。哪想到就因为这么一个本没有什么过错的"失误",却招来了大祸。太监王振"怒(李)俨应对不跪,遂下锦衣卫狱",不久又将其发配到辽东铁岭卫去充军。(《明英宗实录》卷122;【清】谷应泰:《明史纪事本末·王振用事》卷29)

通过对异己和不听话朝臣的一系列"整治",正统后期的王振愈发不能自已了。先是"作大第皇城东,建智化寺,穷极土木"(《明史·宦官一·王振传》卷304)。大兴土木,修建府第,不用多说,王振就是要用它来享受和显摆的。那么大修智化寺是干什么用的呢?礼敬佛神,求得佛神保佑!这是地球人都知道的事,所以自智化寺修葺完工后,京师百姓络绎不绝地前往该寺去敬拜,更有一些人听信传言,说该寺很神奇,只要你肯施舍,什么样的疑难之事它都能给你搞定。

正统十二年(1447)闰四月的一天,北京有个小民将自家的一个宝贝玉观音像施舍给了智化寺,祈求寺僧在佛神面前为他搞定难事。哪想到智化寺的寺僧仗着王公公的权势欺负人,在收了小民的玉观音像后什么事也不办,这下可把那小民给气坏了,他冲到智化寺里去讨还宝物,且扬言:如果寺院不归还,他就一直不走。智化寺僧一下子也没了辙,最后将该事告到了大明刑部。刑部尚书金濂一接到案子就觉得头疼,在经过一番调查和思考后,他将自己的审案意见上报给了正统帝,并拟判:犯事小民"论罪当杖,但其情重难以常律处"。这等于是将皮球踢给了皇帝朱祁镇。一向视王振为"父师"的朱祁镇闻听刑部金尚书的这等上言,当即"特命发民充铁岭卫军"(《明英宗实录》卷153)。

信佛的人应该做好事,绝不能做坏事、做恶事,可王振之流却不这样,他们想到的就是为自己求福。而根据民间的说法,敬佛、礼佛最大的功德莫过于建造供奉佛神的寺院殿堂和传播佛经、佛音。由社会底层上来的王振娴熟此说,在修造智化寺后没过多久,即正统十三年(1448)二月,他上言门生天子正统帝,说北京城西有座庆寿寺,系金章宗时所创,历经了数百年的风风雨雨,如今已经破旧不堪,亟须修葺拯救,恳请皇帝允准。

可能是自小受皇奶奶张太皇太后影响的缘故,明英宗对佛教信仰十分虔诚。正统五年(1440)十一月,当时还只有13周岁的朱祁镇就为636函、通计6361卷的《大藏经》作序,即明史上有名的正统《御制大藏经序》。在该序言中小杆子皇帝高度称赞佛教"无幽而不烛,无微而不入,无叩而弗应,无感而弗通"(《明英宗实录》卷73)。由此可想,当听到"王先生"提出要重修有着数百年历史的庆寿寺时,他会做出如何的反应。小杆子皇帝立即下令:"役军民万人重修,费物料钜万。"在寺庙修造工程完工后,小杆子皇帝还亲临这座"壮丽甲于京都内外数百寺"的京城第一寺院,钦赐寺额为"大兴隆寺","树牌楼,号第一丛林",并广招佛僧大做法事,真可谓隆盛一时。(《明英宗实录》卷163;【清】谷应泰:《明史纪事本末·王振用事》卷29)

正统朝仅为重修一座寺院,居然要"费物料钜万"(《明英宗实录》卷163),那么正统帝的"父师"、自诩为当代"周公"的宫廷大珰王振"王先生"的日常生活又有多么奢靡呢?史载:"管家内官陈玙为其聚敛珍货,侔于府库。上天谴戒,焚其私藏。(王)振恬不知畏,怙奸稔恶，愈肆贪婪，广置塌房、庄所、田园、马坊，侵夺民利，不输国课。信用无藉之徒，多为家人名色；倍支官盐；船挂黄旗；府县官员望风拜跪；委任匠役等辈，挟其声势出入其家，求谋请托，遂至豪富。"(《明英宗实录》卷181)。到正统十四年(1449)八月王振家籍没时，其有"金银六十余库，玉盘百，珊瑚高六七尺者二十余株，他珍玩无算"(《明史·宦官一·王振传》卷304)。

……

从政域弄权到经济敛财，从广布爪牙、到处肆虐到大造佛寺、奢靡崇佛……以王振为首的正统朝宦官势力在昏暗少帝的长期呵护、百倍宠爱下，到正统朝中晚期时已浊浪翻滚，遍及社会的各个角落，吞噬大明的正能量，进而从根本上腐蚀和动摇了帝国的根基，大明危矣！

大明帝国系列⑫
The Great Ming Empire XII

正统、景泰帝卷下

Transitional Period of Incompetent Emperor Zhu Qizhen and Competent Emperor Zhu Qiyu (Volume 2)

马渭源　著
Ma Weiyuan

东南大学出版社
SOUTHEAST UNIVERSITY PRESS

图书在版编目(CIP)数据

大明帝国.正统、景泰帝卷:全2册/马渭源著.
—南京:东南大学出版社,2016.5
 ISBN 978-7-5641-6465-2

Ⅰ.①大… Ⅱ.①马… Ⅲ.①中国历史-研究-明代 Ⅳ.①K248.07

中国版本图书馆 CIP 数据核字(2016)第 086703 号

正统、景泰帝卷下

出版发行:东南大学出版社
出 版 人:江建中
责任编辑:谷 宁 马 伟
社　　址:南京市四牌楼2号(邮编　210096)
经　　销:全国各地新华书店
印　　刷:南京玉河印刷厂
版　　次:2016年5月第1版
印　　次:2016年5月第1次印刷
开　　本:890mm×1240mm　1/32
印　　张:16.75　彩插8页
字　　数:480千
书　　号:ISBN 978-7-5641-6465-2
定　　价:49.00元(上、下卷)

(若有印装质量问题,请直接与营销部联系,电话:025-83791830)

目 录（下册）

第3章　积弊交集　正统危机

- 原作"拱卫"　反为累赘 …………………………………………… 247
  - 巍巍壮观的大明皇家宗室队伍：明英宗时已达100 000人 ………………………………………………………………… 248
  - 老祖宗：藩王比天子还要幸福，可朱子朱孙却说自己是最憋屈的人 ………………………………………………………………… 248
  - 亲叔叔和太姑奶奶们提出越分要求，小杆子皇帝该如何处置？ ………………………………………………………………… 249
  - 剪不断理还乱的皇家宗室纷争与内乱案例之①辽王府 …… 253
  - 剪不断理还乱的皇家宗室纷争与内乱案例之②代王府 …… 261
  - 防微杜渐，严厉限制宗室藩府和坚决打击反叛中央朝廷的藩王之乱 …………………………………………………………… 266
  - 各地龙子龙孙多层面越轨犯分，大明朝廷应接不暇按住葫芦浮起瓢 …………………………………………………………… 272
- 地荒民逃　东南怒号 …………………………………………… 284
  - 正统帝：本想打造"圣君盛世"，结果却弄成地荒民逃 ……… 284
  - 正统帝应对"地荒民逃"之策：遣官抚定、蠲免赋役、恢复生产 ………………………………………………………………… 295
  - 金银法定货币地位的确立与东南三省叶宗留、邓茂七、黄萧养起义 …………………………………………………………… 300
- 军官腐败　武备大坏 …………………………………………… 317
  - 老祖宗之"善政"到了子孙手里被糟蹋得不成样子：明代军队卫所制度的物质基础——军屯制之瓦解 …………………………… 318
  - 大明帝国的军事栋梁——军官们正在忙着搞自家经济创收和深入"裙中" …………………………………………………… 326
  - 明朝陷入怪圈：逃军、勾军、清军、逃军……武备废弛，军队战斗力严重下降 ………………………………………………… 334
- 五征麓川　平乱遗患 …………………………………………… 344
  - 麓川平缅宣慰使司与明初西南边陲十大宣慰使司 …………… 345

- 麓川思伦发、思任发屡叛屡降、反复无常与大明列祖列宗军事打击的重点 …… 348
- 五征麓川，正统朝耗尽国力，大炮打蚊子 …… 351
- 10年南疆平乱，正统帝治国愈治愈乱——平小乱遗大患 …… 365

第4章 土木被俘 明朝大辱

● 前朝列帝 北疆积弊 …… 368
  - 老辣的洪武帝构建大明北疆三道防线 …… 368
  - 浅薄的永乐帝改造北方边镇，自造北疆"癌症病源" …… 371
  - 朱棣死后，继位的明仁宗朱高炽对大明北疆战略之调整 …… 376
  - 宣德：大明边疆"一元化"制演变为"三元共存制" …… 379
  - 明宣宗对北疆国策的修补与大明北疆之隐痛 …… 382

● 瓦剌"渐大" 正统"眼瞎" …… 394
  - 瓦剌的前世与今生——斡亦剌与大元"黄金家族"之间的恩恩怨怨 …… 394
  - 明初漠北"三雄"：鞑靼、瓦剌、兀良哈与永乐朝扶此抑彼策略 …… 401
  - 仁宣时代大明北疆战略调整与瓦剌权臣脱欢乘势统一漠北 …… 408
  - 瓦剌也先联合东西巩固两翼，包抄大明，正统帝浑然不觉，仅知严防死守 …… 413

● 也先生端 英宗服软 …… 426
  - 明代前期马市贸易的发展、演变与明廷"怀柔夷虏"的政治功能 …… 427
  - 明代前期朝贡贸易的发展、演变与"万国朝宗""天下共主" …… 429
  - 在朝贡贸易方面大明与瓦剌之间的是非曲直 …… 437
  - 也先：羞死我也，你们说的美女在哪儿？减少贡使回赏钱，你们想赖？ …… 466

● 天子亲征 土木蒙尘 …… 471
  - 瓦剌也先：再跟你大明打太极、玩捉迷藏？没劲！老玩那，你大明就这个水平？丢分！要玩咱们来点真格——战争！ …… 471
  - 皇帝亲征——轻率的最高决策："王先生"鼓气，小杆子皇帝想重

- 振祖宗亲征之雄风 ……………………………………… 472
- ● 中元节从北疆来的两大告急文书 ……………………… 475
- ● 未曾显山露水的中流砥柱——大明正直文臣官僚冒死直谏
  ………………………………………………………………… 477
- ● 连日非风则雨、边关告急连连,正统帝居然当起甩手掌柜,王太监立即成了御驾亲征的总指挥 …………………… 478
- ● 到了大同突然改主意:皇帝亲征不搞了!王太监想让大家到他老家去溜达溜达,但转而又反悔了 ……………… 482
- ● 宣府磨蹭使得瓦剌骑兵追上了东还的大明御驾军队,4万迎敌明军俱亡 …………………………………………… 483
- ● 土木之役 明军覆没 皇帝被俘 大明蒙辱 …………… 484

大明帝国皇帝世系表 ………………………………………… 488

后记 ………………………………………………………… 489

第 3 章　积弊交集　正统危机

> 正统中后期的大明危机虽说是由以王振为首的宦官集团的肆意胡为而直接引发,但若能从深层次考察的话,你就不难发现,它更多的是正统时期朝廷对于帝国社会长期积弊所采取的不当应对举措所造成的。概而言之,在宗室纷乱、土荒民逃、军纪整饬与边疆动乱诸方面,以正统帝为首的朝廷当局之处置都存在着很大的问题,尤其是错误地发动了前后持续十余年的麓川之役,给本已危机四伏的大明帝国带来了极大的祸害与隐患。

● 原作"拱卫"　反为累赘

"根正苗红"的正统帝是明朝第六代皇帝,明朝是在洪武元年(1368)开国的,到宣德十年(1435)朱祁镇冲龄即位时差不多有70年的历史。在这近70年的时间里,洪武开国时确立的分封制这株罂粟花经由永乐开始实施的"推恩法"而已向全国各地蔓生开来,与之相随,诸侯藩王对于大明帝国构成的潜在危害也时不时地暴露出来。鉴于此,明廷自建文朝开始就不断地变幻着花样,削弱、限制地方藩王势力,特别是永宣以后分布于各地的大明龙子龙孙们受到的限制与禁忌越来越多,他们不准干涉地方行政事务,不准随便走出藩地范围,不准随意来京朝见,不准出仕参政,不准从事士农工商之业,不准与官府交结,藩王出城不得二王相见……如此下来,龙子龙孙们最好的也是最为可行的娱乐就是在自己的藩地里找乐。而在这样的找乐过程中,男女之欢成了他们的"至爱",由此大明皇家宗室人口呈几何级数成倍地繁衍,远远要高于一般的平民之家。

● 巍巍壮观的大明皇家宗室队伍:明英宗时已达100 000人

在这巍巍壮观的大明皇家宗室人口队伍中最为显贵和最为显眼的就要数皇家直系子孙。依照分封祖制的规定:除皇太子外,诸皇子成年后即被分封到帝国各地,各自拥有相当可观的军事力量,开府治事,拱卫皇室。这些被分封的第一代藩王称为亲王,亲王以下宗室爵位依次为郡王、镇国将军、辅国将军、奉国将军、镇国中尉、辅国中尉、奉国中尉(《明史·食货志六》卷82),若再加上前面的亲王,共计为八等。我们以分封的皇帝诸子即第一代藩王及其繁衍的儿子郡王为例来说事,明初从洪武到宣德共有20多个皇子被分封为亲王,到明英宗统治的晚年,大明宗室郡王已发展到了184人,其增长倍数为9。

与此相应,皇帝的女儿、孙女儿等也分为八种:"凡皇姑曰大长公主,皇姊妹曰长公主,皇女曰公主,亲王女曰郡主,郡王女曰县主,孙女曰郡君,曾孙女曰县君,玄孙女曰乡君。"(《明太祖实录》卷233;《明史·礼八·嘉礼二》卷54)

如果我们将上述皇帝家儿孙系列即诸子藩王以9倍数增长的速度来推算皇帝女儿、孙女儿系列及其她们的驸马、仪宾等增长人数,两者相加大致可以得出这样一个数字,到明英宗后期时大明宗室人口大约10万人。(白新良、王琳、杨效雷:《明帝列传·正统帝 景泰帝皇帝传》,吉林文史出版社,2004年11月第2版,P52)。

● 老祖宗:藩王比天子还要幸福,可朱子朱孙却说自己是最憋屈的人

对于红彤彤家族人口的这样迅猛增长,大明天子表示出极度的兴奋:"宗室子孙众多,国家之庆。"(《明宣宗实录》卷58)但高兴归高兴,麻烦事也随之不断地涌现。依照祖制规定,这些由"红色家

族"孕育出来的龙子龙孙们不仅有着岁禄等方面的十分优厚的经济生活待遇,而且还拥有相当的政治与社会特权。亲王、郡王受封后,朝廷就得负责为其建造藩第,要是亲王的话,还得要为其营建配套的山川社稷坛等祭祀场所;与此同时又得为他们铸造印信、金符,赐予册诰、冠服等。一旦藩王就国了,大明朝廷就得赐予田地、乐工、乐器、祭器和仆役等。没过多久,藩王的王子出生了,朝廷就得赐名;等到王子初长成,朝廷就得赐婚、赐爵、赐禄;遇到其生病时,就得赐医、赐药,遇到国家喜庆,朝廷理所当然要对其赏金赏银;而一旦去世了,还得为其缀朝数日,且遣员致祭,赐予美谥……

所以在开国皇帝朱元璋看来,"凡自古亲王居国,其乐甚于天子"! 何以见得? 因为亲王的"冠服、宫室、车马、仪仗亚于天子,而自奉丰厚,政务亦简。若能谨守藩辅之礼,不作非为,乐莫大焉"! 而天子则不同,他要"总揽万机,晚眠早起,劳心焦思,唯忧天下之难治。此亲王所以乐于天子也!"(《皇明祖训·祖训首章》)

可朱子朱孙们却不认同老祖宗的观点,他们总觉得自己是世界上最为憋屈的人,于是不断地提出额外要求,越礼犯分,巧取豪夺,甚至潜蓄逆谋,干犯国法。本来是用以拱卫朝廷的宗室就此演变成了大明帝国不堪承受之累赘和无法忍受之"病痛"。

● 亲叔叔和太姑奶奶们提出越分要求,小杆子皇帝该如何处置?

面对这样的沉疴痼疾,被明代官史美誉为"天资聪明英武"(《明英宗实录》卷361)的明英宗又将如何处置呢?

○ 亲叔叔要求移藩,8岁的小皇帝能不同意吗?

正统帝冲龄登基后首先碰到的藩王问题可能就要数移藩之难事了。

宣德十年(1435)八月,也就是朱祁镇登极后半年,早已就藩多年的淮王朱瞻墺上书给朝廷,抱怨自己就藩的广东韶州地方不好,"常有瘴疠",弄得身体很差,请求朝廷给他改换藩地。淮王朱瞻墺是明仁宗的七儿子(《明仁宗实录》卷3上),明英宗的七叔,朱祁镇打

第 3 章 积弊交集 正统危机

小起就在皇奶奶那里经常见到他。虽说叔侄之间有着一定的年龄差异,但这种血缘亲情要比什么高皇帝朱元璋的其他儿孙们来得亲近多了,所以当淮王朱瞻墺提出想变换藩地时,小杆子皇帝随即致书七叔朱瞻墺,说:"听说七叔您在韶州久受瘴疠侵扰之苦,侄儿我甚为同情。已令人在江西饶州府为您重新选择一处藩府宅址,让有关部门着手营建,并物色好了护送船只、人役等,就等您择日搬迁了。叔叔,您'可于今冬择日往居之,庶副予亲亲之意'。"(《明英宗实录》卷8)

大明皇家老七在藩邸待得不舒心就迁徙,消息像长了翅膀似地飞过千山万水,首先飞到了老七的皇家诸兄弟那里,最先对此有着很大反应的是他的五哥朱瞻墡。听说自家七弟移藩成功的消息后,觉得自己更有资格提出此等要求的朱瞻墡于正统元年(1436)初就上奏给朝廷,说建藩于长沙的襄王府及其周边形势很不好,地势低洼、潮湿,很不利于居住与生活。听说襄阳地势很高、也很好,恳请朝廷恩准他到那里就国。朱瞻墡是明仁宗的五儿子(《明仁宗实录》卷3上),朱祁镇的五叔。想当年宣宗皇帝英年早逝,骤然引发大明皇位继承危机,那时朱祁镇的皇奶奶张皇太后从"国有长君,社稷之福"的角度考虑,打算远召长沙的这位五叔朱瞻墡(张太后的亲生儿子)来京继承大统(【明】陆容:《菽园杂记》卷8)。虽说后来遭到了杨荣、杨士奇等老臣的反对而没有成功,但从更深更远处来看,五叔朱瞻墡的分量与地位却不容小觑啊!明英宗接到奏章后随即就批示:同意皇五叔的移藩请求,命令"有司于襄阳度地为建王府",并让人修造社稷、山川、祠宇等配套建筑。经过数月的营造,到正统元年七月时,新襄王府的建设工程终于完工,小皇帝朱祁镇"书与襄王,令择日起行迁移,仍敕湖广三司量遣人船护送,毋有稽缓"(《明英宗实录》卷20)。

小皇帝的五叔、七叔都搬家了,我这个六叔为什么就不能搬呀?明仁宗的六儿子荆王朱瞻堈在听到两兄弟移藩的消息后也动了大搬家的念头,但要大搬家必须也得有充分的理由啊!朱瞻堈想了好久,就是没想出什么新借口来,干脆就依葫芦画瓢,重复兄弟们老掉牙的套路,于正统三年(1438)九月上奏给朝廷,提出自己要移藩河南的请求。小皇帝接奏后立即回复道:"六叔您现在的藩邸是在建昌,建昌是江南的好地方,可不是什么低洼潮湿、瘴疠肆行之地啊!想当年我家皇爷爷仁宗皇帝为您挑的这地方作为封国,可属藩地中的上乘了。况且六叔您在那里已经居住了10年多,安安稳稳,没听说有什么不适的。人生在世,生死富贵,自有天命,谁能保障您移藩到了河南就能万般称心。因此说六叔您最好还是'恪遵皇祖之命,安静以居,不可惑于邪言,骤求改徙'"(《明英宗实录》卷46)。

可荆王朱瞻堈哪里听得进侄儿皇帝的意见,依然不停地上奏,一再要求移藩,并编造了谁也搞不清的理由:"(荆王)宫中有巨蛇,蜿蜒自梁垂地,或凭王座。瞻堈大惧,(再)请徙。"英宗朝廷被逼无奈,最终于正统十年(1445)同意将其由建昌迁往了蕲州。(《明史·诸王传四·仁宗诸子》卷119)

朱祁镇诸皇叔中第四个提出要求移藩的是明宣宗的二弟郑王朱瞻埈。朱瞻埈是在永乐二十二年(1424)十月,也就是他老爸明仁宗登基后的第三个月被册封为郑王的,但他并没有马上就国,而是一直待在京城里。洪熙元年(1425)父皇明仁宗突然驾崩,他与五弟襄王受母后之命一起监国,等待大哥朱瞻基回京即位。宣德元年(1426),大哥明宣宗南征乐安,平定高煦之乱,郑王朱瞻埈与五弟襄王朱瞻墡第二次一同监国居守。宣德四年(1429),他才就国凤翔藩邸。(《明史·诸王传四·仁宗诸子》卷119)

在朱祁镇的亲叔叔中,这个叫朱瞻埈的排行序列最前,除了大哥皇帝朱瞻基外,就数他年龄最大(《明仁宗实录》卷3上),因而二度受命监国,资格很老。但他的脾气很不好,"屡暴怒,杖人至死",就是说他动不动就发火,而一旦发火了就要对人实施杖刑,且杖刑起来却又不管三七二十一,常常把人给打死。为此,正统五年(1440)十月,小皇帝明英宗专门给他降敕,说道:"闻叔近颇多怒内外官员人等,稍不如意,辄射击之,几无虚日,左右微有谏者,则怒益甚,此必下人不律,或进逸言激使之。然惟叔为国亲藩,肇有封土,以贻子孙。自今宜以礼律身,以宽御众,凡有触犯,轻则下于审理,重则闻之朝廷,庶几不昭非议。"随后正统帝又引述了《皇明祖训》予以警告。据说自那以后郑王朱瞻埈的火气稍稍收敛了点,但弄不好还是要时不时地大发雷霆,施罚下人。(《明英宗实录》卷72)

经常发火、责怪他人的人往往心胸不开阔；心胸不开阔、常生气人就容易得病，且凡事做起来可能都不顺意。正统前期的郑王朱瞻埈就是这么一个抑郁的病秧子和倒霉蛋。可他怙恶不悛，认为自己有病和做事不顺都是因为建藩于凤翔这个倒霉的地方，因此要求侄儿皇帝明英宗给他挪个藩地。明英宗没马上答应，朱瞻埈就不停地上书，将理由编得越来越多，说不仅自己老生病，就是"子女宫眷亦多不安，此必水土不相宜也"。明英宗最终拗不过资格很老的二叔，只好"命有司于怀庆建立王府"，随后便让他移藩河南怀庆（《明英宗实录》卷110；《明史·诸王传四·仁宗诸子》卷119）。

○ 太姑奶奶、亲叔叔要求预作活人墓，小皇帝能答应吗？

其实正统帝当政时要求移藩的远不止上述这些皇家宗室，从大体上来说，朱祁镇对于自己亲叔叔一辈提出的这类要求一般都予以满足，而血缘关系远一些的宗室即使有着很充分的理由也不一定能遂愿。不过就此而言，已将中央朝廷忙得团团转了。更令人意想不到的是，还有一些藩王宗室时不时地提出修造寿藏（生前预作的坟墓）、拓展藩邸等一些额外的要求。虽说藩王宗室事务一般都由朝廷常设机构宗人府来具体牵头负责和落实，但随着大明历史的发展和皇家宗室人口的急剧增长，这类事情越来越多，中央朝廷的负荷也就越来越重，甚至应接不暇；在很多顾不过来的时候，就敕令地方政府出资或征调兵丁、民夫而为之，由此引发了诸多的问题与矛盾。

如正统四年（1439）五月，居住在南京的汝阳大长公主（开国皇帝朱元璋的女儿，朱祁镇太爷爷朱棣的妹妹）向曾孙辈的小皇帝提出，要求以应天府江宁县民地33亩的收入作为她的寿藏修造经费。别的不说，就以太姑奶奶这样的身份，小杆子皇帝能不答应吗？明英宗当即批示："从公主奏请也。"（《明英宗实录》卷55）

33亩的国家税收一眨眼的工夫就没了，尽管对于地大物博的中华帝国来说这算不上什么，但麻烦的事还在后头。你皇帝的太姑奶奶可以破例修建寿藏，我，大明天子的亲叔叔那就更有资格这么做了。上文刚提到的那个要求移藩的宣德皇帝五弟、正统帝朱祁镇的五叔襄王朱瞻墡，在经过广泛考察后发现藩邸附近的五朵山风水极好,于是命人赶紧在那里种植松柏,并派军士看守,等一切都弄得差不多了,他再假模假样地上奏朝廷,请求将五朵山赐予他做寿藏。当时朱祁镇因土木之变失去了皇位,由他的弟弟朱祁钰执掌帝国大权。无论在位的是朱祁镇还是朱祁钰,襄王朱瞻墡是他们的亲叔叔,这个关系是铁定的,可亲了,可近了。亲叔叔要个寿藏,能不答应吗?当然不能!景泰四年(1453)四月,朱祁钰敕令湖广都、布、按三司官员勘实五朵山,发现该"山与军民田土俱无相干",于是就"诏从王所请"(《明英宗实录》卷228,《废帝郕戾王附录》第46)。那五朵山到底是不是真的与军民田土不相干呢?据《明实录》的隐晦记载来看,似乎不太可能。景泰五年(1454)二月,朱祁钰在给皇五叔的复信中这般说道:"得奏:周岁之间,欲数次于封内五朵山寿藏之所,看视提督,栽种松柏,以路有百余里,当日往回不得从容,欲于彼处经宿。但念叔父既已自觉衰老,则跋涉非安养事矣,况遇隆寒盛暑,尤不可以驱驰远道,止可每岁春秋清和之际,各往一次,经一二宿即归,庶几不至冲冒劳困,专此奉复。"(《明英宗实录》卷238,《废帝郕戾王附录》第56)

这一段话尽管要体现的是侄儿皇帝对亲叔叔的关心,但从字里行间不难看出,当年的那个襄王寿藏规模不小啊,什么"以路有百余里",什么"当日往回不得从容,欲于彼处经宿",等等。南方不像北方地区,哪有可能百里之地无人居住生活啊!由此反倒印证了这些所谓的"山与军民田土俱无相干"的寿藏修造给当时当地的人民甚至中央朝廷到底带来了什么呢?这是不言而喻的。

● **剪不断理还乱的皇家宗室纷争与内乱案例之①辽王府**

与上述这等零敲碎打似的折腾相比,下面要讲述的事情可能是最令中央朝廷烦恼不已了。众所周知,传统中国是以血缘关系为纽带的宗族社会,虽说大明天子是全国人民的最大君父,但同时又是朱明皇家宗室的大家长,凡是朱子朱孙们的事情,他与他的中央朝廷都得要过问。而正统时期离大明开国已有70年的历史,经过70年的社会发展与演变,大明皇家宗室内部及其相互之间的关系变得愈发错综复杂。为了争夺政治、经济等方面的权益,这些龙子龙孙们将传统的忠孝礼义抛之于九霄云外,竟不顾夫妇、父子、祖孙、叔侄、兄弟、郎舅之间的情分,乐此不疲地投入内讧与争斗之中,迫使当时的皇家宗室大家长正统帝不得不花费很大的精力来调整和处理他们之间的矛盾与纷争。

○ 老子英雄儿混蛋——朱植与他的儿子们

正统年间最先出演皇家宗室内乱活丑剧的主角是辽王朱贵焰和他的兄弟。第一代辽王朱植是大明开国皇帝朱元璋的第15个儿子,洪武十年生,与建文帝朱允炆同岁。洪武十一年他被封为卫王,二十五年改封为辽王。第二年也就是洪武二十六年,朱植就藩广宁。辽王朱植17岁到辽东就藩,22岁那年皇帝老爸病逝时,他在辽东已经待了有5年的时间。史书记载说:"(朱)植在边,习军旅,屡树军功。建文中,'靖难'兵起,召植及宁王(朱)权还京。植渡海归朝,改封荆州。永乐元年入朝,帝以植初贰于己,嫌之。十年削其护卫,留军校厨役三百人,备使令。二十二年薨。子长阳王贵焰嗣。"(《明史·诸王二》卷117)

朱贵焰继承辽王之位时,辽府上下并不太平。先是父王朱植因在建文时代很听中央朝廷的话而得罪了起兵造反的乱臣贼子朱棣,朱棣篡位上台后从不给辽王好脸看,且多方打压。倒霉的朱植在晚年偏偏又摊上了两个混蛋儿子,一个是远安王朱贵燮,另一个是巴东王朱贵煊,两人都是庶出,即为老辽王的"二奶""三奶"所生。根据祖制,庶出子孙基本上是无缘继承王位的,当然这是一般情况下而言的;如果王府发生了谋反一类的重大犯罪活动的话,那就情势要变了,很有可能老藩王及其世子要被废为庶人,而首告者不仅不会受牵连,还有可能受到当朝皇帝的特别恩遇。远安王朱贵燮和巴东王朱贵煊这两个混蛋的如意算盘就是这么打的。永乐晚年,他俩联合起来向中央朝廷上告,诬称自己的父亲辽简王有异谋。其实那时皇帝朱棣的身体已经出了大问题,他估摸着自己来日不多,便悄无声息地做了一番处理,随后便是永乐二十二年(1424)五月壬午日,老冤家、亲兄弟辽简王朱植暴卒。(《明太宗实录》卷270)

辽简王薨世的噩耗传出时,皇帝哥哥朱棣"正好"远征北疆,这下可省得他掉几滴鳄鱼眼泪了，倒是他的皇位继承人、正在监国的皇太子朱高炽"遣官致祭，命有司治丧葬"(《明太宗实录》卷272)。对于中央朝廷的如此举措，远安王朱贵燮和巴东王朱贵煊两人可没看懂，他们只想与一生走背运的藩王老爸朱植划清界限，故而干脆连他老人家的丧葬活动也不参加了。哪知这时的中央朝廷也换了主人，上台的是以"仁孝"为治国精神的明仁宗，在听说朱贵燮和朱贵煊这两个郡王居然连自己亲生父亲的葬礼都不参加的消息后，十分恼怒地下令，将两郡王废为庶人。

新辽王朱贵烚就是在这样的背景下继任辽府第一主人之位的。可他本人也不是什么省油灯，在辽府内外干了不少缺德的事，且又与弟弟衡阳王不和，衡阳王和他的母亲偷偷地向朝廷上告了朱贵烚的不轨之事。那时当政的是正统帝的父亲明宣宗朱瞻基，他听说后立即致信给辽王朱贵烚，说："向者之事，朝廷置而不问，盖欲全王兄弟之欢，今王所为如此，于友爱之道何如？兄弟之谊乖，则于孝道亦亏矣。然朕所闻未知虚实，如有即当速改，庶副朝廷亲亲之意；不然而欲独安于富贵，难矣！"(《明宣宗实录》卷111)

大概鉴于明宣宗的威势，辽王朱贵烚接信后似乎消停了一阵子。但没过多时，明宣宗驾崩正统帝即位，朱贵烚觉得有机可乘，天子年幼好欺，就暗示属僚上奏朝廷，说辽府上下人口繁衍迅速，入不敷出，请求朝廷增加王府俸禄。没料到在辅政大臣的指导下，正统帝不仅拒绝了辽王朱贵烚的额外要求，而且还对他昔日不轨行为和辽王府属僚的失职进行了严厉的斥责："简王(指老辽王朱植)得罪朝廷，成祖特厚待，仁宗朝加禄，得支二千石。宣宗又给旗军三百人，亲亲已至。王(指朱贵烚)素乖礼度，府臣不匡正，顾为王请乎！"(《明史·诸王二》卷117)

但朱贵烚对于朝廷的严斥却置若罔闻，依旧我行我素。正统二年(1437)九月，他听人说，在沣州的蜀献王朱椿的小儿子华阳王墓园内的竹果长势特别好，就令辽府内使阮奇等带了一大帮子骑兵，敲着金鼓浩浩荡荡地开往那里，来了个现场大丰收。当见到满载而归的辽府骑兵时，朱贵烚简直就要乐癫了。没过几日，他又有了上次抢劫的快感，为了能再过过那瘾，又命内使阮奇带着骑兵们上华阳王墓园走一回。这下可好了，原本郁郁葱葱的墓园经过此番折腾变成了一无所有的"大秃子"。堂堂藩王爷居然干起明火执仗的抢劫勾当,这让北京城里的小皇帝及其辅政大臣脸上挂不住了。朱祁镇诏敕当地巡按御史核实事实,而后给辽王朱贵烚发去了敕书,让他好好惩治手下犯事者阮奇等人,同时又给大明都察院下发谕旨,其中说道:"辽王府邸荆州距离华阳王墓园所在地沣州不下300里,多么远的距离啊!朱贵烚居然一年内两次派人前去偷抢墓园里的竹果,这一路上不知道有多少人受到了他们的侵扰!当地的湖广三司衙门和巡按御史为何不上报?你们都察院马上下文责问。"(《明英宗实录》卷34)

接到正统皇帝的指示后,朝廷法司部门和湖广三司衙门岂敢怠慢,立即付诸行动。但要追究真正的责任者可就难了,因为依照大明祖制规定,一旦藩王有过,首先就应该追究该藩王府上的长史、纪善等朝廷命官的失职之罪,只有当该藩王犯有谋反等特大罪行时,朝廷才会将其废为庶人。现在荆州的辽王朱贵烚并没犯下该类特等大罪,若要狠狠惩治他,还真不够那个格。所以湖广三司衙门和朝廷法司部门忙乎了一阵子,最后只能以王府官辅助不力为名,将辽王府长史汤新、纪善陈绍先等逮了起来治罪,以此作为事情的了结,应该说这是下官们明智保身的一种"聪明之举"。但对于尚有杨士奇等正直大臣辅佐的正统朝廷来说,这样的结果显然是无法令人满意的。正统三年(1438)正月,朝廷以正统帝朱祁镇名义写信给辽王朱贵烚,说:"前番辽府出了那档子事,法司部门逮了长史汤新、纪善陈绍先,并治了他们的罪,将他们发配去服苦役。朕特别赦免了他俩,让他们回荆州复任。辽王你要好自为之,善于听取和接纳王府官的正言,凡事都应该与他们多商议,不要率意独断专行。也只有这样,你才会永葆无限之福啊!"(《明英宗实录》卷38)

○ 辽王府内"配种公猪"之活丑剧

可朱贵烚哪听得进这话,只将它当作耳边风,吹一吹就过去了。朝廷的警告他没听进去,可府中奸佞小人的话却句句当回事。辽府内有两个宦官,一个叫陈贤,一个叫进保,有一天他俩一唱一和地给主子辽王朱贵烚说:"我们荆州的朝廷驻军中有个叫姚关受的军人,他娶了个如花似玉的大美女,那美人美得让人只要见了一面就会魂不守舍,茶不思饭不想……"朱贵焰的欲火一下子被煽得旺旺的,当即命令陈贤、进保两人马上去找小旗刘敬,让他带些人马火速赶往军人姚关受家,将那美若天仙的尤物抢到辽王府里来乐乐。

正统朝廷听到荆州军方上奏的消息后起初不敢相信,明火执仗地抢夺有夫之妇这种恶行只有土匪和强盗才会干得出来,哪能与堂堂的大明宗室辽王府扯上关系呢?为了慎重起见,正统帝下令,让朝廷都察院行文荆州,将陈贤、进保和刘敬等人逮入京城,与此同时他还发出敕文,令辽王朱贵焰配合朝廷的调查。(《明英宗实录》卷39)

一贯忘乎所以的朱贵焰听说朝廷要逮捕陈贤等人进京受审,一时慌了手脚。总管王府内部事务的朝廷命官长史杜述在此前后不断地向辽王进谏,劝说他听命于朝廷,改邪归正。但早已被邪恶欲火烧昏了头的朱贵焰哪听得进这等规劝,相反,他认为自己之所以落到今天这般地步,全是因为长史杜述等王府"内奸"暗中捣的鬼。他越想越火,盛怒之下将杜述叫来,对他一顿暴打,没想到当场就把杜长史给活活打死了。

虽说长史是王府属官,但他也是名正言顺的朝廷命官。你藩王爷权力再大,总不能不向朝廷报告或请示就将朝廷命官给弄死了,这还了得!正统帝听到荆州传来的消息后气不打一处来,随即降敕给辽王朱贵焰,义正词严地指出:"所喻长史杜述忿怒不听指使,且有谤言,因以捶死,且长史乃朝廷命官,所以辅导王德,如其不贤,即当具奏区处,不可轻易凌辱,况乘怒捶死乎?此非惟违悖祖宗之法,抑且蔑视朝廷,叔祖虽追悔请过,人命何辜?且未知其谤言果有之乎?果出叔祖左右小人扶捏,以肆欺罔乎?先是巡抚侍郎等官俱言,府中官军人等在外暴横凌辱官属,毒害军民,乡市惊扰,弗克安生。朕以叔祖贤达,必能钤制下人,未必至是。以今观之,人言不虚,已令锦衣卫指挥刘源提取干问之人。书至,可一一发来问理。今后宜谨守礼法,深以暴怒为戒,庶几永保爵位,惟叔祖其亮之。"(《明英宗实录》卷41)

由上述这封敕书我们不难看出,作为小辈、孙儿皇帝朱祁镇对于叔祖朱贵烚的恶行已经是相当愤怒了，但从祖制角度来说，朝廷还没有废黜辽王爵位的充分理由。而从当时辽王朱贵烚的实际处境而言，最好的做法就是洗心革面，重新做人。可他偏不，且继续作恶。

衡阳郡王是辽王朱贵烚的同父异母弟弟，但这兄弟俩从小就玩不到一块儿，大了以后更是水火不相容。老辽王朱植在世时，兄弟间的矛盾尚未公开化。等到老爷子一死，朱贵烚嗣位后，双方关系就急剧恶化。新辽王朱贵烚实在不是什么厚道之人，他一上来就利用自己是王府第一人的身份和权势，虐待衡阳郡王母子。衡阳郡王母子受不了，就向正统朝廷告状。告状告多了，流言蜚语自然也就多起来，这下辽王朱贵烚心头的恨啊，没得说，就连衡阳郡王母子的人影子都不愿看到，他下令"绝其往来，亦不容谒家庙，悉拘其左右使令之人，至薪米无给，或忍饥终日"（《明英宗实录》卷111）。但即使到了这一步，对照祖制，正统朝廷还真找不到处理这类难事的祖宗家法呐，好在那时尚能把握得住情势火候的"三杨"还在世，他们觉得眼下对于辽王府问题唯一可做的就是静候朱贵烚自取灭亡。

○ 路边野花要摘，府内自己妹妹也要搞活——辽王朱贵烚被废为庶人

嗨，不愧为老人，经历的事情多，眼光总比小杆子皇帝看得要远。果不出其所料，正统三年（1438）十二月，有人出来告发朱贵烚淫乱之事。那朱贵烚怎么个淫乱法？作为藩王爷，他身边有的是女人，即使是一般性的陪侍服务人员，只要王爷那头公兽发情了，随便找哪个姑娘或老妈妈来解决一下生理问题，在那个时候都是合理合法的。可这个朱贵烚偏偏是个既要"对内搞活"又要强摘路边野花的色魔。荆州地方军政衙门无人敢过问，就他拥有藩王爷的身份足够将当地的官民吓得半死。朱贵烚就利用了这样的有利条件，"通千户曹广等妻女数十余人，非理奸死者十余人"（《明英宗实录》卷53）。这话是说，辽王朱贵烚与千户曹广等人家的妻女几十号人通奸，大搞淫乱之事，要是有哪个女人不同意，他就将她（们）搞死，据说被他搞死的女人就有十多个。

其实在中国社会里特权阶层搞死些小民实在算不上什么,因为小民们本来就命如草芥。辽王朱贵烚致命"之失"就在于他还在辽王府内"搞活自己家里的女人。"据后来太师、英国公张辅等人受命正统朝廷会审辽王淫乱之事后得知,朱贵烚与他的大妹妹——辽简王朱植长女江陵郡主和小妹妹——辽简王朱植十女泸溪郡主长期保持着不正当的两性关系。(《明英宗实录》卷53)兄妹乱伦是禽兽才会干出的事情,现在居然在辽府里上演了这等活丑剧,不用说大明皇家的脸面给丢尽了,更别提那当时社会最为根本的伦理道德底线被践踏了。是可忍孰不可忍?虽说小皇帝可能不一定完全懂得什么叫兄妹乱伦,但从当时朝廷大臣义愤填膺的谴责中,他还是感受到了问题的严重性。于是在辅政大臣的辅佐下,他决定专门派人前往荆州辽王府去提人。

派谁去呢?辽王朱贵烚虽说犯了十恶之大罪,但他毕竟是当朝小皇帝的叔祖啊。因此说派往荆州去逮人的皇帝钦差之辈分应该要比叔祖辽王朱贵烚要高,也就是说起码要与老辽王朱植平辈的"老祖宗"去了才能镇得住。那么当时大明皇家有没有这样合适的人选呢?有!明太祖朱元璋最小的女儿、宝庆公主的丈夫驸马都尉赵辉尚在,且身体很硬朗。于是正统帝命他与宫廷内官率领一帮子人马赶赴荆州,"特召"朱贵烚,并把他带到北京。经过一番审讯、核实,查得朱贵烚除了乱伦和"杖死长史杜述"之事外,还"擅笞荆州知府刘永,择强壮三百余人强买货物,侵占办课湖港,强网学舍池鱼;每年假以进贡,于夷陵等州、江陵等县夺军柑橘,起州县人夫递送,逼死者三十人;克减军粮,侵占房屋,买民马不偿直;肆采猎践田禾诸恶"(《明英宗实录》卷53)。

朝廷三法司、六科给事中和十三道监察御史等官闻讯后,交章奏劾朱贵烚。明英宗随即将劾章交予辽王自阅,朱贵烚看后表示自己服罪。辽王服罪了,朝廷将如何处置他?依照祖制,朱祁镇把这事交由大明皇家诸王公议。这时曾被朱祁镇的曾祖父朱棣挟持且长期处于受抑状态的宁王朱权(正统帝的曾叔祖)上奏,提出了"一石两鸟"的处理意见,他说:辽王的所作所为已犯下了十恶之大罪,"其罪当刑,于法无赦"(《明英宗实录》卷53),即让朝廷直接处刑辽王。不过在辅政大臣辅佐下的小皇帝明英宗却没有那么傻,依着宁王的意思去行事,而是依照祖制规定:"(藩王)虽有大罪,亦不加刑,重则降为庶人。"(《皇明祖训·法律条》)随即削去了朱贵烚的王爵,将其降为庶人,并令其回荆州去,给他的老爸辽简王朱植去守坟,朝廷每年赐予他禄米1 000石,用于支付他全家老小的开支。(《明英宗实录》卷53)

○ 新辽王也不是什么省油的灯,辽府内外争斗不已

随后的正统四年(1439)四月,正统帝朱祁镇派遣驸马都尉王谊和给事中赵冕持节赍册宝,封兴山郡王朱贵燨为辽王。朱贵燨是辽简王朱植的第四子,过去哥哥朱贵烚执掌辽府时,他与衡阳郡王等兄弟同是受抑不得势者。为了防止日后辽府新的不安定局面的出现,正统帝在册封新辽王时,反复叮嘱朱贵燨:"尔宜鉴前人之失,恪勤忠孝,亲贤乐善,永为藩辅。"(《明英宗实录》卷54)

可这个朱贵燨也不是什么省油的灯,一上台就将已经倒台了的哥哥朱贵烚视如仇寇,不断地加以迫害。朝廷发给庶人朱贵烚的禄米,新辽王朱贵燨扣留不发,让哥哥家挨饿活受罪暂且不说,还经常对他们进行"非法凌虐"。而已被废为庶人的朱贵烚可也没闲着,尽管身不由己地被发配到老爸归终处守坟,但内心充满了对四弟新辽王朱贵燨的怨恨,时不时地骂上几句,又鉴于自己的生活待遇得不到保障,他充分地发挥自己的"聪明才智",在父亲的享堂里养猪、养鸡等,将老辽王的墓地变成了牲畜养殖场。这事很快传到北京去,正统帝听后觉得实在不像话,但限于祖制规定,藩王至多被废,不能再受别的更重处罚了,于是只好"命长史司及荆州卫掌印官劝谕,令其守分循理,不许践秽坟茔",同时也降敕给新辽王朱贵燨,劝说"叔祖亦宜体念同气,待以恩礼,毋失亲亲之谊"(《明英宗实录》卷113)。

其实正统朝廷这种老掉牙的劝谕说教毫无作用,从朱祁镇登极起到正统十一年,朱贵燨、朱贵烚兄弟几个一直在忙于争斗,当然这种没完没了的争斗最终吃亏的肯定是已经下了台的前辽王朱贵烚了。父辈们斗得像乌眼鸡似的,儿女辈一不留神都长大成人了,尤其是前辽王朱贵烚的孩子最年长,快到了谈婚论嫁的时候,但辽府大家长即新辽王朱贵燨却根本不管这档子事,于是正统十

一年(1446)九月,辽庶人朱贵焓的长子在没经许可的情况下擅自离开辽简王墓园,想到京师去找堂房侄儿正统皇帝讨个说法。这下可将辽府大家长朱贵煐和荆州地方府卫官给急坏了,他们立马派人火速上报朝廷。正统帝闻讯后命令湖广三司和巡按当地的御史调查事情的原委。其实这本来就不应该成为个事,问题的症结就在于新辽王朱贵煐故意不作为,弄得辽庶人朱贵焓的长子等到了婚配年龄时不仅还打着光棍,就连一个像样的结婚用房也没有,而且还没进过学堂,也就是说堂堂大明皇帝的叔父还是个文盲。这下朱祁镇终于弄明白了,随即给辽王朱贵煐和荆州地方府卫官下达敕文,"令审其男女成人者,王府即与主婚配军民诚实之家,给第宅于荆州城内,听属王府其官卒防守如昔,勿令交构亡赖,以速罪愆"(《明英宗实录》卷145)。

曾经的辽王现在连自己儿女的婚配问题都无力解决,这样的窘迫局面是谁造成的?辽庶人朱贵焓越想心中越充满了对四弟、辽王朱贵煐的仇与恨,于是他不断地上告辽府内种种不轨之事。可一旦朝廷查下来了,又没法坐实,最终不了了之。这种胡闹、折腾一直到正统帝土木被俘后还在继续上演。景泰六年(1455)五月,朱贵焓突发灵感,给朱祁镇的弟弟景泰帝朱祁钰上奏,说辽王朱贵煐简直就是一个恶魔,他阳奉阴违,作恶多端,尤其对于手下人特别苛严、残忍。有一个辽府宫人因为犯了点小事,朱贵煐居然将她给活活打死了。景泰帝听说辽府弄出人命了,便派人去查,一查才发现:所谓的宫人被打死一事纯属妄言,她是自缢的。与哥哥朱祁镇相比,景泰帝要聪明得多了,当发现事情真相后,除了降敕责斥一番外,对于宗室内讧,他并不太当回事,常常来个冷处理,让皇家宗室中那些好斗的"公鸡们"讨了个没趣。(《明英宗实录》卷253,《废帝郕戾王附录》第71)

没趣归没趣,可大明红彤彤家族里还是有着很多的人热衷于这样的内讧与争斗的。宣德、正统之际,紧步辽府窝里斗后尘的是代王府祖孙三代之争。

◉ 剪不断理还乱的皇家宗室纷争与内乱案例之②代王府

代王朱桂是朱元璋的第13个儿子,洪武十一年,5岁的代王被老爸朱元璋封为豫王,但没有马上就藩。洪武二十五年朱桂19岁时被改封为代王,并于当年正式就藩山西大同。(《明史·诸王二》卷117)

当时大明与元朝残余势力之间的战争还时不时地进行,鉴于"南粮北运"的不易与艰辛,朱元璋下令代王朱桂在山西等地建立军队的卫所,实行军屯,以此来解决大明军饷北运的困难。洪武二十六年,朱元璋又命20岁的代王朱桂率领代王府的护卫军士出塞,接受三哥晋王朱㭎的指挥,共同打击蒙元残余势力。洪武三十一年,朱元璋驾崩时,25岁的代王朱桂已经是大明北方地区一位重要的军事统帅了。

朱桂个性上有三大特征:第一,极度风流。可能朱桂在这方面较多地遗传了他老爸朱元璋的德性——见到女人不论她是谁,想干就干;不过,他老爸见了美女还要讲点"政治原则",可这个儿子朱桂见了女人就掉魂,连身边的女仆他也要给她们喷撒雨露,播点种子。由于代王妃看得紧,朱桂只好来个"对内搞活",从代王府的下人中找乐,尤其是那些侍女,个个年轻,长得不一定漂亮,但这不耽误玩啊。开始时代王朱桂"偷腥"还不太为人所知,但时间一久,连他的老婆(不一定是正室的王妃)也看出来了。要说这代王的老婆还真有来头,她是中山王徐达的小女儿。徐达的大女儿嫁给了朱棣,即后来的仁孝文皇后,她十分贤淑;可徐达的这小女儿与姐姐恰恰相反,她相当泼辣、骄横,而且还是个醋坛子。这倒与她老公代王朱桂配得上一对狗男女,不过,这一对狗男女也有矛盾。朱桂吃了"窝边草",可把徐达的小女儿给气坏了,但她知道丈夫是个什么东西,无赖、恶棍,找他是没得理可说的,她就拿代王府里被朱桂糟蹋过的那两个侍女出气,给她俩身上漆上漆,使其成为癞子。她要看看这两个小妖精还怎么能勾引她的丈夫。"最毒莫若妇人心",这女人发起狠来还真厉害!母老虎发威了,无赖丈夫朱桂也拿她没辙。(《明史·诸王二》卷117)

代王朱桂的第二个特征是为人凶狠,下手残暴,尤其是他的下人与佣人,要是服侍不好,他不是打就是杀。正因为如此,代王周围的人常常是朝不保夕,惶惶不安。

代王朱桂的第三个特征是"特有经济头脑",可能是他父亲朱元璋一夜情"应急发挥"所产生的特别效果,朱桂拥有相当的"超前意识"——金钱第一,他到处敛财。要是碰到不给的,他就打、砸、抢,甚至还杀人,看你们还有谁敢不给?所以说朱桂是个民愤极大的大坏蛋,是一匹充满血腥的豺狼。

建文帝登基那年,朱桂25岁,这个比侄儿建文帝大3岁的恶棍皇叔也开始蠢蠢欲动,密谋造反,但他没有他四哥朱棣那样善于伪装,加上平时任意胡为,积怨甚深。他刚想行动,有人就向建文朝廷密报,说代王朱桂图谋不轨。建文帝下诏,将这个为非作歹的13皇叔废为庶人。(《明史·诸王二》卷117)

朱棣"靖难"成功后,恶棍代王朱桂被"平反昭雪",可没过几年他又干出了杀人越货的勾当,弄得当时的大明朝廷都为之侧目。明成祖朱棣列出了他犯下的32条罪状,"召入朝,不至。再召,至中途,遣还,革其三护卫及官属"。但由于代王朱桂与朱棣的关系特殊,他们既是兄弟又是连襟,所以没过多久,明成祖就"复(代王)护卫及官属"(《明史·诸王二》卷117)。

经过这番折腾后,老代王朱桂似乎"老实"了一阵子,但在自己王府管理方面却是一塌糊涂。由于偏爱与其臭味相投的宣宁王朱逊炓、怀仁王朱逊焴,朱桂对其他的儿孙视为陌路,就连代府世孙朱仕㙻也遭到了遗弃。朱仕㙻的父亲即代府世子朱逊煓早亡,留下了孤儿寡母又遭代府的排斥,无奈之下他们被迫移往山西行都司借住,且一借就是10余年,因此说,到世孙朱仕㙻14岁时,他还目不识丁。不过不仅仅是他一个人,就当时实际而言,"代王桂诸孙皆失学"(《明宣宗实录》卷22)。

鉴于老代王朱桂既年老又这般昏聩、荒诞,大明朝廷出面,从王府禄米内每年拨300石给世孙母子;200石给广灵王母子,并敕令潞城王专门督促父王朱桂遵照朝廷之命而行事。(《明宣宗实录》卷22)宣德五年(1430),明宣宗又从嫡长子王位继承法出发,"命世孙代祖裁决府事"(清代人修的《明史》在此处有误,今以《明英宗实录》为准)。这话是说,让代王世孙朱仕㙻代替祖父总理王府事。换言之,从根本上确立了朱仕㙻为未来代王府的法定继承人。这对于代府世孙的两个叔叔宣宁王朱逊炓、怀仁王朱逊焴来说无疑是个沉重的打击,他们无论如何也接受不了这个事实,尤其是宣宁王朱逊炌，他的母亲还是老代王的妃子，即前文提到的永乐皇帝徐皇后的亲妹妹，后台硬得很，因此他压根儿就没把代府世孙放在眼里，并在暗中产生了抢夺王储的念头。

按照当时的规制，王府文武官员每天清晨必须来到王府门前等候藩王爷的召见，其做法类于紫禁城里的早朝。世孙朱仕壥上任后，叔叔宣宁王朱逊炌、怀仁王朱逊焴天天跟随着昏聩的老代王朱桂，3人一起守在王府的棂星门外，见到有王府官过来，就上前去拦截；要是拦不住，就一阵暴打，目的很清楚就是不承认朱仕壥为未来代王府的法定继承人。为此大明朝廷专门降敕予以了严斥，令其"存念至亲，洗心易虑，务隆敦睦，毋蹈前非"（《明英宗实录》卷67）。

见到朝廷发火了，老混混朱桂和他的那两个宝贝儿子只好暂时收敛一下，随后又玩起了新的花样。据说当时已经年逾古稀的老代王朱桂带了宣宁、怀仁两王穿着短衫，戴着小帽，手里拿着大棍，袖口里藏了斧头和锤子，然后冲到大同的大街上，见到有什么好玩的或有什么好吃的伸手就拿。谁要是说个"不"字，他们立即从袖中取出斧子砍人，"且欲出城祈福真武庙"。代王父子如此之行哪像是王爷所为，简直就是地狱出来的恶魔在施虐！代府长史见此赶紧规谏，没想到给老朱桂打得皮开肉绽。

消息传到北京，那时明英宗已经登基四年了，尽管还年少，但数年的治政经历多少也让他的见识增长了一些，听说老代王父子胡作非为，他降敕代府，软中带硬地规劝道："曾叔祖春秋高，宜在府安享富贵，乐善循理，表率诸王……夫以国王之尊而数轻出，猝遇无知逞凶者，何以待之？且长史，朝廷命吏，职专辅导。而以谏诤，辄加棰楚，此岂王者所宜为？继今宜自改悔，副予亲亲至怀。不然，则祖宗之法具在，予固不得而私也。"（《明英宗实录》卷44）

老朱桂接到侄曾孙皇帝朱祁镇的书面警告后还没有将其读完，就气不打一处来了，心想：娃娃哎，你才几岁，我是曾叔祖，比你爷爷还要高一辈的老祖宗啊，有你这样的小辈跟老长辈说话的吗？朱桂越想越气，越想越火。就在这时，经常陪着他一起外出作恶的两个活宝儿子宣宁王朱逊炌、怀仁王朱逊焴在旁不断地煽风点火，一个说："父王大人，你想过没有，咱们家里的这些小事远在千里之外的朝廷怎么会知道的？肯定是咱代王府的那个世孙朱仕壥勾结大同地方官府在暗中捣的鬼啊！"另一个说："我早就看出来了，朝廷信任的那个世孙朱仕壥本来就不是什么好东西……"兄弟俩你一言我一语，一下子将老朱桂的怒火吊得高高的，终使他"屡肆怒责于世孙，闻见者咸所不平"（《明英宗实录》卷67）。

就在老朱桂与世孙朱仕壥的关系日趋紧张、复杂的情势下，不断受到儿子宣宁王朱逊炓挑唆的老代王妃徐氏终于坐不住了，看到自己的宝贝儿宣宁王朱逊炓没当上代王接班人的那副委屈相，她决定豁出去了。正统八年（1443）二月二十二日夜，月黑风高，徐氏带了宫人气势汹汹地直奔世孙朱仕壥家。一到大门口，她立即开始叫骂。见到对方毫无反击之意，她的气势变得越来越嚣张，令人捡来砖头瓦块向世孙家的大门猛砸，且边砸边骂，"势欲肆害"。世孙朱仕壥见到情势不妙，赶紧逃离，前往山西都司衙门请求保护。（《明英宗实录》卷102）

世孙走了，代王府的实际管理者一时缺位，这下徐氏可更加神气了，乘着轿子，带了一些手下人，直接闯到了原本由世孙朱仕壥掌管的王府内库，将一大批金银绸缎直接往外搬。为了掩人耳目，她让人将宝物藏在自己乘坐的轿子里头，不厌其烦地分批带出（《明英宗实录》卷102），再"私与亲子宣宁等王"，而对外她诡称王府内库遭受了抢劫。以至于到世孙正式嗣位时，代王府的内库宝物已"罄尽无存"（《明英宗实录》卷158）。

虽说正统帝每次接到代府内讧的奏报都要降敕，并对相关当事人予以一定的批评教育和严厉斥责，可这样的自律教育实际效果却等于零。正统十一年（1446），一生坏事做尽的老代王朱桂终于死了，曾经被母老虎徐氏撵出代府大院的世孙朱仕壥这下总算名正言顺地承袭了代王之位，即明史上的第二位代王。至此，长达二十年的代府内乱暂时告个段落，不过这时的代府已成为一个空壳，就连老代王朱桂死后的丧葬费也拿不出来，新代王朱仕壥没法子，只好上奏正统朝廷，让山西大同府税课司拨些银两，这才将老朱桂给安葬了。（《明英宗实录》卷158）

其实除了上述的辽王府、代王府外，秦、晋、周、庆、宁、蜀、岷、唐、韩等各王府也在此前后一一闹得鸡飞狗跳，斗得天昏地暗。对于这样剪不断理还乱的皇家宗室折腾,本来就天分不高、智能平庸的小杆子皇帝朱祁镇除了运用常规性的敕戒、劝谕、警告——最多也就是将过分逾制的皇家宗室成员废为庶人或禁锢外,已别无他法了。而从大明皇家宗室角度来讲,朱子朱孙们之所以这样乐此不疲地折腾,有一个因素很关键,那就是他们衣食无忧,无所事事,又欲望无限。欲望无限首先体现在他们都以为自身体内流淌着的是大明皇家红色的血液,谁都有资格当皇帝,因而他们与当朝天子之间存在着矛盾和冲突,只不过这样的矛盾与冲突在不同时期和不同藩王身上所表现出来的轻重程度不同罢了。

● **防微杜渐,严厉限制宗室藩府和坚决打击反叛中央朝廷的藩王之乱**

早在宣德中后期,江西按察司副使石璞等人就向朝廷上告说:"冬至、正旦行庆贺礼在我们地方上也只是遥祝朝廷新年万事顺利,国泰民安。可宁王府长史刘坚等却在我们行礼结束时,强迫大家在原处向宁王朱权行九拜礼。而后宁王千秋节即宁王爷的生日,他又通知我们朝廷命官要穿正规的朝服到铁柱宫去'习贺仪',这是有违礼制的,乞并罪之。"(《明宣宗实录》卷82)

○ 骁勇善战的宁王朱权最终只能在自己府邸内过把"准皇帝"瘾

宁王是谁?他怎么想到要在自己的藩邸过一把"准皇帝"瘾?

宁王朱权是朱元璋的第17个儿子,洪武二十四年他刚满14岁就被封为宁王。过了两年,正式就藩大宁(今辽宁锦州附近)。"大宁在喜峰口外,古会州地,东连辽左,西接宣府,为巨镇。(宁王)带甲八万,革车六千,所属朵颜三卫骑兵皆骁勇善战。(朱)权数会诸王出塞,以善谋称。"(《明史·诸王二》卷117)"靖难"兵起后,朱权为哥哥朱棣所挟持,"归北平,大宁城为空。权入燕军,时时为燕王草檄"。当时朱棣跟弟弟宁王许诺:只要我的造反大业成了,就分一半天下给你。

可等到他夺得帝位后,就将当年的诺言丢到了爪哇岛上。好在宁王也拎得清,不提当年燕王哥哥的承诺,只要求"乞改南土"。

那改封到南方什么地方？朱权看好了，人间天堂——苏州！当时的苏州属于南京（不是现在南京的范围，而是包括今天江苏、安徽和上海三省）管辖，且在帝国统治者看来，那可是个富得直冒油的地方，无论如何也不能作为藩地给人，所以当朱权提出要苏州时，明成祖朱棣就直接回答："苏州在京畿范围内，不能做藩王的封地！"朱权马上改口要杭州，以为这下皇兄总不好再找借口予以拒绝了，没想到当了皇帝的朱棣就是政治觉悟高，且还十分关爱曾被自己挟持的亲弟弟："杭州，你要？我跟你说，当年咱老爸曾将该地封给老五朱橚，可后来老五并没有就藩于此。建文当政时，曾将该地封给了他的弟弟，可你看他弟弟也没福分享用啊。所以以为兄之见，老弟啊，你还不如在建宁、重庆、荆州和东昌这四个风水宝地当中选一个。"人称"善谋"的宁王岂是呆子？建宁等四地怎么能与苏杭相比，这个皇兄也太刁滑了，但他自己也不敢跟魔鬼皇兄当场顶撞。这样事情一拖再拖，拖到了永乐元年二月，也就是明成祖篡位后将近一年时，宁王朱权的封地终于确定下来——江西南昌。纵然有一万个不乐意，在那魔鬼当政的年代里，有哪个吃了豹子胆的敢说个"不"字呢？当宁王闷闷不乐地前往南昌就藩时，皇帝哥哥朱棣可体贴入微、关爱有加了，"亲制诗送之，诏即布政司为邸，瓴甋规制无所更"。这话的意思是一方面皇兄送诗给皇弟，多高的荣誉啊；另一方面，宁王到江西去生活居住的是省级官衙，而不是藩王级别的王府。有人看出了这其中的奥妙：皇兄可能要整皇弟了，这可是升官发财的绝佳机会啊！于是他就诬告宁王心有怨言，诽谤朝廷。果然永乐帝派人偷偷地追查宁王的所言所行，没想到的是，最终却一无所获。这事给宁王的震慑很大，自此以后他韬光养晦，"构精庐一区，鼓琴读书其间，终成祖世得无患"（《明史·诸王二》卷117）。

但朱权的内心就此安宁下来了？没有！从洪熙、宣德一直到正统，每到大明朝廷遇到大事或皇室难事时，朱权总会"积极"地参政议政，好在朱棣的子孙脑子都十分清楚：什么样的皇家亲戚再胡作非为，其潜在的威胁可能都不如宁王大——因为这个朱权可不一般，他"善谋"啊！所以每当朱权"积极"地参政议政时，无论是皇帝朱高炽还是朱瞻基和朱祁镇，一方面都十分客气地接受宁王的上疏,甚至事后还要进行一番赏赐,以示小辈皇帝对长辈皇叔(祖)的尊敬与关心,另一方面,对于他的上疏意见则保持着高度的警惕,甚至有时还要大加驳斥。由此一来,宁王在朝廷内外几乎起不到什么影响与作用,使得他逐渐远离原先的政治抱负,"日与文学士相往还,托志翀举,自号臞仙"(《明史·诸王二》卷117)。

可宁王内心却并没有彻底地断了那个欲念,一辈子"以善谋称",到老时什么也没弄到,心有不甘的他便想到,偷偷地在藩邸过过"准皇帝"瘾,叫南昌地方上的朝廷命官来拜自己,也就仅此而已,兴不起什么大风浪的。所以当江西按察司副使石璞等人上言朝廷,奏报宁王府逾制不轨时,心如明镜的宣德皇帝公开说道:"宁王老成人,未必不详典礼,但官属过分耳,可稽考王府旧行礼仪,申明其制。但宁府手下僭分越礼者,令长史司遣赴京。"(《明宣宗实录》卷82)这是明的一手,那么暗的呢? 明宣宗及其皇位继承者,无论是正统帝还是他的弟弟景泰帝,他们都对宗室实施了更加严厉的限制,并采取了相应的防范措施。

○ 防微杜渐,重申祖制,正统、景泰两朝严厉限制宗室

至少在宣德、正统之际,朝廷已明确规定:宗室不得与朝廷中央重要衙门的职官联姻。那要是已经开始谈联姻,且谈得也差不多了,怎么办? 朝廷明确规定要禁止。正统元年(1436)九月,陕西秦府永寿王朱志垣上奏说,他家的妹妹选配行在通政使司右通政李锡之子李珍。大明礼部为此上奏正统朝廷,说:"李珍父亲李锡身居通政司通政,此乃喉舌要职,'于制不当联姻宗室'。"正统帝答复:让秦府的人重选女婿。(《明英宗实录》卷22)

连宗室与朝廷大臣之间的联姻都被禁止,那他们之间允不允许有私人往来呢? 不行! 这也是大明祖制所规定的。正统七年(1442)十月,大明皇家老祖宗张太皇太后病逝,老太太的亲儿子襄王朱瞻墡即小杆子皇帝朱祁镇的五叔奉特别之命来京奔丧。就在朱瞻墡即将来京时,礼部尚书胡濙上奏朝廷做了提醒:"祖宗时凡诸王来朝,文武官私谒及官府僚属往来交通者有禁。今诸王将至,请申明禁约。"正统帝接奏后明白问题的重要性,立马下令,重申祖宗禁约。(《明英宗实录》卷98)

看到这里，读者朋友对正统帝的看法可能会有所改变，没错，要说这个小杆子皇帝昏庸，甚至有点愚蠢，这确实不假，但对于自己皇权的安全，他还是充满了高度的警觉。哪怕没什么风吹草动，只要感觉还有一点点的潜在危险，他都会干脆利索地予以铲除。因此说，从皇权捍卫角度来看，他还是相当精明的。

正统二年(1437)七月，南阳中护卫指挥潘英因与在南阳的唐王发生了矛盾而上奏朝廷，说唐王府内藏有军器58 000件。小杆子皇帝听到后吓了一大跳，这是怎么一回事？在"三杨"辅政大臣的建议下，他下令给巡抚山西、河南的行在兵部左侍郎于谦查实此事。经查，这近60 000件军器系洪武年间南阳卫守城军暂寄于唐王府的，跟唐王本人没什么关系。根据于谦的建议，正统帝下令，将这近60 000件军器从唐王府内取出，存放到河南布政司衙署内贮存起来。(《明英宗实录》卷32)

见此，可能有人要说，小题大做，明代藩王经由建文、永乐、宣德数朝"削藩""推恩"后，哪有什么实力与资本跟中央朝廷叫板，更毋庸说是武力"靖难"造反了。

话可不能说得这么绝对，就在小杆子皇帝统治的正统末年，老岷王朱楩的两个儿子广通王朱徽煠和阳宗王朱徽焆就利用国家动荡的机会，发动了武装叛乱。

○ 正统、景泰交替之际朝廷坚决打击广通王和阳宗王之乱，强化对宗室的控制

老岷王朱楩是朱元璋的第18子，洪武二十四年封国岷州，故名岷王。洪武二十八年以云南新附，宜亲王镇抚，改封云南。当时有关衙门请求为其在云南营建宫殿，朱元璋考虑到云南刚刚经历了战乱，民力尚未复苏，便令岷王暂居棕亭，等民力稍纾后再作营建。建文元年，西平侯沐晟上奏说，岷王不轨。朝廷下令，将其废为庶人，迁徙至漳州。朱棣"靖难"造反成功后为朱楩恢复了岷王的爵位，但并没有调停他与沐晟之间的矛盾，对于两者之间的相互告讦，他采取各打五十板的方式糊弄着。要说这个岷王朱楩还真不是什么东西，自从恢复王位起他就肆意胡为，沉湎于废礼，擅收诸司印信，杀戮吏民。皇帝哥哥朱棣知道后十分恼怒，下令夺了他

第 3 章 积弊交集 正统危机

的藩王之宝和册印，提醒他别忘了在建文年间乱来而遭受幽禁的痛苦。这时朱楩似乎好过一阵子，皇帝哥哥"心疼"他，将岷王之册宝还给了他。哪知他一拿到册宝，又故病复发。永乐六年（1408），明成祖削了他的护卫，罢了他的官属。明仁宗即位后将这18叔迁徙到湖广武冈，寄居州治。很久以后朝廷才令人为朱楩建造岷王府邸，不过那时他差不多年过半百了。《明史·太祖诸子三》卷118)

正统末年，乱折腾了一生的朱楩步入了人生晚年，他既年老又昏聩，但生的儿子倒不少，且品种多不佳。尤其是庶子广通王朱徽煠、阳宗王朱徽焟为了争夺岷王府的财产，早就与嫡兄镇南王朱徽煣闹翻了天。最初的起因是这样的，广通王朱徽煠、阳宗王朱徽焟的母亲即老岷王朱楩的小老婆苏氏鉴于自身地位不高，生怕自己的两个宝贝儿子在争夺家产时处于不利状态，居然利用老岷王的昏聩，多次溜到岷王府库里去盗窃金银。终于有一天她失手了，被人当场抓了个现行。这下可好看了，堂堂岷王府的半个女主人竟然干出梁上君子才做的事情来，这脸真不知道往哪儿搁了。苏氏羞愧不已，最终上吊自尽。偷东西的老妈死了，两个活宝儿子岂会善罢甘休，尤其是那个阳宗王朱徽焟一肚子坏水，先是"擅自拆墙开门"(《明英宗实录》卷173)，"强开内外库，取去金银、罗段、文卷并承奉内使家财等"(《明英宗实录》卷177)，后又上奏英宗朝廷，说嫡兄镇南王朱徽煣逼死庶母即他的亲生母亲苏氏，朝廷理应为他主持公道。正统帝朱祁镇接到奏章后不敢怠慢，派了驸马都尉井源和巡按御史一同前往岷王府调查、审讯，结果查了一圈下来发现，压根儿就不像阳宗王上告的那样，苏氏是自尽的，不是什么逼死的。于是正统帝下令，让镇南王朱徽煣将苏氏的尸体还给阳宗王，令其以礼安葬，并降敕老岷王朱楩，将事情的调查与处理结果告诉了他；同时还给镇南王朱徽煣、广通王朱徽煠、阳宗王朱徽焟等分别发出了戒谕，明确告诉他们："如或不遵朕言，伤恩违礼，祖宗大法具在，朕不敢私！"(《明英宗实录》卷173、卷177)

正统帝这一招很猛，一下子震住了作奸犯科的广通王朱徽煠、阳宗王朱徽焟兄弟俩。但谁也没想到，随后大明帝国发生了一系列突如其来的变故，打破了原先的局面。土木之变爆发，正统天子被虏，数十万大明军全军覆没，朝廷上下乱作一团。就在这个国难当头的关键时刻，皇弟朱祁钰继任了大统，他依靠于谦为代表的一批忠诚大臣，团结全国军民，挽狂澜于既倒，救国家于危亡。差不多与此同时，在南国湖广地区的老岷王朱楩作古了，镇南王朱徽焲袭封为第二代岷王，原本就已水火不相容的岷府兄弟间的矛盾冲突也由此开始升级。

听到正统天子被俘和大明皇家变故的消息，广通王朱徽煠和阳宗王朱徽焟幸灾乐祸，但又鉴于镇南王朱徽焲袭封的事实，这对活宝兄弟觉得，应该趁此机会迅速行动。怎么行动？当时广通王朱徽煠府上有个下人叫段友洪，他的父亲段洪山是个懂妖术的人，经人推荐也来到了广通王府。这时，段友洪神秘兮兮地告诉朱徽煠："我们这里有个退休了的后府都事，他叫于利宾，据说此人善于相术。大王要是想成大事的话，不妨将他也请来算算？"广通王一听说有精通相术的人，那就赶紧把他请来呀！就这样，军队退休老干部于利宾也来到了广通王府发挥着余热。当一见到朱徽煠时，他立即显示出极度的惊讶："大王之相真是天下少有，当主天下！不过话得说回来，时间上好像是去年（即景泰元年，笔者注）就应该举事，再晚也不能晚于今年五六月间，你当直接发兵，东向南京登基即位。"朱徽煠听到这里，已喜不自禁，当即决定与弟弟阳宗王朱徽焟等一起马上开始起兵造反！（《明英宗实录》卷209，《废帝郕戾王附录》第27）

起兵造反要有大量的兵力，而明朝自永宣削藩后各地藩王手里只有少些警卫，哪有什么大队的人马？不过这难不倒广通王和阳宗王兄弟俩，他们让人用金子打造了一枚"轰王之宝，银饰灵武侯、钦武侯印二，改元玄武"，又模仿皇帝的做法，作了好多的敕书，然后再叫手下的段友洪、蒙能和陈添仔等，"赍印币等物，封都瓰寨苗首杨文伯为灵武侯，天住寨苗首苗金龙为钦武侯，以及以银牌赐横岭峒苗首吴英头等，诱使其起兵三五十万，八月初旬来并攻武冈诸处"。但都瓰寨苗首杨文伯等人的脑子很拎得清，见到广通王兄弟的所谓敕书，压根儿就没把它当回事，更不用说为他们出兵了。就这样满怀信心而去的段友洪只得怏怏而返。而就在返归的途中，他被镇南王朱徽焲的手下人给逮住了。随即消息传到了巡抚湖广右都御史李实那里，李实岂敢怠慢，马上十万里加急报告给了

中央朝廷。(《明英宗实录》卷209,《废帝郕戾王附录》第27)

景泰帝接到奏报后,派了监察御史刘孜、锦衣卫指挥卢忠等立即前往武冈,与镇南王朱徽煐及湖广三司一起鞫问段友洪等人,遂又遣驸马都尉焦敬、内官李琮等前赴湖广,将广通王朱徽煠和阳宗王朱徽焟及所有干连之人犯械系至京。经审讯,岷府两王阴谋造反之事不诬。景泰帝随即下令,将广通王朱徽煠和阳宗王朱徽焟削爵为民,首恶广通王朱徽煠圈禁于京,阳宗王朱徽焟及两王家眷发往凤阳看守祖陵,谋反同党于利宾、段友洪等一概处死,并将该案通报给各地的宗室诸王。(《明英宗实录》卷209、卷212,《废帝郕戾王附录》第27、第30)

好险啊,就差一点点,要不是杨文伯与段友洪之间出了点麻烦,大明帝国历史上又一场地方藩王之乱要爆发了。由此反观,正统年间,皇帝朱祁镇在别的国家政务处理方面不咋的,但在限制藩王和防止内乱等层面上的做法还是不错的。而他的皇弟朱祁钰似乎比皇兄更有政治头脑,做得也更为细致务实。针对岷府两王之乱中广通王朱徽煠和阳宗王朱徽焟的家人及奶妈之夫在联络苗寨过程中所发挥的重要作用,为防止日后类似事情的再次发生,以景泰帝为首的中央朝廷发出了加强对各王府家人管理的诏令:"各王府内官、内使、家人、小厮,审其年貌、乡贯,造册付长史司。凡有出入,给与文凭执照。各王世子、郡主既长,自能饮食,乳母不许复入。若军民人等投充家人,影射差役,将窝藏同正犯一体治罪。"(《明英宗实录》卷213,《废帝郕戾王附录》第31)

至此,明廷对于宗室藩王的控制又一度得到了强化,甚至可以说到了无机可乘的地步。

● **各地龙子龙孙多层面越轨犯分,大明朝廷应接不暇按住葫芦浮起瓢**

既然上述中央朝廷防范得这么严密,任何离心对抗的轻举妄动都是徒劳的,那么这些精力有余又无可事事的各地藩王老爷、朱子朱孙都干些什么呢?按照明朝祖制的规定,他们不准出仕参政,不准从事士农工商之业,不准……闲得无事,总要找些事干干呀。

既然对上不行,那就来个对下,什么是藩王之"下"?明初祖宗定制:"皇子封亲王,授金册金宝,岁禄万石,府置官属……下天子一等。公侯大臣伏而拜谒,无敢钧礼。"(《明史·诸王列传》卷116)

这也就是说,在大明帝国社会中,除了皇帝、皇太子以外,藩王地位最高,即使是皇帝的近侍大臣如内阁阁臣和各部院长官等,都要对他们礼敬三分。而藩王宗室就利用一切可利用的机会,各显神通,上下其手。

○ 宗室藩府对顺眼的朝廷官私下交好,对于不顺眼的朝廷官则肆意诬害

正统五年(1440),靖江王朱佐敬派遣千户刘顺上京办事,特地让他带上黄金六条,送给内阁阁臣杨荣,希望杨学士在朝廷上代为说话。正统帝知道后很不客气地致信靖江王,说:"王以为朝廷之事,皆出臣下乎?……朝廷一切赏罚予夺,皆朕遵依祖宗成法,亲自处决,何尝出于臣下?"并令其"从实奏来,不可隐匿";而对于直接办事的千户刘顺,正统帝做出了极为严肃的处理,将其发往辽东边卫充军。(《明英宗实录》卷65)

其实,何止远在千里之外的靖江王娴熟此道,其他藩王宗室对于暗中交好朝廷大臣所能带来的好处都心知肚明,而一些朝廷内外官也往往借着办事的机会向地方藩王或明或暗地索要贿赂,以至于到正统中后期时这样的馈送和索贿之歪风愈刮愈烈,从而引起了正统朝廷当局的重视。正统十三年(1448)九月,皇帝朱祁镇跟礼部尚书胡濙等说:"宗室,国之至亲,近闻内外官员有以事至王府者多方需索,以致窘迫。"为此他规定:"自今使臣至者,止许待以酒馔,余物一毫勿与之;若有仍前需索者,三司并巡按御史体实来闻,不分内外大小官员人等,正犯处死,全家发戍边方。其三司、御史知而容隐者,治以重罪。尔即移文各衙门官员人等,一体知悉。"(《明英宗实录》卷170)

与朝廷内外官的交往被严格限制起来,但这并不意味着绝非善良之辈的藩王宗室就此会善罢甘休,他们总想着法子胡作非为,于是干扰帝国政务处置者有之;欺男霸女,鱼肉百姓者有之;违法乱纪,干犯纲纪国法者有之……

干扰帝国政务处置最常见的形式就是藩王宗室欺压地方官吏。宣德十年(1435)四月,庆王派手下人到口外去烧炭,被驻扎在当地的总兵官史昭逮了个正着。事情闹到朝廷那里,明英宗降敕切责史昭,同时又修书一封,安慰叔祖庆王。(《明英宗实录》卷4)

同年十月,陕西境内的郑王府有人祸害百姓,凤翔府知府韩福知道后将郑府害人者给逮了,这下可惹怒了郑王,他马上上奏朝廷,诬告韩福欺侮地方藩王。大明吏部知道后虽然明白这其中的蹊跷,但谁也不敢得罪藩王老爷,最后决定将陕西境内的另一位好官方福调任凤翔知府,让韩福调补巩昌知府。(《明英宗实录》卷10)

陈镒是正统、景泰年间有名的清官良吏,他曾挂都察院右都御史之衔镇守陕西,因处事公直而得罪了陕西境内的秦王府。正统十年(1445)四月,秦王为了报复、搞臭陈镒而上书英宗朝廷,诬奏他"潜通乐妓诸淫秽状,且言鞠所通妓俱验,并得其所尝与白金诸物"(《明英宗实录》卷128)。秦王上书的大意是,你们别看陈镒那正人君子样,其实是个道貌岸然的大淫棍,他暗地里搞了一大批的乐妓,现在我们已经从那些乐妓那里得到了口供,且还有陈镒送给她们的白银作物证。说得有鼻有眼,正统朝廷接奏后不能不有所想法,遂令镇守陕西的兴安侯徐亨与巡按御史、按察司官一起查问,结果发现全是子虚乌有。(《明英宗实录》卷128)

年富也是正统、景泰和天顺数朝有名的清官直臣,因削减了代府菜户而得罪了襄垣王朱逊燂。朱逊燂遂于景泰二年(1451)六月上奏朝廷,诬陷年富"不下仓储济军士急,日市鸡酒自用,犯其令者假赏军名罚米五斗"(《明英宗实录》卷205)。

这样的事情还有许多许多,一般来说,藩王们肆意侵犯的对象若是朝廷直接委派的钦差、镇守之类的官员,后者尚有证明清白的机会,真正被弄成冤屈沉案的相对比较少。不过并不是所有的朝廷命官都是那么幸运的,而在不幸运的朝廷命官中,那些亲王、郡王府内的长史、纪善、教授等辅导官可谓是首当其冲的倒霉蛋了。

按照明朝开国皇帝朱元璋的强盗逻辑,凡藩王有过失或不轨,首先得治罪该藩王府内的辅导官,其理由是他们没有尽职教导好藩王。于是就造成了这样的局面,除了少数人到任后与亲王、郡王同流合污、沆瀣一气外,大多数辅导官都因与就藩的龙子龙孙们搞不到一起而遭受排斥和打击,甚至陷害。前文已提到过,正统三年(1438)四月,因多次进谏惹怒了恶棍辽王朱贵烚,辽府长史杜述被诬"不听指使,且有谤言"而最终惨遭活活捶死。(《明英宗实录》卷41)景泰元年(1450)七月初一,代王前往镇守大同的太监陈公和都御史沈固等处告状,诬说"长史李滋等官抵触状"。不管这事是真还是假,作为直接派往地方的朝廷命官对于藩王事情一般都不敢轻易做主,唯一可做的就是赶紧把事情上报给朝廷,让最高当家人拿主意。可陈公等还没来得及上报,从外面又传出了不好的消息:代王"以刀伤长史李滋"(《明英宗帝实录》卷194,《废帝郕戾王附录》第12)。秦王府"承奉刘全、典膳侯介因谏拂意,屡遭酷罚",发展到后来秦王居然"减其衣食,禁其出入"(《明英宗实录》卷241,《废帝郕戾王附录》第59)。

堂堂朝廷命官在藩府沦为囚徒一般,甚至连小命都难保,明朝前期的藩府辅导官成为了入仕之士的危险职位。而自正统帝即位起中央朝廷威信的降低,使得宗室藩王更加有恃无恐,胡作非为。鉴于此,那时的官员们都要想尽办法逃避进入地方藩府这样的狼窝。正统五年(1440)九月,襄垣王府教授王智因母丧守制结束,等待吏部重新安排职务。而就在这等待过程中,由于害怕自己仍任旧职,他"私自挑断右手无名指筋,奏称残疾,难胜前任。又于奏本内错写字样,被行在吏科参出,盖欲故坐过名,意图改用"(《明英宗实录》卷71)。还有个叫贾宾的人似乎更聪明,正统十年(1445)四月,当听说自己被授予兴平王府教授的官职任命后,他故意拖延时间,越期赴任,希望以此获罪来换得别调。但后来发现这一招不管用,朝廷并没有因此而追究他,于是他"至府复不守礼法,数抗(兴平)王,竟坐诬奏府属,为王所奏",最终为正统朝廷处以"杖六十,黜为民",但就此他保住了自己的小命。(《明英宗实录》卷128)

○ 在大明帝国特权阶层看来,糟蹋女人和残害小民、小官,多大的事!

通过上述案例我们不难看出,当时各地藩府狼窝的危害有多深!不过在各地宗室所产生的危害中影响最为恶劣的可能当数宗室藩府欺男霸女,鱼肉百姓,为所欲为,干犯纲纪国法。

前文说过，明初祖制规定宗室藩王的地位与待遇很特别，因而大明的这些朱子朱孙们不仅享有极高的政治地位，而且还拥有丰厚的物质待遇，有吃有喝又有玩。说到这个玩，大明皇家祖宗又给子孙们做好了定制，每个皇家朱氏男人都配有一个正妻妃子和数个小妾。换言之，一个朱家子孙得由数个女人侍候着，够"性福"的了。但在实际生活中真实的情形还远不止此，一般来说，进入藩府的女人包括女仆、女佣人，一旦要是让府内的男主人看上了，都有可能成为其"性福"的对象。由此而言，那时各地藩府内实在是不缺女人。可大明皇家宗室里偏偏那种吃着碗里的还想着锅里的无耻贪欲之徒又特别多，于是一出出欺男霸女的活丑剧不断地上演。

正统四年（1439）二月，河南周府宜阳王曾令火者高海帖木强买民间女子入府，因事情后来被捅到朝廷那里，正统帝降敕："令女子归宗，下高海帖木于狱。"至此，事情才算有了了结。（《明英宗实录》卷51）

景泰初年，晋府宁化王第四子朱美坊发现，有一个乐妇长得特别美，顿时就动了邪念，随后便在宫中将她给强奸了。这还不算，为了能长期霸占该美少妇，朱美坊竟想出了一个恶主意，让人代写了出卖该美少妇的文书，然后再去逼迫她的丈夫在文书上签字画押，以示其休弃妻子，是"大恩大德"的朱美坊收留了该女子。这事后来被巡按山西的御史知道后上奏给了朝廷。朝廷闻讯后降下戒谕，对宁化王也仅训诫一番，仅此而已。至于那个美少妇则被永远地强留在宫中，专供朱美坊享用取乐。（《明英宗实录》卷203，《废帝郕戾王附录》第21）

景泰中后期，宁王朱奠培"厚敛护卫旗军月粮，强取其女妇，不悦者辄勒杀之，擅遣（王）忠等出商，罔利凌辱。府县官至，殴之"（《明英宗实录》卷272，《废帝郕戾王附录》第90）。

天顺四年（1460）年初，戈阳王朱奠壏听人说起，本府教授顾宣家的女儿长得像出水芙蓉，美艳无比，顿时就有了占有她的淫念，但鉴于自己已婚，最多也只能娶顾教授的女儿来做小妾。按理说，顾宣不仅是朝廷命官，而且还是戈阳王朱奠壏的老师。作为学生，朱奠壏即使再怎么痴迷自己先生的女儿，那也应该与先生好好说说，就凭自己的藩王身份，天下有哪个人家不同意的？但让他意想不到的是，自己刚开口说及此事，顾老先生就一口拒绝了。随后更让人没料想到的是，天下竟有这样蛮横、霸道的学生，见到老师不肯把女儿嫁给自己，他就把老师顾宣抓起来，毒打100杖，然后带了王府里的一大拨子人直接冲到顾家去，将那美如天仙的顾氏给强抢到府中来，肆意糟蹋。这事后来虽被捅到了中央朝廷，但天顺帝朱祁镇也就降敕吓唬吓唬戈阳王朱奠壏而已，大致是这么说，"如果你日后再犯，法难再恕"。至于那个美女顾氏，明英宗裁定"本宜给亲姑，置不究"，而她的父亲顾宣则被调出戈阳王府，换个工作罢了。(《明英宗实录》卷320）

在中国传统社会里，特权阶层糟蹋几个女人，实在是算不上什么大事。这是因为他们的体内流淌着特别高贵的血液，与生俱来就高人一等，没什么值得大惊小怪的。正是出于这样的一种逻辑，大明皇家宗室不少成员就为所欲为，草菅人命，什么样的干犯纲纪国法之事都能干得出来。只要不犯谋反、谋逆等十恶不赦之大罪，大明天子一般都会予以宽宥。与此相反，草民们对皇家宗室只要有一点点的不恭，更不用说是忤逆，那就吃不了兜着走。

正统中叶初秋的一天，秦王朱志洁忽然来了兴致，想出府去游玩游玩，哪想到刚出王府大门，就碰上一家小民父子雇了几个人正赶着一大群驴子去做买卖。因为驴子多，挡住了秦王外出游玩的路，骑在马背上的秦府护卫立即赶到前面去，举起手中的鞭子对着小民家的驴子一阵猛抽。小民父子看到自己家的驴子被抽了，当场就十分恼火，招呼被雇人员，一哄而上，将骑在马背上的秦府护卫给拽了下来，一顿暴打。这一打可就打坏了，藩王是何等人？只比天子与皇太子低一等。大明法司部门接到秦府的上告后立即进行了审讯，拟判小民父子等犯事者当处杖刑。小杆子皇帝朱祁镇听说后认为判得太轻了，"以其侮慢亲王，命籍其家，充辽东军"（《明英宗实录》卷118）。

籍没其家，发配充军，这是《大明律》中仅次于死刑的重刑罚，被处罚的小民父子所为也就仅仅相当于现在的正当防卫却遭际如此，这实在让人不得不感到可怕和悲哀。与此相对，宗室藩王们再胡作非为，即使是杀了人，大不了也就是被皇帝批评批评。

正统六年（1441）六月，宣宁王府教授杨普上奏朝廷，检举揭发宣宁王"狎近军人武宾,听用其言,棰杀军人"。按理说,对于这样人命关天的大案子,朝廷应该将杀人犯宣宁王捉拿归案后再进行审讯,但谁敢提出异议?当时正统朝廷命令行在都察院逮捕军人武宾,鞫问得实,词连宣宁王时,小杆子皇帝才不痛不痒地给自己宗室叔祖下了一道戒谕,责令他悔过自新。(《明英宗实录》卷80)

正统末年景泰初年,代府山阴王朱逊煁府邸发生了一起强盗入室抢劫案。在一个黑漆漆的夜里,有人闯入了山阴王府,摆倒了守值看护人员,冲进府库,大肆劫取财物。山阴王朱逊煁听到下人的急报后,立即派遣校尉孟志刚等火速赶了过去。哪想到这帮子盗贼的手脚太利索了,早已溜得无影无踪。这下可把山阴王朱逊煁给气坏了。由于抓不到盗贼,他将所有的火气都撒在手下人身上,先是将派遣过去缉捕盗贼不力的校尉孟志刚叫来,用棍杖猛打他,并将他的左耳朵给割掉,而后又把他的腰带、帽子、衣服通通给烧毁;接着他又把负责值夜守护、遇贼不能抵御的护卫校尉牛贵叫来,当即割去了他的右耳朵。刚刚即位的景泰帝知道后立即书谕朱逊煁,谴责道:"今乃擅用严刑,至割去人耳,朝廷亦未尝用此刑,王何乃尔邪?论祖宗法固当追究,姑屈法伸恩,以全亲亲之义。王当痛自改过,遵守祖训,勉进厥德,庶几可无后悔。"(《明英宗实录》卷189,《废帝郕戾王附录》第7)

上述这样的例子还有很多,在此不一一列举了。对于宗室藩王们的这般为所欲为、草菅人命和干犯纲纪国法,只要不引发过分剧烈的反应,正统开始的中央朝廷往往也就批评批评,吓唬吓唬而已,其实际所起到的效果几乎等于零,但它对于帝国社会潜在的负面影响却实在不容轻视。

○ 宗室藩府等特权阶层争当掠夺土地资源的急先锋,明廷苦于应付

不过与此相比,恶劣影响范围更广、更为深远的还在于大明皇家宗室子孙们对土地资源的巧取豪夺,杀鸡取卵似地追求经济效益最大化。之所以会这样,我想大致有三个方面的原因:

第一,皇家宗室勋旧等特权阶层有着无限的贪欲,这样的情形在我们当代社会里也屡见不鲜。有人开发了一个小楼盘,发了一

笔财,随后便想做一大片,于是官商勾结,财源滚滚,这不正应了当今社会的一句流行语:做大做强!

第二,明中叶的实际生活成本提高了,使得皇家宗室更多地关注经济利益的追求。

明初洪武二十八年(1395)定制:亲王岁禄10 000石,郡王2 000石,镇国将军1 000石,辅国将军800石,奉国将军600石,镇国中尉400石,辅国中尉300石,奉国中尉200石;公主及驸马2 000石,郡主及仪宾800石,县主及仪宾600石,郡君及仪宾400石,县君及仪宾300石,乡君及仪宾200石,米钞兼支。(《明太祖实录》卷242)这里说到的"钞"就是大明宝钞,大明宝钞自洪武八年(1375)开始发行,其通货膨胀十分厉害,到洪武二十三年(1390),15年间大明宝钞贬值到了面额(即规定可兑铜钱数)的1/4,到洪武二十七年(1394),即将近20年的时间,贬值到面额的1/6以下;永乐元年(1403),官兵俸米1石已可折支纸币10贯,当时米价1石不足1贯,而纸币贬值已到了面额1/10以下。洪熙元年(1425),1石俸米可折支纸币25贯,贬值程度较前又加倍了,约为面额的1/25;景泰元年(1450)官兵俸银每两折支纸币500贯,当时铜钱1贯可兑白银1两有余,则可知这时纸币贬值已到面额的1/500以下。(参见汪圣铎:《中国钱币史话》,中华书局1998年4月版)我们以宗室藩王中级别最高的亲王为例,其岁禄10 000石,为方便起见,我们以米钞各50%来计算,明初的5 000石宝钞收入到了明英宗与景泰帝时代实际上只有10石的价值了。这就像我们现在社会里,笔者在20世纪80年代末到上海去读硕士研究生前的工资收入为84元,如果工资一直不涨拿到现在的话,其实际可使用的价值可能8.4元还不到。

由此可以说正统时期开始藩王宗室要求在祖制定额基础上增加岁禄等经济收入也有其合理性。

第三,大明皇家宗室贵戚队伍不断壮大,开支比原先也要大为增多。本章开始时已说过,明初约有20个皇子被分封为亲王,到明英宗时大明宗室郡王已发展到了184人,这还仅仅是男性子孙,不包括女性系列。由于这些宗室子孙无所事事,最有趣的"业余"活动可能就是床上运动,床上运动的最终结果是繁衍的子孙越来越多。祖制规定的岁禄没增加,可张嘴吃饭的人越来越多,这不是急死人的事啊!所以在明英宗与景泰帝当政时,像庆康王朱秩煃、真宁王朱秩荧等很多藩王宗室都曾表示,"欲率宫眷赴京面陈"(《明英宗实录》卷207)。

用今天话来说,宗室藩王要带上老婆、孩子到北京来上访——这岂不是活丑剧吗?

正因为在这样的大背景下,明廷采取适当的措施予以应对,如减钞加米或直接增加岁禄。但即使这样,还是不能满足藩府宗室的要求,因为米禄之类是不可再生产资源,所以最好的增加经济收入的途径就是扩大可利用的土地资源。那么怎么来扩大和增加可利用的土地资源呢?宣德中后期开始就有一些头脑特别灵活的藩府宗室如梁王、郑王等向大明朝廷直接奏讨:我看中了某块土地,乞请皇上将那块地送给我。(《明宣宗实录》卷61、卷66)

正统元年(1436)六月,移往兰县的肃王朱瞻焰上请,以近原府所艺果木实赖生养为名,乞请将甘州的肃府先王之灵寝周围的土地继续归其所有。(《明英宗实录》卷18)同年闰六月,淮王移封饶州,正统帝因请而诏令"以安府营房、地株湖山地属之"(《明英宗实录》卷19)。一年后的正统二年(1437)八月,正统帝又将余干县强山地420亩赐予淮王,供其采薪用。(《明英宗实录》卷33)正统二年十一月,正统帝以湖广襄阳府所属襄阳各县无税田地396顷、山两所赐给襄王朱瞻墡。(《明英宗实录》卷36)正统三年(1438)五月朱祁镇将宁阳侯陈懋的果园赐予庆王。(《明英宗实录》卷42)正统八年(1443)二月,因淮王奏讨,正统帝拨饶州府近城长港一段,赐淮王府捕鱼食用,鱼课除豁。(《明英宗实录》卷101)与上述相类的还有,正统十年(1445)五月,正统帝"命以湖广赤东湖河泊所与荆王府,其岁办鱼油等课皆蠲除之"(《明英宗实录》卷129)。正统十年八月,因方山王奏请,朱祁镇赐予其太原府忻州定襄县33顷空闲之地。(《明英宗实录》卷132)8个月后的正统十一年(1446)五月,又赐方山王定襄县草场地11顷。(《明英宗实录》卷141)正统十四年(1149)七月即正统帝被俘前一个月,他还以直隶真定府武强县退滩空地50余顷赐予真定大长公主。(《明英宗实录》卷180)景泰三年(1452)五月,因郑世子朱祁英上请,景泰帝赐其修武、获嘉两县间80顷荒闲之地。

(《明英宗实录》卷216,《废帝郕戾王附录》第34)

与正统帝相比,景帝虽然也没有阻止奏讨赐地的"风尚",但他似乎比皇兄做得要理性,往往先派人去看看奏讨的土地上是否有小民生活居住着。例如景泰三年十一月,襄王朱瞻墡奏讨湖广襄阳等五县无粮空闲山地100顷,景帝接奏后让户部移文勘实。湖广布政司及襄阳等府县接到中央红头文件后展开了调查,确认襄王所要的山地上果真无人居住生活,随即画好了山地图形上呈给朝廷。景泰朝廷接到后这才下令,将那100顷无主山地赐给了襄王。(《明英宗实录》卷223,《废帝郕戾王附录》第41)

上述这种扩大土地占有的手段与形式怎么说都还算是合法的,毕竟通过上奏朝廷取得同意后占有,但实际上当时大多数的皇家宗室往往以隐瞒上报的非法手段直接谋求或占有土地、宅院、店铺、货栈等经济资源实体,以此来增加自家的经济收入,且这些人的胃口特别大,一占就是数十顷或数百顷土地。譬如,正统中叶,庆康王朱秩煃曾役使府中之人私自占有宁夏鸣沙州240顷田地(《明英宗实录》卷110)。而对于各地藩府宗室成了土地兼并的急先锋,中央朝廷很为着急,不断地派出相关人员进行调查、勘实。正统五年(1440)十月时,英宗朝廷发现各地藩府宗室已强占"原居民人庄宅田地共三千余顷",皇帝朱祁镇下令"悉给还之"。(《明英宗实录》卷72)至于最终结果如何,只有天知道了。天顺五年(1461)三月,锦衣卫指挥同知逯杲上奏说:"宁王等七王并庶人磐烽、仪宾葛昕等各于江西城内开凿及侵占军民大小养鱼池八十三处,每处或四五亩,或二三亩,间有切近城垣,阻碍道路者。"(《明英宗实录》卷326)由此看来,明英宗当政期间藩府宗室以非法的手段直接谋求或占有土地等经济资源实体的痼疾不仅没被消除,反而一直存在着。

○ 宗室藩府向小民们直接征收赋税,肆意役使,杀鸡取卵

除了占有土地、宅院、店铺、货栈等经济资源外,绕开官府直接向地方小民们收取赋税加耗,在那时也成了各地藩府宗室增加自身经济效益的一个重要方式和手段。

按照祖制旧例,各地宗室藩府的岁禄是由地方官府从官仓中

直接拨与,但这样的直接拨与对于宗室藩府来讲没有油水可捞,于是他们都想方设法地绕开官府直接向老百姓征收赋税加耗。中国老百姓很老实,怕见官府里的人,更不用说是比官府政治地位要高得多的藩府王爷,他们见了没有一个不害怕的。老百姓怕藩府王爷,藩府王爷正好上下其手,在征收正税之外,叫王府里的人再收取加耗,或者搞什么折钱名堂,反正花样百出,获利多多。

最早搞这鬼名堂的是靖江王朱佐敬,宣德年间朱佐敬派了家中的宦官到地方州县里去征收税粮。征收税粮,顾名思义,征收的应该是粮食,可朱佐敬下令不要本色即粮食,而要小民们将粮食加倍折算成铜钱银两,这下可把小民们给坑苦了,大家偷偷地上访。宣德帝知道后很为恼怒,敕令广西布、按二司和巡按御史严厉监督靖江王府,只要发现其有再犯的,执送京师来。但宣德帝后来很快就驾崩了,即位上来的是冲龄天子朱祁镇,靖江王朱佐敬压根儿就没把娃娃皇帝放在眼里,继续实施他的新税粮征收办法,并获得巨大的经济效益。据说当时的禄米税粮每石被折钱700文,甚至有的时候高达1 500文,"比时价加三四倍"(《明英宗实录》卷68)。

各地宗室藩府见到靖江王自行征收带来了丰厚的经济利益,也纷纷向中央打报告,要求自收岁禄。正统二年(1437)四月,松滋王朱贵烚上奏朝廷,请求自收禄米1 000石,刚登基的正统帝随即予以了批准。(《明英宗实录》卷29)松滋王的弟弟宜城王看到哥哥经济收效大为提高了,也开始蠢蠢欲动。正统五年(1440)六月,他上奏正统帝,请求"如兄松滋王事例,拨附近府州县税粮,自行收受"。明英宗随即也予以了允准(《明英宗实录》卷68)。而后辽府、晋府、代府等宗室藩府一一争相仿效,自收增效。

宗室藩府的这般做法实际上是杀鸡取卵,小民们那里哪有取不完的利?对此具有清醒头脑的一些地方官吏纷纷向正统朝廷提出了建议:"别立仓廒收米,以备王府支用,庶官民两便。"(《明英宗实录》卷139)这项建议果真是好,要是推广开来了,等于斩断了各地宗室藩府伸向小民的黑手。但随之新问题又冒了出来,别立仓廒收米,就得要增加政府的财力开支,最为关键的还在于这些位近天子与皇太子的宗室藩府老爷要是不同意"别立仓廒收米",那又有谁去处理这些相关的难题呢?而对于这样的难题之难题,就以正统天子的智商与才能是断然无法解决的,于是大明帝国宗室藩府的禄米征收大多还是自行其是,如此下来,老百姓的日子可就越来越难过。据明代官史记载,到明英宗复辟后的天顺四年(1460)时,宁王与各郡王禄米都不接受本色即米麦,"每石勒取白银一两五钱,间收本色,每石加耗米八斗"(《明英宗实录》卷320)。我们就以"间收本色"来看,"每石加耗米八斗"即说小民们缴纳税粮的负担增加了80%。

这还仅仅是一个单项,除此之外,小民们还得要为宗室藩府建造府邸提供义务劳动,春秋祭祀社稷山川坛时提供"牲币诸物"。要是这些"牲币诸物"本地不产的话,那小民们就得从别的地方"倍价买输"(《明英宗实录》卷152)。而一旦亲王、郡王死了,小民们又得要为其修筑坟茔,当然这都是义务劳动的。由此而言,哪个地方的宗室藩府多,哪个地方的小民百姓就倒了大霉。明英宗时代,山西一省的亲王、郡王就多达33个,将军、仪宾以下的多得不计其数,仅大同一城,"见有代府等十三府,将军、仪宾宅第三十余处,未出合郡王、将军及郡县主又不知其数。凡有造作,辄奏求军夫工料,见今修理府第,尚有一十余所未完,军卫有司,供给不暇"(《明英宗实录》卷308)。

连地方驻军与官府衙门都在为宗室藩府的"基本建设"忙得供给不暇,那么小民百姓还有什么活路? 正统九年(1444)十一月,山西有个叫王涣的柴夫突发狂想:你皇帝不是常常自诩为天下小民的大君父,是全国人民的总代表,你还说自己如何爱民如子,可我们山西等地的草民百姓实在是没什么活路了,我来代表他们向您倾诉倾诉。想到这些,他就开始餐风饮露,步行千里来到北京,乘人不备从长安右门进入,且哭且笑,嘴里还不停地念叨:"我处百姓饿者饿死,逃者逃尽。"他甚至主动要求皇宫里的人将自己绑起来,再去叩见皇帝,陈说山西实情。就在这时,锦衣卫校尉们闻讯赶到了现场,当即将柴夫王涣给拿下,随后上奏朝廷,说柴夫王涣妖言惑众,给正统天下的大好形势抹黑,与中央朝廷不仅不能保持一致,而且还大唱反调,破坏安定团结的大好局面,乞请皇帝陛下下令将其治罪。正统帝听说后降敕,将这胡乱"上访者"柴夫王涣打入锦衣卫大牢,禁锢起来,免得他到处乱窜,给一代"圣君盛世"丢

人现眼。(《明英宗实录》卷123)

● 地荒民逃　东南怒号

本来梦想到京城皇帝那里上访,道出当今"圣君盛世"天下"地荒民逃"之真相的柴夫王涣就此被关入了大牢,帝国社会的和谐问题似乎一下子得到了解决。可谁也没想到,那魔咒般的"地荒民逃"却在随后不久的各处奏报中得到了一一应验,这下可把正统朝的"安定团结"大好形势给全搅了。

● 正统帝:本想打造"圣君盛世",结果却弄成地荒民逃

那究竟是什么缘由造成了正统时代"地荒民逃"的不堪情势?在笔者看来不外乎三者:

○ "地荒民逃"的缘由①:藩府宗室、宫廷宦官近侍与勋旧贵戚的巧取豪夺

前文我们已经讲述了宗室藩府对土地等经济资源的巧取豪夺,其实除了这些人,还有大明皇宫廷的宦官近侍与勋旧贵戚也是当时追求经济效益最大化的一等高手。对此,明英宗自登极起就开始予以了重视。正统元年(1436)十月,鉴于"南京有等权豪之人不畏公法、侵凌军民、强夺田亩、占据市肆、隐匿军囚种田看庄,小人依附为非,良善被其扰害"的严峻形势,在"三杨"等辅政大臣的辅佐下,小皇帝朱祁镇特命监察御史李彝、于奎等前去"逐一躬亲从实勘理"(《明英宗实录》卷23)。经过半年的不懈努力,到正统二年(1437)四月时,李彝等终于查得在南京的宦官、外戚共霸占田地6 235亩,房屋1 228间。正统帝随即做了处理,"以田地给新调旗军之贫者,房屋召军民赁居,原系官者还官"(《明英宗实录》卷29)。

驸马赵辉是明太祖朱元璋最小的女儿宝庆公主的丈夫,也是正统帝朱祁镇的太姑丈。朱祁镇即位那年,赵辉与平江伯陈佐受命前往南北两太仆寺印记马匹,即给皇家马匹打上烙印,检查马匹的饲养状况。(《明英宗实录》卷7)通俗地说,这是个肥缺美差,只见

得赵辉领受皇帝敕命后一路趾高气扬地来到了扬州,开始烙马。叔叔赵穆听说后激动万分,嘱托赵辉利用办理皇差的机会,逼取民田3000余亩作为赵家的产业。而就在这个过程中,被剥夺了田产的小民们心有不甘,前去理论,却被赵辉的堂弟赵鼎殴打致死。这事被掩盖了近两年,直到正统三年(1438)时才为朝廷所知。那年十二月,六科给事中和十三道监察御史交章奏劾赵辉。明英宗却下令,对赵辉宽宥不问,"其余俱执至京鞫之,如果侵夺,即令巡按御史给还民"。(《明英宗实录》卷49)。

正统帝这般含含糊糊地处理所产生的影响很坏,至少说在客观上助长了皇家近侍与勋旧贵戚对土地等经济资源巧取豪夺之歪风。

正统二年(1437)四月,监察御史孙睿和锦衣卫千户李得查得,"太监僧保、金英等恃势私创塌店十一处,各令无赖子弟霸集商货,甚为时害"。(《明英宗实录》卷29)。就这个叫僧保的老牌太监,虽说他没有像宣德时那么吃香,但也是正统朝的红人,据说他到临死时已占有庄田两所。(《明英宗实录》卷192,《废帝郕戾王附录》第10)至于正统朝的头号大红人王振占田,那就更不用说了。土木之变突发时王振死于北疆,随后便是王公公家被抄,其名下庄田在景泰元年(1450)时让景帝赐给了锦衣卫千户吴诚等人。(《明英宗实录》卷192,《废帝郕戾王附录》第10)

从正统到景泰再到天顺,明朝中央朝廷时不时地恩赐土地或放任特权阶层对土地等经济资源的占有,难道其就真不明白这样做所造成的危害吗?

有个案例似乎很能说明,正统四年(1439)七月乙丑日,有人报告说:"宁国大长公主营造坟茔占用了官民田地187亩。"正统帝听后回复说,让有关衙门免了被占土地的租税。(《明英宗实录》卷57)

依照小朱皇帝的这般逻辑,他算得上是爱民如子了——既然你们老百姓耕种的田地都被占了,没了生产资料,本皇帝给你们免除赋税,不就万事大吉。殊不知这样的处理方法遮盖或言无意识地忽略了三个焦点问题:第一,皇帝不追究非法占有者的责任,就等于承认强占是合法的,也就变相鼓励谁有实力谁就去占有;第二,土地被占了的草民没了土地是不用缴纳赋税了,但一次次这样的案件发生,大明帝国的赋役财税收入岂不减少了?第三,土地被占了的草民没了土地依靠,靠什么为生?当然对于从小在宫中长大的"帝六代"朱祁镇来说,这样深刻的连环问题他是不会想到的,可能让他更意想不到的还有,当时的地方权贵势豪们也在变着法子"挤兑"小民百姓。

○ "地荒民逃"的缘由②:权贵势豪耍奸使滑将赋役"飞洒"、"诡寄"给小民百姓

由于开国之初朱明皇家老祖宗洪武帝贯彻了"右贫抑富"的治国指导思想(《明史·食货志一》卷77),发动、组织人们编定了"黄册""鱼鳞图册",构建粮长体系,创立三等人户法,从而建立起以"富者多出,贫者少出"为精神的相对比较合理的纳税和徭役佥派制度。(详见笔者《大明帝国》系列之②《洪武帝卷》中册,第6章,东南大学出版社,2014年1月第1版)因此那时贫富两极分化不悬殊,国家直接掌控的自耕农人数也比较多。据户部奏报:洪武三十年(1397)四月,除云南、两广、四川外,全国有7顷以上的富民共有14 341户,所占土地仅为全国田地总数的1/80,其人口数约占全国人口总数的1/748。(《明太祖实录》卷252)由此可以说,当时的土地等财富资源的分配还比较合理。

但这样的格局随着大明帝国历史的发展,到了正统时期出现了极大的变化。朱祁镇刚刚即位时,应天府即今天的南京市上奏说:洪武时期上元、江宁两县的坊长、厢长、甲长都是由家底殷实之户来佥充(那时充任县级以下的芝麻小官大多是义务劳动,即所谓的杂役,不像现在社会里只要当个什么长就是拿钱的官儿,哪怕是当个厕所所长说不定还是个什么级别的官员呢)。正因为当小得不能再小的芝麻官不仅不来钱,反而还要"赔钱",所以时间一长,人们就想方设法要推掉这样的杂役。但杂役又不能不由人来承担,于是社会上那些无权无势的底层人物如军匠、厨役和官医等编畸零户,被地方官员当做了殷实之户而编为坊长、厢长、甲长等,以此来应付上级官员的检查,蒙混过关。而这些编畸零户本身就生活艰难,一旦被编为小得不能再小的芝麻官后可就更没法过日子了,于是出现了负累失所逃亡者甚多的不堪情势,这就是当时人们

常说的"差贫放富"。"差贫放富"的最终结果是底层百姓没法生活,要么卖儿鬻女,要么外出当流民。(《明英宗实录》卷6)

以上讲的是杂役佥派流弊所带来的恶果。除此之外还有赋税征收过程中所产生的流弊。同样是在应天府的上奏报告中说到了这样一个现象:江宁、溧水等县各乡豪猾之徒通过种种手段将自己名下应纳税粮"飞洒"到别人家头上,或者将别人做甲长服杂役之事从簿册上弄到自己的名下,以此来逃避纳税。这在当时有个专门的名词,叫"诡寄"。豪猾之徒和富有大户一一"诡寄",国家赋役就要减少,但明朝立国起就实行赋役定额制,即每府、每县、每厢的赋役都有一定的定额数,且必须得完成。有权有势或有门路的豪猾之徒和富有大户将赋役给"诡寄"了,那"诡寄"了的赋役还得由当地的小民百姓来赔纳买单。(《明英宗实录》卷6)加上明代实行缙绅免役、免税制,即从朝廷正一品大官到两榜缙绅都有一定的免役免税规定。由此一来,只要缙绅乡宦多的地方,那里的小民百姓的负担也就越来越重。

正统三年(1438),山西代州繁峙县上奏朝廷说:本县地处五台山之阴,霜雪先降,岁时少丰。县内原有编户齐民2 166户,现已逃亡了一半,一半没逃亡的有60人在做供应柴炭的杂役,100人在监厂劳作,25人在修坛场,100人在为官府采秋青草,300人充荆越等巡检司弓兵。(《明英宗实录》卷45)

我们对上面说到的繁峙县赋役人数做个大略计算,原本有编户齐民2 166户,可能相当于10 000人口,逃掉一半,即剩下5 000人还居住生活在当地。在这5 000人中妇女、儿童和老人至少要占一半吧,那么剩下的能服役的青壮年劳动力可能就不到2 500人,而在这不到2 500人当中,大约又有600人正在为各式各样的国家工程和劳役忙碌着,也就是说整个代州繁峙县可能只有1 000人的劳动力能从事本业即农业生产。问题到此还没完,"时有军需供给传递往来",即要从这1 000人的劳动力中抽调部分人出来来完成国家任务,"以是民甚艰苦,不能聊生"(《明英宗实录》卷45)。既然在当地不能聊生,那就只有跑了,去当流民。你去当流民了,但在官府的簿籍上你家的赋役还"挂"着,地方官又不能不完成中央规定的指标和定额,于是他们会找那些留下来没逃的人家来代纳。

这就是当时的一种最为真实的情形,连智商情分并不高的小杆子皇帝朱祁镇也知道,他在诏书里头曾这么说:"逃民既皆因贫困,不得已流移外境。其户下税粮,有司不恤民难,责令见在里老、亲邻人等代纳。其见在之民,被累艰苦,以致逃走者众。"(《明英宗实录》卷66)

○"地荒民逃"的缘由③:大致正统时期开始自然灾害特别频繁,小民痛苦不堪

更让小民百姓痛苦不堪和雪上加霜的是,宣德末正统初开始自然灾害出现得特别频繁。科技史学界很早起就关注太阳黑子的活动与地球上自然灾害之间的关系。一般来说在太阳黑子活动频繁的年份里,地球上的自然灾害就特别多。笔者根据《明实录》的记载做了考证,发现正统14年间共有6次太阳黑子出没的记载,景泰8个虚年内竟多达6次记载,天顺8年间有2次记载。而在这以前,洪武31年间只有2次记载,永乐22年间没记载,洪熙1年间有1次记载,宣德10年间有2次记载。(详见笔者《大明帝国》系列之⑫《景泰、天顺帝卷》第7章"上皇回京 景泰中兴")换句话来说,在明朝前期的100年历史中,正统至景泰时期是太阳黑子出没最多的时候,也是特别寒冷天气或言极端气候、灾异事件最为频现时期。那时自然灾害特别多,我们从《明英宗实录》和《明史》的记载中也能得到佐证,详见下表:

正统元年至正统十四年各地大自然灾害情况简表

灾害发生年月	自然灾害发生的主要地区	灾害类别	史料出处
宣德十年六月、十月	六月,应天、凤阳、庐州、太平、池州、扬州、淮安等府俱遭蝗旱灾。十月,顺天、保定、顺德、真定四府所属州县春夏旱蝗无收	蝗灾	《明英宗实录》卷6、卷10
正统元年闰六月	直隶河间府静海县四月蝗蝻遍野,田禾被伤,民拾草子充食	蝗灾	《明英宗实录》卷19
正统元年闰六月	顺天、真定、保定、济南、开封、彰德六府	水灾	《明史·五行一》卷28;《明英宗实录》卷20

(续表)

灾害发生年月	自然灾害发生的主要地区	灾害类别	史料出处
正统二年春~五月	河南连岁荒旱。顺德、兖州春夏旱。五月,陕西平凉等六府所属州县亢阳	旱灾	《明史·五行三》卷30;《明英宗实录》卷30
正统二年四五月~六月	凤阳、淮安、扬州诸府,徐、和、滁诸州,河南开封,河、淮泛涨,漂居民禾稼。仅河南开封府受灾官民田就有71 340顷。九月,河决阳武、原武、荥泽。湖广沿江六县大水决江堤	水灾	《明史·五行一》卷28;《明英宗实录》卷31、卷39
正统二年四月~六月	四月,北畿、山东、河南蝗。六月,陕西西安等府,秦州卫、阶州右千户所,河南怀庆府各奏:天久不雨,蝗蝻伤稼	蝗灾	《明史·五行一》卷28;《明英宗实录》卷31
正统三年七月	七月,陕西西安、延安、庆阳、平凉、巩昌、临洮诸府,秦州、河州、岷州、金州诸卫所属各奏,自夏迄秋,雨雹大作,霜降不时,伤害禾稼	大雨雹	《明史·五行一》卷28;《明英宗实录》卷44
正统三年五月~十月	杭州钱塘等县五月以后弥旬不雨,田禾槁死,金、衢、严、绍、温、处、台、宁八府亦亢旱无收。直隶凤阳府、河南汝宁府、湖广岳州府、德安府、沔阳州各奏:所属六月以来亢旱不雨,禾苗枯槁;江西所属九江等府彭泽等县并南昌前卫等地方六月以来不雨,无收秋粮子粒	旱灾	《明史·五行三》卷30;《明英宗实录》卷46、卷47
正统三年七月	三年,黄河阳武段决堤,武陟沁决,广平、顺德漳决,通州白河溢	水灾	《明史·五行一》卷28;《明英宗实录》卷44
正统四年五月	五月壬戌日,京师(即北京)大雨雹	大雨雹	《明史·五行一》卷28;《明英宗实录》卷55

(续表)

灾害发生年月	自然灾害发生的主要地区	灾害类别	史料出处
正统四年四月～五月	应天、镇江、太平、宁国、安庆、徽州、池州、广德八府州亢旱。五月,直隶真定、保定、广平、顺德、大名、河间并陕西延安诸府各奏:自正月至四月不雨;河南彰德、怀庆、开封、卫辉诸府亦奏:自二月至四月不雨,高阜之地夏麦无收	旱灾	《明史·五行三》卷30;《明英宗实录》卷53、卷55
正统四年五月～八月	四年五月,京师大水,坏官舍民居三千三百九十区。顺天、真定、保定三府州县及开封、卫辉、彰德三府俱大水。七月,滹沱、沁、漳三水俱决,坏饶阳、献县、卫辉、彰德堤岸。八月,白沟、浑河二水溢,决保定安州堤。苏、常、镇三府俱决,饶阳、献县、卫辉、彰德堤岸。九月,滹沱复决深州,淹百余溃决里	水灾	《明史·五行一》卷28;《明英宗实录》卷55～卷58、卷60
正统四年五月～七月	五月,直隶凤阳、淮安二府、徐州,河南开封府,山东兖州、济南二府各奏属县有蝗。七月,顺天府蓟州及遵化县、直隶保定府易州、涞水县各奏:境内蝗伤稼	蝗灾	《明英宗实录》卷55、卷57
正统五年四月～八月	四月丁酉日,平凉诸府大雨雹,伤人畜田禾。陕西临洮府、狄道等县六月初十日雨雹,山西行都司及蔚州六月初二日至初六连日雨雹,其深尺余,伤害稼穑。陕西八月、洮州卫六月二十八日、临洮卫七月十三日、甘州中护卫七月十八日、直隶保定府八月十一日各大雨雹深尺余,伤民稼穑	大雨雹	《明史·五行一》卷28;《明英宗实录》卷66、卷69、卷70

(续表)

灾害发生年月	自然灾害发生的主要地区	灾害类别	史料出处
正统五年五月~八月	江西夏秋旱。南畿、湖广、四川府五,州卫各一,自六月不雨至八月。十一月,台州、绍兴、宁波、金华、处州旱灾益甚,民食尤艰	旱灾	《明史·五行三》卷30;《明英宗实录》卷73
正统五年五月~八月	自五月至七月,江西南昌、饶州、九江、南康淫雨,江河泛涨。河南开封、彰德诸府淫雨,江河泛涨。八月,潮决萧山海塘	水灾	《明史·五行一》卷28;《明英宗实录》卷70、卷78
正统五年四月~六月	夏,顺天、河间、真定、顺德、广平、应天、凤阳、淮安、开封、彰德、兖州蝗。六月山东德州、清平、观城、临清、馆陶、范冠、丘恩八县蝗	蝗灾	《明英宗实录》卷66~卷68
正统六年六月	直隶海州并河间府属县各奏:五月中大雨雹	大雨雹	《明英宗实录》卷80
正统六年五月~十一月	十月,应天、太平、宁国、池州、安庆、徽州等府,广德州并各卫所罹旱灾。浙江杭州、台州、严州、绍兴、宁波等府,湖广武昌、常德、黄州、荆州、汉阳、德安、岳州、长沙,直隶凤阳、淮安、扬州等府各奏,自五月至今旱伤稼秋粮无征。江西南昌府也奏:六月以来天旱;十一月,陕西西安等七府并卫所地方亢旱田亩无收	旱灾	《明英宗实录》卷72、卷85
正统六年五月~八月	五月,泗州水溢丈余,漂庐舍。七月,白河决武清、漷县堤共二十二处。八月,宁夏久雨,水泛,坏屯堡墩台甚众	水灾	《明史·五行一》卷28;《明英宗实录》卷94、卷95

(续表)

灾害发生年月	自然灾害发生的主要地区	灾害类别	史料出处
正统六年六月~九月	六月,顺天、保定、真定、河间、顺德、广平、大名、淮安、凤阳蝗。七月,河南彰德、卫辉、开封、南阳、怀庆五府,山西太原府,山东济南、东昌、青、莱、兖、登六府,辽东广宁前、中屯二卫,直隶东胜、兴州二卫蝗生。九月,直隶保定、大名、广平、永平诸府,德州、卢龙、山海、兴州、东胜、抚宁诸卫各奏:蝗伤禾稼,苏松大旱	蝗灾	《明史·五行一》卷28;《明英宗实录》卷79~卷81、卷83
正统七年五月~九月	七月,直隶松江、扬州,江西南昌、吉安、袁州诸府,湖广辰州府各奏:久旱不雨。九月,直隶松江、池州、扬州、淮安,湖广武昌、黄州、岳州、常德、衡州、荆州等府,浙江会稽、临海、天台等县各奏:五六月间大旱伤稼,江西府州县卫二十余,大旱	旱灾	《明英宗实录》卷94、卷96;《明史·五行三》卷30
正统七年四月~五月	五月,顺天、广平、大名、河间、凤阳、开封、怀庆、河南蝗	蝗灾	《明英宗实录》卷91、卷92
正统八年六月~八月	六月,浑河水溢决固安。八月,浙江台州、松门、海门海潮泛溢,坏城郭、官亭、民舍、军器	水灾	《明史·五行一》卷28;《明英宗实录》卷105、卷117
正统八年夏季	南北直隶府州县俱蝗	蝗灾	《明史·五行一》卷28;《明英宗实录》卷112
正统九年七月~闰七月	七月,扬子江沙州潮水溢涨,高丈五六尺,溺男女千余人。闰七月,北畿七府及应天、济南、岳州、嘉兴、湖州、台州俱大水。河南山水灌卫河,没卫辉、开封、怀庆、彰德民舍,坏卫所城	水灾	《明史·五行一》卷28;《明英宗实录》卷119
正统十年夏四月	四月戊辰日,京师大雨雹	大雨雹	《明英宗实录》卷128

(续表)

灾害发生年月	自然灾害发生的主要地区	灾害类别	史料出处
正统十年八月前	湖广武昌、襄阳、岳州、常德、长沙、辰州、荆州诸府所属州县大旱,朝廷免征税粮288 040石	旱灾	《明史·五行三》卷30;《明英宗实录》卷132
正统十年三月~十月	三月,洪洞汾水堤决,移置普润驿以远其害。四月,福建大水,坏延平府卫城,没三县田禾民舍,人畜漂流无算。河南州县多大水。七月,延安卫大水,坏护城河堤。九月,广东雷州卫及海康等十二守御千户所多大水。十月,河决山东金龙口阳谷堤	水灾	《明史·五行一》卷28;《明英宗实录》卷127、卷131~卷133
正统十年秋七月	直隶保定、真定等府、清苑等县,山东兖州府、济宁州曹县等县各奏:蝗蝻间发。	蝗灾	《明英宗实录》卷131
正统十一年五月~十一月	湖广夏秋旱。十一月四川重庆府泸州、广安州、泸州卫俱奏:夏秋亢旱,秋粮子粒无征	旱灾	《明史·五行三》卷30;《明英宗实录》卷147
正统十一年六月	六月,浑河溢固安。两畿、浙江、河南俱连月大雨水。是岁,太原、兖州、武昌亦俱大水。十一月顺天府、直隶庐州府、淮安府、徐州、沂州、宿州、中都留守司、直隶大同卫俱奏:夏秋大水	水灾	《明史·五行一》卷28;《明英宗实录》卷142、卷147
正统十二年五月~九月	岳州、襄阳、荆州等府,郴州、麻城等州县连年荒旱,民采苦株,掘野菜食以度日。五月,山西平阳府奏旱,河南开封、河南、彰德三府各奏旱蝗。九月,直隶扬州、苏州、太平、安庆,湖广襄阳、荆州诸府卫各奏:夏旱苗枯	旱灾	《明史·五行三》卷30;《明英宗实录》卷152、卷154、卷158
正统十二年春季~五月	赣州、临江、吉安三府自春天至六月天雨连绵,山水泛涨;南昌、吉安、临江、广信、九江、饶州、抚州七府属县亦被水灾,人民乏食	水灾	《明史·五行一》卷28;《明英宗实录》卷155、卷160

(续表)

灾害发生年月	自然灾害发生的主要地区	灾害类别	史料出处
正统十二年闰四月～五月	闰四月起,保定、淮安、济南、开封、河南、彰德蝗。秋,永平、凤阳蝗。五月,山西平阳府奏旱,河南开封、河南、彰德三府各奏旱蝗	蝗灾	《明史·五行一》卷28;《明英宗实录》卷153、卷154、卷156
正统十三年春夏～十一月	陕西夏秋大旱。直隶镇江、宁国府并广德、滁州、宣州、南京锦衣卫,湖广辰州府卫俱奏:六七月中亢旱,禾苗槁死,秋粮子粒无征	旱灾	《明史·五行三》卷30;《明英宗实录》卷172
正统十三年六月～七月	六月,大名河决,淹三百余里,坏庐舍二万区,死者千余人。直隶河间、山东济南、青州、兖州、东昌诸府,陕西宁夏诸卫亦俱河决。七月,宁夏久雨,河决汉、唐二坝。河决河南八柳树口,漫曹、濮二州,抵东昌,坏沙湾等堤	水灾	《明史·五行一》卷28;《明英宗实录》卷168
正统十三年七月	京师飞蝗蔽天	蝗灾	《明史·五行一》卷28;《明英宗实录》卷168
正统十四年六月	十四年六月,顺天、保定、河间、真定旱	旱灾	《明史·五行一》卷28;《明英宗实录》卷177
正统十四年四月～六月	江西吉安、南昌、临江三府俱水,坏坛庙廨舍	水灾	《明史·五行一》卷28;《明英宗实录》卷179
正统十四年四月～六月	夏,顺天、永平、济南、青州蝗	蝗灾	《明史·五行一》卷28;《明英宗实录》卷179、卷180

上表所列都是规模大、波及范围甚广的自然灾害,至于地区性小范围的天灾还没有被列入其内。但从中我们不难发现,正统时期各地水涝、亢旱、蝗蝻和大雨雹等灾害特别多,无论是大江南北

还是黄河流域,大明帝国没有一个地方是太平安宁的(这与后来的景泰年间很相似,下章将要详述,笔者特注)。尤其是有的年份,南北方同时出现大自然灾害,譬如正统四年(1439)发生的大灾,仅朝廷免除"灾伤田土粮草钞贯,顺天、保定、真定、大名、顺德、苏、常、淮安八府粮 396 171 石,草 4 672 186 束,在京蔚州左等 22 卫,在外通州左等十八卫所粮 21 257 石,草 91 束,钞 72 600 贯。"(《明英宗实录》卷68)甚至有的年份连"人间天堂"苏松地区也发生了大面积的灾害,如正统六年(1441)九月,直隶松江府(即今天上海市)上奏说:其所属华亭、上海二县五月以来不雨,旱伤田土 8 859 顷,额定税粮 139 850 余石无法完成。正统十二年(1447),南方长期多雨,应天、苏州等五府和南京锦衣等 34 卫被灾秋粮子粒就达 554 700 余石、草 230 500 余包。(《明英宗实录》卷 169)

● **正统帝应对"地荒民逃"之策:遣官抚定、蠲免赋役、恢复生产**

在这样全国范围内发生连续性的大规模自然灾害中,华北、西北、山东和湖广为灾害频发区,尤其值得注意的是,中原和西北的灾情格外严重。面对这样的态势,智商平平、能力一般的正统帝倒还差强人意,他沿用了父祖的做法,派出巡抚、巡按分行地方,视察灾情,指挥地方官员抗灾救民。可惜这样的做法仅能救急一时,且杯水车薪,无法从根本上解决当时积压已久的地荒民逃问题。由此形成了这样的尴尬情势:原本通过"飞洒""诡寄"甚至直接强占等手段巧取豪夺土地等经济资源,将小民百姓从原生活的土地上"挤兑"走,从而"制造"出无数个流民,如此老问题尚未解决,频频爆发的大自然灾害又"生产"出了一批又一批的新流民,明代社会由此进入流民聚集发展的重要时期,民逃地荒问题越来越成为困扰当时正统君臣的一大难题。

宣德十年(1435)正月,顺天府府尹李庸上奏说:"直隶霸州等州、东安等县逋民共有 27 159 户。"(《明英宗实录》卷 1)我们若以古代一户人家五口为计,当时霸州等地的逃民总数约有 135 000 人。同年二月,直隶大名府浚县上奏说:该县有逃民 1 783 户,合计逃

民总数约为9 000人。(《明英宗实录》卷2)

正统元年(1436)四月,直隶保定府清苑县上奏说:"该县发生旱蝗之灾,粮食无收,有逃民973户,合计逃民数5 000人左右。"(《明英宗实录》卷16)

正统二年(1437)三月,明英宗"命监察御史金敬往直隶大名府并河南、陕西诸处抚缉逃民,时有言逃民聚居各处,殆四五万人,先后入山,抵汉中府深谷中潜住。又黄河北岸亦有逃民千数百人围聚……"(《明英宗实录》卷28)

正统三年(1438)正月,行在户部上奏:直隶清苑县人民逃移590余户,遗下秋粮660余石、草13 400余束;山西临晋县人民逃移4 570余户,遗下秋粮34 140余石、草68 290余束。(《明英宗实录》卷38)我们将这户部的上报数字也做个换算,正统三年清苑县的逃民约有3 000人,临晋县的逃民约有23 000人。

正统四年(1439)闰二月,山西按察司佥事刘翀上言:"山西府州县逃徙之人遗下田地,少者千百余亩,多者一二万顷,见在人民类多贫难。"(《明英宗实录》卷52)九月,行在都察院右佥都御史张纯上奏说:"仅他往霸州等州和灞县等县抚恤饥民,一次招回逃民就有2 130户,男女人口数为5 680。"(《明英宗实录》卷59)

3个月后正统五年(1440)正月,又是这个行在都察院右佥都御史张纯上奏说:顺天、保定、河间、永平四府所属霸州、文安、保定、固安、房山等州县饥民有10 000余户,合计饥民约为50 000人。(《明英宗实录》卷63)同年二月,行在大理寺右少卿李畛上奏:直隶真定府所属34州县民缺食者34 880余户,合计饥民174 400人。(《明英宗实录》卷64)

眼见饥民们已经遍及京畿及其附近地区了,当时正统皇帝朱祁镇采纳了杨士奇的建议,于正统五年(1440)二月始"给京城饥民饭",即"命行在户部于在京两处原设饭堂,增米煮饭,以待饥者两月,仍遣御史、给事中等官往来提督"(《明英宗实录》卷64)。在外地,自朱祁镇登基即位起,在"三杨"等大臣的辅佐下,正统朝廷派出了于谦、陈镒等清官良吏作为中央的钦差,长期巡抚饥民、流民问题最为严重的中原和西北等地,赈灾济荒,抚定百姓,恢复生产。

据统计,到正统五年正月为止,直隶真定府所属冀州等22个州县并山西太原府所属代州等94州县招抚逃民复业者有36 640户,合计招抚逃民约180 000人。(《明英宗实录》卷63)而与此同时巡抚河南、山西的侍郎于谦抚定河南、山西、南北直隶流民34 230户,合计招抚逃民170 000人(《明英宗实录》卷63)。

与山西、直隶和河南形成相似情形的是,正统时期山东流民也源源不断地"冒"了出来。正统十二年(1447)四月,巡按山东的监察御史史濡等上奏:山东青州府地瘠民贫,差役繁重,频年荒歉。诸城一县逃移者10 300余户,民食不给,至扫草子削树皮为食。续又逃亡2 500余家,地亩税粮动以万计,请暂停征。(《明英宗实录》卷152)史濡讲的是诸城一地前后逃民共有12 800户,合计逃民约64 000人。大约两个月后的正统十二年六月,又是这个巡按山东的监察御史史濡上奏朝廷说:"兖州府沂州累岁旱涝,民饥逃移者5 500余户,遗下税粮等项请蠲免。"(《明英宗实录》卷155)这段话告诉我们,当时在兖州府沂州逃民约30 000人。三个月后的正统十二年九月,山东布政司上报说:济南、青州、莱州、登州四府所属20州县逃户颇多,仅抛荒田地就有21 980顷,请求朝廷停征这四州府的租税。(《明英宗实录》卷158)

从上我们不难看出正统时期中原地区的流民是何其之多!而与其同为难兄难弟的还有西北地区。正统三年(1438)十月,镇守陕西的右副都御史陈谥上奏:平凉、凤翔、西安、巩昌、漠中、庆阳等府卫连年旱涝,人民缺食,老稚多至饿死。已将在官粮317 640余石委官赈济。(《明英宗实录》卷47)但这仅仅解决了一部分西北饥民,还有一大批人的生存问题依然没得到保证,于是他们纷纷流亡他乡。据当时礼部差往陕西的国子监监生王玙亲眼所见,"道经巩昌府宁远、伏羌二县,见民俱食树皮、草根,有妇饿死涧傍,其孩提犹呱呱哺乳"(《明英宗实录》卷68)。流民生活到了这一步,若政府再不及时救济,离起来造反已经不远了。

对于这样的问题,从小起就生活在深宫大院里头的正统帝尽管不太明了人世百态和草民疾苦,但对于赈灾救荒的及时性和必要性还是有着清醒认识的,所以当他于正统五年(1440)六月接到镇守陕西的都督同知郑铭上呈的有关陕西旱灾民饥报告后,急命行在户部立即移文赈恤。(《明英宗实录》卷68)

除了下令及时救灾济荒之外,正统朝廷还曾试图对解决流民问题做了相应性的政策规定。正统四年(1439)三月初一,明英宗朱祁镇在御临奉天殿颁诏大赦天下诏书中就曾这样说道:"各处逃移人户,悉宥其罪,许于所在官司附籍纳粮当差,其有愿回原籍复业者,免其粮差二年,户下拖欠税粮等项,悉皆蠲免。"(《明英宗实录》卷53)这段最高指示的意思是:凡是逃亡在外的流民们,朝廷宽宥你们,你们可在现流亡所在地直接登入户籍,纳粮当差;如果你们想返还家乡重新开始生活的话,朝廷可免除你们两年的税粮和差役,过去欠下的税粮赋役也就通通给蠲免了。

应该说上述这样的政策性规定对于广大流民而言还是比较优待的,可在实际操作中还有许多棘手的问题亟待解决。为此一年后的正统五年(1440)四月,正统帝在为山西荒歉而颁布诏书中做了进一步的解释:"递年逃民户下拖欠税粮、马草及一应物件,自正统四年十二月以前除已征纳在官外,其未征纳者,悉皆蠲免,不许重科。有司官吏人等敢有故违,处以重罪。一各处抚民官,务要将该管逃民设法招抚,安插停当。明见下落,其逃民限半年内赴所在官司首告,回还原籍复业,悉免其罪,仍优免其户下一应杂泛差役二年。有司官吏里老人等并要加意抚恤,不许以公私债负,需索扰害,致其失所。其房屋、田地,未回之先有人居住及耕种者,复业之日悉令退还,不许占据,违者治罪。一逃民遗下田地见在之民,或有耕种者,先因州县官吏里老不验,所耕多寡,一概逼令全纳逃户粮草,以致民不敢耕,田地荒芜,今后逃户田地听有力之家尽力耕种,免纳粮草。"(《明英宗实录》卷66)他还强调:"今后逃民遗下该纳粮草,有司即据实申报上司,暂与停征,不许逼令见在人民包纳。若逃民已于各处附籍,明有下落者,即将本户粮草除豁,违者处以重罪。"(《明英宗实录》卷66)

其实在这过程中,正统朝廷还因地制宜,针对中原和西北地区流民不断增多问题而专门采取特别举措——增置招抚逃民官。正统四年(1439)闰二月丁未日,增置了北直隶及山东、山西、河南、陕西、湖广五布政司招抚逃民官64员。(《明英宗实录》卷53)甚至在边境政务繁剧又流民特多的山西,还允准巡抚河南、山西的行在兵部右侍郎于谦的奏请,增置山西太原等府州县99处佐贰官。(《明英

宗实录》卷52）

因此说，正统年间，尽管小杆子皇帝朱祁镇在许多军国大事处置方面不咋地，但在对待流民问题上还是比较理性的、相对妥帖的。他没有采取后来成化年间的笨做法——派兵强押流民返乡归籍，激化矛盾，而是在流民最多的中原和西北地区，他委派了为时人所称颂的贤官良吏于谦和陈镒；这两钦差尽心安抚，全力防范，终致整个正统年间北方地区的流民没有形成大乱。史载当时的于谦在开封委任同知王靖，在南阳委任同知汪庭训，在汝宁委任通判周海，在陈州因为那里的逋逃之民尤众，增设了知州一员，"俱令不预府州事，专任抚绥，无致失所，或非为生事"。除此之外，于谦又在陈州、项城壤地与凤阳相接两界之交处增设了两个巡检司，专人专职管理流民事宜。（《明英宗实录》卷132）与山西、河南疏解流民相对应，正统朝廷还应镇守陕西的右都御史陈镒等上请，针对荆襄地区流民集聚的"老大难"问题，命令巡抚湖广、河南和陕西等地的朝廷钦差挑选和委派各省的三司长官，"亲诣所属督同府州县官，从实取勘（流民），善加抚绥赈恤"（《明英宗实录》卷132）。正统帝还一再告诫："民流徙而至于非为者，亦安集失其道耳。今岂可徒致意于防范之严，而不加优恤哉，其自明年为始，免逃民复业者粮差三年。"（《明英宗实录》卷132）

或许知道自家老祖宗是如何乘着元末社会动荡与流民成潮的有利时机夺得天下之奥秘，或许真的懂得流民问题处置不好将会带来严重的后患，正统帝在即位后采取了一系列举措来应对和解决流民这一历史大难题。从总的来说还是有效的，整个正统年间流民潮始终未成大乱，即使在大明天子被俘、帝国统治摇摇欲坠的危急时刻，距离土木晴天大霹雳的事发地不远的山西、河南和陕西等流民聚集地区，也没有发生什么大变乱或大骚动，因此说正统帝在对待流民的处置问题上还是相对得体的。

不过话得说回来，相对得体不等于完全解决问题，就如前文所述的，形成流民问题的最根本缘由就在于帝国特权阶层和豪门富户对土地等经济资源的巧取豪夺，将小民百姓从土地上"挤兑"走。如果这样的关键问题不解决，那么流民成潮问题的解决也就仅能解决得了一时或一地，而不可能予以全面地彻底根除。不信，请看，就在中原地区和西北地区流民集聚令人唏嘘不已之际，东南沿海地区的流民或言类流民已在酝酿和发动起义了。

● 金银法定货币地位的确立与东南三省叶宗留、邓茂七、黄萧养起义

东南沿海地区流民这个说法是笔者对那段历史的归纳，"流民"一词的含义在明代相对比较狭窄，专指失去了土地和家园而流亡他乡生活的人，与"游民"有着一定的区别。洪武二十四年四月，太原府代州繁峙县向朝廷上奏，说有300余逃民累年招抚不还，乞请朝廷发兵去追捕。朱元璋就此答复道："民窘于衣食，或迫于苛政则逃，使衣食给足，官司无扰，虽驱之使去，岂肯轻远其乡土。今逃移之民，不出吾疆域之外，但使有田可耕，足以自赡，是亦国家之民也，即听其随地占籍，令有司善抚之；若有不务耕种，专事末作者，是为游民，则逮捕之。"（《明太祖实录》卷208）

○ 金银法定货币地位的确立与明廷再次放开采矿之禁

明太祖的这段话明确地指出了流民与游民的不同，游民是做生意或不干活、好吃懒做的二流子；而流民却不是这样，他们往往"窘于衣食，或迫于苛政"而逃亡他乡。假如在家乡"衣食给足，官司无扰"，即使你去驱赶，他们也不肯离开。明朝官方对流民的这般定性历经七八十年，到明英宗时代还没变。正统元年（1436）十一月，北京行在户部上奏说："各处民流移就食者，因循年久，不思故土，以致本籍田地荒芜，租税逋负，将蠲之则岁入不足；将征之则无从追究。宜令各府州县备籍逃去之家，并逃来之人，移文互报，审验无异，令归故乡。其有不愿归者，令占籍于所寓州县，授以地亩，俾供租税，则国无游食之民，野无荒芜之地矣。"（《明英宗实录》卷24）

正统初年户部上奏的这段话，除了表明在当时官方那里流民或称逃民的概念依然没变外，实际上还透露了流民为何要逃离家乡的一个十分关键性的奥秘，那就是他们通过流寓他乡，将原来家乡的繁重赋役给躲避掉了。现在帝国中央政府想通令天下各府州县，对于流寓在外的逃民们进行登记造册，然后相互移文，重新确

立其户籍与赋役佥派信息体系。这里边就隐含了一个大前提,即逃亡他乡的流民在所逃之地有土地作为自己的生活依靠。但问题是,并不是所有的流民都这么幸运,尤其是在人众地狭的中国南方地区,逃亡他乡的流民想要找到土地有时可能比登天还难。既然找不到土地做生活的依靠,那就干别的行当营生,譬如经营工商业,但在明朝祖制那里有规定,工商业是政府重点打击的"末业"。而作为人最为基本的诸多需求中,生存是第一需求,即使是再受打击的"末业",在人众地狭的南方地区还是有不少人会铤而走险地干起来。而在人们铤而走险所干的"末业"中有个行业很特别,那就是开采金银矿。

由于明初帝国政府规定,交易中严厉禁止使用金银等作为交换媒介,因此那时的金银矿开采不发达。仁宣时期,由于国家安定,社会经济得到了很大发展,商品流通日趋繁荣,尤其是国内大宗交易和海外贸易的发达,使得金银渐渐地取得了法定货币的地位,成为当时日趋常用的货币,大有取代"大明宝钞"之势。

正统元年(1436),都察院右副都御史周铨上奏朝廷说:"北京各卫官员的俸粮在南京支取,历来都是由朝廷委派官员南下办理,但由于南北两京间的路程太遥远了,南京俸粮若直接运往北京来,费用实在太大,于是最为常见的做法就是用南京的俸米去交换货物,贵买贱售,十不及一。朝廷为此白白浪费了禄米钱财,而各官又不得实惠。乞请朝廷批准,在浙江、江西、湖广、南直隶(明初的南京,其包括今天的江苏、安徽和上海)不通舟楫之处,各随地方所产之物,折收布、绢、白金,然后再解送至北京充作俸禄。"当时巡抚江西的侍郎赵新和参赞南京机务、少保兼户部尚书黄福亦有是请。

小皇帝朱祁镇接奏后不甚明了事情的原委,便问当时的户部尚书胡濙:"祖宗时有过这样的事情?"胡濙回答说:"太祖皇帝尝行于陕西,每钞2贯500文,折米1石;黄金1两,折20石;白金1两,折4石;绢1匹,折1石2斗;布1匹,折1石。各随所产,民以为便。后又行于浙江,民亦便之。"(《明英宗实录》卷21)正统帝听后说:"既然祖宗时有过先例,那就照着做吧!"于是朝廷定下了这样的折算率:米麦1石,折银2钱5分。南京、浙江、江西、湖广、福建、广东、广西米麦共400余万石,折银100万余两,"入内承运库,谓之金花银。其后概行于天下"。也就是说,从这时起金银开始取得了法定货币的地位。"自起运兑军外,粮四石收银一两解京,以为永例。"(《明史·食货二·赋役》卷78;《明英宗实录》卷21)

但明廷在开采金银矿之禁方面却并没有因此放开,而是通过官方专控不断予以强化,并增大对金银矿的索取。以当时明廷在闽浙地区的金银矿课额为例,洪武年间福建各场岁课银2 670余两,浙江岁课2 870余两;永乐年间福建增至32 800余两,浙江增至82 070余两;宣德年间福建又增至40 270余两,浙江增至94 040余两,"自是地方竭而民不堪矣"(《明英宗实录》卷119)。

正是鉴于"地方竭而民不堪"的情势,正统帝即位之初,接受了辅政大臣的建议,"下诏封坑冶,民大苏息"。但这样做却并没有从根本上杜绝民间私自从事该项"末业",甚至出现了"盗矿脉(者)相斗杀"的恶性事件(《明英宗实录》卷119)。对此,正统帝在重申祖宗严厉矿禁的基础上,不断地加重对"盗矿者"的处罚。

正统三年(1438)十二月,他敕谕行在都察院:"比因闸办银课扰民,已皆停罢封闭,各处坑穴禁人煎采。近闻浙江、福建等处有等顽猾军民,不遵法度,往往聚众偷开坑穴,私煎银矿,以致互相争夺,杀伤人命。尔都察院即揭榜禁约,今后犯者,即令该管官司擎问具奏,将犯人处以极刑,家迁化外;如有不服追究者,即调军剿捕。"(《明英宗实录》卷49;万历《大明会典·金银诸课》卷37)

正统五年(1440)九月,明英宗又下令:对于闽浙地区有可能出现的聚众私自开采银坑者"调军捕获,首贼枭首示众,为从及诱引通同有实迹者,连当房家小,发云南边卫充军"(万历《大明会典·金银诸课》卷37)。随即划定封禁山区,派军驻守,当时在福建、浙江和江西三省交界的仙霞岭就是最为主要的禁区之一。

但即使这样严防死守,正统朝官方还是没能根除民间私自盗挖金银矿的行为。而随着赋役征收过程中"金花银"折算逐渐"概行于天下"(《明史·食货二·赋役》卷78),原本流通的银子又显得捉襟见肘。正是在这样的大背景下,正统朝廷的大臣们纷纷上奏,要求放开矿禁。正统九年(1444)闰七月,监察御史孙毓、福建参政宋彰和浙江参政俞士悦各上言,提出"复开银场",并说这样做的好处就在于"利归于上而盗无所容"(《明英宗实录》卷119)。正统帝接奏后不置可否,下令发文到福建、浙江两省衙去,就该事进行讨论。浙江按察使轩𫐄等上奏,反对重开银场,他说:"复开银场虽一时之利,然凡百器具皆出民间,恐有司横加科敛,人心摇动,其患尤深。为今之计,莫若择官典守,严加禁捕,则盗息矣。"但福建三司衙门官却赞成重开,尤其是参议宋彰,他曾以万金贿赂正统帝的"父师"王振,由此也就成为了朝廷大珰的红人,后来他直升为福建左布政使即省长(《明英宗实录》卷160),少帝朱祁镇正是被他说动了心。这时刑科给事中陈傅也复请开场,"中贵与言利之臣相与附和"。正统帝最终拿定主意,命令户部右侍郎王质前往福建、浙江重开银场,并定福建岁课银21 120余两、浙江岁课银41 070余两。这个数字虽然比宣德时期减掉了一半,但比起洪武时还是增加了几乎10倍,"至于内外官属供亿之费,殆过公税。厥后民困而盗益众"(《明英宗实录》卷119)。

既然矿禁已开了,那么必然会引来大批的矿工和流民们到闽浙地区进行采矿生产和生活,由此该地区的矿工与流民开始集聚得越来越多。正统十一年(1446)十二月,据户部郎中杨谌奏报说,仅他从福建矿区招抚附籍复业的流民就有3 539户,约有男女人数8 309口(《明英宗实录》卷148)。而浙江聚集的流民、矿工也不少,据正统十二年(1447)六月监察御史柳华上奏所言:"浙江处、温二府丽水、平阳等县,原闭银坑四十八处,近蒙户部右侍郎焦宏踏勘,仍要开场闸办,缘各坑矿脉微细,用工艰难,得银数少,累民陪纳,虑恐财竭民贫,难以存活。"(《明英宗实录》卷155)矿业生产不行,生计无着,流民、矿工又大批量地聚集在一起,这时只要有人点点火,不出大事情才怪呐。历史上恰巧就有这样的一个点火人,他就是叶宗留。

○ 叶宗留领导浙江矿徒起义

叶宗留,浙江庆元人,因家贫从事非常"末业"——盗挖银矿,这也是当年帝国政府重点打击的行业。正统七年(1442)十二月,"浙江丽水县贼首陈善恭等,潜拟名称,纠结青田县贼叶宗留等",共计2 000人左右,往福建宝峰场银矿盗采,因与另一个盗矿头目叶子长发生利益冲突,"势益延蔓",为锦衣卫校尉陈以节侦悉而上报朝廷。正统帝得奏后下令给浙江、福建都、布、按三司等官,相机擒捕。(《明英宗实录》卷99)但官府的擒捕工作实际上并无多大进展,一来当时的相关官员"多假考满,委属官代之,以故巡捕乖方,盗屡窃发"(《明英宗实录》卷97);二来,闽北、浙南一带高山峻岭,地形复杂,没有当地人引领的话,进得去但就不一定出得来;三来盗矿贼还不仅仅是叶宗留、陈善恭这一两股人马,官府应对不过来。据当时巡按福建的监察御史张淑上奏朝廷的报告中说:"福建巡视银冶按察司佥事李实,不严督兵备,致使500余盗贼窃采银矿。"(《明英宗实录》卷98)更有正统十一年(1446)年底时,官方在福建抚附籍复业的流民与矿工多达近10 000人。(《明英宗实录》卷148)

上面史料中提到的500余名盗矿者与近万名流民、矿徒明显不是与叶宗留同一伙的。所以说尽管正统朝廷命令福建地方官府加紧擒捕,但对于自小就生活在闽浙交界处且以盗矿为生的叶宗留等人来说,那可能连挠痒痒还不如。

正统九年(1444),明廷下令重开银场,叶宗留辈就如鱼得水,先在少阳矿坑聚众挖掘,挖了几个月,因所获甚微而被迫弃之而去。正统十二年(1447)九月,叶宗留又到云山各坑场去挖掘,但依然是无所获取,最后他不得不回老家庆元休息了一阵子。而就在这段时间里,听人说起闽北县城政和那里有银矿,叶宗留立即召集人手前去开采,可令人失望的是,大家拼死拼活地挖了好长一段时间,居然所获的仍不抵所用,于是生计又成了他们的第一大难题。更有明朝官方打击"末业",但有意思的是,对于失去"本业"即农业土地资源而从事"末业"的人,明朝官方也有课税的定额,且一个子也不能少,这就使得叶宗留辈几乎求生不得求死不能。正统十二年(1447)九月,被逼入绝路的矿徒们在叶宗留的号召下,发动起义,一举攻占了他们采矿附近的福建政和县城。而后为了壮大力量,叶宗留跑回自己的家乡庆元,召来了千余人,同时聘请了龙泉良葛山人叶七为总教头,训练武艺。不久起义军乘胜占据了政和周围的浦城、建阳、建宁和温州的车盘岭等地,控制了福建、浙江和江西三省的交界处。这时,叶宗留称"大王",传写檄文,派手下人周明松等流劫金华、武义、崇安、铅山诸县。(【清】谷应泰:《明史纪事本末·平定闽盗》卷31)

大约半年后即正统十三年(1448)四月,福建沙县爆发邓茂七起义,东南震动。四个月后,正统朝廷任命左军都督府左都督刘聚、都察院右佥都御史张楷等前往南京,选调官军,征剿福建。(《明英宗实录》卷169)当明朝官军道经浙江时,遭到了叶宗留起义军的阻击。负责监军的都察院右佥都御史张楷所部的明军刚好进至广信,逗留不敢前进。这时福建省衙不断遣使来催促张楷迅速入闽平乱,而浙江省衙的布政司和按察司则请张楷就近便宜行事,围剿叶宗留,巡视江西的御史韩雍也在这时候出来说:"叶宗留近在咫尺,门庭之寇,皆国家事,岂可画疆而计耶?"张楷听后更是举棋不定。就在这个尴尬时刻,有个叫戴礼的随军指挥自告奋勇,要求亲率人马前去围剿叶宗留。张楷当即给了500兵士,让他统领,前去剿寇。受命担任副总兵官的都督陈荣在旁见到这等情势实在看不下去了,当场就跟张楷说:"我们受朝廷之命前来讨贼,如今福建延平沙县一带的情势紧急,而江西铅山一途又不通,我们大军面对闽浙两大贼寇却逗留不进,只派了一个步将前去平乱。要是朝廷知道了,我等能逃脱得了罪责吗?"张楷听到这话,顿时茅塞顿开,赶紧让陈荣率2000人马与戴礼一起,前去征讨叶宗留。(【清】谷应泰:《明史纪事本末·平定闽盗》卷31)

就说那戴礼一行憋足了劲想好好地与起义军干一场,所以他们行军速度很快,没多大工夫就来到了一个叫黄柏铺的地方,与叶宗留起义军部相遇了,双方就此展开了混战,由于实力相当,各自死伤大抵相近。只见叶宗留身穿红色战袍冲在了起义军前头,奋勇杀敌,可不幸的是他被流箭所中,死于战场。(【清】谷应泰:《明史纪事本末·平定闽盗》卷31)众起义兵士见之,赶紧息战,退奔入山,公推叶希八继为起义军首领,洗劫车盘岭,然后将全部起义军驻往十三都,意欲夺回浦城。而就在这时明军副总兵官陈荣率军也跟了上来,并与部将戴礼一起开始搜山,目的很明确,就是为了将起义军将士们一网打尽。可他们没想到的是,在山势崆嵘、迤逦千里的地方,他们岂是闽浙当地起义军的对手,在转了几个山头后,进入玉山十二都,就在那里遭到了起义军的伏击,陈荣和戴礼皆被杀。张楷听到消息后再也不敢战了,立即率军由间道进入福建,与朝廷另一路军刘得新部会合,取道走建宁。(【清】谷应泰:《明史纪事本末·平

定闽盗》卷31）

再说叶宗留战死后，他的起义军分为两大支，一支由叶希八率领，另一支由陈鉴胡带领，活跃在闽浙赣三省交界处，声势浩大，最强盛时发展到了数万人，与福建的邓茂七起义军遥相呼应，使得明朝官军陷入两线作战的境地，疲于奔命。陈鉴胡部后来攻入浙江，破松阳、龙泉，屯金山岩，分劫青田、武义、义乌、东阳，自号太平国王，改泰定元年。鉴于武力征剿没什么效果，明朝官方改用招抚，浙江丽水县丞丁宁派人前往陈鉴胡那里去诱降，答应授予其高官厚禄。陈鉴胡不察其阴谋，随即投降了官府。这下可好了，事先谈好的条件一个也没兑现，这暂且不说，陈鉴胡本人随即被逮捕，押赴京师，囚禁于锦衣卫大狱，后被千刀万剐，割下来的肉用以喂狗，真是惨不忍睹。再说叶希八那一支在占据云和山后，继续与官军对抗了数月，后变化策略，采取运动战的战术，神出鬼没地进攻浙江处州、金华、衢州和江西的广信、上饶、永丰等地。正统十四年（1449）三月，起义军攻破永丰县城，俘虏并杀了不肯投降的知县邓颙。（《明英宗实录》卷176）正统帝听到消息后十分震惊，急命张楷率部火速由福建赶往浙江，在处州地界与起义军相遇并展开了厮杀，双方互有死伤，最终因起义军粮饷不济而被迫接受了招降（《明英宗实录》卷178;【清】谷应泰：《明史纪事本末·平定闽盗》卷31）。

○ 邓茂七领导福建农民起义

在叶宗留发动浙江矿徒起义半年后的正统十三年（1448）四月，福建爆发了邓茂七领导的农民起义。

邓茂七，江西建昌人，初名邓云，年轻时就豪侠，为众人所推崇。后因杀人而逃离家乡，进入福建。至宁化县，依附于豪民陈正景，做其佃农，易名茂七。但即使这样，他还经常聚众集会，远近村民商贩闻风后纷纷前来依附，有时集会的人多达数百人。（【清】谷应泰：《明史纪事本末·平定闽盗》卷31）

正统十一年（1446）三月，针对闽浙地区尤其是福建境内民间盗矿活动日益猖獗的不堪情势，浙江右参议吴升上言："福建盗矿诸贼出没于浙江、江西、广东诸境，东捕则西逃，南搜则北窜，若合而为一，其患不小。况三司官僚意见各殊，苟谋非己出，辄多方沮格,遂成姑息,致贼势滋蔓。乞断自宸衷,命有识重臣,付以阃外之寄,严立赏格,必除凶恶。"正统帝接奏后觉得吴参议讲得很有道理,就命令监察御史柳华往督福建、浙江和江西三司,"调兵剿之"(《明英宗实录》卷139)。

正统十二年(1447),柳华到达福建,为了便于"捕贼"和强化地方治安,在没有取得上级批准的情况下,他擅自推行村落治安新法。按照新法规定:每个村落设置"更楼冷铺",这可能相当于现在人们在南方山区看到的那种吊脚楼,吊脚楼突兀在山村荒野之处,一旦有事,只要有人发出信号,村民们便会迅速知晓。除此之外,柳华还下令,将乡民重新编为甲什伍,并在此基础上设立巡警总甲,且令人就地打造钩刀、铁钯诸器,用于防"贼"。(《明英宗实录》卷178)当时邓茂七流寓的宁化县下属之村落,因大家敬佩这个从江西来的人豪爽仗义而推选他为巡警总甲。这在客观上为后来农民起义的发动创造了有利的条件。

而从当时福建境内的整体情势而言,以万金贿赂正统帝"父师"王振的大贪官宋彰已由原先的省衙参议直升为左布政使(【清】谷应泰:《明史纪事本末·平定闽盗》卷31),即第一省长,这下福建省内的草民可遭殃了。据说宋彰当上省长后,将他自己送给王振的那万金贿赂费用分摊到了福建百姓头上,肆意科敛,小民们敢怒而不敢言。上梁不正下梁歪,福建各地"郡邑长吏受富民贿,纵其多取田租,倍征债息"(《明英宗实录》卷175)。细户小民这下可更没什么活路了,"苦被富民扰害,有司官吏不与分理,无所控诉"(《明英宗实录》卷170)。

正统十三年(1448)四月,邓茂七率领穷困农民揭竿而起,劫掠富民,骚扰乡间。县衙指示巡检司官员率领弓兵数人前来搜捕,没想到全被杀死。无奈之下,官方又调官军300余人前来镇压,但还是被打得落花流水,杀得一干二净。正是在这样的形势下,邓茂七"刑白马,歃血誓众",正式举兵造反,"游兵皆举金鼓器械应之,乌合至万余人,自称闽王"(【清】谷应泰:《明史纪事本末·平定闽盗》卷31)。

邓茂七的原雇主陈正景在发动起义后曾率领部众前去上杭劫掠,而就在回来的途中他想乘机攻占汀州,没料到反为汀州推官王得仁所败,连他本人也被擒获,械送京师,斩于菜市。不过好在邓茂七所率之部不但没有受到什么损失,反而越来越壮大,他们据杉关,劫商旅,攻光泽,然后顺流而下,攻占邵武,旋又破顺昌,"盛不可制"(【清】谷应泰:《明史纪事本末·平定闽盗》卷31)。就在这时,尤溪炉主蒋福成听到邓茂七起义军不断取胜的喜讯后,立即召集"居民贫人无赖者"响应起义,攻占尤溪县城(即今天的福建尤溪)。而后不久,他们与邓茂七起义军会师,合力攻克沙县,劫掠延平。邓茂七自称"铲平王",建立官属,表明他要创立一个天下平等的社会秩序。明代官史记载说:"当时邓茂七起义'胁从数万众,延蔓八府,破二十余县,东南诸郡皆骚动'。"(《明英宗实录》卷175;【清】谷应泰:《明史纪事本末·平定闽盗》卷31)

见到起义之火成燎原之势,当时巡按福建的监察御史丁宣和福建藩、臬诸使都感到,如果再不赶紧采取果断措施而任由事态的发展,其后果不堪设想,于是诸方会聚延平,商议扑灭起义烈火之方案。经过反复讨论,大家还是觉得,打蛇打七寸,擒贼先擒王,立即派遣同知邓洪率兵2000,前往沙县去消灭起义祸源。可令他们没想到的是,这支官军不仅没能扑灭起义烈火,却反被起义军消灭殆尽。见到武力剿灭不行,御史丁宣就改变了策略,派使者上起义军中去招抚,当场许诺:只要起义军将士自行散去,人人都可以免去死罪!邓茂七听后哈哈大笑,随即跟官方使者说道:"吾岂畏死求免者!吾取延平,据建宁,塞二关,传檄南下,八闽谁敢窥焉!"说完,他下令将那使者杀了,随后便率领起义军将士进攻延平,在延平城外又大败了行都司委任的指挥师镇、程俊,都指挥佥事范真,参议金敬,副使邵宏誉等率领的大批官军,使其"不获一贼","畏缩坐视"(《明英宗实录》卷169)。

消息传到北京,已经21岁的正统帝朱祁镇大为震惊,他立即召集朝廷大臣会议,商讨应对之策。最终议定,委派都督刘聚为总兵官,陈荣为副总兵官,陈诏、刘德新为左右参将,佥都御史张楷为监军,前往南方,征剿农民起义军。(【清】谷应泰:《明史纪事本末·平定闽盗》卷31)

当明廷派遣的大批官军进入浙江境内时,张楷率领的明军主力遭到了叶宗留起义军的拦截。邓茂七在福建乘机向外大发展,分兵多路发起进攻,一路由陈敬德等人率领,从德化、永春进军,直攻闽南泉州府;邓茂七自己则统率主力起义军进攻建宁,但是遭到了知府张瑛等人的拼死抵抗,这也是起义军起义以来遇到的第一次大挫折。

不过从整个福建情势来看,大明天子还是很不满意的。事实上他不仅仅是不满意,而是颇为恼火。几个月过去了,闽地用兵居然毫无战果,相反起义军不断发展的消息却时不时地传入宫中,朱祁镇终于坐不住了,看来不发更大军事阵容的大军难以讨平福建!正统十三年(1448)十一月,正统帝命宁阳侯陈懋充总兵官,保定伯梁瑶充左副总兵,平江伯陈豫充右副总兵,都督佥事范雄充左参将,董兴充右参将,刑部尚书金濂参赞军务,统率在京神机五军及浙江、江西等都司官军,太监曹吉祥、王瑾提督神机铳炮,总计领兵近五万,"征剿福建贼"(《明英宗实录》卷172)。

总兵官陈懋统领大军尚未到达时,张楷在浙江已通过剿抚兼用的手段扑灭了叶宗留点燃的起义烈火,这样他就有时间抽出空来专门对付福建农民军。张楷故伎重演,首先诱降了邓茂七手下的意志不坚定者黄琴等30余人。受黄之影响,防守沙县等地的起义军将领张繇孙、罗汝先等也相继投降了官军。正统十四年(1449)二月,张繇孙、罗汝先献计,引诱邓茂七进攻延平,然后让张楷在其周围布下官军伏兵。可怜邓茂七却对此一无所知,直往内奸与敌人合谋布置的陷阱里去,由此双方在延平城外展开了生死大决战。不幸的是,邓茂七在战斗中中流矢而亡。(《明英宗实录》卷175)明朝官军割下了他的头颅,送往京师,向正统帝报功。

就在这时,陈懋的大队人马也已开到了福建。这样一来,起义军与明朝官军力量对比愈发悬殊,失败已成定局。不过邓茂七的侄儿邓伯孙与妻子"女将军"廖氏不甘失败,收拾残部退入山中继续战斗。但后来因邓伯孙错杀骁将张留孙,终使"人人自疑,弃伯孙来降"。在这样的情势下,邓伯孙战败被杀,福建农民起义至此终结,"八闽悉平"(【清】谷应泰:《明史纪事本末·平定闽盗》卷31)。

○ 黄萧养领导广东底层民众起义

邓茂七起义被镇压后,参加起义的广大底层小民被"擒杀无算",仅"招抚沙、尤、南平民为所胁从者,凡五百一十户,二千五百口"(《明英宗实录》卷175）。但这不是全部，还有不少人遭官方通缉，在福建待不下去，只好流亡到广东去。据正统末年广东按察司佥事张忠上奏朝廷的报告中说，当时有两股较大的"流贼"进入广东："福建汀州等处流贼漫入潮州府海阳等县，劫掠乡民，而海贼陈万宁等亦诱致漳潮居民入海驾船，累次登岸，杀伤县官，劫掠官库"（《明英宗实录》卷178）。

  福建"流贼"涌入广东，使得广东当地的形势愈发紧张。广东位于大一统帝国的南端，天高皇帝远，按照人们通常的思维角度来说，这个地方应该是大一统帝国专制与剥削最为薄弱的地区，但实际并不然。"溥天之下，莫非王土，率土之滨，莫非王臣。"广东自从明初始就是全国十三个布政司之一，它的一举一动都与大一统帝国中央朝廷紧密相连。就拿明初推行重本抑末的国策来讲，由于广东与福建、浙江在地形地貌等方面有着较大的相似性，濒海多山，物产丰富，所以相比于北方沿海省份，这三省成了帝国剥削与压榨的重灾区。而明朝前期又实行严厉的"海禁"与"迁海"政策，即"禁濒海民私通海外诸国"（《明太祖实录》卷139)，将广东、福建、浙江等省份的沿海附近岛屿上居民迁入大陆，防止他们被倭寇利用或要挟。"其中都鄙或与城市，或十之三，咸大姓聚居。国初汤信国（公和）奉敕行海，据引倭，徙其民市居之，约午前迁者为民，午后迁者为军。"（【明】王士性:《广志绎·江南诸省》卷4）由此下来东南沿海诸省的百姓生计可谓是雪上加霜了。

  广东本来就地少，明朝中叶帝国权贵层层压榨，使得那里的很多普通百姓成为了失去土地的"流贼"或流民，他们要么向着海上讨生计，要么向着海边滩涂求生存。广东人很勤劳、也很聪明，在日常的生活中，他们发现海滨滩涂之地在海潮退去后会露出很多的"新田地"，当地人习惯称之为沙田，而这样的沙田"皆海中浮土，原无税业"（【明】陈子龙、徐孚远:《皇明经世文编·书沙田事》卷188）。但实际上开垦与种植这种沙田的好处还不仅在于不用交税，据说每年的七八月只要赴田整修一下水利，搞些经营管理，便可捕捞鱼、虾、鳝、蛤、螺等海鲜，"有不可胜食者"；八月又可收获小禾，十月则收大禾……真可谓获利多多。由此也引得广东地方权贵豪民垂涎三尺，他们或"影占他人已熟之沙田为己物"，或在秋收季节"统帅打手,驾大船,列刃张旗以往,多所杀伤"小民,霸占沙田。(【清】屈大均:《广东新语·沙田》卷2)本来就生活在社会底层的小民百姓这下可又没了生计,他们不起来造反才怪呢!

与在海边滩涂上讨生计不成的小民们有着相似命运的还有一部分海边居民,他们本可以向着海上发展,即以打鱼和交通海外为生,但明英宗自即位起就一再贯彻明初祖宗制定的海禁政策,直到正统十四年(1449)六月时,他还命令刑部申明"旧例濒海居民私通外夷贸易番货,漏泄事情及引海贼劫掠边地者,正犯极刑,家人戍边。知情故纵者罪同"(《明英宗实录》卷179)。这下可好了,海上生计也给断了,海民成了"海贼",后来黄萧养在广州发动起义,远地"海贼"相机呼应,近处"海贼"直接加入起义军队伍,其根本原因就在这里。

比"海贼"实际处境更差的还有一种底层人,那就是"疍户"。明朝的疍户最初很可能来源于元末明初江浙闽粤东南沿海地区那些朱元璋的敌对势力张士诚、方国珍、陈友定和何真的余部及其后代,这些人不像方国珍、何真那样"识时务",投降大明,而是利用其熟悉的海上生活之有利条件,长期与明朝为敌。明朝开国后将这部分人定为"疍户",凡被列入疍户者,就不被视为"编户齐民",属于"贱民"。明朝官方不准他们登岸,不准他们参加科举,不准他们进学接受教育,只有让他们岁纳"渔课"的义务(【清】顾炎武:《天下郡国利病书·广东八》卷104),且渔课十分繁重,致使当时的疍户"男子冬夏止一裤襦,妇人量三岁益一布裙"(【清】屈大均:《广东新语·舟楫为食》卷14)。生活凄苦的疍户们后来听到黄萧养发动起义了,大家纷纷前去投奔他,成为了起义队伍中的水师骨干。

除此之外,广东及其附近地区还有不少少数民族和汉族人啸聚山林,攻劫附近府州县,也让明朝当局十分头痛,官方称之为"山贼"。

无论是"山贼"还是前面讲过的"海贼",这些原本多是明朝的历史遗留问题,但随着社会的发展、帝国官僚阶层的腐败与正统帝当政期间的不当措置而使其人数越来越多。正统十三年(1448)前后,仅广东都指挥使司衙门断事司大狱里关押着的"海贼"和"山贼"就多达数百名。而在这些"海贼"和"山贼"中有个叫黄萧养的南海人很有威望，"以行劫被获，械系都司断事司狱"。当时广东的这个都司断事司监狱看管得很不严，加上官员腐败，只要你肯花钱打点，囚犯们便可携物出入。黄萧养于是联合狱中人，并同狱外伙伴取得了联系，将刀斧等武器藏在了焊鹅中运进监狱。正统十三年(1448)九月的一天，半夜时分，众人都在睡觉或打盹，黄萧养一声令下，大家一起动手，用刀斧将众囚械一一砍烂，越狱随即取得了成功，然后大家在黄萧养的带领下直奔广州军器局，夺得了兵仗等大量的武器，打开城门，劫掠船只，在广州南海县之潘村正式举行武装起义。(《明英宗实录》卷183，《废帝郕戾王附录》第1)

黄萧养起义发动后，广东地区"赴之者如归市"，不到半个月，起义军队伍就发展到了10 000余人。(【清】毛奇龄:《后鉴录·羊城古钞4》卷8)正统十三年(1448)年底，瑶族人赵音旺等响应黄萧养起义，自称"天贤将军"等名号，各率众，张旗帜，鸣钲鼓，进攻泷水、电白等县。(《明英宗实录》卷173)与此同时，吴大甑在广东高要聚众万人，"叛应黄萧养"。正统十四年(1449)年初，粤闽"海贼驾船十余艘，泊福建镇海卫玄钟千户所(邻近广东潮州)，攻围(广东)城池，官军射却之"(《明英宗实录》卷176)。而后不久，"福建海贼陈万宁攻广东潮阳县，劫官库银钞，杀主簿邓选"(《明英宗实录》卷177)。旋福建汀州等处"流贼"进入广东潮州府海阳等县，陈万宁又在漳州、潮州等地招收当地居民加入他的"海贼"队伍，而后屡次在广东沿海地区登岸，杀官吏，劫官库。广东由此乱成一锅粥。(《明英宗实录》卷178)

在这样的反明大好形势下，正统十四年(1449)六月，黄萧养组织水陆两路人马，发动了对省城广州的进攻。据当时明朝官方所称，仅进攻广州的起义军船只就有300余艘，黄萧养自称"顺天王"，大有取代明朝统治之势(《明英宗实录》卷183，《废帝郕戾王附录》第1)。

面对这样的态势，在广东的总兵官安乡伯张安和都指挥佥事王清受到各方面的压力越来越大，不得不于正统十四年九月领兵5 000人、船只200艘前去救援广州。大约在珠江口附近地区，他们遭遇到了起义军300多艘船只的围堵。此时总兵官安乡伯张安刚喝完好酒，正做着美妙的酒香梦，忽然碰到敌军，手下将士不知所措，官军队伍不由自主地开始后退，退到沙角尾时，让起义军给追上了。官军将士见之纷纷逃命，总兵官安乡伯张安掉入水中溺亡，都指挥

佥事王清被活捉。(《明英宗实录》卷184,《废帝郕戾王附录》第2)

起义军押着王清来到广州城外,将刀架在他的脖子上,让他对城中官军喊话开门。城中官军见到起义军"刃矢森发,相顾涕泣"(【清】毛奇龄:《后鉴录·羊城古钞4》卷8)。这时有个叫钱惠的千户官倒是挺大胆的,他站了出来,在城头上大骂自己的上级领导王清贪生怕死,直将王领导骂得要找个地洞钻下去。起义军看到今天碰到对手了,赶紧将王清押到别处,然后再叫他对城中官军喊话。还是那个千户官钱惠听到后,觉得自己的上级领导实在是丢人现眼,他顾不了那么多了,立即搭起弓箭向城外射去。起义军将领一看情势不好,当即将王清给斩了。连官军总兵官安乡伯张安和都指挥佥事王清都给起义军杀了,消息像长了翅膀似地飞遍了广东各地。深受权贵们欺压和盘剥的小民百姓尤其是流民、"流贼"、"山贼"等纷纷前来加入起义军。起义军队伍一下子发展到了十余万人,成为了当时东南沿海地区最大规模的反明起义。

而这时的黄萧养应势建立起自己的政权,自称广阳王,改正统十四年(1449)为东阳元年,令人修筑南汉离宫为行宫,授都督、指挥等官百余人,并造吕公车、云梯等攻城工具,对广州城发起了猛攻。广州攻城之战由此打响,这一打就是数月。(《明英宗实录》卷185,《废帝郕戾王附录》第3;【清】屈大均:《广东新语·黄盗》卷7)

巡按广东的监察御史沈衡等见到广州等地的情势愈发不妙,赶紧上奏朝廷,"乞催调官军策应剿除"。而此时明廷已易主,正统帝早被瓦剌人俘虏走了,大明朝当政的是比较清明的景泰帝(下章将详述)。景泰帝接受了大臣于谦的建议,调广西、江西及广东官军并力剿捕黄萧养起义军。几乎与此同时,又将调往北方抗击瓦剌入侵的广东布政司左参议杨信民升为都察院左佥都御史,令其迅速赶回广东,剿抚"叛贼"。(《明英宗实录》卷184,《废帝郕戾王附录》第2)

杨信民不仅是个有能耐的清直之臣,又是个体察民情的好官,正统中他到江西清军时曾将自己发现的有关民生疾苦的五件事情上奏给了朝廷,后大多数建议被采纳。朝廷吏部尚书王直因此很看重他,旋擢升他为广东左参议。在广东任职期间,杨信民坚持自己的道德操守,绝不与人蝇营狗苟,经常下田间地头,关注民间疾苦和查找政举利弊。他疾恶如仇,反腐倡廉。当时广东按察使、佥事即相当于广东省高院院长、副院长郭智、黄翰、韦广等三人先后受贿渎职,都受到了杨信民的一一奏劾。而就在扳倒省高院最后一个贪官韦广时,韦广反过来乱咬人,诬告杨信民。正统皇帝分不清是非,下令将杨信民与韦广一同逮捕入狱。广东地方军民闻讯后一片哗然,纷纷诣阙下乞留杨参议。明英宗最终弄清楚了是非曲直,留任杨信民。(《明史·杨信民传》卷172)

景帝监国之初,瓦剌人不断南犯,大明帝都北京告急。于谦向景帝推荐了杨信民,让他负责守备北京附近的白羊口。刚好那时黄萧养起义军正在加紧围攻广州,广东官民向朝廷提出,应该调清官良吏杨信民回广州,或许还能有救。景帝马上接受了建议,将杨信民升为右佥都御史,令其巡抚广东。

当广东士民听到这个消息后,大家都高兴得喊了起来:"杨公回来了!杨公回来了!"那时广州城已被起义军围了好久,明朝官军将士一与起义军交战就败,最后没办法只好避战,关闭城门,禁止百姓出入,甚至连上山砍柴都不允许,这下可苦了小民百姓。就在这样危难的时刻,杨信民抵达广州。只见他一到任,就令人打开城门,发仓廪济贫民,对于需要出入广州城的平民百姓统一发给他们刻有字的木楔。据说当时起义军将士见到木楔就说:"这是杨公发给大家的,我们可不能损坏它啊!"再看杨信民"益厉甲兵,多方招抚,降者日至"。至此,他还不满足,利用一切可能的机会,对广州城内外形势做了一番调查,然后再派遣使者带了檄文,直接上黄萧养起义军军营里去劝降,晓之以理,动之以情,谕以恩信。最后连黄萧养也说了:"得杨公一言,死不恨!"随后约好两人相见。(《明史·杨信民传》卷172)

到了相见的那一天,杨信民没带什么随从,单车前往,隔着城壕便开始喊话和谈。起义军将士望见杨信民,高兴得欢呼起来:"果然杨公来了!"说着喊着,有人跑了上去,开始围着杨信民跪拜起来,更有的人激动得哭了。黄萧养见了杨信民也很高兴,两人谈得很投缘。话别时黄萧养还送给了杨信民几条大鱼,杨信民照收不疑。本来这次对起义军的招抚活动进展得很顺利,哪想到不久之后,杨信民病卒,这是景泰元年(1450)三月的事情了。广东军民闻听噩耗,如丧考妣,纷纷失声痛哭,广州城内到处都是缟素。黄萧养起义军将士听说后也哭着讲:"杨公死,吾属无归路矣!"(《明史·杨信民传》卷172)

果然不出起义军所料,景泰元年(1450)五月,明廷任命的左副总兵都督董兴等率领的江西、两广官军主力开到了广州,随即开始了对起义军的围剿。在一场激战中,黄萧养中流矢而死,"函首诣京师",而后他的人头被挂在了北京的菜市场。(《明英宗实录》卷192,《废帝郕戾王附录》第10)黄萧养手下的公、侯、伯、太傅、都督、尚书、都御史等官100余人也遭到了残酷的杀戮。董兴甚至还"悉焚其庐寨,发其坟墓,贼巢遂空"。(《明英宗实录》卷193,《废帝郕戾王附录》第11)这样的杀戮、追捕与剿灭一直持续了三个月,到景泰元年八月时,黄萧养的父亲太王黄大纲等33人还被逮械送北京,枭首于市。(《明英宗实录》卷195,《废帝郕戾王附录》第13)至此,广东黄萧养起义完全失败。

○ 东南沿海与西南数省反明起义遥相呼应,大明进入危机四伏的敏感期

其实在东南沿海三省发生较大规模的反明起义时,与广东毗邻的广西和西南贵州、四川、云南等省份的苗族、瑶族和壮族等少数民族也相继发动了一系列的反抗起义。《明英宗实录》中对此有着大量的记载:如正统六年(1441)十一月,广西总兵官安远侯柳溥上奏说:"岑溪及广东泷水二县猺贼骆宗安等二百余人,劫杀岑溪县连城,乡民死伤者五十余人,复火其仓。"(《明英宗实录》卷85)正统七年(1442)二月,"广西浔州猺贼蓝受二等恃所居大藤峡石门山险,纠集大信等山老山丁,或五百人,或三四百人,递年作耗,劫杀抢房,累烦官军,抚捕辄拒避不服"(《明英宗实录》卷89)。正统十一年(1446)二月,"广东猺贼八百余肆掠石城、遂溪诸县",巡按监察御史张子初上奏:"都指挥使何贵、署都指挥佥事张玉、左布政使吴扬、左参政龚篦、佥事杨辅不能协力剿捕。"朝廷接奏后对相关责任人进行了案问。(《明英宗实录》卷138)正统十一年三月,"广西大藤峡蛮贼五十余宗,或三四十人,或五六十人,流劫乡村,侵犯诸县"。巡按监察御史万节奏劾都指挥郝真怠于哨捕之罪。(《明英宗实录》

卷139)正统十三年(1448)五月,广东都指挥佥事姚麟上言:"泷水、信宜、化州、廉州等处正系蛮贼出没道路,守堡者多新袭官员,未经战阵,遇警恇怯,不能成功"(《明英宗实录》卷166)。正统十四年(1449)二月,湖广都指挥佥事陈震上奏说:"妖贼蔡妙光纠合贼徒,攻破江西龙南县治,烧毁房屋,劫掠财物。缘湖广与江西接境。乞将屯田官军量选精壮,分拨缺军卫所相兼操守,遇有贼寇相机剿杀。"(《明英宗实录》卷175)正统十四年三月,"江西龙南县贼蔡妙光假以妖术惑众,纠聚二百余人,伪称'天生帝主东殿国王'等号,攻破龙南县治,劫房财物。"(《明英宗实录》卷176)正统十四年四月,贵州按察司副使李睿上奏:诸苗连结,动以万计,攻劫贵州、湖广一路边城屯堡,势甚猖獗,官军数少,守御不敷,请调四川、云南、湖广官军、土兵会同剿捕,更命大将一员镇守,如都督萧绶、吴亮事例,节制二都司官军,及选都指挥三四员,分地备御。(《明英宗实录》卷177)正统十四年五月,"江西南安府妖人罗天师等妄称'弥勒佛',谋聚众作乱。巡抚刑部右侍郎杨宁等执而斩之"。(《明英宗实录》卷178)正统十四年五月,贵州参将都指挥同知郭瑛上奏:"镇远等府洪江等处苗头苗金台等纠集苗类,伪称'顺天王'等号,敌杀官军,攻围城堡。四川播州所属翁谷龙等寨苗獠亦相扇作恶,延蔓侵掠。缘贵州都司卫所官军数少,捍御不敷,乞敕四川、湖广二都司,各调官军并土军前来会同剿杀。"(《明英宗实录》卷178)

  上述这一系列的反抗起义与叶宗留领导的浙江矿徒起义、邓茂七领导的福建农民起义和黄萧养领导的广东底层民众起义等遥相呼应,此起彼伏,将北京城里的正统皇帝和大明官军搞得焦头烂额。这不仅在事实上宣告了那个令人赞誉的"盛世之治"一去不复返了,而且还表明大明已经开始步入危机四伏的敏感时期。

  而造成这种危机四伏的不堪局面果然有着许多的因素,譬如正统帝处置有误,大珰王振擅权乱政,朝廷上下政治腐败,地方富民豪强巧取豪夺,等等。不过在笔者看来,对于应对像各地小规模的反抗起义甚至是一点点星火却最终弄出了漫山遍野的大火来,大明军队及其各级军官有着不可推脱的直接责任。最为典型的事例可能就要数上述的广东黄萧养起义,当起义刚爆发时,总兵官安乡伯张安和都指挥佥事王清领兵前去镇压。可仗还没开始打,身为总兵官的安乡伯张安却醉酒卧倒了,后掉入水中溺死;而都指挥金事王清居然给起义军活捉后苟且偷生地让人押着,去喊广州城中自己的下属叛明"投敌"。自此而始,起义烈火越烧越旺,明朝驻扎地方的官军对此竟然束手无策。(《明英宗实录》卷184,《废帝郕戾王附录》第2)怎么啦? 当年横扫天下,"驱逐胡虏恢复中华"的大明军怎么会变成这模样的?

要想说明清楚问题,我们还得要从明初军队制度的特征及其来源说起。

● 军官腐败　武备大坏

明朝自立国起就实行专门的军队管理及其运行体系——都司卫所制度,其大概状况如下:一郡设一所,相邻的几个郡设一个卫,郡上面是省级布政司,设立的军事机构为都指挥使司,都指挥使司的上级机构是中央的五军都督府(前、后、中、左、右五军),五军都督府为全国的最高军事机构。虽然被分为"五份",但在开国皇帝朱元璋看来还不够保险,于是做出进一步规定:五军都督府只管领兵和兵籍管理,没有调兵权;兵部只管军官的铨选与军令;调兵权由皇帝直接安排,"征伐则命将充总兵官,调卫所军领之,既旋则将上所佩印,官军各回卫所"(《明史·兵志一》卷89)。明代人将其概括为:"兵部有出兵之令,而无统兵之权,五军有统兵之权,而出兵之令……合之则呼吸相通,分之则犬牙相制。"(【明】孙承泽:《春明梦余录·五军都督府》卷30)

这就是说,一旦有战事,某个被任命为总兵官的将领,凭着皇帝的谕令与兵部的手续证明,到都督府下属的卫所去领兵、出征。战争结束时,该总兵官将军队归还给卫所,将印奉还给皇帝。要是没有皇帝的命令,任何领兵的卫所都不能将部队做任何的调动。这样一来,大明的军队始终掌握在皇帝的手中,由此以皇帝为首的中央集权得到了大大的加强。

但即使这样,在明成祖及其子孙看来还不保险,由于永乐迁都北京,将大明首都置于帝国北疆线上,自此而始,皇帝、大明朝廷与北疆军事防御几乎完全黏在一起。正如前文所述的,一旦蒙古草原上响起了阵阵的马蹄声,北京紫禁城里的皇帝老爷就会被惊魂。为了进一步加强北疆的军事控制与防卫,永宣朝廷派出了谭广、薛禄等一批"靖难"英雄与将领充任总兵官,长期镇守北疆重镇,但又不完全放心这些武官,于是派出了宦官进行监军,"(永乐)八年,敕王安等监都督谭青等军,马靖巡视甘肃,此监军、巡视之始也"。洪熙元年,"敕(太监)王安镇守甘肃,而各省镇皆设镇守矣"(《明史·职官三》卷74)。由此一来,大明帝国地方上的主要军事领导由原来的一个变为三个,即都指挥使、总兵官和镇守太监。如果要对这三号人做个归类的话,一是武夫,二是宦官,从整体来看素养都不高,常常会做出出格的事来。为此,大明朝廷已开始注意到向地方上派遣文职重臣——督抚,巡视和管辖地方军事、行政等方面大事,"巡抚大臣受一方之寄"(《明宪宗实录》卷243)。因此说督抚官的设立恰恰能起到监督总兵官武将的作用,史籍记载说:"国初兵事专任武臣,后曾以文臣监督,文臣重者曰总督,次曰巡抚。"(《古今图书集成·铨衡典》卷56)

● 老祖宗之"善政"到了子孙手里被糟蹋得不成样子:明代军队卫所制度的物质基础——军屯制之瓦解

军事方面有了极为有效的相互制约体制,皇帝老爷可以进一步集权,但随之别的问题又冒了出来:这样的军队有战斗力?对于军队的战斗力,很久以来人们似乎已形成了一种共识,那就是它必须有着坚实的物质基础。大明老祖宗朱元璋很早起就意识到了这一点,在帝国开创之际为都司卫所军事体制打下了关键性的经济物质地基,即实行和推广军屯制。

洪武元年(1368),朱元璋下令在凤阳、滁州、和州和庐州等开设屯所,规定军士70%屯田,30%守城,以50亩作1分,设都指挥1人具体负责,就此开始了大明朝新军屯。同年在北平府设置北平都指挥司,统领燕山诸卫,又于兀良哈地设立大宁都指挥司,各置屯田所,推行新军屯。(万历《大明会典·户部·屯田》卷18)

这样一来明朝的军屯由南方地区逐渐地推行到了北方地区,范围不断在扩大。洪武三年(1370),郑州知州苏琦给洪武皇帝上奏说:"我大明开国后陆续平定了各地割据势力,海内晏宁,唯独西北蒙古残余势力尚未完全歼灭,而我大明现在北疆关辅、平凉、北平、辽右一线又与他们接壤,一旦战火燃起,急调兵力和军饷,恐怕都来不及啊!因此小臣敬请皇帝陛下在北疆沿边地区实行屯田积粟,以示久长之规。"(《明太祖实录》卷50)

朱元璋当即采纳了苏琦的建议,命令中书省官员"参酌行之",于是大明北疆地区开启军屯,洪武四年(1371),明廷为已行屯田的河南、山东、北平、陕西、山西及直隶淮安等府制定相关的屯田规章制度,其中规定:凡官给牛种者,请十税五;自备者,十税三,诏且勿征,三年后亩收租一斗(《明太祖实录》卷69)。随后军屯又逐渐地向其他边地推广开来,大约到洪武中晚期时,军屯差不多已经覆盖了大明帝国所有的边疆地区。

不过当时各地军屯实行得好差不一,针对如此情势,洪武二十一年九月,洪武皇帝朱元璋向大明最高军事领导机构五军都督府发出了指示:"养兵而不病于农者,莫若屯田。今海宇宁谧,边境无虞,若但使兵坐食于农,农必受弊,非长治久安之术。其令天下卫所督兵屯种,庶几兵农兼务,国用以舒。"(《明太祖实录》卷193)即要求各地进一步落实做好军屯工作,并于第二月命令五军都督府更定屯田法,完善军屯制度。(《明太祖实录》卷194)洪武二十六年,朱皇帝再次下发圣旨:"那北边卫分都一般叫他屯种,守城军的月粮,就屯种子粒内支。"(【明】陈子龙、徐孚远:《皇明经世文编·潘简肃公文集·请复军屯疏中引》卷198)这就向北疆卫所守军提出了明确的要求:军饷必须自给自足!

那么明初这种军屯制度的实行到底效果如何?洪武时期对全国人口进行了分类登记编册,即人们熟知的明代"黄册"制度,屯田军人被编入"屯田黄册"。一般来说,屯田军士取得屯地一分50亩(各地并不太一致,也有20亩、30亩、70亩、100亩等等),由正军屯种,但也有余丁屯种。按照明代军政制度规定:每一军户由1名正军和户下余丁1名组成,正军与余丁都是拖家带口,正军屯田生产、甚至打仗,余丁随营辅助,供给正军费用。也就是说一分50亩地不是一家人家耕种,而是至少由两户以上人家一同耕种,这样下来劳动力问题还是基本上能够得到解决的。但也有地方的余丁与正军一同领种一分屯地,如福州府"明初之制,一军一余,各受三十亩而耕"(【清】顾炎武:《天下郡国利病书·福建》卷91),这样的话,劳动力就显得相对紧张些了。因为明初荒地较多,官府"给予"土地时显得很"大方",有时还会发放农具和耕牛等生产资料来扶持军屯。

当然,这些都不是白给的,屯田军士必须要承担政府规定的许多义务。在这些义务中最为主要的就是缴纳屯田子粒,即人们俗称的屯粮。那么军士要交多少屯田子粒?军屯实施初期一般是免征的,后来稍稍适当变相征一些,例如洪武三年,明廷就"命内外将校量留军士城守,余悉屯田。其城守兵,月给米一石,屯田者减半,在边地者,月减三斗,官给农器、牛种"(《明太祖实录》卷56)。总的来说,洪武前期还是以免征或少征来鼓励军士屯田。后来大明帝国规定:从洪武七年起屯田税粮征收标准为"亩收租一斗"(《明太祖实录》卷69)。但实际上洪武时期各地征收军队屯田税粮不止这个数额,全国军屯平均在每亩3斗左右,这个赋额要远远高于地方民田,不过军屯兵士不承担徭役了,所以从整体上来讲,其大体与民户相当。

大明军屯税粮的统一征收标准,一直到了永乐二年(1404)朱棣当政时才制定出来,不过这个暴君制定的标准很高,每军田一分要缴纳12石,"其军除余粮至十二石入仓而复有余者,听其自用"(《明太宗实录》卷27)。军屯税粮从洪武时期的3~4石之间,在历经10年左右时间后一下子跳到了12石,不知那些摇头晃脑大唱永乐赞歌的所谓学者专家对此又有何解释?说到底,军屯制本身就是一种落后、残暴的农奴制度,老朱皇帝或许看出了其中的弊端,所以他定的税粮标准比较低。相比之下,小朱皇帝就显得格外的浅薄与凶狠了。

以上我们讲的是1个军户,由100个军户组成的军事屯田单位就叫"屯"(《明太祖实录》卷236),明朝设立"屯田百户所"来管理,这可能相当于后世的"建设兵团"。那么,屯守将士中到底有多少人守城、多少人屯田呢?从明代留下的史料来看,洪武时期全国屯守将士的比例还不一致,一般为三七开,"军士三分守城,七分屯种,又有二八、四六、一九、中半等例,皆以田土肥瘠、地方冲缓为差"(万历《大明会典·户部·屯田》卷18)。从军屯在全国范围的分布来讲,几乎各地都有。有这么多的军队在搞屯田,国家的收获肯定很可观。目前为止我们缺乏确切数字的史料依据,但老朱皇帝得意洋洋地跟人说的一席话倒是给我们道出来个大概:"吾京师养兵百万,要令不费百姓一粒米。"(【明】陆深《俨山外集·同异录》卷34;【清】傅维鳞:《明书·戎马志》卷70)

百万大军的军饷不要老百姓来出,这似乎称得上是明初的一大"善政"了。更有军屯制所产生的深远意义,那就是促进了各军屯地区农业经济的发展,巩固了大明的国防,开发了帝国的边疆。

可这样的好景没过多久就开始逐渐被毁坏了。而造成这种毁坏的第一号"元凶"不是别人,正是他们军中之人——军官们巧取豪夺军屯田地、肆意私役军士。

明朝军屯土地被军官们强取豪夺这股歪风,大致始兴于永乐初年,经由洪熙、宣德两朝,到了正统时期越刮越烈。

永乐元年(1403)十一月,刑科都给事中马祯、山东道监察御史康郁等向朝廷劾奏:"都督袁宇镇守云南时曾占据官军屯田1 000余亩,私役军人耕种,侵支官屯子粒,还擅用军器、颜料,非止一端,已为御史所劾,特蒙宽宥。今袁宇来朝又不谢恩,乞正其罪。"

袁宇本是建文朝的将领,"靖难"战争结束时他投降了朱棣。朱棣篡位上台后大行告讦政治,意在彻底清除所谓的建文"奸党"和建文"贰臣",所以上述的劾奏之事并不一定属实,作为皇帝的朱棣或许内心还是明白这一点,所以他做出了这样的处置:宽宥袁宇占据官方军屯田地和私役军人耕种等罪行,只"追其所侵物入官"。(《明太宗实录》卷25)

暂且毋论这事的真相到底如何,但从言官们的奏劾中提到的袁宇"占据官军屯田1 000余亩"这句话来看,恐怕是当时军官们利用职务之便占据军屯土地已有这样的事情了。不过这样的记载在《明太宗实录》中并不多。大约到了宣德中晚期起,此类记载逐渐开始多了起来。

宣德五年(1430)五月,行在后军都督府上奏说:"宁山卫指挥使李昭毁城楼以造私居,私役旗军,岁割漆二千斤,办料豆八百石,科各所铜钱六千三百斤,占耕官军屯田百余顷,收粮虚卖实收一万余石,敛各屯子粒二万余石,减克军粮五百石,皆入己。军吏二人欲奏之,遣人追回,皆杖杀之,请治其罪。"明宣宗接奏后跟都察院都御史顾佐这般说道:"为治之道,赏善罚恶而已。宁山卫指挥使李昭如此作恶,不可不治,即擒治如律。"(《明宣宗实录》卷66)

宣德六年(1431)二月,宁夏左屯卫指挥使张泰上奏说:"宁阳侯陈懋私遣军士二百余人,操舟三十余艘出境捕鱼、采木,为虏所执者十余人;又遣军士二十人,人给二马,赍银往杭州市货物;又宁夏各卫仓递年收粮,懋令治文书者不作实数,侵盗入己。有军士告懋自宣德二年至五年,与都指挥阎俊等盗卖仓粮一万九千余石;又虚卖延庆等府通关计粮二十四万余石入己;又私役军种田三千余顷,夺民水利,岁收之粟,召商贾收籴中盐。又与阎俊等遣军挽车九百余辆,载大盐池盐往卖于西安平凉等府。"明宣宗接奏后跟身边的侍臣说:"陈懋之过如此之多,还可以让他守边吗?但我们也不能就听信一个人的上奏之言。姑且将其抄录下来,让陈懋自己检查检查,看看到底有没有犯下这么多的不法之事,然后我朝廷再做出处置。"(《明宣宗实录》卷76)

宣德九年(1434)二月,山西行都司都指挥吕整上奏说:"镇守大同参将曹俭选壮士六百余人私役于家,占应州等处庄地一百五十余顷,又私役大同诸卫军百余人耕种,又私以盔甲、弓箭与阿鲁台使臣易骆驼,又捶死云川卫无罪军。"而大同参将曹俭听说吕整奏劾自己的风声后来个"反奏劾",指摘吕整"恃强逞私,不听节制,领马护粮往开平,科敛官军财物"。明宣宗看了两份奏章后跟兵部大臣做了这样的指示:"吕整与曹俭相评,姑且这样处置,将他们各自被奏劾的事情抄录下来,送给他们先自查,然后再叫他们自陈到底有没有犯下那些不法之事。"(《明宣宗实录》卷108)

从上述三个不同的案例中我们不难看出:第一,宣德中后期军官占有军屯土地不再像永乐、洪熙时代那样是个别现象,而是呈现出增多的趋势。第二,军官级别越高占有军屯土地越多,三个案例中级别最高的是陈懋,他是由宁阳侯出任总兵官,镇守在宁夏,非法占地达3000余顷;级别比他低一点的是镇守大同参将曹俭占地150余顷;级别更低的是宁山卫指挥使李昭占地100余顷。第三,明宣宗对非法占有军屯土地的不同级别军官处置态度也不一样,陈懋所犯之事最多,但因为他参与"靖难"战争,为明成祖及其子孙的皇位之夺得出过力,所以即使他犯的不法之事最多,宣德帝还是舍不得立即处置他,而是让他先自我检查检查。同样也得了个先自我检查检查的还有镇守大同的参将曹俭,尽管此人没有像陈懋那样有着"红彤彤"的大背景,但他是边关重将,所以明宣宗处置起来十分"严谨"。而相对于陈懋和曹俭,宁山卫指挥使李昭或许是三个犯事军官中所犯之罪行最轻,但他的级别也是最低,且镇守在内地的河南,明宣宗接到奏劾后就发话:按律论处!

宣德中晚期,明宣宗对于侵占军屯土地的军官们差别性处置所产生的直接后果是十分可怕的,这实际上是等于承认部分军官以势占田的合法性。自此而始冲击军屯制的洪流决堤了,巧取豪夺军屯土地之势愈来愈甚。

宣德十年(1435)九月,即明英宗上台后的第九个月,大同总兵官、都督同知方政上奏说:"左副总兵、都督佥事曹俭隐役军伴六百人,占种军田二十余处。"(《明英宗实录》卷9)正统八年(1443)七月,镇守延安、绥德的都督佥事王祯上言说,据陕西左参政年富奏称:"陕西卫所官占种肥饶田土多至三四十顷。"(《明英宗实录》卷106)正统八年(1443)四月,明英宗在给宁夏总兵官都督史昭等人的敕文中曾这样说道:"宁夏密迩胡虏,屡敕尔等严兵,以防不虞。近闻缘边城垣颓圮,兵器损坏,皆不整饬,乃广买庄田,私役屯军,改挑渠道,专擅水利,又纵下人占种膏腴屯田,是致军士怨嗟,兵政废弛。近胡虏入境,不满百人,官军束手无措;若大寇猝至,何以御之?……"(《明英宗实录》卷103)正统八年九月,明英宗在敕命监察御史李纯为辽东巡抚的敕谕中曾说:"辽东极边,地方广阔,军马众多,粮草俱凭屯种供给。近年都司卫所官往往占种膏腴,私役军士,虚报子粒,军士饥寒切身,因而逃避,亦有管军官旗倚恃势强,欺虐良善,无所控诉……"(《明英宗实录》卷108)正统十二年(1447)正月,巡按四川监察御史严颐上奏说:"镇守松潘等处指挥佥事王杲擅役军造私室,占种人田园,又与都指挥佥事高广坐视番人杀虏官军,弗即率兵剿捕,请置诸法。"(《明英宗实录》卷149)

其实正统时期除了军官们外,还有一些特有权势者也在肆意吞噬军屯土地,其中最为凶狠的就要数镇守地方的宦官和大明皇家宗室。如正统二年(1437)五月,有人向朝廷奏劾:镇守甘肃总兵、太监等官占据田亩、侵夺水利。正统帝闻讯后,派了兵部侍郎柴车等官员前去调查处理,结果发现:西宁侯驸马都尉宋琥,太监王安、王瑾,崇信伯费献,都督刘广、史昭共占田602顷。最终朝廷做出这样的处理决定,将602顷中的86顷给宋琥、王安等权贵家——这实际上等于承认了强占军屯土地为合法,余下的516顷拨还给无地军余耕种。(《明英宗实录》卷30)正统八年(1443),庆王府强占了鸣沙州等处1000余顷的军屯土地,"为军张约等所发"。明英宗居然"以(庆)王无他情,置不问"(《明英宗实录》卷100)。这样的处置实在是叫人哭笑不得。

综观明朝前期近百年军屯土地实际占有情况的变化,我们发现:与乃父明宣宗相比,明英宗对军官、权贵们巧取豪夺军屯土地的不法行为之处置显得又相对宽松些,这在客观上进一步助长了军屯土地被侵吞之歪风。尽管明代官史没有详细记载正统年间到底有多少军屯土地被强占或隐占了,但我们可从当时官方统计的军队屯田子粒数目变化上看出来:军屯土地被巧取豪夺所产生的一个直接结果,那就是国家军队税粮收入锐减。请看下表:

宣德年间至正统年间大明全国军屯子粒收入统计一览表

时　　间	公元纪元	屯田子粒收入数	史料出处
宣德元年十二月	1426	7 221 858 石	《明宣宗实录》卷23
宣德二年十二月	1427	4 690 092 石	《明宣宗实录》卷34
宣德三年十二月	1428	4 600 092 石	《明宣宗实录》卷43
宣德四年十二月	1429	6 826 847 石	《明宣宗实录》卷60
宣德五年十二月	1430	8 430 217 石	《明宣宗实录》卷74
宣德六年十二月	1431	9 366 420 石	《明宣宗实录》卷85
宣德七年十二月	1432	8 570 542 石	《明宣宗实录》卷97
宣德八年十二月	1433	7 209 461 石	《明宣宗实录》卷107
宣德九年十二月	1434	2 307 807 石	《明宣宗实录》卷115
宣德十年十二月	1435	2 776 141 石	《明英宗实录》卷12
宣德10年间平均数目		6 580 370 石	

(续表)

时间	公元纪元	屯田子粒收入数	史料出处
正统元年十二月	1436	2 772 627 石	《明英宗实录》卷 25
正统二年十二月	1437	2 791 007 石	《明英宗实录》卷 37
正统三年十二月	1438	2 786 046 石	《明英宗实录》卷 49
正统四年十二月	1439	2 792 146 石	《明英宗实录》卷 62
正统五年十二月	1440	2 693 776 石	《明英宗实录》卷 74
正统六年十二月	1441	2 796 046 石	《明英宗实录》卷 87
正统七年十二月	1442	2 791 152 石	《明英宗实录》卷 99
正统八年十二月	1443	2 762 770 石	《明英宗实录》卷 111
正统九年十二月	1444	2 789 845 石	《明英宗实录》卷 124
正统十年十二月	1445	2 804 020 石	《明英宗实录》卷 136
正统十一年十二月	1446	2 776 439 石	《明英宗实录》卷 148
正统十二年十二月	1447	2 765 336 石	《明英宗实录》卷 161
正统十三年十二月	1448	2 723 630 石	《明英宗实录》卷 173
正统十四年十二月	1449	2 792 254 石	《明英宗实录》卷 186；《废帝郕戾王附录》第 4
正统 14 年间平均数目		2 774 216 石	

通览上表我们不难发现：宣德时期，全国军屯税粮收入历年平均数为 6 580 370 石，其中以宣德六年（1431）为最高，达到了 9 366 420 石。再看正统帝当政时期，全国军屯税粮收入历年平均数为 2 774 216 石，这个数字是宣德时期历年平均数的 1/2 都不到；若与宣德年间全国军屯税粮收入最高数即宣德六年相比，那就是它的 1/3 还不到。

以上这些是全国的整体状况。若以个案来说，大体也与之相符。正统四年（1439）四月，宜川王上奏英宗朝廷说："本府随侍旗校 104 名，每年他们上缴的屯田子粒为 648 石，但每个月王府要支付给他们的口粮岁费廪米达 1 197 石。"也就是说，宜川王随侍旗校军屯实际所得的收入大约是支付其口粮岁费廪米总数的 1/2。

(《明英宗实录》卷54)

正统时期全国军屯税粮收入仅为前朝的1/2,甚至还不到。由此可见,当时的大明军屯制被毁坏的程度了。而造成这样格局的主要缘由,除了上面讲到的军官与权贵们对军屯田地的巧取豪夺外,还有一个重要因素,那就是权贵们肆意私役军士。

● 大明帝国的军事栋梁——军官们正在忙着搞自家经济创收和深入"裙中"

大明权贵们肆意私役军士早在明初时就有了。洪武二十三年,太师李善长向掌都督府事、信国公汤和借卫卒300人,想营造自己的第宅。但没想到汤和胆小了,他不仅不敢擅借,而且还暗中向皇帝朱元璋做了奏报和请示。李善长就此美梦破灭了,加上他的其他"不轨"之事被一一揭露出来,大明历史上第一宰相就此走上了不归路。(《明太祖实录》卷202;《明史·李善长传》卷127)

永乐二年(1404),有人检举"陕西都指挥使孙霖以私役军士及逼索所部货贿",明成祖毫不含糊地下令:将孙霖谪戍宁夏。(《明太宗实录》卷27)但到了永乐中期时朝廷似乎对权贵们肆意私役军士的处置有所放宽。永乐八年(1410)二月,浙江等道监察御史陈孟旭等劾奏:中军都督府右都督郭义"私役军士为价贩","又取军士三十余人充廉从,于法当罪"。当时明成祖北巡,在南京监国的皇太子朱高炽不敢擅自处分父皇的"老战友",就说:"郭义是武夫,不懂法律,且年纪又大,算了,姑且不问,就叫被他私役的军士回还军伍中去。"(《明太宗实录》卷101)永乐十二年(1414)六月,监察御史刘恺等劾奏:"左军都督梁福、中军都督蔡福受命讨思州台罗等塞苗贼,乃生事扰民,私役军士,修建尼寺,与尼同奸,强娶人妇女,减军士月粮,索蛮酋金马,荒淫不律十余事,请置于法。"这次刚好又是明成祖北巡,监国南京的皇太子朱高炽回复:"此辈诚可罪,然上(指朱棣)之所命,俟车驾(指朱棣)还日闻奏。"这话意思是,左军都督、中军都督这样大的军官犯事,还是等我家老爷子回来后再做处理吧!(《明太宗实录》卷152)但在明朝官史中,后来也没见到左军都督梁福、中军都督蔡福被处理的记载。由此看来,永乐中期开始,大明军界权贵们肆意私役军士之歪风邪气已经抬头。

　　这样的情势到了明宣宗即位之初似乎有所抑制。洪熙元年(1425)十月，朱瞻基敕谕太师、英国公张辅等大臣，说："山海、永平缘边官军有久在京操练者，客居艰难，其令还原卫所操备，亦得与家人聚处。"张辅回答："圣上优恤军士，恩意深厚，但近年武官多私役之，习以为常；今放还军士，宜申饬卫所不许私役，庶几得沾于圣恩。"明宣宗听后说："太师所言极是！"遂敕命总兵官遂安伯陈英和都督陈景先总负责落实军中军士与家人团聚之事，并下令"敢有私役者罪如律"！(《明宣宗实录》卷10)

　　不过这样的好事没过一年就开始变味，宣德元年(1426)五月，隆庆三卫指挥李景等上章劾奏："都督沈清镇守居庸关，不能约己恤人，奉公守法，惟务贪虐，百计诛求，剥削月粮，侵盗官物，私役军余，不分屯守，计名科需，或邀阻关口……擅开已塞山口，役军伐木私用，凡十八事。"宣德帝接到奏报后发话："都府大臣非有重过，宜存恩意，可先鞫所使之人，事果有实，别奏处置。"(《明宣宗实录》卷17)明宣宗这番话的意思是：中央最高军事机构领导人如果没有犯下特别重大的过误，朝廷就应该保持对他们的恩遇。不妨先将沈都督派遣的具体办事人逮来鞫问一番，然后再做定夺。皇帝定了调子，哪个人还敢违抗？沈清的下人被逮，加上办案者可能口风不紧，隆庆三卫指挥李景一下子就成了沈都督反攻的目标。不过沈都督毕竟是中央的高级领导，自己想报复人，但又要做到"不露痕迹"，于是他将李景的同事向广拉来做了垫背，上奏说："隆庆三卫指挥向广、李景等犯有私役军士及卖放军伍诸多不法之事。"双方互攻，罪名大体都是私役军士，这下可将宣德皇帝给弄糊涂了，他问左都御史刘观："这如何搞得清？"老谋深算的刘观回答道："陛下，不妨将他们都叫到京师来当面对质。"朱瞻基听后觉得这个主意不错，于是传令下去，以此行事。可还没将对质之事搞清楚，宣德皇帝忽然想起了什么，于宣德元年(1426)八月下令：武臣犯罪，非大故者，俱释之！(《明宣宗实录》卷20)

　　当然有人要说了这是个案，还有没有其他的例子？有。宣德二年(1427)五月，已故的广西都指挥即相当于省军区司令葛森的"二奶"许氏上章控诉：镇守广西的总兵官镇远侯顾兴祖(朱棣发动

"靖难"战争之初,老将顾成背叛建文帝,投降了朱棣,顾兴祖就是顾成的孙子,笔者注)图谋侵夺葛森居宅,逼娶葛森次妾袁氏,私自役使军士建造顾氏第宅及贪虐不法。明宣宗闻讯后诏令顾兴祖自陈,顾兴祖倒也不隐瞒,对于葛森的"二奶"许氏的指控一一认账。按照普通人的思维,这下明宣宗可得要好好地处理了?再看宣德帝如何发话:"既然顾总兵不隐瞒,姑且就宽宥了他,叫他改过;如果再犯,那就不饶了!"(《明宣宗实录》卷28)

军中高官肆意胡为、私役军士,只要他们不做造反之事,就可以不问罪,那么中级军官犯了这样的事又将会得到何种处置呢?

宣德元年(1426)五月,有人向上检举:山东都指挥佥事掌青州左卫事王铭坐受赇及私役军士。大明法司部门经过调查审理,初拟判决:对犯罪的王铭应实施绞刑。明宣宗最终定夺:武人知利而不知法,姑宥其死,罚役以赎。(《明宣宗实录》卷17)

宣德二年(1427)正月,行在都察院上奏说:"广西全州千户所军吏告,都指挥陈全及全州守御千户毕忠等科敛取财,私役军士,皆当提问。"朱瞻基回复:"都指挥是军中高官,其所奏之事到底是虚是实,我们现在不得而知,姑且令其据实奏来,然后我朝廷再做处置,其余逮治如律。"(《明宣宗实录》卷24)

宣德五年(1430)二月,山东按察司上奏:平山卫千户潘礼私役老军,以小过击伤致死,请治其罪。明宣宗说:"私役已应罪,况私愤杀之,命执罪之如律。"(《明宣宗实录》卷63)

宣德五年(1430)六月,中都留守司上奏:留守左卫指挥陈鉴赴京操备,逼取军粮2 500石,科率各军材料,私役军匠137人修盖私宅,及隐占逃军,侵用屯军小麦,刻害无厌,请治其罪。明宣宗命行在都察院逮问,并指示道:"武官操备自是其职,岂当剥削军士,以充无厌之欲,宜穷治之。"(《明宣宗实录》卷67)

宣德六年(1431)七月,巡按山东的监察御史张政上奏:开原备御都指挥邹溶私役军士及听纳粟买闲约及百人,请治其罪。皇帝朱瞻基闻讯后跟都察院右都御史顾佐这番说道:"邹溶所犯之事着实可治罪,但如今边关将领多很艰难,我们姑且饶了他这一回。你们都察院移文下去,叫他好好改过自新,不能再犯了。"(《明宣宗实录》卷81)

以上几个案例中的犯事军官几乎都是中等级别或中高级,但最终为何有着不同的处置结果呢?明宣宗对邹溶一案的定性给了我们答案,这就是前文也已讲到的,对于边关军官犯事,除了特大犯罪外,一般性的不法之举如侵占军屯土地、肆意私役军士等,朝廷往往降敕训斥训斥而已。这样的处置方式到了宣德中后期被用得越来越多,也越来越普遍,致使大明军中中高级军官作奸犯科层出不穷。

　　针对军中的这等乱象,正统朝廷一开始很想予以严厉的整治。宣德十年(1435)五月,镇守开平等处参将、都督金事马升上奏朝廷说:"宣府卫指挥姚升私役军人出境捕鱼,按律应予以治罪。"当时只有8岁的朱祁镇在朝廷大臣的辅佐下,从"缘边头目率皆怠慢,罔遵法度"的现实出发,做出了这样的处置决定,下令将姚升降级充军。(《明英宗实录》卷5)

　　宣德十年(1435)九月,大同总兵官都督同知方政上奏说:"左副总兵、都督金事曹俭一心忙于个人私事,隐役军伴600人,占种军田20余处。连北虏入境掳杀我朝人民与牲畜,他都忙得来不及去追剿。"正统帝接奏后命令法司部门问罪曹俭。法司官员经过审理初步拟定,对曹俭判处斩罪。明英宗"特宥其死,降为事官,于甘肃立功"(《明英宗实录》卷9)。

　　3个月后的宣德十年十二月,就是这位上奏检举别人不法犯罪行为的大同总兵官都督同知方政自己也被人纠劾"往往私役精锐军士",留下些贫难老弱之人守边。为此,正统帝十分恼怒,降敕诘问他:"守边者率多贫难老弱之人,何以御敌?"并警告说:"敕至即将失机官军如律究治。尔等姑从宽贷,今后务要涤心改行,严整边备;若仍前怠误,罪必不宥!"(《明英宗实录》卷12)

　　尽管正统朝廷从一开始就严厉禁止私役军士,坚决打击不法行为,但由于大明军中积弊已久,加上当时正统帝冲龄即位,朝廷威望不够,中央主唱一套,各级军官自行另一套,我行我素。正统三年(1438)八月,行在锦衣卫上奏说:"魏国公徐显宗、吏部主事俞宗大、锦衣卫指挥刘庆等244员失误朝参,俱合治罪。"(《明英宗实录》卷45)就如当今人们上班工作一般,一次就有244人迟到失误,这个朝廷的威望可想而知了。所以当时的权贵们并没有把小皇帝

第 3 章　积弊交集　正统危机

的警告与训诫太当回事,于是肆意私役军士之事不仅没被制止住,反而呈现出愈演愈烈之势。

正统五年(1440)六月,魏国公徐显宗向中军都督同知王贵借军士100名用于私役,王贵毫不犹豫地借给他了。这事后为六科给事中和十三道监察御史所知,他们十分气愤地交章奏劾王贵。法司部门受命审理了该案,并初拟判处王贵"当罢职戍边"。正统帝最终裁定,将其监禁起来。(《明英宗实录》卷68)

正统九年(1444)二月,都察院右都御史王文上奏说:"镇守延绥的都督佥事王祯私占官军350余人,不分拨二营守备,又不往来提督协同镇守……宜治以重罪。"正统帝下令将都督佥事王祯降官为都指挥佥事。(《明英宗实录》卷113)一个相当于中央军委副主席的军中高官因为私占官军350余人而被皇帝降官为省军区副司令员,这样的处置在大明中叶纲纪松弛的大势下不可谓不严厉了。但即使这样,还是没能刹住军中私役军士之歪风。

正统十一年(1446)五月,太保、成国公朱勇奏劾:左军都督府左都督刘聚之子以马鞯及扇散给营中官军,征求银货,且役军人造私居第。正统帝闻奏后毫不客气地下令,将相当于朝廷中央最高军事机构的领导人之一刘聚之子逮捕入狱。刘聚见到事态不妙,赶紧上奏,自陈失于管教,六科、十三道言官闻讯后交劾其贪虐欺罔。但正统帝最终可能是从军事大局整体考虑问题,宽宥了刘聚的失职之罪。(《明英宗实录》卷141)

殊不知这种类似于打一巴掌又揉一揉的做法在客观上起到了纵容军官及其他权贵胆大妄为的消极作用。就在刘聚儿子违法之事被处置后没过几天,监察御史蔡愈济上奏说:"陛下,您曾下诏,严禁在京城外西北开窑取土,但太监贾享、僧保、内官云保山、黄义却置若罔闻,擅役军士于清河开窑,请寘于法。"正统帝闻奏后下令,宽宥贾享、僧保之罪,仅将云保山和黄义下了大狱,并敕谕都察院出示榜文,再次予以严禁。(《明英宗实录》卷141)

正统帝的这种做法看似严厉,但从本质角度而言,实与乃父明宣宗之所为一脉相承,那就是,同样犯了事,官越大越容易被宽宥,这就叫什么逻辑?豺狼当道安问狐狸!所以说正统年间纵然朝廷一再严厉禁止私役军士,坚决打击不法之举,但实际收效甚微。更让人哭笑不得的是,正统时期还曾出现这样的事情:正统帝即位之初,"在京七十七卫官军士校尉总旗二十五万三千八百,除屯田守城外,其十一万六千四百俱内府各监局及在外差用"。(《明英宗实录》卷100)即说在京77个卫25余万军士中就有约12万人即1/2被外差别用。中央尚且如此,那地方上就更不用说了。正统中期,宁夏地区"总兵等官私役精壮官军四千余名,托为围子手名色,全不差操。其下因而仿效,以致边备废弛,寇贼轻玩"(《明英宗实录》卷100)。

综观上述案例,我们发现:明朝前期军官私役军士从永乐时期的数十人,到宣德时期的百余人,再到正统时期的数百人,甚至最高为4000余人(笔者注:朝廷役使在那个年代不算私役,而为公差),私役军士之势非但未被遏制住,反而呈现出愈演愈烈之势。

肆意私役军士,不仅造成"多贫难老弱之人"守边(《明英宗实录》卷12),而且还使得大明都司卫所制度的物质根基——军屯制失去了大量的有生劳动力;而前文说到的军屯土地被巧取豪夺,又使得军屯制失去了最为根本的生产资料。这两者连在了一起,经过永乐、洪熙和宣德数朝的演变,到了正统时期已呈现出不可逆转的严重恶化之势:大明军原有的经济根基大半被挖空,军士们缺了赖以生存的物质基础。就如上所述的,正统时期全国军屯税粮收入还不到宣德时期的一半,那还有一半从何落实呢?只有国家来买单了!

据史料记载:正统十二年(1447)五月,明英宗应巡抚辽东的右副都御史李纯之奏请,"命户部每岁运银十万两,于辽东广宁库贮籴买粮料,直隶永平府永平、卢龙等卫罪囚,各于山海仓运米赴辽东宁远等仓赎罪"(《明英宗实录》卷154)。这大概是明史上有名的拨补边费"年例银"的较早记录。一个辽东镇"年例银"10万两是个什么概念?明代官史有着这样的一段文字记载:

景泰四年(1453)六月,户部上奏说:"在廷群臣折俸银数,除公侯驸马伯外,武臣每季该银一十二万四千三百一十二两有奇,文臣每季该银三千五百八十九两有奇。"(《明英宗实录》卷230,《废帝郕戾王附录》第48)

也就是说,一个辽东军事重镇每年需要朝廷拨补10万两"年例银",大致相当于明廷武臣们每季度的俸禄数。明代后来形成了

"九边"重镇,那么九边重镇每年需要朝廷拨补的"年例银"大约是大明武臣两三年的俸禄数,由此而言帝国的负担愈来愈重。

这事暂且打住不深究,我们继续说那军队的"养命钱"年例银。年例银一般由朝廷下令调拨,但到了边关或其他军队驻地之后,能不能下发到位却是另一回事了。因为军中有一大批张着血盆大口的军官野兽们正虎视眈眈地盯着这些军士们的"养命钱",一旦"养命钱"被拨到,他们便上下其手,肆意贪渎。其实这也没有什么新鲜的,早在洪武时期就有类似的状况。朱元璋在《御制大诰武臣》中就曾讲过这样的事情:

"大同前卫百户李隆,为要买马,科军人孙德等钞449贯、布4匹、银4两入己。镇南卫百户杨应保科各军钞5贯入己,百户赵忠科各军米16石、钞75贯入己。叙南卫指挥夏晟,科各军茜草100斤做人事送人,又每旗科钉3 000个打船做买卖。宁海卫千户张麟、潘德,为改造铳甲,科各军钞87贯,各分入己。金吾后卫百户于保,为屯种买牛,科各军钞75贯500文入己。金山卫百户张敬,为买墙板,科各军钞30贯入己。莱州卫百户孙骥,为画图本,科各军钞26贯入己。河南卫百户侯显,为盖自己房屋,科各军钞80贯入己。这火(应为'伙',朱皇帝又写白字了)官人如此科敛害军。那小军每一月止关得一担(应为'石',朱皇帝写白字)儿仓米,若是丈夫每(们)不在家里,他妇人家自去关呵,除了几升做脚钱,那害人的仓官又斛面上打减了几升,待到家里,师过来呵,止有七八斗儿米。他全家儿大大小小要饭吃,要衣裳穿,他那(应为'哪',朱皇帝写白字)里再得闲钱与人。这千百户每(们),直这等无仁心,他关了许多俸钱,倒又去科敛害军。科这穷军每(们)的钞,回家去买酒买肉吃呵,便如将他身上的血来吃一般。吃了这等东西,有甚么长进,神天也如何肯。而今都发去边远充军去了,看他去做军时,果实过活得不过活?"(【明】朱元璋:《御制大诰武臣·科敛害军》第9;《全明文》第1册,上海古籍出版社1992年第1版,P736)

不过洪武时期政治严酷,"运动"一场接一场,大多政界或军界的贪官在运动中中枪躺倒,甚至家毁族灭,所以说那时军中老爷们基本上都不大敢过分乱来。加上那时大明老祖宗开创了对于弱势群体的特殊救济通道——允许底层民众和军士手持《大诰》上京告御状,故而明初军士们的生活大体上还是有所保障的。(详见笔者:《大明帝国》系列之③《洪武帝卷》下册,第8章 洪武"四清" 八场"运动",东南大学出版社,2014年1月第1版)

但随着大明历史的发展,这一切都开始改变了。军屯土地被强占,精壮军士被私役,就连他们的月粮也被军官们克扣……本是保家卫国的主力多半已沦落为了食不充饥、衣不蔽体的"准难民",更别提那养家糊口了。可即使到了这般地步,军中的各级老爷们还不肯放过他们及其家眷。

正统五年(1440)六月,有人上奏检举揭发:陕西都指挥佥事(可能相当于陕西省军区副司令员)陈玘实在是个衣冠禽兽,他认了个义女,等到义女初长成时,就与她发生乱伦关系,且长期霸占她。而就在这个过程中,陈玘忽然发现,义子竟然与自己在用着同一个女人即那个义女,顿时就将醋坛子给打翻了,令人将义子抓起来,随即对其实施阉割。这事过后没多久,有人说起军中有个军士家的妹妹长得娇艳无比。陈玘听后兽欲大发,立即冲上门去,将那美似天仙的军士妹妹给强占了。为了掩盖自己的罪恶和达到长期满足自己兽欲的目的,他后来又将该美女强娶为妾。如此作恶多了,陈副司令员府上的年轻"美眉"成堆,他的经济开始吃紧了,这可怎么办呢?有权不用过期作废,这样的"名言"对于陈"副司令员"来说早已烂熟于心,他遂以"卖放操军,占人田地"来偿还自己因风流而欠下的经济债务。但即使这样,他还是觉得来钱速度太慢,于是甘冒大明朝的严厉禁令,"以私茶令军余入番贸货"。要说这个陈"副司令员"所犯的哪一条都是死罪,但当他的事情被纠劾到朝廷那里时,小杆子皇帝朱祁镇竟然下令,让陕西按察司查实后再上奏上来,其意思是不要草率处置而冤枉了好人。(《明英宗实录》卷68)

正统十二年(1447)四月,"守备延绥诸处署都督佥事王斌为所部指挥发其博鬻官草。巡按监察御史覆得实,请治斌罪"。明英宗特宥之。(《明英宗实录》卷152)

驻扎在地方上的军队高级领导正在着力进行"经济创收"和充分享用军中军士家里的女家眷资源,那么在中央的高级领导又在忙什么呢?说来大家可能不相信,正统初元被张太皇太后指定为辅佐小皇帝的五个辅政大臣之一——太师、英国公张辅此时尽管即将泥土盖顶,但他也没忘了搞活一下自家的经济。正统十二年(1447)四月,他纵容家奴在卢沟河以东的皇家禁地上开设煤窑。可能是由于距离北京太近的缘故,这煤窑开了没多久,就让大明都察院给告到了皇帝那里。正统帝看在张辅是数朝老臣的份上,下令宽宥之。(《明英宗实录》卷152)

冰火两重天,正当大明军中领导为自家经济创收和搞活美女资源忙得不亦乐乎时,处于军队金字塔底部的军士们却在凄凄惨惨地挣扎着,于是一些头脑活络的人开始想方设法摆脱自己的悲惨命运——逃军。大明朝也由此陷入逃军→勾军→清军→逃军……的怪圈中。

● 明朝陷入怪圈:逃军、勾军、清军、逃军……武备废弛,军队战斗力严重下降

说到逃军,现在人可能会不理解,我不想当兵了,复员退伍、转业不就得了,弄不好还能到地方上弄个官当当,干吗要逃呢?这就是今人对历史的迷惑与不解!其实在历史上,当一般的小兵兵可没什么好命,因为一旦入了军籍,那你家就得世代当兵,不好变更。譬方说,老子是当兵的,儿子不管长成啥模样,即使是弱不禁风的书生还得要当兵,这就是明代历史上的世袭兵户制。那为什么要实行这种世袭兵户制呢?这就要从明初军队的来源说起。

○ 明代军队的主要来源与"勾军"问题

朱元璋是以造元朝的反而起家的,因此其军队中最早一部分人马就是当初的"从征"将士,即跟随他造反闯天下的那部分人;第二类为"归附",就是收编元朝投降部队和各地割据势力队伍;第三类为"籍屯田夫为军":譬如洪武十一年四月,朱元璋下令将先前没有田粮而被强制迁徙到凤阳进行农业生产的屯田夫,全部落籍为军,并将其发往湖北黄州卫补充军力(《明太祖实录》卷118);第四类为"谪发",即"以罪迁隶为兵者"(《明史·兵志二》卷90),说得白一点就是将罪犯罚作军士。譬如,洪武二十七年四月朱元璋就曾"诏兵

部,凡以罪谪充军者,名为恩军"(《明太祖实录》卷232)。罪犯不作别的处罚,充入军队当兵,这是皇帝的恩赐,所以命其名为"恩军"或"长生军"(【明】陆容:《菽园杂记》卷8),但由此也可以反观明代军士地位之低了。地位低,战争一旦发生还要死人,可军队人数可不能少啊,于是就出现了第五种军士来源"垛集"——这也是后来明朝都司卫所军的主要部分。那怎么个"垛集"法?明初规定:民户中3户人家合为1个垛集即征兵单位,其中1户为正户,其他2户为贴户,即起到候补作用的。正户出正军1名,承担军役,一旦该正军参军,便被编入军籍,与民籍分立。入了军籍就不能轻易变动,除非当上兵部尚书才可脱离军籍;那么要是军士死了,就由该军士的儿子替补;要是军士没儿子或逃亡了又该怎么办?必须马上补上。要是逃军的话,政府着力追捕;要是死了没法补时,官府就到军士原籍追补其家属;如果该军户户下只有1丁,那么就得上另外两个有丁的贴户内追补,这就是明史上有名的"勾军"(《明太宗实录》卷15;万历《大明会典·兵部·勾补》卷154)。

不过这"勾军"可有名堂了,一旦卫所队伍中缺失军士,就差人上缺失军士原籍去勾补,但因为明代军士地位实在低下,应该承担军役的有钱人家往往会买通前来勾补的军队人士,军队人士收了人家的钱,就到别的人家那里去乱勾补,这样就会引起地方百姓的骚动。鉴于此,洪武二十一年八月,朱元璋下诏规定:"自今卫所以亡故军士姓图籍送兵部,然后照籍移文取之,毋擅遣人。违者坐罪。"军队卫所乱来的源头治理了,但地方军士候补一头却还是存在问题,于是朱元璋又下令:"天下郡县以军户类造为册,具载其丁口之数,如遇取丁补伍,有司按籍遣之,无丁者止。"(《明太祖实录》卷193)

军队卫所的兵籍送到兵部,要有勾军也得由兵部等机构核实后下文下去,另外派人专门勾军,地方衙门专门编造军户户口册。到了该年的十二月,朱元璋又命令大明兵部置军籍勘合,专门设计了一种军籍户由,可能就相当于民籍中的"清册供单",然后派人拿着这种军籍户由上各地的军队卫所中去,叫士兵们如实填写:从哪里来当兵的,调补何卫何所,这都是什么时候的事情,还有在营中的丁口数,等等,"如遇点阅,则以此为验,其底簿则藏于内府"(《明太祖实录》卷194)。这就是明史上的军籍黄册,简称其为军黄或军黄册,而相对的其他专业黄册如匠籍册、灶籍册等则被称为民黄或民黄册。

实行这样的专业户籍管理制度,按照老朱皇帝的理想,建立军户世袭制后,被编入军队的军士们按照政府的指令开赴边关去屯守,大致是三分人守城七分人屯田。这样的军制起到了一举两得的作用,既守疆护土又屯田自给,不仅减轻了农民的沉重经济负担,而且还能减少兵役对农民的侵扰。

但理想归理想,具体实施起来可就问题多多了。由于明初起实行右武抑文之国策,武将们的子孙可以通过荫官即靠着父祖辈的军事功勋继续为军中武官,而普通兵士除非有特别的军事功勋,一般都没有什么出头的日子,他们只好世代受军官们的统治和奴役。而明初"两祖"又都是武夫出身,对于军官们的一般违法犯罪都比较宽容(谋反罪除外),这样的"祖制"惯例沿袭下来造成的后果十分可怕,明朝军队尤其是边疆国防军腐败得相当之快,军官们常常利用职权克扣军饷和军用物资;士兵待遇低下,有时甚至连温饱都成问题。宣德初年,开平、大同、山海等边疆地区军士的皮裘狐帽和胖袄裤鞋等生活必需品常常得不到及时的供给。(《明宣宗实录》卷9、卷11)而军中将领往往侵占屯田,奴役士卒为其劳作,原本具有相对独立个体的军士沦为了军官的私人奴仆;加上国家下派修筑军事防御工程或为朝廷提供边地柴炭等劳役,兵士们终年都得不到休息。尽管宣德皇帝当政后及时地免除了"边卫军士岁办柴炭"等类的杂役(《明宣宗实录》卷14),但没有从根本上解决问题。每况愈下的生活和日益繁重的负担,迫使军士们自找生路,一些头脑活络的人就乘着别人不注意时偷偷地溜了,逃军问题由此而形成。

逃军问题最早可能是在洪武中晚期就有了,到了永宣之际日趋严重。逃军越多,意味着军中兵士越少,军队战斗力就会大受影响。为了保障大明帝国的强盛,永宣时期帝国政府就开始加大力度勾补逃军。但要是追补不到逃军的话,那就得上逃军兵士原籍军户中再找一个男丁来顶替,以此来保持军队的人数与规模。可这样的勾军却带来了一大堆问题。

第 3 章 积弊交集 正统危机

洪熙元年(1425)闰七月,有一个在军中服役了四十多年的老书生范济给新上台的宣德帝上书,指出了勾军的积弊。他说:"大凡卫所派出勾军的差官有6~7人,百户所派出的也有2~3人,此类差官都是平日里与卫所军官混得很熟的青壮年军士,他们畏惧被征派去干别的苦差役而表现得特别'积极向上',并以丰厚的财物贿赂管事军官,取得勾军的美差。一旦到了逃军原籍的州县那里,他们就耀武扬威,虐害里甲。基层里甲不敢得罪这些军爷,不仅好酒好菜笑脸相迎,而且还要'赠送'一些金银财宝。要是某户人家真有可勾补的人丁,只要你有钱奉送,勾军军爷就会说,该户人家人丁死光了,无可勾军;而真正无军可勾的,你又不肯或无钱'孝敬',那么勾军军爷就会留宿不走,有的人已经违限两三次,但只当什么事也没发生;更有甚者在外勾军时,突然发现某家妇女长得标致,干脆就在那里成个家。等到回到部队里时,这些勾军者往往会将搜刮来的钱财孝敬给他们的长官。至于有没有按照勾军要求勾补到人,符合不符合朝廷之规定?谁都朦朦胧胧,含含糊糊。有时勾军者带回来的人丁数还不及派出去的勾军者人数,你说我大明军队能不缺军士?!"(《明宣宗实录》卷6)

○ 清军清到后来越"清"越糊涂,越"清"逃军越多,大明在怪圈里打转

范老书生的上书揭开了大明勾军的黑幕,原本有着美好愿望的一项举措没想到带来了这么多的负面效应,这还不是问题的关键所在。皇帝朱瞻基所关心的是勾军为什么没有成效?在随后陆陆续续的各地上奏奏本中,人们有意或无意都提到或揭露了军队的混乱与腐败。在经过半年左右的"调研"后,朱瞻基终于于宣德元年(1426)正月做出了一项重要的决定,派遣吏部侍郎黄宗载、户部侍郎郝鹏、刑部侍郎樊敬等15人到各地去清理军伍,由此揭开了大明历史上大规模的清军帷幕。(《明宣宗实录》卷13)

清理军伍不清也罢,一清发现问题越来越多,原本派出的15个高官已经不够用了。宣德三年(1428)正月,行在兵部尚书张本向皇帝朱瞻基上奏,要求增派朝廷官员。明宣宗接受了张本的建议,抽调了六科都给事中、各道掌道监察御史共计14人分赴各地

去清理军伍。(《明宣宗实录》卷35)

清理军伍、清理军务(简称"清军"),主要是清查军籍黄册与军队实际人数和粮饷数,以此来清除军中的腐败与军官的贪污,进而正确地掌握全国军事、屯田和卫所等具体状况。但由于涉及的面相当之广,从军队到地方,从北疆到两广,几乎每个地方都在开展清军,所以"清"出来的问题也特别多。首先是被清军者不配合,由于明朝军队实行的军屯制是一种落后的生产军事方式,它是以国家掌控着大量的空地为前提。但明朝开国数十年后随着社会的发展和军中权贵势力的膨胀,军屯制下的主要生产资料——屯田首先遭受了侵夺和占有,而生产者兵士由于地位低下,又常常被军官们私自奴役,军屯制开始土崩瓦解了。出于生存的本能和对生活的向往,军屯制下的兵士纷纷逃亡,由此带来了勾军问题。勾军又不是简单地征发民丁,按照制度规定,一旦成为了军户就得子子孙孙世世代代当那被人奴役的大兵,因而人们听到勾军唯恐避之不及。这样一来,越想勾军越是勾不到军士,但上级的命令与指标又不能不完成,于是由勾军引发出来的清军活动开始危害到了社会底层。

宣德五年(1430)十二月,直隶苏州知府况钟向明宣宗上奏,描述了清军对苏州百姓带来的侵害:长洲县(即今天吴县)同知张徽秉承中央派出的御史李立之意,在军户户籍勾补不到军丁的情势下,将同名同姓的或远房亲属或户绝财产继承人都当作了清军勾补的对象,一次就勾补了朱阿狗等1 210人,外加上次勾得的陈阿多等682人,这近2 000号人呼天喊地,凄凄惨惨,苏州底层社会人心惶惶。对照清军条例,他们多不属于勾补对象。恳请皇上另派公正御史和给事中到苏州来重新审核。(《明宣宗实录》卷73)

剪不断理还乱,宣德中后期由于帝国政界与军界日益趋向腐败,大明清军成了一笔谁也弄不清的糊涂账。

更为糟糕的是,正统帝上台后尽管继承了乃父明宣宗的做法,继续派人清军,但实际上收效甚微,甚至反而到了清军越"清"越糊涂、越"清"逃军越多的地步。

正统三年(1438)九月,行在兵部上奏说:"巡抚河南、山西兵部右侍郎于谦言,今河南岁歉民艰,事宜减省,乞暂将清军御史召还,其各处并乞暂停,臣等窃惟自遣御史清理之后,近三年于兹矣,天下都司卫所发册坐勾逃故军士一百二十万有奇,今所清出十无二三,到伍未几,又有逃,故难以遽皆停止。惟河南荒歉,陕西用兵,云南、贵州军少,宜暂取回及顺天等八府原差御史二员,宜减一员。"(《明英宗实录》卷46)

这段史料告诉我们:正统之初的3年间,清军、勾军的成功率连20%～30%都不到,因为即使清到或勾到了军士,但他一到卫所又开始设法逃跑。

虽然形势这般严峻,可正统朝廷就是不死心,依然进行清军和勾军。正统十三年(1448)九月,大明兵部上奏说:"在京在外各卫所军伍,自正统十三年四月以前造册送部转发清勾军士共六十六万六千八百有奇,今清军御史盛琦等止清出六万一千二百人。其未清出之数,较之已清出者殆十倍之。其间挨无姓名籍贯者尤多。"(《明英宗实录》卷170)

这段史料告诉我们:正统十三年(1448),正统朝廷原本要勾补的军士为666 800人,但实际清出和勾到的却只有61 200人,仅为要勾补军士人数的10%,其成功率还不如10年前。正可谓清军越"清",逃军越多;史料载"其间挨无姓名籍贯者尤多"则暗示当时大明朝清军越"清"越糊涂了。那么为什么会出现这样令人哭笑不得的尴尬局面?笔者认为,除了军队卫所制度本身存在的问题外,还有两个方面的因素不容忽视:

第一,明初开始实行的军士南北籍异地驻守制度本身就有瑕疵。明人章潢曾这样说道:"国初卫军籍充垛集,大县至数千名,分发天下卫所,多至百余卫,数千里之远者。近来东南充军亦发西北,西北从军亦多发东南。然四方风土不同,南人病北方之苦寒,北人病南方之暑湿。逃亡故绝,莫不由斯。道里既远,勾解遂难。"(【明】章潢:《图书编》卷117)

第二,军队与地方相关的各级长官肆意贪渎、受贿连连,使得本该清楚明了的清军、勾军成了一笔难以搞清楚的阎王账。据明代官史记载:正统九年(1444)三月有人上奏检举:府军前卫指挥佥事鹿麟受枉法赃,卖放操军三十九名。明英宗接奏后十分恼怒,下令给鹿麟枷百斤大号,于教场示众,而后又将他发往辽东铁岭卫充军,并以此作为对犯有相同之罪者的处置范例。可即使这样严厉处置,还是有人"前'腐'后继"、作奸犯科。正统九年(1444)九月,"都察院录京卫指挥、千百户二百二十二人受赂放军"。这次犯事者不仅是人数多了,且还是在京的军队官员,正统帝似乎考虑到了对他们"谨慎"处置的必要性,随即下令:此属论罪俱当死,姑宥之,再犯不宥。(《明英宗实录》卷121)

正是正统帝对故意放纵逃军的军官们实行差别性处置,这就在客观上使得军中腐败和逃军问题不仅屡禁不止,反而愈发严重。据官史所载,正统时期,有个叫李纯的监察御史巡视辽东时发现:当地的一个百户所"原设旗军一百十二人者,今止存一人"。也就是说编制上的112人,现在逃军人数已达111人。(《明英宗实录》卷47)

帝国政府要勾军、清军,各级军官老爷们却来个"捉放曹",这是为什么？缘由有三:其一,军官老爷们通过"捉放曹"可以向逃军及其家属索取贿赂;其二,放走了逃军,但军黄册上的军士名额和卫所军士名额却依然保留着,于是帝国下拨的年例银就少不了了,而手中握有大权的军官们则可私吞逃军月粮等经济"补贴";其三,逃军问题越严重,军官们获取勾军等美差的可能性也就越大,并想通过此差再好好地捞一笔。于是大明帝国清军越"清"越糊涂,越"清"逃军越多,不停地在逃军→勾军→清军→逃军……的怪圈里打转。

○ 大明帝国武备废弛,军队战斗力严重下降

就在帝国政府不停地在逃军→勾军→清军→逃军……的怪圈里打转时,大明军中逃剩下来的军士们却正在饱受军官们的欺凌和压榨,继续过着悲惨的生活,于是逃军愈甚。

早在宣德末年,行在兵部右侍郎王骥曾上言朝廷,说:"当今国家'优养愈厚,逃亡愈多,良由中外都司卫所官,罔体圣心,惟欲肥己,征差则卖富差贫,征办则以一科十,或占纳月钱,或私役买卖,或以科需扣其月粮,或指操备减其布絮。衣食既窭,遂致逃亡。'"(《明宣宗实录》卷108)

宣德十年(1435)二月,也就是正统帝即位后的第12个月,镇

守山西的都督佥事李谦上奏说:"边储空乏,而平阳诸府该纳秋税又多愆期,以致官军俸米未给者二十七月,欲将山西布政司官库所收布帛准折镇西诸卫官军未给俸粮,并严限欠粮郡县官吏催征输纳。"(《明英宗实录》卷2)

军官们卖富差贫、以一科十,或占纳月钱,或私役买卖,遂致军士逃亡。而未来得及逃亡的军士们居然27个月即两年多没领到粮饷,这是何等的情势?

对此,正统帝即位上台后曾做过一些努力,想改变一下子这样的不堪局面。

正统元年(1436)四月,已升为兵部尚书的王骥向小皇帝上奏说:"京卫及天下都司卫所近年以来,军士逃亡,队伍空缺,究其所由,皆因管军官旗不知存恤,百方虐害所致,及差官旗勾取,多受财脱去,间有取至军士,又复侵扰,无以生存,遂复逃避。缘各卫所止有经历、吏目专掌案牍,职在下僚,多在堂上官所制,凡不奸弊莫敢谁何。乞于内外卫所增设能干知事、吏目各一员,专恤军士,不预卫所事务,庶奸弊可革,士卒安生。"明英宗准奏,随即下令在帝国各都司卫所增设"知事、吏目各一员,专理军政"(《明英宗实录》卷16)。

那么正统朝廷的该出新招举措管用吗?我们不妨来继续看看历史实际:

正统五年(1440)三月,宁夏总兵官都督史昭上奏说:"庆阳卫定边营署都指挥佥事张通因追屯田谷草,肆为贪虐,致军士五百余人逃窜。乞治其罪。"明英宗接奏后命巡按御史执问如律。(《明英宗实录》卷65)

正统十年(1445)二月,巡按直隶监察御史李奎上奏说:"沿海诸卫所官旗,多克减军粮入己,以致军士艰难,或相聚为盗,或兴贩私盐。乞敕巡盐御史并巡海参政严加禁革,犯者坐以重罪。"正统帝准奏。(《明英宗实录》卷126)

正统十四年(1449)十二月,兵科给事中刘斌上奏说:"近数十年典兵官员既私役正军,又私役余丁,甚至计取月钱,粮不全支,是致军士救饥寒之不暇,尚何操习训练之务哉!至如公、侯、伯、都督、指挥等官但知家室之营、金帛之积、轻裘肥马之是尚,兵机战策之罔知。一旦有警,令总率三军几何,而不至于丧师误国也。"(《明

英宗实录》卷186,《废帝郕戾王附录》第4)

正统末景泰初兵科给事中刘斌上奏的这段奏文大意是:军士们的月粮被克扣,肚子吃不饱,身体穿不暖,温饱问题尚未解决,还有什么心思去参加国家组织的军事操习训练呢?

无独有偶,正统末景泰初,巡按大同、宣府等地的监察御史张鹏也向朝廷上奏说:"两镇军士敝衣菲食,病无药,死无棺。"(《明史·张鹏传》卷160)

堂堂北疆重镇大同、宣府的军士们居然衣衫褴褛,糙食不能裹腹,得了病无药医治,死了连入殓的棺材都没有,试想这样的军队能有什么战斗力?!

当然有人见此可能要说,军队战斗力的强弱不仅仅取决于军士的士气,还体现在器械装备方面。可让人失望的是,大约自正统帝即位前后起,大明军中器械装备状况也是糟糕透顶。

正统元年(1436)十二月,镇守陕西的都督同知郑铭上奏说:"陕西沿边各卫见缺军器以千万计。"(《明英宗实录》卷25)

正统元年(1436)九月,镇守蓟州等处的总兵官都督同知王彧上奏说:"沿边操备守关官军缺少衣甲,请于遵化铁厂给铁先补造五千八百四十二副。"(《明英宗实录》卷22)

正统元年十一月,镇守大同的太监郭敬、总兵官都督同知方政上奏说:"新调镇虏等卫官军时常出境巡哨,缺衣鞋、弓箭、盔甲等件,计四万有余。"(《明英宗实录》卷24)

正统元年十一月,行在兵部上奏:"三千、五军、神机等营拜山海等处官军缺马二万七千八百余匹,请令行太仆寺如数给与。"(《明英宗实录》卷24)

正统元年十二月,镇守甘肃的太监王贵上奏说:"巩昌等卫选操军士数多,盔甲不给。"明英宗命令从兵仗局先支2 000副,并"遣内臣运以给用"(《明英宗实录》卷25)。

正统四年(1439)正月,朝廷兵仗局一次发给北京神机营和运往甘肃总兵官任礼处的盔甲等器具就有64 000余件。(《明英宗实录》卷50)

......

兵器、盔甲、战衣等什么都缺,既然缺少那就赶紧打造、运去,

不就得了。而在这个过程中,由于大明帝国腐败盛行,为打造、运输军用器械装备又滋生出了一大堆的问题:

正统元年(1436)十二月,行在工部上奏说:"天下岁造军士衣靴,运纳东西广备库。迩者点视所贮,短窄纰薄不堪用者十三四万。其典守官吏人等宜究问,以戒将来。"(《明英宗实录》卷25)

正统二年(1437)十二月,镇守陕西的副都御史陈镒上言:"臣省视临边屯堡,军士披执器械皆不坚利。初给料造甲,每副铁四十斤,造完得二十余斤。今较军士衣甲,重不过八九斤,至以皮叶辏成者。如此何以御敌,乞置监造军器官于法。"(《明英宗实录》卷37)

正统四年(1439)正月,明英宗听说军用器械装备的质量和规格出了问题,专门下达诏令:"比闻所造多不如法,其于兵仗局各取一件为式,每三月一次令给事中、御史阅其所造,敢有不如法及侵盗者,必罪不宥!"(《明英宗实录》卷50)

皇帝都发大火了,那么接下来军用器械装备的打造就该有所保障了?我们不敢妄下结论,请看史实:

正统四年(1439)十月,巡按直隶的监察御史李果上言:"成造军器,各处卫所官吏视为泛常,甚至有恣肆贪婪侵克物料者。夫物料皆民所出,倍取诸民,而苟于成造,则兵无实用,民遭横毒。况各卫军器初无定数,任其自造。军匠与物料众者,军器反寡。乞敕该部于天下卫所量其军匠多寡,定与物料则例,使各如数造之。其收造放支,仍置簿书备查,岁终类册奏缴。庶革毙利民。"(《明英宗实录》卷60)

正统五年(1440)正月,广西庆远卫上言朝廷,说:"军器局打造的弓箭、眉针、木翎、铳箭等器械都不管用,而军士所用盔甲、枪刀、团牌率令自办,由此军士们愈发贫困。乞请朝廷将减造军器的费用直接下拨下来,补贴给愈发贫困的军士们自己打造军用器械装备。"(《明英宗实录》卷63)

正统十三年(1448)正月,"广东广州左等卫补造军器多不堪用,提督边务右参政钟禄劾奏都司并总督备委都指挥同知李升等及该卫官罪"(《明英宗实录》卷162)。

由此看来,尽管正统朝廷十分重视军用器械装备的制造,但实际问题依然没有解决。

器械装备粗制滥造、"短斤缺两",军士们食不充饥、衣不蔽体,而被大明天子视为帝国军事栋梁的军官们却不顾朝廷的屡次禁戒,继续贪渎,甚至快要到了疯狂的地步。

西宁卫掌卫事都指挥佥事穆肃与镇抚李恒狼狈为奸,冒支官军俸粮8 110余石。事成后李恒贪欲肆意膨胀,仅分赃给穆肃1 500石。这下可把穆肃给气坏了,他顿时就有了将李恒置于死地的念头,而后上告朝廷,说李恒犯有诸多不法恶事。李恒听说后气得半死,随即反过来诬告穆肃犯有故意杀人罪。这下可将事情给弄大了,朝廷命令法司部门鞫问此案,一查就把穆肃与李恒合谋冒支官军俸粮的事情给查了出来。(《明英宗实录》卷40)

两个中高级军官合伙冒支官粮8 110余石,这在普通人看来简直就是疯子行为。不,还有比这更疯狂的了。正统四年(1439)十月,有人举报:万全右卫指挥使王祥、怀安卫指挥使楚祯盗卖仓粮各万余石。(《明英宗实录》卷60)

正统中晚期,大明军中官员的这样肆意行为更加猖狂,几乎到了变态的地步。有一次明英宗朱祁镇在与大臣们讨论如何严禁官旗克扣军粮时曾放出了这样的狠话:"自今官旗克减军人月粮、布花者,戍边;其克减钞绢、苏木、胡椒等物者,止运灰、运米,复还职役,在本卫所听调杀贼,不许管军。情重者,仍具实奏请。"(《明英宗实录》卷126)

大明军官们连小兵的救命钱、救命粮都要冒支、克扣或盗卖,且动辄万石,甚至连布花、钞绢、苏木、胡椒等物都不放过,而食不果腹、衣不蔽体的底层军士们却挣扎在生死一线间,度日如年;加之,军中器械装备粗制滥造、"短斤缺两",昔日横扫天下、威风华夏的大明军已堕落到了这般地步,还能打仗吗?嗨,你还别这样说,正统时期还真是打胜过一场"大仗",不过这个"大仗"一打就打了10余年,这就是明史上有名的麓川之役。

● 五征麓川　平乱遗患

麓川是个历史地理名词,其中心点勐卯即今天云南的瑞丽。该地及其周围地区在十三世纪中期曾建有一个叫后果占壁国,因无法抵御蒙古大军的入侵而分崩离析,为元朝所控制。

● 麓川平缅宣慰使司与明初西南边陲十大宣慰使司

元朝在此建立了大理金齿宣慰司(《元史·兵制四·站赤》卷101),分别册封了当地傣族6位首领担任金齿六路的世袭总管。1312年,金齿宣慰司麓川路总管芳罕之子混依翰罕宣布脱离元朝金齿宣慰司,在勐卯即今日瑞丽称王,建立麓川王国。因传说猛虎曾跃过他的头顶,第一代麓川国王混依翰罕自号"思汗发"(在《元史》中"思汗发"作"死可伐")。发者,王也。(【台湾】陈致平:《中华通史·明史》,花城出版社,1996年2月第1版,P128)而后麓川王国不断扩大版图,并多次打败元朝军队。至正十五年(1355)八月,因长期征战而导致国库空虚,思汗发不得不命令儿子莽三带上方物前往大都北京,纳贡请和。元朝接受了他的归降,在其地设立了平缅宣抚司,又名平缅宣慰司,册封思汗发为世袭宣慰使。(《元史·百官八》卷92)

"平缅在西南夷稍远,自云南大理越金齿至其地,所谓百夷者是也。元时常属于缅甸,有城郭、室屋,其人皆楼居,地产象、马,官民皆髡发如僧,出入则乘象,自前代时未尝通中国,元始遣使招谕遂入贡。"(《明太祖实录》卷164)

明朝开国后的第二年即洪武二年(1369),思汗发去世,其子思并发继位。后其宫廷发生谋杀,王位或言宣慰使之位流转到了思汗发次子思伦发手中。

洪武十五年(1382),大明军兵下云南,以排山倒海之势攻取大理、金齿等地。金齿与思伦发统治中心平缅"壤地相接",思伦发见到大事不妙,赶紧派出使团上南京去,与大明朝主动交好。明太祖朱元璋针对当地少数民族的特殊情况"因俗而治",继续沿用元朝的土司制度,设立"平缅宣慰司","以土酋思伦发为宣慰使"(《明太祖实录》卷143)。

两年后的洪武十七年(1384)八月,平缅宣慰使思伦发派遣刀令孟入献方物,并交出故元所授宣慰司印。明太祖将"平缅宣慰司"改为"平缅军民宣慰司",仍以思伦发为宣慰使,同时还改"车里军民府"为"车里军民宣慰司",以刀坎为宣慰使。(《明太祖实录》卷164)没过几天,朱元璋又下令,将"平缅军民宣慰司"改为"麓川平缅宣慰司"。因"麓川与平缅连境,元时分置为两路,以统领其所部。至是以思伦发遣使来贡,乃命兼统麓川之地,故改之"。(《明太祖实录》卷164)

差不多与此同时或稍后,明廷相继在西南边陲地区即原先元朝云南行省下辖的西南边陲金齿宣慰司、八百宣慰司和平缅宣慰司等地,分立出10个宣慰司或称军民宣慰司。这10个宣慰司从西北往东南的大致位置为孟养宣慰司、麓川平缅宣慰司、木邦宣慰司、缅甸宣慰司、大古剌宣慰司、底马撒宣慰司、靖定宣慰司、车里宣慰司、八百大甸宣慰司、老挝宣慰司。(《明太祖实录》卷143、卷164、卷209、卷233;《明太宗实录》卷24、卷30、卷32、卷55)详见下表:

明朝前期在西南边陲设立的十大军民宣慰使司

设立时间	机构名称之演变	辖地范围	今所在之处	史料出处
洪武十五年二月	平缅宣慰司,两年后改名为平缅军民宣慰司,不久又改名为麓川平缅宣慰司。正统九年九月己亥,立云南陇川宣抚司	铁壁关、勐卯、陇川、汉龙江	云南瑞丽、陇川等地	《明太祖实录》卷143、卷164;《明英宗实录》卷121
洪武十七年八月	改车里军民府为车里军民宣慰司,以刀坎为宣慰使	北起普洱,南至勐腊,西自景洛,东到勐半	今云南景洪、车里等地	《明太祖实录》卷164
洪武二十四年六月	八百大甸军民宣慰司。最先在洪武时设立八百宣慰司。永乐二年五月,设八百者乃军民宣慰司和八百大甸军民宣慰司	元朝时的八百宣慰司或称八百媳妇国旧地。明时将其一分为三,北部为孟艮府,南部有二,即八百者乃、八百大甸	今云南南端、泰国北部之景迈	《明太祖实录》卷209;谭其骧主编:《中国历史地图集》第七册,中华地图学社出版,1975年版P21~22、P64~65

(续表)

设立时间	机构名称之演变	辖地范围	今所在之处	史料出处
洪武二十七年六月	缅甸军民宣慰司。洪武二十七年六月,置缅中宣慰司。永乐元年冬十月,设立缅甸宣慰司。宣德年间,缅中宣慰司和缅甸宣慰司合并,改名为缅甸军民宣慰司	与木邦宣慰司为邻,伊洛瓦两岸及其西部	今缅甸	《明太祖实录》卷233;《明太宗实录》卷24;《明宣宗实录》卷106
永乐二年夏四月	老挝军民宣慰司	车里以南、寮国北部地	今老挝	《明太宗实录》卷30
永乐二年六月	改木邦府为木邦军民宣慰司,又名木邦宣慰司	天马关以南直至八百大甸北部	今云南畹町之南、怒江之西	《明太宗实录》卷32
永乐二年六月	改孟养府为孟养军民宣慰司,又名孟养宣慰司	木邦之西,东起大金沙江,西至印度交界的那加山脉	今密支那一带,与木邦宣慰司辖地大致相同	《明太宗实录》卷32
永乐四年六月	大古剌军民宣慰司,又名大古剌宣慰司	元朝是登笼国旧地	今缅甸白古之北	《明太宗实录》卷55
永乐四年六月	底马撒军民宣慰司,又名底马撒宣慰司	大古剌东南	大致在今彬文那一带	《明太宗实录》卷55
永乐年间	靖定军民宣慰司,又名靖定宣慰司	在今缅甸境内,具体地址不明	在今缅甸境内,具体地址不明	【台湾】陈致平:《中华通史·明史》,花城出版社,1996年2月第1版,P102

● 麓川思伦发、思任发屡叛屡降、反复无常与大明列祖列宗军事打击的重点

在明初西南边陲设立的十大宣慰司中,最为令人心烦劳神的可能就要数麓川平缅宣慰司。就在明太祖设立麓川平缅宣慰司的第二年即洪武十八年(1385)十二月,平缅宣慰使思伦发发动叛乱,"率百夷之众寇景东,土官知府俄陶奔白崖川,都督冯诚率师击之,值天大雾,猝遇蛮寇,我师(明军)失利,千户王升死之"(《明太祖实录》卷176)。

朱元璋在接到麓川之乱的消息后并没有表现出过度的反应,而是派遣通政使司经历杨大用带了白金500两、文绮20匹前往云南,赐予受难的景东府知府土官俄陶等人,以示安慰。与此同时下令给留镇云南的义子、西平侯沐英加紧对叛乱的平定。但由于当时整个云南平定才没多久,加上当地气候、山势和语言风俗等方面的特殊性,沐英平乱花费了很大的心血与精力,且用了几年的时间。

先是思伦发叛乱后流窜到别地,诱引"群蛮入寇马龙、他郎、甸之、摩沙勒"等地。洪武二十一年正月,沐英逮住了机会,派遣都督宁正前去击战,斩首1 500余级,但其余的叛寇全给溜了。(《明太祖实录》卷188)两个月后的洪武二十一年(1388)三月,思伦发组织大队人马,"号三十万、象百余只,复寇定边,欲报摩沙勒之役,势甚猖獗"(《明太祖实录》卷189)。

沐英接到定边急报后并没有去正面理睬,而是派了一支30 000人的骁骑队伍,昼夜兼行,直抵思伦发军中大本营,并发起了猛烈的进攻。思伦发见到明军攻势正盛,知道不是其战场上的真正对手,于是采用了很绝的一招,组织10 000余人驱赶着30只大象出来"迎战"。大明军通常进行的都是正规战,哪知道与大象怎么作战。这时前线指挥官灵机一动,命令云南前卫指挥张因率领骑兵50余人做前锋迎敌,其余的人都充当弓箭手,等到叛军将领趾高气扬地坐在大象背上不断地向明军冲过来时,明军弓箭手一齐放箭。这下可好了,好多大象膝盖中箭倒地,还没怎么交手打

呐,叛军军营开始大乱,随后后撤。

沐英接到前线传来的捷报后立即组织众将领,依照前番作战经验,进行收服定边的战斗。据说在该次战斗中,明军又大获全胜,斩首30 000,俘虏10 000余人,大象死了一大半,即使有活下来的也是7成被俘获,没被杀死的叛军"连日不得食,死者相枕藉,思伦发遁去"(《明太祖实录》卷189)。

朱元璋闻讯后命令沐英等立即组织追赶,并叮嘱他在思伦发着力经营的景东巢穴附近实施军屯,边屯边战,不打死他们也能耗死他们。朱皇帝的这一招很灵,从洪武二十一年(1388)四月到洪武二十二年(1389)十一月,大约花了1年半的时间,明军终于逼降了思伦发。思伦发遂以象、马、白金方物入贡谢罪,"百夷遂平"(《明太祖实录》卷198)。洪武二十三年(1390)十一月,明廷设立景东、蒙化两卫,以此加强对麓川及其周围地区的军事控制。(《明太祖实录》卷206)

这样的安宁日子大约过了五年,到洪武二十八年(1395)闰九月时,缅甸国王卜剌浪遣使桑乞剌查上南京贡献方物时向明太祖哭诉:"百夷思伦发屡次出兵侵夺我境土。"老辣的朱元璋听后跟朝廷大臣说:"远夷相争,盖其常事,然中国抚驭四夷,必使之无事,当遣使谕解之。"(《明太祖实录》卷242)

明廷理性劝谕,不介入"远夷相争",可这些不开化的远夷们做起事来有时还真让人摸不着头脑。就在朱元璋晚年即洪武三十年(1397),一生捣乱不断、杀人无数的思伦发突然信起佛来。有个云南和尚跑到平缅宣慰司地界去大讲佛教因果报应之说,思伦发听后十分着迷。刚好有个心灵手巧的金齿戍卒也逃到了平缅地界,思伦发听说他能造铳制炮,就将他尊为上宾,给他佩上金带,使他与云南来的那个和尚一样,地位要远远高于平缅诸部落首领之上。这下可将一部分平缅首领给恼怒了,他们在一个叫刀干孟的首领带领下发动了叛乱,率兵攻打明朝的腾冲府。思伦发看到刀干孟叛乱之势日盛,心里十分害怕,于是带了全家逃亡到西平侯那里。西平侯沐春(沐英已卒,儿子沐春继为西平侯)将他送往京师南京。(《明太祖实录》卷255)朱元璋听说后,命西平侯沐春为征虏前将军、左军都督何福为左将军、徐凯为右将军,率云南、四川诸卫兵,前去征讨刀干孟之乱,并将思伦发护送回还云南。

洪武三十一年(1398)四月,沐春、何福率领的明军多次打败刀干孟。刀干孟走投无路,又害怕明廷追究其叛乱罪责,于是投降了思伦发。思伦发这才得以回还平缅。而后洪武朝廷"分其地,设孟养、木邦、孟定三府,隶云南;设潞江、干崖、大侯、湾甸四长官司,隶金齿"(《明英宗实录》卷24)。纵然思伦发对此一万个不乐意,但也无可奈何,大约一年后他病死了。(《明太祖实录》卷257)

思伦发死后,其长子思行发上奏明廷,请求承袭麓川平缅宣慰使之职。明廷批准了他的奏请,随后于永乐元年(1403),明成祖朱棣对原为麓川平缅宣慰司统辖的西北孟养府和正南方的木邦府进行分立,并将其升格为宣慰司,使其与麓川平缅宣慰司同埒。(《明英宗实录》卷24)至此,原本几乎统辖了小半个云南的1个麓川平缅宣慰司已被分立为木邦宣慰司、孟养宣慰司、孟定府、潞江长官司、干崖长官司、大侯长官司、湾甸长官司和麓川平缅宣慰司等8个区域,虽然麓川平缅宣慰司名称未变,可它的辖地却越来越小。

永乐十一年(1413)正月,病重中的思行发向明廷奏请,"以弟思任发代其职"。明成祖批准了他的请求,思任发由此继承了麓川平缅宣慰使。(《明太宗实录》卷136)

思任发初任宣慰使时还算老实,恪守远夷藩臣之礼,每年都会遣使向明廷贡献方物特产,如大象、马匹和金银等物,明廷也往往对其予以厚赏,这样一来,双方之间的和睦关系维系了10来年。永乐二十年(1422),野心勃勃的思任发终于控制不住了,发动了对南甸州的侵扰,但不久他又遣使上贡明廷,奉表贡献方物,"谢兴兵侵南甸州之罪"。明太宗朱棣宽宥其罪,派遣中官云仙等赍敕戒之,并赐之绒锦、文绮、表里(《明太宗实录》卷254上)。

可这个思任发实际上也是个反复无常的小人,其"狡狯逾于父兄",宣德初年起就"差发金银不以朝纳"。据明代官史所载,宣德元年(1426)至宣德七年(1432),他只纳银1 350两,拖欠朝廷银子多达2 150两。宣德帝并没有因此与之较真,还"稍优容之"。哪想到这个思任发却将明廷的好心当作驴肝肺,"适会缅甸之危",他"侵有其地,遂欲尽复其父所失故地,称兵扰边"(《明英宗实录》卷24)。

宣德三年(1428)四月,云南三司衙门上奏:"麓川宣慰使思任发占夺南甸州等处属地,请求朝廷发兵问罪。"(《明宣宗实录》卷41)随后云南总兵官、太傅、黔国公沐晟也上奏,请求征发云南、贵州、四川三省官军50 000人及各处土兵征讨思任发。明宣宗因"念数年来征交阯,讨四川番寇,军民劳弊未苏"而否决了云南三司和沐晟的意见。差不多与此同时,他一方面命令总兵官黔国公沐晟并云南三司、巡按监察御史计议,"差人赍敕抚谕,令思任发还其土地人民,安分守法,各守疆界"(《明宣宗实录》卷41);另一方面降敕给思任发,对其侵扰行径大加斥责,并发出严厉警告。狡猾无比的思任发看到皇帝动怒了,赶紧派遣头目刀门道等前往北京朝贡象、马及金银器皿方物。由此一来,双方又恢复了正常关系。(《明宣宗实录》卷66)

从明太祖、明太宗到明宣宗,大明老祖宗之所以这般处置,是因为"蛮夷仇杀常事,岂可轻用兵,但守边不可无备"(《明宣宗实录》卷42)!换言之,大明帝国应该将主要军事打击目标锁定在已被推翻但流窜到漠北荒原上的蒙元残余势力——这也才是大明最为危险的敌人。明朝前期列祖列宗制定与贯彻的这等国疆战略无疑是极有见地的,可这一切到了唯我独尊、好大喜功又能力乏善可陈的正统帝那里开始变了。

● **五征麓川,正统朝耗尽国力,大炮打蚊子**

正统元年(1436)十一月,思任发率兵"侵占孟定府及湾甸等州,杀掠人民,焚毁甸寨"。云南总兵官、黔国公沐晟迅速将该事上奏给了朝廷。正统帝下令,让沐晟等人讨论讨论看,到底实行招抚好还是剿捕好。(《明英宗实录》卷24)大约一年后的正统二年(1437)十月,云南南甸州土官知州刀贡罕等上奏说:"麓川宣慰使思任发侵夺我司所辖的罗卜思庄等处278村,乞朝廷遣官赍金牌、信符谕之,俾退还所侵地。"正统帝再次敕令云南总兵官、黔国公沐晟拿个主意出来。(《明英宗实录》卷35)

半年后的正统三年(1438)六月,沐晟又上报说:"麓川宣慰使思任发累侵南甸、干崖、腾冲、潞江、金齿等处。"明英宗回复沐晟:

"相机抚捕",同时降敕给思任发,说:"兹特遣人抚谕,尔能革心向化,遵守成规,人民掳掠者释之,地土侵占者归之,则悉宥尔罪;若怙终不悛,必兴师征剿,尔追悔无及矣!"(《明英宗实录》卷43)

对于正统朝廷的敕谕,思任发压根儿就没把它当作一回事,继续率领他的部众侵占金齿、麓川平缅宣慰司北部广大地区。这时万里之外的北京城里正统帝还以为"蛮夷仇杀为常",但随后沐晟的急报打破了他的平常心态。沐晟在紧急上呈的奏报中说:"思任发已经自立头目,知州刀珍罕、土官早亨等助纣为虐,率领一大群的蛮寇来侵金齿,势愈猖獗。虽说我方已派遣署都指挥佥事李友发率大理等卫所马步官军守备金齿,但就目前我们这些人马,恐怕难敌叛军,乞请朝廷调拨大军前来平乱。"正统帝接到这样的奏报,顿时心里的火就腾腾地上来:思任发如此作恶,"侵夺城池,长恶不悛",看来还是必须要对他动点真格,让他见识一下我大明军的厉害,于是下令给行在兵部左侍郎邝埜,让他会同朝廷群臣,共同推荐在京武职廉干善战者两员。大臣们领命后经过一番讨论,推举了右都督方政、署都督佥事张荣。正统帝随即命令方政与张荣迅速赶往云南沐晟处,协助镇守右都督沐昂率兵进讨思任发。(《明英宗实录》卷43)明代历史上有名的"麓川之役"由此开始了。

○ 第一次麓川之役:正统三年(1438)十一月~正统四年(1439)三月

思任发听到朝廷调兵遣将前来征讨的消息后,一边派遣使臣进贡金银器皿、象、马,意图迷惑明廷,达到缓兵之目的;一边加紧侵占周围地区,在攻劫孟养等地后,派遣部属10 000余人夺占潞江等处地方,并沿江造船300艘,欲取云龙州等处。(《明英宗实录》卷43、卷44)正统三年(1438)八月,思任发又派遣"部属杀瓦甸、顺江、江东等处军余殆尽"(《明英宗实录》卷45)。鉴于叛军四处作恶,神出鬼没,"谲诈多端,不可怀服",正统帝降敕给云南总兵官黔国公沐晟,催促他乘着秋凉之时,抓紧时间,率兵进讨,以靖边境。(《明英宗实录》卷48)

正统三年(1438)十一月间,云南总兵官沐晟会同都督沐昂、方政等统兵进至金齿。思任发听说后,为了阻挡明军的前进,遂沿着潞江竖立木栅,断江而守,明朝官军不得渡。沐晟见此当即下令,就近扎营。这营一扎就扎了好多天,许多军中之人觉得很不理解。

原来沐晟扎营是为了等待叛军头人来降。叛军头人自己会来归降?这不是痴人说梦吧?不是的!思任发未叛时,他的手下有个叫刀宝玉的部将,曾经拜谒过沐晟。沐晟对他十分赏识,觉得他机智勇敢,便将他收为了义子。这时的沐晟突然想起了他,怎么下好这盘棋呢?沐晟叫来了指挥车琳,让他去找刀宝玉,再通过刀宝玉来说服思任发归降。思任发知道后来了个将计就计,假装允降。可沐晟却不知,一直傻傻地等着。

这时刑部主事杨宁出来说话了:"沐总兵官,我们不能再这样等了,仗还未打,敌人就来归降,这可能吗?我看这里边一定有诈!"沐晟不仅不听规劝,反而嫌杨宁狗拿耗子多管闲事,为了心静,下令将他支开,"督饷金齿"【清】谷应泰:《明史纪事本末·麓川之役》卷30;《明英宗实录》卷51)。

可后来事态的发展恰恰朝着杨宁估测的方向去,思任发前线部将缅简见到沐晟按兵不动,就天天带了人上营门来叫战。数日下来,有勇无谋的都督方政憋不住了,令人赶紧打造60艘船只,想以此用于渡江作战。可沐晟不同意,方政根本不予理睬,自个儿带了一部分人马,乘着黑夜渡江,悄悄地来到了缅简的军营,趁其不备,打得叛军屁滚尿流。缅简逃亡到了景罕寨,没想到还没有站稳脚跟,又遭到了指挥唐清统帅的明军之痛击。(【清】谷应泰:《明史纪事本末·麓川之役》卷30)这时的缅简犹如丧家之犬,只好再逃。方政部将指挥高远听说后连忙一路追击,追到高黎贡山下时,终于将他们给追上了,当场斩杀叛军3 000余人。(《明英宗实录》卷51)

这时方政率领大家乘胜深入,一直将思任发逼到了上江。上江是思任发的重要基地,地势险要,防守严密。小部分明军孤军深入,又一路疲惫追赶,这就犯了兵家之大忌。可方政一路追赶过来没曾多想,等到了上江附近一看这般情势,才意识到自己和兄弟们所面临的处境竟然是如此之险恶,于是赶紧派人回去,向总兵官沐晟求援。沐晟正为方政不听指挥而发着火呐,哪想去救这个忤逆上级领导意志的下级将领。一连几天过去了,沐晟终于静下心来想想,觉得这事要是被捅到朝廷那里去,可就麻烦了,最终他还是

第3章 积弊交集 正统危机

353

决定，派少些人马前去救援，做做样子。这少些人马行军到了夹象石时就不走了。这一天正是正统四年（1439）正月初三，一路拼命追赶叛军的方政孤军来到了空泥，眼见沐晟救兵不至，突然间思任发布下的伏兵又四起，随之驱象群出战，本已岌岌可危的小部分明军顿时一败涂地，死伤惨重。(《明英宗实录》卷51)都督方政叫来儿子方瑛，嘱咐他："赶紧突围出去，回大本营。事到今日，战死是我的本分！"(【清】谷应泰：《明史纪事本末·麓川之役》卷30)说完他策马扬鞭，奋战于敌阵，不久便战死，整个随征官军全军覆没。

沐晟听到方政在空泥战败的消息后，无心再战，加上当时正值春暮，瘴气易发，为了避免自己的军队受瘴气之害，他当即下令，焚毁江上积聚，奔还永昌。当走到楚雄时，碰到了正统朝廷的使臣，见到小皇帝对自己的严斥敕书后，沐晟害怕之至，遂暴卒于军中。(《明英宗实录》卷53)而此时的思任发却乘机发起大规模的进攻，掠景东、孟定，杀大侯知州刀奉汉等，破孟赖诸寨，降孟达等长官司。(【清】谷应泰：《明史纪事本末·麓川之役》卷30)方政先前夺得的那些地盘全给思任发重新占有。第一次麓川之役以大明军的失败而告终。

○ 第二次麓川之役：正统四年（1439）五月～正统五年（1440）十月

麓川之败和沐晟暴卒的消息传到北京，小杆子皇帝朱祁镇顿时大怒，这些年来"父师""王先生"王振一再教他要树立君威，不断地提升与强化大国地位与影响，因此说在他治理之下，是绝不容许有半点的不恭与不驯。于是于正统四年（1439）五月他做出决定，命镇守云南的右都督沐昂（沐春、沐晟、沐昂、沐昕皆沐英之子）为左都督佩征南将军印充总兵官，右都督吴亮充副总兵，都督佥事马翔充左参将，署都督佥事张荣为实授都督佥事充右参将，统云南等都司官军，征剿叛逆思任发。(《明英宗实录》卷55)由此，第二次麓川之役开始了。而就在这之前，小杆子皇帝接受了英国公张辅等人建议，从湖广调军31 500人、从贵州调军10 000人、从四川调军8 500人（总计50 000人），又从云南都司卫所仓储中调集粮食541 540余石(《明英宗实录》卷51)，为征讨叛逆思任发做好了军事与物质上准备。

正统四年(1439)八月,由都督吴亮、马翔选调湖广、贵州、四川军士50 000人,来到云南,与总兵官沐昂等会合,然后向思任发叛乱区进发。(《明英宗实录》卷54)由于总兵官沐昂等畏敌如虎,大明官军一路行军缓慢。大约半年后的正统五年(1440)二月,大队人马才进抵金齿附近的陇把,这里距离思任发营寨重心还远着呐,可沐昂却早已吓破了胆,故意逗留不进。为了应付朝廷,他派了右参将都督佥事张荣率领都指挥卢钺等,前行至芒部等处,去侦察一下敌情。张荣等来到敌营周围转了转,没想到让敌人给发现了。敌人一路追赶出来,张荣命令都指挥卢钺上前迎敌作战,自己则在旁观看。都指挥卢钺大败,张荣顿时给吓坏了,"悉弃符验军器以遁"。沐昂听说前面卢钺、张荣溃败,却又不敢去救,终致大明官军连连失利,只好退回金齿。官军打仗打成这般模样,正统朝廷颜面无光,小杆子皇帝震怒。六科、十三道言官交章奏劾,朱祁镇下令,云南总兵官、左都督沐昂记死罪,降为都督同知,戴罪立功;副总兵右都督吴亮等俱装入囚车押赴北京,禁锢起来;左参将都督佥事马翔因失机被斩。(《明英宗实录》卷67)

正统帝的这一猛招果然很灵,沐昂等见到朝廷这般动怒,再也不敢不做些"积极"的响应,于是硬着头皮,指挥大军继续进讨思任发。正统五年(1440)七月,他催督署都指挥佥事方瑛、指挥柳英、土官知府陶瓒等率军进攻有数万之众据守的思任发叛乱重心之一孟罗,破其营寨,斩首500级,顿时使得叛军大溃;与此同时,协助朝廷平乱的威远州土官知州刀盖罕在威江也大败了敌军。(《明英宗实录》卷69)思任发见到这般情势,尤其是"大军压境,不胜恐惧",赶紧遣使送信给云南总兵官沐昂,说:"我思任发之所以走到今天这一步,完全是受了潞江安抚司线旧法的蛊惑,说什么报仇,没想到我的部众刚一调动,线旧法就诬我为叛寇,我这才不得不干下去啊!现在恳请总兵官代我上奏朝廷,求赐哀怜,免加诛戮。"(《明英宗实录》卷72)没过几天,思任发又派遣头目陶孟、忙怕等上北京去朝贡。北京行在礼部接报后向正统帝上请:对于思任发这样无信无义、久蓄不廷之心者所派遣出来的朝贡使臣,要不要在赏赐和接待的礼仪规格方面降降格?明英宗回答:"朕方以至诚治天下,故不逆其诈,不拒其来,庶彼万一感化。尔礼部其毋损常例责之第不锡之宴,使知朝廷之明,不为其所罔也。"(《明英宗实录》卷72)

就这样,第二次麓川之役以大明军的前败后胜而告终。按理说事态发展到这一步,很难说思任发就没有诚意归降,此时双方都有了台阶下,明朝政府本可以就此收兵,专心致力于北疆。可就在这样的关键时刻,正统帝的"父师"王振王先生羽翼渐丰,欲从幕后走向台前。为了能使自己获取更多的威望,做个令人敬畏的当代"周公",他要耀威绝域,唆使小皇帝不但不从西南班师,反而以思任发遣使求和是"欲窥事机缓我师"(《明英宗实录》卷72)为由,决定再次增兵云南,企图以武力使思任发彻底臣服,第三次麓川之役开始了。

○ 第三次麓川之役:正统六年(1441)正月～正统六年(1441)十二月十五日

正统六年(1441)正月,正统帝"命甘肃总兵官、定西伯蒋贵佩平蛮将军印充总兵官,都督同知李安充左副总兵,都督金事刘聚充右副总兵,都指挥使宫聚充左参将,都指挥金事冉保充右参将,行在兵部尚书兼大理寺卿王骥总督军务,统率大军征讨麓川叛寇思任发。蒋贵、王骥先往云南会计军饷,相度方略,李安、宫聚统领四川、贵州官军,刘聚、冉保统领南京、湖广并安庆等卫官军,以俟调用,仍各以制敕授之"(《明英宗实录》卷75)。

但这次麓川用兵在大明朝廷上下引起了不少的争议。前文说过,自诩为当代"周公"的王振竭力主张对麓川加大用兵力度,就想立边功、树威信、固地位;英国公张辅武夫出身,一旦碰到战争,他会本能地显示出亢奋;兵部尚书王骥虽说是文人出身,但他建功立业的功利心极强。当了好多年的兵部尚书,他总觉得自己的文韬武略样样都行,此生不封个侯爵、伯爵什么的,心有不甘,加上当时他已屈从王振,所以也力主对麓川继续用兵。这是当时主战一派的大体情况。持反对意见的是以内阁阁臣"二杨"(杨士奇、杨溥,杨荣已死)、礼部尚书胡濙、刑部右侍郎何文渊和翰林院侍讲刘球为代表,而在这些反对者中,"二杨"和胡濙表达意见时多半态度暧昧或持之不力,剩下的就是何文渊和刘球了。

正统六年（1441）正月，行在刑部右侍郎何文渊上奏说："臣窃以为麓川之在南陲，一弹丸之地而已，疆里不过数百，人民不满万余，以大军临之，同往无不克。然得其地不可居，得其民不可使，何若宽其斧钺之诛，兴我羽旄之舞。"（《明英宗实录》卷75）一言概之，何文渊说："与其劳民伤财地征讨麓川，倒不如以德服之。"

数日后行在翰林院侍讲刘球也上奏谏言，这就是历史上有名的《谏伐麓川疏》，其内容与何文渊讲的大体相同，不过刘翰林还指出了正统朝对于边疆上最为危险的敌人北虏的轻视所隐含的巨大风险，他说："臣窃谓宜缓天诛（麓川思任发，笔者所加，特注）如周、汉之于崇越也。至如北虏，犹古狎狁、匈奴，世为边患。今虽少抑，然部曲尚强，戎马尚众，未可保其终不寇边。居安思危，此维其时。乃欲移甘肃守将（蒋贵等）以事南征，恐沿边将士意谓朝廷必以此虏为不足虑，遂生怠心，弛其边防，卒然有警，恐致失错。"（《明英宗实录》卷75）最后刘球与何文渊一样提出了最佳的应对策略，在麓川等地实行屯田，"且耕且练，广其储蓄"，即不直接大动武力去剿灭叛军，时间一长，他们也会自动来降。（《明英宗实录》卷75）

应该说这是当时对付麓川之乱的一个既稳妥又可行的策略，理应得到当局者的采纳。可正统帝这个小杆子哪是一块帝国领袖的料，虽然满脑子都是要做彪炳千秋的一代"盛世圣君"之美梦，但实际才能、智商与见识却极为一般，甚至中等偏下，且还刚愎自用。就在决断大举用兵麓川之际，朱祁镇已开启了一项其父亲、爷爷和太爷爷都不再敢随意做的大型系列工程——修建北京明皇宫三大殿、两大宫（《明英宗实录》卷65）。不断地做大做强、日益膨胀的盛世大国梦，加上"王先生"经常性的蛊惑，使得才能平平的正统帝找不到北了，他断然拒绝了何文渊、刘球等人的谏言，与"父师"王振，太师、英国公张辅，兵部尚书王骥等人一唱一和地说道："如果不对麓川大举用兵，'不惟示弱外邦，抑且贻患边境'。"顽固地坚持继续大力用武，征讨西南边乱。（《明英宗实录》卷75）

明朝官军如期进发云南，在半年多的时间里，双方都未曾照面交手。正统六年（1441）八月，早已听说明军大举进讨消息的麓川叛寇思任发，派遣头目刀令道等12人率领30 000部众，驱赶80头大象来到大侯州，想趁着明朝大队人马刚到不久、不熟情势的有利时机,上景东、威远等处攻劫一番。总督云南军务兵部尚书兼大理寺卿王骥闻讯后,当即命令行在兵部郎中侯琎,都指挥马让、卢钺等率领官军前去迎击。一时间铳矢俱发,明军就一鼓时分将叛军打得大败,斩首350级,俘获帐房、旗鼓、铳炮、盔甲等物。这就是明史上的大侯州之捷。(《明英宗实录》卷83)

大侯州之捷后,王骥与蒋贵率军进至金齿。正统六年(1441)十月初六日,思任发部属镇守镇康的头领陶孟、刀门捧看到大事不好,赶紧派人来明军军营乞降。王骥接受了他们的归降,随即他派右参将冉保、勋卫陈仪率兵5 000人马从东路往攻缅甸湾甸水寨,进入镇康,同时命令刚刚归降过来的刀门捧集合他的夷兵,攻打号称为思任发左臂的缅甸昔剌寨。经过一番激战,刀门捧攻下昔剌寨,随后移攻另一军事据点孟通。就在这时,王骥将大军分为三路,合围进攻思任发。东路由右参将冉保率领,从缅甸直取孟定,会合木邦、车里夷兵夹攻;中路由王骥、蒋贵率领,向腾冲挺进(《明英宗实录》卷84);另一路则由内官曹吉祥、萧保,副总兵刘聚,左参将宫聚等率领,自下江、夹象石合攻过来,径冲上江。(《明英宗实录》卷86)

上江是思任发叛军的主要基地,地势险要,易守难攻。十一月初一日,王骥和蒋贵统兵20 000人由中路至上江,休整3天后开始渡江。这时思任发布下的伏兵四起,守卫上江的叛军又悉力拒敌,明朝官军"大呼奋击,斩首千余级,余贼遁入寨"。第2天内官曹吉祥、萧保和副总兵刘聚等统帅的另一路进至上江,两路明军这时正式开始合攻,叛军拼死守住寨池,"铳弩飞石交下如雨"。战斗进行到了第4天,忽然风向变了,刮起了南风,王骥一看风向有利,立即命人采取火攻,"顺风焚其排栅,火亘夜不息。贼随机拒御。臣骥等躬援桴督阵,又调都指挥赵伦等并兵合力,少卿李蕡等亦亲督战,贼众穷蹙,自水门突出,伏兵截杀,无一脱者,上江寨遂拔"(《明英宗实录》卷86)。

上江寨被攻破时,尚有1 000多名叛军还操刃迎敌。明朝官军骑、步并进,以长戈直刺。叛军头领刀放戛父子当场毙命于战阵,刀招汉父子杀了自己的妻子、孩子后,阖门自焚,刀门项被生擒。为斩馘的叛军及其民众多达50 000余人,横尸蔽野,昔日被视为牢不可

破的上江寨在浓浓大火中化为灰烬。(《明英宗实录》卷86)

思任发逃得快,退据木笼山中。明军立即整列队伍,由夹象石、下江通高黎贡山道至腾冲,留下副总兵李安成守。王骥等取道南甸,至罗卜思庄,令指挥江洪等以8 000人直抵木笼山。思任发听说追赶到木笼山的明军只有8 000人,顿时心里就得意起来,以20 000人列为相互救助的七营,来固守山寨。明军副总兵刘聚、参将宫聚领兵分道进攻,但久攻不下。这时王骥、蒋贵和奉御监萧保率领的队伍从中路赶到,这样一来,木笼山进攻就形成了左右夹击之势。思任发叛军终于抵不住,全线溃退。明军斩首数百级,随后乘胜追击,直抵马鞍山,破思任发的象阵,斩杀叛军100 000余人,麓川大震。(【清】谷应泰:《明史纪事本末·麓川之役》卷30;《明英宗实录》卷88)

上江之战美中不足的是让叛军第一号头目思任发趁乱给溜回了老巢麓川,王骥、蒋贵听说后岂肯罢休,立即招呼各路人马,约定时间在麓川会合。十二月,王骥、蒋贵会合了各路人马及木邦、车里、大侯之兵,分工合作,开始了对麓川城的围攻:蒋贵攻西中门,王骥攻西北门,都指挥李信、内官曹吉祥攻西南门,宫聚攻西南江上二门,萧保、刘聚攻东北门,冉保攻东北出象门,由少卿李蕡和郎中侯琎等往来督战。因为麓川是思任发的老巢,军事防御设施搞得十分牢固,明军一时半会儿很难攻下。时间一天天地过去,战斗依然没有什么大的进展,王骥、蒋贵等十分着急。忽然有一天西风大作,王骥、蒋贵立即来了精神,命令将士们手举火把,一齐投向麓川城。大火顺势烧到了麓川城,麓川城内顿时火光冲天,"死者不计其数,房舍、库藏皆为煨烬"。

王骥冲到麓川城内,到处寻找思任发,可怎么也没找到,后来有人认出了思任发的一个随从,把他逮到王骥等人面前,一问才知:原来思任发在前一天就带了他的4个老婆和2个儿子趁乱从间道渡江,逃亡孟养方向去了。当时麓川城内老老少少看到自己的大王跑了,也跟着来到江边,数万人争相渡江,"俱就溺浮尸蔽江"(《明英宗实录》卷88)。

麓川之战后,王骥等班师回京,叙平麓川之功。正统七年(1442)五月,明英宗进封蒋贵为定西侯,岁禄1 500石;封王骥为靖远伯,岁禄1 200石;升右副总兵都督佥事刘聚为左都督,左参将都指挥使宫聚、右参将都指挥佥事冉保俱为都督同知,总督粮储(《明英宗实录》卷92),"以郎中侯琎、杨宁为侍郎,余升赏有差"(【清】谷应泰:《明史纪事本末·麓川之役》卷30)。第三次麓川之役以大明军的胜利而告终。

○ 第四次麓川之役:正统八年(1443)五月~正统九年(1444)五月

再说思任发逃亡到孟养后,觉得孟养不可靠,于是又逃亡至缅甸,这样一来,麓川应该太平了。不,明朝大队官军一走,思任发的一个儿子思机发复据麓川者蓝等地,叛服不常。正统八年(1443)正月,思机发派遣他的弟弟招赛等朝贡谢罪。许多廷臣认为就此抚之,可正统帝的"父师"、大珰王振却坚持认为不可。随后又传来消息,思机发在派遣弟弟朝贡谢罪的同时,又派了他的手下将领涓孟车等侵掠芒市。(《明英宗实录》卷100)

一波未平一波又起,大约二月初,缅甸宣慰使卜剌浪等派人上报明廷,说是他们已经抓住了思任发,将他囚禁在阿瓦城。正统帝听后很开心,就让总督云南军务的兵部尚书、靖远伯王骥赶紧派人上缅甸去,将那个让大明君臣切齿痛恨的思任发押赴到京师北京来,至于缅甸人立下的大功,朱祁镇表示"恩赏之施,必不吝惜"(《明英宗实录》卷101)。

可让明朝君臣没想到的是,缅甸方面却不肯就此这么简简单单地交出思任发了,而是要明朝割让孟养,以此来交换思任发。(《明英宗实录》卷103)这下可让正统帝大动肝火了,为了索要思任发,同时也是为了教训教训他的那个同样叛服无常的小子思机发,明廷再次下令征讨麓川和缅甸。由此,第四次麓川之役开始了。

正统八年(1443)五月,正统帝又一次命定西侯蒋贵充总兵官,都督冉保、毛福寿充参将,兵部尚书靖远伯王骥总督军务,调云南、湖广、四川、贵州官军、土兵50 000人,听其节制,南下征讨麓川。(《明英宗实录》卷104)

蒋贵陛辞时,正统帝命其佩平蛮将军印,并赐敕叮嘱了一番,其中特别神秘地关照:缅甸方面只要交出思任发,木邦宣慰使只要能帮助大明平定麓川之乱,他们不仅会得到朝廷的重赏,而且"旧任宣慰子孙俾之承袭管领部属",即使他们俩有割让我大明南疆土地的要求,只要"有功者亦以地方与之"(《明英宗实录》卷104)。每当看到大明正统天子的这番话语,笔者怎么也想不通,某些所谓的专家在全国性的"××讲坛"上大讲明英宗要不是有土木之变,他本是个不错的皇帝。但笔者看到,他是败家子出卖国土的皇帝啊!当然孤证不足为凭,我们不妨再看:在蒋贵陛辞的同日,正统帝在给缅甸宣慰司宣慰使莽德剌头目人等的敕谕中同样也讲到:你们只要交出思任发,并协助明军平定思机发之乱,"尔所得地方,悉令尚书、总兵官拨与尔管属,朝廷岂肯失信"? 在给木邦军民宣慰司土官宣慰使罕盖法、孟养宣慰司大小头目人等的敕谕里再次说道:只要你们与明朝官军协同进军缅甸,剿捕思机发兄弟,"成功所得地方即分拨与尔管属。朝廷以大义服天下,决不失信"(《明英宗实录》卷104)。

　　简直不敢让人相信,这哪像个大明帝国君主,简直就是出卖国土的天下大贼! 也幸亏在随后的历史进程中,南疆那些远夷太不开化了,让大明正统皇帝想当回出卖国土的大贼都没当成。这是怎么一回事?

　　就说蒋贵、王骥等领命出征后,思机发听到消息顿生畏惧,接二连三派人上门乞降。看到思机发这番态度,王骥与蒋贵就把大明军进攻的主要对象锁定在缅甸。大约是在正统八年(1443)十月,大明官军主力来到了腾冲。总兵官蒋贵下令,将军队分为五营,分道合攻缅甸。缅甸方面利用自己熟悉的地理优势,大玩"太极",使得明军在半年左右的时间里没取得什么大的进展。

　　为了摆脱进退维谷的困境,先前竭力主战、梦想封个侯、伯的总督云南军务、兵部尚书、靖远伯王骥这时心里也开始直打鼓:依着目前的态势,自己怎么能向小杆子皇帝交差? 还有小杆子皇帝身边的"王先生"那可更不是什么善主,怎么办? 经过几天的思考,他终于想出了个主意,以"祸根犹在,恐其复仇,终不肯送"为由,将大明主力军进攻的矛头转向一再有降顺表示的思任发儿子思机发头上,来个老太太吃柿子专挑软的捏。这下可让"王老太太"王骥给捏着了,数万大明军直捣思机发老巢,"焚其船栅,擒思机发妻奴家属并头目从贼 90 余人、象 11 只,惟思任发、思机发未获"(《明英宗实录》卷 113)。

又是叛军首领思任发、思机发没抓到,这下可怎么向刚愎自用的小杆子皇帝交差呢?文人出身的王骥有的是韬略,大笔一挥,在给朝廷的奏章中除了大摆自己的战功外,还说思任发、思机发虽然逃走了,但他们"亲族离散,衣食不给,地方悉属他人,不投沟壑而亡,必遭执缚而献,是皆圣明神武(王骥拍马屁,这里是指当今天子正统帝,笔者注)之所致也"。多会说话啊,直把小皇帝及其"父师""王先生"给逗开心了。正统帝当即下令:"有功官军照例升赏,其余事待王骥、蒋贵等回定夺。"(《明英宗实录》卷 113)

不过静心想想,玩了半年的南疆军事战争,仅仅取得这一小小的军事胜利,这意味着什么呢?正统帝毕竟不是个大昏君,好胜心强这不假,但对于大明军的实际作战能力他多少还能明白些个中意味。刚好这事过后没多久,正统九年(1444)五月,云南总兵官右都督沐昂等给朝廷上奏说:"缅甸党蔽贼首思机发,谲诈万状,欲再兴师征剿,但缅甸濒海,地势险固,未易攻克。况军民连年征进,财力困弊,兼以旱涝相仍,粮饷亦乏,未可轻举。"(《明英宗实录》卷 116)正统帝顺势允准其奏,命令王骥和蒋贵班师回朝。第四次麓川之役就此不了了之。

○ 第五次麓川之役:正统十三年(1448)三月~正统十四年(1449)十月

大明主力军班师后,思机发突然又冒了出来,"窃驻孟养地",但这时的他已经十分害怕,"屡遣使入贡谢罪"。正统十年(1445)三月,他派遣头目刀孟永等来朝,贡金 80 两、银 180 两,且上奏说:"先蒙朝廷调军征剿,已逃入缅甸地方,兹者悔过迁善,乞宥罪愆,以全余生。"(《明英宗实录》卷 127)言语之间可怜兮兮,可正统帝及其"父师"王振收下了思机发的贡物,却没有对他的乞降做出正面的回答。

那年年底,云南总兵官、黔国公沐斌(即沐晟之子)派出索要思任发的专使千户王政到达了缅甸,带去了正统朝廷的敕谕和银币等,向缅甸老宣慰使的儿子卜剌浪马哈省以速剌反复陈述交出思任发的利害关系,可卜剌浪马哈省以速剌却一直犹豫不决。刚好接下来发生了异常天象,连续两天白昼晦暗,太阳无光。有个专门从事堪舆之术的人对此说道:"天兵将至!"缅甸首领卜剌浪马哈省以速剌听到后十分害怕,立即将思任发及其妻奴部属32人交给了王政。此时的思任发知道自己已经是死蟹一只,与其让明廷凌迟处死,千刀万剐,倒不如自己来个了断,于是他天天绝食。王政看到这般情势,心想:思任发是抓到了,但照这样的态势发展,不说押他上北京,说不定还没走出缅甸,他就死了。与其这样还不如现在就将他给杀了。杀了"死蟹一只"的思任发,王政立即将其头颅给割了下来,用盒子装好,派人专门送往北京,大概是为了满足一下正统帝及其"父师"征服麓川思任发的"意淫"。(《明英宗实录》卷136;【清】谷应泰:《明史纪事本末·麓川之役》卷30)

听到父亲违抗朝廷、发动叛乱最终落得这般下场,思机发心中更加害怕不已。新年即正统十一年(1446)开春后三月,他派遣陶孟、刀克猛等上大明去朝贡,奉献金银器皿、象、马、驼等物(《明英宗实录》卷139),并"乞赦万死"(《明英宗实录》卷140)。在这以后,他又于正统十二年(1447)四月、正统十三年(1448)二月遣使朝贡方物。(《明英宗实录》卷152、卷163)在恪守与履行藩臣朝贡之责的同时,思机发发动的扰边作乱之事也明显减少了。就在这样的形势下,大明朝廷"中外咸愿罢兵"。可权倾朝野的大珰王振却"意终未慊,要思机发躬入朝谢"(《明史·王骥传》卷171)。朝廷当权者这般不依不饶,云南总兵官、黔国公沐斌只好带了手下将领,来到大金沙江即伊洛瓦江(不是有的书上讲的金沙江,金沙江在四川,两者距离远着呐,笔者特注)招抚思机发。可思机发早就给吓坏了,哪敢出来!正统朝廷见此无奈,只好宣谕孟养宣慰使,让他们想办法去抓住思机发。要说此时的孟养宣慰使经历了这么多年的麓川战争早已心如明镜,接到正统朝廷的命令后表面答应下来,过了几天就汇报说:"抓不到!"这时权阉王振大怒,"欲尽灭其种类"(《明史·王骥传》卷171)。

"父师"王振要"尽灭其种类",那么他的学生皇帝正统帝又是有着如何的态度呢?正统十一年(1446)四月、七月和正统十二年(1447)十月及正统十三年(1448)二月,明英宗四次敕谕思机发,告诉他:"你父亲为缅人斩首来献朝廷,诛恶之典已行矣,朕复念罚弗及嗣,帝王盛德,况闻尔父为恶,尔累劝谏及屡遣弟招赛等来朝请罪……今特差人赍敕前去,悉赦尔前罪,尔即亲带头目人等赴京朝见。朕量授尔官职,拨与土地人民管属;如尔犹豫不遵朕言,必命大将统率精兵,直压孟养,捣尔巢寨。"(《明英宗实录》卷140、卷143、卷159、卷163)小杆子皇帝一根筋,顽固坚持并无多大意义的叛首亲自赴京谢罪,这对于实际上已经臣服了的思机发来说造成了极大的心理压力,加上先前"其所遣弟招赛及男哀准(入京朝贡)不回,心怀疑惧,终不肯出"(《明英宗实录》卷152)。他甚至想到了不太上路子的一招,正统十二年(1447)四月,派人给明廷委派在云南直接负责剿抚自己的总兵官、黔国公沐斌及镇守太监和参赞侍郎等官送上白银150两(《明英宗实录》卷152),大概是想叫他们高抬贵手。但大明朝最高当权者正统帝及其"父师"王振却依然不肯放过他,朱祁镇甚至将思机发比作蜂虿,说:"蜂虿有毒,古人善喻,此贼设计缓师……再有延缓,亟扑灭之,毋贻患将来。"(《明英宗实录》卷159)

正是在这样的偏执情绪主控下,正统十三年(1448)三月,正统帝再次命兵部尚书、靖远伯王骥总督军务,都督同知宫聚佩平蛮将军印充总兵官,都督佥事张轨充左副总兵,田礼充右副总兵,方瑛充左参将,贵州都指挥同知张锐充右参将,统率南京、直隶及云南、湖广、四川、贵州官军、土军150 000人,征剿思机发。(《明英宗实录》卷164)第五次麓川之役由此开启。

第五次麓川之役开启时,正统帝为了保障南疆战事的一帆风顺,除了做出上述调兵遣将外,还任命了户部右侍郎焦宏督运军饷(《明英宗实录》卷165),以孟养原宣慰使刀孟宾为向导,同时"敕谕木邦、缅甸、南甸、干崖、陇川等宣慰使罕盖发等各起兵、备船积粮,以俟调度"(《明英宗实录》卷164)。

正统十三年(1448)五月,王骥、宫聚等统帅的大军来到腾冲。十月行军至大金沙江即伊洛瓦江,思机发见到明朝军队这般阵势,赶紧在伊洛瓦江西岸树栅拒敌。王骥等顺流而下,来到管屯,与木邦、缅甸两宣慰使派差的"大小头目各领夷兵十余万"(《明英宗实录》卷175)会合。换言之,当时明朝阵线拥有的军队有350 000人,他们沿江驻扎。而随后赶来会合的是缅甸陶孟者改等率领的拥有200余只船只的"水师"。王骥就利用这支"水师"队伍在伊洛瓦江搭起了通往西岸的"浮桥",然后下令开始渡江登岸,并力齐攻,没多一会儿便砍开了思机发营寨的排栅。思机发手下敌不住明军进攻,数百人被斩首。当时大明军正缺粮饷,王骥放纵军士们大掠三日,得稻谷 400 000 余石。军饷问题一下子得到了解决,明军士气顿时倍增,随即开始追击思机发。(《明英宗实录》卷175)

要说那时的思机发被逼急了,他狠狠心在孟养的老巢鬼哭山花了血本予以倾力打造军事防御:"鬼哭山顶筑一大寨,两峰之上筑二寨副之,三寨之后又筑七小寨,绵亘百余里,每寨排栅二层,拴大木石于栅上。"可这样构建起来的精致军事防御哪抵挡得住350 000大军的进攻。当时总督云南军务的兵部尚书、靖远伯王骥下令,分兵夹攻,先破左寨,只听见木石如雷,铳箭如雨。战斗进行到了后来突然刮起了南风,对于明军来说,这是顺风。王骥顿时精神倍增,命令将士们收集柴火,然后纵火焚烧,扔之敌营。一刹那间,思机发的鬼哭山营寨火光四起,烈焰烛天。明军乘势发起了冲杀,"一时各寨俱破,斩杀及坠崖死者不可胜数,惟贼子思机发、思卜发遁去。"(《明英宗实录》卷175)。

鬼哭山之战后,大明军越过孟养,抵达孟那。孟养在伊洛瓦江西面,距离麓川已千余里,而孟那则更西。当地部众见到大明军西行到了这么远的地方都震惊、恐怖起来,说:"自古汉人无渡金沙江(即伊洛瓦江,笔者注)者,今王师至此,真天威也。"王骥听后十分得意,这才下令还军。当地部众见到大明军回还,重新拥立了思任发幼子、思机发弟弟思禄为首领,并再次占据了孟养。王骥听到消息后哭笑不得,又担心师老兵疲,不能终灭思氏,于是与思禄相约,"许以土目得部勒诸夷,居孟养如故"。又在伊洛瓦江立石为界,誓曰:"石烂江枯,尔乃得渡!"思禄接受了。王骥这才班师回朝,以明军大捷奏报给正统帝。正统帝高兴啊,下诏给王骥增禄,赐予铁券,子孙世袭伯爵。([清]谷应泰:《明史纪事本末·麓川之役》卷30)至此,第五次麓川之役结束。

● **10年南疆平乱,正统帝治国愈治愈乱——平小乱遗大患**

麓川之役从正统三年(1438)开始到正统十三年(1448)结束,前后历时10年,或言之,终正统一朝,南疆战火一直未熄。从表面来看,似乎正统天子及其"父师"王振和大明争得了面子;但从实际角度来讲,这场旷日持久的南疆战争给帝国带来了重大的灾难与后患。

第一,在军官腐败、武备大坏的情势下,正统朝廷大举用兵麓川,简直就是将灾星送到了云南。

正统十四年(1449)六月,四川会川卫儒学训导詹英在上奏朝廷的奏文中,揭露王骥、宫聚进兵云南所带来的巨大祸害:"行师全无纪律,大军一十五万,俱从一日起程,蹂践伤残,略不悯惜;其运粮又不设法,每军运米六斗,搬负艰辛,何以养锐,以致自缢而死;又指驮粮为名,派马一千余匹,不知此马何施。及临贼境金沙江边攻围不克,被贼杀死。都指挥等官却将降附渔户解作生擒,遂尔班师,将地方分与木邦、缅甸,反欲以败为功,欺天觊赏。"詹英揭开的仅仅是王骥统领的大明军作孽施恶之冰山一角。就此而已,好大喜功的正统帝也接受不了,下令叫揭露真相的詹英上云南总兵官、都督宫聚那里去"自效"。詹英是个明白人,皇帝的这般做法意味着什么? 他早已心知明肚,"遂匿于他所不往"(《明英宗实录》卷179;《明史·王骥传》卷171)。

第二,麓川之役既给全国人民带来了无尽的痛苦与灾难,又大大地消耗了帝国的国力。

为了平定麓川这个弹丸之地,正统朝廷"劳师费财,以一隅骚动天下"(《明史·王骥传》卷171)。早在正统六年(1441)正月,第三次麓川之役即将开启时,翰林院侍讲刘球就上呈谏言,指出:"江南近年水旱相仍,军民俱困,若复兴师动众,恐至纷扰。"(《明英宗实录》卷75)正统九年(1444)五月,云南总兵官右都督沐昂也上言进谏道:"云南军民连岁征进转输,财力困乏;又值荒歉,米价腾涌,饥者尤众,宜有以休养之。"(《明英宗实录》卷116)按理说,在这样的情势下,本来就没什么战斗力的大明军不太可能会打胜仗,但有意思的是,正统中后期起一向积极主战的王骥总督云南军务,大明军似乎一直都能取胜,正统帝为此乐不可支,恩赏不断。其实这里边有两个问题被忽视了:其一,明朝发兵十数万,大炮打蚊子,岂会打不出一点点样子? 其二,王骥等人善于做好向上汇报的工作。

对此,与王骥同朝为官性格平和的天顺朝内阁首席阁臣李贤曾这样说道:正统朝廷"举兵,以(王)骥督军,起东南兵十五万(实际远不止,笔者注),给饷者倍之,穷其巢穴,而寇首思人发(即思任发,笔者注)不可得,焚寨而还,杀无辜十数万且以为功,骥封靖远伯,以次升者万余。未几,寇势复盛,骥再往,起兵如前,东南搔扰,军民罢弊,殆不可言,复穷其所,寇首亦不可得而还。又有功升秩半前。然麓川不如中国一大县,纵得其地与人,有何利益?而连岁兴兵,军需所费万万不可计,而升秩之俸又万万不可计,皆出于民,以所得较所失,诚不忍言。兵连祸结,致有今日。人以骥为功之首,不知为罪之魁也!"(【明】李贤:《古穰杂录摘抄》)

当朝人李贤不敢公开批评正统帝朱祁镇,但从他的论述中我们也不难看出:麓川之役既大大地消耗了大明帝国的国力,又给当时全国人民尤其是南方各族民众带来了深重的灾难!

第三,麓川之役所谓的大捷其实只不过是正统帝及其"父师"王振意淫中"圣君盛世"的一个美丽肥皂泡,它不仅极大地浪费了大明的军力、财力、物力,而且还使得帝国朝野上下不知不觉地陷入了"盛世强国"的美梦和"北房不足虑"的错误幻觉中。殊不知此时的大明宿敌北房正一步步地朝着帝国心脏地区走来,等待这位好大喜功又不可一世的正统帝的恰恰是羞辱万分又痛苦不堪的梦魇——数十万御驾亲征队伍全军覆没,皇帝当了人家的俘房,这就是明史上有名的"土木之变"。

第4章 土木被俘 明朝大辱

> 宗室纷乱、地荒民亡、军纪松弛、南疆动乱,北边空虚,面对大明帝国的种种积弊和新出现的问题,实际天分不高、才能平平的正统帝自冲龄登基起任意胡为,在无法应对之时,只得照搬父祖的套路。如此治国愈治愈糟,尤其是在面对北方瓦剌崛起和不断南犯的险恶情势,这位大明"帝六代"居然采纳了同样身居深宫之中的阉竖"先生"的主张,邯郸学步,轻率地统领大明军北征,不曾想到身陷敌阵,被俘于土木堡,给大明帝国带来了奇耻大辱和深重灾难。
>
> 见此,有人可能要问了,一般来说,皇帝被俘意味着这个王朝也就气数已尽,晋愍帝被俘,西晋王朝土崩瓦解;宋徽宗和宋钦宗被虏,北宋王朝烟消云散……可有意思的是,大明帝国正处于上升阶段,而被明代官史美誉为"天资聪明英武"的正统帝却让人家给俘虏了,这到底是怎么一回事?

以笔者来看,要想说明清楚问题,还得从明朝开国与蒙元残余势力北逃说起。

● 前朝列帝 北疆积弊

◉ 老辣的洪武帝构建大明北疆三道防线

元顺帝北逃后,朱元璋组织人马进行了多次北伐,洪武二十年正月癸丑日,他"命宋国公冯胜为征虏大将军,颍国公傅友德为左副将军,永昌侯蓝玉为右副将军,南雄侯赵庸、定远侯王弼为左参将,东川侯胡海、武定侯郭英为右参将,前军都督商暠参赞军事,率师二十万北伐(征讨纳哈出)"(《明太祖实录》卷180)。该年六月,纳哈出归降大明,辽东地区元蒙残余势力大体上被扫清。(《明太祖实录》卷182)随后,朱元璋下令在朵颜山地区设立泰宁、朵颜、福余等羁縻卫所,直接面对漠北鞑靼或瓦剌的进攻,起到辅助性抵挡与防御的作用。这些羁縻卫所与陕西、山西正北外围地区(相当于今天内蒙古包头、呼和浩特与集宁一带)设立的镇房卫、玉林卫、云川卫、宣德卫、官山卫、察罕脑儿卫等一样,起到"缓冲"功能,一旦失去了,也无大碍,这是洪武时期大明北疆最外的一道防线或言第三道军事防线。

北疆第二道军事防线就是洪武中晚期起在大明北疆上密布的诸王,他们是甘州肃王朱楧、宁夏庆王朱㮵、西安秦王朱樉、山西太原晋王朱㭎、大同代王朱桂、宣府谷王朱橞、北平燕王朱棣、大宁宁王朱权、广宁辽王朱植、开原(今铁岭北开原市)韩王朱松等10多个"塞王"(《明史·诸王传》卷117、卷118)。到朱元璋驾崩为止,不说他的二十子朱松因年幼尚未来得及就藩,单就大宁"以善谋称"的宁王兵力就达到80 000人,加上辽东都司140 000兵士,应该讲朱元璋构建的第二道防线是相当牢固的,且富有"弹性":其向西随时准备对付北元的侵扰,向东可以看住朝鲜的一举一动,而大明皇帝则可待在南京明皇宫里"遥控"指挥。

洪武时期在北疆上构建的第一道军事防线,就是自西北经正北再向东北开设了数百个军事卫所:在西北今甘肃、内蒙古和新疆东北部相接之处的军事要冲地带,洪武时期广设的卫所主要有安定卫、曲先卫、阿端卫、罕东卫、甘肃卫、甘州五卫、岷州卫、凉州卫、西宁卫等,在甘肃镇(今张掖)设置陕西行都司,统摄这些卫或所。(《明史·西域二·西番诸卫传》卷330;《明史·地理三·河南陕西》卷42)

在大明帝国正北地区设立陕西都司、山西行都司、大宁都指挥使司等几个"大军区"统制机构。陕西都司治所设在西安,下辖宁夏卫、宁夏中卫、山丹卫、永昌卫、凉州卫、镇番卫、庄浪卫、庄浪所、洮州卫、岷州卫、靖房卫、西安诸卫。(《明史·地理三·河南陕西》卷42)

在陕西都司东北方向的山西大同设立山西行都司,下辖大同左卫、大同右卫、大同前卫、大同后卫、蔚州卫、朔州卫、天成卫、高山卫、阳和卫、玉林卫、东胜卫、万全左卫、万全右卫、怀安卫、怀来守御千户所等;在山西行都司南边的太原则设立山西都司,下辖太原左卫、太原右卫、太原前卫、振武卫、蒲州千户所、雁门千户所等。(《明史·兵二·卫所》卷90)

由山西行都司向东在大宁(北京偏东北方向)设置大宁都指挥使司。"洪武二十年九月置,(治大宁卫),二十一年七月更名(为北平行都指挥使司),领卫十。"它们是大宁左卫、大宁右卫、大宁中卫、大宁前卫、大宁后卫、新城卫、富峪卫、会州卫、榆木卫、全宁卫和开平卫等。(《明史·地理一》卷40;《明太祖实录》卷185)

从大宁开始,大明帝国北疆逐渐延伸到了辽东地区。洪武四年设置辽东卫指挥使司,以刘益为指挥同知,负责处理辽东卫指挥使司军务。(《明太祖实录》卷61)后又下令设立"定辽都卫指挥使司,以马云、叶旺为都指挥使,吴泉、冯祥为同知,王德为佥事,总辖辽东诸卫军马,修治城池,以镇边疆"(《明太祖实录》卷67)。洪武八年九月癸丑日,大明在辽阳将"定辽都卫(改建)为辽东都指挥使司,置定辽前卫指挥使司,以辽东卫为定辽后卫指挥使司"(《明太祖实录》卷101)。其"治定辽中卫,领卫二十五,州二"(《明史·地理二》卷41)。

到洪武晚期时,辽东都指挥使司已发展到了相当广阔的区域,其下辖主要卫所有:定辽左卫、定辽右卫、定辽中卫、定辽前卫、定辽后卫、铁岭卫、东宁卫、沈阳中卫、海州卫、盖州卫、金州卫、复州卫、义州卫、辽海卫、三万卫、广宁左屯卫、广宁右屯卫、广宁前屯卫、广宁后屯卫、广宁中护卫、广宁卫、广宁后卫、广宁中屯所、广宁中左所、宁远卫、山海卫、安乐州等等。(《明史·兵二·卫所》卷90;谭其骧:《中国历史地图集》第七册(元明时期),中华地图学社出版,1975年第1版)

从辽东都指挥使司的管辖与军事势力覆盖范围来看,它"东至鸭绿江,西至山海关,南至旅顺海口,北至开原"(《明史·地理二》卷41),可能相当于整个辽东半岛。

这样,大致到了洪武晚期时,在大明帝国北疆上从西向东建立起了陕西行都指挥使司、陕西都指挥使司、山西行都指挥使司、山西都指挥使司、大宁都指挥使司和辽东都指挥使司等环环相扣的六大"军事区",密布数百个卫(所),驻扎着近百万的军队,构成了严密的大明帝国北疆第一道军事防线,以此来阻挡和抵御剽悍的蒙古人南下侵扰与抢掠。

在这三道北疆军事防线中最为核心的是第二道,即老朱皇帝在北疆上分封的10多个"血脉相连"的藩王所组成的强大军事战略防线,就连里边的第一道防线上的各指挥官也得听从藩王的指挥。当然这是有战事的情况下才会这样,平时大家各司其职,和睦相处。所以说朱元璋在北疆地区的布防极有水平、极富弹性,有张有弛、张弛结合。

● **浅薄的永乐帝改造北方边镇,自造北疆"癌症病源"**

可谁曾想到,老朱皇帝如此精心构建的北疆军事战略防线,到了他的"好儿子"燕王朱棣发动"靖难"之役后就给毁了。

○ **"天才"皇帝朱棣开启北疆边镇防御"新格局"**

"靖难之役"距今已有600多年了,读史明理者都知道,所谓"靖难"就是朱棣为了篡夺大明帝国君主之位而蓄意发动的一场内战。坦率而言,建文君臣的管理与军事能力似乎差了一点,但当时的大明朝廷确实也没有什么难可"靖"的;恰恰相反,朱棣一手挑起的"靖难之役"不仅给建文朝廷带来了灭顶之灾,而且也给当时的大明帝国制造了空前的大劫难。

除了造成巨大的经济破坏外,战争还掠夺了几十万甚至上百万无辜的生命,而最具灾难性的可能还要数老皇帝朱元璋苦心经营的大明帝国北疆军事战略防御体系被打烂了。

"靖难"开启后,朱棣燕军最先打垮北平及其附近地区的大明国防军,随后东向,从永平进入大宁,挟持宁王回北平,摧垮了大明辽东地区的国防阵营,打烂了"父皇"朱元璋苦心经营起来的大明北疆第一、第二道军事战略防线。(参见《明史·诸王二》卷117)与此同时他还通过给予财物等手段收买大宁地区的朵颜三卫,后又"选其三千人为奇兵,从战"。夺得天下以后"尽割大宁地界三卫,以偿前劳"(《明史·外国九·瓦剌·朵颜、福余、泰宁传》卷328),由此也就摧毁了北疆的第三道军事防线。

总之,为了能圆自己的皇帝梦,朱棣竟然不顾国家与民族之安危而蓄意发动了从北京到南京的"靖难战争",将算计了一辈子的老朱皇帝精心构建的北疆防御体系给毁了,这就大大便利了悍敌漠北蒙古的侵扰。

对此,如愿以偿篡得大明君位的朱棣在登极之后及时地注意到了北疆问题的严重性,并采取了相应的举措。我们将其概括起来说就是"抚、防、打"。

"抚"就是在北疆推行军屯的基础上对前来归附的蒙古人实施安抚,或财物赏赐,或官禄利诱。明初朱元璋就在北疆大兴军屯,让驻扎在边防上的军队抽调人员开荒种田,自力更生。对于如此绝妙的边防国策,聪明过人的永乐皇帝上台后予以继续推行。永乐四年二月丁亥日,朱棣"敕山西等都指挥使司:'方春时和,边民皆务耕种,虏或乘时侵掠,民不得尽力畎亩,宜严兵以备。寇至则捕击,无事则归屯,慎守疆场,训练军士,且耕且战,尔其慎之!'"(《明太宗实录》卷51)永乐帝朱棣还对边防军队中搞军屯的人数比例做了硬性规定,距离边关外敌近的部队留下 4/10 守城,6/10 搞军屯,以此往内递减,北疆最内的部队全部搞军屯,并"以为定制"(《明太宗实录》卷114)。

军屯的好处在于不仅使得军粮得以就地解决,而且还能减轻大明帝国和老百姓的负担,军队也由此能够在边地长期屯扎。要是遇到战争,马上可以调兵出战,保家卫国;要是和平时期,那就是首先接待和安抚前来归降的蒙古等"夷虏"。永乐三年六月乙丑日,朱棣"敕甘肃总兵官左都督宋晟曰:'前归附鞑官阿卜都罕等八人、鞑民十九人,令尔给与畜产:官牛十、羊五十,民牛六、羊二十。比闻其中有未给受者,皆有愧恨之辞。夫归附同,而朝廷待之不同,使怀愧恨,亦非抚纳降附之道,可便如例悉给'"(《明太宗实录》卷43)。

在招抚"夷虏"中最为棘手的可能就要数对于归降"夷虏"的安置了。从洪武时期的情况来看,有将其迁徙到内地居住的,也有就近安排在边地的,如洪武晚期的朵颜三卫就是一例。洪武二十二年四月,朱元璋遣使赍敕往谕,设立兀良哈三卫,以泰宁部首领阿札失里为泰宁卫指挥使、塔宾帖木儿为指挥同知、福余部首领海撒男答溪为福余卫指挥同知、朵颜部首领脱鲁忽察儿为朵颜卫指挥同知,且命令他们各领自己的部落,在各自的地盘上游牧生活。(《明太祖实录》卷 196)

但从长远角度来看这种就近安置的隐患还是不小,一旦鞑靼或瓦剌发起攻击,这些就近安置在边关地区的蒙古人很容易成为他们的合作伙伴。

朱棣对于归降的"夷虏"很多时候是将他们内迁。永乐七年九月朱棣下令给西北甘肃总兵官何福:"鞑靼伯克帖木儿等部属至甘肃,且勿给田土,俱令来北京扈从,渐渐移之南行,散处于便宜畜牧之处。"(《明太宗实录》卷 96)

这是对于主动上门投降的"夷虏",那么对于那些没归附者呢?明初君主尤其是朱棣十分注意策略,他派出了原先归附的"夷虏"或与"夷虏"打过很长时间交道的臣民出外劝谕和招抚。要是还有不听招抚或始终不愿归顺甚至还时不时地跑出来捣蛋的,对于这样的"夷虏",永乐初年迫于形势压力,朱棣不得不采取守势,但自永乐中期起就逐渐地改变了策略,以军事打击为主,不过在军事打击前从分化敌人的角度还要进行招抚。譬如朱棣在永乐八年发动第一次对漠北蒙古亲征前,为了孤立鞑靼,就于永乐七年五月乙未日,"封瓦剌马哈木为特进金紫光禄大夫顺宁王,太平为特进金紫光禄大夫,贤义王把秃孛罗为特进金紫光禄大夫安乐王,仍命所司给赐印诰"(《明太宗实录》卷 92)。在永乐十二年发动第二次对漠北蒙古亲征前,为了孤立瓦剌,即于永乐十一年七月戊寅日,封鞑靼权臣太师阿鲁台为和宁王,"赐金印、金盔、鞍马、织金文绮二十端、绒锦二端,又封其母为和宁王太夫人,妻为和宁王夫人,俱赐诰命冠服"。(《明太宗实录》卷 141)

永乐时期对待北虏的第二种手法就是"防",即在洪武时代建立起来的北疆军事防御基础上重新调整北方防范体系,修复"靖难"战争期间被破坏了的边关堡垒等工事,严防重守。这里有个先决前提,那就是北疆上的"塞王"内迁。朱棣曾死皮赖脸地抢夺大位,等大位抢到手了又害怕别的"塞王"或藩王学他的样,勾结北虏或外夷来个第二个"靖难",所以自登极起,他就不断地变化各种手法,在柔柔的"亲情关怀"下抑藩、禁藩和削藩,从而使得洪武年间大行分封所造成的格局到了永乐时期为之大变。他不仅将拥有强大军事实力的藩王逐渐"架空",而且还将北疆上的"塞王"一一内迁。这果然有利于强化以皇帝为首的中央集权,但对于北疆地区的防卫来说可不是什么好事,原本不足为虑的北疆安全问题一下子又凸显出来了。为此,永乐帝精心筹划着:由皇帝亲家或奴才去镇守边关,统领将士。登位之初朱棣就任命了自己的亲家宋晟、何福与刘贞等异姓将领和跟随他"靖难"的心腹军官前去镇守大明北疆,并派出心腹太监前去监军。由此,一变洪武边防局面,形成了一个个边镇军区新格局。(详见笔者《大明帝国》系列之⑧《永乐帝卷》下册,第9章,东南大学出版社2014年1月第1版)

○ 蒙古草原上响起阵阵马蹄声,北京紫禁城里皇帝就惊魂

朱棣上台后对北疆军事战略调整动作最大的莫过于将大宁都司内徙于河北保定。永乐元年三月壬午日,永乐帝"改北平行都指挥使司(治所在大宁)为大宁都指挥使司,隶后军都督府设保定"(《明太宗实录》卷18)。

大宁都指挥使司最早是朱元璋晚年建立的,洪武二十年九月癸未日,"置大宁都指挥使司及大宁中左右三卫、会州、木榆、新城等卫,悉隶之,以周兴、吴泹为都指挥使,调各卫兵二万一千七百八十余人守其城"(《明太祖实录》卷185)。如果以军事地理来看,大宁到北京的距离与大宁到深入漠北腹地的重镇开平卫之间的距离大致相等,又与开平卫到北京之间的距离大致相等,构成了一个等边三角形。换句话来说,朱元璋晚年以北平、大宁作为大明北疆的"着力点"筑起了一个三角形的军事防御地带,它东可阻挡朝鲜或女直人随时发起的侵扰,北可最先抵御漠北蒙古的进攻。因此大宁的重镇设置与大宁军事布防实在是必不可少,朱元璋在此投入的军事重兵布防应该来说是有着相当深远的眼光。

大宁都指挥使司(后改名为北平行都指挥使司)下辖了10个卫(《明史·地理一》卷40),也就是讲在大宁的北平行都指挥使司拥有56 000兵力,而大宁又是宁王朱权的藩邸所在地,"(宁王)带甲八万,革车六千"(《明史·诸王二》卷117)。由此看来洪武时期大宁

这个军事巨镇布防的兵力至少也得在 14 万～15 万人以上,以雄厚的军事力量来镇守大明北疆地区,并时不时地出击漠北蒙古,难怪洪武晚期大明北疆出现了安晏的局面。

可朱棣篡位上台后,对这样有利的北疆军事防御来了个全然的否定。谈迁在《国榷》中记载道:"义旗初建,首下大宁,简兀良哈三千骑为奇兵,立三千营,不忘其德,尽捐大宁地予之,割雄镇以资伏莽。"(【明】谈迁:《国榷·永乐二十年》卷 17)《明史》也说:"永乐元年三月复故名,侨治保定府,而其地遂虚。"(《明史·地理一》卷 40)更有明人直截了当地说"割雄镇以资伏莽",或言"养鹰而绦继去手"。(【明】陈仁锡:《皇明世法录·北狄》卷 82)弃大宁,空其地,畀朵颜三卫,并将洪武时期设在大宁的大明军事重要机构北平行都指挥使司迁徙到北京南面的保定府。朱棣篡位后对北疆战略如此的大"调整",不仅使得原本用于抵御外虏的塞外军事重镇大宁不攻自毁,成为了军事"不设防"区,而且还带来了一个十分可怕的后果:大宁和兀良哈地区自此以后成了大明北疆的"癌症病源","泰宁、福余常与东虏合,而朵颜常与西虏合。弱则乞赏,强则要挟。少则鼠窃狗偷,众则称兵入犯。或联姻于西虏而藉其势,或乡导于东虏而假其声……使我蓟边疲于奔命,此贼寔为之耳"。(【明】陈仁锡:《皇明世法录·蓟门·三卫属夷总论》卷 57)

更为不堪的是,自小就有严重"恋母—杀父—超父"情结的朱棣为了使自己成为"超越古今"的一代"圣主",最终又于永乐十八年年底下令,将大明帝国都城迁到时时都有可能受到夷虏侵扰和攻击的北疆线上,由此形成了"天子守边"或言"天子守(国)门"的格局。(详见笔者《大明帝国》系列之⑧《永乐帝卷》下册,第 9 章)皇帝、大明朝廷与北疆军事防御几乎完全黏在一起,一旦蒙古草原上响起了阵阵的马蹄声,北京紫禁城里的皇帝老爷就惊魂;大明之心脏跳动几乎被北方夷虏所掌控,而掌控手段往往是通过大明北疆地区的"癌症病源"——兀良哈地区夷虏时不时地背叛来实施,"正统己巳,嘉靖庚戌,诸敌犯内,皆从此(大宁)至,则(朵颜三卫)阳顺阴逆,亦卧榻鼾睡故也"。(【清】顾炎武:《天下郡国利病书》卷 9)。

明末清初大思想家、大学问家顾炎武所说的这席话,指的是明中叶以后的事情,其实最先品尝到这个"癌症病痛"的恰恰是种下大明北疆"癌症病源"的永乐皇帝本人。

从永乐七年七月起,为了开创一个超越古今的"盛世之治"和当个名副其实的"天下共主"的"盛世之君",朱棣调整了对待北虏的策略,将先前的"防""抚"改为军事打击为主,先后发动了六次对北方蒙古的战争,其中有五次永乐皇帝亲征。而偏偏就在第五次亲征过程中,由于北疆"癌症病毒"病发,最终让永乐皇帝送了命。

永乐二十二年四月,朱棣率领人马对漠北蒙古进行最后一次亲征,大明军在蒙古荒原上白白"漂"了三个月,连一个北虏的鬼影子也没见着,最后连永乐皇帝本人也无心再"漂"了,于是下令班师。就在班师回京的途中,他们遭受了鞑靼和兀良哈的伏击。据朝鲜《李朝实录》所载,永乐帝驾崩于榆木川前,大明东路军曾遭到鞑靼人致命的打击,将士们有的手臂给打断了,有的脑袋瓜被鞑靼人敲碎了,连战马的脖子也给折断了,本来身体有病的皇帝朱棣看到这番惨状"劳心而崩",因此从某种程度上来讲,朱棣几乎是战死的。而此时朱棣第五次亲征最起劲的鼓动者、北征先锋官金忠在皇帝驾崩时居然不知去向,更为糟糕的是榆木川之战后,大明军又在兀良哈地区遭遇了朵颜三卫的伏击,就连大明军中的朝鲜籍将士也有好几千人当了俘虏。(吴晗辑:《朝鲜李朝实录中的中国史料上编卷四·世宗庄宪大王实录一》,中华书局1980年3月第1版,第1册,P318～324～325)

● **朱棣死后,继位的明仁宗朱高炽对大明北疆战略之调整**

永乐皇帝几乎战死于北疆,作为天朝上国之主,尤其是一生都在孜孜不倦地追求的"盛世之治"的一代雄主最后落得这般结局,这可没什么可炫耀的。他的死极有可能是中了金忠与蒙古人合伙设计的圈套,张辅、杨荣、金幼孜等这些第五次北征的主要参与人都心知肚明,但就是苦于没有直接的证据;更何况大明军连连战败,这本身也不是什么光彩的事,留下记载让后人诟病,万万不可。再有一个重要因素是:永乐皇帝在外眼望大明军惨败而崩,作为随行大臣张辅、杨荣、金幼孜等难道就没责任?追究起来不说自身没命,就连家人性命都可能不保。幸好那个神秘莫测的金忠后来也没事,大家也就"相安无事"了。

对此,朱棣皇位的继承人朱高炽就一点不知道内幕?不可能!朱高炽大智若愚,但实际上是个十分精明的人。他如履薄冰地当了20年太子,皇帝老爸为政期间出了不少问题,没谁比他自己更清楚了。如今他老人家走了,就让他走吧,何必要牵涉那么多的无辜?再说老皇帝是出境作战死的,一旦要是说出来,大明朝廷的脸可就丢大了!与其这样,还不如保持沉默吧!眼下最为重要的是稳定压倒一切,针对皇父第五次亲征时几乎带走了所有的兵力而造成京师空虚的不堪局面,朱高炽于永乐二十二年八月丙午日"遣书谕随征大营五军总兵官,先委宁阳侯陈懋、阳武侯薛禄,率领原随驾精壮马队三千星驰回京。若三千马队不可撤动,即于各营选精壮马队一万还京"(《明仁宗实录》卷1上)。同时为防止与自己争了20年皇位继承人的二弟朱高煦乘机发难,他又"命驸马都尉沐昕掌南京后军都督府事,命太监王贵通率下番官军赴南京镇守",由南向北看住或掣肘在山东乐安的汉王。(《明仁宗实录》卷1上)

在自己顺利继承皇位后的第四天,朱高炽又马上对大明边疆重新做了军事防御部署。永乐二十二年八月己未日,他任命武安侯郑亨等四人为边疆总兵官,其中"(郑)亨镇守大同,保定侯孟瑛镇交阯,襄城伯李隆镇山海,武进伯朱荣镇辽东"(《明仁宗实录》卷1下)。

重用永乐朝跟随父皇"靖难"或多次出征的军事将领为边疆重镇守将,改境外军事进攻为边疆严防死守,朱高炽"以静制动"地收拾朱棣战死后的不堪场面,从而稳定了大明帝国北疆的局势。这一切都是在人们不经意间给轻轻松松地搞定的。不过在如何处理几乎置父皇于死地的大明仇敌鞑靼、兀良哈以及"内奸嫌疑人"金忠等人问题上,明仁宗朱高炽却费了神。

大约在朱棣死后的第五个月,即永乐二十二年十一月乙亥日,朱高炽"遣使赍敕谕兀良哈官民曰:'皇考太宗皇帝殡天,朕已钦承奉天命,继承大位,主宰天下。凡四方万国之人,罪无大小悉已赦宥。若兀良哈官民敬顺天道,许令改过自新,仍前朝贡听往来生理。'上因谕侍臣曰:'彼有过而不宥之,既无所容,将来必为边患,吾不吝屈己,以安百姓'"(《明仁宗实录》卷7)。

那么兀良哈人犯了什么样的大过要自新？翻阅《明实录》，笔者发现，从永乐二十年八月到永乐二十二年七月朱棣归天，朱高炽即位，在这两年的时间里"兀良哈"三个字在《明太宗实录》中只字未提。而在最接近永乐二十年八月提到兀良哈的就是朱棣第三次亲征漠北回归（永乐二十年七月）时，大明军对兀良哈发动了突然袭击，"斩首数百级""斩首虏数十人"；(《明太宗实录》卷250)"获其男女千余及牛羊马数万，并得所掠边卒男女百余人送御营"(《明太宗实录》卷250)。

自己父皇带领军队斩获了人家兀良哈那么多人，谦谦君子一般的朱高炽在上台大赦天下的情势下却要兀良哈"改过自新"。这太不吻合明仁宗的性格特征了，倒很像他的那个无赖加恶棍的弟弟朱高煦的做派，可这明明是明仁宗的敕谕，由此也可以反过来证明朝鲜《李朝实录》中记载的朱棣为鞑靼、兀良哈所害之事属实。既然属实，那为什么朱高炽就不为父皇和大明军报仇雪恨？在笔者看来：第一，朱高炽善文不善武；第二，大明刚刚发生国丧，和谐安定才是第一要务；第三，朱高炽也怕大动干戈会给一直野心勃勃想要夺取皇位的二弟朱高煦造成作乱的间隙；第四，朱高炽治国奉行省工罢役和与民休息的政策。如果发动对境外北虏的复仇军事战争，就无法使得大明帝国真正地"拨乱反正"；再说与北虏打了一辈子交道的父皇都没玩过北虏，自己一介书生还是省省心吧！正因为如此，朱高炽在给兀良哈发出敕谕时曾跟近侍大臣这番说道："北虏有过而我们不能宽宥他们，一旦被逼急了，他们会上我边疆来衅事，构成边患。与其这样，倒不如'吾不吝屈己，以安百姓'。"(《明仁宗实录》卷7)

委屈一下自己，也没多大了不得，只要老百姓生活能安宁就行，而要使老百姓生活安宁，势必得布控和守住好北疆。为此，朱高炽多次下令给大同、宁夏、甘肃、辽东、宣府、山海、永平、开平等处总兵官及备御官等边疆守将，要他们"整搠军马，严加堤备"，"令各隘口及烟墩昼夜用心瞭望，谨慎谨慎，毋致疏虞"(《明仁宗实录》卷4上)。洪熙元年二月，明仁宗正式对全国边地主要将官颁发制谕和将军印，"云南总兵官、太傅、黔国公沐晟佩征南将军印，大同总兵官、武安侯郑亨佩征南将军印，广西总兵官、镇远侯顾兴祖佩征蛮将军印,辽东总兵官、武进伯朱荣佩征虏前将军印,宣府总兵官、都督谭广佩镇朔将军印,甘肃总兵官、都督费瓛佩平羌将军印,交阯参将荣昌伯陈智、都督方政佩征夷副将军印,宁夏参将、保定伯梁铭,都督陈怀佩征西将军印,有旧授制谕者封识缴回"(《明仁宗实录》卷7上)。

朱高炽上台后正式确认的10位边疆地区总兵官或接近于总兵官,除了云南总兵官沐晟、广西总兵官顾兴祖和交阯参将荣昌伯陈智、都督方政外,有6位总兵官或接近于总兵官的高级将领镇守在北疆,他们是大同总兵官、武安侯郑亨,辽东总兵官、武进伯朱荣,宣府总兵官、都督谭广,甘肃总兵官、都督费瓛和宁夏参将、保定伯梁铭,都督陈怀,加上永乐时代任命的山海、永平等处总兵官、遂安伯陈英(主要镇守地在蓟州)等,这样使得永乐帝战死后大明帝国北疆上重新调整成了大同、辽东、宣府、甘肃、宁夏和蓟州6大军事防御重镇中心。

● **宣德:大明边疆"一元化"制演变为"三元共存制"**

从上述朱高炽确认的这些边疆军事将领来看,绝大多数是当年拥护和追随永乐皇帝"靖难"或南征北战的铁杆哥儿们,这些铁杆哥儿们自永乐初期起就开始独当一面,守疆护土。不过疑心病十足的永乐皇帝压根儿就没有真正信任过他们,先是"批发"自家千金,与他们中的沐晟、宋晟、何福等资深边将结为亲家。可不尽如人意的是,永乐皇帝纵然不分白昼黑夜没命地在内宫"妹妹"那里播撒种子,但其产量实在令人失望,除了早年在北京当燕王时产出的那4龙4凤外,朱棣当了皇帝后在生育男女方面简直就是"杨白劳"。不过"无所不能"的永乐皇帝有的是办法,内宫小"妹妹"忍受不了肉体寂寞,给他戴上绿帽子,他就将她们绑起来一一给活剐了;没有更多的女儿资源作为牵制边关大将的法宝,朱棣又别出心裁地想到了派遣自己一向满心欢喜的不男不女之人——宦官出巡监军、镇抚。

"永乐初始命内臣镇守辽东开原及山西等处,自后各边以次添设,相沿至今"(【明】正德《大明会典》卷110《兵部五·镇戍》,文渊阁四库全书本)。"丙戌(即永乐四年,1406年),以辽东重地,(永乐帝)命公(指内官刘顺)往镇之。"【明】王直:《太监刘公(顺)墓表》,《北京图书馆藏历代石刻拓本汇编》第51册,中州古籍出版社1989年版,第105页)随后又派遣心腹宦官狗儿(大名王彦)接替了刘顺,"镇辽三十余年,累致捷功"(毕恭等修、任洛等重修:《辽东志》卷5《官师志·镇守内宦》,《续修四库全书》第646册)差不多与此同时,朱棣还派了太监亦失哈率领军队进师黑龙江流域,开设奴儿干都司。永乐八年,永乐帝敕令内官马靖前往甘肃巡视,并嘱咐:"如镇守西宁侯宋琥处事有未到处,密与之商议,务要停当,尔却来回话。"(【明】王世贞:《弇山堂别集》卷90《中官考一》,中华书局1985年版)同年他又"敕(中官)王安等监都督谭青等军,(中官)马靖巡视甘肃,此监军、巡视之始也"(《明史·职官三·宦官》卷74)。

"监军""巡视""镇守"这些不同的名字背后都有一个共性,那就是紫禁城里的大明天子可以端坐在权力金字塔的顶端,通过中官"监军"或"巡视"或"镇守",将大明边疆守将的一举一动都掌控在皇帝自己的手心里。

对此,永乐帝的皇位继承人朱高炽深娴此道,就在自己登极后正式颁谕公布各处边疆总兵官时,他又直接对分赴各地包括边关的中官之职责予以正式的确认,并授予镇守名分。永乐二十二年八月丁未日,"命太监王贵通率下番官军赴南京镇守"(《明仁宗实录》卷1上),九月乙酉日,遣镇守交阯中官山寿赍敕谕交阯头目黎利。(《明仁宗实录》卷2中)洪熙元年二月庚戌日,"敕甘肃总兵官都督费瓛、镇守太监王安……"(《明仁宗实录》卷7上)

明仁宗驾崩后儿子朱瞻基即位,他"一遵成宪",洪熙元年(1425)七月庚午日,"遣中官云仙往云南镇守"(《明宣宗实录》卷3)。宣德元年(1426)三月,"命行在礼部铸镇守交阯内官关防"(《明宣宗实录》卷15)。宣德三年(1428)九月庚子日,"命内官郭敬同武安侯郑亨镇守大同"(《明宣宗实录》卷47)。宣德四年(1429)八月乙酉日,"命太监杨庆等率神机营铳手往蓟州、永平、山海等处,同都督陈景先备御"(《明宣宗实录》卷57)……

可以这么说,原本洪武时期以塞王为核心的"一元化"边疆作战区,经过永乐破坏与重建、洪熙确认和宣德继承,大明帝国边疆地区逐渐确立起了以总兵官和镇守太监为核心的"二元"军事格局。但这样的"二元"格局还不稳定，暂且勿论"二元"核心能否领导和组织对北虏和外夷进行有效的军事打击，单就能否守护好边关还是个问题。

洪熙年间，"蓟州虏寇入境，劫掠人民"，向来比较温和的明仁宗朱高炽闻讯后十分恼怒，斥责山海、永平和蓟州等处总兵官遂安伯陈英及都指挥陈景先，并勒令对他们停俸。(《明仁宗实录》卷9上)可没过几天又发生了大同总兵官郑亨军机稽缓一事，洪熙元年四月，朱高炽下敕通报给各处总兵官："军中机务贵在谨密而又不稽滞。最近大同总兵官武安侯郑亨稽缓军机，误事不小。这大概是他那里负责机务文案的人疏忽检查所导致的，朕想你们别的总兵官处不会有这样的情况吧！不过朕曾听说诸位将军军中任用的负责机务文案者多为行伍出身，军中机务文书内容尚未实行却已经被泄露，甚至还有的被传播，这恐怕是不应该的吧！眼下朕打算从文职官中挑选沉稳又有才识的文臣，给你们总兵官每人配一个，让他们专门为你们管理文书，事关军中机务的今后你们一定要与他们共同商议后才可实行。"三天后的洪熙元年四月戊辰日，朱高炽命令挑选出来的郎中李子谭等文臣，分别前往总兵官、阳武侯薛禄等处，专理军机文书，并颁赐敕谕说："朕命将御边，其军务之殷重在严谨，而文墨所寄尤重得人。今以尔等重厚达于文理，特命往各总兵官处，凡其军中机密文书从总兵官同尔整理，必谨慎严密，不可泄露。其总兵官调度军马，发号施令等事，尔一切不得干预，总兵官宜以礼待尔，尔亦宜循守礼法，不可轻慢，庶几协和相济，以成国事。钦哉！"(《明仁宗实录》卷9下)

派遣内官特使与总兵官共同镇守边疆军事重镇，又给总兵官配上文臣，"惟文书尔与之计议而行"(《明仁宗实录》卷9下)。宣德后朝廷派往地方上的巡抚大臣逐渐由兼管地方三司发展到了兼理边疆军务——巡抚、总督制形成。至此，明初洪武时代以塞王为核心的边疆"一元化"格局演变为以镇守内官、总兵官和巡抚总督为核心的边疆"三元共存制"或言"三堂共理制"。

● 明宣宗对北疆国策的修补与大明北疆之隐痛

经过永乐、洪熙和宣德三代共同培育而逐渐成形的"三元共存制",从根本上来说不失为铲除明初塞王独尊的"一元化"潜在威胁的一大良方,大明君主中央集权得到了巩固。但这并不意味着就此解决好了大明北疆问题,尤其是永乐皇帝"种下"的兀良哈"癌症病源"时不时地隐隐发作,给大明帝国带了无尽的烦恼。作为后来君主的明仁宗和明宣宗为此做出十分谨慎的决策。

尽管明仁宗上台执政的时间一年都不到,尽管他上台后所面对的是一代"雄主"身后留下的不堪局面,但他秉着"不吝屈己以安百姓"的宗旨,忍辱负重,谨慎治边,维系北疆的安定。朱瞻基登极之初也采取了相对克制和理性的做法,"和谐"北疆,不过随着宣德朝政局的稳定,朱瞻基的北疆策略也有所变化。综合起来整个宣德年间大明治理北疆的国策不外乎永乐朝前期的延续和翻版,那就是"防、抚、打",以"防"为主,"抚、打"结合。

朱瞻基对于北疆的"防"不同于他的父皇明仁宗,明仁宗朱高炽不善于马背运动,一生大多数时间都在深宫大院里待着。朱瞻基可不同,他从小就喜欢且擅长骑射,引领幼军进行军事演习,又曾跟随皇祖朱棣"见习"过北疆军事战争;再加上他早早就被立为皇太孙,在登极之前朱瞻基的人生之路可谓是顺风顺水,这样的人生经历造成了他争强好胜的性格特征。但如果仔细考察宣德时期大明北疆之政的话,你就会发现明宣宗在北疆问题上几乎采取了与他自身性格特征相悖的举措——以"防、抚"为主,打击为辅,这是为何?

第一,朱瞻基登极前一年多一点的时间内,大明经历了两场国丧,先是永乐二十二年七月皇祖朱棣的驾崩,随后就是洪熙元年五月皇父朱高炽的猝死。国家连连大丧往往是君权交替最为敏感、最为脆弱的时期,聪明的君主上台后一般是不愿意大动干戈,以稳定来压倒一切,这样自己的统治才会稳定和巩固。朱瞻基从小就机灵,这样浅显的问题他是不会看不出来的。

第二,北疆问题尤其是兀良哈等地区既是烫手的山芋,又是大明帝国的"癌症病源"区。说它是个烫手山芋,这叫扔了舍不得,也扔不掉,吃下去吧,又没那本事;说它是个"癌症病源"区也有相似的道理,将它切除吧,它可连在大明北疆边上,断了骨头连着筋。彻底整治?高皇帝的治理防御之良方全给皇爷爷摧毁了,永乐朝治了二十多年最后还不是越弄越糟,连皇爷爷自己都不明不白地死在了兀良哈地区,到底该怎么治?年轻的朱瞻基心里没谱。

第三,宣德初年大明君主面临南忧北患的困局。南忧有两个:一个是交阯战争打了十几年,一直没有取得彻底胜利,大明军耗在那里,大把大把的银子往水里扔,将士一个个地倒下去,这是一场没有希望和把握的战争;南忧的另一个就是过去天天吵着嚷着要夺取大明君储之位的朱瞻基二叔叔在他的封地上很不老实,暗中时时准备着发难。北患就是北方边疆地区的治理问题,如果不切实际地发动对北虏的战争,太宗皇帝朱棣那般神武尚且落得那样的不堪结局,更何况现在宣德朝开启之初的敏感时期,那是断然不可轻举妄动的。所以尽管朱瞻基也可能知道皇爷爷驾崩的真正缘由,尽管自己个性中一向争强好胜,但面对现状,为了集中精力对付和解决好南忧问题,聪明的朱瞻基来了个更为现实的做法,姑且沿用皇爷爷前期和皇父治政时期的北虏政策,以防为主。

洪熙元年七月,征虏前将军、镇守辽东总兵官武进伯朱荣奏请:"兀良哈朵颜卫鞑官指挥哈剌哈孙等按例应该要来朝贡了,可谁知却一直躲着不见身影,抑或他们还有贰心,陛下您看要不要派都指挥唐琦等人前去侦察一番。要是真是他们怙恶不悛的话,我就让唐琦等人把他们给逮了?"朱瞻基答复:"古代君主驭夷的聪明做法就在于来不拒,去不追。现在虽说兀良哈地区的人好久没来朝贡了,但他们没来我大明北疆扰边呀,我轻率地对他们用兵,这可不是古代圣贤所倡导的怀柔之道。不过这些夷虏向来多诈,你们千万不可小看了他们。朕敕至日起,你好好地整肃队伍,谨慎提防,不要去计较他们来不来朝贡。"(《明宣宗实录》卷4)

改元后的宣德皇帝依然将这"来不拒、去不追"的治边方略作为一项基本的北疆国防政策。宣德元年(1426)七月,朱瞻基对大明兵部尚书张本做出这番指示:"虏好鼠窃,但防守周密,来则击之,去则勿追,保境安民,此为上策。"(《明宣宗实录》卷19)

纵观整个宣德朝，这项北疆基本国策一直都没变。宣德七年(1432)四月，甘肃总兵官都督刘广上奏说："先前鞑靼脱脱不花等20余户人家来降我大明，可没过多久他们又叛逃了。最近一段时间他们老在我们铁门关西一带转悠，微臣想派一些兵士将他们逮了，可不知陛下您的意向如何？"朱瞻基接奏后跟兵部尚书许廓等人说："夷虏性情多变，很难驯服，随他们去吧！朕向来宽待他们，来者不拒，去者不追。现在刘广讲，就那20多户人家，要发兵去围捕，值吗？白白劳费精力，还是确保境内百姓安逸生活为上策吧！你们兵部马上发文给刘广，叫他不要轻举妄动，慎固封守城池就行了。"(《明宣宗实录》卷89)

正因为有"来不拒、去不追"这样的北疆国防思想做指导，所以整个宣德朝在防御上下了很大的工夫，具体说来主要在以下几个方面：

○ 注重北疆边防工事与城池的整修

宣德元年(1426)六月，负责巡边的阳武侯薛禄曾上奏《备边五事》，其中提出了"缘边旧有烟燉、墙垣、壕堑多已倾颓，宜令郑亨、谭广各按分地督兵修筑"的建议。(《明宣宗实录》卷18)宣德四年(1429)十一月，宣府总兵官都督谭广也上奏，提出了整修北疆军事工事的建议："缘边墩隘为雨所坏，今冬令难修，恐贼窥伺入寇，欲分缘边诸卫神铳手之半，与各卫马队相无分布西阳河至龙门口诸屯堡，以备不虞。"皇帝朱瞻基随即予以了批准。

宣德年间整修的北疆军事防御工事规模最大的可能莫过于独石城及其附近的军事防御系统。鉴于永乐朝放弃大宁所带来的严重后患，大明北征前哨开平孤悬北方，三面受敌，军械与粮饷连连告急，北方蒙古人又时不时地发起攻击。宣德初年，开平备御都指挥唐铭等北疆守边将领几次向明宣宗提出了修筑独石城以做后备的建议，一向比较注意节省民力的朱瞻基在广泛听取众人意见后，最终于宣德二年(1427)下令动工兴造(《明宣宗实录》卷28)。

独石城修成后，负责北疆巡视的阳武侯薛禄发现，北疆防守还是存在着问题，于是他就上奏明宣宗，说："独石城修好后果然能解决很多问题，但它及其周围的军事地理位置实在太重要了，光一座独石城是守不好的,应该在最为紧要的雕鹗、赤城、云州、独石四站修建城堡,估计要用工匠和民夫50 000人,防护官军10 000人,工地医生20人,恳请皇上批准。"(《明宣宗实录》卷65)

这样的用工规模在整个仁宣时期是超常规的,但朱瞻基从稳固边疆守备、确保长治久安的角度,最终还是批准了。

事后他在皇宫左顺门与群臣们谈起他的边防固守观点时,这样说道:"朕曾经巡视北疆,发现北京北边重镇宣府居然是座土城,于是就问陪同巡视的军官们:'这土城能长久吗?'他们告诉朕:'每年遇到大雨,城墙就会坍塌颓坏,上级领导随即就命令我们赶紧找人修复。'朕一直在想这个问题:凡事应该做得稳妥些,更何况是城墙了。土城不行,就用砖头砌,砖头城墙总该牢固了。虽说这样做,一时很费人力财力,但总比屡坏屡修要强多了。只是在建造砖头城墙时要注意,不要太过于劳民。"随后他下令给宣府总兵官谭广,让他在农闲时征发老百姓修建宣府砖城。同年朱瞻基还命令大明工部:"边城有坏,须即发民助修,非此毋擅劳民力。"(《明宣宗实录》卷84)

○ 勾补逃军和清理军伍,充实北疆国防军

在上章我们已经讲了很多这方面的内容,在此不再重复。简而言之,宣德时期大行清军还是清出了一些问题,但在后期就不了了之了。不过我们也不能完全否认朱瞻基君臣实施清军所带来的积极作用:通过清军在一定程度上充实了宣德朝大明军事实力,尤其对于维护当时集结全国军事力量重心的北疆地区的稳定具有积极的意义。

○ 将大明北征前哨由开平往南移至独石

说到大明北征前哨由开平南移至独石,很多研究者往往将历史之责归咎于朱瞻基身上,说他没有皇爷爷朱棣的眼光和胆识,收势北疆;但笔者在阅读了《明实录》后发现,历史真相完全不是那么一回事。

前面讲过,洪武中晚期构建完成的北疆防线有三道,其中以边疆诸"塞王"为核心,环环相扣,我们姑且称其为"塞王"军事战略线。从整个北疆军事地形来看，这条"塞王"军事战略线由两个图形组成：一个是从宁王驻守的大宁到燕王藩邸北平再到大明北征前哨开平构成的U形（也可视为三角形），另一个是从开平经宣府、大同再到晋王藩邸太原和秦王藩邸西安组成的半弧形。综合U形和半弧形构成的大明国防线，我们可以看到两个明显的凸形点，一个是大宁，另一个就是开平。开平是在洪武二年六月己卯日，由明初有名的军事将领常遇春等率军攻下的，因此常遇春后来被朱元璋追封为开平王。(《明太祖实录》卷43)而攻克大宁则比拿下开平还要早(《明太祖实录》卷46)，尽管后来大宁几易其手，但一旦掌控在大明手里，大明军北征没有一次不取得重大胜利的：洪武三年五月，左副将军李文忠率军北伐进攻应昌，"获元主嫡孙买的里八剌并后妃宫人，暨诸王省院达官士卒等，……惟太子爱猷识理达腊与数十骑遁去。文忠亲率精骑追之，至北庆州，不及而还。师过兴州，遇元将江文清等率军民三万六千九百余人来降，至红罗山又降其将杨思祖等一万六千余人"(《明太祖实录》卷52)。洪武二十年六月，大将军冯胜率军北伐，逼降纳哈出部"凡四万余，并得其各爱马，所部二十余万人，羊、马、驴驼、辎重亘百余里"(《明太祖实录》卷182)。洪武二十一年四月，大将军、永昌侯蓝玉率军北伐，追击元主至捕鱼儿海，获其"次子地保奴、妃子等六十四人及故太子必里秃妃并公主等五十九人……又追获吴王朵儿只、代王达里麻平章八兰等二千九百九十四人，军士男女七万七千三十七口……马四万七千匹、驼四千八百四头、牛羊一十万二千四百五十二头、车三千余辆"(《明太祖实录》卷190)。

我们再来看看永乐朝的六次北征的战况：首次是由朱棣"靖难"第一功臣邱福统兵北征，什么战果也没捞到，反将10万大明军将士的命给弄丢了。为此永乐皇帝暴跳如雷，随后连续发动了五次亲征，第一次亲征带了50万兵力，在漠北荒原折腾了几个月，满打满算俘获或斩杀敌人大约在600人(《明太宗实录》卷105)；第二次亲征也带了50万兵力，满打满算歼敌人数不超过10 000(《明太宗实录》卷152)；第三次亲征带去将士数十万，杀敌在1 000人以下，俘敌也在1 000人左右(《明太宗实录》卷250)；第四次亲征带去了30万兵力，白白北漂了三个月，除了接受一个来路不明的名叫也先土干即后来的金忠率领的小股部众投降外,几乎是"颗粒无收"(《明太宗实录》卷264);第五次亲征那就更惨了,连永乐皇帝自己也几乎战死在战场上。

拨开篡位暴君上台后制造的层层迷雾,综观洪武、永乐两朝的北征史,荣辱对比昭然若揭。由永乐朝北征屡屡失利的"光荣史",人们不难看到,那个被当今某些人捧上天的永乐皇帝朱棣除了大话连篇、好大喜功、擅长窝里斗、嗜好杀人、酷爱糟蹋女人外,几乎一无军事才干。除此之外,我们还能看到什么?为什么洪武朝北征连连取胜,而永乐朝却乏善可陈,甚至连永乐皇帝的小命也丢在了北疆?

笔者认为有一个十分重要的原因,那就是永乐帝登极后弃大宁,空其地,畀朵颜三卫,将大明帝国北疆隐形的"癌症病源"兀良哈置身于三面都能看住和控制得住的U形北疆国防线,改成了半弧形国防线。原本无论是兀良哈还是鞑靼,如果南下进攻或侵扰大明北疆一下子就容易进入U"口袋",因为"口袋"的口子被小朱皇帝大大地打开了,北房们就此可以大显身手,与大明军玩起猫抓老鼠的游戏了。这就是永乐朝每次北征都无大获的一个极其的重要原因。

还有一个也是一直为人们所忽视的事实,那就是小朱皇帝朱棣改变了老朱皇帝朱元璋的U形国防线后,大明北疆原本两大凸出的军事着力点大宁与开平顿时失去了相互的支撑。尤其开平由原本大明北征的前哨或言直刺北房的尖刀,一下子变成了光秃秃地竖立在旷野里的没有可靠依托的"稻草人"。一旦北房南下,不仅很快威胁到了原先属于内地的蓟州、永平、山海一线,而且由于开平孤零零地凸现(距离北京长城一线约有300里),三面都可能受敌,缺乏原先屏障内地之活力,这样便使得北京正北的永宁、开平和西北的宣府、兴和、大同一线也容易受到攻击。于是,为了防止北房可能发动的进攻,从永乐到洪熙,大明北疆上逐渐形成了辽东、蓟州、宣府、大同、甘肃、宁夏的六大总兵官统领的军事重镇区(《明仁宗实录》卷7上)。换言之,从永乐时代起,大明帝国的北疆国防线已经在事实上内移了,只不过当时人们不曾留意罢了。

糟糕的还不仅于此,北疆国防线内移后,开平的处境越发尴尬。明宣宗朱瞻基即位后的第三个月即洪熙元年七月,阳武侯薛禄就向宣德皇帝报告了开平的困境,并委婉地建议将开平卫内迁到独石。他说:"北京正北、宣府东北方的雕鹗、赤城、云州、赤云、独石五个军事站都暴露于旷野,开平卫军男女老少都在这一带种田,一旦北虏发动进攻,无城可守。而开平与独石相距五个军事站,虽说有城墙,但很不坚固。从独石到开平不下300里,一路上荒无人烟,往来传输很不方便。倘若将开平卫移到独石,让镇守宣府的都督谭广率领官军筑城守备,这样的话或许能解决问题。"朱瞻基接奏后十分谨慎地批示:"开平极边,废置非易事,当徐议。"(《明宣宗实录》卷4)

一年后的宣德元年(1426)六月,北疆巡边大将军阳武侯薛禄在给宣德皇帝上奏的《备边五事》中再次提议,将开平卫从多伦西北迁往独石。他说:"兴和、保安右卫及开平一路闵安诸堡经常受到虏寇侵掠,而开平卫驻地及其附近的环州、威虏诸堡虽说位居冲要,但地远势孤,倘若兴师动众修筑大工事,则耗费巨大,加上开平卫家眷都居于此,每月供给都很困难;不如筑城独石,将开平卫移到独石去,然后抽调精锐2 000人,分为两班,每班1 000人,自带粮食,前往开平,轮流戍守。这样既可免除馈送之劳,又可加强开平的防御。"朱瞻基看完奏章后没表态,只是"命公侯大臣议之"(《明宣宗实录》卷18)。

又是一年后的宣德二年(1427)五月,开平备御都指挥唐铭等给宣德皇帝上奏说:"开平卫驻地孤城荒远,连烧饭之类的柴火都要兵士们出城经过艰辛采集才可得到。但一旦出了城,随时随地都可能冷不丁地遇上北虏,而开平四周又没有别的城堡可援助,所以最好的办法是皇上增派官军神铳营来开平一起守备。"读完唐铭的奏章后,宣德皇帝没辙,只好将此事交予曾经叱咤交阯战场的太师、英国公张辅和文武大臣集体讨论。大家讨论来讨论去,最终还是觉得宣德元年(1426)六月薛禄提出的将开平卫内移到独石的方案最为妥当。朱瞻基大体上接受了大家的观点,但没有迅速部署下去实施,只是命令阳武侯薛禄在护送运粮上开平的间隙,筹划一下如何在独石修筑新城等事宜。(《明宣宗实录》卷28)

那么究竟为什么每隔一年左右,都有重量级的军政大臣要上书请将开平卫南移？

第一，开平卫位居北京正北300多里以外，无论军需还是民用之供给都十分困难。

洪熙元年九月，同在北疆驻守长安岭的指挥阎贵等上奏宣德皇帝，要求朝廷抓紧时间给守关军士发皮袭狐帽。朱瞻基由此想到了开平和大同等极边诸卫同样也需要呀，于是下令一同下发皮袭狐帽。(《明宣宗实录》卷9)两个月后，开平备御都指挥使唐铭上奏说："守护本卫将士'年久衣弊'，请朝廷下发胖袄裤鞋。"没过几天，又是这个开平备御都指挥使唐铭上奏说："军士们的盔甲、弓刀及金鼓、旗号等都坏了，恳请朝廷赶紧补给。"(《明宣宗实录》卷11)宣德元年(1426)七月，开平卫上奏说："按照朝廷的规制，本年度应该给兵士们发放冬衣、布花，但本卫现有的棉布就不足支付，而往日储存用来购买马匹的布绢倒是有不少，恳请朝廷恩准，用布绢来代替棉布支付给将士们。"(《明宣宗实录》卷19)一年不到的时间里，朝廷多次下发军需物资给开平卫，居然还不够。这里边不排除军官们的克扣和贪污，还有的就是运输供给困难，常常造成无法按规定如数运达。

最能说明问题的可能要数粮食运输了。宣德三年(1428)三月戊申日，行在户部奏："开平粮料不足，请发在京军民于宣府运二万石接济。"(《明宣宗实录》卷40)皇帝朱瞻基批准了，派了阳武侯薛禄充总兵官、清平伯吴成为副总兵官率领官军数万人护送粮饷运往开平。这20 000石粮饷够开平卫军士吃多长时间？不知道。宣德四年(1429)三月，大明又开始新一轮的运粮，明宣宗还是派了老将薛禄一路护送。完成使命后薛禄向朱瞻基汇报说："已经运了1 500石粮饷，足够开平官军8个月吃用了，其余的等边地草木茂盛时再运。"(《明宣宗实录》卷52)从上述两段史料中我们至少可以得出两点：第一，运往开平的粮饷和军用物资不是随时都可以运的，它有季节性；第二，开平卫粮饷需用巨大，大到了什么地步？1 500石？薛禄说了，要等草木茂盛时再运，这说明开平卫一年用粮远不止1 500石。那么究竟是多少？据宣德五年(1430)四月丁酉日，阳武侯薛禄上奏所言："开平岁运粮四万石，人力不齐，请令行在兵部、五府议其用力多寡，立为定例。"(《明宣宗实录》卷65)由此我们可知,开平卫每年运粮不下40 000石。而要运输这40 000石粮食到开平去的运输成本是多少呢?《明实录》没作直接的记载,但行在户部官的一席话倒是给了我启发。宣德元年四月,行在户部上奏给宣德皇帝,说总兵官阳武侯薛禄领军巡边到开平,发现那里需要豆子10 000石,但眼下正是农忙,不能征发民力去搞运输,请皇帝征发北京郊区的卫所10 000名军丁,去将那10 000石豆子运往开平卫去。(《明宣宗实录》卷16)由此我们可以推算出:1个运输者大致能运1石粮食到开平,开平卫每年需要40 000石粮食,光搞运输的人就要40 000人,这还不含薛禄率领的一路护送的军士人数。从中我们也可以看出,支撑孤零零的开平卫真可谓是劳民伤财!

第二,开平卫驻地条件艰苦,谁都不太愿意到那里去驻守。

宣德元年十月戊寅日,皇帝朱瞻基曾对行在户部尚书夏原吉说:"开平极边,天气早寒,商旅不通,布帛难得,其军官俸钞未支者,即以内库所贮颜色布运给之,不可稽缓。"(《明宣宗实录》卷22)连皇帝都在说开平卫气候恶劣,条件不好。所以说生活习惯于农耕文明下的大明将士,一般都不太愿意到这个已经孤悬于游牧区内的极边卫所长期驻守。宣德元年六月,行在大理寺向宣德皇帝上奏说:"开平卫指挥同知方敏长期驻守在独石附近的赤城,就连办理公务都不愿到开平去一回。前阵子有些勾补到的逃军要押赴开平,方敏自己不去,居然还不派专人押送而让公差百户何闰顺便带去,不料途中发生了7个勾来的逃军再次逃跑的事情。请陛下严厉处置玩忽职守的方敏。"朱瞻基可能考虑到没人愿意在极边地带久留的因素,所以最终还是宽宥了方敏。(《明宣宗实录》卷18)但方敏似乎并不领情,他借故抱怨所受待遇的不公,宣德四年上书给明宣宗说:"臣所守之地正临极边,一有夷虏来攻或偷袭的迹象,就得马上派人飞报,至今为止不知有多少个来来回回。可行在兵部连个脚步费都不给,我们这里道路艰难啊!"朱瞻基看完奏章后跟兵部官员说:"飞报边警,岂是小事?而令徒步以归,是不达事体轻重。自今悉如甘肃、宁夏例与之。"(《明宣宗实录》卷56)

正因为军人们都不太愿意驻守开平,朱瞻基君臣就不得不"返聘重用"退休老将。宣德元年三月,有个叫杜福的指挥使60岁到龄,按理说差不多可以退休养老了,但开平千户杨洪等向宣德皇帝上奏说:"杜福久在开平,勇敢有才,练达兵务,善抚士卒,乞令仍守开平。"宣德皇帝正愁着没有合适的人选来代替杜福,接到杨洪的奏章后,他马上批复:让杜福的儿子继承父职,杜福退而不休,任致事官,协助都指挥唐铭守护开平卫。(《明宣宗实录》卷15)

宣德中期朝廷调万全都指挥使唐铭、都指挥佥事卞福轮番领军戍守开平,可没过多久,卞福的眼睛出了大问题,按理说这对于边疆守护很不利,卞将军要么专门养病,要么调往没有军事告急的内地,但明廷最终仅仅是将他从开平调到了独石。由此可见,当时北疆尤其是极边卫所谁都不太愿意去,因此说调用军将是件很不容易的事。(《明宣宗实录》卷89)

第三,开平卫孤悬蒙古腹地,极易受到攻击,随时都有被端掉的可能。

由于朱棣弃大宁,畀朵颜三卫,南移北平行都指挥使司至保定府,使得兀良哈一带成了"不设防区",这就为鞑靼和朵颜三卫南下提供了更为广阔的空间,也使得开平卫孤悬于蒙古腹地。原本与大宁彼此可以相互声援的开平自此以后三面临敌,极易受到威胁与攻击。洪熙元年十一月,鞑靼权贵阿鲁台派人南下贡马,有人传言阿鲁台要进攻开平和兴和。朱瞻基闻讯后立即指示北疆沿边总兵官武安侯郑亨、都督谭广等加强戒备,同时选调都指挥同知李信、都指挥佥事路宣等镇守开平南方的淮安卫与定边卫。(《明宣宗实录》卷11)

这样的事情在永宣时期经常发生,一旦有虏警,开平守将就赶紧上报,"时开平备御都指挥唐铭等屡奏,虏寇出没近境"(《明宣宗实录》卷28)。开平神经绷紧,连带运输军需物资到开平的大明运输部队也处于高度的戒备状态。宣德初年开始,朱瞻基就命令负责北疆巡边的阳武侯薛禄佩镇朔大将军印充总兵官、清平伯吴成充副总兵官率师防护粮饷运赴开平。有了薛禄军的重兵护送,运输是得到了保证,但并不能保证开平等极边卫所免受北虏的侵扰了。宣德二年(1427)七月的一天,薛禄与吴成护送的运输军粮队伍经过艰辛跋涉快要到开平卫时,忽然听前方有人来报:开平城正遭北虏抢掠!薛禄叫上一部分骑兵火速赶到开平卫城下,不料北虏已经抢完逃跑了,有三个跑得慢的给薛禄逮住,当即审问。这一审才知,大部分抢掠者早已往开平东南方向撤离了。薛禄率领将士马不停蹄、人不下鞍地拼命追赶,足足追了300里左右,大约到了一个朵儿班你儿兀的地方,他下令暂时停下,昼伏夜出侦察敌情,最终发起突然袭击,斩杀北虏数十人,俘获甚多。(《明宣宗实录》卷29)

这次开平突然遭遇掳掠,幸亏遇上了薛禄运粮护送队的及时救急,但不可能一年365天天天都有这样的巧事呀,所以说到底还得要靠驻扎在开平卫军队自身了。那么开平卫到底驻扎了多少人马?史书没有记载清楚,笔者估计,既然称卫了,大致就有一个卫的兵力5 000—6 000人吧。按理说人数不少了,但它是深入蒙古腹地的孤城,一旦战事起就有腹背受敌的可能。更让大明北疆国防军头疼不已的是,北虏有时不去惊扰开平,而是神不知鬼不觉地绕过它,直接流窜到开平正南方300里左右的大明北疆长城一线进行抢劫。宣德四年六月,北虏掳掠赤城、独石(《明宣宗实录》卷55),十一月,北虏又偷袭了赤城、独石邻近的雕鹗(《明宣宗实录》卷59)。这些原本作为到达开平卫的前哨且与开平卫城彼此遥相呼应的边塞城堡遭劫时,开平卫城浑然不觉,一无反应,由此它开始不断遭受人们的非议和诟病。

一个远及敌人腹地又不能起到真正打击敌人作用的前哨阵地开平,还值不值得要帝国政府用高昂的成本代价给其"输血"维系生命?从洪熙元年薛禄大将军的上奏到宣德四年(1429)北疆将士的普遍议论,主张将开平卫南移的呼声日益高涨。此时,对开平卫非议已经顶住了四五年的宣德皇帝朱瞻基也感到,无论从军事实际形势还是从国计民生角度都不能再打肿脸充胖子了,应该实实在在地面对皇爷爷留下的尴尬边疆遗产!宣德五年(1430)六月,北京西北、宣府东北的独石、云州、赤城、雕鹗四个军事城堡修筑完毕,朱瞻基命令兵部尚书张本前往独石,与阳武侯薛禄等商议将开平卫由多伦附近南移到独石等相关事宜。最终议定,以独石堡为开平卫的大本营,且屯且守,并组织精兵2 000人,由都督冯兴总负责,都指挥唐铭、卞福各领一班1 000人,自带粮料前往开平原址更番戍守,增加独石堡等地的军事防御。(《明宣宗实录》卷67)

这就是历史上争论不休的开平卫南移的全部经过,从表象来看,好像是朱瞻基将太祖朱元璋、皇爷爷朱棣的国防线给内缩了;

但从实际角度来讲,历史之责不能归咎于朱瞻基,而应该是他的爷爷朱棣。朱瞻基南移开平卫,做了件实事,不仅没有过错,相反更加有利于加强北疆长城一线的军事防务。

其实朱瞻基的务实守边还不仅仅体现于此,整个宣德年间,明宣宗还十分注意同北疆蒙古之间的贸易关系,或者按照明朝祖制的说法——"抚"。

宣德时期,明朝同北方蒙古之间的贸易大致有两种:一种是朝贡贸易,据《明实录》记载,西蒙古瓦剌在宣德年间共计7次遣使来朝贡马(《明宣宗实录》卷11、卷63、卷71、卷73、卷86、卷89、卷112),东蒙古鞑靼也有五六次(《明宣宗实录》卷47、卷59、卷61、卷86、卷99)。另一种贸易形式就是边贸,据宣德六年(1431)正月甘肃总兵官都督刘广向宣德朝廷上奏所言:鞑靼、瓦剌都来边贸卖马,他要求朝廷给他各色棉布100 000匹作为买马费用(《明宣宗实录》卷75)。由此可见当年双方边贸还是相当成规模的。那么大明真的需要那么多的马匹吗?笔者在《朱棣卷》中曾对永乐末年大明马匹数做了考证,永乐二十二年明王朝马匹总数为1 736 618(《明仁宗实录》卷5下),平均0.6个士兵就拥有一匹马了(详见笔者《大明帝国》系列之⑧《永乐帝卷》下册,第9章,P623)。大明根本不缺马,那干吗还要买马?宣德六年十月,宣德皇帝跟侍臣的一席话给我们揭开了秘密,他说:"朝廷非无马牛而与之为市,盖以其服用之物皆赖中国,若绝之,彼必有怨心。皇祖许其互市,亦是怀远之仁。"(《明宣宗实录》卷84)

○ 皇帝3次亲自巡边,重视北疆军事防御

不过话得讲回来,仁宣时期虽然确立了以"抚"和"防"为主的北疆边防策略,但这并不意味着大明就一味地防和守。宣德三年(1428)八月,明宣宗朱瞻基还曾发动了一次对兀良哈的军事打击,这就是明史上的明宣宗第一次北巡;宣德五年(1430)十月,朱瞻基率领大队人马从北京出发,开始为期半个多月的第二次北疆巡视;宣德九年(1434)九月,明宣宗又亲自组织进行了近一个月的第三次北疆巡视。(详见笔者《大明帝国》系列之⑩《洪熙、宣德帝卷》下册,第7章,东南大学出版社2014年1月第1版)

虽说明宣宗的三次北疆巡视既轻松又快捷,给人的感觉是,来也匆匆去也匆匆,好像是在搞军事旅游。但不可否认,作为大一统帝国的天子时不时地巡边,检查边关城堡、营垒,遍阅铠甲、兵马、旗帜和鼓励边疆将士刻苦训练、严守北边,这对于巩固大明北疆安全还是有所裨益的。不过,话还得说回来,大明皇家的这位公子哥的如此之行也并非完全值得肯定,尤其是他两次西北之行都是几乎路过开平卫南迁的独石地带,对于这样一个新建的北疆边防防御城堡区域,大明的"帝五代"居然没有切实地问到、巡察,这不能不说是一大失误;还有,对于西北地区正在崛起的瓦剌新权贵脱欢的统一蒙古也没有引起足够的重视。朱瞻基的这些失误为后来自己儿子正统帝的土木堡之役埋下了祸根。这究竟是怎么一回事?

事情还得从一个名叫瓦剌的漠北蒙古势力说起。

● 瓦剌"渐大" 正统"眼瞎"

● 瓦剌的前世与今生——斡亦剌与大元"黄金家族"之间的恩恩怨怨

瓦剌,蒙元时代译为斡亦剌、斡亦剌惕、外剌、外剌歹、歪剌歹,明代开始译为瓦剌,清代译为卫拉特、厄鲁特、额鲁特等,蒙古部落之一。其先民斡亦剌是"林木中百姓"(【伊利汗国】拉施特:《史集》)的著名部落,最早生活地可能是在东北额尔古纳河流域的密林里,与蒙古祖先"蒙兀室韦"相邻。

○ 瓦剌前身斡亦剌由东北迁往西北,成为大蒙古帝国西北地区的重要力量

唐朝中后期开始直至辽金时代,随着原生活于东北地区的蒙古语族各部落大举西移,斡亦剌等"林木中百姓"部落也逐渐向叶尼塞河流域迁徙,并与当地的突厥语族部落杂处。12世纪蒙古部孛儿只斤氏首领铁木真势力崛起之初,斡亦剌部首领忽都合别乞站在其对立面,先后与塔塔尔、乃蛮、泰亦赤兀惕和札只剌等部组成联盟,对抗铁木真,但都一一失败了。元太祖元年(1206),铁木真在漠北斡难河的忽里台大会上被推为全蒙古大汗,称成吉思汗,

随后决定派长子术赤率军西征"林木中百姓"各部。第二年即1207年,"斡亦剌〔惕〕种的忽都合别乞、比万斡亦剌〔惕〕种先来归附"(《元朝秘史》卷10,239节)。

斡亦剌、弘吉剌、亦乞列思等归附后,成吉思汗同他们建立了联姻关系,以增强自身的实力。据研究,成吉思汗系的公主及宗室女下嫁斡亦剌贵族的就有16人。其中成吉思汗女儿扯扯干嫁给了斡亦剌部首领忽都合别乞长子脱劣勒赤,长子术赤之女火鲁嫁给亦纳勒赤,四子之女燕帖木儿嫁给了脱劣勒赤儿子巴儿思不花;元太宗窝阔台儿子贵由之女嫁给了腾吉思,拖雷三子即元世祖忽必烈弟弟旭烈兀之女忙古鲁干、秃都合赤又分别嫁给了斡亦剌部首领忽都合别乞长子脱劣勒赤孙札乞儿及腾吉思,拖雷四子阿里不哥之女那木罕嫁给珠年,元世祖忽必烈孙女脱脱灰嫁给秃满儿。而斡亦剌贵族之女被成吉思汗家族娶为皇后或妃子的也多达12人,就以斡亦剌部首领忽都合别乞长子脱劣勒赤4个女儿为例,一个叫亦勒赤黑迷失的嫁给了阿里不哥,一个叫古巴克和完者的嫁给了伊儿汗国旭烈兀,一个叫兀鲁忽乃的嫁给了察合台汗国合剌旭烈兀,继其夫统治察合台兀鲁思达10年;还有一个叫忽出的嫁给了钦察汗国术赤孙拔都子秃罕,其两子猛哥帖木儿和脱答猛哥相继为钦察汗国国君。

由此看来瓦剌的前身斡亦剌与成吉思汗家族的关系十分密切,也特别复杂。姑表亲交叉通婚,亲上加亲,有时姑侄关系演变为婆媳关系,有时姐妹关系演变为妯娌关系,甚至一对姐妹同嫁一夫。这种特殊的联姻关系一方面有利于成吉思汗系的统一大业,另一方面也使得斡亦剌贵族与成吉思汗黄金家族紧紧地绑在了一起。

而从地域来讲,随着蒙古的强盛,斡亦剌部逐渐向着叶尼塞河上游更广阔的地域发展,其住地东南与成吉思汗四子拖雷,西南与其二子察合台、三子窝阔台,西北与其长子术赤宗王封地相连。因此说在蒙元帝国兴起之际,斡亦剌已经成为诸蒙古中不可小觑的重要势力。

又由于斡亦剌地处西北战略要冲,既是蒙元朝廷西北屏藩,又是连结各宗王封地的通道,因此从很早起就成为蒙元朝廷与各宗王势力争取的重要对象,彼此都想通过包括联姻在内的各种手段来与斡亦剌结盟,以保障自身在势力争夺中能稳操胜券,由此也就使得斡亦剌几乎身不由己地卷入了蒙古帝国朝廷与各宗王的争斗漩涡之中。(参见白翠琴:《瓦剌史》,广西师范大学出版社,2006年12月第1版,P1~8)

○ 大蒙古国演变为大元帝国及诸汗国,斡亦剌站到大元忽必烈系的对立面

1259年七月,成吉思汗四子拖雷的长子元宪宗蒙哥率领蒙古大军在进攻南宋西川合州治所钓鱼城时受伤,且很快就离世。第二年即1260年三月,由军中权贵拥戴的蒙哥弟弟忽必烈在开平抢先即大汗位,这就是元史上有名的元世祖。当时在大蒙古国首都哈剌和林担任漠北留守的蒙哥幼弟阿里不哥听到消息后立即表示反对,且在蒙古本土贵族的支持下继任大蒙古国大汗。于是一时间大蒙古国冒出了两个大汗,那么,谁是正宗合法的?

根据蒙古国早期规制与习俗,忽必烈在开平即位就很有问题。为此,成吉思汗黄金家族的子孙们分裂为两大阵营,钦察汗国、察合台汗国和窝阔台汗国(简称西北三汗国)之主都支持阿里不哥,而实际开创伊儿汗国的旭烈兀则支持忽必烈。虽然后来忽必烈战胜了阿里不哥,但从此以后原本就有很大离心之势的西北三汗国走上了独立发展的道路,统一的大蒙古国最终发生了分裂。与此相应,胜利者大元帝国开创者忽必烈及其帝位继承者尽管在名义上和形式上取得了大蒙古国大汗之名位,由此也就成为了成吉思汗大汗位的正统,被认为是"一切蒙古君主之君主",诸汗国"君主中如一人国有大事,若攻讨敌人或断处一大臣死罪之类,虽无须请命于大汗,然必以其事入告","大汗不断以诏令谕其他三蒙古君主保守和平。诏令之式,大汗之名列前,至诸王上书,则以己名列于大汗名后,此三君主皆服从大汗命而奉之为主"(【法】沙海昂注,冯承钧译《马可波罗行纪》第2卷,第76章 大汗征讨诸父乃颜之大战,上海古籍出版社,2014年3月第1版,P144)。可其实际控制地区却只限于蒙古草原、北半部中国和今天新疆的东部与南部等地区。因此说忽必烈及其以后的元朝列帝只是名义上和形式上的宗主,其对诸汗国

的实际国政外交等皆无力干预,双方之间的关系也就是宗主与藩属的关系而已。(参见周良霄、顾菊英:《元史》,上海人民出版社,2003年4月第1版,P254~264)

而在这个历史过程中,斡亦剌恰恰站在了忽必烈的对立面,与西北三汗国一样,同属于阿里不哥阵营。可最终阿里不哥失败了,这就使得其原本阵营里头的同盟者包括斡亦剌在内不得不正视现实,或者说至少在形式上承认大元开国皇帝忽必烈的宗主地位。不过就实际而言,经过元初此番汗位争夺,斡亦剌等对于元廷中央的离心力大为增强,且随着时间的推移,双方之间的芥蒂与隔膜越来越大。

○ 大明帝国北伐、"清沙漠"与蒙元残余势力北逃及瓦剌的趁火打劫

大明洪武元年(1368),先前已在南方立稳了脚跟且开创了大明帝国的元末红巾军领袖朱元璋派出了徐达、常遇春为首的大明北伐军,以摧枯拉朽之势直捣大元帝国政权的腹心,并于该年八月攻克元大都,历时近百年的大元帝国统治就此被推翻。(《明太祖实录》卷34;【元】权衡:《庚申外史》卷下)元顺帝妥懽帖睦尔率三宫后妃、皇太子、皇太子妃和百官扈从者左丞相失烈门、平章政事臧家奴、右丞定住、参知政事哈海、翰林学士承旨李百家奴、知枢密院事哈剌章、知枢密院事王宏远等百余人从大都北逃后,一路狂奔,来到了上都开平,在那里歇住了脚,召见群臣,"询恢复之计"【元】刘佶:《北巡私记》),并继续使用大元国号,史称"北元"时期开始了。(《明太祖实录》卷35)

面对大元帝国败亡之残局,元顺帝没有也根本不可能进行彻底的整顿,能做的就是给那些残元军政头领们加官晋爵,搭起了塞外朝廷的架子,任命太尉、辽阳左丞相也先不花为中书省左丞相,代替不久前病逝的失烈门,以纳哈出为辽阳行省左丞相,并封扩廓帖木儿为齐王,不久又升其为中书省右丞相,封中书省右丞相也速为梁王。齐王和梁王的册封倒不是因为元顺帝有多喜欢他们,也不是因为他们有多大的军事功劳,而是为了军事反攻的需要。当时北元主元顺帝下诏,让藩属国高丽提供兵源,并将残存的军事主

力集结在这样的几个军事着力点上：东起大宁（今内蒙古宁城西），西至上都开平，中经红罗山（今小凌河上游），北至全宁（今内蒙古翁牛特旗），构成了一个尖山形或称三角形——这是一种比较保险和牢固的军事作战与防守的布阵。"庚申帝（指元顺帝）在上都，红罗山在东南，也速（和皇太子爱猷识理达腊——笔者根据《北巡私记》补充之）驻兵在焉。上都恃有红罗山为之藩（藩）篱，红罗山恃上都为救援而不设备"（【元】权衡：《庚申外史》卷下）。洪武二年（1369）二月和四月，元顺帝两度诏令元梁王右丞相也速和晃火帖木儿等"分道讨贼（指明军），恢复京师"。由此，大明北疆边患问题骤然升温。

为打击元顺帝为首的残元势力的反扑，稳定新兴的大明帝国，圆满完成"大一统"帝国的重建，实现完整意义上的"驱逐胡虏、恢复中华"的宏伟目标，朱元璋自洪武元年四月起开始组织、发动以打击和歼灭塞外漠北蒙元军事有生力量为主体的一系列军事行动，史称"清沙漠"或"平沙漠"或"征沙漠"（《明太祖实录》卷48）。

整个洪武年间发动的"清沙漠"运动共有10次，从时间跨度来讲，从洪武初年一直延续到了洪武晚年，前后长达20多年（详见笔者：《大明帝国》系列之②《洪武帝卷》中册）。在这样一系列急风暴雨似的军事打击下，蒙元残余势力分崩离析，甚至一度到了奄奄一息的地步。先是洪武三年（1370）四月，元顺帝"殂于应昌"（《元史·顺帝本纪十》卷47；《明太祖实录》卷53）其子爱猷识理达腊嗣位，称必力克图汗，也称元昭宗，改元宣光，图谋中兴大元。没想到却遭来大明军更大的"清沙漠"军事打击，随后他便于洪武十一年（1378）病卒，其汗位由弟弟脱古思帖木儿继承。

而就在大明"清沙漠"与北元"反清沙漠"的较量过程中，当年大元开国之际因汗位争夺结下世仇的阿里不哥子孙们在老同盟者瓦剌（即元朝时的斡亦剌）支持下蠢蠢欲动。洪武二十年（1387），朱元璋任命永昌侯蓝玉为征虏大将军，率领15万大军北征，明初历史上第九次"清沙漠"运动由此开启。第二年即洪武二十一年（1388）五月，蓝玉率军在克服了种种困难的情势下，终于到达了北元主脱古思帖木儿的藏身地——极北地区捕鱼儿海（今贝尔湖），并对其发动了突然袭击。北元主脱古思帖木儿和太子天保奴、知院捏怯来、丞相失烈门等几十人乘着混乱逃跑;大明军俘获北元次子地保奴、妃子等64人、故太子必里秃妃并公主等59人、詹事院同知脱因帖木儿、吴王朵儿只、代王达里麻、平章八兰等2 994人,同时俘获的还有军士男女77 037口,宝玺图书牌面149、宣敕照会3 390道、金印1枚、银印3枚、马47 000匹、骆驼4 804头、牛羊102 452头、车辆3 000余辆。几天后,蓝玉又破故元将哈剌章营,获其部下军士15 803户,马和骆驼48 150余匹(《明太祖实录》卷190;【明】陈建:《皇明资治通纪》卷3;【明】焦竑:《国朝献征录·武定侯郭公英神道碑铭》卷7;《明史·鞑靼传》卷327)。

在经过此番打击后,北元主脱古思帖木儿及其太子天保奴等已成了丧家之犬。就在他们失魂落魄地逃回漠北老巢和林途中的土剌河,遭遇了与其有着祖上宿怨的阿里不哥后裔也速迭儿的袭杀(《明太祖实录》卷194)。据说斡亦剌即瓦剌也参与了其事,时人记载道:"阿里孛哥(即阿里不哥)的子孙也速迭儿大王等与斡亦剌惕一同造反,毒害了我们的皇帝,夺走大印,百姓人烟尽行毁坏。"(【明】火原洁:《华夷译语·捏怯来书》,涵芬楼秘籍本,注,本处以《明太祖实录》中的火原洁为准)

○ 忽必烈系子孙与阿里不哥子孙争夺北元汗位,瓦剌猛哥帖木儿乘势崛起

由此看来,不仅忽必烈后裔势力再次遭受重创,而且连北元可汗原本的政权势力也被大为破坏了。就是在这样的情势下,漠北大汗之位由忽必烈系转到了阿里不哥系手中。脱古思帖木儿死后,也速迭儿及其儿子恩克相继承袭蒙古可汗,但为时皆短。五年后的洪武二十六年(1393),蒙古汗位又回到了忽必烈系的额勒伯克汗手中。对此,阿里不哥后裔和瓦剌无论如何都无法接受,为此他们组织和发动了新的杀汗夺权阴谋。

据蒙古相关史料记载,额勒伯克继位后贪恋酒色,且十分变态,几乎到了忘乎所以的地步。建文元年(1399)的一天,额勒伯克汗在雪地里打猎,打到了一只兔子,随即就走了上去,发现兔子的鲜血染红了雪地,刹那间大汗眼前出现了幻觉,这喋血的兔子和染血的雪地,红白相映,好似那美女的胴体,让人看了火烧火燎。

大汗回头跟身后的浩海太尉这样说道:"安得有面色洁白似此雪,颧额红艳似此血之妇人?"浩海太尉回答道:"启禀大汗,这样的绝色美女有是有,您弟弟哈尔古楚克都古楞洪台吉的妻子鄂勒哲依图鸿郭斡王妃的容貌比这还要娇艳、靓丽,只是她是您的弟媳……"欲火中烧的额勒伯克顾不了那么多了,就让浩海太尉赶紧去找王妃,劝说她来与大汗共浴爱欲之河,并许诺事成之后封浩海为丞相,让他统领四个卫特拉即四个瓦剌部落。(【明】萨囊彻辰:《蒙古源流》卷5)

可没想到的是大汗弟媳鄂勒哲依图鸿郭斡王妃对自己的老公一往情深,听到大伯子的无耻要求时当即就予以拒绝。这下可让额勒伯克大汗恼羞成怒,心里不停地嘀咕:你不是爱你的老公吗?我叫他消失,看你这个王妃还能当得下去吗?想到这里,额勒伯克下令,杀了他的亲弟弟哈尔古楚克都古楞洪台吉,随即心安理得地占有了绝色美女鄂勒哲依图鸿郭斡。鄂勒哲依图鸿郭斡眼见丈夫无辜被杀,自己又无可奈何地被占有,心里始终充满着怨恨,她要复仇!怎么复仇?一个弱女子不使用计谋是难以成事的。鄂勒哲依图鸿郭斡经过一段时间的观察与打听,弄清了事情的来龙去脉。当听说最初是由太尉浩海出谋划策时,她就立下誓言,一定要让额勒伯克大汗身边的狗头军师浩海为他自身的行为买单!女人一旦发了狠心,男人一般是很难招架的。(【明】萨囊彻辰:《蒙古源流》卷5)

就说美女鄂勒哲依图鸿郭斡自打有了那复仇计划后,她万般妩媚,对大汗求欢百依百顺,就在这男欢女爱的美妙过程中,她时不时地向大汗夫君透漏了"绝对秘密":太尉浩海是个心怀鬼胎的老色鬼,他老早就将贼眼瞄在了小女子的身上,且还曾非礼过……人类与动物相似之处就在于具有绝对权势的雄性动物或男人都想拥有对看对眼的雌性动物或女人的绝对交配权,决不允许他者染指。当额勒伯克大汗听到美女鄂勒哲依图鸿郭斡的这般诉说后,早就怒火冲天了,随即下令将太尉浩海给杀了。(【明】萨囊彻辰:《蒙古源流》卷5)

不过额勒伯克毕竟不是个昏主,而后不久他就发现,美女鄂勒哲依图鸿郭斡没有从前那么温柔了,更气人的是,太尉浩海是被冤杀的。那怎么办?杀了美女鄂勒哲依图鸿郭斡?自己心里实在舍不得,那种美妙……唯一能做或言能补救的就是兑现自己曾经许下的诺言。额勒伯克大汗而后下令,将自己"大奶"生的萨穆尔公主下嫁给了浩海太尉的儿子巴图拉,且授予其丞相之职,还让他统领四个卫特拉即四个瓦剌部落。瓦剌原本有自己的首领,他叫乌格齐哈什哈。听到额勒伯克大汗的任命,乌格齐哈什哈愤愤不平地说:"汗政治不端,杀弟哈尔古楚克都古楞洪台吉,以弟妇洪拜济(即妃子)为福晋(即夫人),淫虐乱法,复被洪拜济所欺,杀臣浩海,以有此耻。乃既有我在,而令我属人巴图拉管辖四卫特拉耶!"(【明】萨囊彻辰:《蒙古源流》卷5)额勒伯克闻听后十分紧张,遂与女婿巴图拉商量,准备设计杀了乌格齐哈什哈。而就在他们翁婿俩密谋之际,额勒伯克的"大奶"库伯滚岱将偷听到的消息透露给了乌格齐哈什哈。乌格齐哈什哈随即举兵弑杀额勒伯克汗,并娶了大美女鄂勒哲依图鸿郭斡为妻,"蒙古人众大半降之"(【明】萨囊彻辰:《蒙古源流》卷5)。

这个乌格齐哈什哈很可能就是人们熟悉的汉文书籍上的瓦剌强臣猛哥帖木儿或称猛可帖木儿。猛哥帖木儿在杀了额勒伯克汗后立了一个来自阿里不哥系的北元新汗,他就是坤帖木儿。对此,《明实录》中也有相应的记载:建文二年二月癸丑日,"谍报胡寇将侵边。上(指朱棣)遣书谕鞑靼可汗坤帖木儿,并谕瓦剌王猛哥帖木儿等,晓以祸福"(《明太宗实录》卷6)。《明史》则说得更为简洁:"瓦剌……元亡,其强臣猛可帖木儿据之。"(《明史·外国九·瓦剌、朵颜、福余、泰宁》卷328;《明太宗实录》卷19)其实作为强臣的猛哥帖木儿还不仅仅在自身的部众中占据实际领袖的地位,更为有影响的是,就如前文所说,他杀了额勒伯克汗,将漠北大汗之位由从忽必烈后裔手中夺了过来,归给了阿里不哥后裔,这表明昔日作为蒙古可汗的属部、臣服于北元汗廷的瓦剌已摆脱蒙古可汗羁绊而成为一股独立的政治力量活跃在蒙古历史舞台上。(参见白翠琴:《瓦剌史》,广西师范大学出版社,2006年12月第1版,P27)

● **明初漠北"三雄":鞑靼、瓦剌、兀良哈与永乐朝扶此抑彼策略**

不过瓦剌的这等好光景相当短暂,在猛哥帖木儿死后,它分裂为三,"其渠曰马哈木,曰太平,曰把秃孛罗"。(《明史·外国九·瓦剌、朵颜、福余、泰宁》卷328)而就在此前后漠北荒原的故元势力也发生了大变局,一分为三或称为"三雄":鞑靼、瓦剌和兀良哈三卫。

○ 明初漠北"三雄"中鞑靼最先充当"雄主"及其与瓦剌的争斗

兀良哈三卫指的是朵颜、泰宁和福余。朵颜卫在蒙古人那里称为兀良哈,它是蒙元时代的者勒蔑及其后裔统属的部落,这支部落早在成吉思汗时代就来到朵颜山放牧生息,并以此作为光荣历史而自傲,故其被人称为朵颜部;泰宁卫是以翁牛特人为主干,于是在蒙古人那里就被直接称为翁牛特;福余卫原为成吉思汗幼弟铁木哥斡赤斤和侄儿额勒只各台统领的乌奇叶特人为主干,所以在蒙古人那里就直接称其为乌奇叶特。不过,明朝人并不太了解三卫之底细,而三卫中以朵颜为最强,因此人们往往统称其为朵颜三卫或兀良哈三卫,他们的驻牧地也就被称为兀良哈地区。

就大势而言,兀良哈三卫在明初漠北"三雄"中实力可能最弱,所以他们也是最先归降明朝的。明廷于洪武二十二年(1389)在潢水(西拉木伦河、西辽河)以北,潢山(兴安岭东支脉)至东金山(今怀德县附近)设置三卫。(《明史·太祖本纪三》卷3)宣德正统年间,三卫开始逐渐南下,牧耕于辽河与老哈河一带。从表象而言,那时的三卫臣服于大明朝廷,也理应成为其驯服的藩属,但实际上他们很阴,时不时地给大明来个突然袭击;一旦大明发动大军去攻打了,他们就会哭爹喊娘似地表示服软。确切地说,朵颜三卫就是阴毒的墙头草。当瓦剌强盛时,他们倒向瓦剌;当鞑靼强盛时,他们就倒向鞑靼。

鞑靼是明朝人对东蒙古的称呼,洪武、永乐时期为漠北地区最大的"雄主",其首领主要是由退回漠北的元室后裔担任,拥有蒙元大汗称号,被蒙古人视作为正统。它北邻不里牙惕,西邻瓦剌,东边与奴儿干都司相接,东南与南边为兀良哈三卫、大明边疆。

与东蒙古相对应的是西蒙古,明朝人称其为瓦剌,它在明初的势力范围大致为:北括乞儿吉斯(吉利吉斯),西南、南与别失八里(由东察合台汗国演变而来,后改名为亦力把里)和哈密卫为邻,东与鞑靼相交,东南向着大明陕甘宁边外伸展。我们前面讲过的洪永时期使得自身部属摆脱蒙元可汗羁绊、走上独立发展道路的北元强臣猛哥帖木儿就是这瓦剌集团中的一位大能人和大英雄,人称其为瓦剌王,"顷胡中立坤帖木儿,始去帝号,称可汗。而猛哥帖木儿最倔强,亦立为瓦剌王,然为鞑靼部酋,非其种也,而瓦剌地在甘凉边外北山"(【明】瞿九思:《万历武功录·俺答传上》卷7)。

明人的这段话似乎讲得还算清楚,猛哥帖木儿虽然权倾一时,被人称为瓦剌王,但他毕竟不是成吉思汗黄金家族的子孙,所以很快就遭到了东蒙古即鞑靼权贵的反对和进攻,东西蒙古两大集团之间的争斗也由此开始愈演愈烈。而在这过程中谁要掌控了北元可汗,谁就可以"挟天子以令诸侯",于是争立自身阵营里头的黄金家族子孙为汗成了当时争斗双方竞相上演的活丑剧。猛哥帖木儿死后的永乐元年(1403),东蒙古即鞑靼之阿速部权贵阿鲁台太师乘着西蒙古大能人逝世的有利机会,废除其所立的坤帖木儿,拥立成吉思汗三子窝阔台系后裔乌鲁克特穆尔,即《明实录》中所书的鬼力赤为大汗。

鬼力赤在甘肃河西边外拥有自己的领地,权贵阿鲁台立他为汗,就意味着强强组合的东蒙古势力又开始要盖过西蒙古了。而历史事实确实也是这样,自永乐元年(1403)即汗位始,鬼力赤为争夺蒙元老巢和林而屡次与瓦剌交战,虽双方互有胜负,但从大势来看,鬼力赤的势力向着东南方不断地推进,曾一度控制了哈密,毒杀了永乐帝敕封的忠顺王安克帖木儿,严重影响了大明北疆的安全与稳定。

恰恰就在这时,由于历年不断征讨与争斗,鬼力赤自身阵营里头出现了不稳,与阿鲁台的联合也维持不下去了,终于于永乐六年(1408)他为部下所废,其部众改立本雅失里为汗。(《明太宗实录》卷67)

本雅失里,也称完者秃,"完者秃,元遗裔,名本雅失里者"(《明太宗实录》卷72)。据《蒙古源流》和《蒙古黄金史纲》所载,他是忽必烈后裔额勒伯克(前文已述)之子,原名叫额勒锥特穆尔,因战乱逃奔到了中亚帖木儿帝国的撒马尔罕,后移居东察合台汗国的别失八里,当时他的"部属不过百人"(《明太宗实录》卷72)。于是他想借助东察合台汗国之力征讨鬼力赤,将汗位夺回到他们黄金家族的手中。巧在那时鬼力赤部下发动了废汗政变，将他本雅失里迎立为汗，当然，这肯定要取得东蒙古权贵阿鲁台的认可了。

戏剧性的漠北形势发展，不仅告诉人们北元汗位再次回到了忽必烈系后裔手中，而且还意味着鞑靼集团在与瓦剌集团争雄中再次占据了上风。就在本雅失里上台没多久，他与阿鲁台联手东征兀良哈地区，西讨哈密，控制河西。河西与哈密距离瓦剌较近，现在让八竿子打不着的鞑靼给控制住了，这就不能不引起瓦剌首领的激烈反应。

○ 明初扶此抑彼策略的实施、瓦剌王受封与明成祖第一次亲征漠北

而从大明角度来讲，国初开始对漠北故元势力进行了多次急风暴雨似的军事打击，虽说未能真正做到"永清沙漠"，但总不希望看到漠北任何一方势力过于强大，进而威胁到大明北疆的安宁。正因为出于这样的考虑，当时大明天子对漠北鞑靼和瓦剌等采取了扶此抑彼、促使其自相矛盾、自相争斗的策略。而永乐六年本雅失里上台后鞑靼势力的再度强盛，使得明成祖朱棣及时意识到，应该适当扶持瓦剌，以此来牵制势焰日炽的鞑靼。所以当永乐七年（1409）瓦剌首领马哈木等遣使主动贡马，示好归顺，并请求敕封时，大明天子朱棣一口气就封了三个瓦剌王，马哈木为特进金紫光禄大夫、顺宁王，太平为特进金紫光禄大夫、贤义王，把秃孛罗为特进金紫光禄大夫、安乐王。(《明史·外国九·瓦剌、朵颜、福余、泰宁传》卷328）

瓦剌原本还是北元汗国的左膀右臂，可现在改投了大元帝国昔日臣民建立起来的大明朝，拥有红彤彤血统的黄金家族子孙们之脸面往哪儿搁？当马哈木等三王并封的消息传到漠北时，自视甚高的本雅失里无论如何也接受不了这样的事实，遂与阿鲁台一起率众大举进攻瓦剌，想以此来教训教训这些不像话的蒙元皇亲国戚之后裔。而这时大明北疆接到这样的消息：本雅失里与阿鲁台大败马哈木等，缴获其牛马羊和辎重甚多，且还占领了和林。随后的永乐七年八月，本雅失里又杀了大明使臣郭骥。永乐帝闻听此讯，顿时勃然大怒，随即决定"发兵讨之。命（丘）福佩征虏大将

军印,充总兵官",率军10万,北征鞑靼。(《明史·丘福传》卷145)哪曾料到,昔日帮助朱棣打内战的头号功臣、"靖难大英雄"丘福却是个十足的草包,10万大军远征漠北很快就进入了本雅失里的圈套,最终全军覆没,几乎无人生还。这让一生想要成为"盛世圣君"的永乐皇帝颜面丢尽,史书记载说,当时明成祖"震怒",遂"夺(丘)福世爵,徙其家海南","以诸将无足任者,决计亲征"(《明史·丘福传》卷145)。这就有了明史上有名的永乐帝五次亲征漠北的第一次。

永乐八年(1410)二月至七月,明成祖朱棣调集了50万人马深入蒙古荒原,虽然杀敌不多,满打满算俘获或斩杀敌人600左右,再说多点1 000人不到(详见《明太宗实录》卷104、卷105和笔者《大明帝国》系列之⑧《永乐帝卷》下册,第8章,P541),但在斡难河畔明军击败了本雅失里,随即向东,在兴安岭又打败了阿鲁台,给日益嚣张的鞑靼势力予以了一定程度的打击。战败后的本雅失里在西逃和林时,为瓦剌顺宁王马哈木所杀。随后的永乐九年(1411),马哈木改立了阿里不哥后裔答里巴即德勒伯克为汗;而在这之前的永乐八年(1400),一向与阿里不哥系水火不相容的鞑靼权贵阿鲁台拥立了科尔沁哈撒儿(此人为孛儿只斤也速该次子,元太祖成吉思汗的二弟)的后裔阿岱(阿台)台吉为汗。由此一来,北方蒙古荒原上正式出现了两个对立的汗廷政权:东汗阿岱台吉、西汗答里巴。(《明太宗实录》卷140)

○ 漠北东西汗对峙、瓦剌逐渐称雄、鞑靼受封与明成祖第二次亲征漠北

两汗并立,瓦剌与鞑靼相互攻伐,谁也不能盖过谁,使得漠北保持着一种动态的平衡,这是当年明成祖所想要看到的北方塞外格局。可经过永乐八年的大明军远行征讨,漠北平衡格局并没有维持多久,随即出现了按住葫芦浮起瓢的情形。本雅失里被杀后,同盟者阿鲁台为躲避瓦剌的追杀而不断地迁徙。与此相对应,瓦剌现在可扬眉吐气了,甚至还有点沾沾自喜。永乐十年(1412),马哈木遣使至明廷,"复上言欲献故元传国玺,虑阿鲁台来邀,请中国除之;脱脱不花〔王〕子在中国,请遣还;部属多从战有劳,请加赏

赍;又瓦剌士马强,请予军器"。对于绝对唯我独尊的永乐皇帝来说,瓦剌使臣的这番言语带有很大的不恭和骄横,于是就产生了教训教训瓦剌的念头。只是鉴于当时形势不太成熟,朱棣最终忍住了。哪想到第二年即永乐十一年(1413)正月,马哈木等又遣使至明廷,说:"甘肃、宁夏归附鞑靼,多其所亲,请给为部属。"且其"又多所请索,而表词悖慢。时朝廷所遣使敕使舍黑撒答等在马哈木所,俱不还。上(指朱棣)怒遣其使者归,命中官海童等赍敕条责其罪,且曰:'能悔过谢罪,待尔如初,不然必举兵讨罪。'"(《明太宗实录》卷136)

就在明成祖决意要北征瓦剌之际,瓦剌的老冤家鞑靼太师阿鲁台在马哈木的步步追逼下豁然开朗了,永乐十一年五月,他遣使至明廷,上奏说:"马哈木等弑其主,收传国玺,又擅立答里巴为主,请发兵讨之,愿率所部为前锋。"(《明太宗实录》卷140)

真是踏破铁鞋无觅处,得来全不费工夫。明成祖朱棣听到最为强硬的北虏鞑靼权贵阿鲁台竟然有这样高的政治觉悟,顿时就喜不胜收,遂于永乐十一年七月,将他封为特进光禄大夫、太师、和宁王,且还封其母为和宁王太夫人,妻为和宁王夫人,俱赐诰命冠服。(《明太宗实录》卷141)没过几天,"阿鲁台奏举所部头目忽鲁秃等二千九百六十二人,列其弟请授职事。(永乐帝)命兵部如所弟授以都督、都指挥、千百户镇抚之职"(《明太宗实录》卷145)。至此,漠北兀良哈、瓦剌、鞑靼"三雄"先后皆已成为大明的藩属。

对于来降的夷虏,永乐朝廷往往予以大方的封赏,且还毫不犹豫,这是当时地球人都知道的事情。问题是现在连那个叫阿鲁台的死顽固分子、瓦剌的老冤家也在转瞬之间被明廷封为王了,底下漠北将会有什么样的格局,这是不言而喻的。瓦剌头领马哈木等可机灵着了,乘着阿鲁台与明朝尚未来得及真正合在一处的空隙时机,赶紧下手,先给宿敌点颜色看看。

永乐十一年十一月,马哈木、太平和把秃孛罗等挟持了西汗答里巴,率领3万兵马,东渡饮马河也称胪朐河(即今天克鲁伦河),并派将上漠南哈剌莽来(今内蒙古二连浩特),扬言要袭击阿鲁台。明朝开平备御、成安侯郭亮等获悉情报后认为,马哈木等人的如此行动"实欲寇边",并将此上报给了朝廷。本来就对瓦剌骄横恨得咬牙切齿的永乐皇帝这下终于忍不住了，"决意伐之"（《明太宗实录》卷145）。这就有了明史上有名的永乐帝第二次亲征漠北。

永乐十二年（1414）三月至八月，明成祖朱棣又调集了 50 万人马深入漠北荒原，虽然在康哈里孩和忽兰忽失温（今乌兰巴托东）等地击败了瓦剌军，取得了军事胜利，与第一次大明天子亲征相比，歼敌人数要多了许多，但满打满算也没超过 10 000 人（《明太宗实录》卷 152 和笔者《大明帝国》系列之⑧《永乐帝卷》下册，第 8 章，P541）。有意思的是，大明兵士倒是饿死不少。（《明太宗实录》卷 152）而对手马哈木为首的瓦剌军却沿着土剌河一路西行，跑得无影无踪。不过皇帝大人的这次亲征漠北从整体上来看还是起了点作用，瓦剌骄横的气势被打了下去，维系在漠北土剌河以西可控的势力范围，而鞑靼则占领饮马河即今天克鲁伦河以东地区，尽管东西蒙古依然对立，且都有着打击对方的企图，但皆未遂行，此时漠北大势整体上还是稳定的。

○ 明成祖第三、四、五次亲征漠北与漠北东西蒙古势力"新平衡"

永乐十四年（1416），西汗答里巴、顺宁王马哈木等相继死去，瓦剌权贵随即立了据说也是来自阿里不哥系的额色库为汗（【明】萨囊彻臣：《蒙古源流》卷 5）。原本就想乘着瓦剌新败的有利时机而置其死地的阿鲁台，听到强劲死敌马哈木新亡的消息，简直就要乐不可支了。他迅速召集兵马，联合兀良哈朵颜三卫，对瓦剌贤义王太平等发起了猛烈的攻击，且"大败之"（《明太宗实录》卷 218）。这时明成祖朱棣意识到，漠北大势又发生变化了，鞑靼过强，理应打压；瓦剌势弱，应予以扶持。永乐十六年夏四月，他敕命马哈木之子脱欢继袭父爵为顺宁王，而后又遣使前往瓦剌，赐太平、把秃孛罗等彩币表里，对他们表示慰问。（《明太宗实录》卷 199、卷 218）

但仅通过敕封和赏赐慰问瓦剌权贵就能遏制东蒙古阿鲁台势力，这似乎是痴人说梦，绝对聪明的永乐皇帝当然不会只作文功，他更喜欢的和更常用的是武威。自永乐十七年（1419）阿鲁台袭败瓦剌贤义王太平等，并到大明北疆劫掠行旅之后，明成祖朱棣就逐渐萌生了再次重创东蒙古阿鲁台势力的念头，遂于永乐二十年（1422）发动了第三次亲征漠北。其实远征漠北，绝非人们一般想象得那么容易。被征讨者北虏不是傻子,一旦大明皇帝出征了,他们就利用自身的天时地利之优势来个人间"蒸发",或言玩起了"躲猫猫游戏"。然后趁你不备,前来骚扰骚扰你。要是你真的来狠的了,他们又会溜得无影无踪。于是永乐二十年、二十一年和二十二年,朱棣尽管连续发动了三次大规模的亲征漠北军事行动,但总的来说收效不大。就在第五次亲征过程中明成祖恰恰中了北虏的圈套,最终死在北征战场上。(吴晗辑:《朝鲜李朝实录中的中国史料上编卷四·世宗庄宪大王实录一》,中华书局,1980年3月第1版,第1册,P318和笔者《大明帝国》系列之⑧《永乐帝卷》下册,第9章)

与传统农耕政权组织下的军队不善于漠北荒原作战相比,同为塞外游牧民族的瓦剌在对付同类之宿敌东蒙古鞑靼时却似乎是游刃有余。永乐二十一年九月,瓦剌新顺宁王脱欢乘着大明军进攻的有利之机,率军在饮马河大败了阿鲁台,"掠其人口、马驼牛羊殆尽,部落溃散,无所属"(《明太宗实录》卷263)。宣德六年(1431)正月,瓦剌脱欢率军进攻阿鲁台与阿岱汗,双方交战于大兴安岭,最终"阿鲁台败北,部曲离散,多于近边假息"(《明宣宗实录》卷76)。

● 仁宣时代大明北疆战略调整与瓦剌权臣脱欢乘势统一漠北

可能对不同地理环境和不同类型文明下各自军事作战优劣有着一定的考虑,也可能出于更为务实的国防考量,在目睹了永乐晚年屡次大炮打蚊子似的皇帝亲征所带来的尴尬结果:成本大、收效小的严酷现实后,朱棣后的大明天子明仁宗和明宣宗相对理性地对待北疆问题,采取了务实的国防政策,即针对永乐帝打烂洪武时期建立起来的铜墙铁壁似的北疆国防布局、撤藩和南移大宁都司于保定等所带来的不堪局面,从实际出发,整体调整和收缩大明北疆国防线,不直接参与漠北荒原上的争斗,矫正了永乐朝决策之失误,将永乐"战车"变为"和平之列","敷宣德意","宽政恤民","克致太平"(《明宣宗实录》卷50)。由此将大明帝国推向了"吏称其职,政得其平,纲纪修明,仓庾充羡,闾阎乐业"(《明史·宣宗本纪》卷9)的治平"盛世"境地。而恰恰就在这个过程中,漠北广阔舞台上杀出了一匹黑马,他就是前文讲到过的瓦剌新首领脱欢。

○ 孛罗那孩斜坡战役之辱与脱欢崛起、统一瓦剌诸部

脱欢，《明史》中作"脱懽"（《明史·外国九·瓦剌、朵颜、福余、泰宁传》卷328），《明实录》中作"脱欢"（《明太宗实录》卷198），本书以《明实录》为准。有关脱欢的早期历史，汉文史籍记载甚少。蒙文史籍中则相对留下了一些。据说脱欢原名叫巴穆木，他的父亲就是瓦剌著名的首领顺宁王马哈木，虽说比不上黄金家族的子孙们那么高贵，但他毕竟也是出身草原名门。可能是因为受到父亲的影响，巴穆木很早就有远大的理想，想成为全蒙古或整个天下的第一人。可现实与理想往往有着一大截距离，也许是上苍捉弄人，就在巴穆木对美好未来充满憧憬的青少年时期，灾难不断地降临到他的头上。先是永乐中期父亲马哈木为人所杀（一说他病死），随之而来的是宿敌东蒙古鞑靼阿岱汗与阿鲁台太师发动的意欲攻灭瓦剌的孛罗那孩斜坡战役。据说这场战役打得十分惨烈，地点就在瓦剌境内的卫拉特济勒满山附近的孛罗那孩斜坡，理想远大的巴穆木当然也参与了这场战斗。不幸的是，在战斗中他被阿岱汗和阿鲁台军队给抓住了，随即被押往了东蒙古。为防止巴穆木逃跑，东蒙古人将一个大的釜（无足圆底锅）扣在了他上面，这在蒙古语中叫"脱欢"。由此巴穆木之名反而为人所忘记，脱欢反倒成了他的代称。脱欢被关押了好长一段时间，直到他母亲萨穆尔公主出面，多次向阿岱汗与阿鲁台太师求情，这才得以放归（【明】萨囊彻臣：《蒙古源流》卷5）。

放归后的脱欢对孛罗那孩斜坡之辱念念不忘，发誓日后一定要向阿岱汗与阿鲁台太师等复仇。可现实很残酷，父亲马哈木死后，其属下部落地位开始下降。当时瓦剌可能是个大部落联合体，除了脱欢家族外，还有贤义王太平统领的土尔扈特部和安乐王把秃孛罗统领的辉特部等。而孛罗那孩斜坡战役后的现实是，马哈木、脱欢部伤亡惨重，贤义王太平统领的土尔扈特部就成了瓦剌诸部的支柱与强劲后盾。因此在瓦剌大部落联合体内，太平与把秃孛罗的地位要高于脱欢。永乐十六年三月甲戌日，"贤义王太平、安乐王把秃孛罗及弟昂克并顺宁王马哈木子脱欢及头目阿怜帖木儿各遣使，奉表贡马，脱欢请袭父爵"（《明太宗实录》卷198）。

第4章 土木被俘 明朝大辱

409

不难看出，在当时瓦剌诸首领的排位中，脱欢也就是第四或第五位（瓦剌还有个大汗叫额色库）。这对于一个从小就有雄心壮志、且一心想要洗清孛罗那孩斜坡之辱的有为者来说，绝对难以从内心真正接受。于是他韬光养晦，奋发图强。于是人们看到，日后的脱欢一方面顺从与父亲马哈木一起驰骋漠北草原的老辈英雄首领太平和把秃孛罗等人的指挥；另一方面出谋划策，甚至亲率部落将士对附近西南地区的东察合台汗国（明史上的别失八里）发动进攻，迫使其迁都亦力把里。他还利用永乐晚年大明军远征漠北鞑靼的有利时机，在饮马河等地袭击宿敌阿鲁台（《明太宗实录》卷263)，拓展瓦剌的地盘与势力范围，以此来建立自己的功业，树立个人威望。

有了这样的基础，脱欢就开始搞内部的"统一问题"。永乐二十二年冬，他袭杀太平，《明实录》对此记载道："十月辛亥日，（明仁宗）敕甘肃总兵官都督费瓛：'近闻贤义王太平为瓦剌顺宁王脱欢所侵害，太平人马溃散，有逃至甘肃边境潜住者……'"（《明仁宗实录》卷3上）随后的洪熙元年，脱欢与辉特部把秃孛罗展开激烈争斗，并最终取得了胜利。至于太平和把秃孛罗到底是怎么死的？史书记载皆不详。但有一点可以肯定，自此以后脱欢成了瓦剌第一号实权人物。

○ 奉黄金家族子孙脱脱不花为汗，脱欢将统一的目标锁定为全蒙古

在实现瓦剌内部统一后，脱欢就将斗争的矛头直指给他带来奇耻大辱的宿敌东蒙古阿岱汗与阿鲁台太师。不过他并没有直截了当地发兵前去攻打，而是费了一番脑筋，寻找到了一个合适的借口。前文讲过，东蒙古鞑靼权贵阿鲁台拥立的阿岱汗是孛儿只斤也速该次子、元太祖成吉思汗的二弟科尔沁哈撒儿的后裔，属于较大范围的黄金家族的子孙，但相对于在中原等地开创大元帝国的忽必烈系来说就显得不那么正宗。就此脱欢想方设法找出正宗的黄金家族的子孙，他就是脱脱不花，明人又称其为脱脱、普花可汗、脱脱卜花王或脱脱不花王子（《明宣宗实录》卷113），蒙文史籍称其为岱总台吉、岱总可汗，即太宗的谐音（参见白翠琴：《瓦剌史》，广西

师范大学出版社,2006年12月第1版,P35)。前文我们讲到过忽必烈系的额勒伯克曾经当过几年漠北可汗,后来被人废了。脱脱不花的祖父哈尔古楚克就是这个当过可汗的额勒伯克的弟弟,因此说脱欢花了很大的力气、找了一大圈,最终找对人了。

而从脱脱不花角度来讲,尽管自己体内流淌着黄金家族的血液,只可惜生不逢时。幼年时他在东蒙古鞑靼那边生活,后来鞑靼与瓦剌打仗,将他与家人给打散了,其中他的堂叔本雅失里逃到饮马河即今日克鲁伦河,后被拥立为北元可汗。而脱脱不花则逃到了甘肃张掖河边的亦集乃,随即归附了明朝,在陕甘边地居住。永乐十年,瓦剌与明朝关系开始紧张前夕,作为堂姑夫的瓦剌强人马哈木曾向明朝讨要内侄脱脱不花,但明成祖没给(《明太宗实录》卷87)。这样一来,脱脱不花在明朝又生活了十余年,直到宣德中期,他才找到机会得以脱身,回到漠北,被脱欢迎立为汗。(《明宣宗实录》卷89;吴晗辑:《朝鲜李朝实录中的中国史料上编卷六·世宗庄宪大王实录三》,第2册,P431)

脱脱不花早年到中青年一大段时间都是在战乱、流浪、半软禁状态下度过的,现在回到了漠北被人奉为可汗,暂且不管做这个主子有没有或有多大实权,但毕竟是主子啊,所以那时他的内心充满了对脱欢的感激不尽之情。而脱欢更不赖,不仅将脱脱不花捧上了汗位,而且还将自己的女儿嫁给了他,这样一来,主子与第一权臣之间的关系又成了翁婿关系,你说这瓦剌内部领导集团够团结了吧!

在稳定好内部后,脱欢放心地开始实施他的远大目标——统一蒙古。他打出脱脱不花是黄金家族正宗后裔的旗号,号召人们去伪存真,并联合兀良哈三卫,讨伐东蒙古鞑靼阿岱汗和阿鲁台。宣德九年(1434)二月,由脱欢女婿脱脱不花率领的瓦剌部众在哈海兀良(兀良哈境内)之地,"袭杀阿鲁台妻子部属及掠其孳畜,阿鲁台与失捏干止余人马万三千,徙居母纳山、察罕脑剌等处;七月,脱欢复率众袭杀阿鲁台、失捏干,其部属溃散,阿鲁台所立阿台王子(即阿岱汗)止余百人遁往阿察秃之地"(《明宣宗实录》卷113)。

○ 明宣宗的"无意识"与瓦剌权臣脱欢统一漠北

而就在这一系列过程中,明廷有什么反应?承袭皇爷爷朱棣

第4章 土木被俘 明朝大辱

好大喜功毛病的明宣宗做了些并不靠谱的国防"无用功"。从宣德三年（1428）八月到宣德九年（1434）九月，他三次带领大队人马巡视北疆，大搞准军事观光旅游，纵然曾对阴损的兀良哈发动了军事打击，但对于正在崛起的瓦剌脱欢势力以及其所进行的蒙古统一军事战争没有引起足够的重视，更没有拿出合适的对策。当脱欢袭杀阿鲁台及其部众的消息传到北京时，朱瞻基仅仅告诫边关将领甘肃总兵官、都督佥事刘广："穷虏在边，计必为寇。尔等勿以小得为喜，更须昼夜严备，庶几无患。"（《明宣宗实录》卷113）本该极为严肃对待的边防大事被一代"风流天子"给"绕"了过去，无意间他将沉重的历史包袱留给了他的儿子明英宗。

"风流天子"明宣宗的无意识和冲龄即位的正统帝之实际无能恰恰给雄心勃勃的脱欢创造了极佳的时机。宣德晚年和正统初年，脱欢利用明朝皇帝的"不干涉"的有利条件，先全力剿灭阿鲁台及其部众，随后又攻杀阿岱汗，且悉收其众，实现了蒙古草原上的大体统一。

可脱欢的视野还不仅于此，此时的他早已瞄上了更为广阔的舞台。就在统一蒙古的过程中，脱欢还开始了对蒙古草原外地区的强大攻势准备：在西边，他将女儿弩温答失里嫁给了大明西北重地哈密忠顺王卜答失里，目的就是要控制西域通道，同时又派长子也先深入东察合台汗国，与其国君歪思进行多次较量，确保西境安宁；在东边，他屡次遣使交结兀良哈和女真诸部，使之归属自己的麾下，利用他们与明朝的特殊关系，为他搜集情报；在南边，他派人上陕甘、宁夏等地侦察明朝北疆的军事布局与动态。

要说此时的脱欢可谓功成名就，志得意满，不说自己的奇耻大辱已经洗清了，就看眼前的部众——全蒙古草原上的人哪个敢不听我的！自黄金家族子孙退到漠北起，还从来没人实现过这样的大统一……脱欢越想越觉得自己了不得，打算率领全蒙古人到成吉思汗陵寝前举行即汗位大典。但他没想到，一大片正统派权贵就是不认可由他这个非黄金家族出身的人来当大汗，甚至还有人弄出了诸多的不愉快。鉴于这样的情势，脱欢只得奉脱脱不花为全蒙古大汗，自任丞相。但在执掌实权方面，他可不让人，自己居住在蒙元帝国的龙兴之地漠北，驻兵蒙古汗国大本营哈剌和林，并征服开平以北的哈喇嗔诸部;而大汗脱脱不花则统帅刚刚归降过来的阿鲁台、阿岱汗部众,居住于东蒙古故地,即饮马河一带(【明】叶向高:《四夷考·北虏考》卷6)。脱脱不花之所以甘愿受这样的摆布,一来他是脱欢的女婿,属于小辈,哪有小辈不听长辈的吩咐;二来脱欢对他有知遇之恩,受人滴水之恩当以涌泉相报,更何况还不是滴水之恩哪。

就这样,通过上下周密活动,脱欢掌控了全蒙古的政治、军事等实权,成为了实际上的大汗。可这样的格局维系了没多久,正统四年(1439),脱欢突然身亡。那么他究竟是怎么死的? 史书记载不详,有人估计,他很可能是被人暗害的。(参见白翠琴:《瓦剌史》,广西师范大学出版社,2006年12月第1版,P37~38)

● **瓦剌也先联合东西巩固两翼,包抄大明,正统帝浑然不觉,仅知严防死守**

脱欢死后,长子"也先嗣,称太师、淮王。于是北部皆服属也先,脱脱不花具空名,不复相制"(《明史·外国九·瓦剌、朵颜》卷328)。

○ 也先这个"官三代"可不一般,以"求大元一统天下"为己任

要说这个也先(又可译为额森、厄僧)还真是个人物,论出身,他与明英宗很相似,都诞生于红彤彤的第一权贵人家。若从祖父顺宁王马哈木算起,也先可算得上是地道的"官三代"或言"王三代"。但与朱祁镇最大的不同,他可没有待在深宫大院里过着养尊处优的生活,而是从很早起就有着远大的政治抱负,常将重"求大元一统天下"(【清】谷应泰:《明史纪事本末·土木之变》卷32;【明】杨铭:《正统北狩事迹》)作为己任。他跟随父辈驰骋草原,跃马挥刀,东征西讨,锤炼了一身的好本领,加上天赋甚好,足智多谋,是当时瓦剌甚至可以说北方蒙古地区人们心目中了不起的新生代英雄。除此之外,也先还曾深入东察合台等国,与其国君反复进行较量,由此积累了丰富的政治、外交和军事等方面的经验。所以当正统四年父亲脱欢突然离世时,他就很快地掌控住了局势和瓦剌集团的大权,并顺利地嗣位。

鉴于父亲图谋汗位惨遭失败的经验教训，也先一上来就以建功立业来树立其个人威望。尽管在发展大计方面沿袭前辈的思路：联合东西两翼，包抄明朝，但在实际操作过程中他则做得更细、更务实。那时已经统一漠北的瓦剌东西两翼分别指的是东边的兀良哈三卫和西边的哈密、沙州诸卫。这些边疆诸卫从当时正式的官方角度来说是属于明朝的，但它们的首领与部众则多为蒙古人，因此从语言、风俗习惯和思维定式等角度来讲，统一漠北后的瓦剌想南下，以这些卫作为进攻明朝的前哨还是有依据的，不过其也颇费了一番周折。

就当时情势而言，统一漠北后的瓦剌之西翼就是沙州、罕东、赤斤蒙古和哈密等卫，人称其为西北诸卫。西北诸卫最初是由明太祖朱元璋开始设立的，洪武时期，大明发动了十次"清沙漠"运动，尤其是洪武二十一年蓝玉率领的部队横扫蒙古荒原，直捣元顺帝的孙子脱古思帖木儿的躲藏地捕鱼儿海，这不仅使得北元遭受到了沉重的打击，而且也给西域地区的故元后裔割据势力以不小的震慑，他们纷纷遣使上南京，向大明开国皇帝朱元璋纳贡称臣。就在这样的情势下，从长远的军事与国防角度考虑，明太祖朱元璋下令，在西北设立重要的军事机构卫所，即西北诸卫。"明初设安定、阿端、曲先、罕东、赤斤、沙州诸卫，给之金牌，令岁以马易茶，谓之差发。沙州、赤斤隶肃州，余悉隶西宁。时甘州西南尽皆番族，受边臣羁络，惟北面防寇。"（《明史·西域二·西番诸卫》卷330）

明成祖篡位后对西北诸卫极为重视，并予以了相对完备的建制，使其成为大明帝国西陲极为重要的屏蔽。

○ 也先步步紧逼赤斤蒙古、沙州等大明西北诸卫，正统朝廷袖手旁观

正统初元，瓦剌渐兴，数次派军侵掠西北诸卫。由于西北诸卫中的赤斤蒙古靠得瓦剌较近，受到的侵害也深，当地卫指挥使且旺失加上奏英宗朝廷，请求徙居肃州。朱祁镇没答应，令其一旦有警报就飞快报告大明边关将领。一句话，且旺失加白说一回。转眼到了正统八年（1443），日益强悍的瓦剌太师也先遣使送马和酒到赤斤蒙古和沙州，想娶且旺失加之女为儿媳，娶沙州指挥使困即

来之女为弟媳。两指挥使明白也先葫芦里卖的是什么药，本想一口拒绝，但考虑到瓦剌的强悍与奸诈，就比较委婉地回答道："我们是大明边关军中之官，婚丧嫁娶一类的事情都得要奏请朝廷，不敢擅自做主！"（《明史·西域二·西番诸卫》卷330）

这下可让也先碰了个软钉子，可他还不死心，你们沙州和赤斤蒙古不是说要上请朝廷吗？我也先帮助你们来办这事。利用朝贡贸易使者上北京的机会，也先让人带信给明英宗，直截了当地提出要求与两卫进行婚配的事情。没想到的是，从小就自视英明威武之君的明英宗朱祁镇此时突然间降格到了家庭妇女的地步，不仅全力赞成也先的婚配主意，而且还生怕赤斤蒙古和沙州两卫不同意，反过来做他们的思想动员工作，"瓦剌方强，其礼意不可却，谕令各从其愿"，也就是说明英宗要赤斤蒙古和沙州两卫领导从大局出发，讲政治、讲民族团结，至于牺牲个把女人又算得上什么呢！不过两卫的领导还挺有个性的，纵然有皇帝的指示，他们也不愿委屈自家女儿。尤其是且旺失加越想越气，自我大明朝开国以来，哪有拿女人去和亲来换取边境的安宁这档事！现在这个小皇帝倒好，叫我们守边不说，还要牺牲我们的女儿，真是……想到这里，他叫来文书，让他代写一份奏章，上呈给明英宗，以年老力衰为由提出了致仕请求。（《明史·西域二·西番诸卫》卷330）

小杆子皇帝朱祁镇接到奏章后微微一惊：且旺失加老了，不能守边？在"父师"王振"王先生"的多年"精心"教育下，朱祁镇正逐渐地成熟起来，也开始变得疑神疑鬼。且旺失加要"提前内退"？莫非他对上次朕处理的和亲之事不满？或者是想规避边疆危险？忽然间年轻皇帝灵机一动，诏令且旺失加儿子阿速为都督佥事，代替父亲管赤斤蒙古卫，可能相当于我们现在经常听到的任职通知：某某为副处长，但负责管理该处工作。任命的是副职，叫你听话，好好工作，未来正职才有可能归你。（《明史·西域二西番诸卫》卷330）

正当明英宗为他的权谋暗暗高兴之际，新上任的赤斤蒙古都督佥事阿速可谓烦恼不断。"也先复遣使求婚，且请亲人往受其币物。阿速虞其诈，拒不从。"用今天话来说，阿速很"聪明"，瓦剌——我们高攀不上，又惹不起，但可以躲啊，于是他派人上奏正统朝廷，要求换一个好一点的边疆居地。明英宗可不傻，心想：阿速啊,你算盘打得太精了,一下子当上了都督佥事,就想拍拍屁股溜了,那可不行!于是他"谕以土地不可弃,令奖率头目图自强。又以其饥困,令边臣给之粟,所以抚恤者甚至"(《明史·西域二·西番诸卫》卷330)。

正因为正统朝廷对瓦剌第一权臣的图谋不轨未作出合适的应对举措,相反以牺牲和忍让的方法来对待,这样的姑息养奸使得野心勃勃的也先变本加厉,胆大妄为了。

正统九年(1444)下半年,也先派人上沙州、罕东、赤斤蒙古三卫,授"三卫都督喃哥等为平章等官,又擅置甘肃行省名号,意在邀结夷心"(《明英宗实录》卷124)。

作为外藩,瓦剌是无权在大明北疆上擅立机构,设官任职的,但事实是他做了,由此可以说明当时的也先压根儿就没把明朝放在眼里。而从大明朝廷来说,面对这样喧宾夺主的外藩理应做出强有力的回应,可让人大跌眼镜的是,被明代官史美誉为"天资聪明英武"(《明英宗实录》卷361)的朱祁镇却是一个十足的无能之君,除了"激活"体内隔代遗传的太爷爷朱棣那"好内战、窝里斗"及擅长折磨手下大臣的基因外,就是机械地照搬父祖的严防死守的边防套路,在不痛不痒地敕谕西北诸卫不得受瓦剌诱惑的同时,他下令增兵北疆3 000人,移文缘边各总兵、镇守官,叫他们严督瞭备(《明英宗实录》卷124)。

而与此相对,正统朝廷对于日益嚣张的瓦剌,既不降敕严斥制裁,更没调兵遣将将祸端予以消灭,而是继续采取消极防御策略,实际上是任其蔓延、扩张。正统十年(1445),瓦剌发兵围攻赤斤蒙古等卫,都督佥事阿速派人火速上奏,请求朝廷决断。这时已知也先"谲诈骄傲,实有构祸之意"(《明英宗实录》卷134)的正统帝却只会开个空头支票:阿速,你和你的将士们好好给朕顶住,奋发自强,本皇帝将会好好奖励你们的!除此之外,他没发过一兵一卒前去支援。赤斤蒙古等卫天天盼着朝廷将士来助或皇帝神断,没想到"聪明英武"的正统皇帝这般忽悠人,最终因求助无门,只好依附也先。

这样一来,到正统十一年(1446)时,西北四卫中只有哈密还算自立,但其局势也岌岌可危。

第4章 土木被俘 明朝大辱

○ 也先派人三次围城哈密，正统朝廷见死不救，大明西疆边陲屏蔽尽失

哈密，元明之际也称为哈密力、哈梅里、哈迷里和哈木里等，是明初设立的最西北的卫，其所在地为今天新疆哈密市。汉朝时这里是"伊吾庐"，唐朝时为伊州，元末明初为元肃王兀纳失里的封地，主要居民为畏兀儿、回回和蒙古族人。洪武中晚期哈密为大明甘肃总兵官宋晟和都督刘真所镇服，幽王别儿怯帖木儿和国公省阿朵尔只等近1 500号人被斩，王子别列怯部1 730人归降大明。(《明史·西域二·西番诸卫·哈梅里》卷330)永乐初年哈密肃王兀纳失里病死，明成祖敕令兀纳失里的弟弟安克帖木儿继承王位，改封为忠顺王(《明太宗实录》卷32)，而后委派周安、刘行等为忠顺王长史、纪善，让他们协助忠顺王理政。不仅于此，永乐帝朱棣还任命比较靠得住的哈密当地头目马哈麻火者等为哈密卫指挥、千百户等官，其用意不言而喻。

由此一来，从洪武、永乐时期到宣德年间整个哈密地区相对都比较安宁、稳定。但由于它的地位实在太重要了，"哈密既是西域诸族与明廷通贡的要道，又是瓦剌诸族及中原地区进行贸易的中继者和奴隶买卖的转运站，被蒙古封建主抢劫和俘虏的汉人往往从这里转卖到撒尔罕(即帖木儿汗国首都)等地"(参见白翠琴：《瓦剌史》，广西师范大学出版社，2006年12月第1版，P37～38)。所以，哈密历来都是各方雄主争夺或争取的焦点。

宣德正统时期，漠北瓦剌崛起，图谋向外扩展，丞相脱欢早早地就瞄上了哈密。他将女儿弩温答失里远嫁给当时的哈密忠顺王卜答失里，使自己一下子成了哈密王的老国丈。但有意思的是，哈密并没有立即就成为瓦剌的囊中之物，而令其颇费周折。

由于哈密居民以畏兀儿为土著，"回回、畏兀儿、哈剌灰三种番夷同居一城"(【明】马文升：《兴复哈密国王记》)，"礼俗各异"(【明】陈诚：《使西域记》)，加上周边各族头领及其部众多剽悍，谁都想利用大明帝国主阍政暗、阉竖当道的可乘之机，在哈密这儿挖一勺子或咬一口，尤其是野心勃勃的瓦剌权臣也先时不时地插手哈密，从而使它自正统初元起相继发生了三次围城之战。

第一次哈密围城之战发生在正统五年(1440),起因是正统四年哈密老忠顺王卜答失里死了,长子哈力锁鲁檀亦名倒瓦答失里嗣位(《明英宗实录》卷62)。这个倒瓦答失里就是也先的大外甥,他一上台就有比较明显的亲瓦剌倾向。这时,明朝在哈密设立的主要军事机构哈密卫都督皮剌纳等因看不下去,就偷偷地联合哈密北部巴里坤的猛哥卜花(此人就是永乐晚年归附明朝的忠勇王也先土干之弟)、撒满赤等人发动政变,控制住了哈密局势。也先闻讯后,迅速派遣捏列骨和归附瓦剌的哈密人陕西丁率军包围哈密,并随后发起了大进攻,但终为猛哥卜花所败。至此,也先第一次试图控制哈密的阴谋没得逞。

　　这时,身为哈密国母的弩温答失里即脱欢女儿终于急不可耐地出手,配合弟弟也先清除明朝在哈密的势力。不过她做得很隐蔽,让人一时觉察不出来。正统六年(1441),弩温答失里在遣使朝贡明廷的人士挑选中故意选了与哈密卫都督皮剌纳一同政变的撒满赤,并暗中致信给明廷将其留下。正统朝廷不明就里,傻呵呵地照着做了。(《明英宗实录》卷70、卷71、卷75)

　　这下哈密的亲朝廷势力可就减弱了。但即使这样,尚未达到也先所期望的清除之目的。正统八年(1443)夏秋之际,他乘着沙州、罕东、赤斤诸卫与哈密发生战争的有利时机,一面派遣款哥伯等率领20 000部众劫掠沙州、罕东诸卫及肃州,一面令其徒那那舍利王等率众3 000(《明英宗实录》卷108),"兵围哈密城,杀头目,俘男妇,掠牛马驼不可胜计,取王母及妻北还"(《明史·西域一·哈密卫》卷329),并令亲瓦剌的哈密人陕西丁与忠顺王共理政事,以此来清除皮剌纳等亲明廷势力。不久之后,忠顺王母妻获还。这就是明史上的第二次哈密围城之战。

　　从第二次哈密围城之战中也先的真实意图来看,主要是想向哈密等显示自己的武力,迫使其完全成为瓦剌的藩属。而从哈密忠顺王倒瓦答失里来讲,尽管已经心向瓦剌舅舅了,但他更清楚,自己的这个忠顺王是明朝封的,且自上辈祖宗起至今已经有好几代了,现在舅舅也先几乎要他彻头彻尾地臣服,这简直就是对大明的大背叛,如何是好?倒瓦答失里屡次遣使上北京,向正统朝廷告难。朱祁镇与他的"父师"王振等黔驴技穷,除了降下敕令叫诸部修好外，简直就是一无所为，见死不救。这样一来更是助长了也先的嚣张气焰，正统十一年（1446）九月，他发动了第三次哈密围城之战，挟裹已经归顺的沙州、罕东和赤斤蒙古等三卫共同进攻哈密，将早先放回的倒瓦答失里母亲、妻子等再次擒往瓦剌（《明英宗实录》卷145）。从此以后，哈密忠顺"王外顺朝命，实惧也先。（正统）十三年夏，亲诣瓦剌，居数月方还；而遣使诳天子，谓守朝命不敢往。天子为赐敕褒嘉"（《明史·西域一·哈密卫》卷329）。

忠顺王倒瓦答失里成了舅舅也先的乖乖外甥，哈密沦落为瓦剌的附庸，喜欢听下面地方藩属顺耳的报告且妄自尊大的正统帝却浑然不知，非但未对阳奉阴违的倒瓦答失里做出严厉的处置，相反还大大地表扬他了一番。而就在正统朝廷赐敕褒嘉忠顺王那一刻，"西北一带戎夷（已经）被其（也先）驱挟，无不服从"（《明英宗实录》卷149），大明边疆西北边陲屏蔽尽失，陕西、甘肃地区边防愈发吃紧。

○ 也先东侵兀良哈三卫，正统朝廷隔岸观火又黔驴技穷，"惟严兵保境"

而从瓦剌角度来讲，以上这些地区的归顺还仅仅是其发动南下进攻策略中联合东西两翼的西翼，那么其东翼又有何指？

兀良哈三卫！前文说过，兀良哈三卫是墙头草，哪个得势、哪个强大，它们就倒向哪个。对于这一点，明朝开国皇帝朱元璋相当老辣，看得十分清楚，所以洪武时期在构建北疆军事防线时，他搞了三道，将辽东最外一道给了兀良哈，中间骨干主线留给自家的儿子宁王、辽王和谷王等，并在其内还构建了许许多多的军事设施关隘烽堠和军事机构都司卫所。如此下来，到洪武晚期时大明北疆"自辽以西，数千里声势联络"（《明史·兵志三·边防》卷91），以至于北元余虏"不敢近边者十余年"。（【明】李贤、彭时等纂修《大明一统志·鞑靼》卷90）

可谁也没想到，老朱皇帝苦心经营的辽东三道防线在"靖难"之役发动后差不多全给摧垮：辽王南奔，宁王被劫，蒙古朵颜三卫被收买，并成为燕军南下的急先锋，原本铁桶一般的辽东军事防御系统几乎让口口声声自称为高皇帝"好儿子"的燕王朱棣给全毁了。为此,篡位上台后的朱棣就辽东地区局势进行了全方位的重新布控:将分封辽东地区的藩王兄弟徙往南方,把大宁都司迁到保定,"尽割大宁地界(兀良哈)三卫,以偿前劳('靖难之役'中三卫骑兵担当燕军反叛的急先锋)"(《明史·外国九·瓦剌·朵颜·福余·泰宁传》卷328),并将辽东东胜左右卫迁到永平和遵化。这样一来,不仅使得原本用于抵御外房的塞外军事重镇大宁不攻自毁,成为了军事"不设防"区,其最为直接的后果就是,辽东与北京西北的两大军事重镇宣府、大同声援阻绝,原先朱元璋时代布下的由大宁、开平和北京组成的铜墙铁壁一般的三角形军事布阵给彻底打乱,开平孤悬塞外,难守易攻。正是在这样的无奈情势下,明宣宗从务实的角度出发,将开平卫南徙至独石。由此下来,朱元璋时代设立的北疆三道防线经由永宣两代的经营和调整,只剩下了最为里边的一道。换言之,宣德正统时期长城一线已成为了大明帝国北疆的第一道军事防线,宣府和大同也由此变成了抵御北房的前沿重镇。

我们换个角度来看,北方蒙古势力若想南扩进攻大明内地,突破起到屏蔽京师安全作用的宣府、大同防线就成为其军事战略步骤的重中之重。而要想夺取宣大,首先得将宣大以北外围地区的明朝或亲明朝势力给完全搞定。事实上自永乐改变洪武北疆战略布防后,从辽东大宁到北京及其西北宣大这一线的北部外围地区几乎全让朱棣送给了兀良哈三卫等北方蒙古势力。因此说宣德正统时期,已经统一东西蒙古且日渐强大的瓦剌必然会将兀良哈三卫作为其东进外扩的主要对象。而事实是,就在胁迫西北诸卫归顺自己,以此作为南下进犯大明之西翼的同时,脱欢、也先父子竭力向着东北部兀良哈三卫发展,这也是当年瓦剌南扩之东翼。

宣德十年(1435),脱欢拉拢兀良哈三卫,寻击东蒙古鞑靼汗阿台王子即阿岱汗(《明英宗实录》卷7)。正统六年(1441),也先迎娶泰宁卫都督拙赤之女为妻,同时又与泰宁卫都指挥隔干帖木儿结为姻亲,让其女儿嫁给了他(《明英宗实录》卷87)。由此一来,泰宁卫领导"皆阴为之耳目"(《明史·外国九·瓦剌·朵颜·福余·泰宁传》卷328)。

自从有了瓦剌这座靠山后,原本就对明朝时降时叛的兀良哈三卫更是有恃无恐地表露出了小人的嘴脸。正统初元起,他们经常前去大明北疆骚扰和打劫,甚至一度还远抵西南方向的独石进行偷袭,让当地守备杨洪给好好地揍了一通,连领头的朵栾帖木儿也当了明军的俘虏。但兀良哈人还不死心,又流窜到大同和延安等地劫掠,但还是让大明边防军给一一挫败了。(《明英宗实录》卷32)

为此,兀良哈三卫怀恨在心,图谋报复。刚巧瓦剌太师也先东扩过来,泰宁卫的领导拙赤和隔干帖木儿一下子来了精神。为了向明朝"复仇",正统九年(1444)夏,作为老丈人的拙赤不惜降格,亲自跑到女婿也先的牙帐去拜谒,请求他出兵援助,以便同明朝一决雌雄。可让"老丈人"拙赤等三卫领导没想到的是,他们这位姑爷可谓是个地道的老江湖。老丈人家的那些人有着怎样的底细,别人不清楚,他也先家族可是世代居住在漠北,与其为远邻啊。用什么样的话来形容老丈人家和朵颜三卫人?恐怕没有比朝秦暮楚这个词语更为合适的了。与他们结为姻亲,就是为了稳住他们,白白得了几个美女玩玩,何乐而不为!至于与他们一起出兵攻打明朝,我能信他们吗?不仅不能信他们,而且还应该给这样的世间小人好好地教训教训。

正统九(1444)年九月,兀良哈头目拙赤、安出等率部众与肥河卫都指挥别里格统领的女真部落在格鲁坤迭连地展开大战,没想到几乎一直称雄于辽东地区诸夷虏的兀良哈三卫却在这场大战中吃了大败仗;更没想到的是,作为兀良哈人女婿的瓦剌权贵第一人也先非但不救急,反而乘此机会向已经落败了的老丈人家部属发起了突然的截杀。顿时间格鲁坤迭连地到处都是哭爹喊娘声,望眼皆是兀良哈人的尸首。(《明英宗实录》卷121)

格鲁坤迭连地之战后,也先曾想一鼓作气,征服兀良哈,但考虑到兀良哈与明朝之间有着较近的关系,同时也担心正统朝廷会采取明初永乐帝的北疆征讨政策——漠北哪个强大他就打哪个,从而影响了他的外扩南进之大业,于是就使用了投石问路的方式展开战略攻势。

正统十一年(1446)十月,也先派了一个叫奄克的人跑到大同去向明朝守边将官讲:瓦剌太师也先想率领部众前往东北,攻打兀良哈,因为路途遥远,害怕回来时会人困马乏,所以派人来大同想面见镇守太监郭敬,主要是为了借点粮食。明朝自成祖起一变太祖之祖制,宠信宦官,重用阉竖,常常让他们代表皇帝镇守边关。

第4章 土木被俘 明朝大辱

现在我们讲到的这个郭敬就是大同的镇守太监。接到底下人的报告后，考虑到事关瓦剌与大明之大体，郭太监立即派人火速上呈奏章，请求正统皇帝指示。朱祁镇接奏后答复道："瓦剌这些夷虏十分狡黠，你们要严加防备。假如他们一定要见你，你就这样回答说：'我奉命守边，没有皇帝的诏旨，不敢擅离职守。何况我与也先太师都是朝廷的臣子，心心相契，即使不相见，也就等于见面了。'至于瓦剌提出的借粮要求，朕觉得你这样答复：'没有朝廷的命令，我一升一合也不敢擅自做主。京师粮食堆积如山，太师若真要的话，可以自己上那儿去取吧！'"与此同时，正统帝传语也先："朝廷闻太师与兀良哈仇杀，已戒饬缘边勒兵。切宜严禁部属毋令近边，恐难分辨。"（《明英宗实录》卷146）

朱祁镇的这段话可能有两层意思：第一，他将自己真看作是天底下无人敢僭越的最高之主，完全没有看出日益壮大的瓦剌权贵也先之野心；第二，他朱祁镇，红彤彤的皇家"帝六代"完全遵循大明英明之主宣德皇帝的"惟严兵保境"北疆政策，"寇来则战，寇退勿追。若彼于境外往来不敢侵扰，即当听其自便"（《明宣宗实录》卷113）。也先，听好了，你们只要不来侵犯我大明北疆，尽管放心地去报你们的仇吧！

宣德时期瓦剌正在崛起，尚未统一漠北蒙古，势力还没有十分强大，因而明宣宗推行"惟严兵保境"的北疆防御国策还较有合理性。但正统时期的情势就大不一样了，原本漠北荒原诸雄并争的局面被瓦剌一霸所替代，且发展到了足以威胁大明的程度。这时的大明天子应该采取明初老祖宗的主动出击策略，阻止也先外扩与南下。可当政的正统帝朱祁镇却机械地照搬父祖的北疆国防政策，根本不懂得对于归附的夷虏藩属应该注意保持一种动态的平衡，画虎不成反类犬，令人啼笑皆非。更为甚者，当瓦剌太师也先率军东征取得胜利，遣使"将所得兀良哈人口、马匹"前来北京"孝敬"时，正统帝朱祁镇不仅没心没肺地——收下了，而且还"特颁敕褒奖，赐以彩段表里……用旌太师（指也先）之忠诚"（《明英宗实录》卷146）。日夜图谋南下侵犯大明的藩属野心家居然在大明天子眼里成了孝子贤孙，瓦剌的外扩与岌岌可危的北疆防御在颐指气使的小杆子皇帝看来，简直就是自己不久前在宫中玩的"过家家"，有什么可担忧！在正统十一年(1446)十月乙巳日答复心腹太监郭敬的奏章里，朱祁镇就这样说道："北疆边务'务在善辞应答，毋启衅端。'"(《明英宗实录》卷146)这话意思是，对于北方夷虏没什么可多担忧的，关键就在于如何巧妙地应答，不要挑起事端！

这哪是个"天资聪明英武"之君，简直就是一个地地道道的自欺欺人的蠢蛋！

长期以来我们的研究者可能是从"为尊者讳"的角度出发，不太抨击帝国第一人正统帝，而是一味地将板子打在了权阉王振头上。不错，正统中后期，大明朝政混乱，奸佞当道。但若细细想想，正统帝是个极好大权独揽的专制君主，且那时离大明"盛世"——"仁宣之治"不远，难道正统初元"盛世"余波下的大明朝廷上下就没有清醒之人看出瓦剌壮大之隐祸？

○ 正统帝拒谏饰非自我陶醉，瓦剌也先得陇望蜀，征服兀良哈，垂涎女直

当然有了。正统六年(1441)正月，行在翰林院侍讲刘球曾在《谏伐麓川疏》中提醒正统帝：我大明之宿敌是北虏，而不是西南麓川之叛寇。而对于北虏我们千万不能掉以轻心，以免一旦有警，猝不及防。(《明英宗实录》卷75)正统朝廷接奏后就以"已有成命，难允所言"作为回应。正统九年(1444)，也先设立甘肃行省，授予明朝罕东诸卫都督喃哥等为平章。镇守陕西右都御史陈镒将该事迅速上奏给了朝廷，正统帝闻奏后置若罔闻，仅"命与靖远伯王骥巡视甘肃、宁夏、延绥边务，听便宜处置"(《明史·陈镒传》卷159)。

对于自己的藩属瓦剌目无朝廷，擅自设置行省、委职任官，大有另立中央政权的势头，当时的正统帝理应毫不犹豫地采取强硬的举措，甚至可以使用军事武力加以解决，以防其日后尾大不掉，可令人失望的是大明皇家这个"帝六代"却将惊天大事撂到了巡边大臣头上，"听便宜处置"，即说你们巡边大臣采用武力手段或其他举措都可以，看着办吧！不过笔者在这里要提醒读者朋友的是，明廷最忌讳臣下使用军事武力权，当时巡边大臣右都御史陈镒和靖远伯王骥等纵有万万颗护国保民之心，但也不敢拿自家的性命来"乱作为"。由此不难看出，正统帝是个极不负责任的无能之君。

正统十一年(1446)九月,甘肃总官兵宁远伯任礼上奏说:"瓦剌太师也先遣使至哈密,强行将忠顺王及其母妻等一大帮子人带往漠北,虽不久释还了 600 多人,包括哈密王倒瓦答失里,但几乎与此同时,也先又命令已投降他的哈密叛徒陕西丁回国驻扎,'以俟亦纳失力王调用',即让陕西丁先回看住哈密地盘,等待已归顺了统一东西蒙古的瓦剌第一权臣也先的哈密王亦纳失力王之调度和使用。"对此,总官兵任礼颇为感慨并富有前瞻性地说道:"臣等窃观,也先无一日不欲南牧,事机已著,不可不为之备。"那么,正统帝怎么答复的?让人先调查调查,查实了,再会集朝廷大臣讨论讨论看,到底怎么办。(《明英宗实录》卷 145)

一边是"无一日不欲南牧"的野心家即将发动侵边南犯,一边却是要调查调查再看看。正统帝如此处置北疆军事事务,只能有一种结果,那就是坐视瓦剌的肆意外扩与日渐壮大。

民间有句俗语,叫皇帝不急太监急。正统时期皇帝不急,太监王振等人也不急,急的都是些大臣。就在朱祁镇下令,让人先调查调查瓦剌军事发展之势后的第五个月即正统十二年(1447)正月,又有一个与大明北疆军事防务有着密切关系的清醒人、兵部尚书邝埜,在听到也先远征兀良哈三卫的消息后实在忍不住了,上书正统帝,再次作提醒:"瓦剌虏酋也先自其父脱欢时吞并阿鲁台部落,益以强大,而西北一带戎夷被其驱胁,无不服从。惟兀良哈三卫不服,也先又亲率人马,分道掩杀。自此北漠东西万里,无敢与之抗者。"他建议明英宗:立即挑选精兵良马,乘着瓦剌东征刚刚开启尚未完全取胜的有利时机,加固和充实京师西北两大边关重镇宣府与大同的军事防卫,同时让修筑北京皇宫和边城已劳累一年以上的官军将士稍稍歇一歇,休息养锐,以便遇警调用。(《明英宗实录》卷 149)

兵部尚书邝埜的这段话十分中肯,尤其是那句"自此北漠东西万里,无敢与之抗者",已经说得很重了,其潜台词为:皇上啊,目前瓦剌差不多统一了北方,下一个将要征讨的对象就是大明帝国了,我们决不能坐以待毙啊!

你猜那个小杆子皇帝怎么回答的?他说:"已敕大同总兵、镇守官整兵护送使臣,又命沿边操兵提备,在京军马且俱不动,只令大头目用心提督,务要马匹膘壮,器械齐整。果边陲有警,相机调

遣。修城军该管头目加意抚恤,不许私役,俟城完即令休息。"(《明英宗实录》卷149)

正统帝的这席话概括起来有三层意思:第一,本皇帝坚守宣德皇帝的"惟严兵保境"之国策,已叫北疆总兵官、镇守官等加强边疆防务,只要军中领导上心,北疆是不会有什么大麻烦的,也用不着对京中官军作什么大的调用。第二,一旦有什么紧急状况,相机调遣。从哪里调遣?调哪一支部队?明英宗只字不提,看来他确实是中华农民帝国的皇帝——跟着感觉走,摸着石头过河。第三,在京师劳作修筑皇宫和京城的官军就干了一年的活,只要当官的不擅自役使,他们有什么劳累?等修完了再说。你们要知道,修缮他家太爷爷潜龙腾飞之地的北京皇宫和京城才是正统朝的最大政治!(《明英宗实录》卷149)

就这样,在"阳光普照"、到处都是"莺歌燕舞"的正统和平年代,一次次的逆耳忠言被当作了耳边风,大明北疆危机在唯我独尊的红彤彤家族的"帝六代"当政期间,正一步步地加剧。

正统十二年(1447)闰四月,瓦剌再次劫掠朵颜卫,侵扰前大明大宁都司管辖的广宁、开原等地。五月,也先弟赛罕王率领人马击杀朵颜卫指挥乃儿不花,大掠而去。(《明英宗实录》卷153、卷154)随后也先又领兵前来袭击兀良哈三卫,朵颜、泰宁招架不住,先后一一归附,福余部众躲避到脑温江,即今天的嫩江流域。大致在正统十二年(1447)年底和十三年(1448)年初之际,瓦剌也先差不多完全征服了兀良哈三卫,并将其侵犯矛头指向了大明帝国东北地区的另一个藩属——女直诸部。

○ 正统帝如梦初醒,瓦剌已挟裹东北女直(真),联络朝鲜,欲再造蒙元帝国?

直到这时,正统帝朱祁镇才如梦初醒。正统十二年(1447)十月辛酉日,他在给提督辽东军务右都御史王翱等人的敕文中这样说道:"瓦剌也先以追捕仇人为名,吞噬诸部。往者既自北而西,又自西而东。今又东极海滨,以侵女直(真)。女直(真)自开国以来役属中国,一旦失之,是撤我辽海藩篱。唇亡齿寒,不可不虑。已敕女直(真)卫分俾知提备,卿等亦宜严兵为备。"(《明英宗实录》卷159)

事态发展已经到了十分严峻的地步,想通过告诫"女直(真)卫分俾知提备"和提督辽东军务大臣、右都御史王翱等人"严兵为备",来阻挡瓦剌的侵略扩张的步伐,这也只有待在深宫大院里的"聪明英武"之主才想得出来的主意。不过此时的瓦剌太师也先却管不了这些。正统十二年(朝鲜世宗二十九年),"深处达达瓦剌也先将兵亿万(虚指人数之多,并非实指。有人说当时也先东征所率领的人马10万,作者注),几歼三卫达子(指朵颜三卫)。又于夏秋间,谋袭海西野人(即海西女真)。野人畏惧,挈家登山"(吴晗辑:《朝鲜李朝实录中的中国史料上编卷六·世宗庄宪大王实录三》,第2册,P449)。而后瓦剌又"因迤北差人到兀者等卫跟寻仇人",将势力发展到建州女真和黑龙江地区(《明英宗实录》卷174)。正统十三年(1448)秋,也先还派遣头目把秃不花等同兀良哈人赍带文书到女真各卫,诱结他们,"其书言:'前元成吉思及薛禅可汗授彼父祖职事,要令彼想念旧恩,及要彼整备脚力粮饭。'"这话是说:你们这些女真人怎么都不记得了?你们的父祖都曾由成吉思汗和薛禅可汗(忽必烈)授予官职,蒙元对你们真是有着大恩大德啊。为今之事,你们应该准备好人力和食粮,听从俺大汗的召唤和指挥啊!

至此,我们不难看出瓦剌也先还真把自己置于女真主子的位置,女真成了他的藩属。

差不多与此同时,瓦剌权臣也先还曾派遣已经归顺了的兀良哈笃吐兀等人携带文书前往朝鲜进行宣谕和威胁。(《明英宗实录》卷93、卷97;吴晗辑:《朝鲜李朝实录中的中国史料上编卷六·世宗庄宪大王实录三》,第2册,P428~429)

可以这么说,到正统十四年(1449)年初时,瓦剌的势力范围已发展到了东起兀良哈三卫、饮马河即克鲁伦河及呼伦贝尔草原,西至额尔齐斯河上游及西亚,北连安格拉河以南、叶尼塞上游,南至大明北疆,蒙元帝国开创者成吉思汗统一中原前的基业也不过如此。十分明显,瓦剌也先的下一个目标也必然同成吉思汗一般,南下进攻中原。

● 也先生端　英宗服软

不过,具备政治家素质的也先可没有一般的野心家与武夫那么肤浅、那么愚蠢，说要打你就带了队伍跑到你的地界上动手了，他要找到合适的理由去号召部众，让他们心甘情愿地跟随着他，去跟大明军作战。那么也先号召南下进攻中原的理由又是什么？"外贸"纠纷！

"外贸"是我们现代人的说法，按照明代时的"外贸"形式来讲，大略分为两种：一种叫马市贸易，另一种叫朝贡贸易。我们先讲马市贸易。

● 明代前期马市贸易的发展、演变与明廷"怀柔夷虏"的政治功能

明代马市贸易最早在洪武时期就已经有了，它并不像有些人所说的只有到了正统时期才出现。《明史》载："有（宦官）赵成者，洪武八年以内侍使河州市马。其后以市马出者，又有司礼监庆童等。"(《明史·宦官传一》卷304)不过，明初开国之际的马市贸易数量还是相当有限的。有明一代铺开马市贸易之面的是明成祖，《明实录》记载道：永乐四年三月甲午，"设辽东开原、广宁马市二所"(《明太宗实录》卷52)；永乐十年四月癸亥，"徙广宁卫铁山马市于团山，以水草便故也"(《明太宗实录》卷127)；永乐十三年二月戊戌，"四川长河西、鱼通、宁远等处军民宣慰司言，西番无他土产，惟以马市茶为业。近年禁约之后，生理其艰，乞仍开中，庶民有所养。从之"(《明太宗实录》卷161)。永乐十五年三月乙未，"别失八里王纳黑失赤罕遣使哈即哈刺罕等贡方物，且致王言将嫁其妹撒马儿罕，请以马市妆奁。遣中官李信、指挥丁全等赍文绮、帛各五百匹助之"(《明太宗实录》卷186)。

从上引的《明太宗实录》中的史料来看，永乐时期明朝在东北、西北、西南等少数民族邻边之地都曾设立了马市（别失八里王用马来为妹妹买嫁妆的地点不明）。这种多方位设立马市所带来的直接结果是，大明帝国拥有的马匹越来越多。笔者查阅《明太宗实录》中的马匹增长数，永乐元年大明帝国的马匹为 37 993 匹，到了永乐二十二年时增长到了 1 736 618 匹，增长率为 4 471%，以全国总计 1 736 618 匹马来核算的话，平均 0.6 个士兵拥有一匹马，也

就是2个士兵多一点就能拥有1匹,这是个什么样的国度?简直就是骑兵帝国!(笔者《大明帝国》系列之⑧《永乐帝卷》下册,第10章,P655)当然这样的"骑兵帝国"内的马匹还有可能是由大明子民自己牧养和与夷虏进行朝贡贸易得来的(下文将说及),但不可否认,马市贸易是当时大明帝国马匹迅速增长的一个重要途径。

举例来说,就在永乐帝朱棣死的那一年,即永乐二十二年十一月乙酉日,"辽东都司奏:开原马市已买马五百三十七匹,以给辽东诸卫,官军乘操"(《明仁宗实录》卷4下)。又如,洪熙元年七月癸巳日,"辽东广宁马市官千户王咬纳等进所买达官马四百六十五匹"(《明宣宗实录》卷4)。一次马市明朝就买下了537匹马,另一次马市买下了465匹马,看来在马市上买下的马匹数量还真没什么定额。那么多长时间举办一次马市?我们来看看《明实录》的记载:洪熙元年二月辛丑日,辽东总兵官武进伯朱荣奏:"兀良哈三卫,鞑靼欲来卖马。"明仁宗敕谕朱荣让人开市交易(《明仁宗实录》卷7上)。洪熙元年三月壬午日,"开原卫奏:马市所买马请进京师。(明仁宗)命给辽东诸卫军士"(《明仁宗实录》卷8上)。洪熙元年四月壬戌日,"辽东总兵官武进伯朱荣奏:开原马市官买到马二百匹。上(指明仁宗)命付辽东苑马寺,以给诸卫"(《明仁宗实录》卷9下)。洪熙元年七月乙亥日,"镇守辽东的总兵官武进伯朱荣进广宁马市所买马八十二匹"(《明宣宗实录》卷3)……

从上引的史料中我们大致可以看出,洪熙、宣德两朝大约1个月或两个月要举办一次马市。宽松一点计算,两个月举办一次马市,一次马市交易若以500匹马来计算,一年下来明朝就得买下3 000匹马。仁宣两帝当政10年之久,就辽东一地买下的马匹不会少于30 000匹。好大喜功的永乐帝给儿孙们留下的家底不咋地,但马匹数量在当时世界上可谓绝对第一,多达1 736 618匹。(《明仁宗实录》卷5下)以此计算,从理论上讲,到宣德中期时,大明帝国拥有马的数量应该要有1 766 618匹。但实际上在这个过程中马会老化、病死,我们若以50%作为其老化、病死的比率,以此来估测宣德中期左右大明帝国实际拥有马的数量应该为883 309匹。由此看来,当时明朝不仅不缺马,而是马满为患。既然如此,那仁宣时期为何还要开马市?

宣德六年(1431)十月的一天,辽东总兵官都督佥事巫凯报告在广宁马市中明朝买进的福余卫鞑官的马牛数目。由此话题明宣宗跟身边的侍臣这般说道:"朝廷非无马牛而与之为市,盖以其服用之物皆赖中国;若绝之,彼必有怨心。皇祖(指朱棣)许其互市,亦是怀远之仁。"(《明宣宗实录》卷84)朱瞻基的这番话揭开了大明为何要开设马市的秘密:哪是我大明要开,人家夷虏吃喝拉撒睡一系列生活必需品都要从我大明这里买去,倘若我们不开马市,他们必然会怨恨我们啊!所以说,早在我家皇爷爷当政期间马市就已经有了,它彰显了我朝仁爱夷虏的怀远之心啊!

正因为马市肩负着重大的政治使命,所以交易时明朝一般都是从优而市,即以高于马匹的实际价格将夷虏之马给买下来。至于帝国经济亏损,在大一统君主看来,那简直就可以忽略不计,因为从十分听话的内地国人那里多榨取一点银子又能算得了什么呢?

起初对马市能带来较好的"红利",夷虏知道的还不多,但随着时间的推移为越来越多的人所熟知。而明朝永宣时期的马市主要是与东北的兀良哈三卫、西北和西南的西番等进行交易。宣德正统年间瓦剌崛起,其要求增开马市的愿望越来越迫切。正统三年(1438)四月下旬,"行在刑部尚书魏源等以瓦剌遣使臣贡马,援辽东开原例,以六事闻,曰:'置马市,选贡马,输供具,严禁约,择通事,设牙行。'"明英宗以马市劳民为由,拒绝增开。不过他还是这般指示道:"待远人宜从厚,贡马不必选,供具取给公帑钱,勿扰吾民,余悉如议。"(《明英宗实录》卷41)可没过几天即四月底,巡抚大同右佥都御史卢睿又上奏说:"大同宜立马市,庶远人驼马军民得与平价交易。"这一次正统朝廷同意了,派遣蒙古籍指挥李原等充当大同马市的翻译官,并明确规定:禁止兵器、铜、铁等类交易(《明英宗实录》卷41)。至此,大明北疆又增添了大同马市,其主要交易伙伴是以瓦剌为首的北方蒙古人。

● **明代前期朝贡贸易的发展、演变与"万国朝宗""天下共主"**

与马市贸易相比,明朝则似乎更看重另一种"外贸",那就是朝贡贸易。朝贡贸易,也称"通贡贸易"或"贡赐贸易",一般是指境外之邦或外藩因仰慕传统中华文明而主动前来,向朝廷献纳货物、特产等,而朝廷往往予以超过贡物价值一倍甚至几倍、几十倍的回赐。朝贡贸易基本上不存在等价交换,它是"四夷来朝"和"万国朝宗"的一种象征。正因为如此,自古以来中华帝国中央朝廷都会竭力打造好这一政治形象工程。由此决定了在两种"外贸"中,朝贡贸易给外藩远夷所带来的"红利"更大、更诱人。

○ 明代前期朝贡贸易:由严格限制到广为鼓励

而明代朝贡贸易制度自开国起就已建立,洪武初年,朱元璋就此曾做过这样的指示:外藩远夷"涉海而来,难计年月,其朝贡无论疏数,厚往而薄来可也"(《明史·外国传六》卷325;《明太祖实录》卷71)。

"厚往薄来"就是说,你们外藩远夷来我们中国带不带方物、带多带少都无所谓,只要你们来朝贡了,意思到了就行,我大明"皇帝富有四海,岂有所求于(夷)王? 但欲(夷)王之称藩,一示无外尔!"(【明】宋濂:《宋文宪公全集·渤泥国入贡记》卷26)朱元璋直言:"中国岂少这些(贡物),但试他那心!"(【朝鲜】郑麟趾:《高丽史·辛禑传》卷136)

换句话来讲,只要你们外藩远夷承认我为天下共主地位了,我大明决不亏待你们,会给出你们进贡方物价值的几倍、几十倍甚至上百倍的钱币、金织文绮、纱罗等"回贡"礼物! 这下可把外藩远夷们给乐癫了,都说天上不会掉馅饼,你还真别说,在大明可有馅饼从天上掉下来,于是四面八方的外藩远夷们屁颠屁颠地往中国来。

史书记载说:"太祖高皇帝时,诸番国遣使来朝,一皆遇之以诚,其以土物来市易者,悉听其便,或有不知避忌而误干宪条皆宽宥之,以怀远人。"(《明太宗实录》卷12)也就是说,自踏上中国领土起,中国官方就提供"三赔"服务,即免费为外藩远夷们提供住宿、吃喝和交通,京师设有会同馆,建有高档酒楼,供四方宾客嬉戏娱乐和休息(【明】王俊华:《洪武京城图志·楼馆》)。

由此观之,朝贡贸易纯粹是赔本买卖,明廷"贡赐盖用以怀柔远人,实无所利其入也"(【明】丘濬:《大学衍义补·市籴之令》卷25)。时间一长,老朱皇帝感觉不太对劲:我总不能老当"冤大头"啊! 而外藩远夷们也已个个明白:到中国去,接受天朝皇帝的丰厚赏赐,随后便在京城住上一段时间,吃香的喝辣的甚至找些小"妹妹"陪陪的,都由大明帝国公费报销,优哉游哉,这哪辈子修来的福分啊。由此外藩远夷争先恐后前来大明,甚至不具备资格的也来凑热闹。

外藩远夷有事没事老往大明跑,一年要跑好几次,仅大明公款接待费一项就不得了。于是从洪武五年始,朱元璋对外藩远夷来朝的次数做了限定。那年九月,他在遣使高丽的诏谕中就明确讲到"宜令遵三年一聘之礼,或比年一来,所贡方物止以所产之布十匹,足矣!毋令过多"(《明太祖实录》卷76)。洪武九年,针对安南国要求增加朝贡次数,朱元璋谕旨中书省大臣:"诸夷限山隔海,若朝贡无节,实劳远人,非所以绥辑之也。……其更以朕意谕之:番夷外国,当守常制,三年一贡,无更烦数来朝,使臣,亦惟三五人而止,奉贡之物不必过厚,得存其诚敬可也。"(《明太祖实录》卷106)洪武中晚期,朱元璋从帝国安全与成本核算角度再次对外藩远夷朝贡做了很大的限制,他不仅将朝贡国缩减到了5个国家,而且还十分明确规定了贡期和贡使人数,原则上为三年一朝,"番夷外国,当守常制,三年一贡,无更烦数来朝,使臣亦惟三五人而止,奉贡之物不必过厚,得存其诚敬可也"(《明太祖实录》卷106)。

可外藩远夷们就是不乐意,一心想要来大明孝敬一下"伟大圣君"、当今宗主,说到底就是朝贡贸易的利润太丰厚了,他们才不顾你大明限不限定,反正我们来了,你大明总不能赶我们走吧!对此,朱元璋想到了很绝的一招:实行朝贡贸易勘合制(《明太祖实录》卷153)。那什么叫朝贡贸易勘合制?大致是大明礼部制定一种勘合簿,每个外藩远夷一本,内府留有存根,地方布政司有对应的相同一份。勘合簿上规定朝贡的次数、路线等,一旦外藩远夷要来大明朝贡,就必须持有勘合簿册与本国的表文,到所要经过的省份向当地布政司交验表文,比对勘合。全部符合了,方才放行。这样一来,将外藩远夷朝贡给严格地控制住了(参见《大明会典·礼部·朝贡通例》卷108)。

可洪武的这条"祖制"到了篡位皇帝上台后就开始改变。朱棣登极后对外来贡使不做限制,永乐元年冬十月辛亥,"上(指朱棣)谓礼部臣曰:'帝王居中,抚驭万国,当如天地之大,无不覆载,远人来归者,悉抚绥之,俾各遂所欲,近西洋、回回、哈只等在暹罗,闻朝使至,即随来朝。远夷知尊中国,亦可嘉也。今遣之归。尔礼部给

文为验,经过官司毋阻。自今诸番国人,愿入中国者,听'。"(《明太宗实录》卷24)

不仅如此,朱棣还下令要厚待远夷贡使。如果这些贡使贪图小利,来中国朝贡时随便带些地方土特产什么的,其目的不就是换些钱花花,发笔小财,我大明要减免其税,对于不遵高皇帝"祖制"、不按贡例规矩来朝贡的,全都应该宽宥。

而事实上永乐朝对前来朝贡贸易的外藩远夷之优渥"事例不一,或出一时特恩,不可胜计"(【明】李东阳等人编撰、【明】申时行重修:《大明会典·给赐二·外夷上》卷111)。

由于外藩远夷贡使往往是代表他们邦国向大明朝贡的,因此永乐皇帝首先要对他们的王、王妃以及重臣进行重赏,其价值可能超过贡物本身价的几十倍甚至几百倍,这样才与"天朝上国"身份相匹配,也就起到怀柔远人的目的。除此之外,永乐朝还对前来朝贡的外国贡使成员进行按级厚赏。永乐十九年春正月丙子,"礼部尚书吕震上《蛮夷来朝赏例》:'三品四品,人钞百五十锭,锦一段(匹),纻丝三表里;五品,钞百二十锭,纻丝三表里;六品七品,钞九十锭,纻丝二表里;八品九品,钞八十锭,纻丝一表里;未入流,钞六十锭,纻丝一表里。'上曰:'朝廷驭四夷,当怀之以恩,今后朝贡者,悉依品给赐赍,虽加厚不为过也'。"(《明太宗实录》卷233)

"虽加厚不为过也",这话意思是,对于前来朝贡贸易的外藩远夷即使再优待也不为过。由此四方远夷争先恐后地前往大明来,向永乐皇帝磕个响头,然后乐颠颠地满载而归。对此,史书曾这么描述道:永乐时"连年四方蛮夷朝贡之使相望于道"(【明】谭希思:《明大政纂要》卷16)。入华朝贡者"相望于道",这就是自诩"盛世圣君"的永乐皇帝朱棣所要竭力追求的"内安诸夏,外抚四夷,一视同仁"和"德化天下,怀柔远人"(《明太宗实录》卷269)的理想格局。那么,在这样的"万国来朝"大好形势下,到底有多少批次的外藩远夷来大明朝贡?

据李庆新先生《明代海外贸易制度》一书中《永乐朝与明朝前期其他朝海外诸国朝贡比较简表》的数据统计来看,洪武朝31年总计来访的外国使团为109批次,平均每年为3.5批次;而永乐朝22年海外诸国入华朝贡总数为240批次,平均每年就有约11批次的外国使者。(统计数据详见李庆新:《明代海外贸易制度》,社会科学文献出版社,2007年5月第1版,P56~58)换句话来说永乐朝几乎每个月都有一个"外国使团"来访,由此可见当时官方对外交往的繁忙与热闹了。

正因为永乐朝朝贡贸易特别繁荣,或者说创造了有明一代的最高峰。前文已述,朝贡贸易是个政治意义高于一切的绝对赔本"买卖",所以说永乐帝繁荣了朝贡贸易,却使大明帝国的财政大大亏空,加上他当政期间不停地南征北讨、屡兴大工大役,造成了大明帝国严重的财政危机和社会经济秩序的紊乱,就连永乐皇帝他自己也不得不承认"物价腾涌",钱钞大坏,民不聊生。(《明太宗实录》卷251)

对此,好皇帝明仁宗在永乐二十二年八月一登基即位就立即喊停既热闹非凡又劳民伤财的朝贡贸易工程和永乐帝热衷的声势浩大的下西洋工程,省工罢役(《明仁宗实录》卷1上),"弘施霈泽,悉罢科买",以纾民力。(《明仁宗实录》卷10)

十分可惜的是,这样的好皇帝却仅仅当政了一年就驾鹤西去。随后便是宣德皇帝即位主政。虽然明宣宗在治国理政上更多承袭了父亲明仁宗朱高炽的做法,但在对待外藩远夷方面却是奉行了乃祖朱棣的国策。洪熙元年七月,朱瞻基派遣行在鸿胪寺司宾署丞焦循、摄礼部郎中鸣赞卢进、摄鸿胪寺少卿等以即位诏颁赐朝鲜等国,且跟礼部尚书吕震说:"远国朝贡,固有常今,然我祖宗以来待下素厚,今朕即位之初,凡事必循旧典,勿失远人之心。"(《明宣宗实录》卷3)半年后的宣德元年(1426)正月,行在礼部奏请宴劳外夷朝贡使臣,宣德帝做出这样的指示:"四夷宾服,世所贵也。其使臣今不远万里而来者,皆有慕于中国饩廪,赐宴必丰,庶昭朝廷优待之意。"(《明宣宗实录》卷13)

从上述两段"最高指示"中我们不难看出,新即位的宣德帝要遵循皇祖朱棣之旧典,以勿失远人之心为名,再启朝贡贸易和万国朝宗的超级形象工程,只不过他说得较为委婉而已。因为在这方面与自己的父皇明仁宗的理念与做法迥异,而明仁宗才谢世不久,作为其皇位继承人,新皇帝朱瞻基不得不有所顾忌,加上朝中有相当多的老臣并不赞同永乐时代那不顾国计民生倾力打造的朝贡贸易政绩形象工程,所以宣德初年,朱瞻基在"敷宣德意""克致太平"(《明宣宗实录》卷50)的过程中不得不放慢"重温"皇祖旧典之步伐,由此也就带来了宣德前期四夷宾服差强人意之格局。当时前来大明进行朝贡贸易的大致有哈密、满剌撒丁、乌斯藏、瓦剌、土鲁番、罕东、撒马儿罕、亦力把里、占城、琉球、爪哇、浡泥、暹罗、苏门答剌、满剌加、白葛达、榜葛剌等(《明史·宣宗本纪》卷9;《明宣宗实录》卷1~74)。

我们将上述这些邦国或地区名称换成现代的说法,那就是宣德前期前来大明朝贡的大约有西北地区与西南地区少数民族政权、中亚国家、越南、琉球(即今日被日本占领的冲绳)、印度尼西亚的爪哇、苏门答剌和浡泥、泰国和孟加拉国等;若再说得简洁一点,也就是大明帝国四周附近地区与国家。如此情势若与所谓的永乐"盛世"时代那热闹非凡的万国朝宗相比,显然显得十分冷清,而这对于一心想致力于"盛世之治"和万国朝宗的明宣宗来说是无论如何也无法接受的,他必须得改变。于是就有了宣德五年(1430)他派遣当时已经60多岁的郑和统率船队第七次下西洋(实际出发是在宣德六年),大明来个上门盛情"邀请"。

郑和此次远航走访了东南亚、南亚和印度洋等20多个国家和地区,并对"其君长皆赐彩币"等(《明宣宗实录》卷67;【明】祝允明:《前闻记》),自此以后,苏门答剌、古里、柯枝、锡兰山、祖法儿、阿丹、甘巴里、忽鲁谟斯、加异勒、天方等10余个西洋国66人组团入贡以及满剌加国王西哩麻哈剌亲率221人的庞大使团来朝等,数度将宣德朝朝贡贸易之热潮置身于人们的最佳兴奋点上。(详见笔者《大明帝国》系列之⑩《洪熙、宣德帝卷》下册,第7章)

○ 正统帝对前朝朝贡贸易"旧制"的继承与无意识"调整"

那么宣德帝的这份遗产有没有被他的儿子朱祁镇完全继承?从正统初年冲龄天子不断地接受四方番夷朝贡的事实来看,他还是继承了的。明代官史记载:正统元年(1436)二月,朱祁镇在给琉球国中山王尚巴志和日本国王(实际上是幕府将军,笔者注)源义教的敕谕中这样说道:"我国家统有天下,薄海内外,罔不臣服。列圣相承,无间远迩,一视同仁。尔为国东藩,世修职贡,益永益虔,王遣使来朝,献马及方物,礼意勤至。朕嗣承祖宗大宝,期与四海群生同乐雍熙,矧王笃于事,大良可嘉,尚使者还,特赐王及王妃白金、彩币以答远意。王其钦崇天道,仁恤有民,永保蕃邦,以副朕望。"(《明英宗实录》卷14)

如果将上述这段话与永宣二帝对待外藩远夷的国策精神做个对比,你就会发现它们之间并没有什么不同。一句话,无论是明英宗还是明太宗、明宣宗都想打造朝贡贸易和万国朝宗的政绩工程,以此来维系天下共主的理想格局。不过在另外的场合,正统帝却有着这样一番说法。正统元年(1436)正月庚寅日,行在礼部尚书胡濙等上奏说:"亦马剌卫指挥完者秃来朝贡方物,言古州地面野人克里武奇伏塔哈欲赴京师,但伺敕旨招抚。"明英宗答复道:"帝王之待夷狄,来者不拒可也,何必招抚?"(《明英宗实录》卷13)我们将朱祁镇的话再说得白一点:外藩远夷,你们想来我大明朝贡就来;不想来,俺大明天子——正统的"天下共主"也不会叫人来招抚你们!而从正统时期的实际来看,朱祁镇确实也这么做了。那么这位大明皇家"帝六代"为什么会在朝贡贸易上有着前后并不怎么一致的说法呢?在笔者看来主要是有以下几个方面的缘由:

第一,正统初元朱祁镇还是娃娃,国家大政主要是由"三杨"、胡濙等辅政大臣拿主意,小皇帝只不过最终挂个名而已,他根本不懂这里边的弯弯道道。而那时的辅政大臣和朝廷部院大臣除了张辅等少数几个是行伍出身外,其他都是通过科举等途径而入仕为官的,他们基本上都来自社会底层,熟知民间疾苦,更多关注的是国计民生而不是政绩形象工程。

第二,宣德中晚期朱瞻基醉心于朝贡贸易和万国朝宗,招徕了一大批外藩远夷。这些人来到中国后一住就是好几年,直到明宣宗死时他们还没回去。前文说过,外藩远夷自踏上大明领土起,明朝官方就得提供"三赔"服务,即吃喝拉撒睡全由大明帝国来承担和买单,这是何等大的一笔开销费用!更令人头痛是,这些外藩远夷朝贡使臣来到中国后似乎就不想走了,这如何是好?必须得"消化消化"。正统元年(1436)上半年,爪哇国王杨惟西沙遣使来北京朝贡,朱祁镇令人好生招待,让他们住了一段时间。到了闰六月的癸巳日,爪哇国王使臣郭信等要回国了,正统帝就叫他们将宣德时期前来朝贡的古里、苏门答剌、锡兰山、柯枝、天方、加异勒、阿丹、忽鲁谟斯、祖法儿、甘巴里、真腊等10余国数百号使臣和陪护人员顺路带回去,并敕谕爪哇国王杨惟西沙:"王自我先朝修职弗怠,朕今即位,王复遣使朝贡,诚意具悉。宣德时有古里及真腊等十一国,各遣使朝贡未回,今王使回,特赐海船与各使同还,王其加意抚恤,分遣还各国,庶副朕怀远之心。"(《明英宗实录》卷19)

对于来了不想走的外藩远夷贡使,正统朝主动礼送。那么对于一些前朝时出去招徕朝贡贸易而没回来的或想来朝贡贸易却在中途被人阻挡留难了的又将怎么处置?正统元年(1436)五月,占城国(越南南部国)朝贡使臣逋沙怕济阁等陛辞,朱祁镇一边礼节性地对其降敕劝谕,一边开门见山,直奔主题,说了两件事。第一件事情:听说宣德四年(1429),暹罗使臣及其陪护人员共计100人,驾驶大船,带上方物,前来我大明朝贡。不曾想到,他们航行到了你们占城国新州港口时被人拘留了。第二件事情:宣德六年(1431),朝廷下西洋船队刚出发,行驶到你们占城国附近海面上时突遭大风,有一只20人乘坐的海船被吹到了海岸边,也让你们给扣了。"敕至,(你占城)王即将原留暹罗国人口、方物及下西洋官军尽数回,使彼此人民各得遂其父母妻子完聚之愿,王亦长享安乐,否则天地鬼神必有所不容者。王其省之,体朕至怀。"(《明英宗实录》卷17)

从上述事例中我们不难看出,永宣时期倾力打造的朝贡贸易和万国朝宗之工程还真不像有些人吹嘘得那般美好;恰恰相反,它不仅劳民伤财,而且还惹出麻烦多多,甚至可以说是出现了一定程度上的"淤塞"和"阻梗",很有必要进行一番清理和消化。

第三,正统时期朱祁镇经历了人生的童年、少年和青年三个不同的阶段,而从现代心理学研究角度来看,一个人的人格和心理特质或许更多的是在人生最初那两个阶段内形成的,朱祁镇也不例外。但与其他人绝对不同的是,朱瞻基出身于红彤彤的大明第一人家,绝对的正统龙种,刚出生就被立为皇太子;刚会走路,父亲宣宗皇帝"亲解所御龙袍宝带加于上体,置诸宝座,左右皆呼:'万岁!'"(《明英宗实录》卷1)后来父皇突然"走"了,代替父皇角色的是个极度自尊的太监王振"王先生",朱祁镇对其尊宠有加。绝对的正统龙种＋天下第一人舍我其谁＋"王先生"极度自尊的反复影响与感染,在这样的生活环境下成长起来的正统皇帝除了盲目绝对自尊外,几乎什么也不懂,什么也不在他眼里。不说帝国臣民,就讲那些外藩远夷,他们在正处于青少年时期的朱祁镇眼里几乎不值得一提:你们高兴来我大明朝贡就来,不高兴就不要来,俺"天下共主"才不会主动请呐!

正因为有着这样的一种心理和正统时期的种种特殊缘由,小杆子皇帝对于打造朝贡贸易和万国朝宗之工程并不热衷,于是人们看到,与永宣时期相比,那时遣使前来进行朝贡贸易的国家与地区政权较前减少,没了印度洋与阿拉伯半岛上的柯枝、天方、加异勒、阿丹、忽鲁谟斯、祖法儿等,仅有大明帝国东北、正北、西北和西南等地区的少数民族政权势力以及朝鲜、琉球国、安南国、满剌加、苏门答剌国、爪哇国、占城国、暹罗、日本、榜葛剌、亦力把里、锡兰山、撒马儿罕等国。(《明英宗实录》卷1、卷2、卷3、卷4、卷5、卷6、卷9、卷10、卷13、卷14、卷15、卷16、卷17、卷19、卷20、卷21、卷22、卷24;《明史·英宗前纪》卷10)

以上我们讲了自开国至正统时期大明帝国与四方外藩远夷之间朝贡贸易的概况,具体到与某个地区、某个政权势力,则情况就比较复杂了。但总的来说,政治意义高于一切的朝贡贸易是大明帝国一项绝对赔本的政治"亮化"工程,它满足了中华帝国"天朝上国"的虚荣心理,以成千上万的金银财宝、绫罗绸缎和瓷器宝物以及百姓血汗作为代价,为大明君主换来了"天下共主"的地位。若以今人眼光来看,那是一项绝对亏本的买卖,得利和得大利的无疑是大明四周的外藩远夷。既然如此,那么正统时期作为外藩远夷中的一员瓦剌为什么还要就此惹是生非?下面我们就来具体讲讲大明与瓦剌之间有关朝贡贸易方面的"恩恩怨怨"。

● **在朝贡贸易方面大明与瓦剌之间的是非曲直**

明初洪武前期,由于逃亡漠北的故元势力顽抗对立,不愿归附大明,因而双方之间根本就没有什么朝贡贸易。前文已述,当时漠北分裂为三部,也可称为"三雄":鞑靼、瓦剌和兀良哈三卫,其中兀良哈三卫势力最弱,在明军多次打击与威逼下,于洪武二十二年五月最先归降了明朝。明太祖朱元璋随即下令"置泰宁、朵颜、福余三卫,指挥使司于兀良哈之地,以居降胡"(《明太祖实录》卷196)。明廷还授予其首领为指挥使之类的官职,而兀良哈三卫则每年三次遣使入贡。

○ 明朝与瓦剌之间朝贡贸易的永宣成例:一年一次,到了正统朝始大增

漠北"三雄"中第二个归附大明的是瓦剌。永乐六年冬,"马哈木等遣暖答失等随亦剌思来朝贡马",请求明廷册封。第二年即永乐七年,明成祖封瓦剌三首领马哈木、太平、把秃孛罗分别为顺宁王、贤义王和安乐王,"八年春,瓦剌复贡马谢恩。自是岁一入贡"(《明史·外国九·瓦剌、朵颜、福余、泰宁传》卷328)。

漠北"三雄"中最后一个归附大明的是鞑靼。永乐十一年七月戊寅日,明成祖朱棣"封鞑靼太师阿鲁台为和宁王"(《明太宗实录》卷141)。"自是,岁或一贡,或再贡,以为常。"(《明史·外国八·鞑靼》卷327)

由上我们可以看出,永乐时期漠北"三雄"与明朝之间的朝贡贸易还不尽相同,兀良哈三卫一年三贡,鞑靼一年一贡至二贡,瓦剌为一年一贡。

我们来对照一下洪武时期开国皇帝朱元璋对四夷诸番朝贡制定的规制:"番夷外国,当守常制,三年一贡,无更烦数来朝,使臣亦惟三五人而止,奉贡之物不必过厚,得存其诚敬可也。"(《明太祖实录》卷106)老朱皇帝的这番指示说得直白一点即为,外藩远夷来我大明朝贡三年一次就可以了,来朝使臣三至五人,贡献方物随意,能表达他们对朝廷的真诚敬意就够了。再看永乐时期漠北"三雄"的朝贡与明太祖祖制,两者并不完全相吻合。若从朝贡次数角度来讲,无论是鞑靼、兀良哈三卫还是瓦剌至少得每年要一贡,这或许是当年朱棣意欲活跃外藩朝宗热闹场面而实施的权宜之计或临时措置,但同时也反映出自永乐起大明帝国对朝贡贸易的祖宗规制之遵守并不太严格,不过在整体上还是予以了相当的把控。

那么面对这样的祖宗之制,永乐以后明朝列帝在处理瓦剌的朝贡贸易方面又将会作出如何的抉择?我们不妨来看下表:

从永乐到正统大明与瓦剌之间朝贡贸易情况简表

朝贡时间	朝贡派遣者	朝贡领队	朝贡人数	贡献方物	朝廷赏赐	史料出处
永乐八年四月	顺宁王马哈木	舒黑的儿	史书缺载	史书缺载	赐宴、赐物	《明太宗实录》卷103
永乐九年二月	瓦剌顺宁王马哈木等	马哈麻等	史书缺载	史书缺载	赐宴日后遣使送回,赐子彩币、金织袭衣、马甲、弓矢赐物	《明太宗实录》卷113
永乐十年五月	顺宁王马哈木等	知院海答儿等	史书缺载	史书缺载	赐宴、赐物	《明太宗实录》卷128
永乐十一年正月	顺宁王马哈木等	歹都孛罗台等	史书缺载	贡马	史书缺载	《明太宗实录》卷136
永乐十三年正月	顺宁王马哈木、贤义王太平、安乐王把秃孛罗	观音奴、塔木哈等	史书缺载	献良马50匹谢罪	朱棣"受献馆其使"	《明太宗实录》卷160
永乐十四年九月	顺宁王马哈木、贤义王太平等	观音奴、塔木哈等	史书缺载	史书缺载	赐钞为道里费,命太监海童等赍敕同往	《明太宗实录》卷180
永乐十五年四月	马哈木死,贤义王太平、安乐王把秃孛罗	史书缺载	史书缺载	史书缺载	复遣海童等赍敕劳太平、把秃孛罗,且赐之彩币、表里,与其贡使偕行	《明太宗实录》卷187
永乐十六年三月	贤义王太平、安乐王罗及弟昂克与顺宁王马哈木之子脱欢及头目阿伶帖木儿	各遣使	史书缺载	奉表贡马	赐彩币,表里有差,命脱欢袭义父爵为顺宁王	《明太宗实录》卷198、199

第4章 土木被俘 明朝大辱

439

正统、景泰帝卷（下）

（续表）

朝贡时间	朝贡派遣者	朝贡领队	朝贡人数	贡献方物	朝廷赏赐	史料出处
永乐十七年正月	贤义王太平、安乐王把秃孛罗及其弟昂克遣使贡马，顺宁王脱欢	遣使乃列忽等	史书缺载	贡马、谢袭爵恩	赐太平父子及答力麻等彩币	《明太宗实录》卷212
永乐十九年二月	贤义王太平、安乐王把秃孛罗及昂克、赛因罗罗遣使	史书缺载	史书缺载	各遣使贡马	命礼部赐宴	《明太宗实录》卷234
永乐二十年十二月	贤义王太平	史书缺载	史书缺载	贡马谢侵掠哈密之罪	赐彩币、表里	《明太宗实录》卷254上
永乐二十二年二月	贤义王太平、安乐王秃孛罗、顺宁王脱欢	遣使哈三等	史书缺载	贡	赐纻丝、袭衣、金织文绮、彩绢各有差	《明太宗实录》卷268
洪熙元年十一月	史书缺载	瓦剌使臣撒法儿	史书缺载	贡	赐官指挥佥事、赐冠带、金织袭衣、彩币、银钞、棉布、鞍马等	《明宣宗实录》卷11
宣德二年十一月	顺宁王脱欢	把把的等	67人	贡马	赐钞、彩币、表里、绢、靴、袜有差	《明宣宗实录》卷34
宣德三年四月	瓦剌顺宁王脱欢等	史书缺载	史书缺载	史书缺载	赞敕褒谕及赐金织纻丝、彩绢	《明宣宗实录》卷41
宣德五年二月、四月	顺宁王脱欢等	脱火歹等	史书缺载	来朝贡驼马及奏求弓刀等物	朱瞻基命悉与之	《明宣宗实录》卷63、卷65
宣德五年十月	瓦剌卯处头目猛哥不花等	颜帖木儿	史书缺载	来朝贡驼马	赐宴、赐物	《明宣宗实录》卷71

440

(续表)

朝贡时间	朝贡派遣者	朝贡领队	朝贡人数	贡献方物	朝廷赏赐	史料出处
宣德五年十二月	顺宁王脱欢	千户演克等	史书缺载	来朝贡马	史书缺载	《明宣宗实录》卷73
宣德六年三月	顺宁王脱欢	脱哈答者	85人	来朝贡马及方物	遣千户高斌赍敕及彩币,仍赐脱欢等	《明宣宗实录》卷77
宣德七年四月	顺宁王脱欢	福家奴等	97人	来朝贡马	赐钞、彩币、表里、纻丝、绢布、袭衣	《明宣宗实录》卷89、卷90
宣德八年闰八月	顺宁王脱欢	销鲁檀答剌罕等	6人	来奏房中事	宴赉而遣之	《明宣宗实录》卷105
宣德九年八月	顺宁王脱欢	昂克等	史书缺载	来朝贡马,且告己杀阿鲁台	史书缺载	《明宣宗实录》卷112
宣德九年八月	史书缺载	打剌罕哈里等	史书缺载	来朝贡驼马	史书缺载	《明宣宗实录》卷112
宣德十年八月	顺宁王脱欢	阿老丁奴、温帖木儿、知院昂克	史书缺载	贡献方物	史书缺载	《明英宗实录》卷8
宣德十年九月	顺宁王脱欢	月鲁卜花等	史书缺载	贡马及貂鼠、青鼠皮	赐宴于礼部及赐彩币等物	《明英宗实录》卷9
正统元年八月	顺宁王脱欢	阿都赤等	史书缺载	贡驼马及方物	赐宴并赐彩币等物有差,命瓦剌使臣阿都赤等官,赐冠带	《明英宗实录》卷21、卷22

第4章 土木被俘 明朝大辱

441

正统、景泰帝卷（下）

(续表)

朝贡时间	朝贡派遣者	朝贡领队	朝贡人数	贡献方物	朝廷赏赐	史料出处
正统元年冬十月	顺宁王脱欢	速檀等	史书缺载	贡马及方物贺万寿圣节	赐宴并赐彩币等物有差	《明英宗实录》卷23
正统元年十一月	顺宁王脱欢等	史书缺载	史书缺载	来朝贡马及方物	赐宴并赐彩币等物有差	《明英宗实录》卷24
正统三年三月	顺宁王脱欢	史书缺载	史书缺载	贡马驼、方物	赐宴及彩币等物	《明英宗实录》卷28
正统三年八月~九月	顺宁王脱欢等	都指挥佥事阿都赤等	267人	贡驼马	赐宴并赐彩币、钞、绢有差，并升朝贡正使阿都赤为都督同知，副使察古为都指挥同知	《明英宗实录》卷33、34
正统三年九月	史书缺载	皮儿马黑麻等	史书缺载	贡驼马	赐宴及赐彩币、绢、布等物有差	《明英宗实录》卷34
正统三年十月	脱脱不花王	阿都赤	13人	贡马	遣都指挥康能赍彩币、袭里、绢匹、纻丝、袭衣、靴袜、红毡帽往赐之	《明英宗实录》卷35
正统三年正月	顺宁王脱欢大遣使臣朝贡。正统帝闻讯降敕，只准3~5人进京，其余留止大同	速丹等	史书缺载	贡马驼、请合兵夹击阿台、朵儿只伯	遣都指挥康能赍敕谕之偕住	《明英宗实录》卷38
正统三年冬十月	顺宁王脱欢	阿都赤等	史书缺载	贡马1 583匹，驼3头，貂鼠等皮2 932张	赐宴并赐织金文绮、毡帽、彩币等物有差	《明英宗实录》卷47

（续表）

朝贡时间	朝贡派遣者	朝贡领队	朝贡人数	贡献方物	朝廷赏赐	史料出处
正统三年十一月、十二月	顺宁王脱欢	阿都赤等	史书缺载	以万寿圣节献马200匹	赐赏钞币偿其直,升瓦剌使臣阿都赤为右都督等	《明英宗实录》卷48、卷49
正统三年十二月	顺宁王脱欢	克失忽赤等	史书缺载	来朝贡马	赐宴并赐赐彩币等物有差	《明英宗实录》卷49
正统四年十月	脱脱不花王等	都督阿都赤等	10 000人	贡马3 725匹,驼13只,貂鼠皮3 400张,银鼠皮300张	赐宴并赐衣帽,靴袜,钞币有差	《明英宗实录》卷60
正统四年十二月	脱脱不花王	都督阿都赤等	10 000人	遇万寿圣节进马	赐使臣阿都赤及存留大同亲军马,充赏彩段、表里、绢匹、红毡帽、袭衣、靴袜	《明英宗实录》卷62
正统五年十一月	脱脱不花王	卯失剌等	男女664人	贡马1 674匹,银鼠等皮320张	赐宴并赐彩币,衣帽等物有差	《明英宗实录》卷73
正统五年十一月	脱脱不花王	卯失剌等	史书缺载	续贡马90匹	给赏如例,升使臣卯失剌与鲁忽为都指挥佥事	《明英宗实录》卷73、卷74
正统六年十月	也先等	扯列把失等	史书缺载	贡马驼、玉石等物	赐宴并赐彩币等物有差	《明英宗实录》卷79
正统六年十月	山西大同知府奏曾奏:瓦剌使臣朝贡道经大同	史书缺载	2 400人	史书缺载	吃住在府约60余日,通费羊5 000有奇,他协称是	《明英宗实录》卷84

第 4 章　土木被俘　明朝大辱

正统、景泰帝(下)

(续表)

朝贡时间	朝贡派遣者	朝贡领队	朝贡人数	贡献方物	朝廷赏赐	史料出处
正统六年十月	脱脱不花王	阿都赤等	2 190人	贡马2 537匹,貂鼠、银鼠等皮21 200张	赐宴及金织袭衣等物	《明英宗实录》卷84
正统六年十一月	脱脱不花王	都督阿都赤等	史书缺载	贡马及方物	赐宴并赐彩币等物有差	《明英宗实录》卷85
正统七年二月	也先太师	脱木思哈	2 200余人	赴京朝贡	明"任来支应并护送官军行粮刍豆共费310 000有奇"	《明英宗实录》卷89
正统七年冬十月	也先太师	瓦剌使臣	2 000余人,续至100人	赴京朝贡	正统帝给大同总兵官武进伯武等下达特旨准予赴京	《明英宗实录》卷97
正统七年十一月	脱脱不花王及也先太师	卯失剌等	2 302人	贡马2 537匹	宴赐如例	《明英宗实录》卷98
正统八年二月	太师也先	史书缺载	史书缺载	贡马驼	赐宴并赐彩币等物有差	《明英宗实录》卷101
正统八年九月	脱脱不花王及也先	朵脱儿、把失罕、皮儿马黑麻	283人	进马多瘦小不堪	遣使上大同将瓦剌贡使,贡物接入京城,"马骟其堪中者进来,其不堪者听缘途发卖"	《明英宗实录》卷109
正统九年二月	太师也先	絷力把失等	史书缺载	未朝贡驼马、玉石	赐宴并赐苎丝、袭衣、彩缎等物有差	《明英宗实录》卷114
正统九年冬十月	脱脱不花王及太师也先	卯失剌等	1 867人	贡马3 092匹	并赏也先母敬答失力阿哈所进狐白皮以献皇太后,宴赐皆有差	《明英宗实录》卷122

(续表)

朝贡时间	朝贡派遣者	朝贡领队	朝贡人数	贡献方物	朝廷赏赐	史料出处
正统九年十一月	太师也先	失连帖木儿	史书缺载	贡驼马等物	赐宴及赐彩币、表里等物有差	《明英宗实录》卷123
正统十年九月	史书缺载	正使皮儿马哈麻、副使完者帖木儿等	史书缺载	史书缺载	史书缺载	《明英宗实录》卷133
正统十年十一月	脱脱不花王和太师也先等	皮儿马黑麻等	1 900	贡驼马及方物。贡马800匹，青鼠皮130 000张，银鼠皮16 000张，貂鼠皮200张	赐宴并赐彩币、表里、纻丝、袭衣等物有差；升指挥同知、都指挥金事皮儿马黑麻为都指挥金事，指挥使秃儿为都指挥金事，完者帖木儿为都指挥金事，令收其良者。青银鼠皮各10 000张，余令自鬻	《明英宗实录》卷135～137
正统十一年十月、十一月	脱脱不花王等	瓦剌来朝正使字端、副使失兰火者等至大同	史书缺载	史书缺载	正统帝先敕谕，告诫其守规规，并派人前去迎接到京。后又赏赐彩币、表里、钞、绢	《明英宗实录》卷146、147
正统十二年正月	脱脱不花王、太师也先	字端、把伯、回回阿里锁鲁檀	1 165人	史书缺载	宴于礼部。赐以敕书仍遣正使马云、马青，副使周洪赏彩币等物，赐其可汗和太师也先等	《明英宗实录》卷149
正统十二年九月	脱脱不花王及太师也先	皮儿马黑麻等	2 149人	史书缺载	命宴于大同，且遣晓骑右等卫指挥千户马青出瓦剌交涉有关事宜	《明英宗实录》卷158

(续表)

朝贡时间	朝贡派遣者	朝贡领队	朝贡人数	贡献方物	朝廷赏赐	史料出处
正统十二年十一月	脱脱不花王及太师也先	皮儿马黑麻等	2 472人	贡马4 172匹、貂鼠、银鼠、青鼠皮12 300张；12月续献马200匹、驼7只	数日后宴瓦剌使臣皮儿马黑麻等2 000余人；12月续献马后，明廷又赐宴和彩币，并升瓦剌正使郁都指挥同知皮儿马黑麻为都指挥使	《明英宗实录》卷160、卷161
正统十三年十一月	脱脱不花王和太师也先	完者帖木儿等	史书缺载	贡马驼及方物	赐宴并赐袭衣、钞币等物有差	《明英宗实录》卷172
正统十三年十二月	脱脱不花王和太师也先	完者帖木儿等	史书缺载	续进马124匹、驼3只	给赏有差	《明英宗实录》卷173
正统十三年十二月	脱脱不花王及也先	史书缺载	使团自报3 598名，实际为2 524	史书缺载	赐造北瓦剌脱脱不花王等使臣完者帖木儿等1 701人和回回阿里锁鲁檀等742宴，并升瓦剌使臣都指挥使察占为都督佥事，都指挥同知哈只阿力为都指挥使、指挥同知完者帖木儿为指挥使、指挥佥事兀马儿为指挥同知	《明英宗实录》卷173

从上表辑录与统计的原始材料中我们不难看出：

第一，从永乐到宣德——这正是漠北地区分裂混战和瓦剌逐渐崛起的阶段，瓦剌使团来京朝贡大致是每年一次（个别年份或因史料缺载除外），使团人数尽管史料记载残缺不全，但大致还可以看出，一般不超过100人。由此可以这么说，仁宣时期明廷基本沿袭了永乐时期的做法，而明朝又是个极其注重祖制的朝代，倘若不依"番夷外国，当守常制，三年一贡"的洪武祖制，就以每年一次的永宣之制且能坚定恪守的话，那么正统朝面对瓦剌朝贡繁复之扰或许就不会那么痛苦不堪。

第二，从宣德中后期开始，瓦剌逐渐地走上了统一与强盛的道路，这反应在它的朝贡贸易方面开始变得"积极主动"。宣德五年和九年，瓦剌朝贡使团来京由原来的每年一次一下子变为每年两次，而恰恰在这时，大明北疆实际形势正在发生悄悄的变化——瓦剌渐渐壮大。对此，明宣宗却似乎没有过多重视，这就在客观上为他的儿子明英宗留下了巨大的隐患。

第三，对于瓦剌渐大和增多朝贡频率的隐患，"聪明卓越真英主"（《明宣宗实录》卷115）明宣宗未能及时洞悉，到了继其大位实际智能平平的冲龄天子朱祁镇那里那就更不可能看出来了。不过朝廷内外之"高人"和目光锐利者还是不乏的。宣德十年（1435），瓦剌朝贡使团来京两次，正统元年（1436）变成了三次，正统二年又变成了四次，正统三年也是四次。就在这过程中，行在兵部将发现的问题上奏给了正统帝："兀良哈及鞑靼、女直人等来朝贡者，进马或三五匹，动辄三四十人，有回至中途复来者。多有不逞之徒，诡冒其间，引诱为非，俱无公文照验，道经城镇关隘，总兵、镇守等官略不谁何，一概纵放，所过凌辱驿传，骚扰军民，需索剽夺，其害非一，乞禁止之。"（《明英宗实录》卷35）

○ 正统帝把自己先前的敕令当废纸，瓦剌朝贡贸易的骤然增速与扩大规模

从行在兵部的这份上奏中可以看出，那时北方各藩属朝贡使团扰边还带有普遍性。那么少帝明英宗会如何处置？前文已述，正统帝本身才能平平，更何况他当时只有10岁，当然处理不了这

么棘手的事情,最终只能是由辅政大臣出主意、以小皇帝名义降敕给辽东等处总兵等官:"今后外夷以事来朝者,止许二三人或四五人,非有印信公文,毋辄令入境。"(《明英宗实录》卷35)

这就明确地做出了规定:今后外夷来朝使团人数控制在4~5人,且一定要有通关文牒,否则就不予准许。那么真的做到了吗?明代官史记载说:"正统四年冬十月丁亥日,瓦剌等处脱脱不花王等遣都督阿都赤等千余人来朝,贡马三千七百二十五匹,驼一十三只,貂鼠皮三千四百,银鼠皮三百。(正统帝)赐宴并赐衣帽、靴袜、钞币有差。"(《明英宗实录》卷60)皇帝规定朝贡使团4~5人,现在一下子来1 000多人,比规定的多出了整整200倍,还有,从"赐宴并衣帽、靴袜、钞币有差"的文字记载来看,正统帝不仅将自己先前下发的敕令当作了废纸,而且还在客观上鼓励了瓦剌人多多来朝贡。虽说当时瓦剌人的文明进度比不上大明,但他们绝对不笨。就说那瓦剌脱脱不花王使臣阿都赤等一行人在沐浴了浩荡皇恩后顿时就来了劲,在大明逗留了两个月,又迎来了心花怒放的好机会。那年十二月壬午日,刚好是万寿圣节,遵循旧例:大明天子这个天底下最大的君父在对朝臣与皇亲国戚进行一系列赏赐后,就得要对前来朝贡的四方远夷大加行赏。比猴子还要精的使臣阿都赤一行人不知从哪里弄来了几匹马再次进贡,小杆子皇帝朱祁镇一高兴,当场就赏赐给他们一大堆的彩币、表里、绢匹、红毡帽、袭衣、靴袜等,至于那自己先前下达的限制外夷来朝的敕令恐怕早就给扔到了爪哇岛上去了。(《明英宗实录》卷62)

正因为正统皇帝在对待限制外夷来朝问题上本身不自重,这就给了瓦剌人极大的"启发"与"诱惑"。1 000多人大朝贡后的一年左右即正统五年(1440)十一月,瓦剌脱脱不花王又派了卯失剌等664人来朝,贡马1 674匹,银鼠等皮320张。朱祁镇大方地"赐宴并赐彩币、衣帽等物有差"(《明英宗实录》卷73)。尝到了甜头的瓦剌使臣忽然眼前一亮,什么限制外夷来朝,全都是糊人的,只要我们进贡一次,大明皇帝就得赏赐我们一次。此时知识经济在文明程度并不太高的瓦剌人身上发挥着无限的效能:就在第一次领赏后没过几天,瓦剌使臣卯失剌等又弄到了90匹马进贡给明廷。正统帝下令:"给赏如例。"(《明英宗实录》卷73)大约一个月后他又"升瓦剌使臣卯失剌与鲁忽为都指挥佥事"(《明英宗实录》卷74)。而就在这个叫卯失剌为首的瓦剌使臣团在大明吃香的喝辣的美美地逍遥了3个月即将回归时,少帝朱祁镇又对其头领脱脱不花王及其王妃和新权臣太师、淮王也先及妃进行了极其丰厚的赏赐,什么五色彩缎并纻丝蟒龙衣、蟒龙缎衣、麒麟与吉兽缎衣等送了好几套,这样奢侈的服饰用品除了当时大明天子家族成员外,大概就是瓦剌一类域外有权有势的领导们有幸能享用到了。可事情到此还没打住,正统朝廷还对瓦剌的丞相、平章、都督、知院、内使等一系列相关"中高级领导"也进行了大加赏赐,并派正使都指挥康能、陈友,副使都指挥王政,指挥李全等赍书币一路护送,回访瓦剌(《明英宗实录》卷75)。

如此丰厚的赏赐、如此优渥的待遇着实让瓦剌可汗脱脱不花、太师也先等大开了眼界。四个月后的正统六年(1441)五月,也先上台后第一次派出的朝贡"使臣扯列把失等来朝,贡马驼、玉石等物"。正统帝下令:"赐宴并赐彩币等物有差。"(《明英宗实录》卷79)大约一个月后扯列把失要回还,明英宗"命各赍彩币、表里归。赐其太师、淮王也先,也先弟大同王也勤孛罗……及头目人等,仍各遣敕谕之"(《明英宗实录》卷80)。

瓦剌可汗脱脱不花等见到也先遣使朝贡获利多多可更坐不住了,你派人去北京,我这个"老江湖"能落后吗?于是你追我赶,一批又一批瓦剌朝贡人群集结起来,浩浩荡荡地开往大明边境去。据正统六年(1441)年底时山西大同知府栾瑄上奏朝廷的报告中说:"'瓦剌使臣朝贡道经大同,递年宴劳供馈所需米、麦、牛、羊诸物,俱系山西行都司并本府给官钱市用。自正统四年以后,米麦于大有仓支给,牛羊诸物于山西粮货内折取,分送本府与卫收贮。然牛羊有瘦损者,卫常勒民养肥,然后肯收。'今年经过大同府的瓦剌使臣多达2 400人,他们在府吃住了60多天,共计吃用掉羊就有5 000多只,他物称是。"(《明英宗实录》卷84)这里边还不包括从大有仓支出来的米麦。正统七年(1442)二月,总督大同等处粮储山东布政司右参政沈固上奏说:"迩者瓦剌也先遣使脱木思哈等2 200余人赴京朝贡,经过大同,往来支应并护送官军行粮刍豆共费310 000(石)有奇。"(《明英宗实录》卷89)

正统六年(1441)大明全国的田赋税粮数为 27 069 361 石(《明英宗实录》卷87),而该年仅大同一地招待瓦剌朝贡使臣的米粮刍豆就有 310 000 石,约占大明田赋税粮总数的 11.5‰,这还不包括这些使臣到北京后受赏与吃住等费用。

○ 在宫殿上常常滥施淫威的正统帝原本是个"惧外"的软蛋?外厉内荏?

面对这样沉重的负担,当时已经亲政了的正统帝很想改变一下不堪重负的局面。正统七年(1442)正月,他在给大同总兵官武进伯朱冕、参将都指挥同知石亨的敕令中这样说道:"往者瓦剌遣使来朝多不满五人,今脱脱不花、也先所遣使臣动以千计,此外又有交易之人。朕虑边境道路军民供给劳费,已令都指挥陈友等赍敕往谕瓦剌,令自今差遣使臣多不许过三百人,庶几彼此两便。此后如来者尚多,尔等止遵定数容其入关,余令先回,或令于猫儿庄俟候使臣同回,从彼自便。故预敕尔知之。"(《明英宗实录》卷88)6天后朱祁镇在通过都指挥佥事陈友、王政为正使和指挥同知李全、季铎为副使的大明回访使团交给瓦剌可汗脱脱不花、太师也先的敕书中则说:"此后可汗及太师所遣使,不宜过多,仅可一二百人,庶彼此两便;若来者过多,只照定数入关,余驻猫儿庄,或欲先回,或候使臣同回,听其自便。"(《明英宗实录》卷88)

对照两份敕书,虽说其基本宗旨是相同的,但在规定来朝使团的人数上却有着一定的差异。在给瓦剌的敕文中朱祁镇要求对方限定在 100～200 人,而在给大同总兵官武进伯朱冕等人的敕令里将其放宽到 300 人以内,这大概是当时小杆子皇帝信心不足而故意为之的吧!那么瓦剌会不会遵旨照做呢?如果不照做,正统朝廷又将如何处置?

正统七年(1442)九月,瓦剌派出了由 2 000 多人组成了大型朝贡使团浩浩荡荡地开往大同。大同总兵官武进伯朱冕、参将都指挥同知石亨、户部右侍郎沈固等见到这等阵势,一时不知如何是好?几个人一合计,最终决定八百里加急,给正统朝廷上奏,奏文是这样写的:"皇帝陛下,遵照您的旨意,瓦剌朝贡使团入关人数不能超过 300 人,其余的全要挡在关外猫儿庄,等待朝贡使团回去时一同返回。现在他们已接近边关,且来的人比以往还要多得多。小臣几人私下以为,远夷房狄向来不懂我们中原文化,如果我们按照先前您下达的敕令办事,那么他们肯定会接受不了,甚至还会就此生隙,制造事端。与其这样,倒不如除了使团 300 人外,对于其余的来朝使团成员也一同放入关内,按照以往的成例设宴款待他们,但不给他们提供车辆,也不给他们解决马料。如此下来,时间一长,他们想骑马,可马儿背不动;他们想把马卖掉,可瘦骨嶙峋的没人会要,就此以后其贪欲也会逐渐消弭,明年再来朝贡时自然会减小规模……"朱祁镇接到奏章后作出了这样的指示:"得奏处置北房事宜,足见用心周密。但去岁曾遣敕与脱脱不花王及也先言,不可多遣人来。今若一概又纵入关,尔后何以示信。敕至,若彼使臣至境,尔等即与太监郭敬会议审度事情,或敬同石亨量带精锐官军前去接取,就与都指挥陈友等筹议,先令要紧之人暂于猫儿庄以里牧放,遣人星驰具奏处置,仍须用心照管,毋令失所。盖彼夷人不知礼法,必须善谕晓之,使不惊疑,尤须整饬我军,严切提备及防外盗侵扰,此待夷重务,朕一委付,尔等宜熟思审处,用副重托。"(《明英宗实录》卷 96)朱祁镇这段话的意思是:本皇帝先前下达的敕令一定要贯彻执行的,否则怎么能取信于人!不过,倘若他们已经来到了边境,那你武进伯朱冕等人就与大同镇守太监郭敬会同商议一番,或者让郭敬与石亨带些人马前去接一接,不要让他们到处乱跑,无所依靠。可以考虑叫瓦剌使团暂时在猫儿庄待一待,你们派人火速上奏北京,朝廷再作处置。

可就在发出这道敕谕没过几天,在给瓦剌使臣卯失剌、字端的敕文中正统帝却一改初衷,完全软了下来:"尔等敬天道,尊朝廷,不远数千里奉使来朝。朕深嘉悦,已遣内官林寿及敕缘边镇守、总兵等官如例馆待,遣人护送来京。然去年因使臣及贸易人众,其中有纵酒越分,缘途殴伤军夫者,今年春敕谕:令自后少遣人来,亦敕大同总兵、镇守官,除正、副使定数外,凡从人及贸易之人悉留居猫儿庄。今闻尔处遣来之人仍复过多。朕念天寒远来,若处之边地,必致失所。特令总兵等官俱纵尔等来朝,俟来春同归。"(《明英宗实录》卷 96)

朱祁镇这段话的意思是:考虑到去年你们瓦剌使团来朝的人

数过多，其中不免鱼虾混杂，进而引发了一些越礼犯分的事情，本皇帝已下达敕令，对于来朝使团规模做了一定的限制。但是今天既然你们又有这么多人不远万里来到我大明边境，想表达"敬天道、尊朝廷"之心，我可不能拂了你们的一片美意，所以特令边关将领全部放行。

正统帝先是向瓦剌解释自己要限制来朝使团规模之缘由，然后又冠冕堂皇地找一个自己服软的借口——不能拂了远夷尊奉朝廷的美意，最终寻了个台阶下，以特令来圆场。那么对于这样规模庞大的朝贡使团的到来会不会给大明边疆安全带来什么问题？朱祁镇似乎又很"英明"地做了一番预测，并做了相应的处置，即告诫北疆沿边将领："整搠官军，申明号令，毋纤毫疏虞，庶不启彼轻视之心。"（《明英宗实录》卷96）

事情处理到了这一步本该差不多了？可这些瓦剌人实在不让人省心。在2 000多人组成的瓦剌朝贡使团入关后的第二个月，即正统七年（1442）十月，又有100多瓦剌人来到大同边关口，说也是来大明朝贡的，要求入关进京。大同总兵官武进伯朱冕等人一下子懵了，怎么还有呀？前面2 000多人还是依照皇帝的特旨放入关的，这眼下又来了100多人，那该怎么办？朱冕不敢擅自做主，依然以八百里加急上请朝廷。正统帝批示："得奏知瓦剌使臣续有至关者，尔等疑弗纳。然彼既远来，理须从宜宽待。敕至即启关纳之，同前使发遣来京，馆谷之例，一准前敕。"（《明英宗实录》卷97）

年初还在降敕严格限制瓦剌来朝使团规模，而后九、十月间，正统帝却一次又一次地自食其言，姑息迁就，这本身就是示弱于瓦剌。就此而言，昔日在朝堂上伙同"父师"太监王振对不听话的大臣滥施淫威的唯我独尊之主顿时变成了几乎让瓦剌人牵着鼻子走的软蛋。换个角度来说，在日益壮大且变得越发强悍的瓦剌人眼里，正统帝及其下发的敕令还不值得他们太当回事。于是从那以后，瓦剌朝贡使团人数不仅没减，反而呈现出增加之势。正统九年（1444）十月，1 867人来朝，贡马3 092匹（《明英宗实录》卷122）；正统十年（1445）十一月，1 900人来朝，贡马800匹，青鼠皮130 000张，银鼠皮16 000张，貂鼠皮200张等（《明英宗实录》卷135～卷137）；正统十二年（1447）正月，1 165人来朝（《明英宗实录》卷149）；到了正统十二年九月时又开始突破了2 000人的规模,共有2 149人来朝（《明英宗实录》卷158）；正统十二年十一月,2 472人来朝,贡马4 172匹,貂鼠、银鼠、青鼠皮12 300张,十二月续献马200匹、驼7只（《明英宗实录》卷160、卷161）；正统十三年（1448）十二月,脱脱不花王及也先派遣的使团有3 598名（其自报数字,实际为2 524人）来朝（《明英宗实录》卷173）。

○ 瓦剌扩大朝贡规模和图谋南下之缘由

那么瓦剌为什么要不断地扩增朝贡使团人数规模,咄咄逼人,甚至大有南侵之势？

在笔者看来大概有以下几个方面的缘由：

第一,政治层面：经由也先父祖三代的不断经营,以图谋恢复大元一统为其发展宗旨的瓦剌必然会对明朝有所行动。

在明朝前期列帝中,若以才略远见和政治洞察力而言,正统不如宣德,宣德不如洪熙,洪熙不如永乐,永乐不如洪武。就好比排队比个子,洪武帝朱元璋最高,以下刚好是大明帝位继承的次序：建文、永乐、洪熙、宣德和正统。而在此期间,漠北残元势力的分支瓦剌却正好处于相反的状态,其实权人物也先家族一代比一代强。先是元亡明兴之际,强臣猛哥帖木儿逐渐地控制瓦剌。在这之后,虽说是三王并雄,但总的来说还是也先祖父马哈木在唱主角,他灵活巧妙地与明朝、北元主周旋,时战时和,时叛时顺,令对手们大伤脑筋。到了脱欢时代那就更上一层楼了,他不仅结束了瓦剌各部分裂的局面,而且还将东蒙古势力给兼并了,大体上实现了元亡明兴之际数十年战乱后的漠北地区第一次统一,这无疑是将瓦剌历史向前推进了一大步。脱欢死后,继承其位的也先更是以"大元大可汗"作为自己的人生期冀目标（《明英宗实录》卷234,《废帝郕戾王附录》第52）,图谋恢复大元一统天下。虽说从正史的记载来看,也先的这番野心正式表露出来得很晚,是在土木堡之变后的第四年,即景泰四年十月戊戌日,"瓦剌也先遣使臣哈只等赍书来朝贡马及貂鼠、银鼠皮,其书首称大元田盛大可汗。田盛,犹言天圣也,末称添元元年,中略言。往者元受天命,今已得其位,尽有其国土、人民、传国玉宝,宜顺天道,遣使臣和好,庶两家共享太平,且致殷勤意于太上皇帝(指明英宗)。(景泰)帝命赐使臣晏及赐彩币、表里有差"。(《明英宗实录》卷234,《废帝郕戾王附录》第53)但作为瓦剌杰出的政治家与实干家的也先自嗣位上台起,"北部皆服属","(可汗)脱脱不花具空名,不复相制。每入贡,主臣并使,(正统)朝廷亦两敕答之……(也先)使往来多行杀掠,又挟他部与俱,邀索中国贵重难得之物。稍不餍,辄造衅端,所赐财物亦岁增"。而几乎与此同时,"也先攻破哈密,执王及王母,既而归之。又结婚沙州、赤斤蒙古诸卫,破兀良哈,胁朝鲜"(《明史·外国九·瓦剌、朵颜、福余、泰宁传》卷328)。

由此可见,经由也先家族三代的不断经营,以图谋恢复大元一统为其发展宗旨的瓦剌南下实属必然,而肇启朝贡贸易事端只不过是其政治争夺与军事扩张的一种狡黠手段而已。

第二,自然环境恶化:正统、景泰时期,太阳黑子活动进入了特别活跃时期,连一般情势下尚能安宁的中原地区也频遭极端气候与自然灾害的侵害,那就更别提原本自然环境恶劣的漠北地区了。于是扰边打劫、扩增朝贡使团人数规模,甚至制造和发动侵掠扩张战争成为了当时漠北诸部图谋生存发展之必然抉择。

在世界自然科学史上,有关太阳黑子活动频率与地区气候变化之间的关系早已为人们所熟悉。一般来说,太阳黑子较少出现的时候,常常是寒冷天气和极端气候出现得较少;反之,太阳黑子较多出现的时候,往往是特别寒冷天气和极端气候出现得较多。前章已述,在明朝前期的100年中,正统、景泰年间是太阳黑子出没多的时候,也是特别寒冷天气较多出现和极端气候、灾异事件频发期、活跃期。(具体内容也可详见后面的第7章)

《明实录》记载说,正统帝登基后的第五个月即宣德十年(1435)五月,"直隶扬州府、徐州、滁州并属邑旱伤尤甚,人民乏食者亿万计"(《明英宗实录》卷5)。

正统元年(1436)十二月,朱祁镇在给北疆守将都督蒋贵、宁夏总兵官都督同知史昭、大同总兵官都督同知方政等人的敕文中曾这样说道:"即今冬寒,草枯马瘠,正残虏授首之时,机不可失。"(《明英宗实录》卷25)大明天子在此明确地指出了正统元年(1436)的极端气候——冬季严寒导致"草枯马瘠",正是迫降北虏的大好时机啊! 由此反过来看,当时以瓦剌为主体的北方蒙古诸部很可能遭受了严重的自然灾害,可能连生计都成问题,否则桀骜不驯的马背上的人不太愿意接受投降的。

就在正统帝给蒋贵等边将发出敕文后没过几天,后来天顺年间任内阁首席阁臣的李贤在上朝廷书中对当时出现的极端气候和灾异频现现象也有相似的描述:"切见京师达人不下万余,较之畿民三分之一;其月支俸米,较之在朝官员亦三分之一……近者连年荒旱,五谷不登……"(《明英宗实录》卷25)

李贤说的这段话前面几句至少告诉我们,正统朝开启之际漠北地区出了大问题。那么大明帝国境内的状况又将是如何?他用了10个字做了概括,即"近者连年荒旱,五谷不登"。这就进一步地说明了那时正处于极端气候肆虐、灾异频发时期。

进入正统三年(1438)后情势似乎稍稍缓和了一些,但到了接下来一年又很不对劲了。正统四年(1439)六月戊戌日,正统帝在敕谕公、侯、伯、五府、六部、都察院等衙门官的敕文中说:"朕恭嗣大统,夙夜祗勤,惟天惟祖宗付托之重,不敢怠逸。比年以来,停罢一切征敛,除逋负,薄刑罚,所冀四方咸遂生息。今岁以来,灾沴数见,京畿尤甚。自三月至五月,亢阳不雨,甚伤农麦。五月中至六月,连雨不止,河决堤岸,潦没田稼,城中倾塌,官民庐舍亦有压溺死者,深用兢惕。"(《明英宗实录》卷56)

又隔了一年,即正统六年(1441)四月甲午日,朱祁镇"以灾异数见","敕监察御史等官详审天下疑狱"(《明英宗实录》卷78)。

就整个正统朝而言,这样的"灾异数见"局面一直持续到明英宗被俘那一年几乎都没有大改观。明代官史记载:正统十四年(1449)二月甲寅,"免顺天府并山东青州等府所属去年被灾地亩粮一十八万五千七百余石,草二十八万七千余束"(《明英宗实录》卷175)。正统十四年三月癸未,"宥户部尚书王佐等罪。先是佐等以在京各马房岁用谷草皆河南、山东并北直隶人民上纳,今彼处连年水旱蝗灾,供给不敷,与内官阮忠、侍郎张睿等议,请以通州花园见堆秋青草相兼饲马。御马监丞李保住劾佐、忠、睿等擅改旧制。至是命六部、都察院集议,以为佐等奏用秋青嫩草兼谷草饲马,今多枯黄陈浥者,当论其罪。上曰:'户部,职掌国计,宜遵旧制。永乐宣德间岂无灾伤?在京马俱饲以谷草。今佐等辄以杂草凑用,法本难恕，姑宥之，再不遵奉旧制，不宥。'"(《明英宗实录》卷176)。正统十四年四月辛亥，"免直隶保定府新城等县被灾田地粮一千五百三十余石，草四万二千四百九十余束"(《明英宗实录》卷177)。正统十四年四月癸亥，"免山东济南、东昌二府水灾田地秋粮一十八万七千一百七十余石，马草三十七万七千九百三十余束"(《明英宗实录》卷177)。正统十四年五月丙戌，"户部奏：'顺天府所属州县夏税例运口外并御马监交纳，今旱、蝗相继，二麦无收，请以该输豌豆、红花子、大麦征纳，本色小麦准纳杂豆，俱存本处，其口外粮料以江南折粮银一十万两运赴宣府，籴买备用。'从之"(《明英宗实录》卷178)。正统十四年五月庚子，"免山东兖州府所属州县去年被灾秋粮一万六千七百二十二石，马草三万五百八束"(《明英宗实录》卷178)。

无需更多的例子，从上引的史料中我们不难看出，正统十四年(1449)八月土木之变前，大明帝国大体上一直都处于恶劣气候频现、灾异不断"光顾"的非常期，尤其是北方中原黄淮区域为当时受灾受害最为严重的地区。而与之相比，位居其北的本来自然条件不好的漠北地区那就更是在劫难逃了。

漠北，元末明初之际又名沙漠、朔漠、荒漠。如1364年十二月丁巳日，朱元璋与廷臣谈话中就将蒙古草原称之为沙漠："元，本胡人，起自沙漠，一旦据有中国(即中原)，混一海内。建国之初，辅弼之臣，率皆贤达进用者，又皆君子，是以政治焕然可观。及其后也，小人擅权，奸邪竞进，举用亲旧，结为朋党，中外百司贪婪无耻，由是法度日弛，纪纲不振，至于土崩瓦解，卒不可救。"(《明太祖实录》卷15)吴元年(1367)九月戊戌日，朱元璋在致元主书信中就曾这样说道："曩者天弃金、宋，历数在殿下祖宗，故以鞑靼部落起事沙漠，入中国与民为主，传及百年。"(《明太祖实录》卷25)洪武元年二月，洪武帝在"复衣冠如唐制"诏书中将蒙古草原称为"朔漠"："初，元世祖起自朔漠以有天下，悉以胡俗变易中国之制……至是，悉命复衣冠如唐制……于是百有余年胡俗，悉复中国之旧矣！"(《明太祖实录》卷30下)有时候人们干脆将漠北称为荒漠，洪武四年正月癸卯日，朱元璋跟中书省大臣这番说道："今日天寒有甚于冬，京师尚尔，况北边荒漠之地，冰厚雪深，吾守边将士甚艰苦。"(《明太祖实录》卷60)

明初将漠北称为沙漠、朔漠、荒漠的习惯后来一直被沿用，成为那时的漠北蒙古地区的代名词，由此可见其自然条件之差了。

漠北蒙古地区自然环境本来就恶劣，不宜农作。正统、景泰时期，太阳黑子活动又进入了特别活跃时期，连一般情势下尚能安宁的中原地区也频遭极端气候与自然灾害的侵害，那就更别提原本自然环境恶劣的漠北地区了。于是人们极不愿看到的一幕幕开始频频出现，漠北蒙古人要么三五成群，时不时地前往大明边疆扰边打劫，能捞一票就捞一票。不过，这样的扰边打劫总的来说实际收效并不大，有时还会得不偿失，因为那时大明帝国在北疆上投入了重兵进行防守，于是越来越多的漠北蒙古人会选择另一种比较平稳的获取中原物质的方式，以他们的马匹到大明官方指定的场所进行交易，即历史上的马市贸易。马市贸易好是好，但它的主控权掌握在明朝官方手中，而不是漠北蒙古人想要交易多少就能交易多少的，且其利润也不是很高。这样一来，一些头脑特别活络的漠北人就开始将目光盯在了第三种获取中原物质的方式上，即朝贡贸易。因为朝贡贸易能带来丰厚的利润，于是大家就想着法子、变换手段，不断地将它"做大做强"，以此满足他们的物质生活需要和上层贵族贪婪的本性。要是再没法满足，他们就会制造和发动南侵战争，这也是当时漠北情势之必然。

第三，漠北蒙古经济结构单一的缺陷决定了该地区人们必然要不断地与周边发生往来，特别是当自然灾害频频光顾时，他们的经济交往愿望会愈发迫切。而一旦这种愿望得不到满足，他们要么出来扰边打劫，要么就搞大，发动侵扰战争。

漠北蒙古经济结构简单，经济部门单一是个长期的历史问题，以往有人论及此，往往将板子打在朱元璋及其后代子孙的北疆封锁政策上，其实这是很片面的。要知道大元帝国统治了近百年，那时没人去封锁漠北地区啊，但它照样没有发展起多元化的社会经济结构。所以说明朝继承大元帝国的这份遗产很沉重，也很棘手，就好比是处理一只烫手的山芋，扔也不是，不扔也不是。明太祖与明太宗的聪明之处就在于对剽悍成性且构成威胁的故元势力予以坚决的打击，在打击的同时，又不断地进行招抚。招抚手法中不仅有授官予爵等政治手腕，而且还有更绝的一招，那就是建立大明帝国可控的双边经济往来秩序，即马市与朝贡贸易，控制着大明境内的农产品和手工业产品流入漠北,用一只无形的手捏住漠北地区的经济命脉。而漠北地区由于自然环境恶劣、民族传统习惯等因素始终未能发展出有力的农业经济和分工发达的社会生产,这就使得它不得不越来越依赖与大明帝国之间的"双边贸易"。我们不妨来看看一份正统十四年(1449)正月由大明天子开出的赐予瓦剌可汗与权臣也先的赐物"清单":"赐可汗织金蟒龙文绮彩绢一百八十四匹、金银各五锭、塔纳珠五千六百颗、金银厢木椀(碗)各二、织金九龙蟒龙浑金文绮三十八匹、纻丝衣一袭、绣金衣五件、靴袜、乐器、帐房、药材等物,赐可汗妃二人织金文绮彩绢三十二匹、各锦袍一袭、织金衣三件、靴袜、针线、脂粉、丝绒具全。又赐也先及其妃大略如之,其大小头目在彼未来者数十人,各赐礼物有差。"(《明英宗实录》卷174)

在上述这份清单中,有很多名字我们现在可能一时很难搞清楚,当然金银等高级奢侈品肯定没人不懂的,不过笔者看了这份清单后觉得很有意思的是,靴袜、乐器、帐房、药材、针线、脂粉、丝绒等一类的日常生活用品居然也作为大明天子赏赐给瓦剌头领的赏赐品,这在一定程度上反映出了当时漠北蒙古经济结构与经济之势是大有问题的;或言之,漠北蒙古人在平常时自我提供动物性衣食资源可能还差强人意,而植物性衣食资料乃至生活其他必需品则要通过与周边的贸易或掠夺来获得。那么,要是碰上极端气候光顾、自然灾害频仍的非常时期,他们就会遭受更为巨大的生存压力。为了减缓这样的压力和解决生存问题,他们或频频扰边抢劫,或加大朝贡贸易,甚至图谋重占中原、恢复大元天下,来个一了百了。

所以说无论是漠北其他诸族还是当时称雄北方的瓦剌,其生存所处的恶劣自然环境与单一经济结构决定了其必然会想方设法不断地发展、扩大与周边尤其是经济文化皆处于高势能状态的大明之间的"交往",甚至可以说其南侵也在情势之中。

○ 不断扩大的瓦剌朝贡贸易给大明带来的沉重之痛

不过对于漠北蒙古的这般所为,大明帝国已到了无法忍受的地步。因为在过去这么多年与瓦剌进行的朝贡贸易中,大明早就承受了诸多无法明喻世人之痛苦。对此,笔者作了归纳:

第一,规模不断扩大的瓦剌朝贡贸易给大明帝国带来了几乎无法承受的经济重负。

前文已述,明永宣之际,漠北瓦剌朝贡大致是每年一次,使团人数不超过百人,《明史》说"故事,瓦使不过五十人"(《明史·外国九·瓦剌、朵颜、福余、泰宁》卷328),大略接近。进入正统时期情势就开始大变,正统四年(1439),瓦剌使团人数首次超过1 000人,正统六年(1441)多达2 400人,自此以后大体上都在这个规模,直到正统十二年(1447)。正统十三年(1448),瓦剌使团自报为3 598名,一下子突破3 000人大关。这不是来的"客人"多少的问题,关键在于这么庞大的使团前来朝贡,给大明帝国带来了巨大的经济压力。

首先,这么多的人自来到边境起就得由大明官方提供"三赔"服务。前文已述,正统六年(1441)十月大同知府栾瑄奏称:瓦剌使臣朝贡道经大同,吃住在府60余日,吃掉羊5 000多只,这还不算其他费用开支。(《明英宗实录》卷84)然后这批人通过公车驿道等大明官方交通工具来到京城,在会同馆(相当于现代的国宾馆)美美地住下,吃喝拉撒睡全由大明朝廷买单。他们一般都是深秋或初冬时节来,第二年开春后才返回,一住就是几个月。这数月期间大明皇帝和礼部都要予以隆重的宴赏,其整个花费可能是朝贡使团在地方上受接待时所花费和开支的几倍或几十倍。

其次,大明朝廷对瓦剌庞大的朝贡使团所带来的数量巨大之贡物不易"吃下"。遵照中华帝国历代朝贡贸易的传统惯例,外藩朝贡献纳货物、特产是"四夷来朝"和"万国宾服"的象征,因此朝廷在与外藩"交易"时是不能按等价交换的原则进行,而应该以超过贡物价值一倍甚至几倍的价格将其"吃下"来。正统年间瓦剌来朝,动辄使团人员数千人,贡马数千匹,大明天子回赐时就显得十分吃力了。譬如正统四年(1439),瓦剌贡马3 725匹(《明英宗实录》卷60),1匹马在当时大明境内就得由数户富民才能养得起,3 725匹贡马就得要大明天子损失数千户甚至上万户富民的财税才能将其"吃下"来。这样的事情偶尔发生一次,问题不大,连年如此,大明财政不吃紧才怪呐。

再次,大明朝廷对瓦剌庞大朝贡使团的恩赐回赏价值不菲。一般来说,瓦剌等外藩朝贡使团来朝后,朝廷对于使团的正使、副使及主要成员都应该予以加官晋爵。官职有千户、指挥使、都督同知、都督等,有的使团成员由于多次来大明,原本还是一个外藩低级官员,通过搞这种"长途运输"而轻松地升至都督同知和都督等军事高官。例如,有个叫阿都赤的瓦剌使臣在正统元年(1436)八月时还是个低级小官,到了九月就被正统帝授予都指挥佥事之官职(《明英宗实录》卷22)。一年后即正统二年九月,阿都赤又带领瓦剌使团来朝了,朱祁镇升其为都督同知(《明英宗实录》卷34);正统三年十二月,大明朝廷"升瓦剌使臣阿都赤为右都督"(《明英宗实录》卷49),不久又升其为都督。(《明英宗实录》卷60)都督是大明正一品的军中高官,一般大明子民连做梦都不可能梦到,那些参加洪武开国玩命拼死作战了一辈子的也很少有人弄到。可这个叫阿都赤的从正统元年到正统四年前后四次来京朝贡,就轻轻松松地弄到了这样的高官职位,这让大明军中将士如何想呢?

问题根本还不在这里,麻烦的事情随即来了。当时瓦剌的实际情势是脱脱不花可汗与太师也先各自遣使来朝,且不断地变化朝贡使臣。这样一来,大明除了承受沉重的朝贡贸易负荷外,还得要不断地授官于这些令人眼花缭乱的瓦剌使臣,并予以相应的赏赐,职衔越高,赏赐越厚;授官越多,开支越大。

好不容易熬到瓦剌使团要回去了,大明天子还得要对他们的领导——名义上的第一人脱脱不花可汗和实际权臣太师也先、伯颜帖木儿、知院阿剌及其夫人等进行极高规格的回赐。如正统二年(1437)十二月,瓦剌使臣都指挥大尉阿都赤等陛辞,正统帝命人"赍书及诸色金织彩绣蟒龙、麒麟袭衣、彩币、表里、金银、宝石、首饰、器皿、书籍等物,往赐鞑靼可汗及其妃并顺宁王脱欢等,仍以彩缎酬其所贡马直(值),各有差"(《明英宗实录》卷37)。

最后,朝廷还得要派遣大明使团一路护送,回访瓦剌。一般来说大明回访使团规模大约在100人以内,使团去一趟瓦剌回来后大家都能得到朝廷的优渥升赏。譬如,正统中期,朱祁镇派小军官马云率团回访瓦剌;正统十年(1445)十一月,使团平安回来,朝廷"升府军卫副千户马云等官军八十七人各一级,赏赍有差,以使瓦剌还有劳也"(《明英宗实录》卷135)。毋庸赘言,这样的回访在客观上又使得大明财政多了一项开支。当然回访这样的活儿也不是那么容易干的,除了一路上要防御漠北游兵散勇的袭击外,有时到了还得要好好应对瓦剌那贪得无厌的纠缠。正统五年(1440)春,行在金吾左等卫带俸都指挥使康能受命率团回访瓦剌,"赍敕并彩缎表里往赐脱脱不花王及平章伯颜帖木儿等"。按理说作为朝廷使臣,工作做到这一步可算是圆满完成了。哪曾想到瓦剌可汗脱脱不花酷似小孩子,在接受了正统帝赠送的高级礼物后,居然羡慕起大明朝廷赏给瓦剌诸酋长的彩缎来了,并一而再再而三地向明朝回访使团"团长"康能索要。康能被逼无奈,只好向同行的朝廷官军借用了彩缎668表里、三梭布5 870匹先解决眼前的问题。回朝后他向朝廷专门打了报告,要求追加回赐礼物,以弥补先前瓦剌可汗脱脱不花额外索要所造成的亏空,弄得正统君臣左右都不是人。(《明英宗实录》卷72)

通过上述几个层面,我们不难看到:正统时期瓦剌与大明之间的朝贡贸易已经完全没了外藩向化而朝宗的影子,相反有的是大明帝国不得不承受的沉重经济负荷。

其实除了不堪的经济重负外,麻烦事还有:

第二,规模不断扩大的瓦剌朝贡贸易给大明帝国带来了日趋严重的社会治安等问题。

要说这种社会治安问题,若从引发的方式与途径来看,大致可分为两类:一类为直接引发,另一类为间接引发。我们先说前者——直接引发。

在很多时候,漠北朝贡使团成员自来到大明边境起,往往利用朝贡这个"特殊使命"和自己来自境外的朝贡使臣这个特殊身份而胡作非为。但由于这类案件事关重大,地方政府无权又无法处理,常常将之上报给中央朝廷,然后再由皇帝出面向瓦剌敕戒。譬如,正统七年(1442)正月,正统帝在给瓦剌权臣也先的书信里就曾指出:"来使有于大同驿伤残服役军人陆弘得肢体者,又四人于驿前追狎妇女,遂伤百户晏昱之母",更有瓦剌使者在北京会同馆前醉酒抢夺明军军士手中武器,殴打兵士。这不仅有损于大明的国体与颜面,而且还破坏了社会的治安。为此正统天子在信中特别提醒瓦剌:"后此遣人必须严切戒饬,毋因小衅以伤和好。"但这样有气无力的提醒敕戒所起到的实际效果却微乎其微,瓦剌人依旧我行我素,这让大明朝廷大伤脑筋,痛苦不堪。(《明英宗实录》卷88)

间接引发的社会治安问题是,随着瓦剌朝贡贸易规模的不断扩大,一些随着使团来朝进贡的使者到了北京就不想走了,他们上奏朝廷,请求留下。明廷当局从怀柔远人的角度考虑问题,往往不仅予以批准,而且还授予一定的官职,并配以相应的俸禄。如:正统二年(1437)十月,"瓦剌脱脱不花王所遣使臣倘灰等奏:愿受朝廷官。(明英宗)命倘灰等为都指挥同知,余授官有差,俱赐冠带"(《明英宗实录》卷35)。正统三年十二月,(明英宗)"授瓦剌使臣奄者土干等二十人为指挥佥事、把里白等三人为正千户,亦不剌欣等三十二人为副千户,奴温帖木儿等八人为百户,以其愿受朝廷官职故也"(《明英宗实录》卷49)。

当然这些来京要求定居的漠北之人不仅仅有瓦剌的,也有一些是瓦剌敌对阵营里头的,或什么边也不沾的漠北其他诸族人,他们往往出于生计等方面的考虑,归降明朝,在京城里有吃有喝地住着。时间一久,在漠北荒原上生存困难的人们看到大明朝竟然有这等"红利",便找了各式各样的借口或由头,纷纷前来投靠大明,居住在北京。这样一来,北京及其周围地区的北房们越来越多,而由此产生的社会治安等问题也就日趋复杂化。

正统前期当时还是行在吏部主事的李贤敏锐地察觉到日益增多的漠北之人居住在北京所带来的隐患,在上奏朝廷的奏章里头,他这般说道:"如今我们京师的鞑官(指的是北方归降过来的少数民族大小首领)不下万人,与京畿百姓相比,其可能要占据人口总数的三分之一;每月支付给他们的禄米可能相当于在朝官员俸禄的三分之一,而在实际操作中,朝廷支付给他们的禄米是在朝官员禄米的几倍。众所周知,我们朝廷在北京的俸禄开支常常不到位,在朝官员真正领取到的禄米是朝廷额定数的几分之一,甚至是几十分之一。打个比方来说,对于在京正三品的指挥使,额定应该支付俸米35石,可他们实际只能领到1石。而同一级别的鞑官们则不然,尽管朝廷在京的禄米严重不足,但他们往往能得到全额或半额的禄米。就以半额的禄米即17.5石来说事,鞑官的实际俸禄收入是朝官的17.5倍,也就是说养一个鞑官的费用相当于养17.5个朝官的费用。有人常说,我大明不设虚位,不养冗官,这么多的鞑官让朝廷给养着,岂是冗官虚位可比?以有限之粮而资无限之费,即使再怎么努力想让天下百姓富庶、仓廪充实也不可能做到啊！近来连年荒旱，五谷不登，但我们国家的日常开支却万万不可缺啊！北方贫乏，就从江南征调过来，每年进入我们京师的南方粮食就有数百万石。而为了运输这数百万石的粮食，军队与地方百姓都竭财殚力，涉寒暑，冒风霜，苦不堪言。一个成年男子要是能将数斛米粮运到北京的话，就算是十分幸运了；而运粮途中漕兵运夫吃不饱、穿不暖是常有的事，相关部门的官员常常不顾他们的死活，一路催逼。于是罹病受难者往往得不到及时的医治与救援，相枕而亡，死亡者多得不可胜计。与此相对，鞑官们却能坐享其成，乐哉乐哉。如此巨大的反差，岂不是向世人展示这样的事实：夺了天下赤子口中之粮来养活一帮子游手好闲之徒，又驱使军民亡命运粮，最终弄得他们饥贫交加，猝然而亡。而那些从漠北来的游手好闲之徒却是衣食无愁，悠闲自得，甚至有个别的还会挑肥拣瘦，厌恶现有的富足生活。如此局面怎么不叫仁人君子痛心啊！再说我朝立国开始就制定了官员俸禄制度，其目的就是要当官的能洁身自好，养廉爱民。可如今就朝官而言，大家能得到的禄米也就1石而已。倘若这1石禄米全用于官员本人身上，最多也就维持他10天的生活开支，更何况他还有父母、老婆、孩子，他们的生计在哪里？所以说照目前朝廷的这般做法，想叫朝官们不贪污，这也不可能啊！再说备边问题，备边是为了御侮，而今我朝守边军士长年累月地守居在苦寒之地，养活父母、老婆、孩子以及抵御严寒靠的就是国家每月下发给他们的俸粮，要是俸粮再不足的话，想让他们好好地守住边疆，也难啊！由此而言，为今之计，当去鞑官。去鞑官就能得三利，为什么这么说呢？因为朝廷每年支付给鞑官们的俸禄不下数十万石，省下这数十万石俸粮，可以减少南粮北运之劳苦，舒缓民生；可以供足守边将士之需求；可以解决在京官员俸禄收入不到位的难题。舒缓民生，'全生民之命，则本固而邦宁也；赡边军之给，则效死而守职也；足京官之俸，则知耻而守廉也，得此三者利莫大焉'。"（《明英宗实录》卷25）

那么怎么才能去掉京师的鞑官？李贤为朝廷开出了一帖方子："渐次调除天下各都司卫所。彼（指鞑官们）势既分，必能各安其生，不惟省国家万万无之费，而又消其未萌之患矣。"正统皇帝接奏后，命令大明兵部讨论讨论，让他们拿出了个妥帖的具体方案来,再推行下去。(《明英宗实录》卷25)至于有没有真正推行下去,笔者未曾见到史书有更多的记载。但就此而言,不断扩大的瓦剌朝贡贸易和明朝"怀柔远夷"所带来的社会问题还真叫人无法小觑。更为不堪的是:

第三,规模不断扩大的瓦剌朝贡贸易给大明帝国带来了严重的边防军事安全隐患。

理性而言,瓦剌朝贡使团中的大多数人来朝是出于经济方面的考量,因为一来他们可以接受大明天子的厚赏,二来可以利用朝贡机会,带上马匹和兽皮等土特产来与中原人进行交换贸易。但不可否认,也有一些人乘着朝贡贸易的机会,一路上窥视山川关隘和明朝军事布置,甚至还有人乘机私下交换明朝军事武器弓箭等。这种事情在正统初年就有,到了正统中期起愈发严重。正统七年(1442)十月,巡抚大同、宣府右佥都御史罗亨信在上呈朝廷的奏折里就曾这么说道:"比闻瓦剌贡使至京,官军人等亡赖者以弓易马,动以千数,其贡使得弓,潜内衣箧踰境始出。臣思虏居常利此器,今中国人贪其货贿,反与易之,宁不资其威力?!"(《明英宗实录》卷97)与瓦剌人以弓易马,动以千数。罗亨信一语中的,这"宁不资其威力"?!于是他恳请正统天子敕令机要重臣,秘密调查在京的制弓匠人及相关的管理者,守候在居庸关,等待瓦剌贡使回去出关时严密盘查,并告诫万全和山西行都司,严厉禁止弓箭等军用物资的交易。可小杆子皇帝朱祁镇接奏后却认为,没有必要多此一举,自己早已派出秘密特使锦衣卫上北疆去调查了,现在只等他们回来汇报好消息呐。(《明英宗实录》卷97)

可他哪曾想到,在接下来的一年时间里,好消息没等着,坏消息倒是一个接一个地传到了北京明皇宫里来,其核心意思就一个:瓦剌人私下交易军事武器愈发猖狂,居然在朝贡回去时想将大明严厉禁止的盔甲、刀箭等军用物资夹带出去。这下可让正统帝大为光火。正统八年(1443)十二月,他在给宣府、大同、独石等处总兵官永宁伯谭广等人的敕文中严厉训诫道:"今岁瓦剌使臣行李内多有盔甲、刀箭及诸违禁铁器,皆大同、宣府贪利之徒私与贸易者。尔等号令不严可知,其自今申明禁令,有蹈前非,一体治罪!"(《明英宗实录》卷111)

可有意思的是，尽管朱祁镇发足了火，但大明军事武器被偷运出境的问题还是没有解决，且其情势越来越严峻。正统十年(1445)十一月，在听取相关人士的回报后，明英宗朱祁镇给大同、宣府总兵官武进伯朱冕等边关将领发出了敕文，再次严加训斥："瓦剌使臣多带兵甲、弓矢、铜铳诸物，询其所由，皆大同、宣府一路贪利之徒私与交易者。尔等受朕委任，防闲弛慢，自今其严加禁约，若仍前弛慢，罪亦不宥！"(《明英宗实录》卷135)

恰合他当时童稚未去的小杆子年龄，正统帝对军中将领们发出的狠话就如青春少年冲动发泄那般随便，至于日后是否真的照此执行了？那是另一回事。再说透一点，小杆子皇帝明英宗常常会对文官们滥施淫威，但他一般都不敢对武官们怎么的，因为他始终认为：这些人才是我大明保家卫国的栋梁啊！正因为有着这样微妙的心理，早就摸透了小杆子皇帝心中小九九且已十分腐败的北疆军事领导们压根儿就没有真正将皇帝的圣旨当回事。于是大明军事武器依然源源不断地流出，势态越来越严峻，就连当时被人们视为高新尖端武器且由大明天子委派内官专控的铜铳也让瓦剌人一一弄到了手，大明北疆军事防卫危矣！

据说"天资聪明英武"的明英宗知道这事后，除了沿用习惯做法——严厉敕戒北疆守边将领外，还曾十分"务实"地派遣了以锦衣卫指挥同知王山、千户邓宣为首的新一轮秘密侦查人员外出进行深入又广泛的调查。说到这里，有读者朋友可能要问了，这个锦衣卫指挥同知王山是不是前章说过的朱祁镇之"父师"、大太监王振的侄儿？对，就是他！要说那时大明小杆子皇帝心目中的大能人，除了王振，几乎没有什么人了。既然"父师"王振是大能人，那么他的家人又会差到哪里去？果然不负正统天子所望，锦衣卫指挥同知王山带领一大帮子秘密警察经过一番"艰苦"的调查后终于发现：北京口外的官员、军士和百姓等往往暗通制作工匠，让他们私下打造军事武器，然后等待瓦剌使臣来京朝贡回去时，选择人烟稀少的偏僻处与其进行私下交易。有些胆大妄为者甚至将朝廷配发的军事武器也卖到了北疆境外，而他们的主管领导却坐视不管。更有一些军队中的领导带着自己的部下，假借给瓦剌使臣送礼之名，将箭头贮藏在酒坛子里，把弓张用棉布等类东西包裹起来，然后一起送给了瓦剌人。听到王山汇报到这里，朱祁镇牙根都咬得咯咯响，当即指示："此等论罪悉当诛戮，今（瓦剌）使臣将回，特命尔（指王振侄儿王山）等领旗校，自居庸关至宣府、大同，凡使臣经过去处巡缉，敢有似前潜将军器与之交易者，即擒解京，有干应奏官员，具实奏闻逮问。"（《明英宗实录》卷137）

按照正统帝的想法：由自己宠信的"父师"之侄儿王山负责来严厉追查大明军事武器外泄之事，这下总能从根本上解决问题了！可事实恰恰相反，两三年过去了，情势依然没有好转。就此，他认为原先自己下达的敕令中规定的查处范围与力度还不够，于是在正统十三年（1448）正月又下令："禁口北一路不许将弓箭、军器与虏使交易，违者处死！"（《明英宗实录》卷162）正统十四年（1449）正月，再次"敕锦衣卫指挥同知王山等，自京师至居庸、宣府、大同沿途缉捕，禁约军民与使臣交通、私卖与兵器者。又敕宣府、大同、宁夏、凉州、甘肃等处总兵官及兀良哈等护送使臣不许阻当（挡）侵犯，违者以军法处治！"（《明英宗实录》卷174）

尽管正统帝的禁令越来越严厉，可让人哭笑不得的是，直至他在土木堡被俘时，大明禁止军事武器外泄之事一直都没能解决。那问题到底出在哪里？清代史学家夏燮的一段话点到了要害，他说："正统时期镇守大同的太监郭敬本人就是朝廷大珰王振的死党，他'岁造箭镞数十瓮遗其使，恃王振庇之，故上（指正统帝，笔者注）不之知，知亦不问也'。"【清】夏燮：《明通鉴》卷23）由此看来，郭敬才是北疆地区最大的军事武器"走私贩"，而其"走私"所带来的丰厚利润除了自己享用外，还有一大部分就"孝敬"给了主子王振，这也就使得大明朝查处军事武器外泄之事屡屡不果了。更为滑稽的是，被人称为"天资聪明英武"的正统帝居然毫无觉察地叫锦衣卫指挥同知王山去追查由他叔叔大珰王振所庇护的军事武器"走私怪圈"。大明天子如此处理国事，真叫人啼笑皆非。豺狼当道，安问狐狸！

- 也先：羞死我也，你们说的美女在哪儿？减少贡使回赏钱，你们想赖？

以上我们讲述了大明在与漠北蒙古尤其是瓦剌之间展开朝贡

贸易过程中所承受的诸多之痛。至此可能有读者朋友要问了:既然大明要忍受这么沉重的负荷和这么多的痛苦,那它为什么还要将朝贡贸易坚持下去? 在笔者看来,其大约有三个方面的缘由:

第一,通过朝贡贸易和随之而来的万方来朝,不仅使得大明天子满足了"天下共主"的心理虚荣,而且在外在形式上也体现了传统儒家"德治天下"和"怀柔远夷"的天下情怀。这正是中国历代正统王朝所竭力追求的理想格局。

第二,通过朝贡贸易,满足瓦剌人的经济需要,以此来换得大明北疆的安宁。这就好比当今以色列与巴勒斯坦之间土地换和平一般。

第三,明朝是个很注重祖宗规制的朝代,而即位起就以"正统"作年号的明英宗及其朝廷大臣之所言所行无非是要向世人表明其"仰惟祖宗肇造之功,守成之道,规摹弘远,光昭万世"(《明英宗实录》卷1)。既然祖宗建立起来的朝贡贸易制度乃为中国历代正统王朝所孜孜不倦的理想追求,那么作为朱明祖宗的正统龙种有何理由不将之继承下去?

诚如前文所述,事实上从朱祁镇即位起,朝廷对于朝贡贸易等"怀柔远夷"的传统做法是继承了,但远没有前朝永宣之际那般"热情"。之所以如此,其原因颇为复杂,但不可忽视的是,它与瓦剌不断扩大朝贡贸易所带来的大明财政开支超负荷、社会治安不稳定和边疆军事防卫隐患多多等问题密切相关。尽管当时明英宗君臣似乎也意识到了问题的部分隐疾,并小心翼翼地经营着这份祖宗流传下来的"遗产",常常十分大方地满足瓦剌人那与日俱增的贪婪欲念,甚至有时还会不惜委曲求全。但这样的处理双边关系的做法却并没有换来瓦剌人的领情,相反随着朝贡贸易的继续进行与规模的不断扩大,以也先与脱脱不花为首的瓦剌领导集团在进行漠北地区大统一的过程中不停地对大明构衅滋事,寻找其南扩的借口。

套用一句并不十分恰当但颇为人们耳熟能详的话来讲,机会往往是给有准备的人的。在与正统朝廷的朝贡贸易过程中,有两个经常护送朝贡使团回瓦剌的大明正使引起了瓦剌太师也先的注意,他们就是明代历史上为人所熟知的马云、马青。马云、马青其实在明代算不上什么大官,只是小鞑官,也就是说他们是归降大明的漠北蒙古部落的小头目，有关他们事情的记载最早出现在《明实录》中"正统十年正月己亥"条，其说："当时已为指挥同知的马云被正统帝任命为回访瓦剌的使团正使。"(《明英宗实录》卷125)后正统十一年(1446)、十二年(1447)他又连续作为明朝正使回访瓦剌，也就是说从正统十年(1445)开始到正统十二年(1447)年底为止，在这3年时间内，马云和马青有相当多的机会直接与瓦剌头领人物打交道。(《明英宗实录》卷137、卷149)交道打得多了，双方相见也就变得随意，有时甚至还可能会放纵。正统十二年(1447)春夏间，马云、马青受明英宗委派，"赍彩币、表里、布帛共一万三千三百四十五匹，率官军一百七十一员名往瓦剌给赏，索犯边寇及所虏者"。九月，马云、马青回朝复命。(《明英宗实录》卷158)三个月后的正统十二年十二月乙酉日，明英宗突然做出决定，"命指挥马政、贺玉、王喜、吴良为正副使使瓦剌"。(《明英宗实录》卷161)。

那么究竟为什么突然要换掉马云、马青一行人？正统朝的官史说："上(指明英宗)以马云等连岁远使，故改命(贺)玉等其一行人，从尝使瓦剌者尽易置之。"(《明英宗实录》卷161)这段话的意思是，凡是与马云一起出使瓦剌的一行人全给换掉，根本不考虑相关工作的连续性，这实在让人觉得不可思议。那么到底发生了什么事？

据明代中后期流行的一种观点来讲：正统十二年(1447)春夏间，受命出使瓦剌的马云、马青率领朝廷使团来到瓦剌后，受到了热情的接待。也先"大宴使臣，甚是恭敬；又着许多妇女吹茄弄笛，歌唱队舞。马云等吃得大醉，因乘醉中大声言道：'汝这般乱歌、乱舞、乱跳，有甚好看？吾中国有的是美女美妇，歌舞女乐，笙箫管笛，何等齐整！'也先闻得此言，心中就慕想起来，沉吟半晌，众部长(部落酋长)一齐说起，中国果有好妇人。其时伯颜与昂克二人即开口道：'俺闻汉时曾有公主许配俺们，这里如今既是两家和好，何不结为姻亲？'众部长闻言齐声道好，再三言之。马云初时尚未应允，后来一发吃得大醉，就乱言乱语应承。也先闻允，心中大喜"([明]孙高亮：《于少保萃忠传》，第14回，P86~87)。

相类的说法在清人谷应泰的《明史纪事本末》中也有。但现代有不少专家学者却大加否定有此事。其实在明英宗离世后修订的明代官史中对此事有着较为清楚的记载:景泰元年五月壬子条,"兵部言:通事达官千户马云、马青等先是奉使迤北,许也先细乐妓女,又许与中国结亲,又言节减赏赐,皆出自指挥吴良,致开边衅,请置诸法。(景泰帝)诏下锦衣卫鞫之"《明英宗实录》卷192,《废帝郕戾王附录》第10)。

这一段正史史料实际上讲了瓦剌也先发动南侵战争的两大借口:

第一,马云、马青出使瓦剌,乱许歌姬美妓给也先,并信口开河地应允与瓦剌结亲。可事后他们又不敢跟朝廷直接说明事情的前因后果,终使也先空做一场大明皇家女婿之春梦。也先当然要恼火,堂堂大明派出来的使臣答应和亲,答应给我美女的,可美女在哪儿?这不羞死我也!其实在正统十二年(1447)十二月乙酉日那天,明英宗突然更换回访瓦剌使者也多少让人能估摸出里边的道道来。当时正统朝廷或听到了什么风声,或接到了什么人的秘密报告,否则怎么会突然间将马云、马青等全给换下来?当然最关键的还在于马云、马青的"乱许",确实让处心积虑寻衅肇事的也先找到了借口,只不过当时正统朝廷对此隐患并太清楚罢了。(《明英宗实录》卷192,《废帝郕戾王附录》第10)

第二,节减赏赐之事是指正统十三年(1448)十二月由瓦剌脱脱不花王及也先太师派遣的朝贡使臣谎报贡马与贡使数目而引发的双边关系之不睦。事情的经过大致是这样的:那年十二月,大明礼部给正统帝上奏说,根据大同总兵官武进伯朱冕、山西行都司都指挥马义、镇守居庸关署都指挥佥事李景等北疆边关将领上报上来的相关材料来看,迤北瓦剌脱脱不花王及也先派遣的朝贡使者和回回阿里锁鲁檀等自报人数为3598人,但近日负责接待工作的会同馆官员经核查后发现:脱脱不花王使臣自报471名,实际只有414名;也先使臣自报2257名,实际只有1358名;回回阿里锁鲁檀自报870名,实际只有752名。三者相加,整个使团应赏人数为2524名,先前虚报了1074名。请求朝廷对相关责任人员进行追究。(《明英宗实录》卷173)

正统帝接奏后相当恼火,但考虑一番后,宽宥了大同总兵官武进伯朱冕和镇守居庸关署都指挥佥事李景,只对山西行都司都指挥马义进行了处置,命令巡按监察御史将他抓起来,按律论处。(《明英宗实录》卷173)可就在这时,已经掌控正统朝政话语权的宫廷大珰王振却认为,这样处理太便宜了瓦剌人,于是让礼部在瓦剌使臣陛辞回归时,按照朝贡使臣实际人数进行回赏,使其"所请又仅得五之一,也先大愧怒",随后他便"胁诱群胡,大举入寇"(《明史·外国九·瓦剌、朵颜、福余、泰宁传》卷328;《明英宗实录》卷180)。

从上引史料披露的也先发动南侵战争寻找到的两大借口事端所发生的时间来看,一个发生在正统十二年(1447),另一个发生在正统十三年年底与十四年年初,也就是说,纵然这些借口事端对也先都十分"有利""有力",那么他为什么没有当场就发动对明朝的侵犯战争?

《明英宗实录》有这样的记载:正统十三年秋,女真野人卫分都督、都指挥等官向正统皇帝上奏说:"瓦剌遣头目把秃不花等同兀良哈达子赍文书到各卫,其书言:'前元成吉思及薛禅可汗授彼父祖职事,要令彼想念旧恩,及要彼整备脚力粮饭。'"(《明英宗实录》卷174)也就是说在正统十三年(1448)秋冬之际,瓦剌太师也先正在完成漠北地区"大统一"的最后步骤,挟裹女真与朝鲜共同对付明朝。

那么,这时以正统皇帝为首的明朝统治集团对此有何反应呢?

当女真野人卫分都督、都指挥等官将也先、脱脱不花遣人散发的"策反宣传书"送达朝廷后,明英宗"览其词",发现"皆诱胁之意",但在随后瓦剌使臣陛辞时他给脱脱不花可汗敕书里头却如此说道:"(此)非正大之言,未知果系可汗之意否?且自古国家兴衰,皆出天命,非人力之所能为。"就在这同一封书信里,朱祁镇还说:"在去年冬,使回,备称可汗敬礼朝使,亲领人马护送而还,知顺天循礼之意。复遣正副使太尉完者帖木儿等奉书并致良马,尤见恭顺朝廷之心,载览来书,首举尧舜贤明帝王为言,又云说过的言语要坚固谨守,中间或有小人奸诈非言,不可听信,所行的事务要诚实和好的道理,不可怠慢,益知可汗明达古今,灼见顺逆,用图和好久远之意。朕甚嘉之。"(《明英宗实录》卷174)

依然陶醉于"天朝上国""万方来朝"梦乡里头的正统帝不仅在书面上表扬表扬瓦剌人,而且还对他们来真格的。他特别优待瓦剌使臣,"其恩甚厚"。在他们回去时又极其大方地送了织金蟒龙文绮彩绢、金银厢木椀（碗）、织金九龙蟒龙浑金文绮、绣金衣等一大堆价值不菲的金银财物。（《明英宗实录》卷174）而对于瓦剌人有可能发动的南下进犯,大明这位正统龙种除了敕戒边关将领严防死守外,几乎一无所为。由此对比而言,正统朝的大明帝国只有挨打的分了。

● 天子亲征　土木蒙尘

● 瓦剌也先:再跟你大明打太极、玩捉迷藏？没劲！老玩那,你大明就这个水平？丢分！要玩咱们来点真格——战争！

正统十四年(1449)七月己卯日即初一日,北疆守备偏头关都指挥使杜忠派人八百里加急上奏朝廷:"瓦剌虏寇欲来犯边,其势甚众。"偏头关在今天山西北部,与雁门关、宁武关合称为外三关。这三关鼎峙晋北,互为犄角,是大明北疆之门户,也是京师北京之屏障。正统帝接到奏章后顿感情势严重,当即下令给兵部,让他们移文山西都指挥使司,命令偏头关都指挥使杜忠带领两班官军继续操练,严防死守当地关隘,同时严厉督促偏头关下班官军将士在七月底前到关防守。（《明英宗实录》卷180）第二天即七月初二日,明英宗又命令给事中翟敬、监察御史罗箎等10人前"往宣府、独石、大同、延安、绥德、宁夏、甘肃、偏头关、辽东、蓟州、永平、山海等处赏赉军士,每人银一两"。同时敕命相关部门检查北疆军事战备。（《明英宗实录》卷180）

这不查不要紧,一查让人吓一跳。七月初三日,大明户部上奏说:"大同、宣府缺少草料草,已行民间及各边堡采刈秋青草,相兼支用料豆,宜行山西布政司及顺天、保定等七府夏麦秋粮原定口外交纳者,悉令抵斗收豆,赴大同、宣府等处交纳;又永平、山海诸仓亦缺粮料,请将各处解到,折粮银二万两送彼籴用。"（《明英宗实录》卷180)12个重要边口关隘有4个缺草、缺粮,这还是大明财政部账册上查询到的,实际情况可能还要糟糕。7天后的七月十一日,又是财政部上奏说:"口外添调军马,用度不敷。其各布政司并直隶府县负欠折粮银布,虽经赦宥,其已征在官者,俱宜严为程限,催促解纳,以备各边籴买粮料支用。"这段话说得挺绕的,简单地说:人家瓦剌人打上门来了,大明北疆口外的军队、马匹所用物资还没有到位。同一天,太保、成国公朱勇(即朱祁镇太爷爷朱棣的宠臣、当年"靖难"英雄朱能之子)上奏说:"官军缺骑操马4 787匹。"(《明英宗实录》卷180)

不是缺衣少食,就是军用战备不到位,大明北疆的军事防卫呈现出如等之格局,人家瓦剌人可没耐心了,再跟你大明打太极、玩捉迷藏?没劲,老玩那,你大明就这个水平?丢分,掉价!就在七月十一日同一天,瓦剌集结了70余万人,号称百万大军,兵分三路,气势汹汹地杀向大明北疆。(【明】孙高亮:《于少保萃忠传》,第14回,P87。但明代正统初年进士出身后任翰林编修、侍郎、尚书的刘定之说,土木之役之中也先率领的瓦剌军队人数仅为20 000,见【明】刘定之:《否泰录》)东路,由可汗脱脱不花率领从兀良哈攻打辽东;西路,由也先派遣的别将袭击甘肃甘州;中路又兵分两支,一支由阿剌知院率领入寇宣府,兵围赤城;另一支则由也先亲自率领攻打大同,兵至猫儿庄,大明官军右参将吴浩迎战,不敌,战死。(《明英宗实录》卷180)

● 皇帝亲征——轻率的最高决策:"王先生"鼓气,小杆子皇帝想重振祖宗亲征之雄风

猫儿庄原本是个并不有名的地方,但它的地理位置十分重要,有人称之为大同的门户。当守护在那里的明军守将吴浩战死等消息传到北京皇宫时,正统帝及其"父师"王先生王振都为之震惊。因为自二三十年前朱祁镇太爷爷朱棣打乱太祖皇帝朱元璋的北疆战略部署起,"塞王"迁于南方、大宁都司移往保定,明朝塞外军事防卫为之一大变,大宁、全宁和开平组成的一组三角形及大宁、开平和北平组成的另一组三角形——两者合于一起,形成的有张有弛、极富弹性的大菱形或言U形军事布防顿时化为乌有。尽管后来京师地区加强了军事防卫力量,但不得不让人面对的一个严酷的事实是,大明的心脏已直接暴露于漠北蒙古的兵锋之下。而现在恰恰是漠北瓦剌南下进犯,距离北京不远的宣府已处于敌军压境状态,更为糟糕的是,与北京几乎处于同一平行线上的大同还不

仅是形势吃紧,就连它的门户猫儿庄也给弄丢了,这……这……这如何是好?

大明正统天子朱祁镇犹如热锅上的蚂蚁,不停地在皇宫大殿上转着。要说在非常时刻,姜还是老的辣。就在小杆子皇帝六神无主时,其身边的"父师"王先生王振及时为主分忧了。只见他慢悠悠地走上前来,以略带自傲的口吻跟学生皇帝这般说道:"陛下,可曾记得小时候的事情?"正处焦躁不安中的朱祁镇哪有这等心思作什么童年的回忆,但因为问话的是自己宠信的"父师"王先生,他只好本能性地作答:"什么事?"王振诡秘地一笑,随即开始给学生皇帝讲述那老掉牙的"金色童年故事":"老奴记得,先帝仙逝前的某一天,陛下由先帝抱着坐在了九龙椅上,先帝问陛下:'日后你为天子了,能使天下太平吗?'陛下说:'能!'先帝又问:'要是有人犯上作乱或侵犯我大明疆土,你敢亲自统帅六师前去征讨吗?'陛下说:'敢!'(《明英宗实录》卷1)常言道:自古英雄出少年,陛下那么小的年纪就已胸怀寰宇,敢为天下苍生做主,现在怎么反倒犹豫犯难了?"

当时23虚岁的小杆子皇帝朱祁镇经这么一"点拨",当场茅塞顿开:"嗨,怎么我没想到呢!"大珰王振见到门生天子开窍了,立即来了劲,继续循循善诱道:"陛下再想想父祖辈是如何面对如此危局的:太宗皇帝在世时五次亲征漠北,立下了不世之功;先帝在世时也曾三次亲自巡视北疆,袭杀兀良哈。而今陛下正富青春好年华,恰为统兵亲征立下不世之业、彪炳千秋之良机啊!"原本一直在深宫大院的温室里长大且正值青春冲动期的正统天子经"父师"王先生这么一煽,当即就做出了决定:"朕要亲征去教训教训那可恶的来犯之敌——瓦剌!"随后他便下达了亲征诏书。

因为事出仓猝,正统帝亲征诏书下达后,满朝震骇。虽说朱祁镇年纪轻轻刚愎自用,大太监王振势焰熏天,但大臣们心里都十分清楚:自从这个小杆子皇帝登位以来,纲纪紊乱,边关不治,武备失修,一旦御驾亲征,其后果不堪设想。所以当正统帝朱祁镇与他的"父师"王振在"不与外廷议可否"的情势下轻率地下达御驾亲征的诏书时,朝臣们便纷纷上疏谏止。其中以兵部尚书邝埜、侍郎于谦之进言尤为中的,其曰:"也先入犯,一边将足制之。陛下为宗庙社稷主,奈何不自重!"(《明史·邝埜传》卷167)正如现代人们普遍熟知的心理学所描述的那样,刚为成年人的小杆子皇帝朱祁镇的内心充满着叛逆和自以为是的自立,越是爷爷、伯伯和叔叔辈的大臣们劝谏,他越是不听。

见到大明皇家少爷天子如此率性胡为,满朝老爷爷和老伯伯们实在有点忍无可忍了。七月十四日,永乐时就以科举入仕、历经永宣政治风浪的吏部尚书王直率领廷臣合章力谏:"臣闻边鄙之事自古有之,惟在守备严固而已。圣朝备边最为严谨,谋臣猛将,坚甲利兵,随处充满,且耕且守,是以久安。今丑虏无知,忽肆猖獗,违天悖理,自取败亡。陛下慎固封守,益以良将,增以劲兵,加之以赏赐,申之以号令,俾审度事势,坚壁清野,按兵蓄锐以待之。彼前不得战,退无所掠,人困马乏,神怒众怨。陛下得天之助,将士用命,可图必胜,不必亲御六师,以临塞下。况秋暑尚盛,旱气未回,青草不丰,水泉犹涩。人畜之用,实有未充。又车驾既出,四方若有急务奏报,岂能即达?其他利害,难保必无。且兵,凶器;战,危事。古之圣人敬慎而不敢忽。今以天子至尊而躬履险地,臣等至愚以为不可,惟在端居穆清,坐运神筹。有功者必赏,有罪者必诛,则人人尽力,成功不难。伏惟陛下实宗庙、社稷之主,万邦黎庶之所依归,诚不可不自重也。愿留意三思、俯察舆情!"(《明英宗实录》卷180)明英宗接奏后回答:"卿等所言皆忠君爱国之意,但虏贼逆天悖恩,已犯边境,杀掠军民,边将累请兵救援,朕不得不亲率大兵以剿之!"(《明英宗实录》卷180)这段皇帝最新指示一无新意,说得简单一点,就是敌人打到我大明边关门口了,本皇帝就不能不亲率大军前去剿灭。其实"司礼监太监王振实劝成于内,故群臣虽合章谏止,上(指正统帝)皆不纳"(《明英宗实录》卷180)。

明朝自开国起就确立了绝对君主专制主义统治,皇帝的旨意是神圣的,臣下只有服从的份了。既然正统帝亲征之意已决,那么朝廷中央各部门就忙着去准备吧。要说这准备工作中最为关键的就是皇帝陛下亲自出征到底要带多少人马的问题。正统帝的"父师"、宫廷大珰王振发话了,御驾亲征所带之兵多多益善。王太监恰如我们现实生活中的许多领导一般有水平,什么都不懂,但表面上又要装得什么都懂。负责调集兵马的兵部官员听了王太监的这番高论后顿时一头雾水,随即询问道:"那到底要带多少呢?"王太监以门生天子朱祁镇最为崇拜的祖宗偶像明太宗朱棣五次亲征漠北为例,提出了最少也不能少于身经百战的永乐帝北征随驾最高人数500 000。

这下可把兵部官员给害惨了,当时明朝西南边疆的麓川战争刚刚结束,数十万大军疲惫不堪,有相当多的卫所军队及其将士还没来得及复位,现在一下子要急调50万大军随驾北征,从何入手呢?最为快捷的方式就是从京军的五军、三千和神机三大营及在京操练的官军中抽调、整合,以此来做好从征准备。可这些部队全加在一起,实际人数也不到500 000。于是兵部火速催调近地官军前至北京,这样一来才勉强凑足了500 000之众。

人数是凑足了,可兵器与其他军需不足怎么办?正统十四年(1449)七月庚寅日,即下达御驾亲征诏书的第二天,正统帝命令"在京五军、神机、三千等营官军操练者人赐银一两,胖袄裤各一件,鞋二双,行粮一月,作炒麦三斗,兵器共八十余万,又每三人给驴一头,为负辎重,把总、都指挥人加赐钞五百贯",以做起程迎战之准备。(《明英宗实录》卷180)

七月十五日中元节,正统皇帝在遣官祭祀太爷爷、爷爷和父亲后又开始对御驾亲征及其相关事宜作仓促的布置:任命自己的弟弟郕王朱祁钰即后来登基即位的景泰帝居守北京,"驸马都尉焦敬辅之。太师、英国公张辅,太保、成国公朱勇,镇远侯顾兴祖,泰宁侯陈瀛,恭顺侯吴克忠,驸马都尉石璟,广宁伯刘安,襄城伯李珍,修武伯沈荣,建平伯高远,永顺伯薛绶,忠勇伯蒋信,左都督梁成,右都督李忠,都督同知王敬,都督佥事陈友安、朵儿只,户部尚书王佐,兵部尚书邝埜,刑部右侍郎丁铉,工部右侍郎王永和,都察院右副都御史邓棨,通政司右通政龚全安、左参议栾恽,太常寺少卿黄养正、戴庆祖、王一居,大理寺右寺丞萧维祯,太仆寺少卿刘容,鸿胪寺掌寺事礼部左侍郎杨善,左寺丞张翔,翰林学士曹鼐等俱扈从"(《明英宗实录》卷180)。

● **中元节从北疆来的两大告急文书**

而就在中元节同一天,朝廷接到了两份北疆告急文书:一份是宣府总兵官都督杨洪派人火速送达的,其文为:"达贼(指瓦剌人)围马营已三日,将河水断绝,营中无水。"(《明英宗实录》卷180)另一份则更为不妙,大同明军惨败。这究竟是怎么一回事?原来大同方面的军事防卫一直是由总兵官武进伯朱冕、参将都指挥同知石亨等负责的。正统十四年(1449)六月,鉴于瓦剌也先南犯之企图越来越明显,朱祁镇命令驸马都尉、西宁侯宋瑛总督大同军马,即叫他总负责大同方面的军事防卫,并敕谕道:"大同为要害之地,兹闻北虏谋欲侵犯,彼处士马旧为三路,今特命尔总督训练,豫画战御方略,如或贼至相机剿杀,乘隙邀击,务图成功,以靖边徼。"(《明英宗实录》卷179)

正统帝的这个任命是有着一定的道理,要说当时的大同总兵官、武进伯朱冕在没有战事的和平年代负责当地的军事还可能绰绰有余,自古道:将门虎子,朱冕的父亲朱荣就是当年跟随朱祁镇太爷爷一起造反的"靖难"英雄,你说这样的"官二代"能差吗?可适逢当下北虏虎视眈眈,咄咄逼人,大有吞噬大明帝国之势,作为北疆边关的重要门户大同就让朱冕一人总负责,他能不能守住?正统帝心里实在没底,于是就加派了西宁侯宋瑛前来大同领导当地的军事防卫。那为什么要派宋瑛而不派别人?这里边有着一定的奥秘。因为宋瑛是大明皇家的姑爷,更确切地说是朱祁镇太爷爷朱棣的姑爷,其为"西宁侯晟之子,尚咸宁公主,授驸马都尉。洪熙元年袭爵,授诰券,食禄一千一百石,子孙世袭。历掌左军、前军都督府事"(《明英宗实录》卷180)。用我们老百姓的话来说,朱祁镇喊宋瑛当为"姑爷爷"。作为当今天子的姑爷爷,宋瑛有何理由不好好地守住大同?可正统天子在做出这个决定时却忽视或言没看到一个客观事实:自从他登基前后起,大明军队自上而下已全方位腐败透顶,正如他这个"帝六代"一般,那些跟随他太爷爷朱棣"靖难"的造反英雄所培育出来的"官二代"或言"军二代"也早已成为了绣花枕头和寄生在大明机体内的高级腐败分子。要说在平日里贪渎腐化和享受品位生活,他们可能个个都是顶级高手;但要是碰上了非常时期的非常事情,那么最终的结果只能由大明朝廷来买单了。

而就在正统十四年(1449)七月十五日中元节这天,也先指挥瓦剌大军向大同发起了猛烈的进攻,平日里懒散成性的大明军官们仓促指挥应战,加上"时太监郭敬监军,诸将悉为所制,师无纪律",大明天子姑爷爷宋瑛上阵迎战没多一会儿就战死了;曾跟随朱祁镇太爷爷一起造反的另一个"靖难"英雄朱荣之子、总兵官武进伯朱冕也战死于大同的阳和后口,明军"全军覆败";监军太监郭敬吓得魂不附体,好不容易寻得一堆茂密的野草,一头栽入里边,从而保住了他的狗命;左参将都督石亨看到明军如此惨败,赶紧奔还大同城里,仅以身免。(《明英宗实录》卷180)

中元节近似于噩耗的两大军事告急文书送达北京明皇宫后,小杆子皇帝朱祁镇暴跳如雷,不停地咆哮:"小小夷虏,竟敢如此欺负我大明,是可忍孰不可忍!"

第二天即七月十六日,在遣官祭告太庙、社稷之后,正统帝立即下令,御驾亲征开启!这时距离他下达亲征诏书仅仅过了两天,天子"父师"大珰王振、英国公张辅和诸公侯、伯、尚书、侍郎等以下官军私属共计500 000人(但据当时的文人笔记所载,大明随驾远征军队人数应为1 633 664人,见【明】叶盛:《水东日记·府卫官旗军人数》卷22,笔者特注)"皆仓猝就道"(《明英宗实录》卷180)。

就当时这随征班子而言,凡是正统帝及其"父师"王先生还算看得顺眼的大臣、部属全给带到北疆去了。给人的印象是,这哪是去征讨和剿灭入侵的外寇,分明是在伴驾迁都或作军事旅游!

● 未曾显山露水的中流砥柱——大明正直文臣官僚冒死直谏

与最高权力阶层那对活宝师生一拍脑袋就做出御驾亲征等轻率举措和军中将士手足无措、毫无战斗勇气相比,此时大明帝国的文臣们则表现出相当的持重与忠勇。尽管经过明初数度的血腥清洗和变化莫测的政治高压,大明政界犬儒主义盛行,但由于自小起就接受正统儒家理想主义的熏陶,一直以齐家治国平天下作为自己人生最大追求的众多科举出身的文臣们,面对屡谏无效、报国无门的不堪情势,在明知随驾北征仓促成行必定会凶多吉少的情况下,却依然怀着忠君为国以死报效之念扈从北行。

兵部郎中胡宁在正统帝下达的随驾北征名单里就有他的大

名,可他那时刚好生病了,于是就请求同事兵部职方司主事俞鉴代行。俞鉴毫不犹豫地答应了。有人听说此事后前来好心相劝:"俞主事,你老家在浙江桐庐,距离这儿甚远,且家中儿子尚幼,一旦随驾北征有所不测,这将如何是好?"没想到俞鉴听后却一脸严肃地说道:"为国,臣子敢计身家!"这事后来传到了兵部尚书邝埜那里,邝尚书一下子就明白,昔日并不为自己太注意的属下主事俞鉴是个贤人君子,于是就数度找他计议事情。在俞鉴看来,以目前这等态势若想要挽回大局,只有一个办法,那就是力劝当今天子放弃亲征。但那时的明英宗只相信"父师"王振"王先生"的,其他任何人的话他都听不进去,更何况本来在朝中就职位低微的俞鉴那就根本不在他的眼里。可俞鉴什么都不计较,义无反顾地跟随北征,最终殉难于土木堡。(《明史·邝埜传附俞鉴传》卷167)

还有一个小官叫罗如墉的,庐陵人,进士出身,入仕后被授予行人之官。正统帝御驾亲征决定做出后,他也被列入了随征人员的名单中。临行前,与妻子诀别,他发誓以死报国,并嘱咐翰林刘俨日后为他写墓志铭。刘俨听后万分惊愕,自己活了这么大年纪,只有替死人写墓志铭,哪有接受活人托付为他写那玩意儿的,于是当场予以了拒绝。没想到,罗如墉反倒笑着对他说:"刘翰林,千万莫惊诧,我们随驾一走,你就知道我没有胡说了。"数日后北方传来明军覆没的消息,罗如墉果然死于土木战乱之中。(《明史·邝埜传附罗如墉传》卷167)

像这样悲壮的动人故事发生在扈从朝臣中还有许多许多,这一方面反映出当时的朝臣们虽然屡受正统皇帝及其"父师"的迫害,但依然不改忠君报国之心。在此笔者不得不说,他们的品格与精神不能不令人肃然起敬;另一方面人们也可以从中看出,当时大明天子御驾亲征的士气是何等之低落!

● 连日非风则雨、边关告急连连,正统帝居然当起甩手掌柜,王太监立即成了御驾亲征的总指挥

士气低落,行军速度就会大受影响。正统帝御驾发于京师后,当天夜里驻扎在北京不远的唐家岭。第二天即七月十七日继续北

行,可军中士气依然低落,夜驻龙虎台。距此不远处便是朱祁镇父祖三代的永久安乐地——北京昌平天寿山。可天寿山的祖宗们"英雄"了一辈子,却在此时无法出来为这个正统子孙遮个风挡个雨,只得由这个"根正苗红"的"帝六代"自己来面对严酷的现实了。望着四周漆黑的夜色,耳边传来了那沉闷的一鼓(古时候人以敲鼓作报时,一鼓大致相当于现在的晚上7点到9点吧)鼓声,朱祁镇不由自主地想起在明皇宫里那灯红酒绿和锦衣玉食的生活,心里顿时阵阵泛起了不安的漪涟。突然间,军中一阵骚动。但随后又迅速地恢复了平静。正统帝不甘心就这样放过整饬的机会,第二天即七月十八日"召扈从臣喻以行军纪律",并下令加速前进。当天下午大军来到了居庸关,"群臣请驻跸",但小杆子皇帝不同意,于是大家只好继续赶路。(《明英宗实录》卷180)

　　七月二十日,大军到达榆林站。这时从辽东传来军事告急的消息:由脱脱不花可汗率领的瓦剌东路军对辽东边关发起了猛烈的进攻,守备镇静堡的辽东广宁右卫指挥佥事赵忠力战,其妻左氏见到情势危急,就跟夫君赵忠诀别:"此堡旦夕必破,破则吾宁死不受辱。"说完她就与她的母亲和三个女儿一起自缢而亡。赵忠忍受了无比巨大的悲痛,"悉力拒守,贼解围去,城赖以全。镇守左都御史王翱以闻,上(指正统帝)嘉其忠节",擢升赵忠为指挥同知。但对于辽东告急的问题,为了不影响御驾亲征大军的士气,朱祁镇和他的"王先生"将其给"搁"在一边。随即传令下去,全力前进!
(《明英宗实录》卷180)

　　这样在七月二十一日也就是御驾亲征启程后的第六天,大明军来到居庸关西北的怀米,并于当晚驻扎在那里。七月二十二日,大军启程前往雷家站。这时,随驾朝廷大臣依然在为劝驾回师作努力。兵部尚书邝埜和户部尚书王佐轮番上章,力主回銮。可正统帝哪里听得进去,他的"父师"、大珰太监王振更是怒不可遏,总觉得邝、王等朝臣与他过不去,于是对他们大声怒斥,并强令他们加速前行。这时,邝埜身体不是太好,他骑在马背上一不留意就掉了下来,差一点毙命。这时有人出来劝他留在怀来就医养伤,可邝埜说啥也不干,他说:"至尊在行,敢托疾自便乎?"(《明史·邝埜传》卷167)

　　七月二十三日,御驾亲征大军驻扎在宣府。这一天,"风雨大至,边报益急",扈从群臣交相上章,请求驻跸或回銮。正统帝的"父师"王振大怒,"俱令略阵",继续前行。这样一来,在七月二十四日即御驾亲征启程后的第九天,大明军到达了鸡鸣山。这里距离瓦剌也先骑兵直接威胁下的大同不远了,也是朱祁镇太爷爷数次亲征漠北的重要据点。尽管文臣们不懂具体的军事战务,但想起太宗皇帝的历次远征所冒的风险,大家都在为眼前这个一意孤行的小杆子皇帝捏了把汗。再联想起这次御驾亲征出来一路上所遭受的连日风雨和不断接到的边关急报,以兵部尚书邝埜和户部尚书王佐为代表的扈从朝臣已顾不得个人所要冒的风险,再次上请正统帝回銮。(《明英宗实录》卷180)

而就在这样的关键时刻,小杆子皇帝来了很绝的一招,当起甩手掌柜,"以诸事付(王)振,至是(王)振益肆其威"(《明英宗实录》卷180)。听说领头闹事的又是兵部尚书邝埜和户部尚书王佐,大珰王振简直就要气疯了。当冲动的情绪稍稍稳定了一点,一个邪恶的念头又顿时冒了出来。王振盘算着,就邝埜、王佐你们这两个文臣闹得最起劲,老子叫你们去管理老营。什么是老营?老营可能相当于现在的后勤部队,在军队打仗时,老营的抵抗能力可能最差的,也就是说最容易受到打击与摧垮。所以说王振这一毒招的真实目的就在于,最先找到整死邝、王两个出头椽子的茬子。(《明英宗实录》卷180)

不过让"王先生"失算的是,这个最先的"茬子"不是在战阵中找到的,而恰恰是在眼皮底下"捡到"的。邝、王本是文臣,哪懂得什么军事,既然天子委托的王太监让他们去负责管理老营,那就好好干吧。接到命令后,邝、王立即招呼老营的将士列阵上路,哪想到正统帝及其"父师"王太监他们根本就没动。这下可惹来了大麻烦,王太监王振闻讯后立即下令,叫不听话的兵部尚书邝埜和户部尚书王佐罚跪于草丛里。刚好那时是蚊虫肆虐的七月,身为大明朝廷重臣的邝尚书与王尚书竟然被罚跪在草丛中一整天,直到被蚊虫折磨够了和宫中奴才淫威发足了,他俩才得以开释,不过他们并没有因此而屈服。(《明英宗实录》卷180)

与此相比,那时的太子太保、成国公朱勇即朱祁镇太爷爷朱棣"靖难"造反时的左膀右臂朱能的儿子反倒成了地地道道的软蛋。

面对大珰王振滥施淫威和邝、王两尚书被罚跪,朱勇一点勇气也没有了,两腿一发软,噗通一声就跪在地上,"膝行而前",大汗淋漓地向王公公汇报军事情况。至此,在场的人们心中都已十分清楚,所谓的正统帝御驾亲征已经完全演变为宫廷大珰施威作恶的活闹剧,就连昔日王振王公公阵营里的人也看不下去了。(《明英宗实录》卷180)

钦天监正彭德清原本一直是与大珰王振穿连裆裤的,不过此时的他可能是良心发现或者真的观察到了什么特殊的天文现象,逮了个机会及时向主子进言道:"王公公,小臣通过天文观察发现了天象的异样,再看看眼前的这番态势,此地距离大同不远,而瓦剌强兵就在大同一带,我们不可以再向前走了。倘若再向前,万一有什么闪失,那就会'陷天子于草莽'!"见到昔日的走狗奴才今天居然也来教训起主子来了,王振顿时就气急败坏,一边骂着彭德清,一边嘟嘟囔囔地说:"假如真的发生像你们所说的那样的事情,那也是天命!"(《明英宗实录》卷180)

这时在旁的翰林学士曹鼐见到太监王振越来越偏执,简直是无法理喻,他忍无可忍地上前进言道:"臣下之命本不足惜,只是主上(指正统帝)的安危事关国家社稷,难道我们就这样继续冒冒失失地前进?"可王振依然不听,于是500 000大军及随驾朝臣不得不继续北行。(《明英宗实录》卷180)

七月二十五日,车驾次万全峪。二十六日,次怀安城西。二十七日,次天城西。二十八日,次阳和城南。来到阳和时,那刚刚战败的惨烈战场还没来得及收拾,只见得"伏尸满野,众益寒心"。但即使如此,太监王振还是一股脑地命令大军前行。"时我师(指大明御驾亲征大军)前进,虏寇渐退伏塞外",也就是说王振全然不顾全军覆没的危险指挥着明军盲目前进。这样大约在七月二十九日那天,大军和"车驾次聚落驿"。八月初一日也就是明英宗御驾亲征的第15天,终于到达了危机四伏的大同城。(《明英宗实录》卷180)

来到大同城后,总指挥太监王振顿时发现:好家伙,一个瓦剌人也没有,看来他们是被我大明500 000大军给吓跑了!他马上想到,应该立即继续北征。这时,在阳和后口之战中被敌兵吓得一头扎入野草堆里躲命的大同镇守太监郭敬忽然匆匆忙忙地来到主子的身边,向王太监描述了瓦剌强兵的凶猛与诡诈,随即说道:"如果我大明军再向北进军,那就正中了瓦剌人的奸计了!"什么人的谏言都听不进,王振唯独对自己的同党、亲走狗郭敬的话不能不当回事。当听完郭太监的描述后,王大太监顿时倒抽了一口冷气。回想起"自出居庸关,连日非风则雨,及临大同,骤雨忽至,人皆惊疑",他终于同意"议旋师",即讨论如何迅速班师的问题(《明英宗实录》卷181)。

● **到了大同突然改主意:皇帝亲征不搞了!王太监想让大家到他老家去溜达溜达,但转而又反悔了**

这时正统帝也感到形势愈发严峻,为了加强大同方面的军事防卫能力,他当即命令从从征大军中抽调一部分人马,由广宁伯刘安充总兵官、都督佥事郭登充参将,统军镇守大同,至于大同阳和之战中的败将石亨因"失机"而降为事务官,"俾募兵自效"(《明英宗实录》卷181)。其他扈从御驾亲征官军于第二天即八月初三日一起东还。

就在扈从御驾亲征大军即将启程东还时,新任大同镇守、都督佥事郭登再三嘱咐翰林侍讲学士曹鼐、张益:从大同回京师有两条路可走,一条是从大同经紫荆关,再由紫荆关入京师,这条路比较安全,就大同到紫荆关的40里路程要注意点,进入紫荆关后,御驾便可安全无虞了;另一条就是大致沿着来时的路再走回去,由居庸关入境。不过这一条路临近边塞,御驾亲征队伍再次重走的话,不仅入关时间被延长,而且其危险系数也增大。因此他反复建议,要走就走紫荆关这一路。但正统帝的"父师"大珰王振却坚决不接受郭登的建议,执意要走居庸关一线。以王先生的"小九九",带领500 000人大军和当今天子一路浩浩荡荡地向东行,前方便是他的祖籍蔚州,届时邀请大明天子临幸他的祖宗宅第巡视一番,那该是多么值得炫耀的事情啊!正因为在这种极度私欲的支配下,大明御驾亲征大军从大同出发后,一路东向。可大军前锋进至蔚州地界时,王先生王振忽然又想到了,这500 000人马不说别的,就到他老家走一回,还不得将老家的庄稼禾苗全给踩没了,于是他赶紧复议,改道宣府。(《明英宗实录》卷181)经过此番迂回奔走,大明御驾亲征队伍白白地浪费了时光,这在客观上为也先指挥的瓦剌强兵追击提供了便利。

八月初三日夜晚,经过一天的折腾,大军终于来到了一个叫双寨儿的地方安扎下来。刚刚落定,突然间"有黑云如伞盖覆营",随即雷电风雨交加,御驾亲征队伍"营中惊乱,彻夜不止"。从当时的情势来看,已经处于风声鹤唳、草木皆兵的御驾亲征队伍不能再往着瓦剌铁骑兵锋可及的宣府方向走了。可一向刚愎自用的王振哪儿听得进一点儿的不同意见,相反,他还不停地催促大军继续往着宣府方向去。就这样,原本在一日之内便可从大同进入紫荆关的车驾在大明天子极度宠信的"父师"大珰王振的瞎指挥下陷入了越来越危险的境地。八月初四日,次滴滴水。八月初五日,次洪州方城。八月初六日,次白登。八月初七日,次怀安城西。八月初八日,次万全峪。八月初九日,次阳和北沙岭。八月初十日,次宣府。(《明英宗实录》卷181)

● 宣府磨蹭使得瓦剌骑兵追上了东还的大明御驾军队,4万迎敌明军俱亡

到了宣府,从北疆军事布防与战势来看,该要塞不仅是大明京师北京的西北大门,也是漠北瓦剌南侵进犯所要冲击的头道防线,毫无军事知识与经验的年轻皇帝跑到这个地方本身就已经相当危险了。可他与他的"父师"却全然没有意识到,尤其太监王振那时更是神气活现,将伴随御驾亲征当作了自己显摆的绝佳良机。一到宣府,他就催促明英宗给他的"王门"走狗、镇守宣府的都指挥佥事纪广升官晋职,提拔他为后军都督佥事,仍充右参将,并举行了相关的一些活动。(《明英宗实录》卷181)这样一来,原本可以立马离开的宣府,御驾亲征队伍又在此耽搁了3天。

这时,兵部尚书邝埜实在是无法再忍受了,他冒死上奏,恳请御驾不分昼夜火速进入居庸关,为防止瓦剌敌兵突然追杀,他建议挑选精兵强将断后。可哪想到,他的奏章根本就无法送达正统帝那里,让大珰王振给挡了。邝埜还不甘心,冒着生命危险再次尝试

上请——擅自闯到行殿,想来个当面直谏,恭请正统帝迅速回銮,但又让大珰王振给阻挡住。这次"王先生"可谓大动肝火了,他厉声大骂邝埜:"腐儒安知兵事,再言者死!"邝埜当即反击:"我为社稷生灵言,何惧?"王振哪有心思听人说话,当即令人将邝埜拖了下去,扔到行帐门外。恰好这时户部尚书王佐也想来犯颜直谏,走到门口时,见到王振手下将邝埜扔出来,他赶紧前去扶着,两位尚书在帐中抱头痛哭。(《明史·邝埜传》卷167)

在宣府折腾得差不多了,八月十三日,王振指挥御驾亲征队伍启程回京。刚刚启动,有夜不收(明代侦察兵)飞报:也先率领的瓦剌骑兵已经追了上来,且袭击了大明军的后部。明英宗当即下令:恭顺侯吴克忠迎敌断后!吴克忠领命后赶紧带了一拨子人马赶到后部去,见到黑压压的瓦剌兵,他奋不顾身地拼死作战。可敌兵实在太多了,他杀了一批,却引来了一大批,终因寡不敌众,战死疆场。由此,大明御驾亲征队伍后部溃散殆尽。(《明英宗实录》卷181)

吴克忠战死的消息传到行在,正统帝为之一震,稍稍平静了一阵后,他又下令,让成国公朱勇、永顺伯薛绶率领40 000官军迎战瓦剌军。朱勇和薛绶领命后率军火速赶往鹞儿岭,本想给瓦剌军来个一扫光,可没想到的是,两位军中高官到了那里,只见到巨石峻岭,却没见到什么敌人,于是传令属下,继续往前进军。而恰恰就在这时候,埋伏在山里的瓦剌军发起了突然袭击,两面夹击明军。可怜那40 000明军将士猝不及防,先后都一一战死,就连大明太子太保、成国公朱勇也战殁于战场。(《明英宗实录》卷181)

● 土木之役　明军覆没　皇帝被俘　大明蒙辱

就在明军诸将迎战的间隙,御驾乘机从宣府迅速脱身,于八月十四日到达了土木堡。那时天还没有亮,正统帝御驾到达的土木堡本来是个并不有名的小地方,"土木本名统幕,姜南《叩舷凭轼录》云:'统幕之地,在北直隶隆庆州西南八十里,相传辽主游幸,尝张大幕于此,因名统幕,俗讹为土幕,又名土墓,陆容《菽园杂记》卷四作土墓,又名土木,皆讹也。'"(黄云眉:《明史考证》,中华书局,1979年9月第1版,P113)土木到怀来县城尚有20里路程。当时随征众臣向上建议：御驾应乘着天色不亮的有利机会赶紧前行，进入怀来县城后就可凭城而守，以防不测。可就在这个关键时刻，正统天子的"父师"王振却在大发肝火，因为他有2000余辆随行辎重尚未赶到，怎么说走就走了？于是他当即拒绝了众臣的建议，忿恚而令：扎营于土木，等待后面的随行辎重赶上来了再说。(《明英宗实录》卷181)

要说那时御驾亲征扎营这档子事还挺有讲究的。为了安全起见，每天晚上扎营前，先由司设监太监吴亮勘察地势，然后再作定夺。而这次御驾到达土木时，正值明军军事失利、天子"父师""惭恚"之际，气急之下的王振毫不犹豫地将土木当作了驻营地。殊不知土木这个地方十分特别，它地势高耸，又为瓦剌追兵进军之要冲，且旁无水泉，可能是当时当地最为糟糕的驻营地。可人家正统天子的"父师"下令了，又有谁能更改呐？走了将近一夜夜路的大明军中将士现在首先要解决的问题是最为基本的生理需求——喝水。土木高岗没水，赶紧打井！可令众人极度失望是，打了二丈多深还是没见到一滴水。这下如何是好？这时军中突然有人出来说话了："听说从这里向南走15里，那个地方有条河。"众人听到这话后纷纷向着南边涌去。不一会儿，大家都耷拉着头回来，因为那条河已经被瓦剌兵占据了。本来就人困马乏，现在连水都喝不到，干渴难熬，一天一夜犹如一年，大家都难受死了。由此士气更加低落，军队战斗力大为削弱。而就在这时，也先率领的瓦剌骑兵已循迹追到，分兵数路，对大明军形成了大包围圈，并由土木旁边的麻峪口向内逼近。负责守卫麻峪口的都指挥郭懋看到犹如蚂蚁一般的瓦剌骑兵，什么也顾不得了，只有拼死作战，杀退了一批又一批敌兵，拼杀了整整一夜，到天亮时却发现敌人愈发增多。还没让郭懋想明白，这到底是怎么一回事，只听得四面八方都是瓦剌骑兵的喊杀声。不用说，敌人开始全方位进攻大明军了。大明军四面楚歌，不堪一击。(《明英宗实录》卷181)

就在八月十五日中秋节也先发动全面围攻大明御营这个关键时刻，昔日作威作福不可一世的正统帝及其"父师"王振顿时感觉末日将至，怎么办？作最后的努力——命令手下将士拼死往外杀出一条生路！可这里三层外三层的瓦剌骑兵围着，大明军想要冲出重围可比登天还难！就在这生死攸关之际，还是当年特别优渥瓦剌人的正统皇恩起了大作用吧,也先派人到明军军营里来请求议和。正走投无路的正统帝听人说瓦剌人要议和,就如抓到了一根救命稻草似的,毫不迟疑地命令曹鼐立即起草诏书,表示十分愿意和好。诏书写好后朱祁镇想想,光这样还不行,不足以表白自己议和态度,于是又令人挑选了两个翻译官,带上议和诏书,与瓦剌来使一起去叩见也先。(【明】刘定之:《否泰录》;【清】谷应泰:《明史纪事本末·土木之变》卷32)

嗨,你还真别说,想当年瓦剌人沐浴了无限之正统皇恩,今日终于见到了实效。也先在接到正统帝的议和诏书后立即下令退兵,犹如勒在大明军将士脖子上的绳索一般的包围圈就此稍稍松开了些。正统天子的"父师"王振见此立即得意忘形,就说么,俺是什么人?天子之"先生",俺的门生是什么人?天子!天子就是上天的儿子。现在儿子有难了,天老子难道会见死不救吗?!王振心里美得很,随即下令:全军将士移营有水之处,先解决一下已经难受了一天一夜的生理大问题。将士们接到命令后立即开始忙碌起来。而就在这时,躲在不远处密切监视明军一举一动的瓦剌首领也先看到明军军营中一片忙乱相,感觉火候到了,于是一声令下,几万个瓦剌骑兵从四面八方向大明军杀奔过来。杀就杀吧,可人家也先可谓是当代一流的军事家,他老早就教好了将士们,不仅要在军事武力上击溃敌人,更重要的是在心理上最先打垮对方。这下可好了,明军四周到处都是大刀砍人的瓦剌骑兵和此起彼伏的喊杀声以及"解甲投刀者不杀!"的统战口号声。贪婪成性、闲散已久的大明将官们哪见过这等阵势,保命自顾都来不及,更别提那军队的指挥,于是"兵士争先奔逸,势不能止","众裸袒相蹈藉死,蔽野塞川,宦侍、虎贲矢被体如猬"(【明】刘定之:《否泰录》;【清】谷应泰:《明史纪事本末·土木之变》卷32)。明朝"官军人等死伤者数十万"(《明英宗实录》卷181)。

至此,读者朋友可能十分感兴趣的是,此时正统天子及其"父师"王振在哪里?要说这个曾经气势熏天的王振"王先生"可有本事了,他死了。至于他是怎么死的?历来就有两种说法:其一,死于战乱之中;其二,为护卫将军樊忠以锤击死。"先生"死了,其门生天子又将如何呢?史书说:"也先发动骑兵猛烈围攻御营之初,大明皇家护卫亲军还能护着这个不知天高地厚的小杆子皇帝,但后来他们渐渐不支了,人数也越来越少,到最后几乎见不到什么护卫亲军将士,正统帝成了名副其实的光杆司令。"怎么办?往外冲出去?死了那么多的将士都未能成功,就凭自己的花拳绣腿打打皇宫里的奴才还差不多,而要想以此来冲出重围,那简直就是痴人说梦!到底怎么办?朱祁镇从小就在宫里头跟随老奶奶张太皇太后念过佛,学过打坐,此时这套"本领"可谓派上用场了。只见他从马背上缓缓下来,席地打坐。这时来了几个瓦剌兵,见到"打坐者",觉得十分好奇,随即将其带走。曾经老子绝对天下第一、"一呼万应"的大明正统天子从此开始当上了瓦剌人的俘虏,可怜这位天子爷当时只有一个叫喜宁的宦官在身旁,但随后这个狗奴才也投靠了也先,由此,朱祁镇成了地地道道的孤家寡人。(《明英宗实录》卷181)

比朱祁镇成为孤家寡人更可怜可悲的是,在这场土木之役中,数十万的大明将士瞬时间变成了孤魂野鬼,大约有五六十号扈从随驾朝臣也成了这场无厘头的惨败战争的殉葬品。(《明英宗实录》卷181)他们是太师英国公张辅,泰宁侯陈瀛,驸马都尉井源,平乡伯陈怀,襄城伯李珍,遂安伯陈埙,修武伯沈荣,都督梁成、王贵,户部尚书王佐,兵部尚书邝埜,吏部左侍郎兼翰林院学士曹鼐,刑部右侍郎丁铉,工部右侍郎王永和,都察院右副都御史邓棨,翰林侍读学士张益,通政司左通政龚全安,太常少卿黄养正、戴庆祖、王一居,太仆少卿刘容,尚宝少卿凌寿,给事中包良佐、姚铣、鲍辉,中书舍人俞拱、潘澄、钱昺,监察御史张洪、黄裳、魏贞、夏诚、申祐、尹竑、童存德、孙庆、林祥凤,郎中齐汪、冯学明,员外郎王健、程思温、程式,逯端,主事俞鉴、张瑭、郑瑄,大理左寺副马豫,行人司正尹昌、行人罗如墉,钦天监夏官正刘信,序班李恭、石玉等。(《明英宗实录》卷181;【明】刘定之:《否泰录》)只有萧惟贞、杨善等数人侥幸得以逃脱。(【清】谷应泰:《明史纪事本末·土木之变》卷32)

这就是历史上有名的"土木之役"。土木之役,全军覆没,皇帝被俘,明之大辱!

第4章 土木被俘 明朝大辱

大明帝国皇帝世系表
（18 帝，1368—1645 年，共计 277 年）

	①明太祖	朱元璋	洪武三十一年	戊申 1368年
懿文太子 朱 标	③明太宗（明成祖）	朱 棣	永乐二十二年	癸未 1403年
②明惠帝 朱允炆 建文四年 己卯 1399年	④明仁宗	朱高炽	洪熙一年	乙巳 1425年
	⑤明宣宗	朱瞻基	宣德十年	丙午 1426年
⑥明英宗 朱祁镇 正统十四年 丙辰 1436年→	⑦明代宗	朱祁钰	景泰八年	庚午 1450年
	⑧明英宗	朱祁镇	天顺八年	丁丑 1457年
	⑨明宪宗	朱见深	成化二十三年	乙酉 1465年
	⑩明孝宗	朱祐樘	弘治十八年	戊申 1488年
⑪明武宗 朱厚照 正德十六年 丙寅 1506年→	⑫明世宗	朱厚熜	嘉靖四十五年	壬午 1522年
	⑬明穆宗	朱载垕	隆庆六年	丁卯 1567年
	⑭明神宗	朱翊钧	万历四十八年	癸酉 1573年
	⑮明光宗	朱常洛	泰昌一年	庚申 1620年
⑯明熹宗 朱由校 天启七年 辛酉 1621年→	⑰明思宗	朱由检	崇祯十七年	戊辰 1628年
	⑱明安宗	朱由崧	弘光一年	乙酉 1645年

注释：
①明朝第二位皇帝是朱元璋的皇太孙朱允炆，建文四年时，他不仅被"好"叔叔朱棣从皇位上撵走，而且还被"革除"了建文年号，改为洪武三十五年。
②明朝开国于南京，从正宗角度来讲，很难说迁都是朱元璋的遗愿。因此，大明的覆灭应该以国本南京的沦陷作为标志，弘光帝又是大明皇帝的子孙，他称帝于南京，应该被列入大明帝国皇帝世系表中。
③上表中 ↙↘ 表示皇位父子或祖孙相传，→ 表示皇位兄弟相传。
④明安宗朱由崧是老福王朱常洵的庶长子，明神宗万历皇帝朱翊钧之孙，也是明熹宗朱由校、明思宗朱由检的堂兄弟。

后　记

　　《大明帝国》系列10卷修订出版后,我已经精疲力竭,只想好好地休息一番,甚至还曾想辍笔不作。因为在那时的我看来,再怎么说,自己已将明代开国兴盛史向海内外的广大读者朋友做了交代。而就在此前后,网上不断有网友来信或留言,问我:何日才能读到下面的几朝历史书?我语塞了,不知道如何回答。甚至有热心网友来电,催促我赶紧写完明代史,接着再将清代史重写一遍。这是年轻一代的要求。而老一代读者朋友们或言师友们又有着怎样的想法呢?每当我到南京广电大厦或电视台去做大型讲座时,总有一些老年朋友很早就等候在那里,一见到我,就追问不歇。我大学时代的老师、现年已83岁的杨增麒先生也时不时地来电,要我将下面几朝的历史赶紧写出来。几乎与此同时,亦师亦友的老乡、原中共江苏省委宣传部常务副部长王建邦先生和我近年结识的忘年交张群先生等先后也多次来到我处,而每次他们来都要催问我:何时能将余下的明史全部写完,且说有相当一批的老年朋友正期待着《大明帝国》系列的后续之作尽早问世。由此看来,我原本想歇一歇可就歇不成了,能做的就是立即投入精力,继续研究和撰述下去。

　　众所周知,明朝在经过70余年的兴盛发展后,到了宣德正统交替之际开始步入转折下滑时期。这一段的历史特别复杂,要想把它讲清楚,实非易事。再说当下我国出版行业中的图书定价很特别,它不像国外,一本原创新作低则定价几十美元,高则几百美元。我们的图书市场通行规则似乎是定价定得越低越好——尤其是现在的图书馆采购和普通读者购买。鉴于此,我原来只想将正统、景泰和天顺三朝两帝(明英宗和明代宗)统治时期发生的历史事件简单地说清楚,免得"块头"大了,让人望而却步。但随后发生的一系列事情却改变了我原本的计划。

大约在2014年年中,我接到了China Institute in America和美国中文电视台Sinovision发来的讲座邀请,随即便开始了讲座准备,而后订好票到上海去乘飞机。就在这个过程中,我耳闻了刘学照先生身体不适的消息。

刘学照先生是我十分尊敬的老师。在华东师范大学攻读硕士研究生时,我选了他的课。就此我们成了不是一个师门的师生。那时的老师可没有现在大学里的硕导、博导这么牛、这么忙,整日屁颠屁颠地跑课题、做项目,不见人影。当时我们这些研究生若想要向老师请教,随时都可以。加上刘先生性格温和,为人谦逊,对于晚辈学生尤为关爱。正因为如此,他的家"细流斋"成了我们研究生经常惦记着要去的地方。而一旦我们去了,师母马老师总会先出来沏茶招待,随后便是刘老师从书屋中走出来笑脸相迎,绝不分是否为刘门弟子。这样,时间一长,我和其他几个同学与刘老师的师生关系也就变成了无话不说的知己朋友关系了。

一转眼三年时间过去了,我在办完毕业离校手续后来到南京工作。随后便是按部就班的生活工作,直到孩子的出生。因为我与内人都是外地人,父母不在身边,在宁带着孩子,生活中每时每刻,我们俩各自的角色谁也不能有片刻或缺。虽然工作的拖累和生活的无奈使得我与刘老师的见面变得越来越少,但我们之间的书信和电话联系却一直不断。一晃20余年过去了,2011年深秋,刘老师来南京参加纪念辛亥革命100周年学术研讨会,我闻讯后立即赶往挹江门附近的宾馆去拜见他。说实在话,当时我真不敢认,昔日红光满面笑脸盈盈的恩师已变得满头白发、憔悴不堪。或许是因为看懂了我的心理,刘老师当即主动介绍起自己受邀来宁参加学术活动的行程安排,随即话锋一转,嘱咐我抓紧时间,将已经开始撰写的《大明帝国》系列继续写下去(我的首部明史之作就是他作的序),但就是不提他自己的病情,大概是生怕我为他担忧和难过。而后不久我听闻,刘老师住进了华东医院接受手术。不巧的是,那时我的孩子正好参加高考,做父亲的我无论怎么说都不能离开啊!就这样又一次错失了探望、慰问恩师的良机。这样的遗憾过了几年,我便接到了美国发来的讲座邀请,当时就马上想到,此次路过上海,我无论如何都要去刘老师家,探望他老人家一下。为了慎重起见，我先挂了一个电话，但出人意料的是他家没人接听。一种不好的感觉立即在我的脑海中盘旋：恩师的健康状况又出问题了？没过几天从刘门师兄那里我终于打听到，刘老师确实又住院了！

当我来到华东医院病房时，已经骨瘦如柴的恩师正插着管子躺在病床上。见到我与内人的突然到来，他一脸的惊喜，当即竭力撑起身子，向我们表示致谢。而后他颤颤巍巍地跟我说："你的《大明帝国》系列写得很好，在上海书店里头都能看到。眼下你正直壮年，要抓紧时间，把整个明代史重写一遍！"我的眼眶一下子湿润了，还想听听恩师的其他嘱咐，但此时的他已气若游丝，处于半醒半昏的状态。

从华东医院出来，我带着极其沉重的心情乘上了前往纽约的国际班机，在 China Institute in America 和美国中文电视台 Sinovision 等机构做完讲座与节目后，又急急忙忙地赶往宾夕法尼亚州为孩子的深造联系和落实相关的事宜。

而就在此时，一件"巧事"发生了，我收到了许倬云先生的电子邮件。许先生是当代美国著名的历史学家、夏威夷大学和匹兹堡大学名誉教授、海外国学大师。无论是从年龄还是从学识、资历等角度来说，我与许先生都相差一大截，但这些并不妨碍我们之间的联系和友情。许先生是江苏无锡人，1949 年赴台，师从历史学家傅斯年先生研究中国古代历史与文化，曾任台湾"中央研究院历史语言研究所"研究员和台湾大学历史系教授兼主任，后赴美工作，并就此生活在那里，曾任匹兹堡大学、夏威夷大学、杜克大学历史系教授和讲座教授等职。他著作等身，学富五车。不过对于这些，20 世纪 80 年代以前的中国内地的学者知之甚少。我最早是在 90 年代初通过阅读许先生的大作《西周史》而"认识"他的，后来又陆陆续续拜读了他的《中国古代文化的特质》《历史大脉络》和《大国霸业的兴衰》等著作，心里就萌生要拜访请教的念头。但由于种种原因，一直未能如愿。

或许正如佛教所说的：人生一切都是缘。一个偶然的机会，我获得了许先生的网上通信地址，随即冒昧地给他去信，并寄上了我最初撰写的《大明帝国》几册书。没想到许先生不仅很快地给我回信了,而且还对拙著予以了充分的肯定,这一切想来真让人感动不已。

一来二去,转眼之间,我和许先生在网上的交往已有数年了。网上交往虽然有快捷、方便的优点,但人与人之间无法近距离、直接面对面地沟通,这样的缺憾一直令我无法释怀。

2014年当我接到China Institute in America发来的讲座邀请时,就萌发了要去拜访许先生的想法。但随后听说他年事已高,身体很不好,且近来又接受了手术,当时我的心里不停地嘀咕:他会不会不能或不愿见我这个小辈?经过反复的思考,最终我还是发出了请求拜见的电子邮件。没想到两天后他就回信了,对我的造访表示十分欢迎。就在我启程前往匹兹堡时,许先生通过电子邮件对我的一路行程与住宿予以相当的关照;当我登临许府时,刚动过手术不久的许先生在夫人的帮助下,穿戴十分整齐,坐在轮椅上到家门口来迎接我,着实让我感动万分。当时我要行小辈礼,可许先生无论如何也不同意,并真诚地说道:"我们都是学人,学人应该皆平等,不分辈分大小。您主攻中国历史后半段,我着重研究中国历史前半段,我们各自相向走一步,中国历史就接通了……"

在匹兹堡时,我曾两度造访许府。考虑到许先生动过手术没多久,每次造访我都将时间预设得很短。可一旦我们谈开了,却是数小时还无法结束。许先生和许师母待人热情,慈祥可爱又可敬。当获悉我在中国大陆内地无法查阅到《琉球实录》时,许先生当即提出,让他还在台湾的学生或友人帮着抄录,着实让我感动不已。最后许先生还叮嘱我:不论有多大的不易,你一定要将你的《大明帝国》系列继续写下去!

又一个尊敬师长的叮咛与嘱咐,我感到自己肩上的担子不轻啊!

从许先生家出来后,应安徽电视台编导朋友之托,我乘机前往美国西海岸的斯坦福大学胡佛研究院,想查阅一些民国时期有关中国远征军的名人日记或官方档案史料。查阅史料,本是一件十分枯燥的事情,加上胡佛研究院对于一些名人日记等特别史料不许复印、不许拍照,唯一可做的就是手抄。手抄,对于历史学专业出身的我来说,并不是什么难事,无非是每日定时去"上班干活"。

时间一天天地过去，原先赶时髦来看民国名人日记和笔记的美女帅哥们后来来得越来越少，最后只剩下我们几个正襟危坐的中老年人。有一天，有位老先生在胡佛研究院关门时突然问我："你是不是那个撰写《大明帝国》的马某人？"我说："正是晚辈！您怎么知道我的名字？"老先生笑盈盈地说："我是历史爱好者，在美国的书店里看到了你的大作，买了一套回家读了，上面就有你的照片与简介……"原来如此，我当即十分惊讶和感动。据现场的另一位老者彭先生介绍，喜爱拙著《大明帝国》系列的老先生姓YUAN，以前是斯坦福大学的教授，现已退休，因为酷爱明史和民国史，一旦空闲下来他就到处寻找和阅读这方面的图书。还没等介绍完毕，YUAN先生就十分热情地发出了邀请，要我到斯坦福大学边上的"杭州小镇"共进晚餐。在国外中餐消费是相当昂贵的，当听到邀请后我立即婉言谢绝。哪想到YUAN先生执意不肯，最终我不得不听从他的安排。那一顿晚餐他足足花费了500美元，我只觉得很不好意思，用餐结束时，赶紧向他致谢告别。可出人意料的是，YUAN先生再次向我发出了邀请——喝咖啡去！我听后无论如何也不肯答应，他只好改口说："我们继续去探讨明史！"这下可把我给"将"住了。

在"杭州小镇"附近的咖啡厅里，我们海阔天空地谈论着，从朱元璋说到崇祯帝，从辛亥革命说到国民党败逃台湾……不知不觉谈到深夜。忽然间我想到了一个问题，便问YUAN先生："您为什么会错爱马某的《大明帝国》系列呢？"他笑呵呵地回答："中国史的研究肯定是中国本土胜于海外，但中国大陆近年来的戏说历史太多，很多书都没什么史料依据，凭空胡说，哗众取宠，无非是吸引吸引人们的眼球。就我们海外华人朋友所知的，您的大作说史有根有据，且还十分客观，没有那些陈旧的意识形态标签化，价值中立，所以好多人都喜欢。我不仅在美国，而且在香港、台湾和澳门等地的书店里都见到过您的大作。我希望您抓紧时间将余下的明史全写出来，不要辜负了海内外读者朋友的期望！"

YUAN先生的殷切希望，许先生的珍重叮咛，刘学照老师的病榻嘱托，还有国内外一大批朋友的期待，带着沉甸甸的心情，我回到了南京，立即开始投入更多的精力修改写作计划，将原来简写的正统、景泰、天顺朝历史改为详写。这下可好了，一写就是两年，整整四册，近百万字。

当今中国社会流行着这样一句话：要懂得感恩。已过知天命年龄的我何尝不懂？

我之所以能拥有今天这样的一点成绩，除了要感谢上述几位尊敬的师长和朋友以外，还要感谢原南京市委宣传部叶皓部长、曹劲松副部长、龚冬梅主任，中央电视台池建新总监，安徽电视台禹成明副台长，原南京电视台陈正荣副台长、新闻综合频道傅萌总监，江苏教育电视台张宜迁主任、薄其芳主任，东南大学出版社江建中社长、张新建总编，江苏省社会科学联合会吴颖文主任，南京市政协副主席余明博士，南京阅江楼风景区管理委员会韩剑峰主任，新华报业集团邹尚主任，南京明孝陵博物馆任青馆长，原南京静海寺纪念馆田践馆长，原南京阅江楼邱健乐经理，南京市社会科学院陈正奎院长、严建强主任、顾兆禄主任，南京市新闻出版局蔡健处长，南京市档案局徐康英副局长、夏蓓处长，福建省宁德市政协主席郑民生先生，中共宁德市委政策研究室吴泽金主任，蕉城区统战部杨良辉部长等领导的关怀（特别注明：本人不懂官衔大小，随意排列而已，不到之处，敬请谅解）；感谢中央电视台裴丽蓉编导、徐盈盈编导、戚锰编导，江苏电视台公共频道贾威编导、袁锦生编导，江苏教育电视台苍粟编导、夏恬编导、赵志辉编导，安徽电视台公共频道制片人张环主任、制片人叶成群先生、舒晓峰编导、唐轶编导和海外中心的吴卓编导、韩德良编导、张曦伯编导、李静编导、刘小慧编导，美女主持人任良韵，南京广电集团谢小平主任、王健小姐，南京电视台张建宁主任、主持人周学先生、编导刘云峰先生、李健先生、柏新民先生、卞昌荣先生、熊晖女士，南京电视台十八频道主持人、我的电视节目搭档吴晓平先生，江苏广播电视总台陆正国先生、吕凤华女士，新华报业集团黄燕萍女士、吴昌红女士、王宏伟先生，《现代快报》刘磊先生、胡玉梅女士，《金陵晚报》郑璐璐主任、于峰先生，南京图书馆周立锦主任、施吟小姐、张雅伟先生，金陵图书馆袁文倩主任和郁希老师，太仓市图书馆周卫彬馆长，南京静海寺纪念馆钟跻荣老师，南京科举博物馆金戈主任，南京郑和研究会陈平会长、张元启副会长，南京海军指挥学院庞继先教授，南京博物院章义平主任，东南大学出版社经管分社刘庆楚分社长、谷宁主任、彭克勇主任、丁瑞华女士、马伟先生、杨澍先生、丁志星女士，南京明孝陵博物馆向阳鸣主任、王广勇主任、臧卓美女士和姚筱佳小姐，江苏省郑和研究会秘书长郑自海先生和郑宽涛先生，天津南开大学历史学院何孝荣教授，北京师范大学教育学院孙邦华教授，中国政法大学林灿玲主任，南京大学王成老师和周群主任，东南大学袁健红院长、傅兆君教授，苏州大学社会发展学院高峰副院长，南京理工大学人文学院李崇新教授，南京财经大学霍训根主任，常熟理工学院沈潜教授，江苏经贸学院胡强主任、吴之洪教授，南京总统府展览部刘刚部长，南京出版社卢海鸣总编，南京城墙办朱明娥女士，《中国大学教学》编辑部陈立民先生，福建宁德三也农业开发有限公司董事长池致春先生，原徐州汉画像石馆馆长武利华先生，无锡动漫协会会长张庆明先生，原南京城市记忆民间记录团负责人高松先生和篆刻专家潘方尔先生以及我的律师朋友裘国宁女士等给我的帮助与关怀（至于其他出版界朋友对我的帮助，那实在太多了，怕挂一漏万，干脆就一个也不谢了）。

还要感谢联合国 Chinese Language Programme 何勇博士，美国哥伦比亚大学王成志主任，普林斯顿大学 Martin Heijdra 主任，斯坦福大学 Visiting Scholar Helen P. Youn，斯坦福大学胡佛研究院图书馆及档案馆主任 Thu-Phuong Lisa H. Nguyen 女士和 Brandon Burke 先生，美国中文电视台美女主持人谭晶女士，美国纽约美中泰国际文化发展中心总裁、著名旅美艺术家李依凌女士，美国（CHN）总监柯伊文先生，泰国国际书画院院长李国栋先生，日本关西学院法人代表阪仓笃秀教授，世界报业协会总干事马英女士，澳门基金会理事吴志良博士，澳门《中西文化研究》杂志的黄雁鸿小姐等海外师长与友人对我的关心与帮助。

此次出版配有英文书名，在此要感谢我的老朋友王轶军先生的热心帮助与全程把关。

在此还要特别感谢老一辈著名明史专家、山东大学教授黄云眉先生的大作《明史考证》对我的启迪以及他的海内外儿孙们对我的抬爱，特别感谢我在南京的学业导师潘群先生和师母黄玲女士严父慈母般的关爱。

还要特别感谢厦门涵雅斋工作室郭伟涵先生的认真审校。

顺便说明两点:①本著依然采用史料出处随后注的方法,做到说史决不胡说、戏说,而是有根有据。本书稿原有所有史料全文,后考虑到篇幅太大和一般读者可能阅读有困难,最终决定将大段古文作了删除,大多只保留现代文。也承蒙东南大学出版社的朋友,尤其是谷宁主任、马伟先生和张万莹女士的关爱,本书依然拥有现在这个规模。如读者朋友想核对原文作进一步研究,可根据书中标出的史料出处一查便是。②由于本著引用史料中最多的《明英宗实录》内含有《废帝郕戾王附录》,因此在注释中使用的标点比较特别,因为自《明英宗实录》卷一百八十三起到卷二百七十三,其后都标有《废帝郕戾王附录》卷××,它们属同一著作,如果中间用顿号,显然并不合适,于是用逗号,由此全书中并列注释引用书之间用分号隔开,特此说明。

最后要说的是,下列同志参与了本书的图片收集、资料整理、文稿起草等工作,他们是马宇阳、毛素琴、雷扣宝、王鲁兴、王军辉、韩玉华、林成琴、熊子奕、舒金佳、雷晟、黎杰、陈昊等。

马渭源
于南京大明帝国黄册库畔
2016年1月31日初稿
2016年4月10日定稿
电子邮箱:mwynj@sina.com